本书为“十三五”国家重点出版物出版规划项目

《围棋全书》编纂指导委员会

主　任　王国平

副主任　林建超　陈丹淮　朱国平　王汝南　华以刚
聂卫平　郑　瑶　孙光明　鲍洪俊　黄海峰
陈卫强　陈春雷　王忠义　严建华

委　员　（以姓氏笔画为序）

王　谊　王旭斌　毛昭平　叶江川　华学明
刘知青　江山舞　何云波　应明皓　张　勇
张如安　陈祖源　杭天鹏　金承龙　周友红
胡廷楣　俞　斌　龚志南　崔富章　葛　峰
童伟中　谢建华　褚树青　潘　洪

《围棋文献集成》编辑委员会

王国平　主编

棋文化全书

围棋文献集成（二十三）

棋经　四谱真诀　文房十二友

柯枰新印　弈谱四种　秋仙汇选

浙江古籍出版社

棋文化全书总序

中国棋院杭州分院的棋文化研究项目起步于2013年10月份在杭州举办的首届中国杭州国际棋文化峰会。从那时起，我们动员了国内外一大批专家、学者，开始大规模、系统性、广泛性，有目标、有组织、有计划、有支撑的棋文化研究。在此之前，我们只有一些自发的、零散的、小规模的研究。

分院为什么要开展棋文化研究？这是分院成立10余年来孜孜探索不断努力的自然结果；是分院人厚积薄发、只争朝夕，在责任感、使命感催促下的本能驱动；是杭州这座历史文化名城，在新形势下、新机遇中，秉持弈林繁盛的传统，绘制蓝海新图，全力打造全国文化创意产业中心，打造中国棋类运动副中心的必然要求。

在10余年探索历程中，分院紧紧围绕“提高老百姓的棋文化生活品质”和“打造棋类全国乃至世界冠军的摇篮”两大宗旨，逐步确立了以打造八大标志性成果为体系的棋类事业和产业发展大格局。这八大标志性成果分别是：第一，以围甲为代表的三棋男女甲级队；第二，以围棋学校学生冲段为代表的三棋专业棋手的培养；第三，以三棋棋王争霸赛为代表的国内顶尖级业余赛事；第四，以棋博会和峰会为代表的最大的棋类会展品牌；第五，以天元大厦和兼容性中国围棋博物馆为代表的棋文化产业；第六，以“棋文化全书”为代表的棋文化研究；第七，以天才儿童发现计划为代表的棋琴书画新国艺；第八，以第二课堂为代表的棋类活动载体。

这当中，打造一批以棋文化全书为代表的棋文化研究成果，则可谓重中之重。为此，分院在2013年决定成立中国杭州棋文化研究中心。经过两届峰会讨论，我们形成一个判断，就是当今棋文化研究处于“公说公有理，婆说婆有理”的现状。棋文化研究的众多问题，特别是涉及理念、思路、目标等重大问题，没有统一，没有达成共识。因此，非常有必要通过一揽子的规划来解决这些问题。这正是成立中国杭州棋文化研究中心的初衷。我们志在抛砖引玉，努力尝试去破解这一命题。

和其他学科的学术研究一样，棋文化研究也一定是百花齐放、百家争鸣，而且会体现深厚的地域特色。中国杭州棋文化研究中心，跟北京、跟其他地方可能成立的研究中心也必然要有定位上的差别。分院确定的抓手就是编纂“棋文化全书”。

我们认为，棋文化全书是保护中国棋文化的基础，推进中国棋文化建设的前提，进行国际棋文化交流的保障，弘扬中国棋文化的依据，研究中国棋文化的载体。没有这样的定位，一切无从谈起。

以此为基础，我们明确开展棋文化研究、编纂棋文化全书要着力办好7件事：

1. 明确目标。希望通过10年努力，形成有国际视野、中国特色、杭州特征的棋文化研究体系，形成棋文化研究的杭州学派，把杭州建设成为国内领先、世界一流的棋文化研究中心、交流中心、信息发布中心和人才培养中心。这是总目标。但棋文化研究绝对不可能只有杭州一派，我们的任务是努力说好杭州学派的一家之言。

2. 创新思路。棋文化研究要想后来居上、后发制人，就必须要创新思路，做到“五个坚持”：一要坚持“1+4+5”的棋文化全书编纂成果展示体系。二要坚持党政、企业、专家、媒体、市民相结合的保障体系，形成能够有效整合资源的“五位一体”的研究主体。要以改革的思路面向全社会组织开放性的研究，充分吸收各方面的专家力量，集聚各方面的资源形成合力。三要坚持打好杭州牌、浙江牌、中华牌和国际牌相结合，形成“四牌共打”的运作模式。四要坚持权威性、系统性、学术性、普及性相结合，形成专家叫好、百姓叫座的研究效果。五要坚持有章办事、有人办事、有钱办事和有房办事相结合，形成良好的研究保障体系。

3. 编纂全书。棋文化研究的所有成果，彰显的主要载体，就是“1+4+5”的全书。“1”是指全书总名称为“棋文化全书”；“4”是指全书又包括“四大子全书”，分别是围棋全书、象棋全书、国际象棋全书和其他棋类全书；“5”是指每一部子全书还要分成五大类，分别是文献集成、丛书、研究文库、通史和辞典。

五类书的定位各有侧重：一是文献集成定位为史料集，突出“全”字，做到“应收尽收”，采用“存书”和“存目”两种办法。一般情况下，改革开放以后出版过的书，就不再重印，只存目；改革开放以前出版过的但已经绝版的（一般都是绝版的），而且存世很少的，可以重印；重点是1949年以前没有出版过的史料，多是在私人手里、博物馆馆藏的史料，经过编纂出版，让专家、市民、棋类爱好者享用。二是研究文库定位为论文集，突出“专”字，要围绕重大工程实施、通史编纂、遗产申报等相关内容来确定文库计划。三是丛书定位为通俗读物，突出“俗”字，做到有特色、有卖点、有市场。四是通史定位为史书，突出“信”字，要体现系统性、学术性、规律性和权威性。五是辞典的定位是工具书，突出“简”字，做到简明扼要、准确权威、便于查询。

全书编纂是一项浩大的工程。首先，要统一规划、统一大纲、统一规范、统一体例，做到“四个统一”；其次，要注重发挥全书存史、释义（对重大概念、观点进行解释）、资政（对当今的棋类事业发展起到镜鉴作用）、育人的作用。

4. 搭建平台。要搭建好四大平台：一是“一刊”，即办一本棋文化研究的学术刊物，搭起棋类专家高水平的棋文化研究交流平台。二是“一网”，即办好中国棋院杭州分院网，要和国内各大网站、知名网站进行合作。三是“一峰会”，即中国杭州国际棋文化峰会。四是“一会展”，即中国国际棋文化博览会。峰会和博览会要年年举办，且越办越好。

5. 培育人才。研究工作关键在于人才。中国杭州棋文化研究中心将坚持培养与引进并举、专职与兼职结合的模式，建起一支高素质的研究人才队伍，同时，棋文化研究人才要争取进入大学的本科、硕士、博士阶段进行培养。

6. 扩大交流。虽然当前中国的围棋竞技水平整体上已经超过日韩，但是棋文化研究依然落后于日韩。中国要真正成为围棋强国，不仅竞技水平要超过日韩，棋文化研究也应该超过日韩，特别是超过日本。扩大交流是后发制人、后来居上、跨越式发展的好办法。开放合作、扩大交流也是做好棋文化研究的必由之路。我们会面向国内外开展广泛的学术交流，吸引国内外棋文化研究领域的专家来杭州研修，提高中国杭州棋文化研究中心的学术水平和国际影响力，同时也拓宽杭州棋文化研究中心人员的研究视野。

7. 加强领导。棋文化研究是一项量大面广的系统工程，必须要加强领导形成合力。杭州市委市政府设有中国棋院杭州分院领导小组，四大班子和各有关部门均有领导参与，是分院建设的统一领导机构。中国杭州棋文化研究中心将在该领导小组的领导下，和分院实行一套班子两块牌子，整合杭州市所有资源来做好棋文化研究工作。

上述内容主要源于我在第一届（2013）和第二届（2014）中国杭州国际棋文化峰会闭幕式上的讲话。恳请各界批评指正，也希望大家积极参与分院的棋文化研究和棋文化全书编纂工作。

代为序。

2015 年 9 月

本册目录

棋经

（明）鲍一明　编

黄梅　王栋　点校

明亮明斋刻本

点校说明

《棋经》二卷与附录《图说》一卷，共三册，为温州市图书馆所藏，内文有“石室老人秘法 永嘉鲍一明编”，标为“亮明斋校梓”，编者为明代鲍一明，内文有佚名的批点。永嘉即现温州市，王世贞《奕旨》记载明代各派围棋之盛，提到永嘉派的围棋国手鲍一中。鲍一中字景远，号涧泉，浙江永嘉人。吴承恩诗云：“海内外今推善奕，温州鲍君居第一。”《中国围棋古谱史》指出鲍一明即鲍一中，不过未见此书有令人信服的考证，对此只好存疑，有待专家考证。

本次点校即以温州市图书馆所藏孤本为底本，文中有诸多墨朱批点，其中眉批多与正文无涉，因此点校中将眉批以注释的方式保留。眉批字迹难以辨认之处，以“□”表示。为了与正文中的批点区分，前加“眉批”字样以示区分。内文棋局有纠错之处，可能为此批者手笔，故与批注一并注释在下，以免杂于正文中。

特别感谢温州市图书馆所提供的便利，使该孤本内容公之于众。因点校者水平有限，不当之处请多多指正。

启蒙

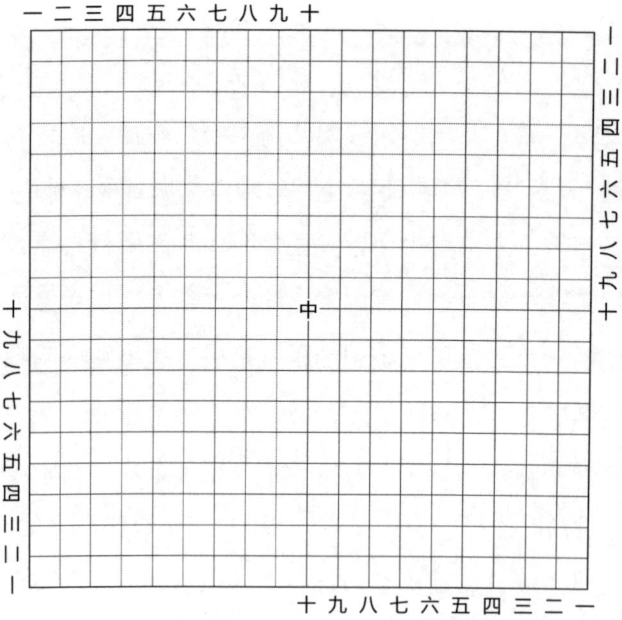

右棋局三百六十一路，虚其中。四隅各九十路，从一至十为顺。如言三九，先顺数三，而后逆数九。言九三，先顺数九而后逆数三。

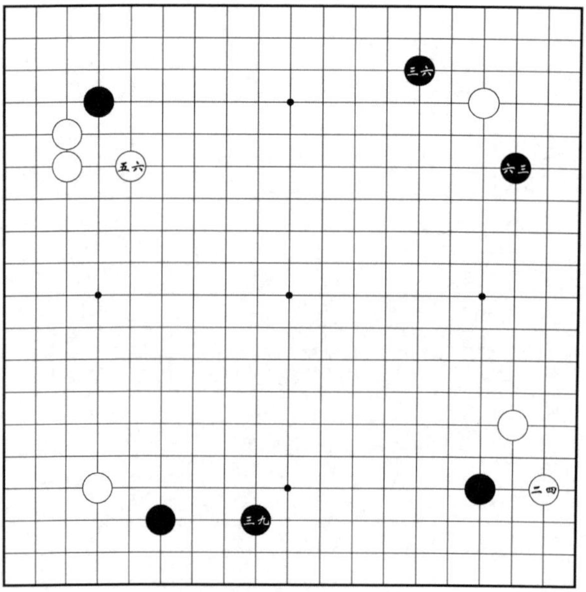

起数

三六六三二子，
二四斜飞入角，
五六单关闯入腹，
三九拆二归边。

右法，见三六下子一举而有三用，所以为妙。旧本位置错杂，盖传录之误也。

释例

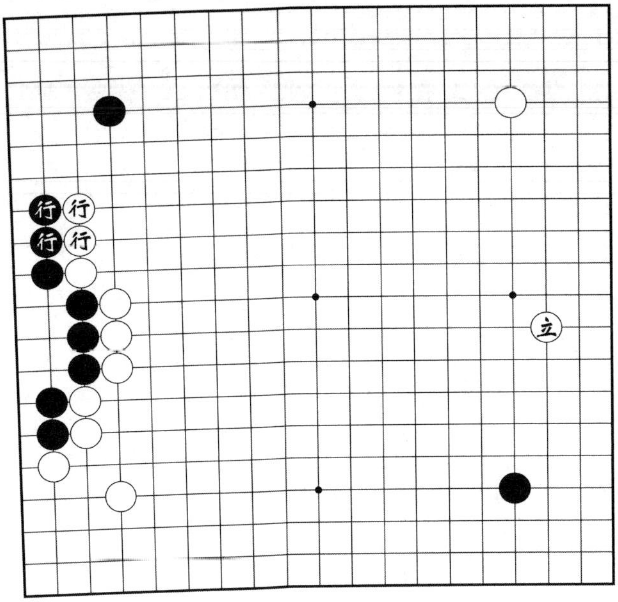

立

特下曰立，连子据边直下曰鹗立。

行

连走曰行，两棋并行曰紧行，自行曰慢行。

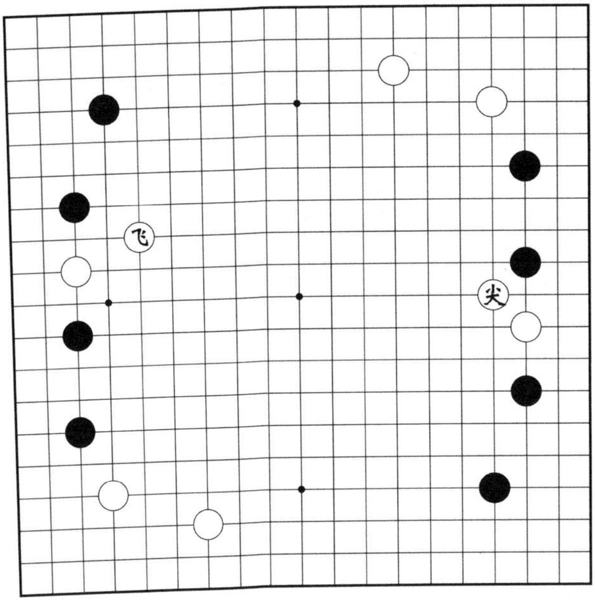

尖

斜行一路曰尖。

飞

斜隔一路曰飞，隔二路曰拆二斜飞。

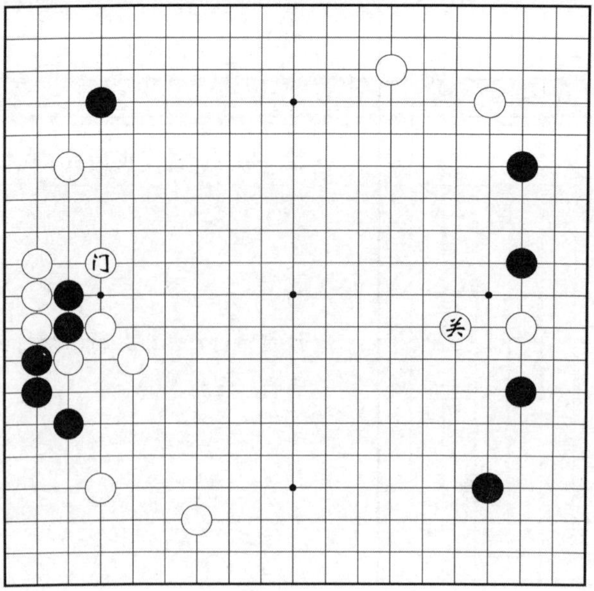

关

行隔一路曰关，倍而并之曰双关，隔二路曰拆二单关。

门

关住敌子曰门，隔二路曰大门。

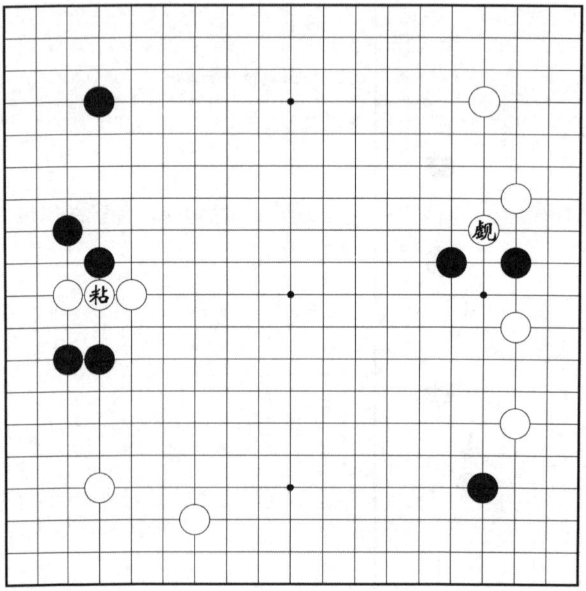

觑

当其关隘视之曰觑。

粘

防其冲断，连之曰粘。遇拶而连之曰实粘。

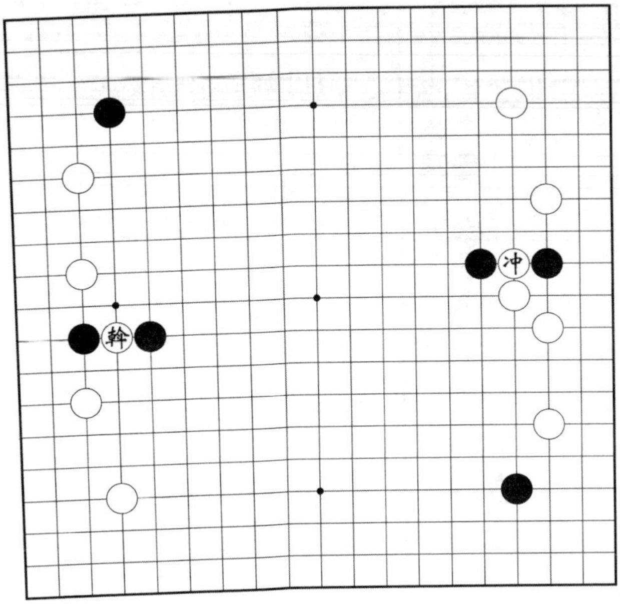

冲

连子入关曰冲。

斡

投子入关曰斡。

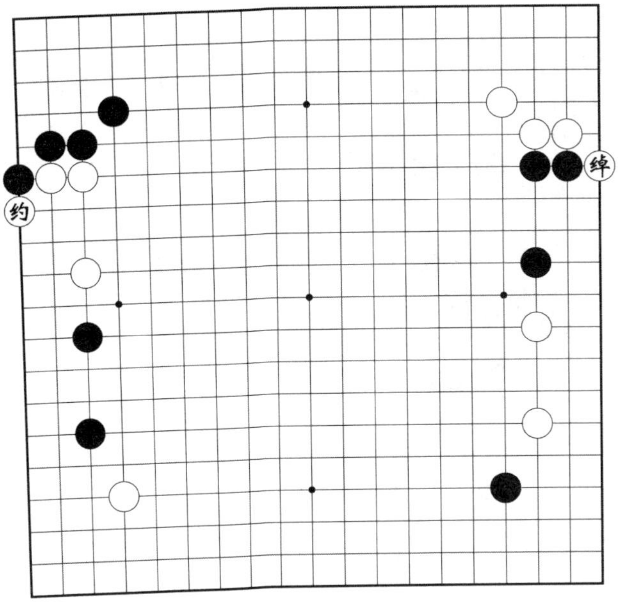

绰

沿边侵取敌路曰绰。

约

沿边遮绝敌路曰约。

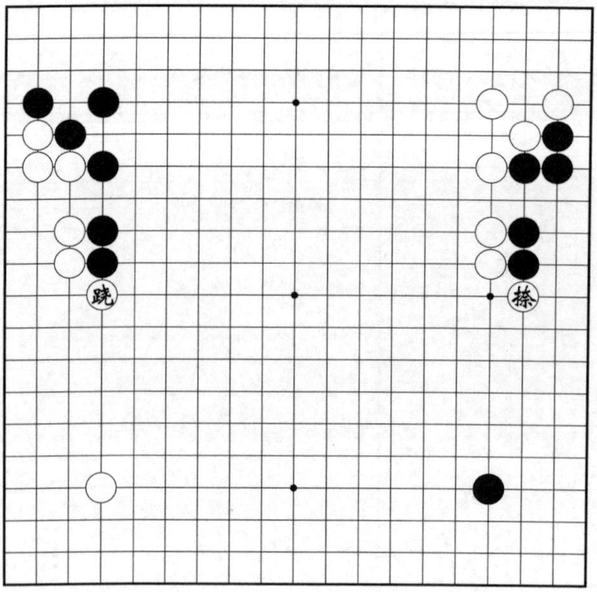

捺

自上而下邀住敌子曰捺。

跷

自下而上邀住敌子曰跷。

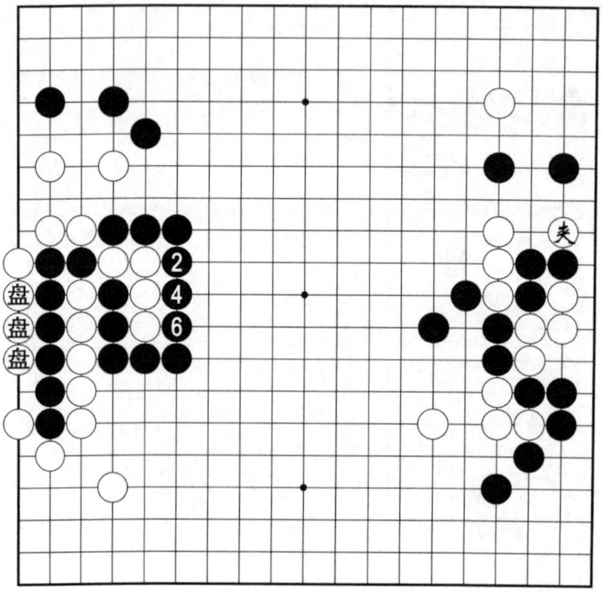

夹

抱敌子两下曰夹，夹而不杀曰虚夹。

盘

劫敌子连度曰盘，一举而接曰小盘。

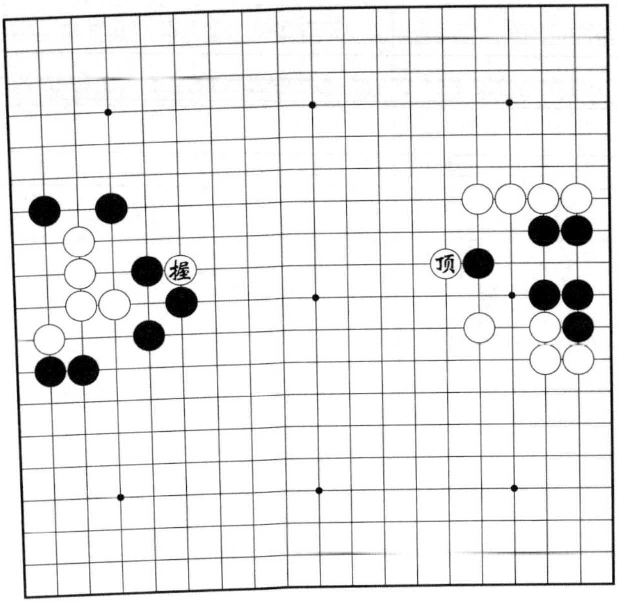

顶

捽其头以当遏之曰顶。

握

扼其吭以凌夺之曰握，一名松。松也者，取其玲珑通达、疏而不漏之义。

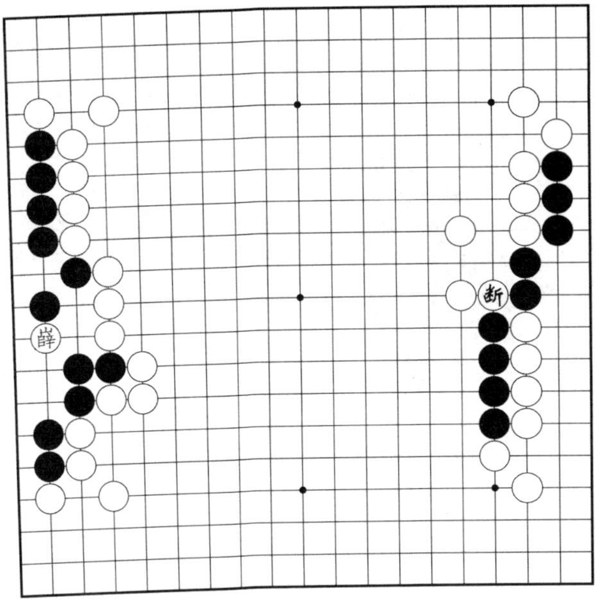

断

隔绝敌路或分取之曰断。

嶭

邀截敌路以次断之曰嶭，即可扭断之曰紧嶭。

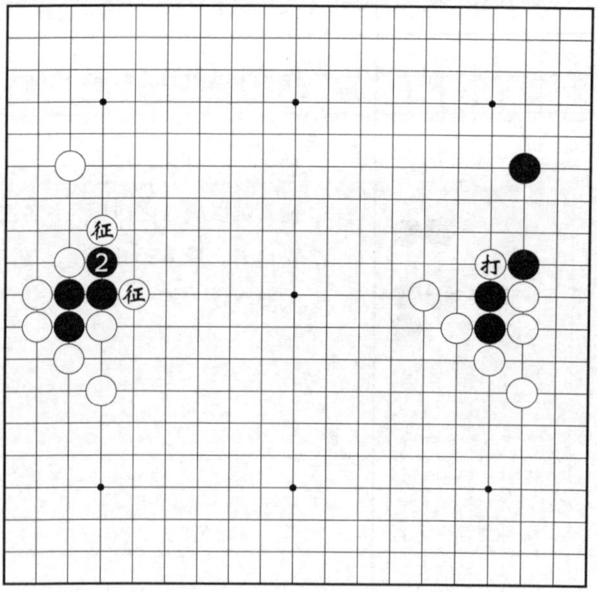

打

击杀之曰打。

征

逐杀之曰征，敌两路被征曰双征，既征之且受簐、捞而复征之曰漏征。

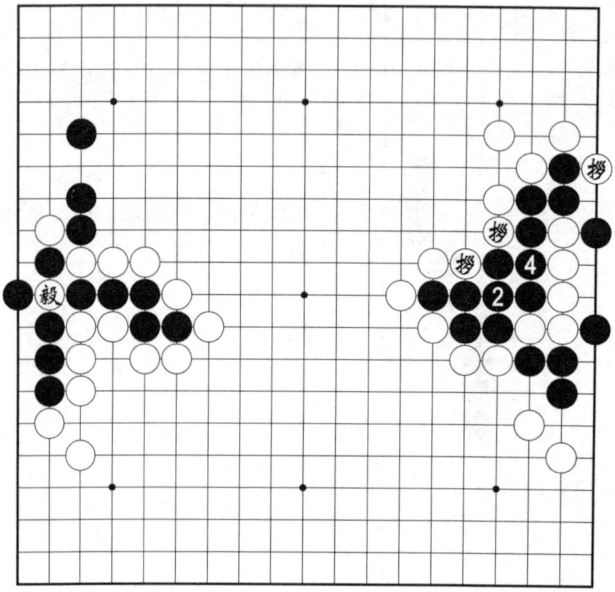

捞

蹙杀之曰捞。

簐

提取之曰簐，既簐而又受簐曰复簐。

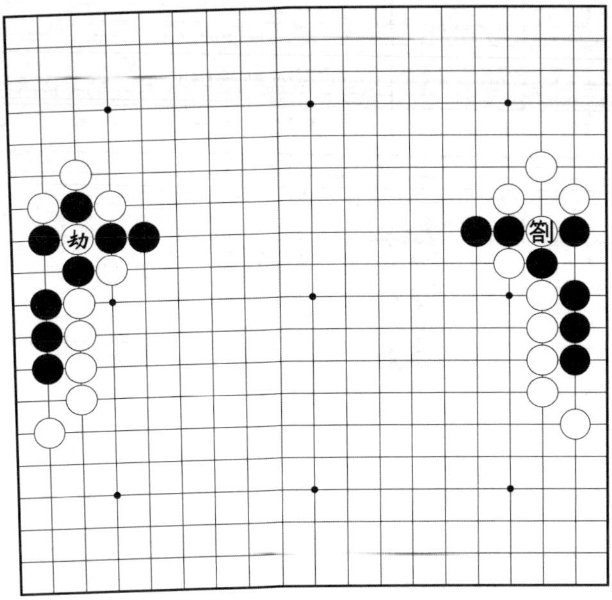

劄

投子索劫曰劄。

劫

递相复毅曰劫，劫而不受杀者，有金井、辘轳及重鋳、舞剑诸势。

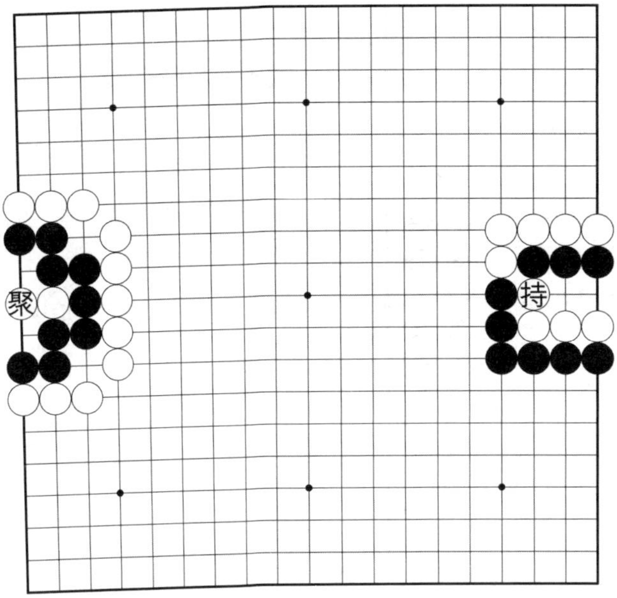

持①

两棋相围而皆不生不杀曰持，有各一眼者，有各一劫者，有两段各一眼，一段无眼间其中而持者。

聚

填塞敌路使可点而杀之曰聚，有聚三、聚四、聚五、聚六至聚七成持。

① 修正右半图：删除白子 8 个，13 变为白子且标“持”

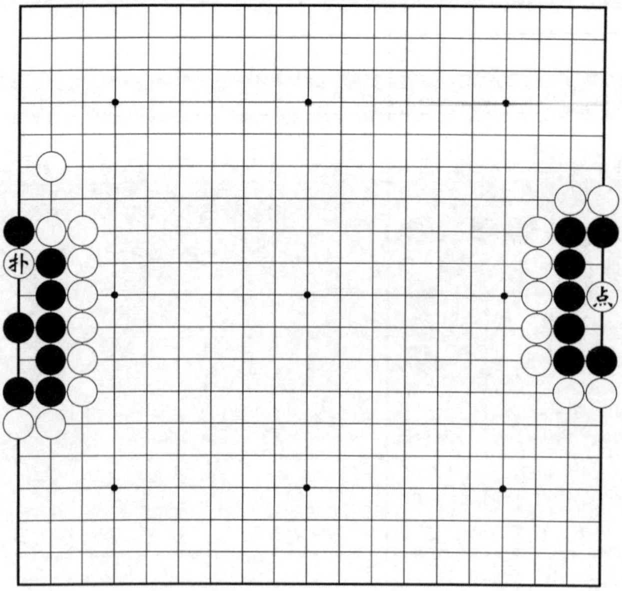

点

深入敌地破其眼曰点，傍通而点之曰透点。

扑

投入敌穴破其眼曰扑。

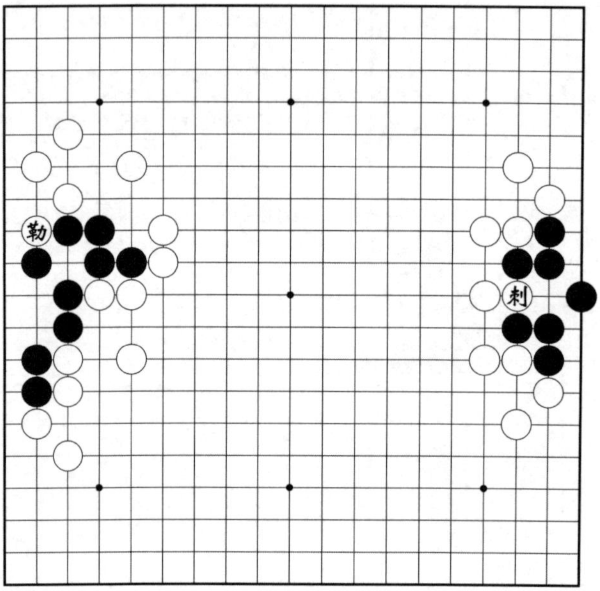

刺

冲其要路使无眼曰刺。

勒

束其要路使无眼曰勒。

右用棋之名三十有二，诸家为说颇有异同，今一其法而类聚之，庶便观览。

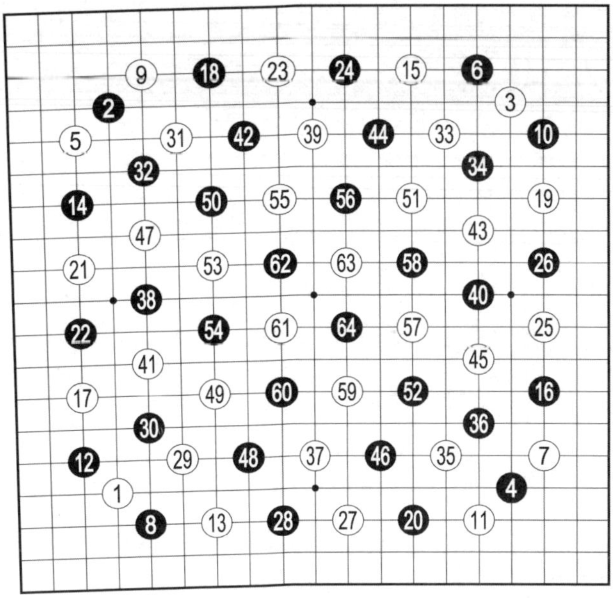

原始

卦象第一

右六十四举成图，然后对奕，法卦象也。沈存中曰：“古局十七道，合二百八十九。是则周回六十四，即伏羲方圆卦图，所谓先天之学之义。”柳子厚记柳州石枰云：“黑肌而赤脉，十有八道，可奕。此又设自造物者。”二者算以加法，皆合历纪，无异今局。孔孟所以有取于奕者，岂非以其具至理耶？识之奕，竣博古君子。

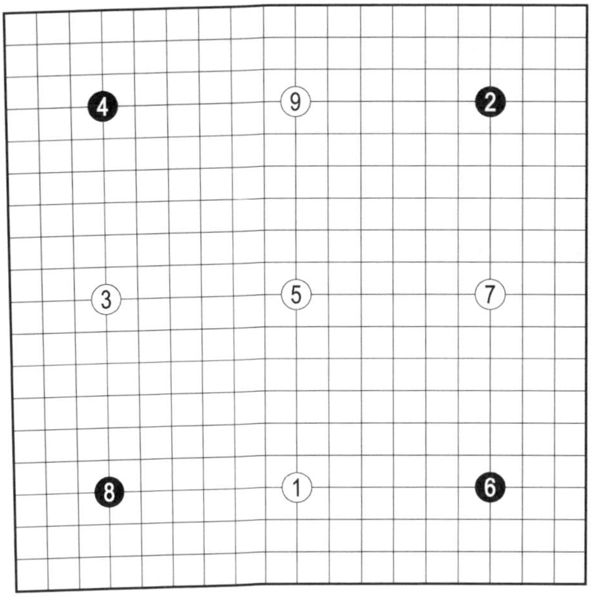

范数第二

右九举成图，然后对奕，法范数也。其局当用二十一道，合四百四十一。周回八十，其一则归太极。算以减法，亦符乎今。余尝变是图为八十一局，作《中和篇》，兹特具其大都云。

棋经

《传》曰："不有博奕者乎？为之，犹贤乎已。"桓谭《新论》曰："世有围棋之戏，或言是兵法之类。上者张置疏远，多得道而胜。中者务相遮绝，争便求利，故胜负狐疑，须计数以定。下者守边隅，趋方罫，以自生于小地。春秋而下，代有其人。"然则奕之所从来尚矣。今取胜败之要，分十三篇，有与兵法合者，亦附于中云。

论局篇第一

夫万物之数从一而起。局之路三百六十有一。一者，生数之主，据其极而运四方也。三百六十以象周天之数。分为四隅以象四时。隅各九十路以象其日。外周七二路以象其候。夫棋三百六十，黑白相半以法阴阳。局之线道之间谓之罫。局方而静，棋圆而动。自古及今，奕者无同局。《传》曰："日日新。"故宜用意深，而存虑精，以求其胜负之由，则至其所未至矣。

得算篇第二

棋者，以正合其势，以权制其敌。故计定于内，而势成于外。战未合算胜者，得算多也。算不胜者，得算少也。战已合而不知胜负者，无算也。《兵法》曰："多算胜，少算不胜，而况于无算乎？"由此观之，胜负见矣。

权舆篇第三

权舆者，奕棋布置，务守纲格。先于四隅，分定势子，然后拆二斜飞，下势子一等。立二可以拆三，立三可以拆四，与势子相望，可以拆五。近不必比，远不必乖。此皆古人之论，后学之规，舍此改作，未之或知。《书》曰："事不师古，无以克永世。"又曰："慎厥初，惟厥终。"

合战篇第四①

博奕之道贵乎谨严。高者在腹，下者在边，中者占角，此棋家之常。然法曰：宁输数子，勿失一先。有先而后，有后而先。击左则视右，攻后则瞻前。两生勿断，俱活勿连。阔不可太疏，密不可太蹙。与其恋子而求生，不若弃之而取势，与其无事而强行，不若因之而自补。彼众我寡，先谋其生。我众彼寡，务张其势。善胜者不争，善阵者不战。善战者不败，善败者不乱。夫棋始以正合，终以奇胜，必也。四顾其地，牢不可破，方可出人不意、掩人不备。凡敌无事而自补者，有侵绝之意也。弃小而不救者，有图大之心也。随手而下者，无谋之人也。不思而应者，取败之道也。《诗》云："惴惴小心，如临于谷。"

虚实篇第五

夫棋，绪多则势分，势分则难救。投棋勿逼，逼则使彼实而我虚。虚则易攻，实则难破。临时变通，宜勿执一。《传》曰："见可而进，知难而退。"又曰："执中无权，犹执一也。"

自知篇第六

夫智者见于未萌，愚者暗于成事。故知己之害而图彼之利者胜。知可以战不可以战者胜。识众寡之用者胜。以虞待不虞者胜。以逸待劳者胜。不战而屈人棋者胜。《老子》曰："自知者明。"

① 眉批：（朱）下棋之法尽二矣，少不知求。（墨）用兵之道，可类推也。

审局篇第七

夫棋布势，务相接连。自始至终，着着求先。临局交争，雌雄未决，毫厘不可以差焉，局势已赢，专精求生。局势已弱，锐意侵绰。沿边而走，虽得其生者败。弱而不伏者愈屈。躁而求胜者多败。两势相围，先蹙其外。势孤援寡则勿走，机危阵溃则勿下。是故棋有不走之走，不下之下。误人者多方，成功者一路而已。能审局者则多胜。《易》曰："穷则变，变则通，通则久。"

度情篇第八①

人生而静，其情难见；感物而动，然后可辨。推之于棋，胜败可得而先验。法曰：夫持重而廉者多得，轻易而贪者多丧。不争而自保者多胜，务杀而不顾者多败。因败而思者，其势进；战胜而骄者，其势退。求己弊而不求人之弊者，益；攻其敌而不知敌之攻己者，损。目凝一局者，其思周；心役他事者，其虑散。行远而正者吉，机浅而诈者凶。能自畏敌者强，谓人莫己若者亡。意旁通者高，心执一者卑。语默有常，使敌难量。动静无度，招人所恶。《诗》云："他人有心，予忖度之。"

斜正篇第九②

或曰："棋以变诈为务，劫杀为名，岂非诡道邪？"予曰："不然。"《易》云："师出以律，否臧凶。"兵本不尚诈谋，言诡道者，乃战国纵横之说。棋虽小道，实与兵合。故棋之品甚繁，而奕之者不一。得品之下者，举无思虑，动则变诈，或用手以影其势，或发言以泄其机。得品之上者，则异于是，皆沉思而远虑，因形而用权，神游局内，意在子先，图胜于无朕，灭行于未然。岂假言词喋

① 眉批：（墨）不但奕也，为人宜然。 二语兵机也。
② 眉批：（墨）数语不但文辞华丽，且奕棋之奥妙尽之矣。

喋，手势翩翩者哉？《传》曰："正而不谲。"此之谓也。

洞微篇第十

凡棋，有益之而损者，有损之而益者；有侵而利者，有侵而害者；有宜左投者，有宜右投者；有先着者，有后着者；有紧辟者，有慢行者。粘子勿先，弃子思后。有始近而终远者，有始少而终多者。欲强外先攻内，欲实东先击西。路虚而无眼，则先觑。无害于他棋，则做劫。饶路则宜疏，受路则勿战。择地而侵，无碍而进。此皆棋家之幽微，不可不知也。《易》曰："非天下之至精，其孰能与于此。"

名数篇第十一①

夫奕者，凡下一子，皆有定名。棋之形势、死生、存亡，因名而可见。有冲，有斡，有绰，有约，有飞，有关，有劄，有粘，有顶，有尖，有觑，有门，有打，有断，有行，有立，有捺，有点，有聚，有跷，有夹，有拶，有辟，有刺，有勒，有扑，有征，有劫，有持，有簇，有松，有盘。用棋之名，三十有二。围棋之人，意在万周。临局变化，远近纵横，我不得而前知也。用行取胜，难逃此名。《传》曰："必也，正名乎！"其奕之谓与。

品格篇第十二

夫围棋之品有九。一曰入神，二曰坐照，三曰具体，四曰通幽，五曰用智，六曰小巧，七曰斗力，八曰若愚，九曰守拙。九品之外不可胜计，未能入格，今不复云。《传》曰："生而知之者，上也；学而知之者，次也；困而学之，又其次也。"

① 眉批：（墨）亦可不必拘拘也。名数不可不知。

杂说篇第十三[①]

夫棋，边不如角，角不如腹。约轻于捺，捺轻于嶭。夹有虚实，打有情伪。逢绰多约，遇拶多粘。大眼可赢小眼，斜行不如正行。两关对直则先觑，前途有碍则勿征。施行未成，不可先动。角盘曲四，局终乃亡。直四、板六，皆是活棋。花聚、透点，多无生路。花六、聚七，终非吉祥。十字不可先纽，势子在心，勿打角图。奕不欲数，数则怠，怠则不精。奕不欲疏，疏则忘，忘则多失。胜不言，败不语。振廉让之风者，君子也；起忿怒之色者，小人也。高者无亢，卑者无怯。气和而韵舒者，喜其将胜也。心动而色变者，忧其将败也。赧莫赧于易，耻莫耻于盗。妙莫妙于用松，昏莫昏于覆劫。凡棋，直行三则改，方聚四则非。胜而路多，名曰赢局；败而无路，名曰输筹。皆筹为溢，停路为芇。打筹不得过三，淘子不限其数。劫有金井、辘轳，有无休之势，有交递之图。奕棋者不可不知也。凡棋有敌手，有半先，有先两，有桃花五，有北斗七。夫棋，有无之相生，远近之相成，强弱之相刑，利害之相倾，不可不察也。是以安而不泰，存而不骄。安而泰则危，存而骄则亡。《易》曰："君子安而不忘危，存而不忘亡。"

右十三篇作于清河张公拟。公尝仕宋为翰林学士，其文章政事固未暇论，而《观光集》称其英姿卓识，迥然特立于风尘之表，于是亦可以想见其仪刑矣[②]。是编虽不能悉公之平生，而其修词命意，傍通曲畅，非深达是道者，曷克臻此。尔后作者迭兴，莫不极力模拟，或取远而遗近，舍大而从小，求其能尽奕之情如公者鲜矣。今诸家采录，加以训诂，多重复舛戾，适足自乱，亦无取焉。

---

① 眉批：（墨）二语棋品也。曲尽形窃妙，而反亦跌宕。
② 眉批：（墨）吾亦想见其人已。

卷一

亮明斋　校梓

石室老人秘法　永嘉鲍一明　汇编

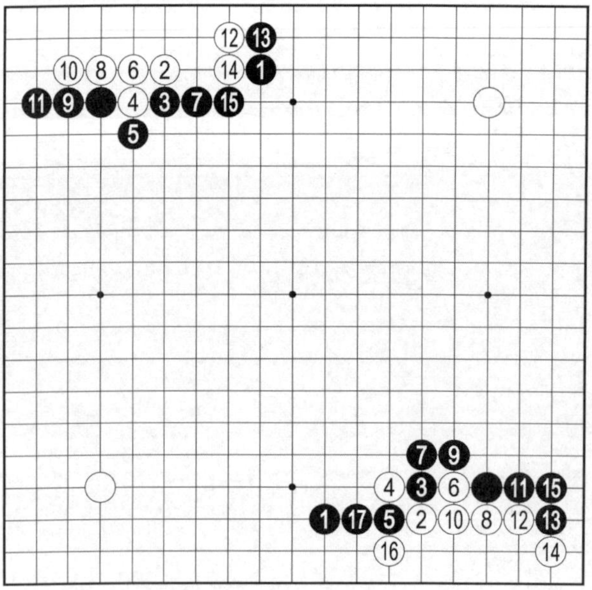

正兵部一①

一变 黑先胜

二变② 黑先胜

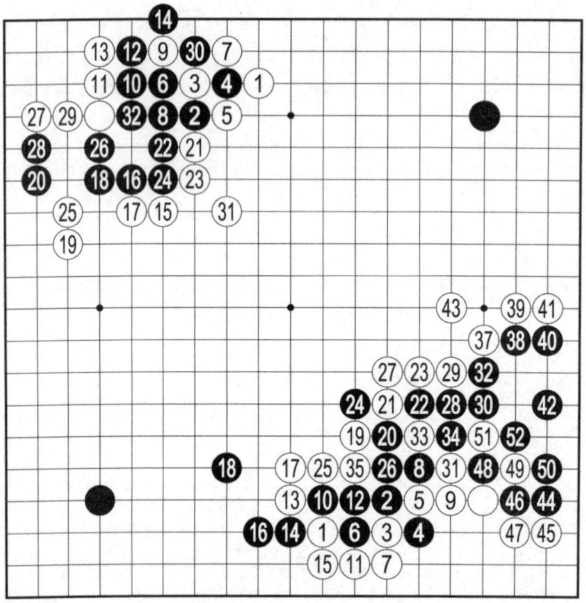

三变③ 白先胜

四变④ 白先胜

36=33

① 眉批：（墨）可用。（朱）以红圈为白，黑圈系黑。审校注：凡此后各变局，两张谱合在一个图中的，其次序皆为先右半图后左半图。
② 内文批注：四着变，恐有错误。
③ 二着变，四十九不可用。此变五十二着。
④ 此变三十二着。四着变。

五变① 黑先胜

六变② 黑先胜

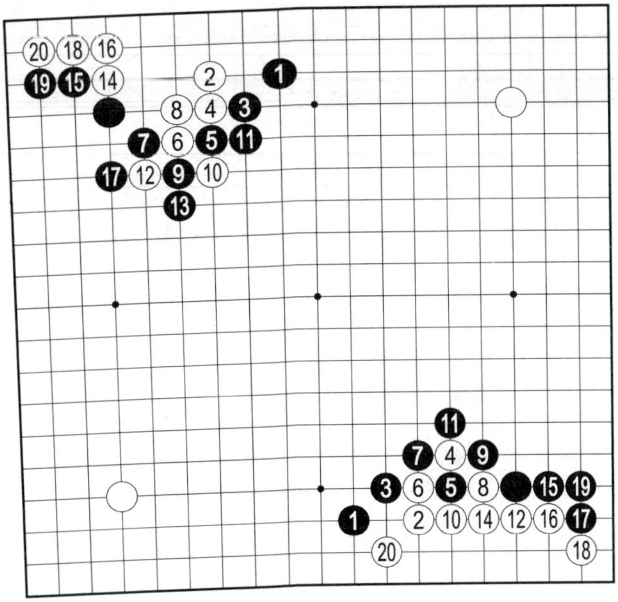

13=5

七变③ 白先胜

八变④ 白先胜

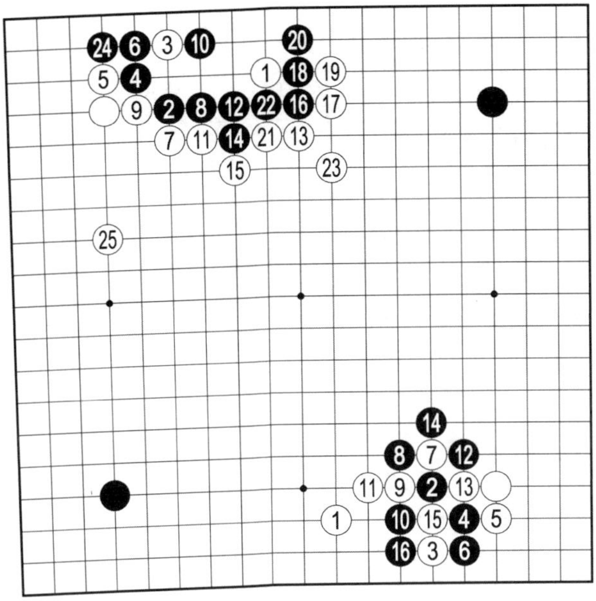

⑰=⑦

---

① 二着变。廿着。
② 四着变。眉批：（墨）此变恐有错误。
③ 二着变。十七着。
④ 二十五着。八着变。

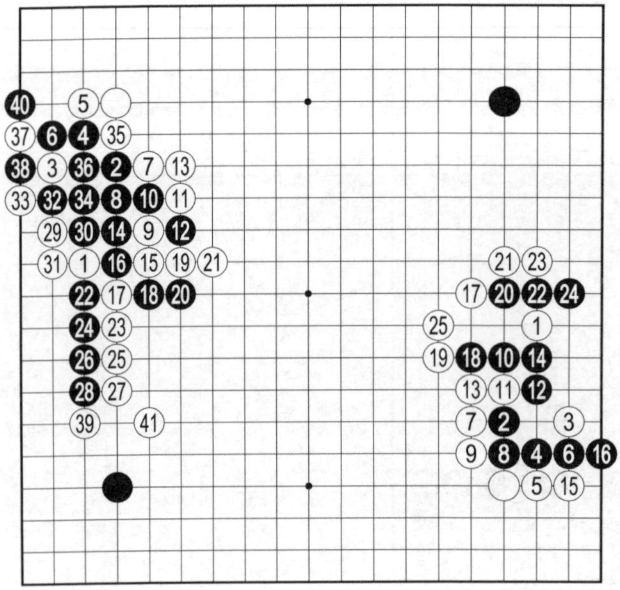

九变① 白先胜

十变② 白先胜

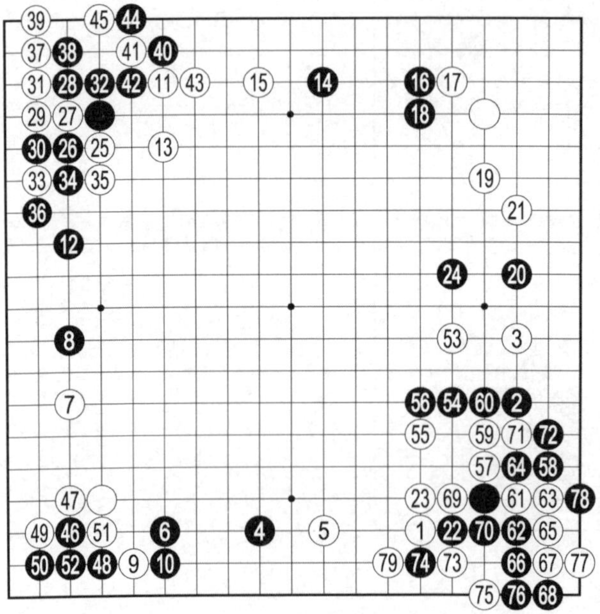

正兵部二

一变③ 白先胜

① 八着变。此变二十五着。
② 八、九着变。此变四十一着。
③ 共七十九着。

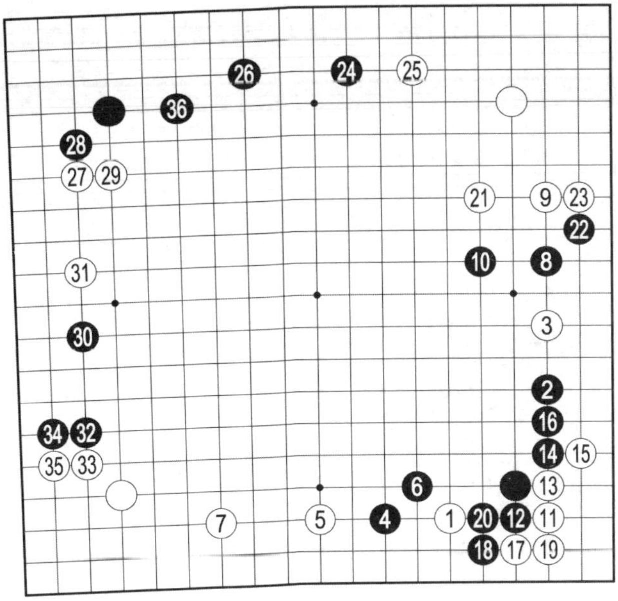

二变　白先分势[①]

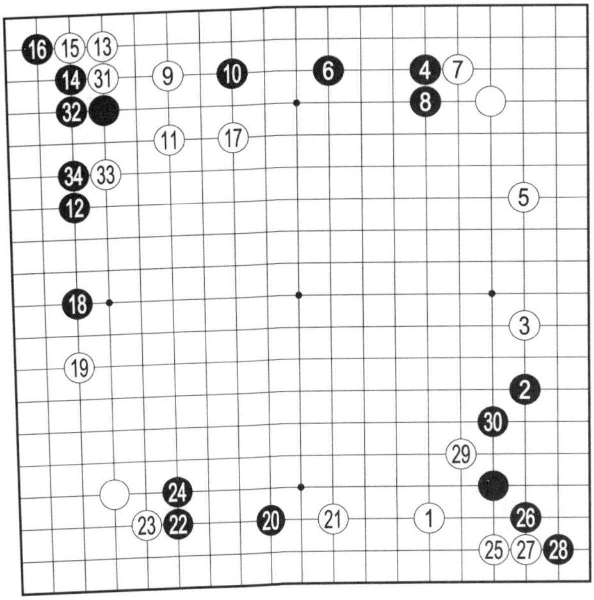

三变　白先和局[②]

① 黑 36 手后不合逻辑。
② 黑 34 手后不合逻辑。

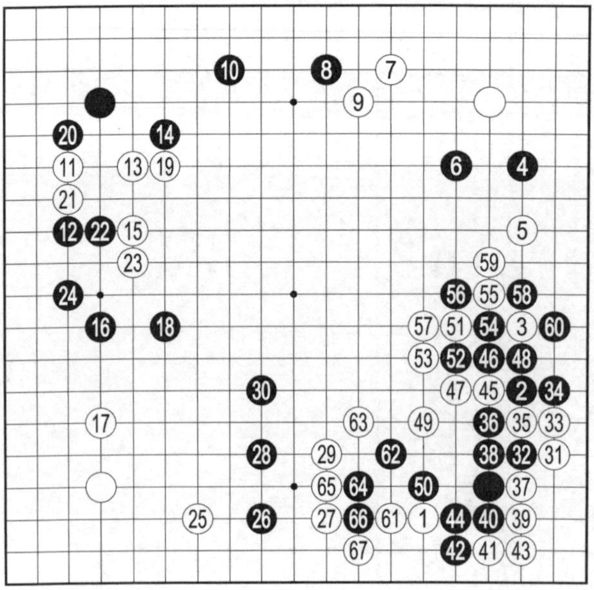

四变　白先胜

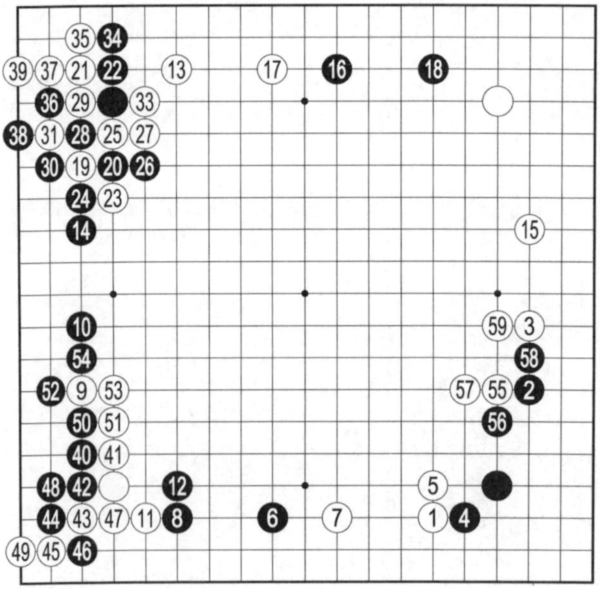

32=19

五变　白先胜

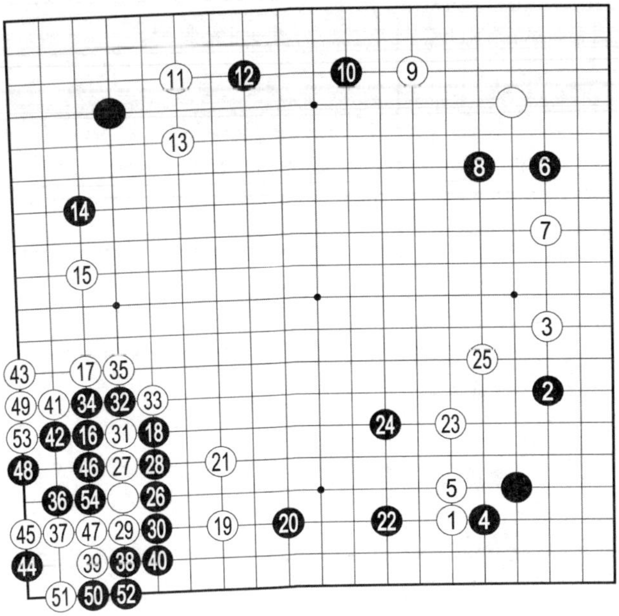

六变　白先和局

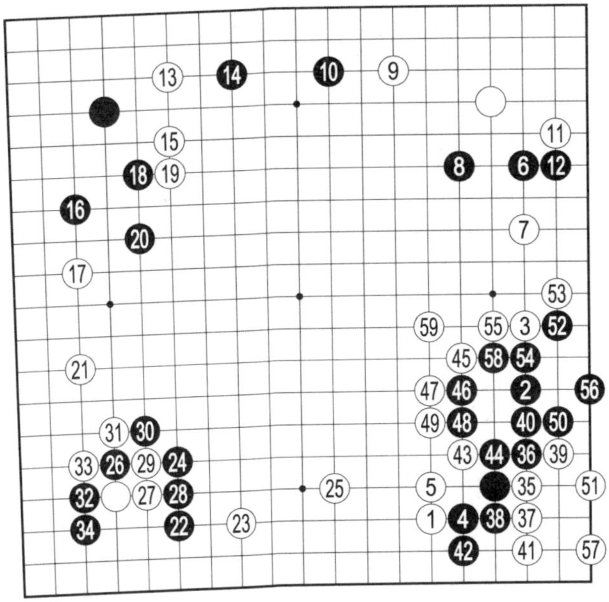

七变　白先分势

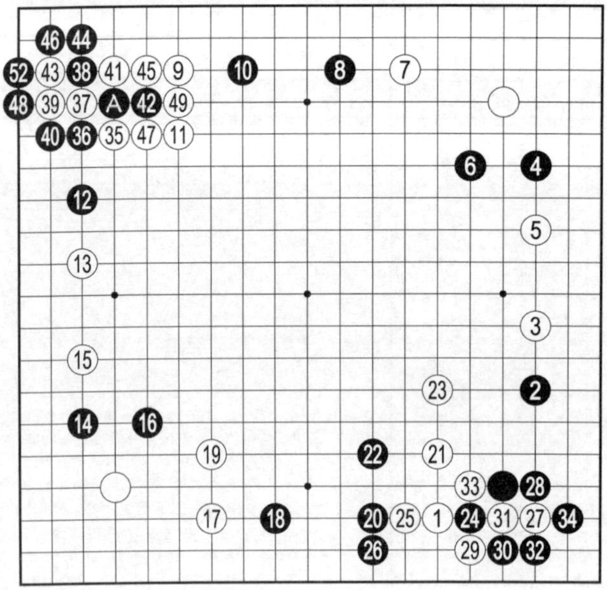

50=A；　51=42

八变　白先黑胜

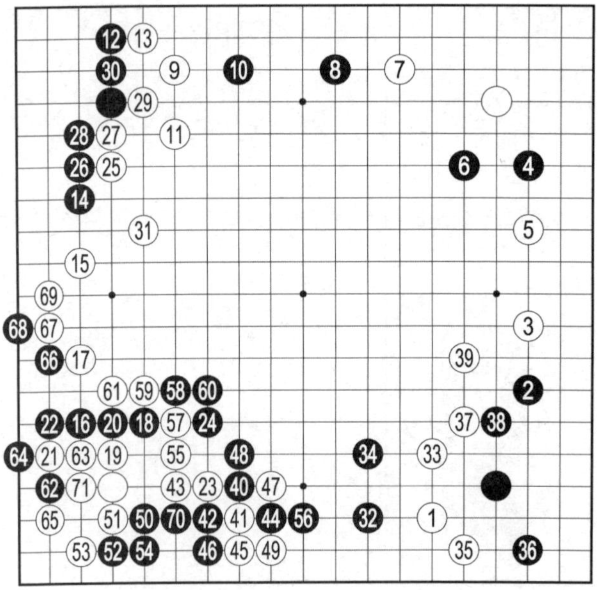

九变　白先胜

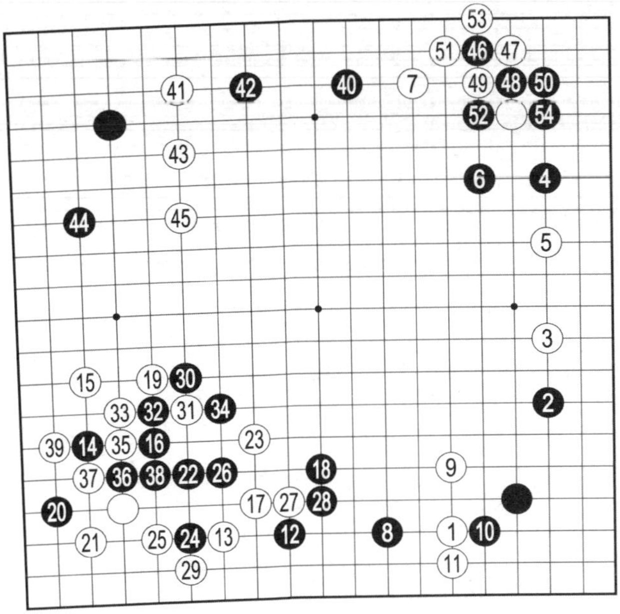

十变　白先胜[①]

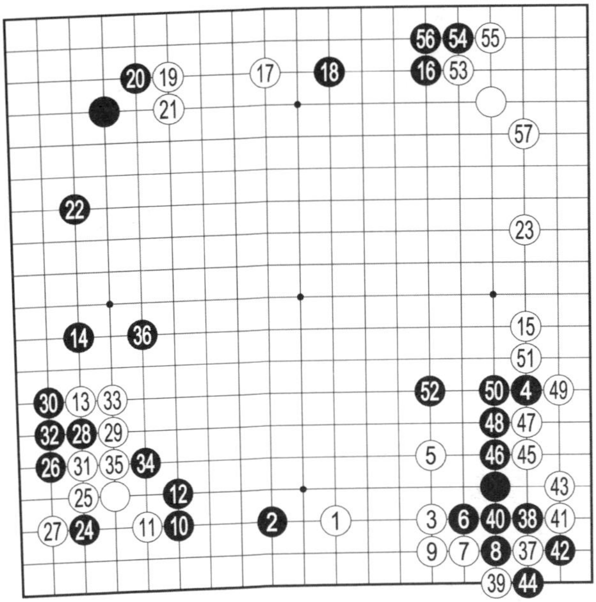

起手局　白先胜

① 原校谱遗漏，现补。

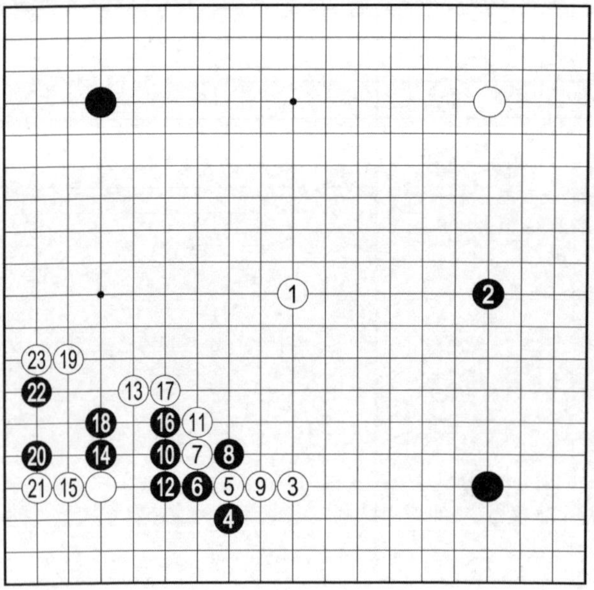

守城部一

起于一，一者数之始，即太极也。《棋经》所谓“据其极而运四方”者也。

一变 白先胜

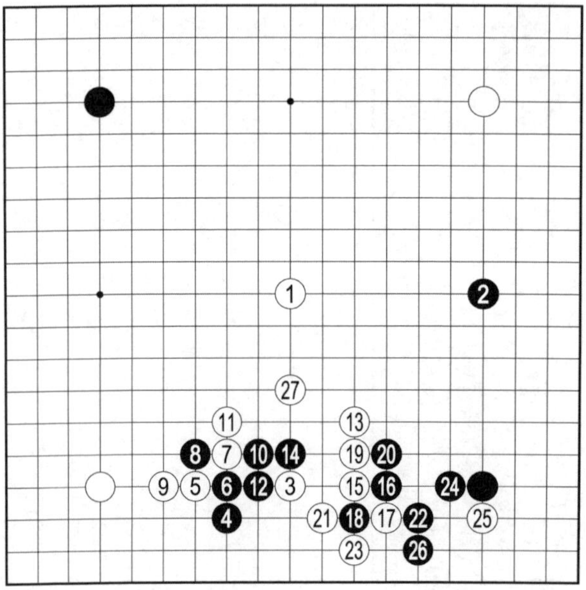

二变 白先胜

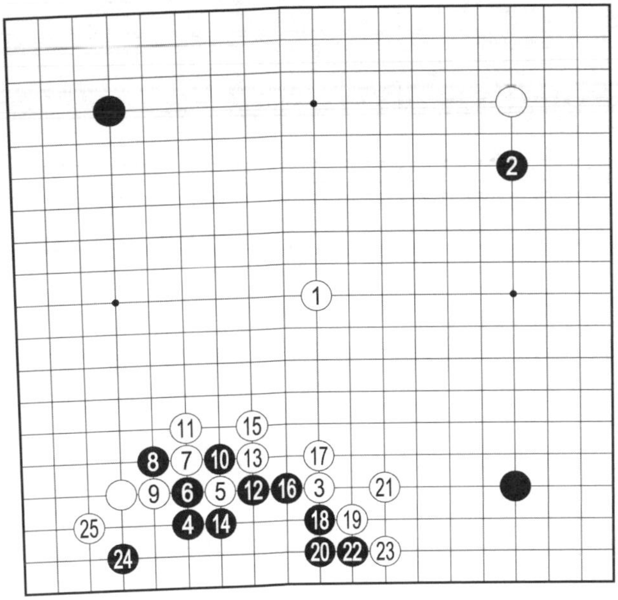

三变 白先胜

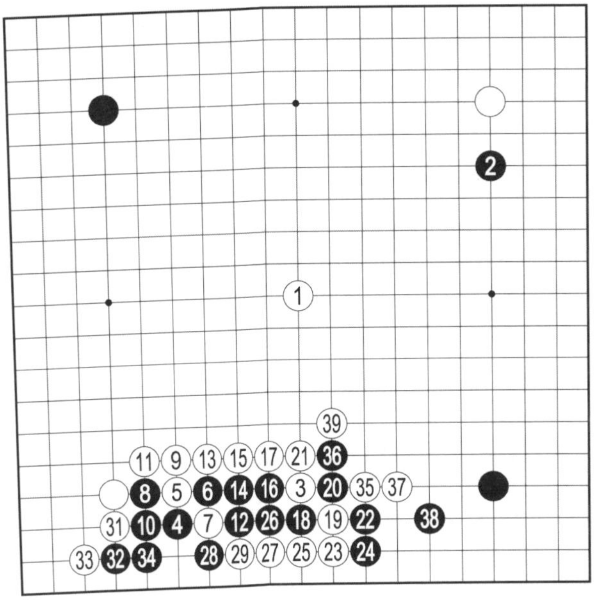

❸⓪=⑦

四变 白先胜

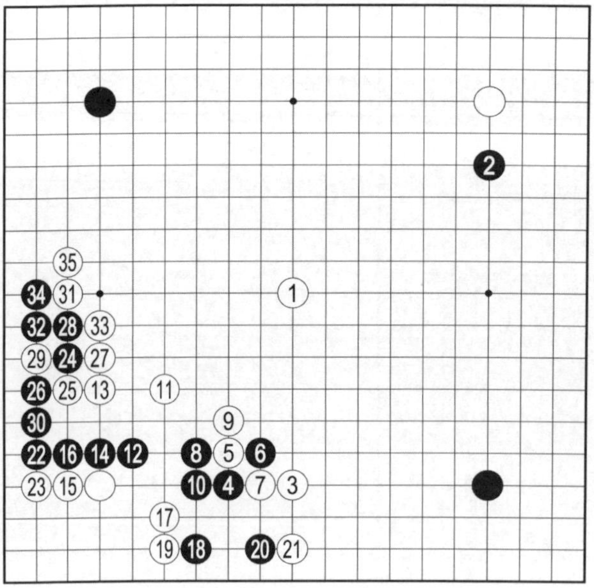

五变 白先胜

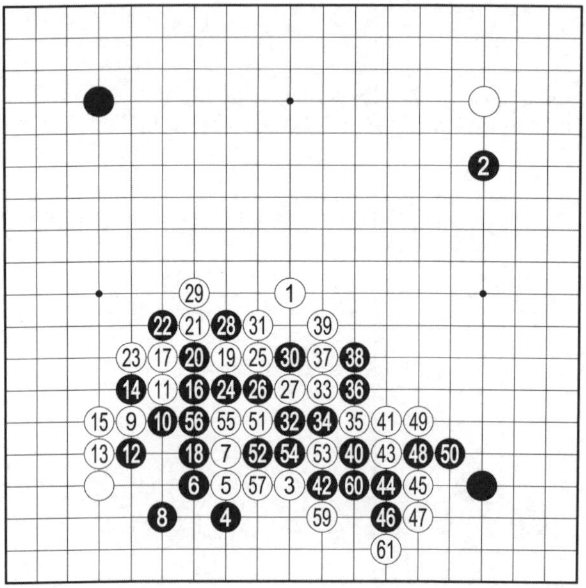

❺❽=(53)

六变 白先胜

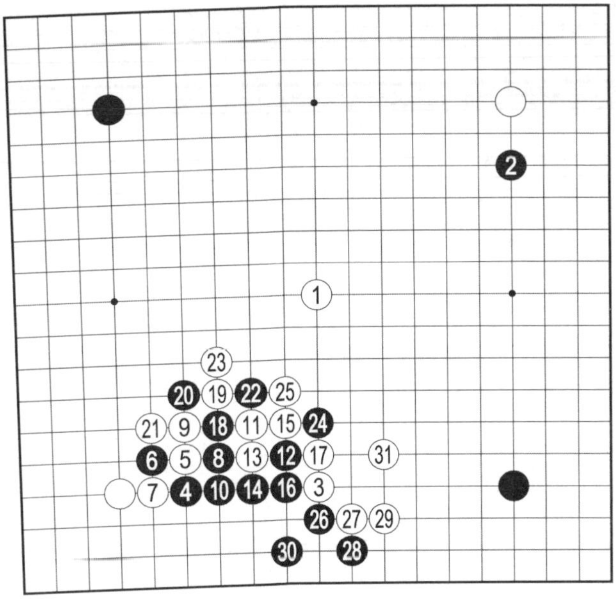

七变 白先胜

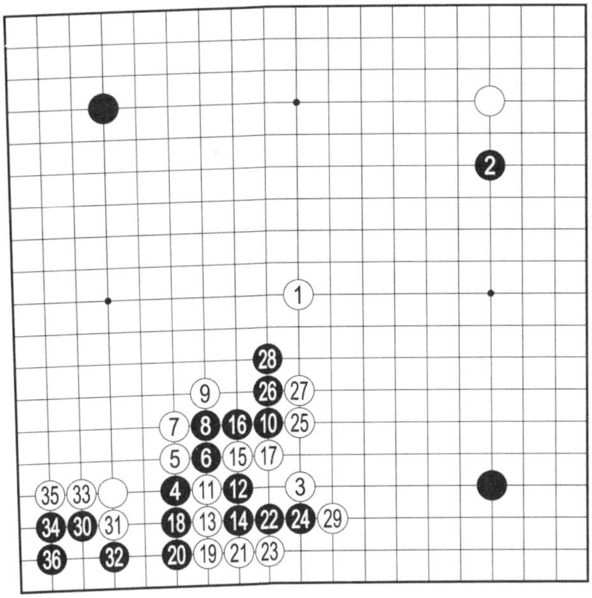

八变 白先胜

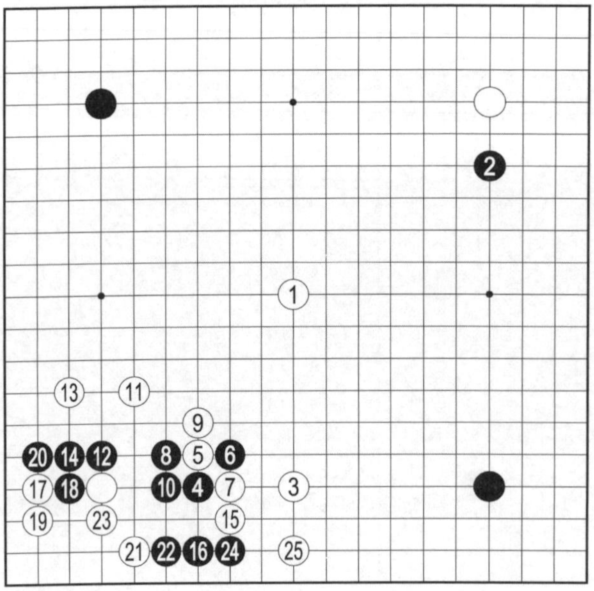

九变 白先胜

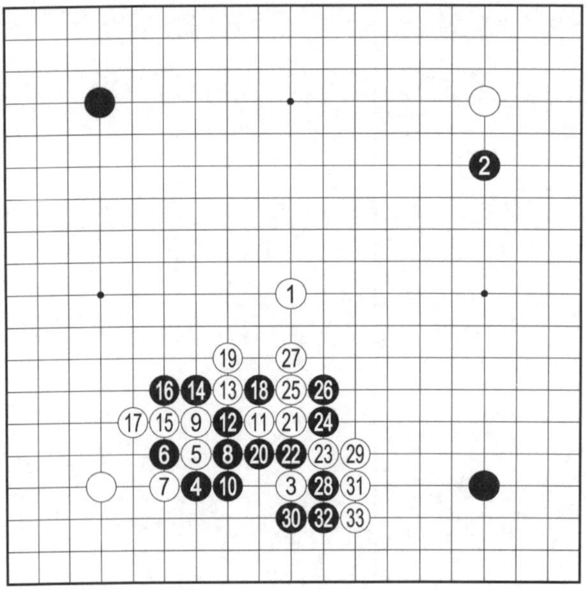

十变 白先胜

守城部二①

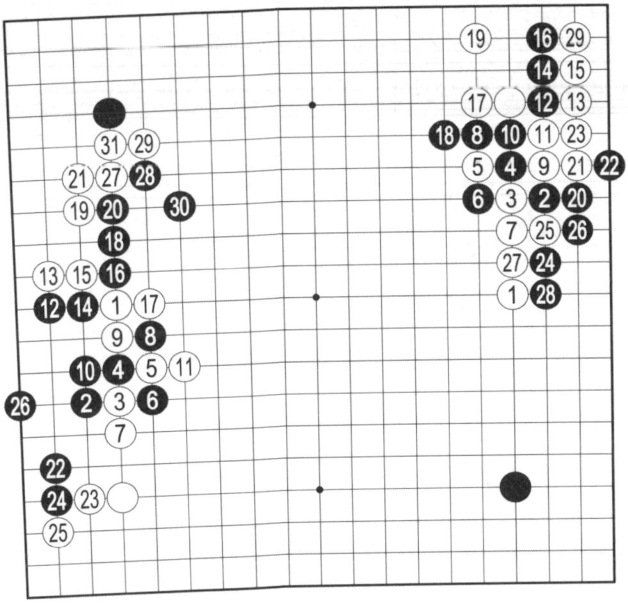

一变 白先胜

二变 白先胜

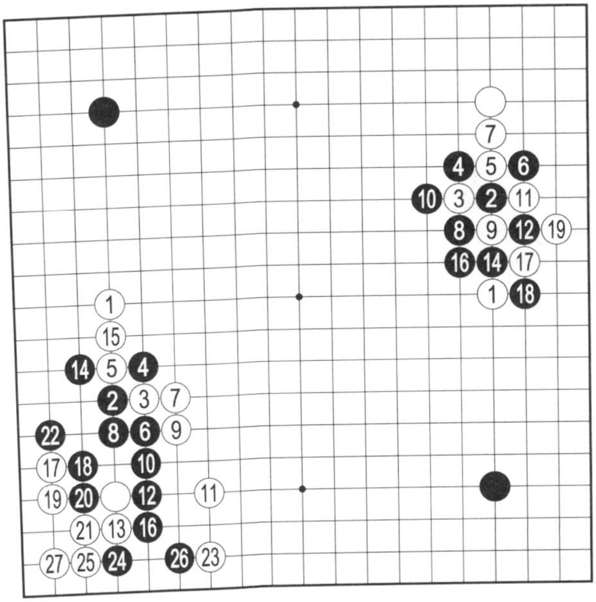

⑬=③； ⑮=❷

三变 白先胜

四变 白先胜

① 眉批：（墨）可用。

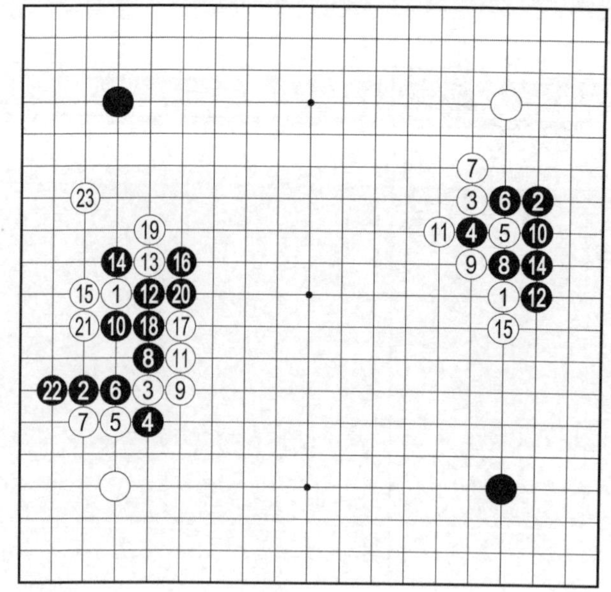

五变 白先胜

六变 白先胜

⑬=⑤

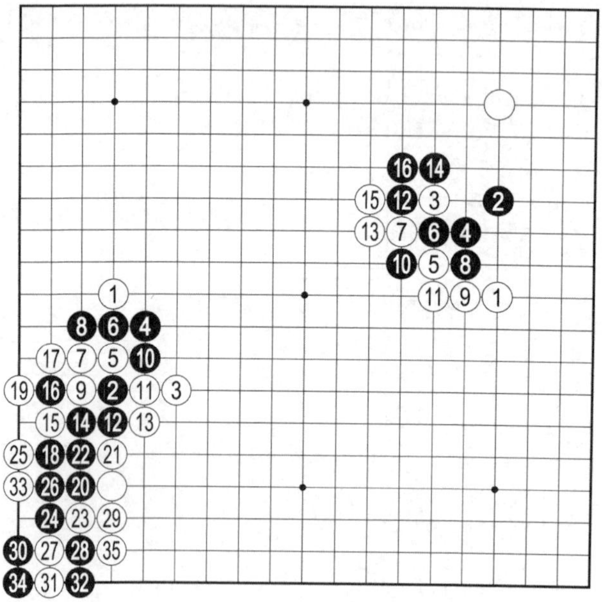

七变 白先胜

八变 白先胜

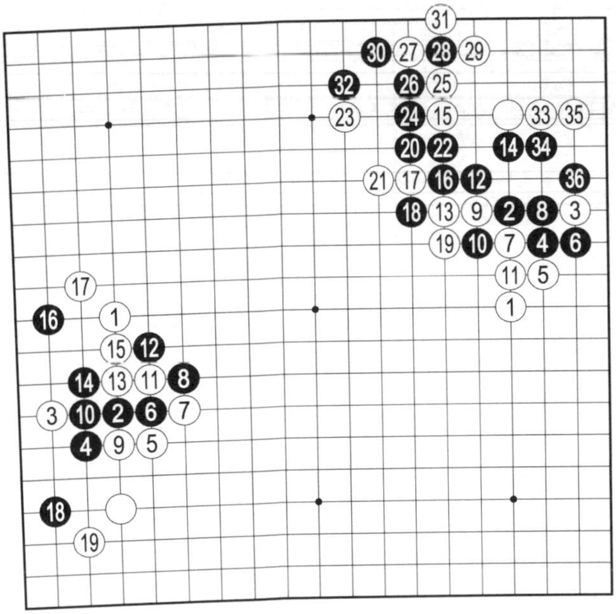

九变 白先胜

十变 白先胜

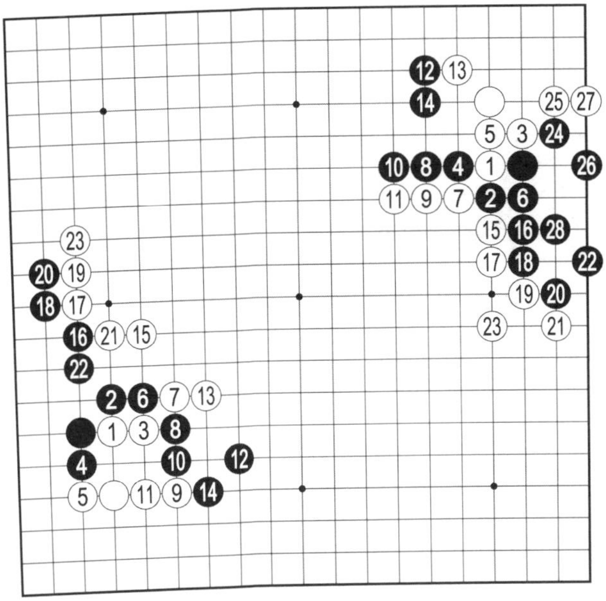

封关部一[①]

一变 白先胜

二变 白先胜

① 眉批：（墨）可用。

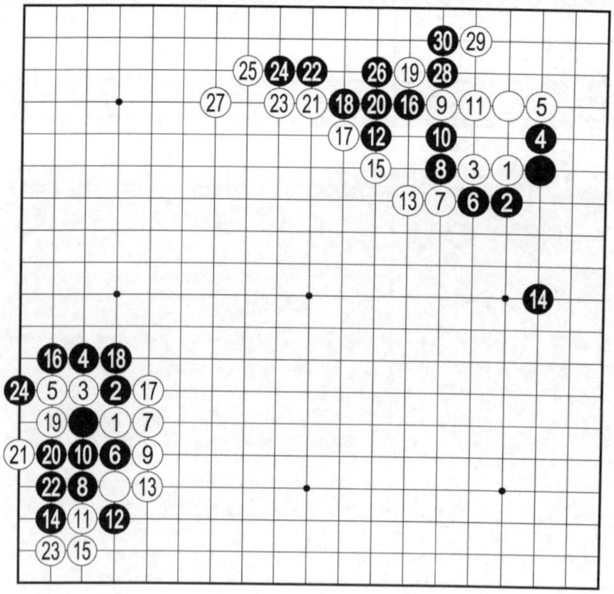

三变　白先胜

四变　白先胜

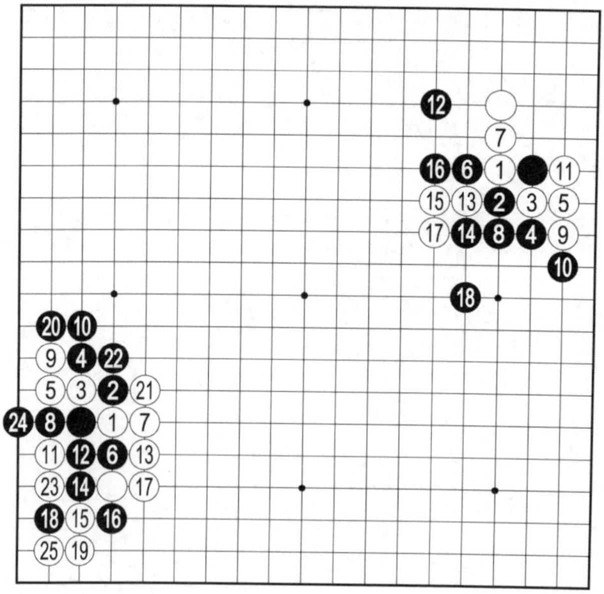

五变　白先胜

六变　白先胜

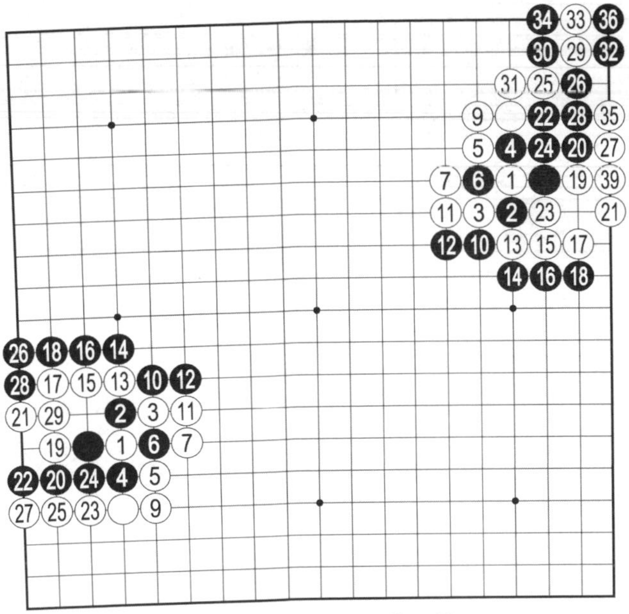

七变 白先胜

八变 白先和局

8=1； 37=29； 38=33； 8=1

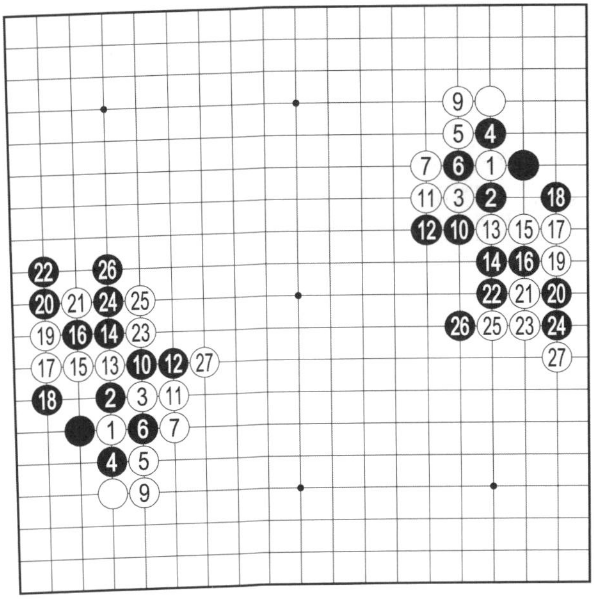

九变 白先胜

十变 白先胜

8=1； 8=1

奇兵部一①

一变② 白先胜

二变③ 白先胜

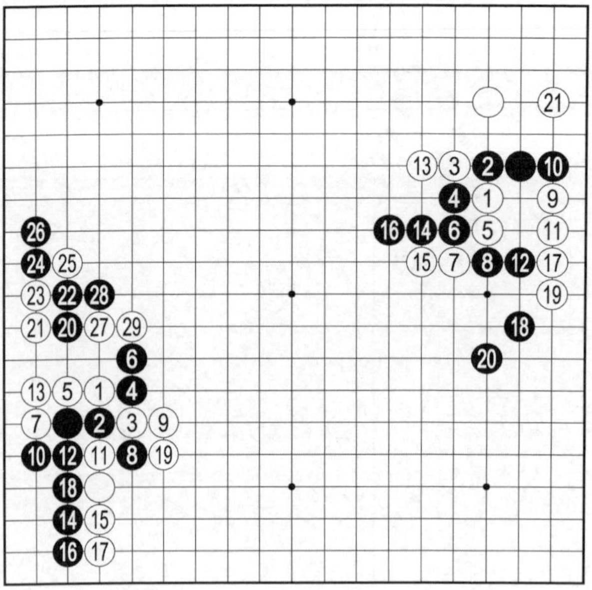

三变④ 白先胜

四变⑤ 白先胜

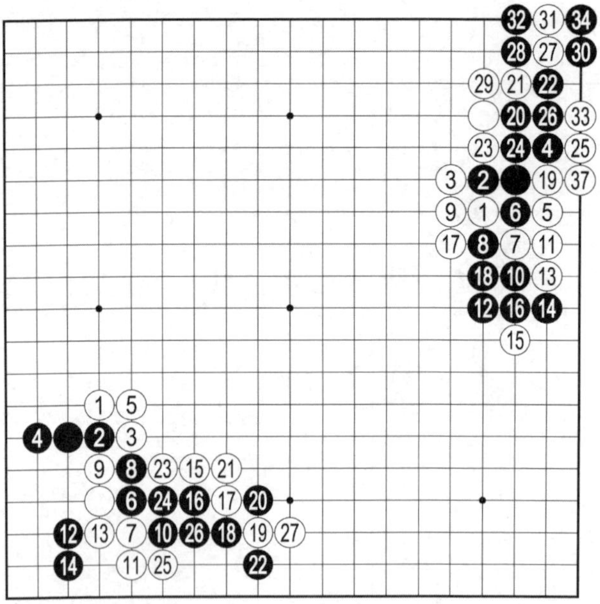

㉟=㉗； ㊱=㉛

① 眉批：（墨）可用。
② 廿一着。九着妙。六着入套。
③ 五着变。
④ 四着变。十着不可用。廿七、卅一妙。
⑤ 四着变。十五妙。

五变[1] 白先胜

六变[2] 白先胜

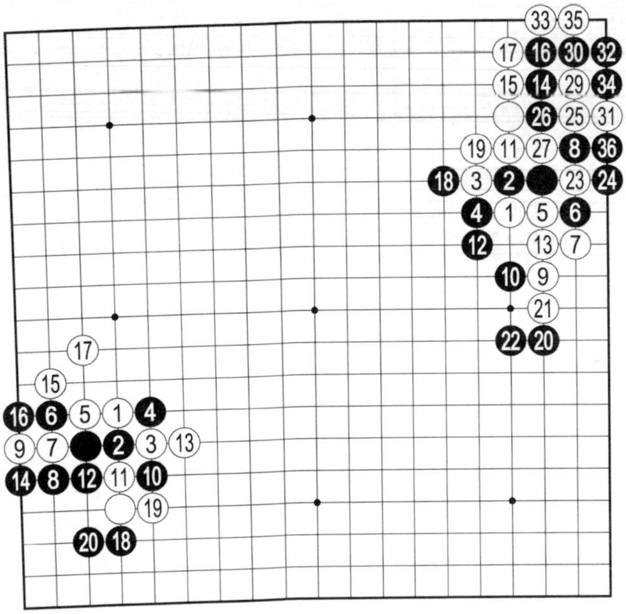

28=23； 37=25

七变[3] 白先胜

八变[4] 白先胜

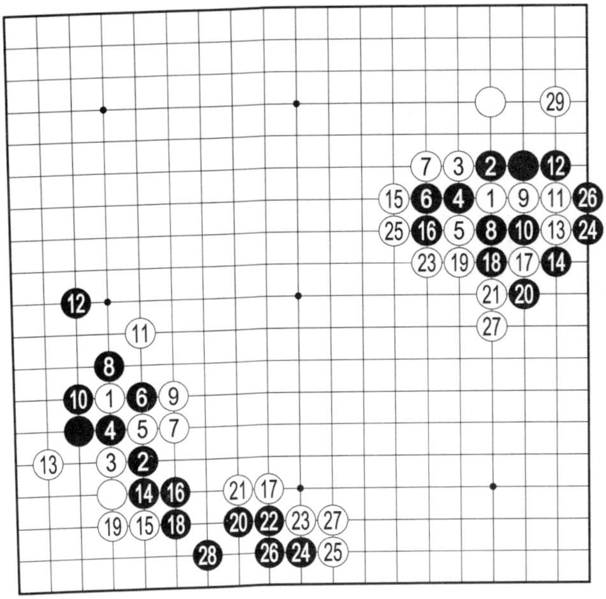

22=17； 28=4

① 六着变。廿三妙。
② 七着变。
③ 五着变。
④ 二着变。

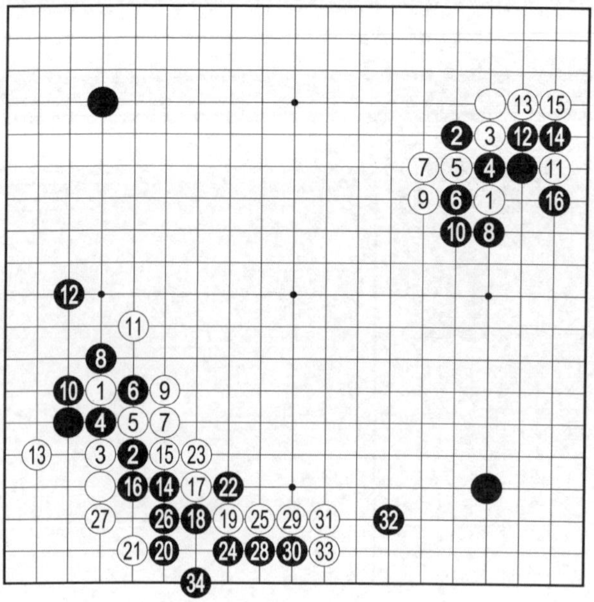

九变① 白先胜

十变② 白先胜

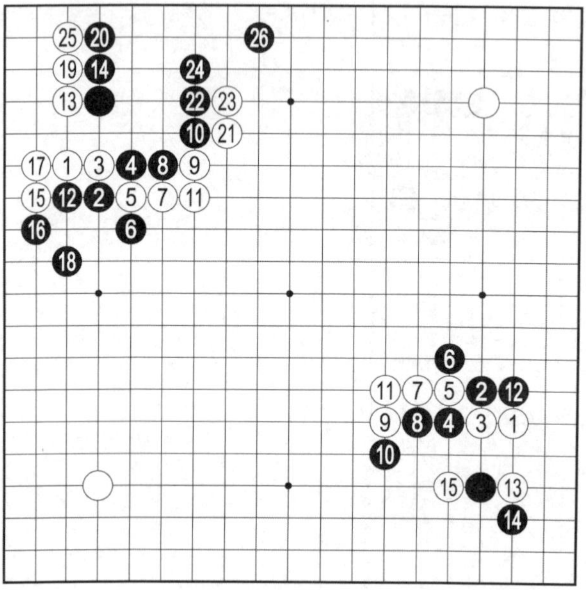

奇兵部二③

一变 白先胜

二变④ 白先胜

① 十着变。
② 十四着变。
③ 眉批：（墨）可用。
④ 十四着变。

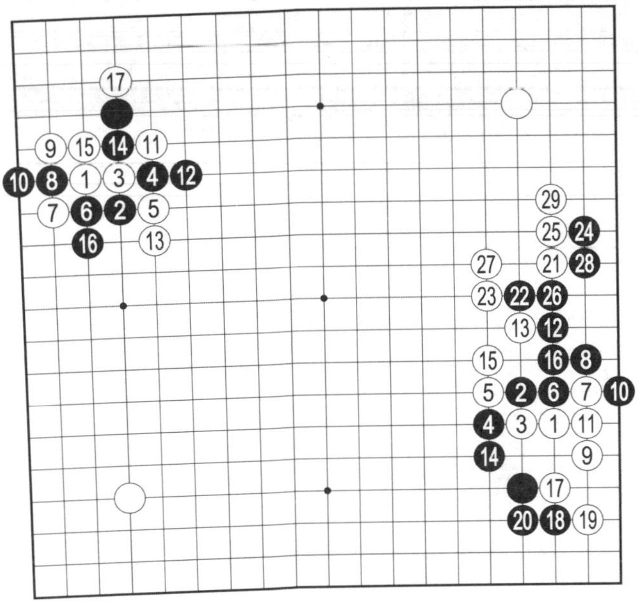

三变[①] 白先胜

四变[②] 白先胜

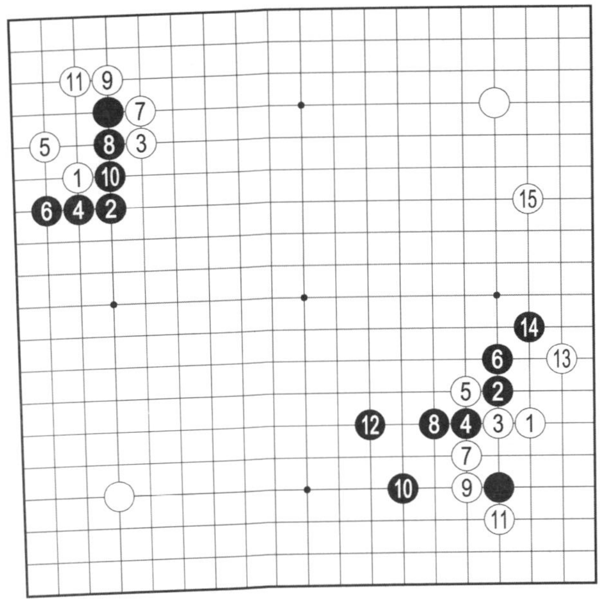

五变[③] 白先胜

六变[④] 白先胜

---

① 此与前五变同，十着变。六着变。

② 此与前六变同，十三着变。八着变。

③ 六着变。

④ 四着变。

斩关部一

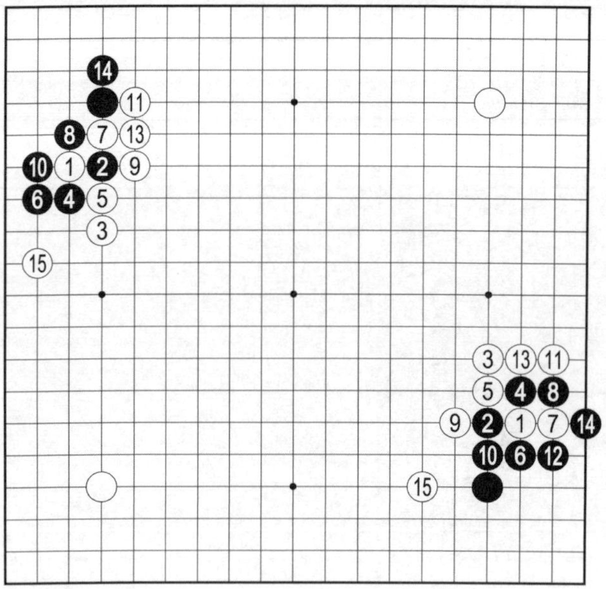

12=2

一变 白先胜

二变 白先胜

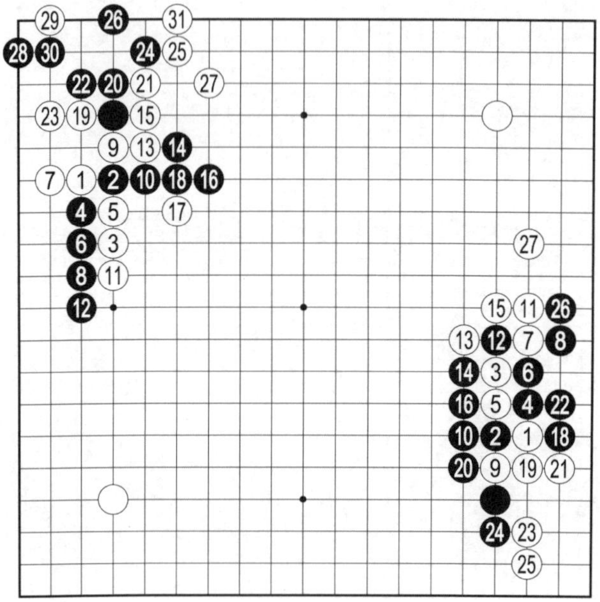

17=12

三变 白先胜

四变 白先胜

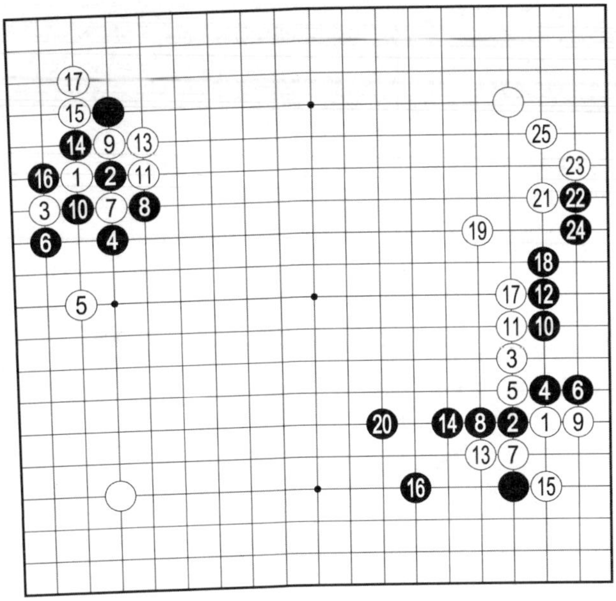

五变 白先胜

六变 白先胜

⓬=⑦

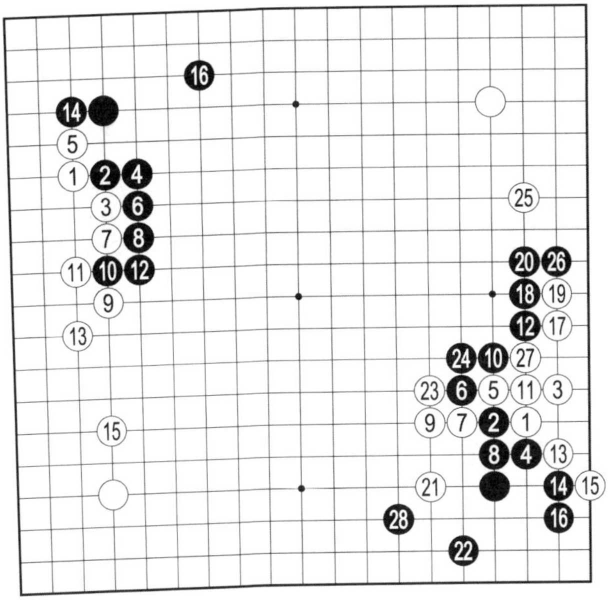

七变 白先胜

八变 白先胜

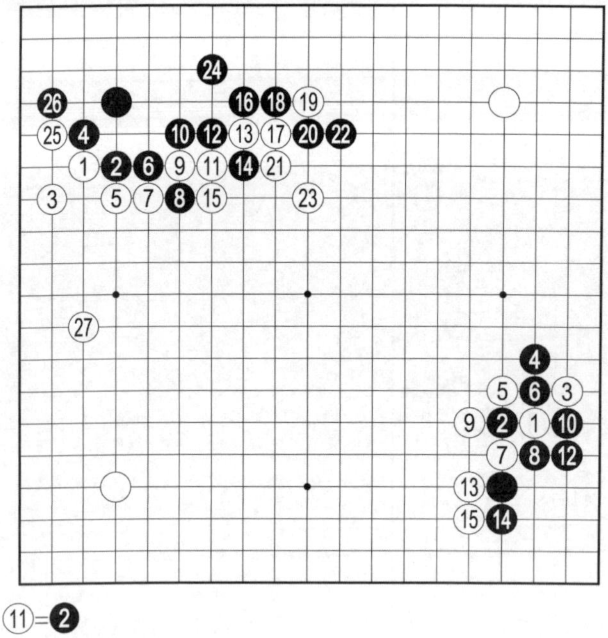

九变 白先胜

十变 白先胜

斩关部二

一变 白先胜

二变[①] 白先胜

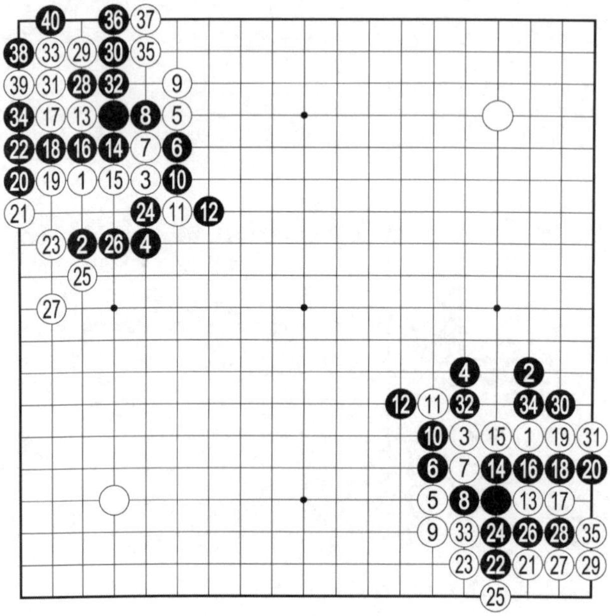

① 廿着变。廿九妙。

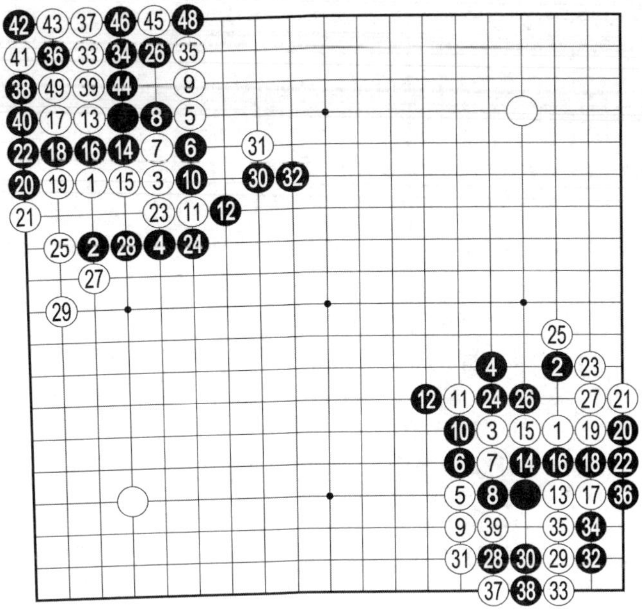

三变[1] 白先胜

四变[2] 白先胜

47=41

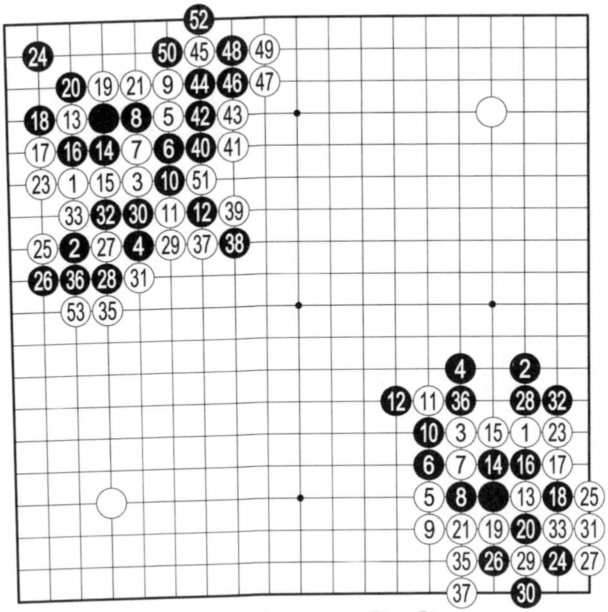

五变[3] 白先胜

六变[4] 白先胜

22=13；34=29；22=13；34=27

① 廿六着变。
② 廿三着变。
③ 十七着变。眉批：（朱）妙在此着，□可自黑方得耳。
④ 廿五着变。

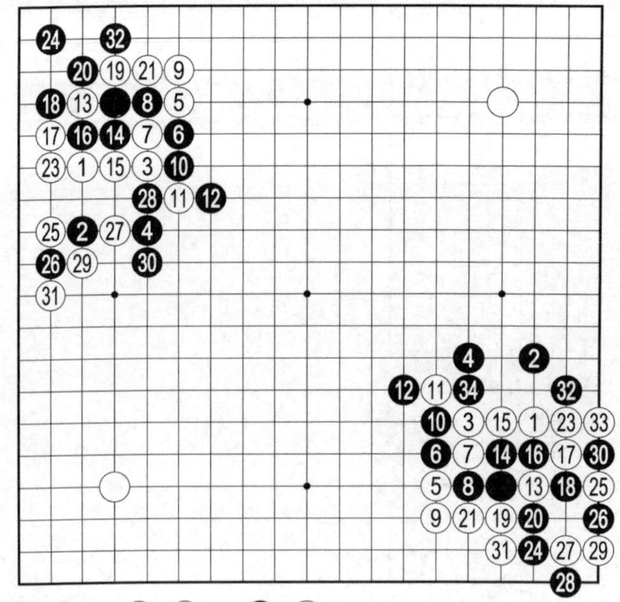

七变[①] 白先胜

八变[②] 白先胜

❷❷=⑬； ㉟=㉕； ❷❷=⑬

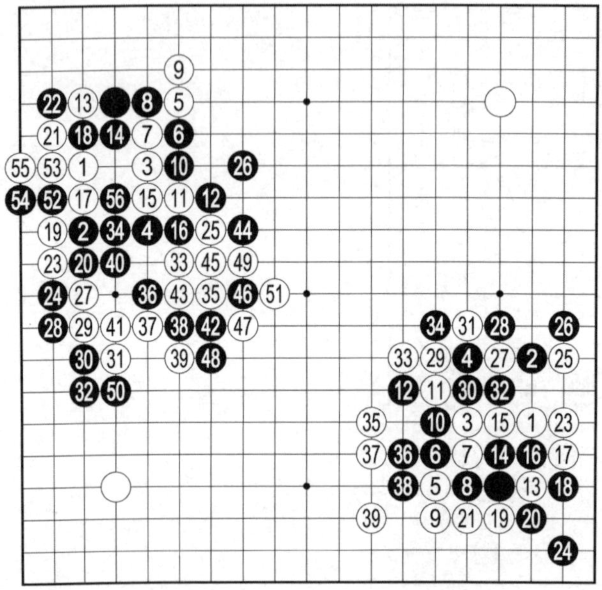

九变[③] 白先胜

十变[④] 白先黑胜

❷❷=⑬

① □五变参。廿四着变。
② □六变参。廿八变。眉批（朱）：凡着棋不拘定一偏之见，□以心胸灵动□□□□□□□□□□□□□□。
③ 卅三着变。
④ 十五着变。

伏兵部一

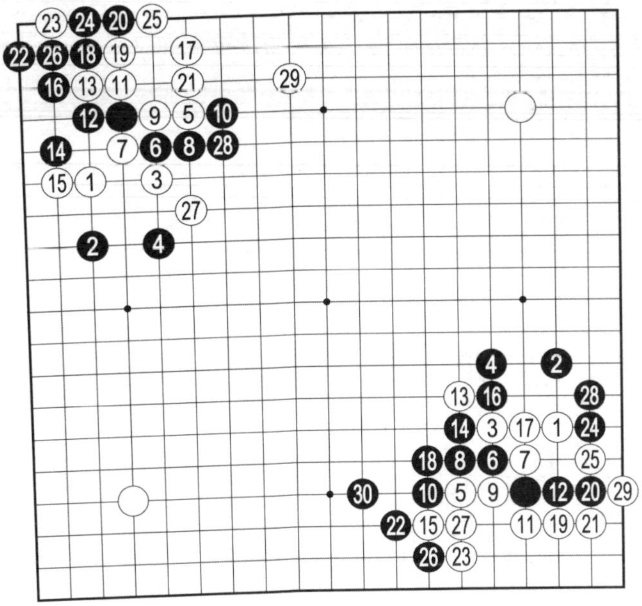

一变 白先胜

二变 白先胜

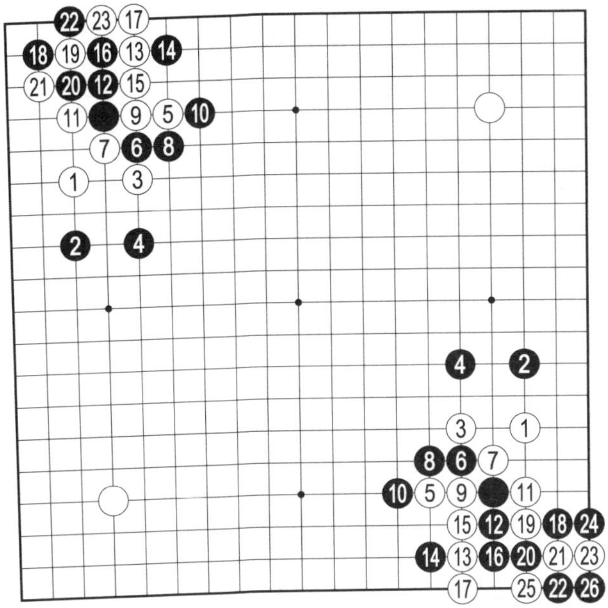

㉗=㉑

三变 白先胜

四变[①] 白先胜

① 妙。

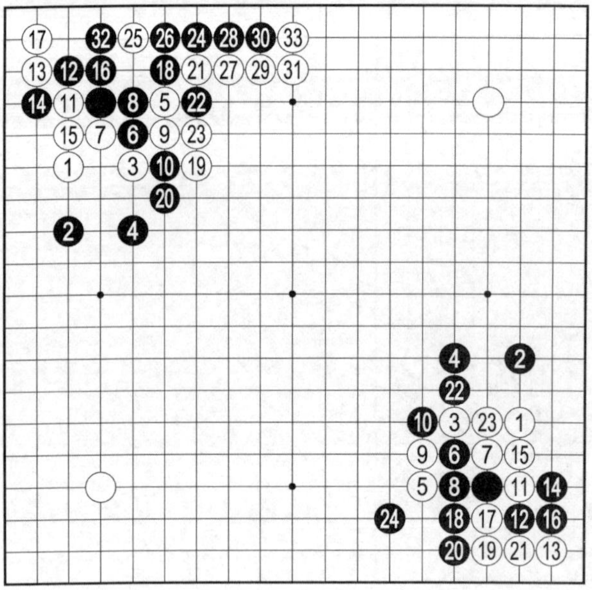

五变 白先胜

六变 白先胜

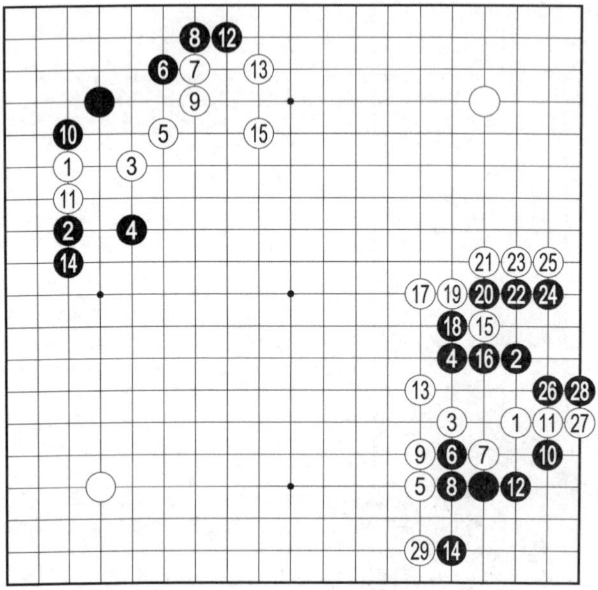

七变 白先胜

八变 白先胜

伏兵部二

一变 白先胜

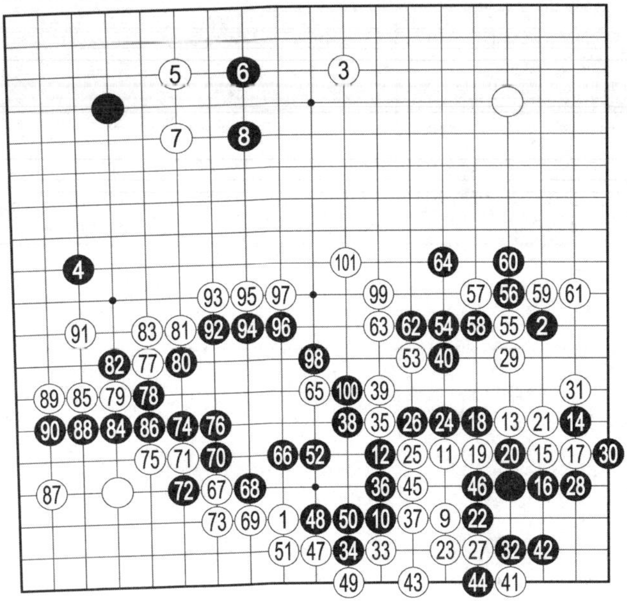

二变 白先胜

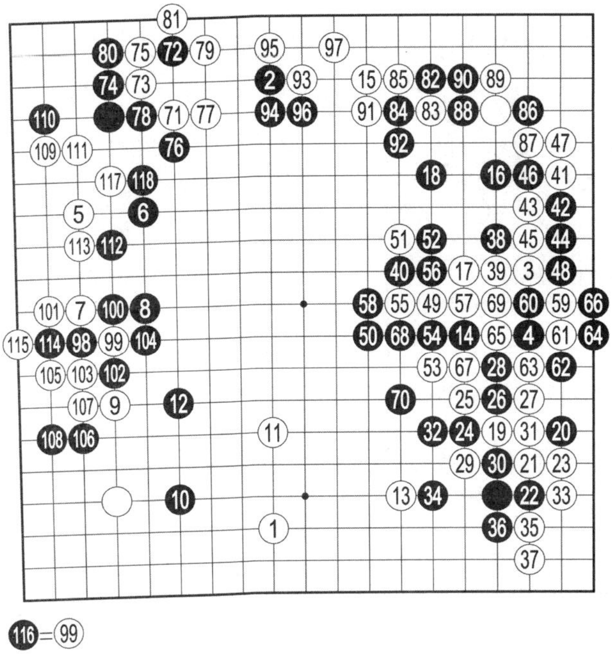

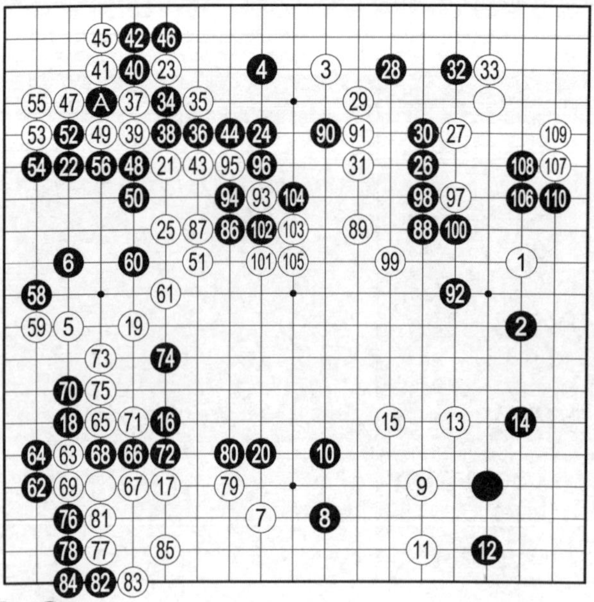

⑸⑺=Ⓐ

三变 白先胜

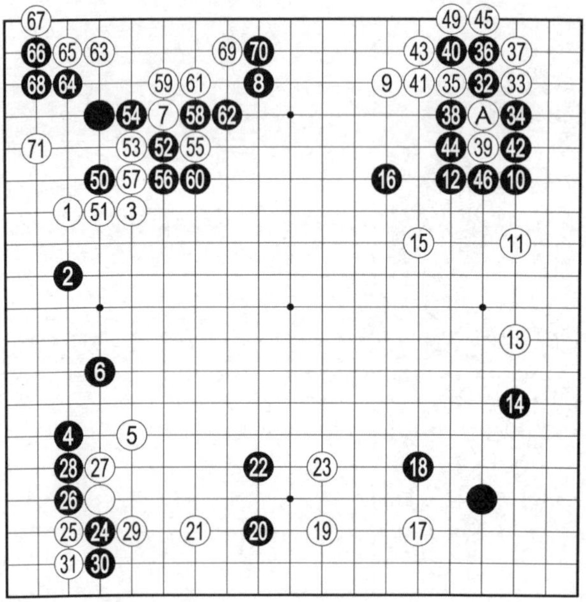

㊼=Ⓐ； ㊽=㊴

四变 白先胜[1]

① 根据棋理大致复原。

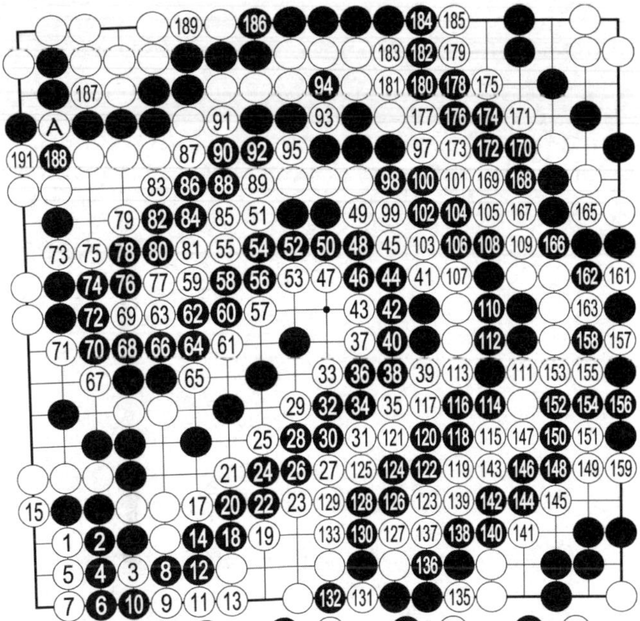

❶⑯=③；❾⑥=⑨③；❶③④=①③①；❶⑥⓪=①⑤⑦；❶⑥④=①⑥①；
❶⑨⓪=Ⓐ

全图 白先胜

卷二

石室老人秘法
永嘉鲍一明　编

挑战部一

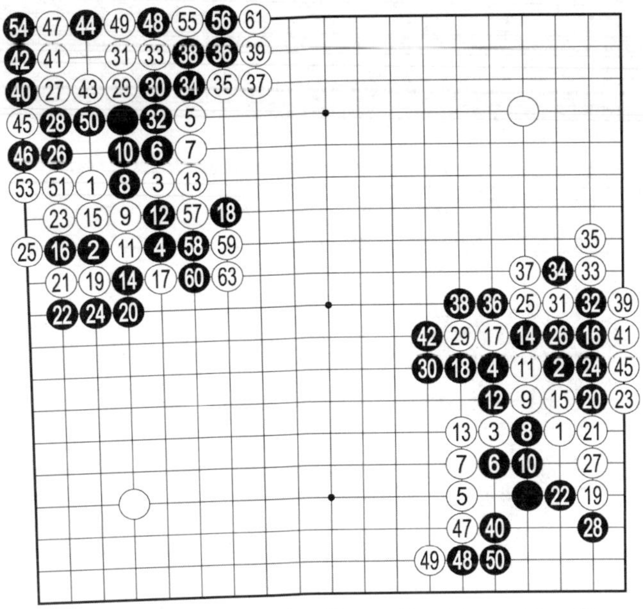

43=17；44=29；46=17；52=45；62=48

一变 白先胜

二变 白先分势

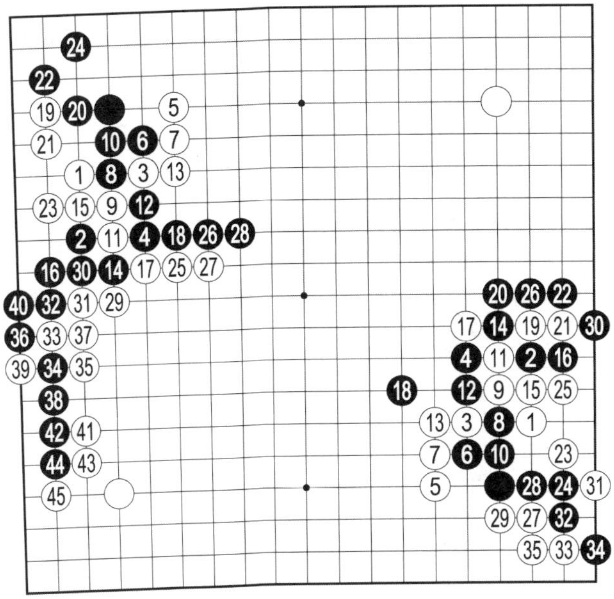

三变 白先胜

四变[①] 白先胜

---

① 夫黑先□兮黑胜，白先□兮白胜，理之自然。但有黑先而白胜，白先而黑□胜否？

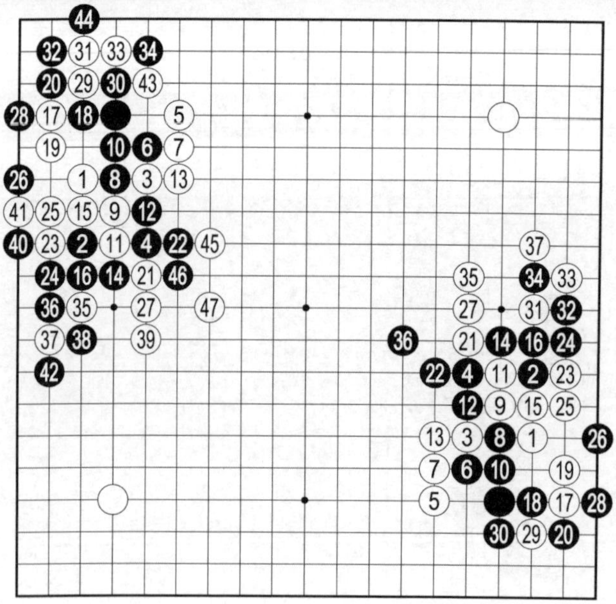

五变 白先胜

六变 白先胜

第六局 白先胜

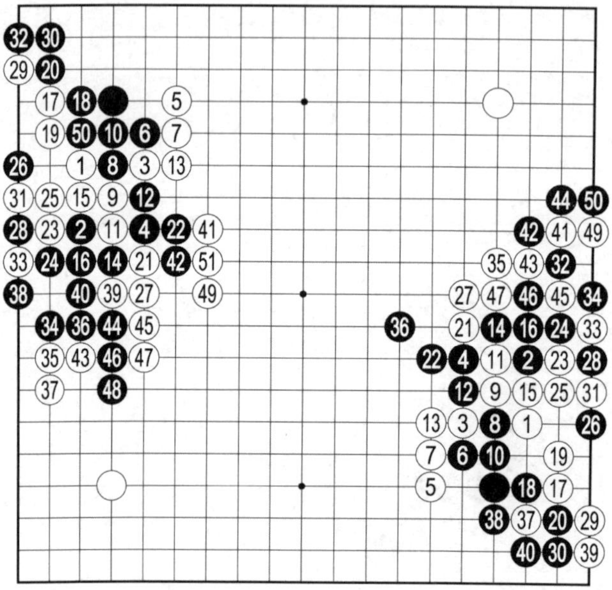

七变 白先胜

八变 白先胜

❹❽=❷❽； ㊿①=③③

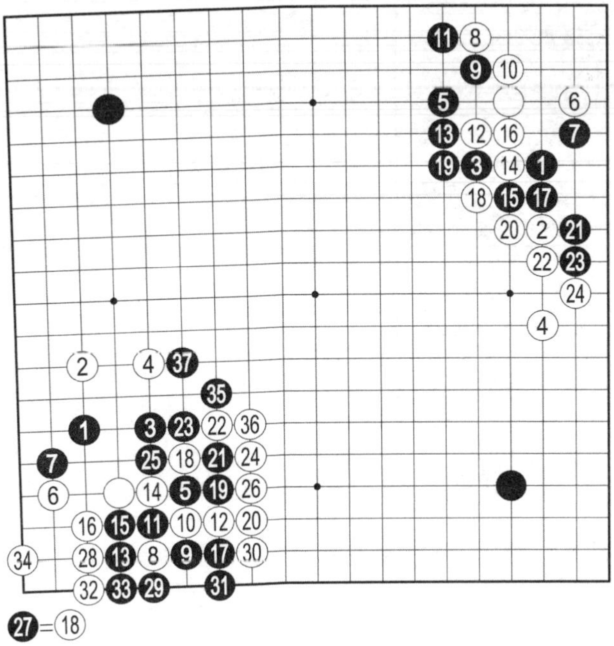

挑战部二

一变 白[①]先胜

二变 白先分势

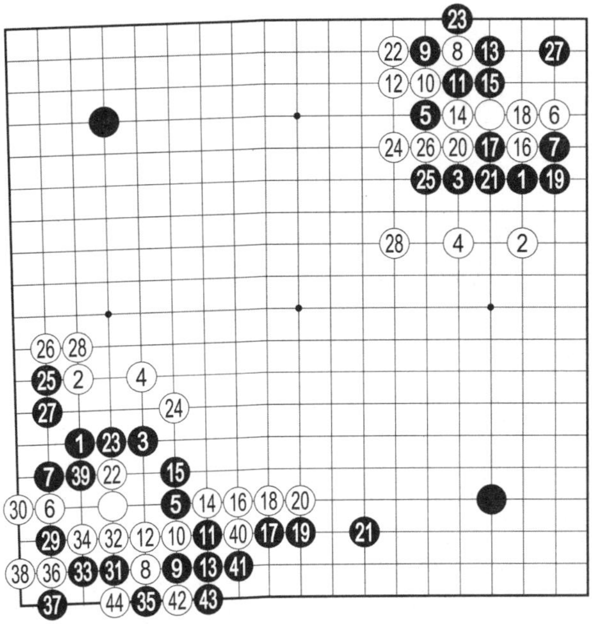

三变 黑先白胜

四变 黑[②]先白胜

---

① 左下㉛后顺序有误，已按棋理恢复。

② 原作白先黑胜（原谱为左半图，现点校本把三变、四变合在一图，为避免混淆黑白棋，故修改之）。

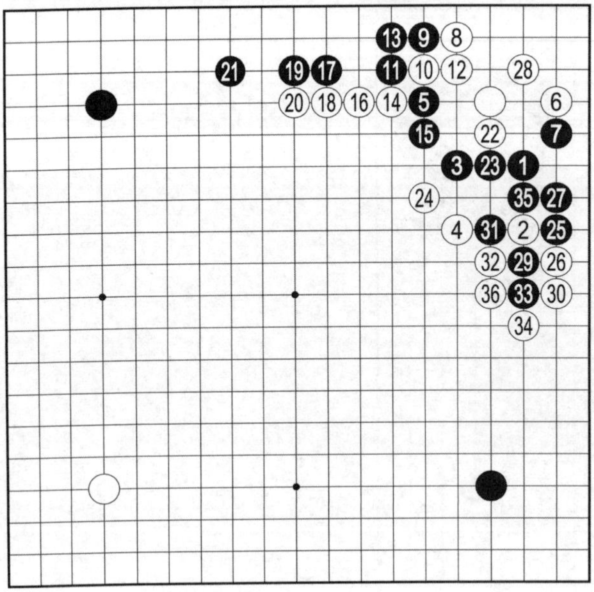

五变 白先胜

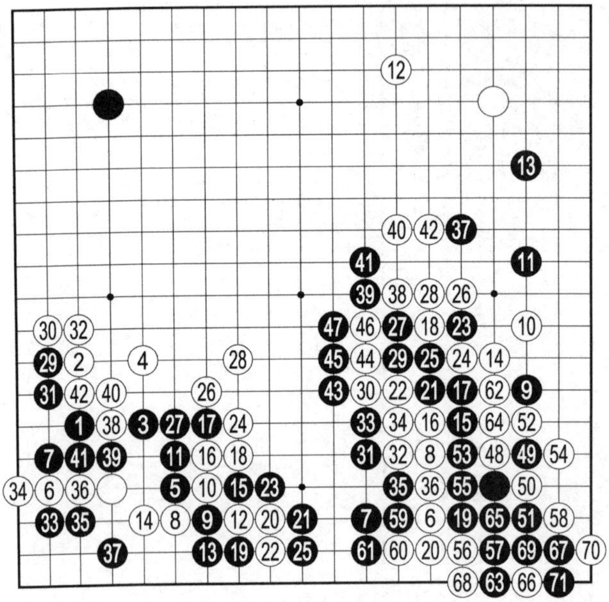

八局 六三起手，白先胜

八变 黑先胜

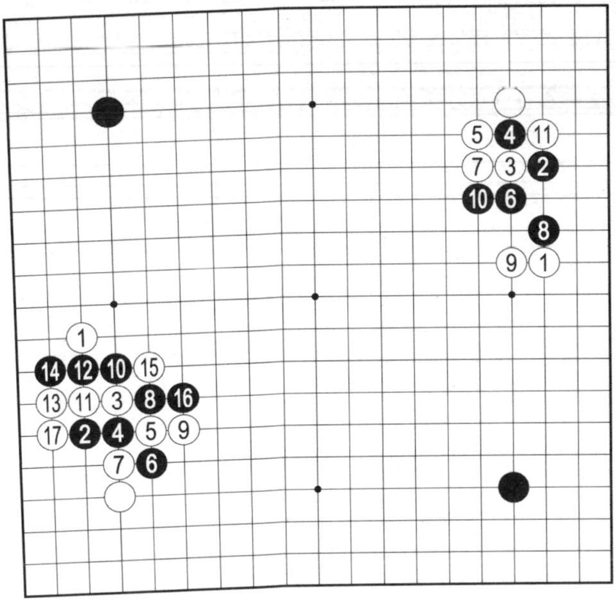

九变 白先胜

十变 白先胜

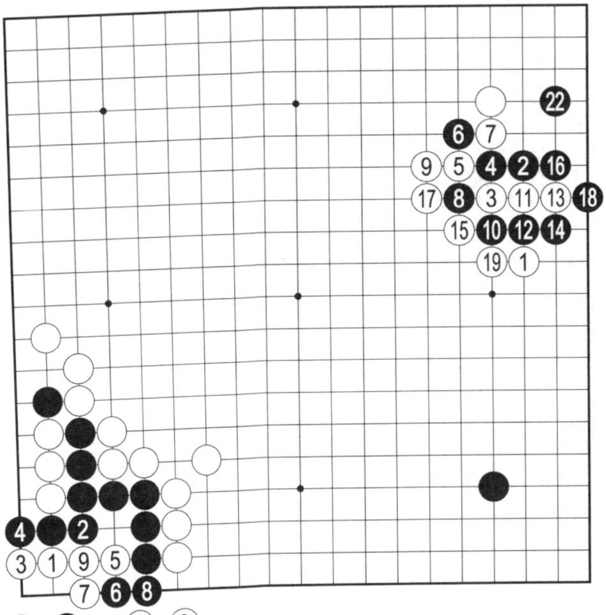

❿=❽；⑪=③

十一变 白先胜

受降局 白先胜

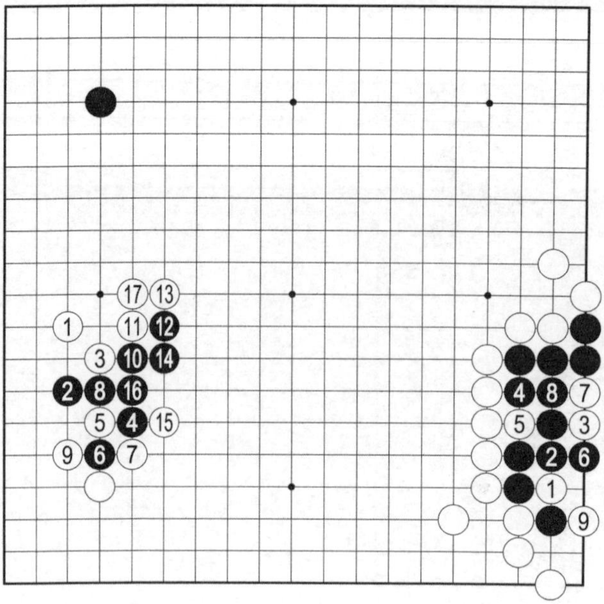

受降局 白先胜

十四变 白先胜

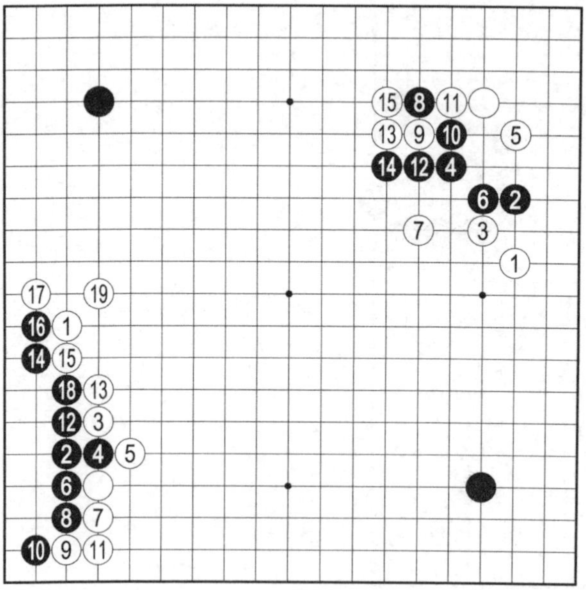

十五变 白先胜

十六变 白先胜

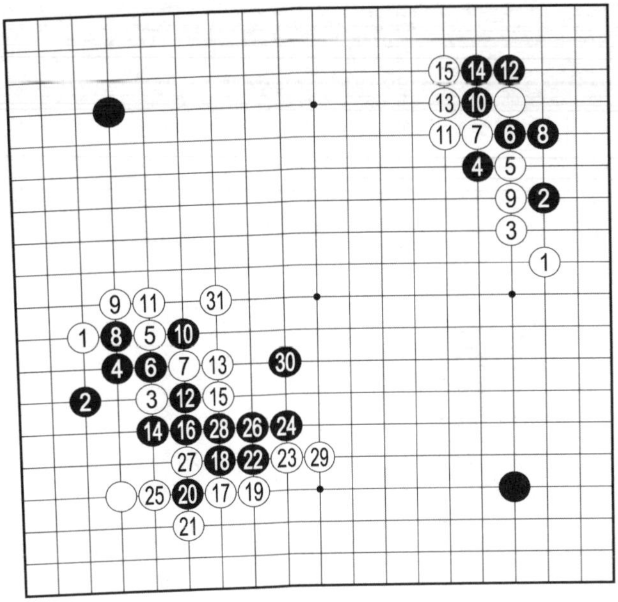

十七变 白先胜

十八变 白先胜

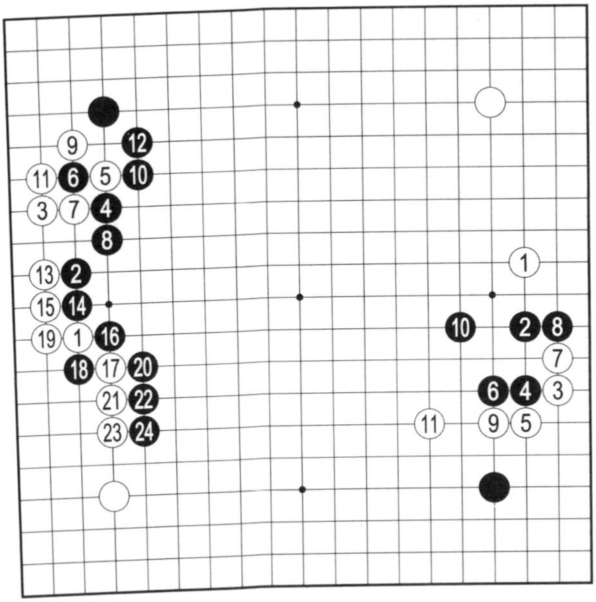

斩关部一

一变 白先胜

二变 白先胜

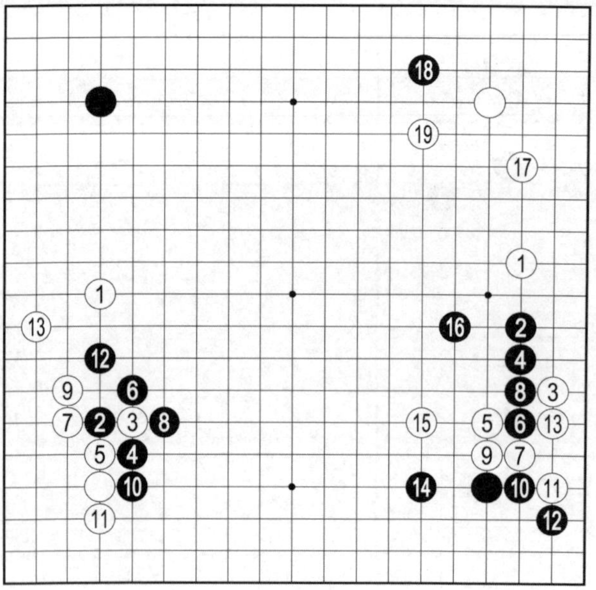

三变 白先胜

二变 白先胜

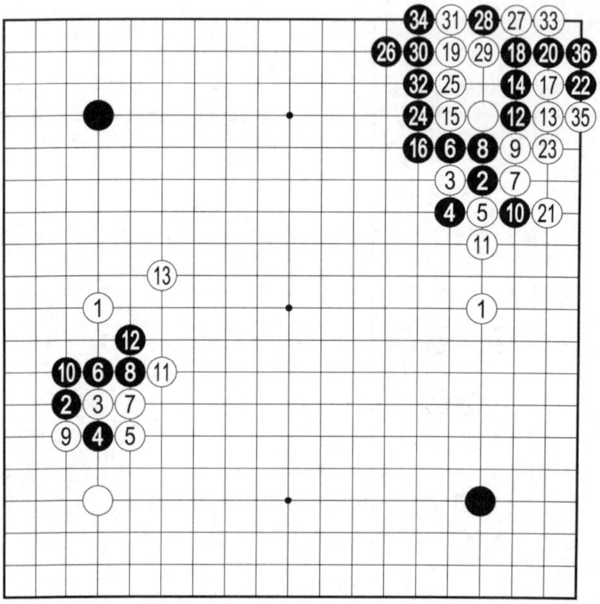

三变 白先胜

四变 白先胜

十局 白先胜

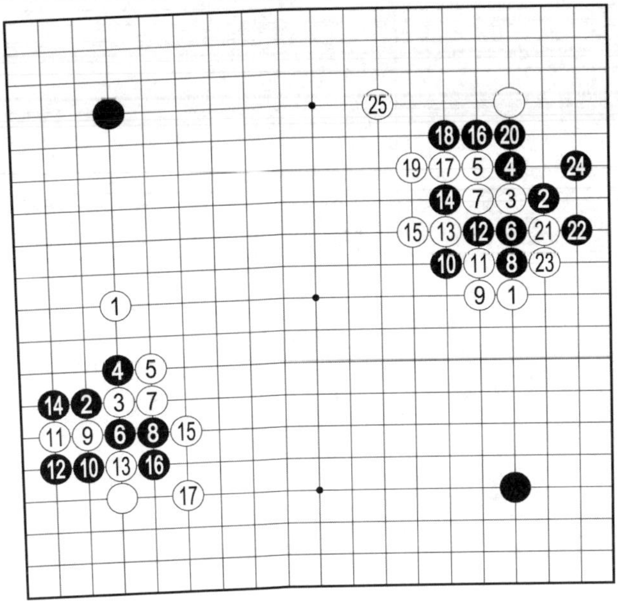

五变 白先胜

六变 白先胜

十二局 白先胜

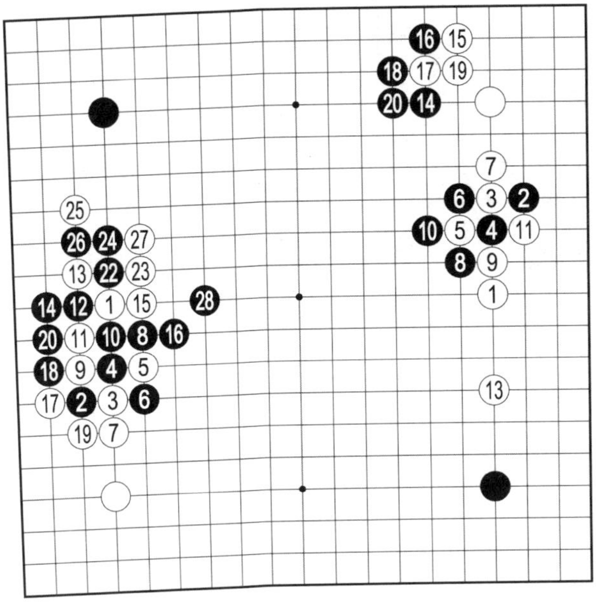

七变 白先胜①

八变 白先黑胜

十四局 白先黑胜

⓬=⑤； ㉑=❷

① 左边㉕、㉗似有错误。

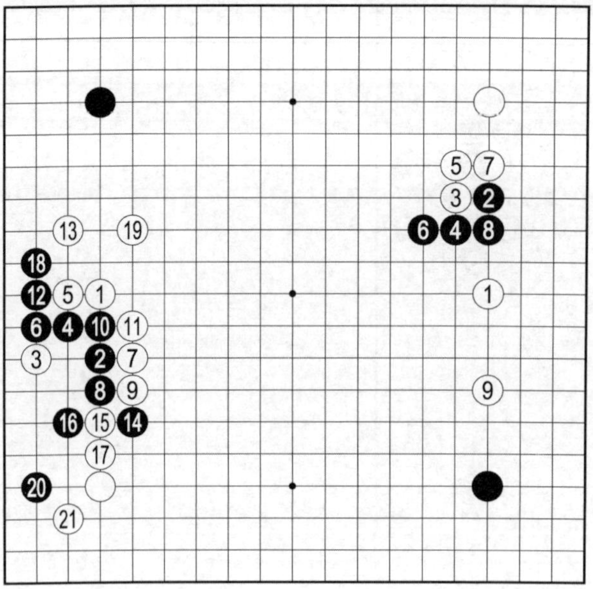

九变 白先胜

十变 白先胜

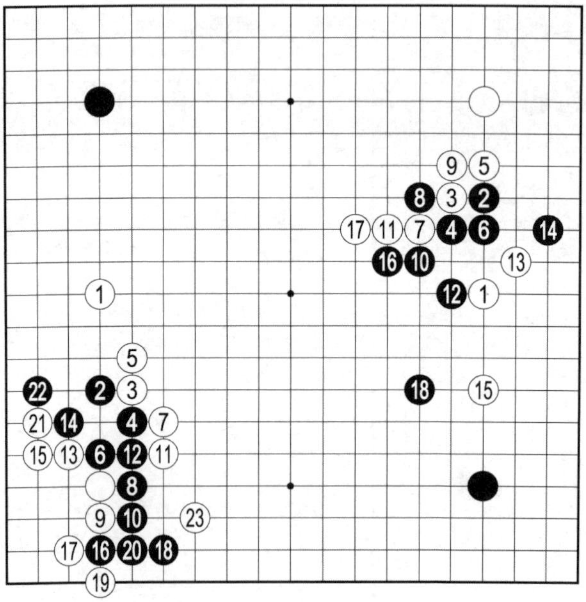

封疆部一

一变 白先胜

二变 白先胜

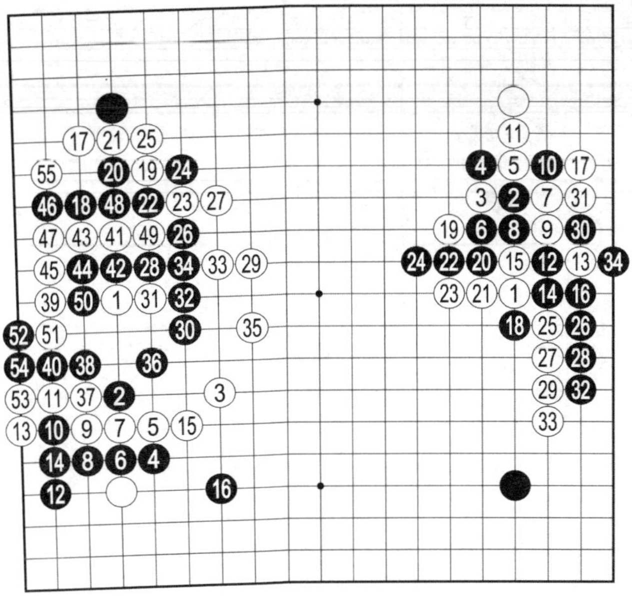

三变 白先胜

四变 白先胜

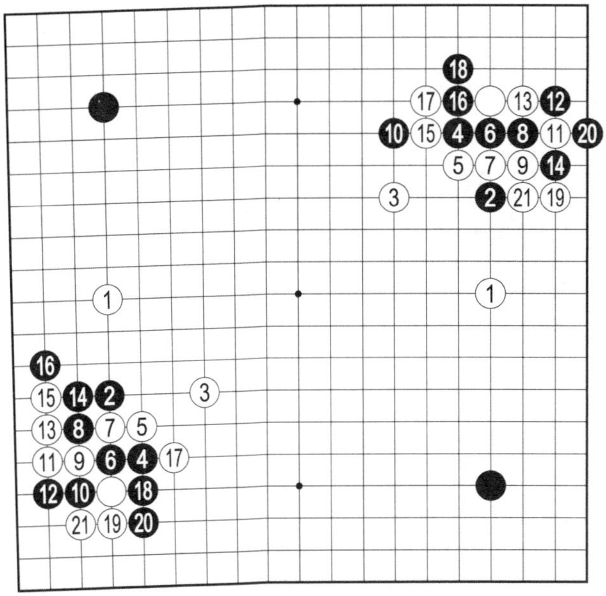

五变[1] 白先胜

六变 白先胜

① 奇。

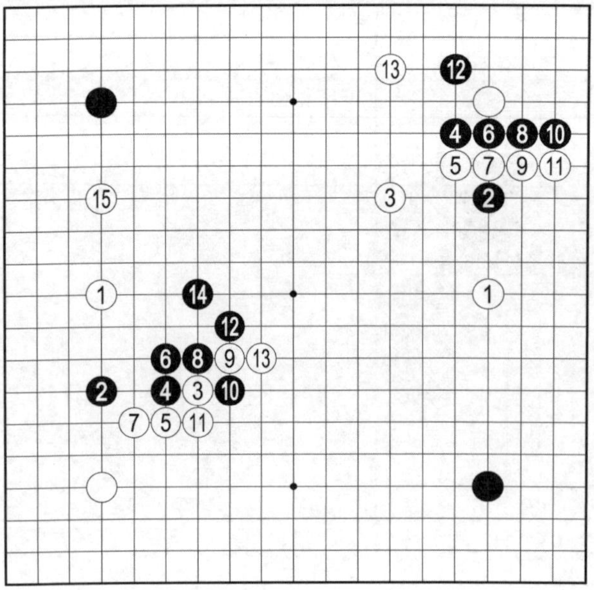

七变 白先胜

八变 白先胜

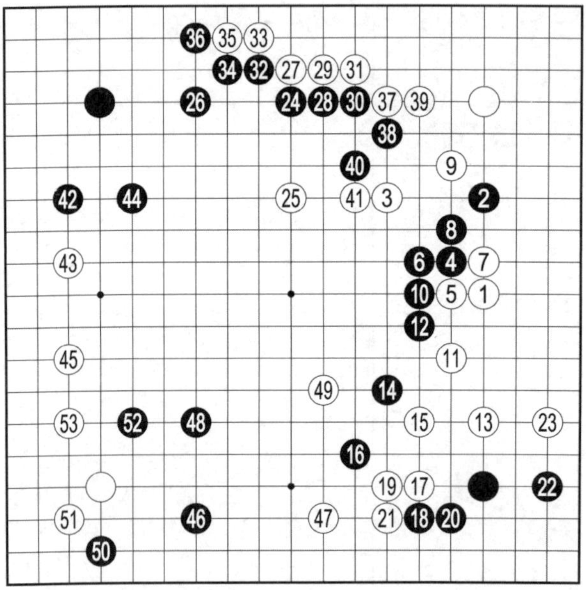

野战部一

一局 白先胜

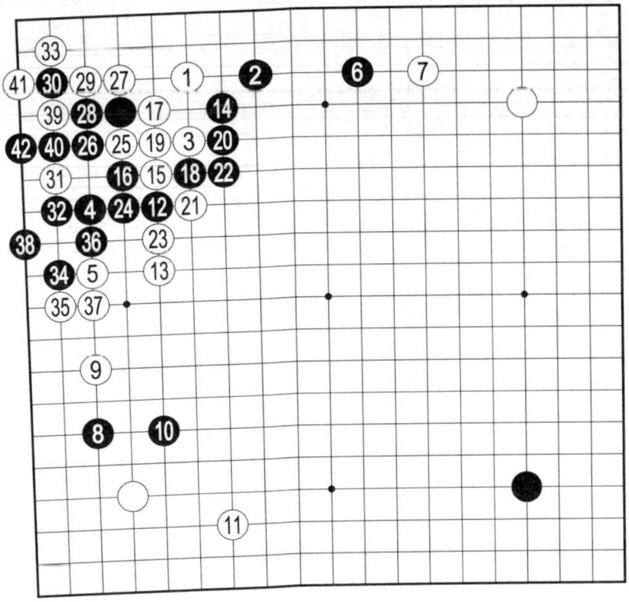

二局 白先胜[①]

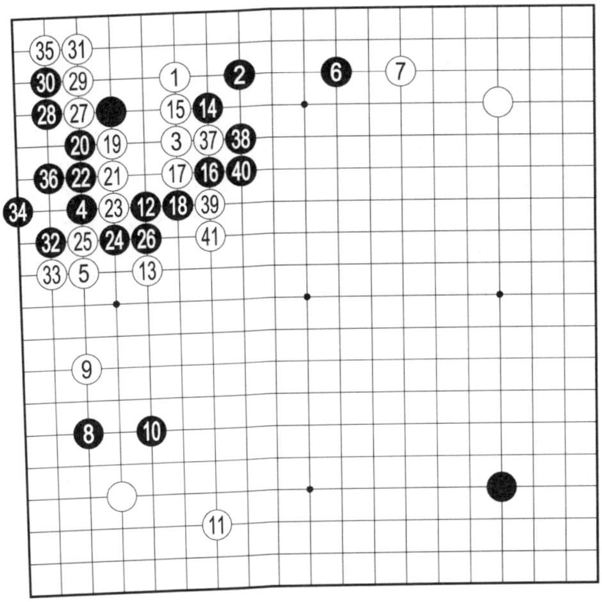

三局 白先胜

① 缺①，已恢复

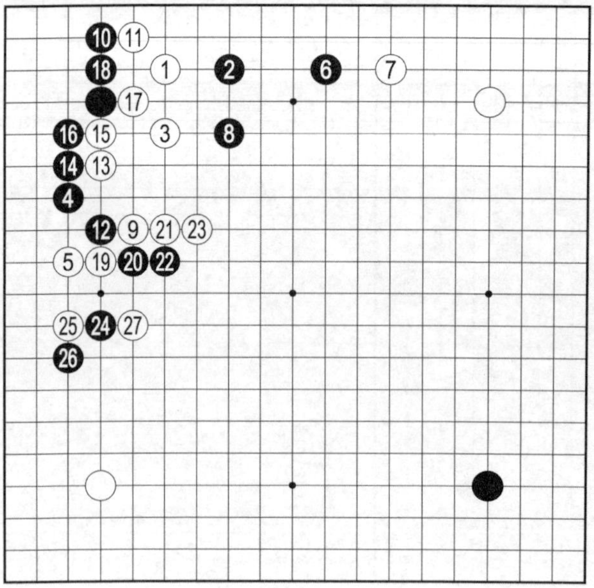

四局 白先胜

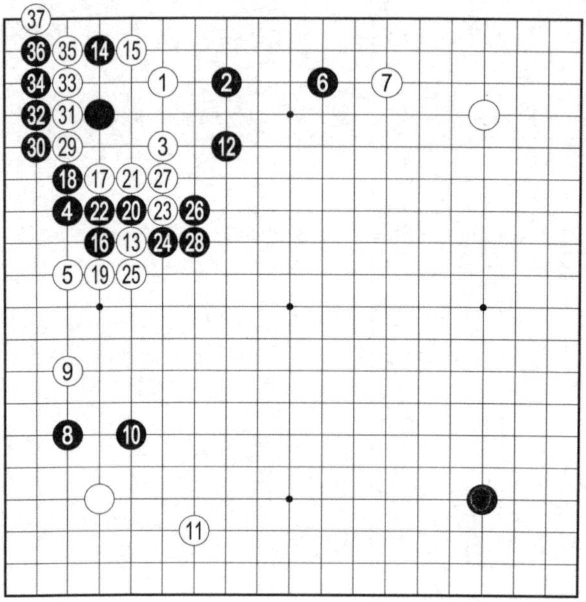

五局 白先胜

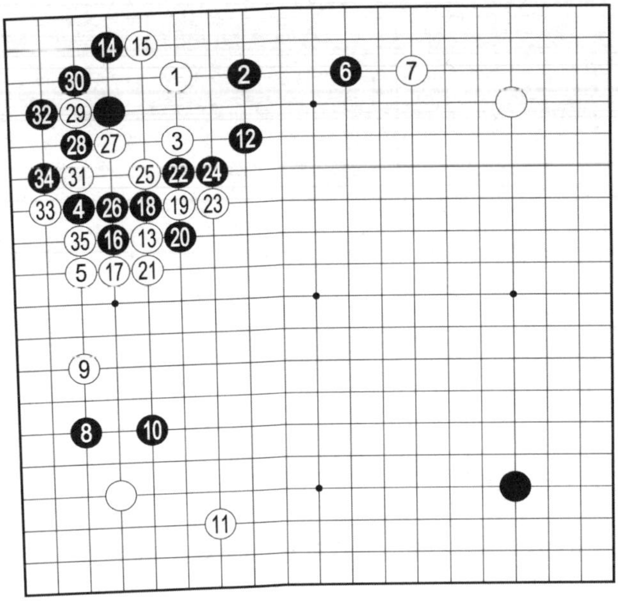

六局 白先胜

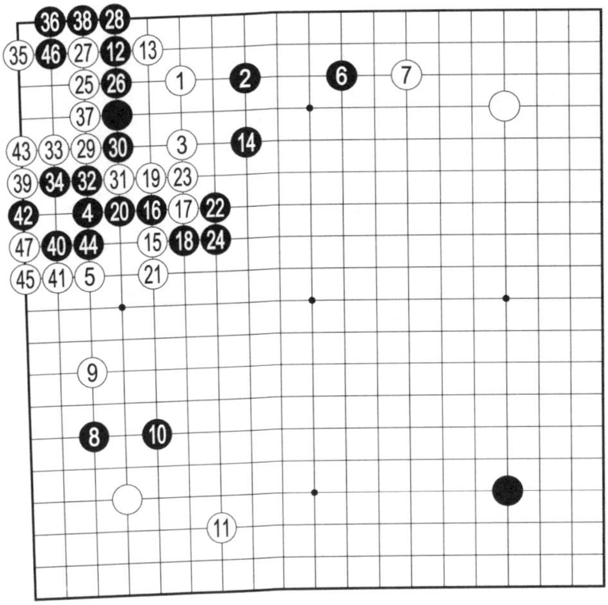

七局 白先胜

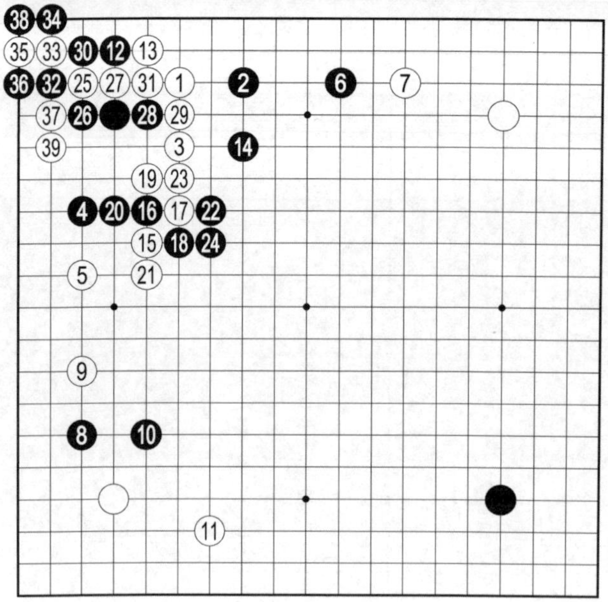

八局 白先胜

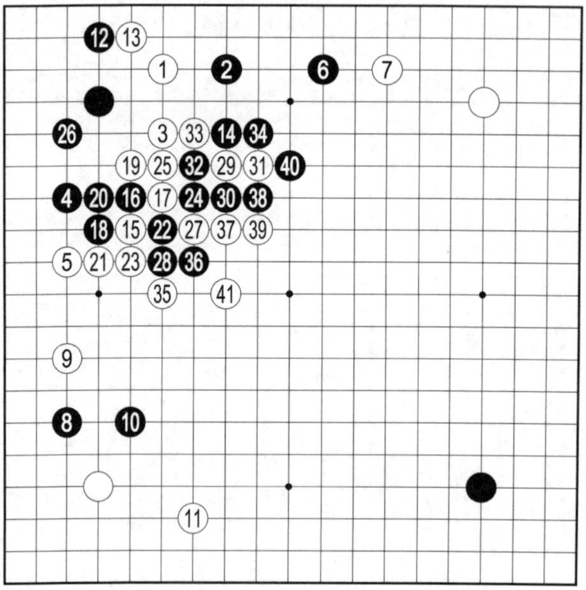

九局 白先胜

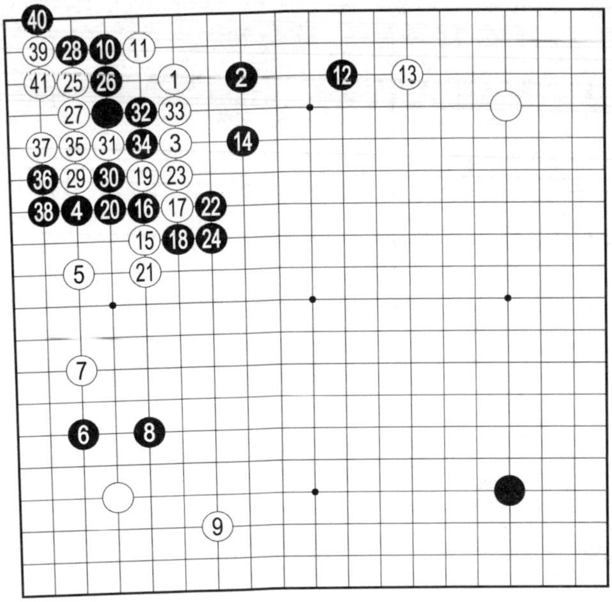

十局 白先胜

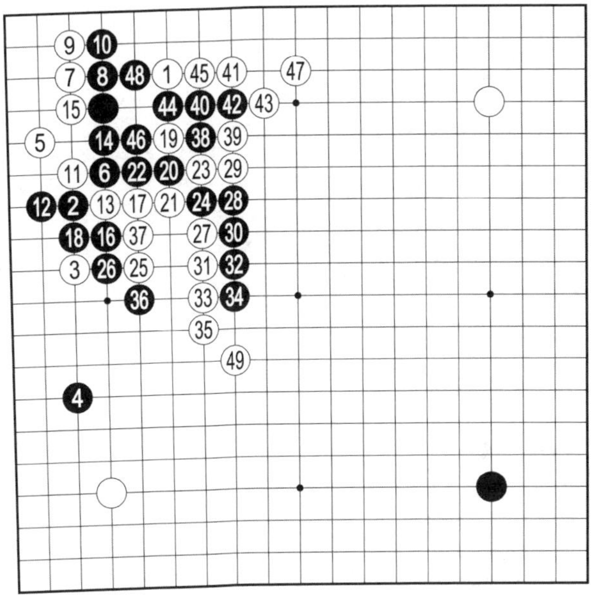

鏖战部一

十一局 白先胜

鏖战部二

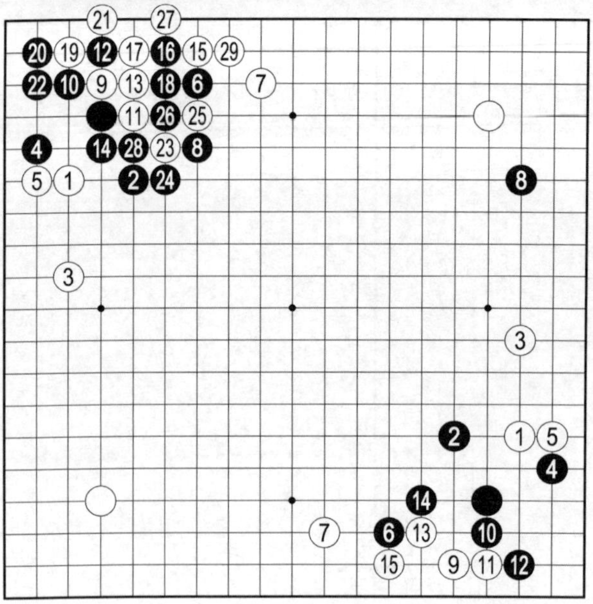

一变 白先胜

二变 白先胜

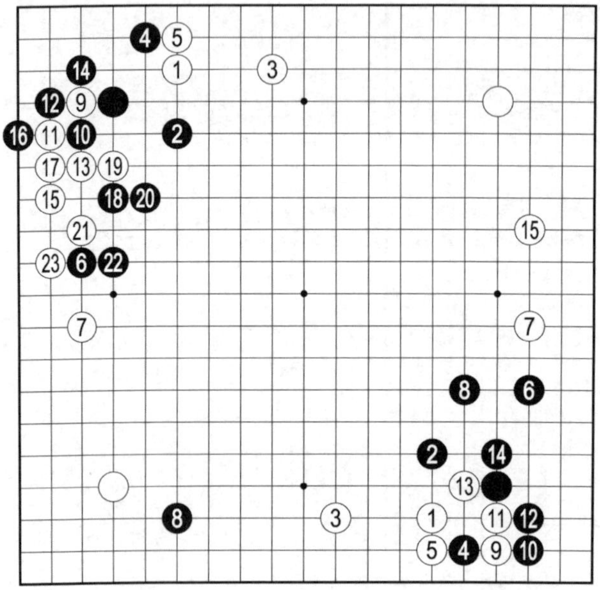

三变 白先胜

四变 白先胜

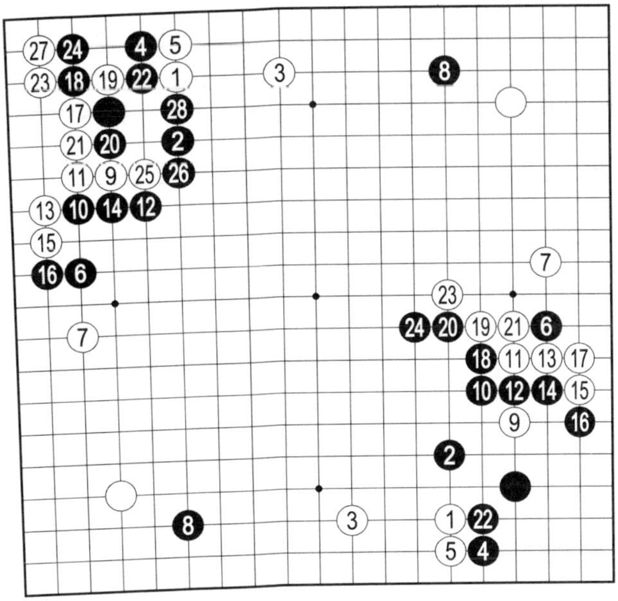

五变 白先胜

六变 白先胜

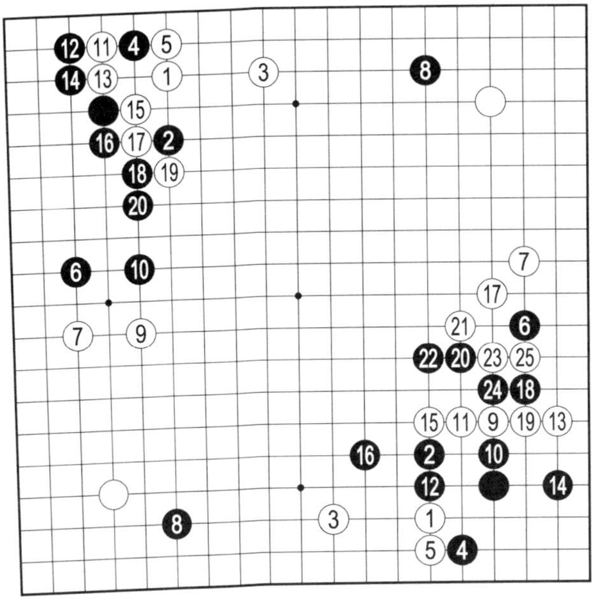

七变 白先胜[1]

八变 白先胜

① 左上③、⑤错误，已恢复。

守城部一

一局 白先胜①

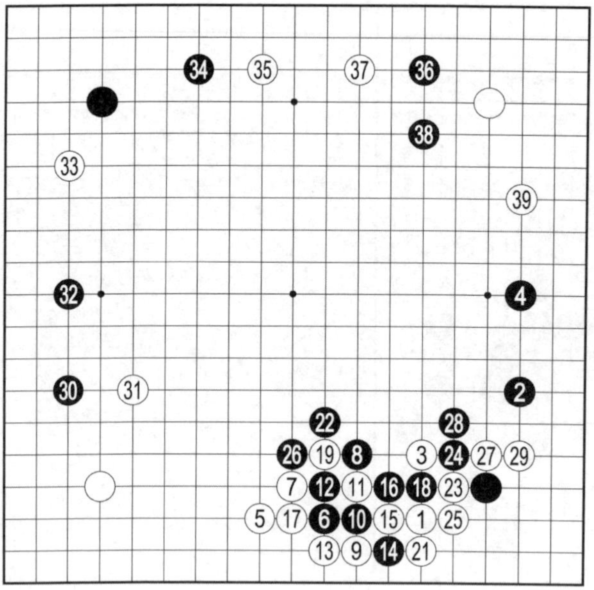

⓴=⑪

二局 白先胜②

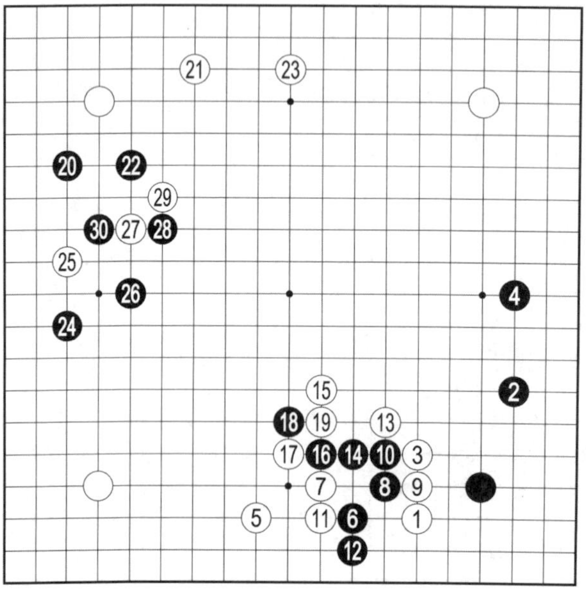

① 缺❽，已补。

② 左上座子为白⓴起才合理。

三局 白先胜

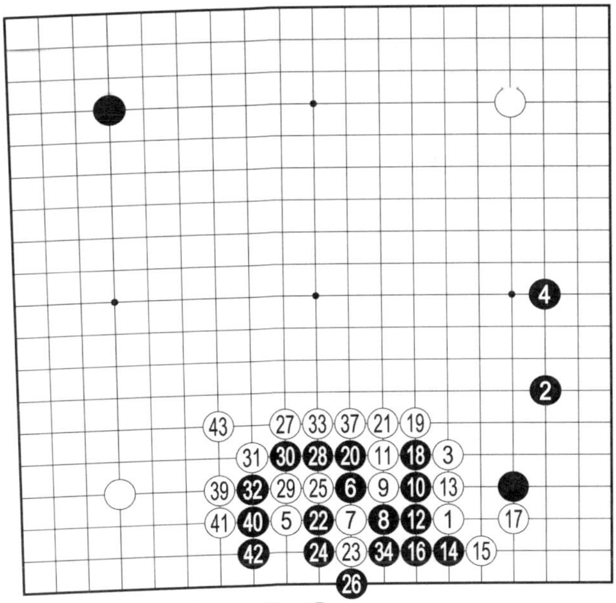

35=7； 36=23； 38=7

四局 白先胜

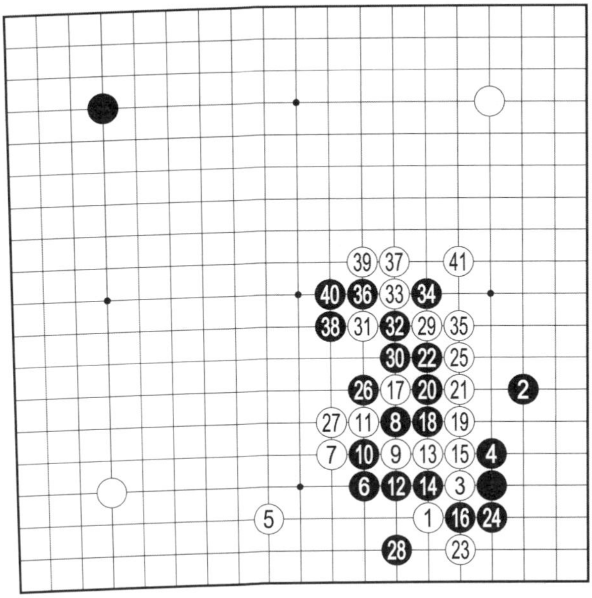

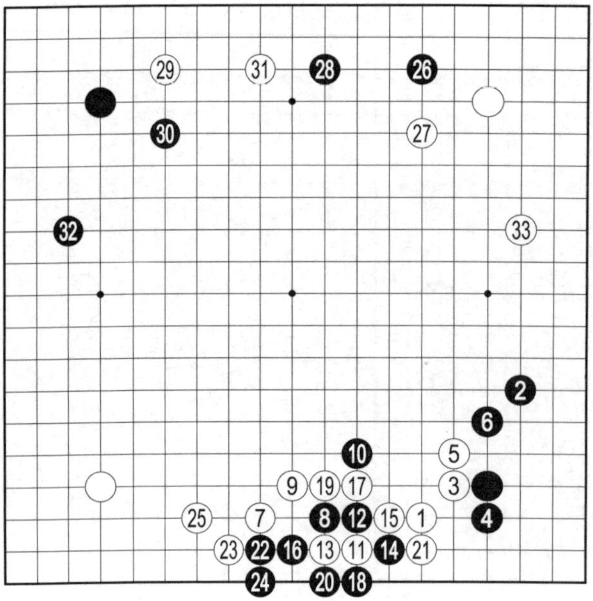

五局 白先胜

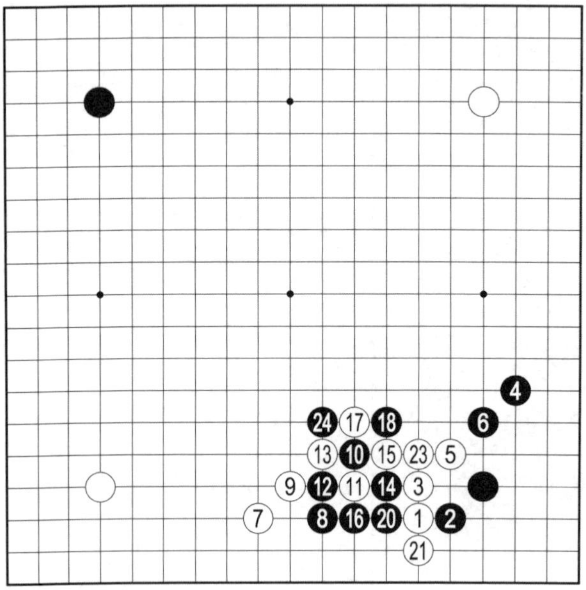

六局 白先成劫胜

⑲=⑪； ㉒=❿； ㉕=⑪

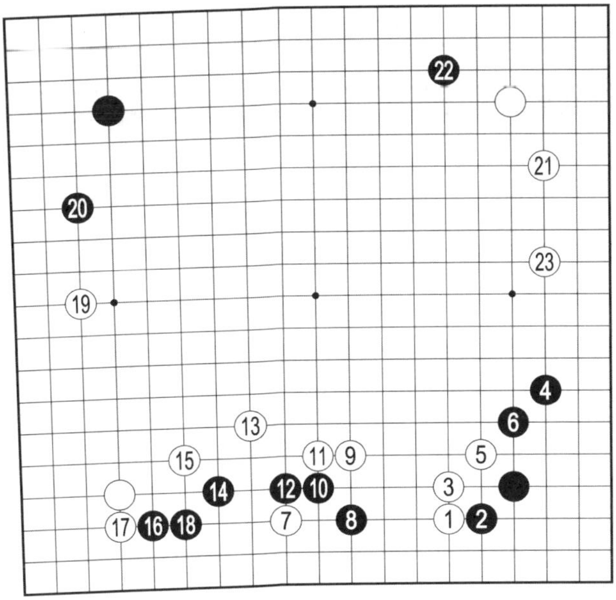

七局 白先胜

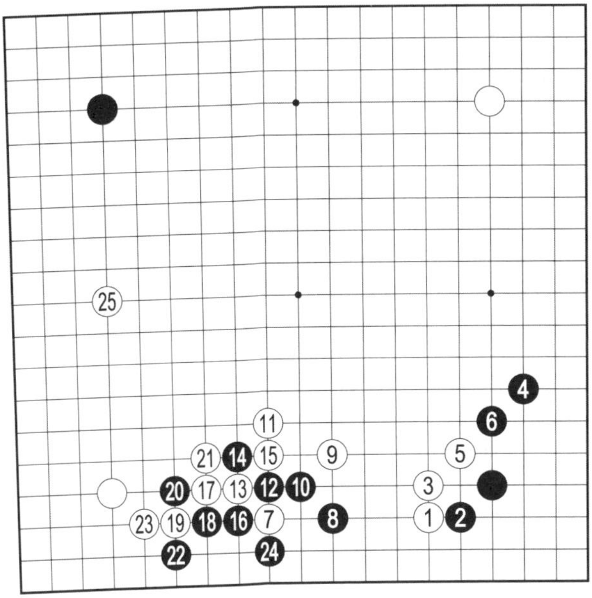

八局[①] 白先胜。

① 妙。

九局 白先胜

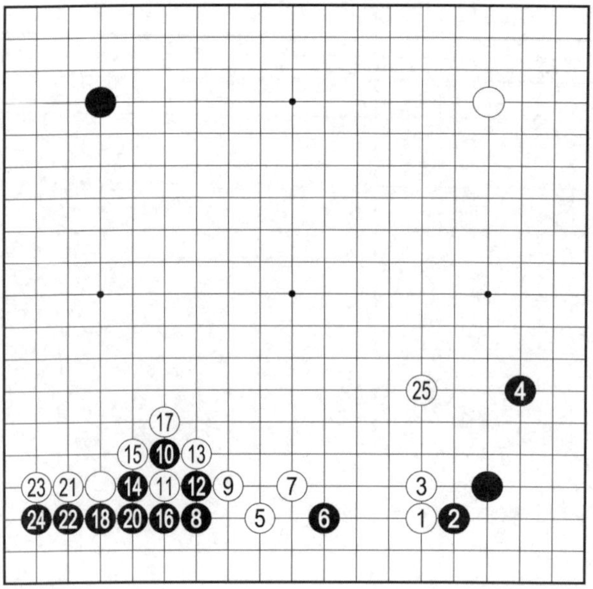

⑲=⑪

十局 白先胜[①]

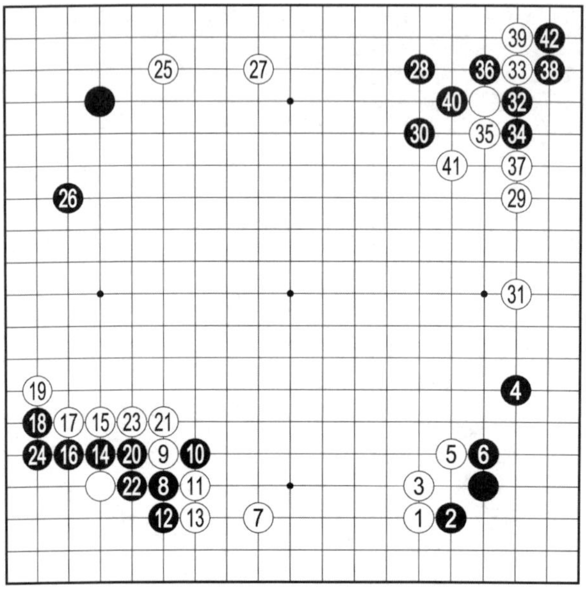

① ⓮开始重复，差四手棋，已恢复。⓰左一路模糊不明。

全图

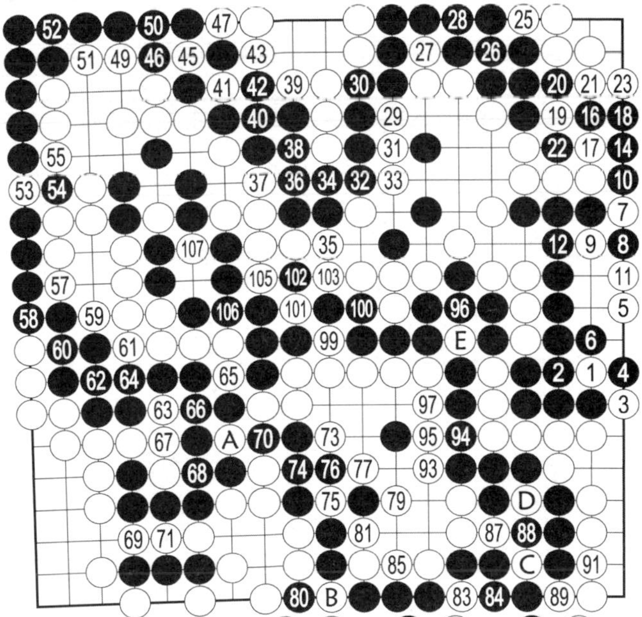

13=7；15=8；24=19；44=41；48=45；
56=53；72=A；78=75；82=B；86=83；
90=C；92=D；98=E；104=101

九局 白先胜

十局 白先胜

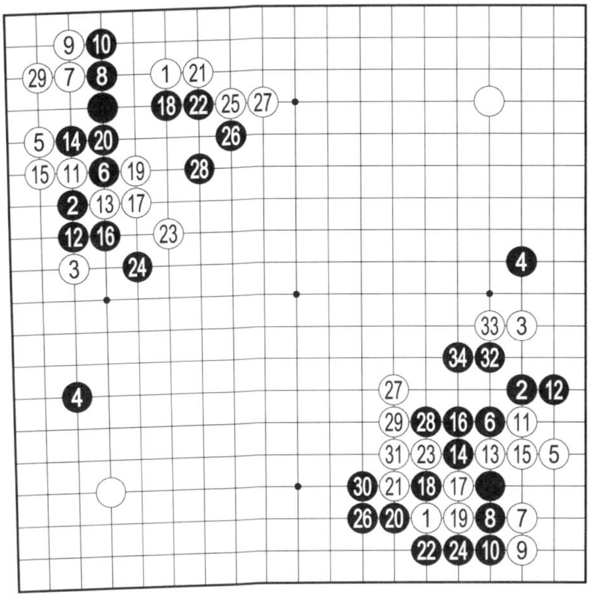

25=18

道光元年春三月，见于京都隆福寺古书房。[1]

① 朱批，标记于第一册书底。

四谱真决

（卷一）

（明）黄耀宇　梓

黄梅　包菡　章琦　点校

明龙飞万历岁次己酉诚德堂刻本
重锓徽郡原板

点校说明

《四谱真决》四卷二册，藏于日本内阁文库，国内失传。本书篇幅较小。书中标有“黄耀宇梓”，四谱指的是围棋、象棋、牙牌、双陆四种游戏，是一本类书。仅就其上册卷一围棋的内容来说，主要是起手图和势图，为他谱所常见。

在此感谢包菡帮助获取底本。

新刻手谭秘局四谱真决卷之一

围棋路图说

夫棋盘，有三百六十一路，兼以分平、上、去、入四字，各管一角，计九十路。以左手尊，依平字从角顺行，起一为道，顺行至道十止九。若言“六三”，先顺数六而后逆数三。或言“三六”，先顺数三而后逆数六。凡下局，边角先须排定势，三六、六三下子，二四斜飞入角，五六、单六腹，三九拆二归边。

围棋原式

边围棋以教，因朱舜而遵也。

周武帝造象棋谓之弈一也。

宋皇祐中学士　张埩撰

十法决

一、不得贪胜；二、大界宜缓；三、攻彼顾我；四、弃子争先；五、舍不泛大；六、逢危须弃；七、惧勿轻出；八、动宜相应；九、彼强自保；十、势孤取和。

夫围棋之品有九。一曰人仲，二曰坐昭，三曰具体，四曰通幽，五曰用知，六曰小巧，七曰斗力，八曰若愚，九曰守把。九品之外不可胜计，未能入格，今不复云。《传》曰：“生而知之者，上也；学而知之者，次也。”

酒防乱性随宜饮，棋不求赢信乎勤。

棋盘路局

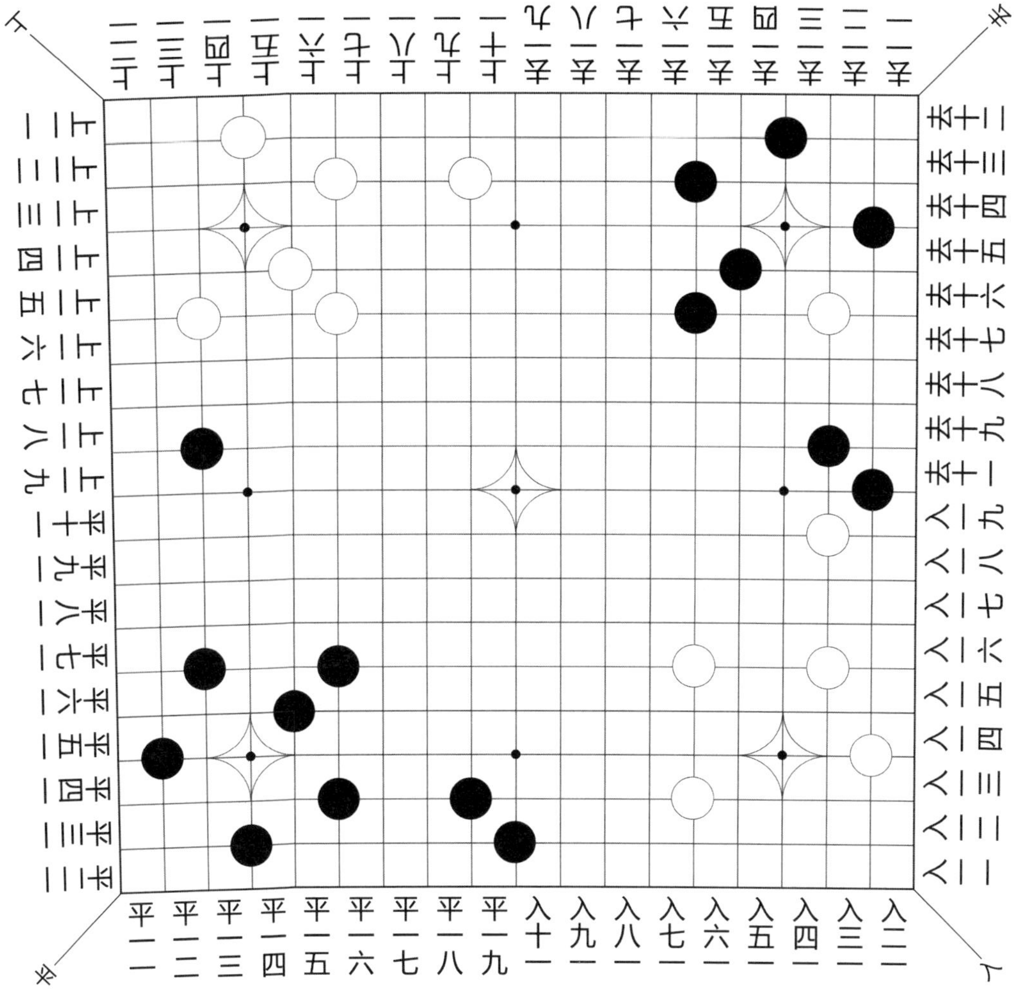

围棋三十二法

立。沿边而下子者曰立，恐有行子冲断相攻，故曰立。

行。初下一子粘连勿断，唯恐有夹打险难谓之行。

飞。谓下子隔斜路而走，亦有沿边而走者，大胜局使子有远粘不断之貌，故云飞。

尖。初下子斜行一路，若以胜负相攻，使子有粘活谓之尖。

粘。恐断乃连而曰粘，若糊粘物也。

斡。不连而入曰斡。

约。以我子拦彼子曰约。

绰。以我子斜侵彼路而拂其子曰绰。

冲。直连子而入关谓之冲。

关。隔一路子相对若关之状，有单关、双关。

觑。视也，有可断而不敢断，先以子视之曰觑。

毅。棋死而结局曰毅，俗谓之提，既提而随手毅曰复毅。

劄。夹也，有若两虎口相对者有断即断之故曰劄，使有复毅。

顶。子相当而顶戴之方为之顶。

撩。以子按其头曰撩，自上而按下也。

跷。隔一子偎敌子而下着，若揭足之状谓之跷，有断棋之意如以足之跷物也。

门。闭之，使不得出曰门，隔一路曰小门，二路曰大门。

断。冲罩也，杂而为二曰断。

打。击也，谓打其节曰打。

点。深入而破眼曰点，旁通其子之曰透点。

征。两边逐之杀而不得上曰征。

嶭。取靠嶭之意，谓倚己子截住彼之头绪者，次若断也，使之急应曰嶭。

象。敌地空闲未全眼则聚而点之，有聚三、聚四、花聚五、花聚六。

劫。先投子曰抛，后应之曰打劫。

拶。逼拶也，以其子促而逼之曰拶。

扑。以我子投彼穴中使急救曰扑，所以促其着也。

勒。束其要用使无眼曰勒。

刺。连子而直曰刺，如戈戟之直伤物也。

夹。两子夹一子曰实夹，两子自夹曰虚夹。

盘。围转逼拶之使不得歇曰盘。

松。俗谓慢曰虚松，棋家取其玲珑透空、疏而不漏之意曰松。

持。两棋相围而皆不死不活曰持。有两棋皆无眼者，有两棋各有劫者，有各一眼活者，有彼棋两段各一眼而我棋一段无眼间其中而持者。

图法名目

起局图法（缺图）

起局

13 着

起局

22 着

起局

30 着

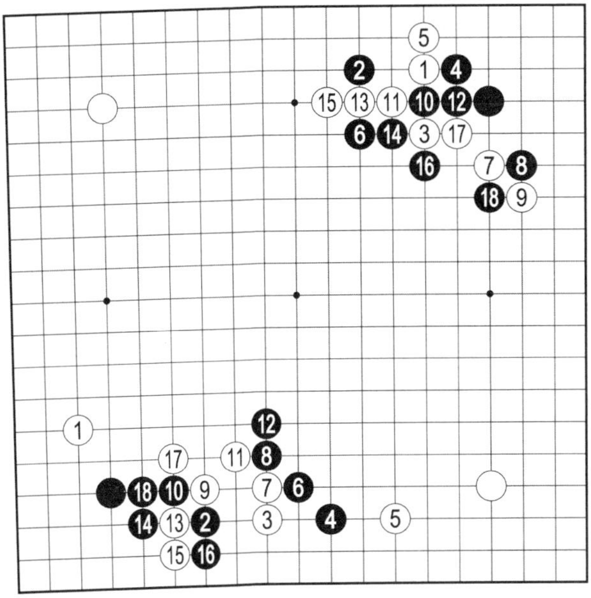

起局图法

起局

18 着

起局

20 着

起局

37 着

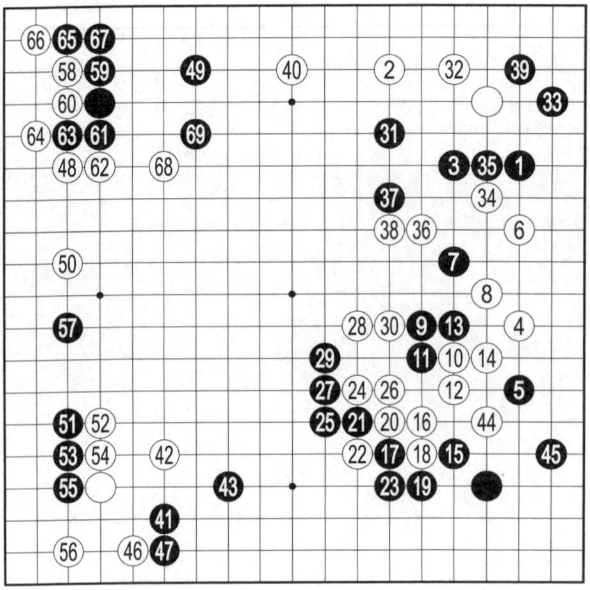

敌手局图

敌手局

69 着

黑先

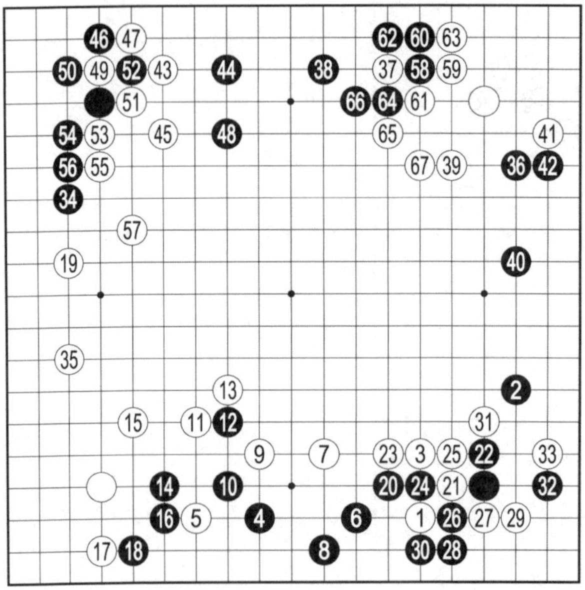

敌手局图

白先

敌手 67 着

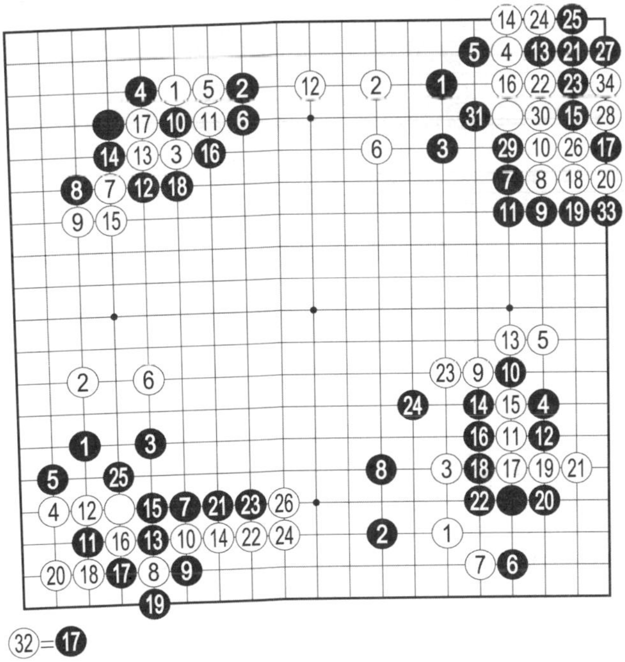

斜行角局

斜行角 34 着

斜行角 34 着

斜行角 18 着

斜行角 26 着

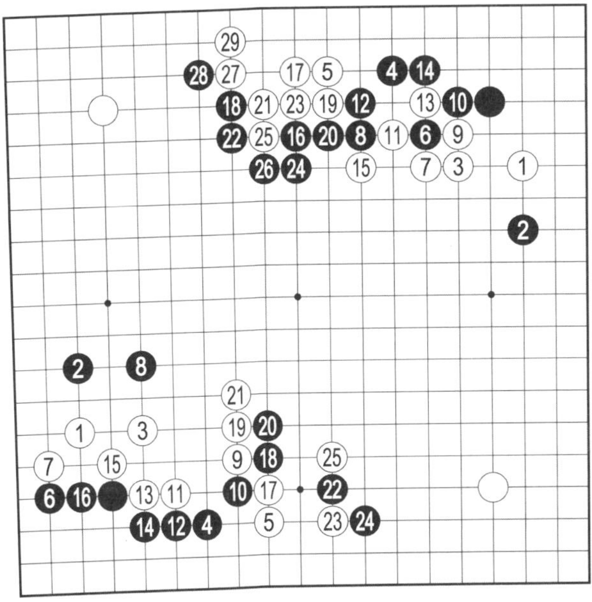

斜飞角局[①]

斜飞角 29 着

斜飞角 25 着

① 右上⑰开始不符合棋理，无法恢复原图。

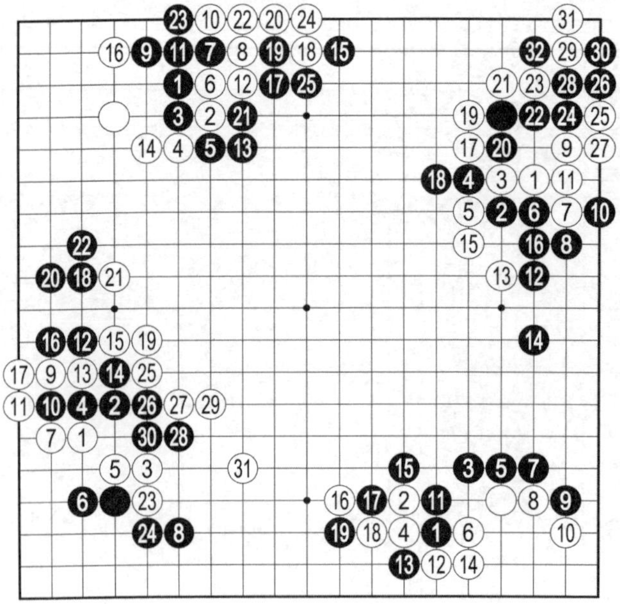

倒垂莲局[①]

倒垂莲 33 着

倒垂莲 19 着

倒垂莲 25 着

倒垂莲 31 着

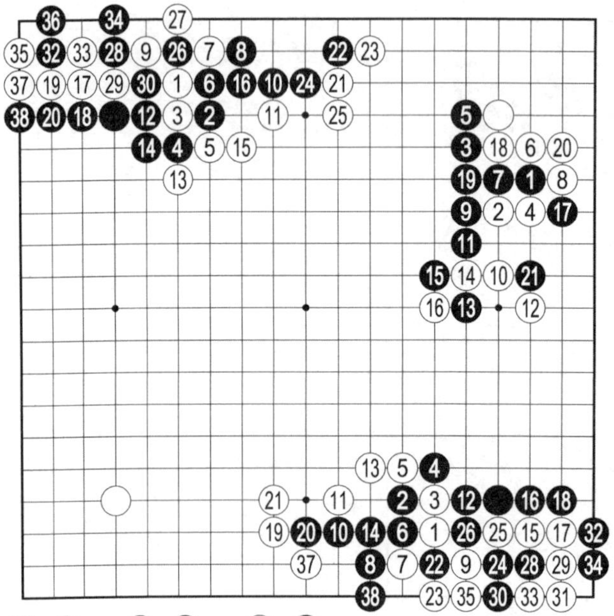

倒垂莲局[②]

倒垂莲 31 着

倒垂莲 38 着

解倒垂莲 38 着

解倒垂莲 37 着

㉗=❷❷； ❸❻=❷❹； ㉛=❷❻

① 左上⓯开始不符合棋理，左下⓴开始不符合棋理，无法恢复原图。
② 左下无法恢复。

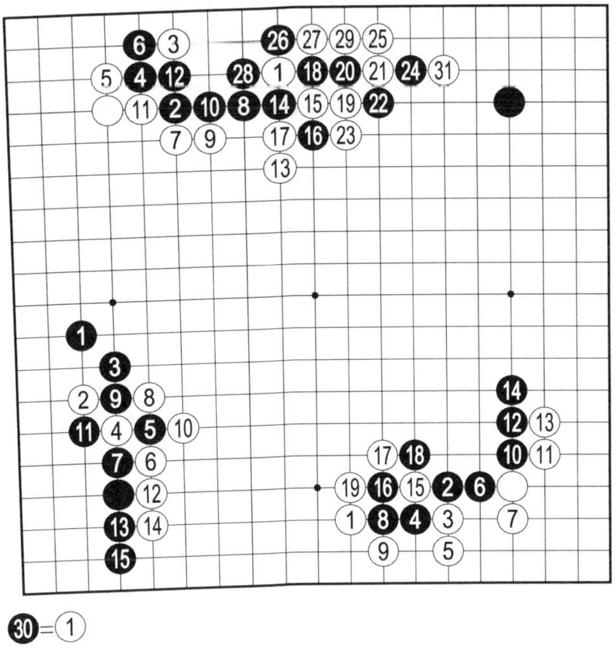

铁网局法

铁网 32 着

铁网 19 着

铁网 15 着

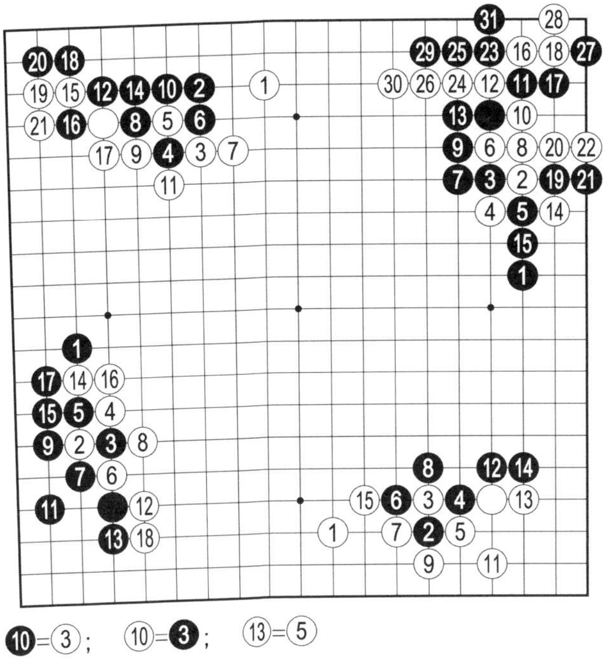

铁网局法

铁网 31 着

铁网 15 着

铁网 23 着

铁网 18 着

铁网局法[①]

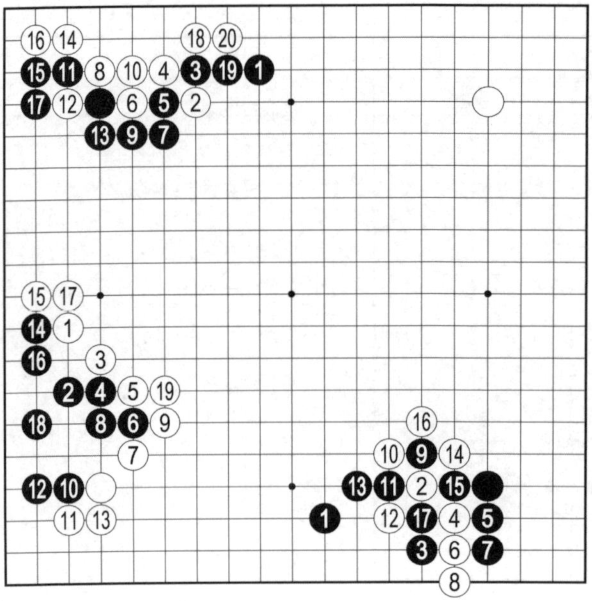

铁网 21 着

铁网 17 着

铁网 20 着

卷帘边局

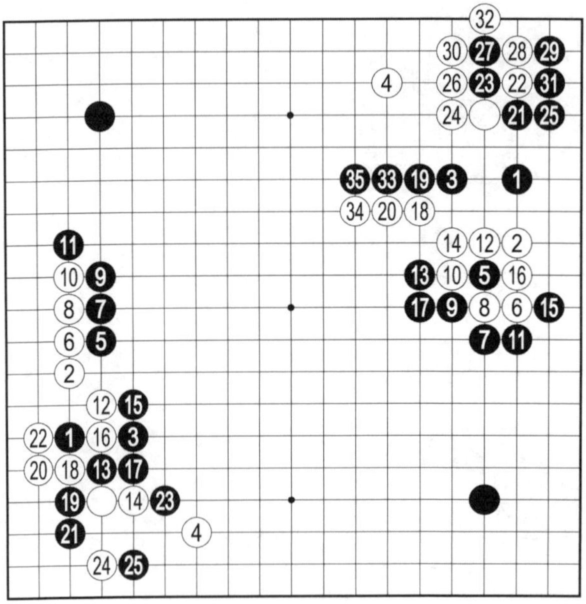

卷帘边 35 着

卷帘边 25 着

① 右上无法恢复。

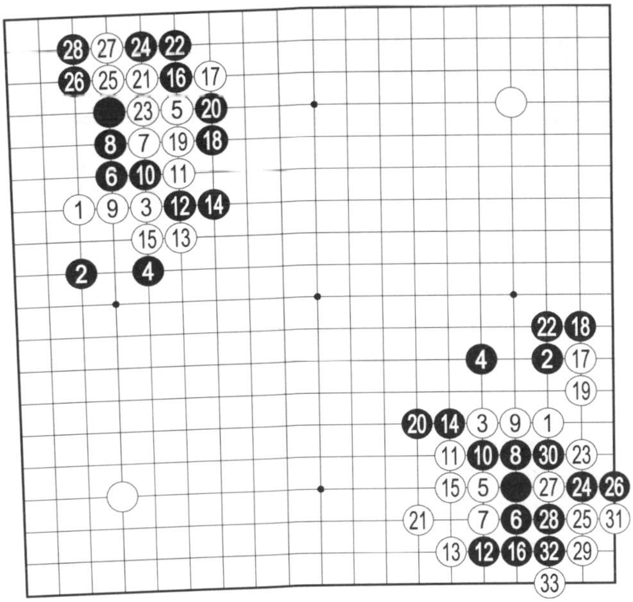

金井栏局[1]

金井栏 31 着

金井栏 33 着

附隔二局势 28 着

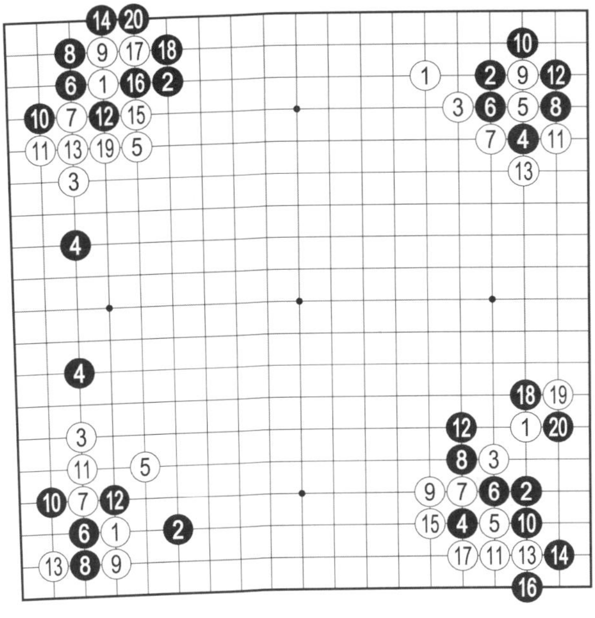

空花角局

空花角 13 着

空花角 20 着

空花角 20 着

空花角 13 着

---

① 右上无法恢复。

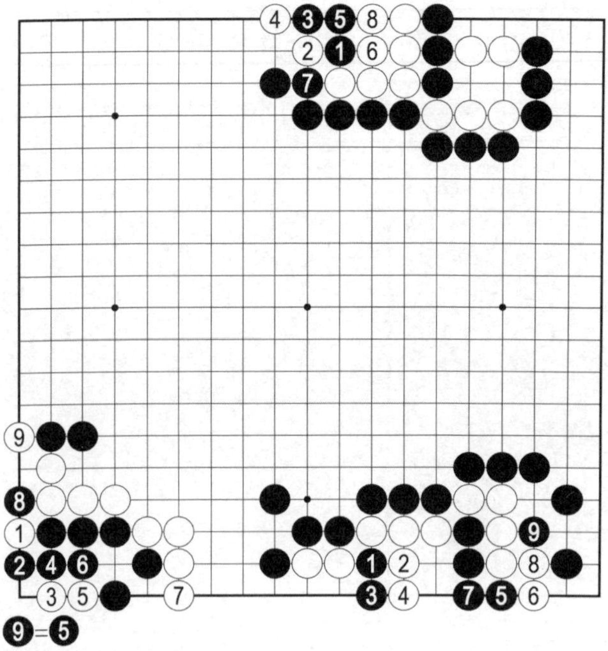

玄玄势法

白先黑杀

白先胜黑

白先取黑

黑先取白

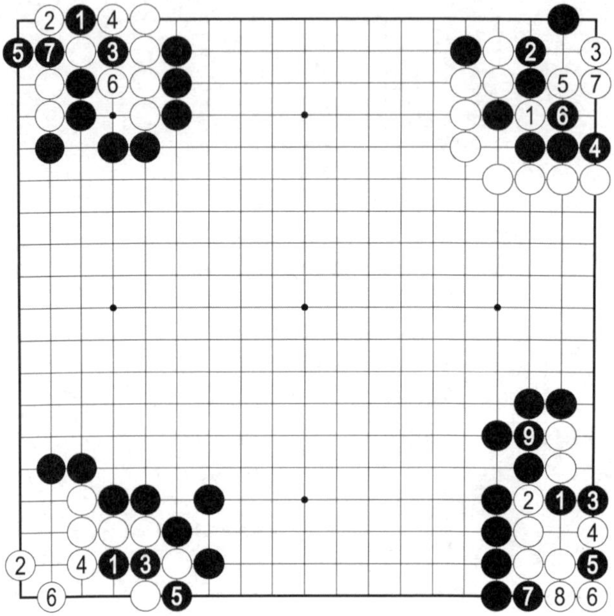

玄玄势法

黑先取白

白先黑杀

白先杀黑

白先黑活

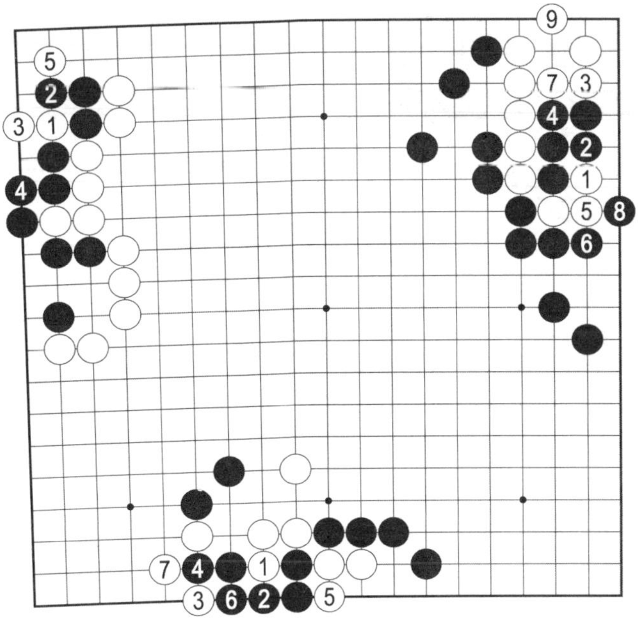

三变势图

实东击西

①妙。

单刀直入

①妙。③妙。⑤妙。

二仙垂云

③妙。

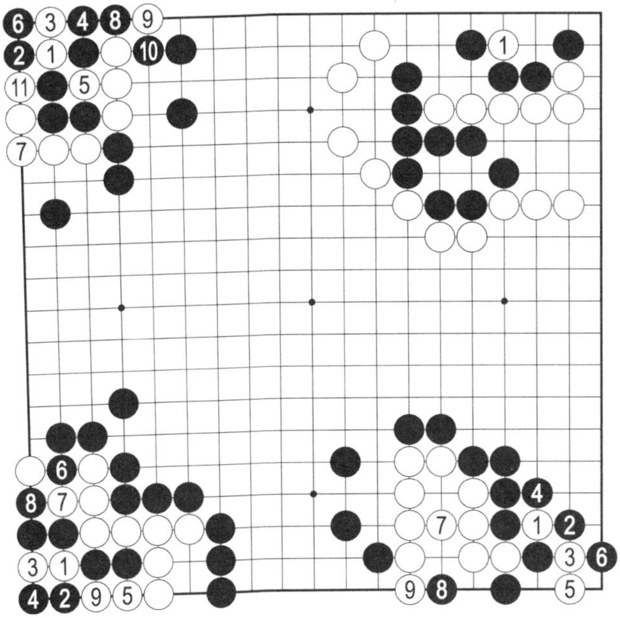

四变势图

单骑降虏

酆津双剑

⑤妙。

背水纡筹

①妙。③妙。⑤妙。

六出奇计

⑪妙。

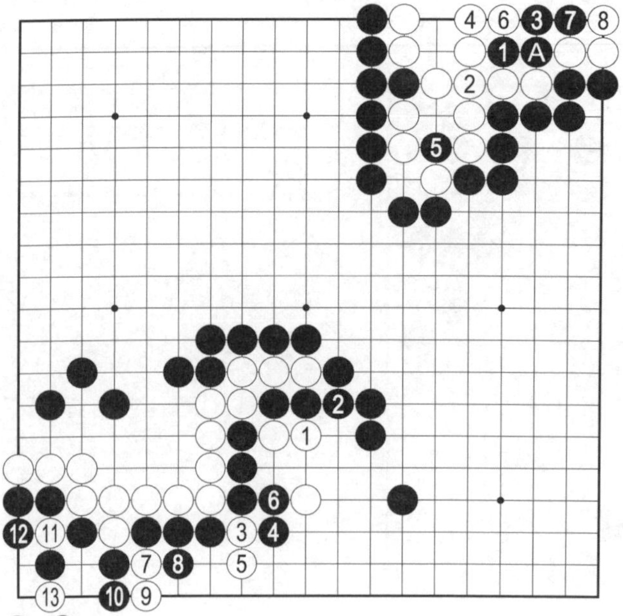

❾=Ⓐ

二变势图

巧于取虞

❷妙。

寒灰复燃

⑨妙。⑪妙。

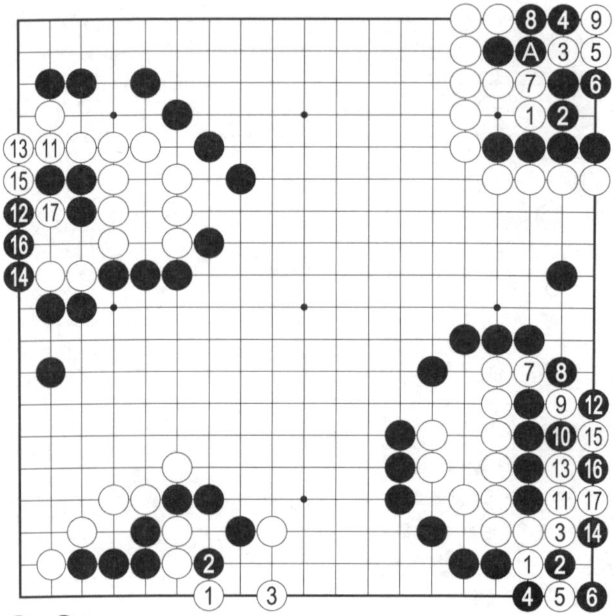

❿=Ⓐ

四变势图

欲取故与

❽妙。

左冲右突

⑨妙。⑬妙甚。

暗度陈仓

❷妙。

红炉点雪

①妙。③妙。⑤妙甚。

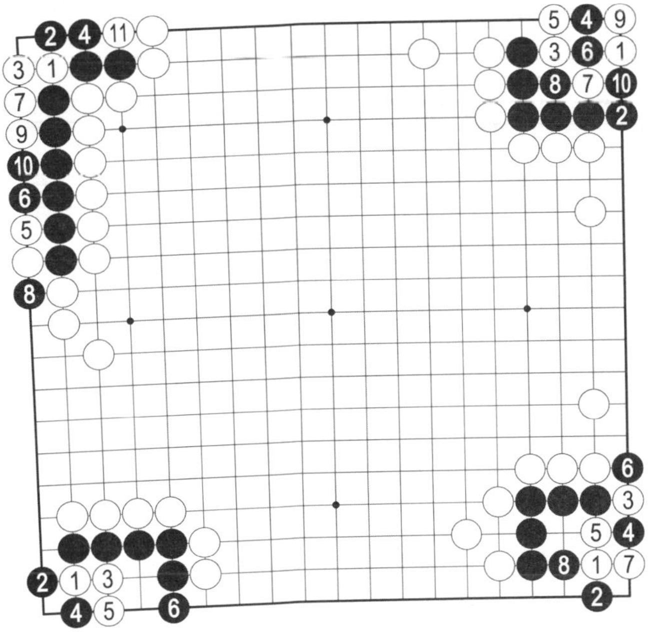

四变势图

游鱼赴沼

❻妙。❿妙。

宾鸿中弹

⑤妙。

势不两立

因计就计

❹妙。一十二八一粘，妙甚。

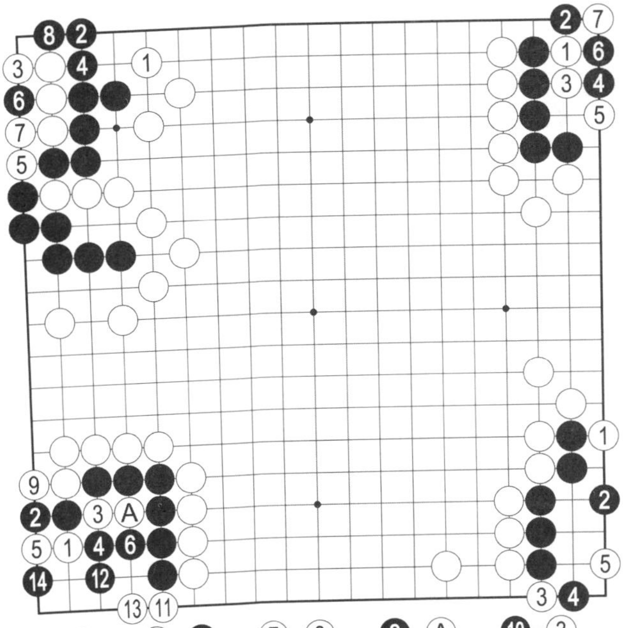

❽=❻； ⑨=❻； ⑦=③； ❽=Ⓐ； ❿=③

四变势图

坚壁全军

八同六。❹妙。

投间抵隙

⑤妙。

以强示弱

❿用妙。

虏在目中

③妙。⑤妙。

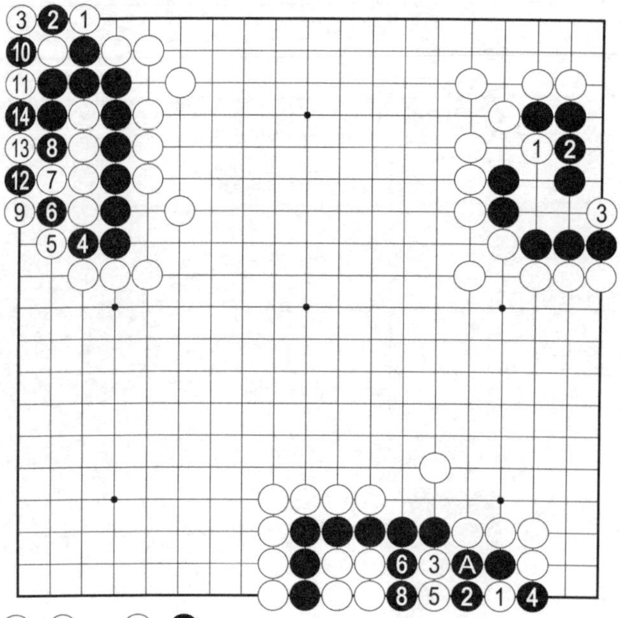

三变势图

三鼓夺气

神龙点眼

⑦同❷妙甚。

相如全璧

❷妙。

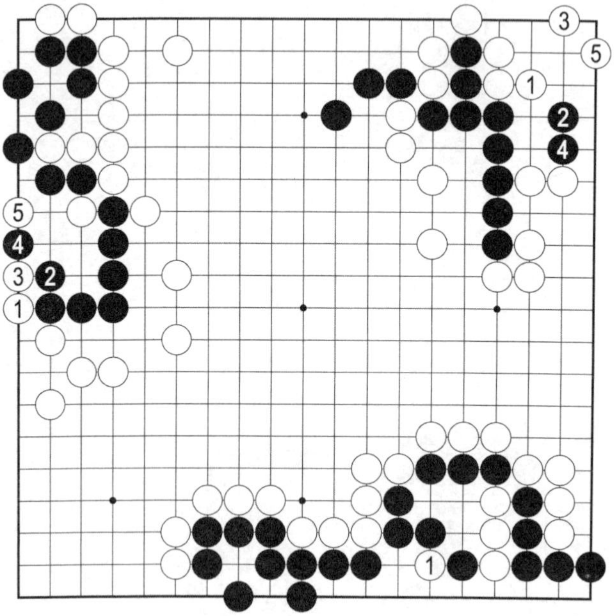

三变势图

兵不血刃

③妙。

输他一着

里应外合

⑤妙。

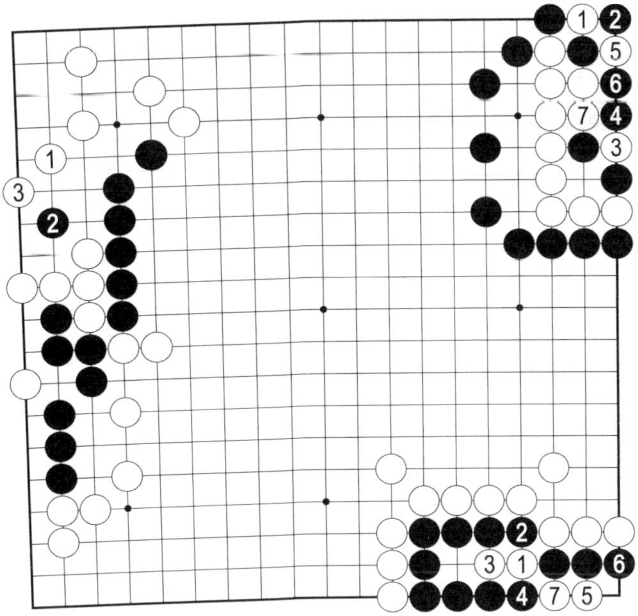

三变势图

九子化龙

⑤妙。

推破连环

⑤妙。

一木飞渡

③妙。

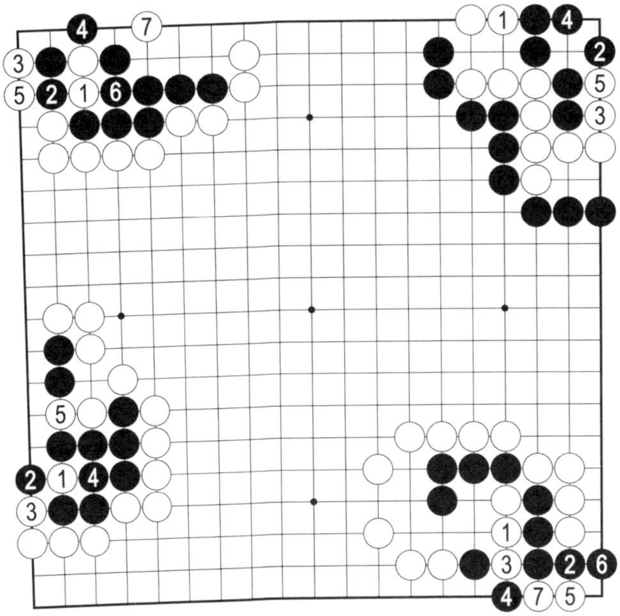

四变势图

深入推坚

❷妙。

虎穴得子

❷妙。

先机捣穴

①妙。

扼吭拊背

③妙。

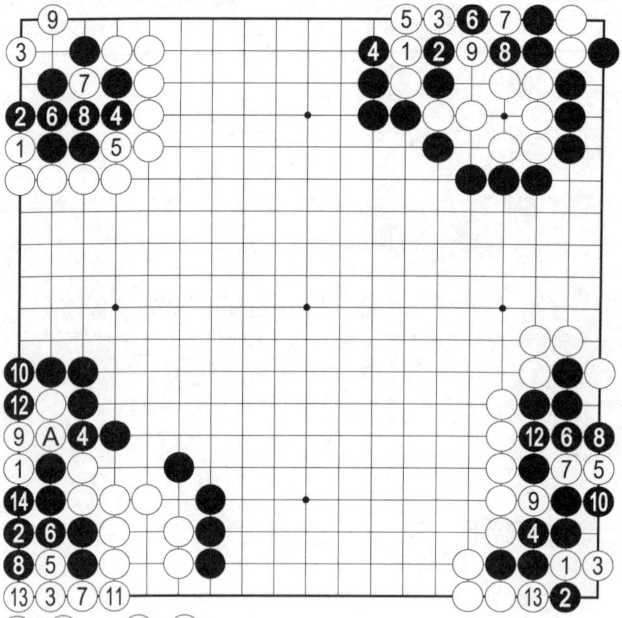

⑮=Ⓐ；　⑪=⑦

四变势图

深入推坚　探骊取珠

③妙。⑦妙。

八俊党锢

⑪同⑤妙。⑦妙。

投胎夺舍

⑨妙。

豫且得龟

⑤妙。⑨妙。

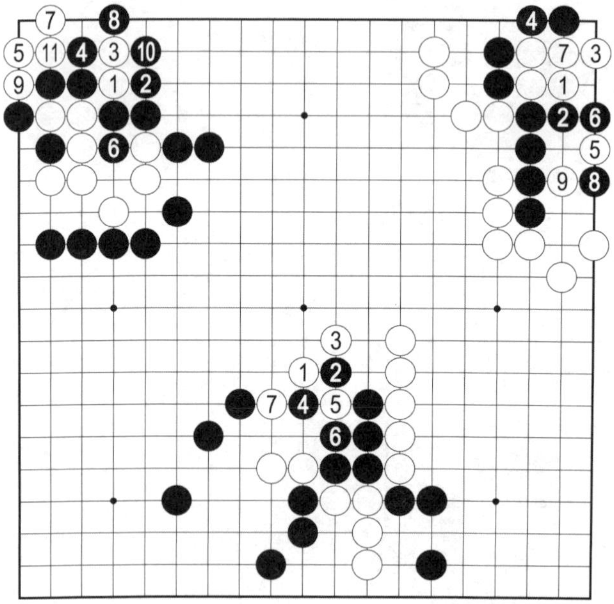

三变势图

二子成功

③妙。

中权后劲

⑦妙。

中兴四将

⑤⑦妙甚。

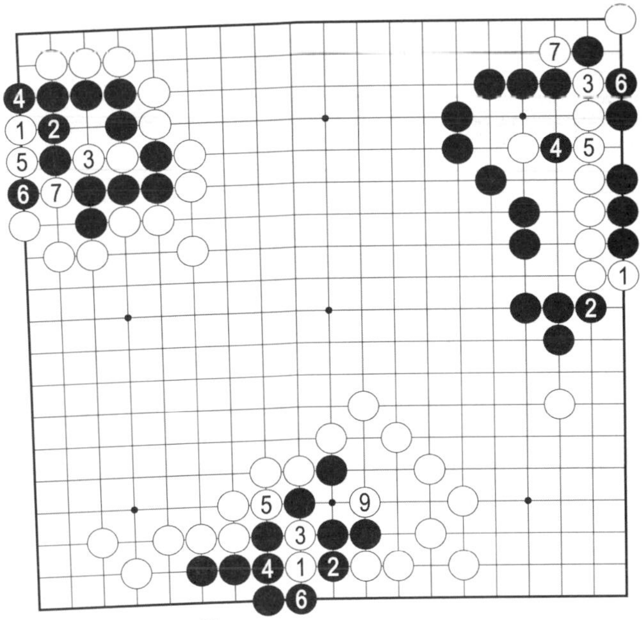

⑦=③； ❽=①

三变势图

樽俎折冲

心齐新变。❽妙甚。

守岩入壑

①妙。⑤妙。

疾风迅雷

③妙。

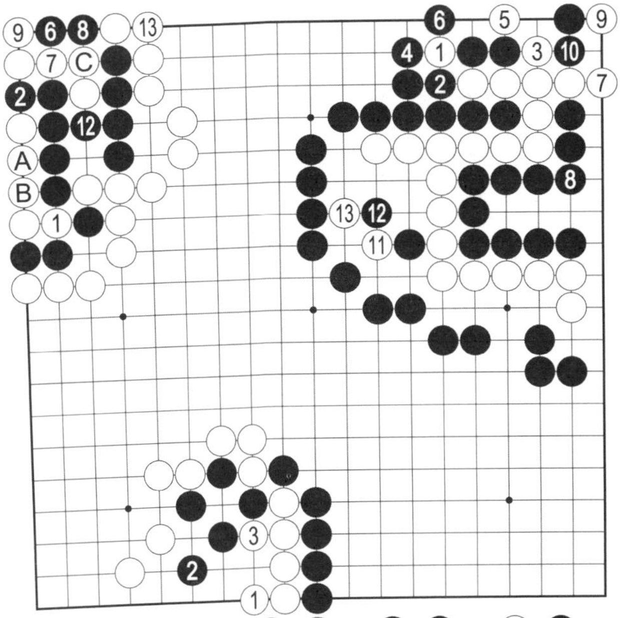

③=Ⓐ； ❹=Ⓑ； ⑤=①； ❿=❽； ⑪=❻；
⓮=❽； ⑮=Ⓒ

三变势图

越人针砭

⑬妙甚。

塞翁失马

①妙。

一苇渡江

①妙。

围棋赋

略观围棋，法于用兵。一尺之局，为战斗场。阵聚士卒，两敌相当。怯者无功，贪者先亡。常据四道，守用依旁。缘造遮列，往往相望。离离马目，连连雁行。踔度间置，徘徊中央。收取死卒，无使相迎。当食不食，反受其殃。离乱交错，更相度越。守规不固，为所唐突。深入贪地，杀亡士卒。狂攘相救，先后并没。计功相除，以时早讫。事留变生，拾棋欲疾。营或窘之，无令诈出。深念远虑，胜乃可必也。

文房十二友

（棋谱卷、棋势卷）

惠弋　章琦　伍强胜　点校

明万历三十年玉峰万卷楼刻巾箱本

点校说明

《文房十二友》十六卷，藏于哈佛大学燕京图书馆。明万历三十年（1602）玉峰万卷楼刻巾箱本。二十册。半页六行十五字，四周单边，白口，无鱼尾。框高10.8厘米，宽6厘米。书不列辑者，也无序跋。集有关草木、花木、茶、弈、酒、鹤鱼、纸笔、杂录等小品，汇为一书。卷一南方草木辨（内分三卷）、种植诸多花果木条例、王百谷花木类编、袁石公戏题瓶花斋；卷二花木谱、花荣辱史、盆史、瓶史；卷三诸花谱（分梅谱、桃花谱、杏花谱、李谱、牡丹谱、芍药谱、木香谱、芭蕉谱、蔷薇谱、栀子花谱、玫瑰花谱、锦带花谱、玉兰谱、海棠谱、绣球谱、茉莉谱、荷花谱、百合谱、虎刺谱、菖蒲谱、石榴谱、杜鹃花谱、罂粟谱、菊谱、兰谱、竹谱、洛阳石竹花辨谱、桂花谱、芙蓉谱、鸡冠谱、水仙谱、瑞香谱、山茶谱、橄榄谱、香圆谱）、牡丹荣辱志、玉照堂梅品；卷四相鹤经、种鱼、酒谱、水经、茶经、水辨、宋欧阳修大明水记、浮槎山水记；卷五香谱、书斋清事、书画金汤、居斋必用、闺阁事宜；卷六茶经、茶经传；卷七茶谱、茶谱外集、黄鲁直煎茶赋；卷八苏子瞻煎茶歌、茶具；卷九经谱外集；卷十茶居士传、十六汤；卷十一注释棋谱；卷十二释棋势；卷十三释纸、释墨、释笔、释砚；卷十四毛颖传、万石君罗文传、纸赋、墨赋、笔赋、砚赋；卷十五管城制等；卷十六文房四友杂录三十二则、文房四友除授集。为一部文人类书。

本次点校其中涉及围棋的部分，即卷十一棋谱、卷十二棋势两卷。卷十一收录篇章有柳宗元的《弈序》、班固的《弈旨》、马融的《弈赋》、皮日休的《原弈》、王世贞的《弈品》《弈问》、王拙的《弈论》、樊与贤注的《棋经十三篇》、刘仲甫棋法四篇以及《围棋十诀》和二十二条围棋掌故。部分的文字注解以及《弈论》未为他书所见。卷十二收录了编者所选棋谱，全局谱两局、受子谱四局，定式十二样，死活题六十七图，部分附有评语和来源。据编者所述，本书是“兹特请海内诸名家遍网经谱，中采其势与经合、简切巧语者录之。命工镌木，三复考订，用是袖珍，聊以便游览云”。本次点校，尽可能保存原书风貌，在文中目录与正文不一致的地方也不作改动，与现今通行版本文字不一样之处也加以保留，因部分文字模糊难辨，兼水平有限，难免会有不足之处，请多多指正。

弈序

柳宗元

房生直温，与余二弟游，皆好学。予病其确也，思所以休息之者。得木局，隆其中而规焉，其下房以直。棋二十有四，贵者半，贱者半。贵曰上，贱曰下，咸自第一至十二。下者二乃敌一，用朱、墨以别焉。房由是取二毫，如其第书之。既而抵戏者二人，则视其贱者而贱之，贵者而贵之。其使之击触也，必先贱者，不得已而使贵者，则皆栗[①]焉惛焉，亦鲜克以中。其获也，得朱焉则若有余，得墨焉则若不足。

余谛视之，以思其始，则皆类已，房子一书之，而轻重若是！适近其手而先焉，非能择其善而朱之，否而墨之也。然而上焉而上，下焉而下，贵焉而贵，贱焉而贱，其易彼而敬此，遂以远焉。然则若世之所以贵贱人者，其异房之贵贱于兹棋者欤？其所谓贵者，有敢轻而使之击触者欤？其所谓贱者，有敢避而使之击触者欤？彼朱而墨者，相去千万且不啻，有敢以二敌其一者欤？余，墨者徒也，观其始与末，有似棋者。故序。

---

①原作“慄”，校本作“栗”。

棋经要旨

班固

北方之人，谓棋为弈。局必方正，象地则也；道必正直，神明德也；棋有白黑，阴阳分也；骈罗列布，效天文也。四象既陈，行之在人，盖王政也。或虚设预置，以自卫护，盖象庖牺网罟之制。堤防周起，障塞漏决，有似夏后治水之势。一孔有阙，坏颓不振，有似瓠子泛滥之败。起伏设诈，突围横行，田单之奇。要危相劫，割地取赏，苏张之姿。参分有胜，恕而不诛，周文之德。逡巡儒行，保角依旁，却自补续，虽败不亡，缪公之智。上有天地之象，次有帝王之治，中有五伯之权，下有战国之事，览其得失，古今略备。

棋赋

马融

略观围棋，法犹用兵。三尺之局，为战斗场。陈聚士卒，两敌相当。怯者无功，贪者先亡。常据四道，守用依旁。缘边遮列，往往相望。离离马目，连连雁行。踔度间置，徘徊中央。收取士卒，无使相迎。当食不食，反受其殃。离乱交错，更相度越。守规不固，为所唐突。深入贪地，杀亡士卒。狂攘相救，先后并没。计功相除，以时早讫。事留变生，拾棋欲疾。营或窘乏，无令诈出。深念远虑，胜乃可必。

原弈

皮日休

问原弈于或人，或人曰："尧教丹朱征，丹朱作为是。信固有其道焉。"皮子曰："夫弈，艺也。彼谋既失，我谋先之，我智既亏，彼智乘之，害也。欲利其内，必先攻外，欲取其远，必先攻近，诈也。胜之势，不城池而金汤焉；负之势，不兵甲而奔北焉。胜不让负，负不让胜，争也。存此免彼，得彼失此，如苏秦之合从，陈轸之游说，伪也。若然者，不害则败，不诈则亡，不争则失，不伪则乱，是弈之必然也。虽弈秋荐出，必用吾言焉。尝试论之：夫尧之有仁义礼智信，性也，如生者必能用手足、任耳目者矣，岂区区出其纤谋小智，以著其术用争胜负哉？尧之世，三苗不服，以尧之仁、苗之慢，尧兵而熠之，犹[①]罗人杀鸺鹠，渔人烹鲲鲕者矣。然尧不以加兵，而以命舜。舜又不忍伐，而敷之文德，然后有苗格焉。以有苗之慢尚不加兵，岂能以害诈之心、争伪之智，用为战法，教其子以伐图哉？则弈之始作，必起自战国，有害诈争伪之道，当纵横者流之作矣。岂曰尧哉？岂曰尧哉？"

① 原作"由"，据他本校。

王元美[①]评古今弈品

《博物志》云："尧造围棋，丹朱善之。"彼王中郎之"坐隐"，支道人之"手谈"，雅语也。尹文子之"喻音"，刘中垒之"兵法"，正语也。杜夫子之"裨圣教"，班兰台之"象地则、效天文、通王道"，夸语也。盖孔子之谓贤于饱食终日者而已，所谓小道可观、致远恐泥者也。乃若弈之有品，启自刘宋，盛于泰始，至宰相论评，人主制决。噫，亦盛矣！

请为时养略言之。

孟子有言："弈秋，通国之善弈者也。"又杜夫子在西京，为天下第一。而《吴录》称严子卿棋，与皇象书、赵达数，为吴中八绝。当汉末有冯翊山子道、王九真、郭丰善弈，曹太祖皆与争能。晋氏之季，吾宗敬豫与济阳江霦，俱为中兴第一。是时又有北燕罗腾字叔龙者，究尽其妙，独步当时。俄而北平乐抄字少携者，出而与齐。要之，其犹在敬豫与霦上哉。宋文好兹伎，而羊玄保以赌得宣城，士林艳之。吴郡褚胤，七岁入高品，及长，冠绝当时，坐从父崇期反累死，何尚之特以绝艺为请不得。胤不死，意者其胤乎？建安王休仁为围棋大中正品，彭城王抗第一，会稽褚思庄、夏赤松次之。抗神速，思庄巧迟；抗取势，赤松斗子。此所以小异也。是时魏有范宁儿，偕使者李彪来，一战而胜王抗，宁儿亦第一品也。梁武帝素工弈，弈在能品，沈约为之序，大抵宋之徐羡之、羊玄保、何尚之，齐之萧眸、子良、柳世隆、恽，士大夫亦仅铮铮者耳。唐之弈，以开元王积薪为第一。然所谓孤山老姥、妇姑者，当远据其上。又有待诏滑能，品最高，至为上帝所取。顾师言者，不甚著，记谓其在大中初，行子至三十三着，胜神头国王，一曰日本国王。第所谓镇神头势，今尚在。然则能与师言，亦第一品也。

① 王世贞（1526—1590），字元美，号凤洲，又号弇州山人，南直隶苏州府太仓州（今江苏省太仓市）人，明代文学家、史学家。一说王穉登。王穉登（1535—1612），字伯谷，号松坛道士，苏州人，传有《弈史》等著作。

宋兴，继积薪而品高者，为江右刘仲甫。积薪之时有李憨角，仲甫时有王憨子角，然李憨见轻，而王憨见忌。最后三衢祝不疑高仲甫一道许，河东晋士明高仲甫两道许，而刘氏之祖废矣。明兴，江阴相子先称国手，靳人楼得达胜之，又有一游僧亦胜之。正德中，宰揆之地如李文正东阳、杨文襄一清、乔庄简宇诸公皆好弈，而四明范洪重。洪之后，永嘉鲍一中重。鲍生晚，不及与洪角，而格胜之。文襄鲍小友，为延誉江淮间。而其郡李冲晚出，遂与鲍雁行。周源又晚出于李，徐希圣又晚出于周，惜早死，皆骎骎角鲍者也。此所谓永嘉派也。婺汪曙不及鲍者一子，程汝亮晚出胜之，而亦早死。此所谓徽派也。颜伦善决局，不差一道，足遍天下，无能当者。而李釜时养晚出，遂与之角，伦护名不复肯应，乃游吴中。此所谓京师派也。今后进中，闽有陈生、蔡生，越有岑生，扬有方生、鼎立，而蔡与岑尤张甚，皆未可量也。始，永嘉守修郡志，《志伎艺》曰："鲍一中弈品第一，李冲次之。"冲不乐，遂罢，不复志。而最后冲且老矣，与时养战，大败，数避匿。程汝亮之遇时养，一再北，遂为劲敌云。王子曰："余少时睹鲍生弈，不能悉其妙，第见其批亢捣虚，无衡阵耳。后所睹颜伦子明，最后睹李与程劲，为忘寝食者数矣。譬之用兵，鲍如淮阴侯有抟沙之巧；李则武安君横压卵之威；颜则孙吴挟必胜之算；程则诸葛修不破之法。虽奇正时出，攻守异势，要之，皆称善师者矣。余尝戏李以李广、程以程不识，程犹未肯色受也。然李时时为余言，未尝不逊颜，以为有国士风。"

余因作《弈旨》，手书一通贻时养，谓与颜、鲍而程四子者，不知于古何如？以当明第一品无愧也。

弈问

问：段柯古所载，鸠摩罗什为人弈，起子空处皆作龙凤形，信乎？

曰：其人弈品下至八九道，或可诱而成耳。不然，什公亦姑幻障人耳目，无是理也。

问：顾思言三十三着而胜神头王，信乎？

曰：一说日本王也，弈至三十三着而决胜，所谓“通神”者也，其犹在“坐照”上乎？师言于品不登第一，而考之史，古未有神头国。而日本王由来不入朝，将无好事者为此势，以附会其说乎？未可必也。

问：孤山老姥之说信乎？

曰：或有之。然非积薪之自为神也，好事者假神而抑积薪之语也。所谓指示以攻守劫杀之方甚略，曰“是子可教以常势耳”，其抑积薪可见也。

问：一行于张燕公宅见积薪弈，遂与之为敌，且曰“念贫道四句乘除语，人人尽为国手”，信乎？

曰：有之。一行神于数者也，神于数则可以触类。其曰“四语乘除，人人国手”，非也。

问：陆子静一悟“河图”数而胜国手，信乎？

曰：其徒假一行事而神其师之语也。子静弈品甚下，今不睹其遗文若葛藤，而胡以能悟也？

问：范宁儿之胜王抗，信乎？

曰：有之。抗重而宁微也。宁儿以有心待抗，而抗以无心待宁儿，犹之乎司马仲达之于孔明也。且此一局耳，未可定也。

问：滑能之事信乎？

曰：能暴死耳，弈者之神其说也。是天人者胜能，而何又假能也。

问：王质烂柯之说信乎？

曰：不然也。尧至今三千六百年耳，度不能十局也。则为神仙者曷寿焉？

问：刘仲甫之高王积薪两道也，祝不疑之高仲甫一道也，晋士明之高仲甫两道也，信乎？

曰：果尔，则积薪而上有四道矣。仲甫之高积薪也，其持论也自为高者也。不疑、士明之高仲甫也，乘瑕者也。二子用壮而仲甫用衰也。

问：王粲、陆琼之覆局信乎高品哉？

曰：惟仲甫与颜伦亦能之，此善记者也，非与于品者也。

问：孟坚之有《旨》也，应璩之有《势》也，马融、曹摅、王粲、刘恢、蔡洪、梁宣之有《赋》也，李尤之有《铭》也，高品哉？

曰：唯永嘉林生有集焉，而品第五也。此工于文者也，非与于品者也。

问：吾子何如？

曰：犹之乎数子而已矣。

弈论

隐者王拙，尝为楚门漂父，遇弈师鲍明，自谓“越人”也。素操弈伎，游走名都，与弈无贤于鲍，遂擅国手。且自述：吾所长伎唯一铁网势也，此势盖有十八变，吾童子时即居名弈，恍若神授九枰，初未尝学于师也。王拙乃叩曰：子有是伎乎！所谓九枰可得谈与？曰：仆亦安能操九枰耶？固仙所秘者。虽世传烂柯遗经，多托于仙，意皆出九枰下。然独取其八王走马一势可入九枰，吾当退第四手，故我之所至，人之所行至，必若由基中的。《释氏传》灯弈即心灯也，必有仙眼，无为棋障，洞彻厥机，顾化而无算，算亦因疑于敌。夫上弈者内镜，其次外镜，而旁镜又次之。此上弈之下，中弈之上，非下弈也。内镜通玄，逆知其势；外镜守势，待敌而举；旁镜栖敌，因形而动。弈非自弈也，后敌之形，先敌之机，执其长短而为变态，饶子不过三。余皆下弈，非旁镜之流。失在一算，当敌之项，失在一先。故弈夺一先者吉，夺三先者益，夺五先者败形在敌。故曰中人以上可以语上也。王拙进曰：然则弈象兵形，中有九枰，将何以教之？曰：弈者，易也。易之象，象弈也。故弈尚消息盈虚，先识而后算者能待劲敌之劳，先胜而后战者能蹶上将之气。毋浪战、毋轻跳、毋闲游、毋苟应、毋贪追，谓之五令；下子忌生、忌软、忌俗，是谓三约。弈不可不知也。凡弈之道，必揣摩敌情，无为我先，无为我后，目如半瞑而心目之，走盘浑脱，四隅皇皇。故善形者栖而不栖。善势者断而不断。蟠如常山之蛇，若断而各得其势，我反分符夹攻，敌反三面受击，此断势之利也。不知奇正之变者，不可以布势，是谓表里山河，故胜者胜于势而成于谋。弈之有势，如雷之有风，鼓舞群动，催陷百蠢，势所停蓄，我在内而敌在外者败，敌在内而我在外者胜。故势之轻重，常以敌观我，以我观敌，势在敌则机变出。善守者必善于攻，善攻者必善于守。志欲疑以定，神欲默以舒。下子如落石突阵，如奔泉四顾，如动马触惊，如转墙生门死门。得先者夺，独往独来，莫知营垒。一先兼守多用双关，十子直行能夺五路。攻守观其疏密，开阖应其纵横。落落者受劫必多，拘拘者分块不少。其子恋者将以栖也，其子退者将以进也。故子有无眼而活，不知其寓于机者，当其眼也，而机已化机者。神出鬼没，流行坎止，不在于先，不在于后。胜敌先机在乎伏劫，破角在乎袭虚，行边乘乎间道，劫营得乎巧中，入腹贵乎周防。腹者四面之冲，非势联络不可以捍敌。势宜远而徉示其疏，机宜藏而阴示其密。妙莫妙于用松，奇莫奇于借势。故曰兵行诡道，宁失其边、勿失其角，宁与其角、勿与其腹。故善食子者，有小侵而不弃，无大胜而不骄，得纪律也。两军相敌，棋头必出，孤军最险，虽出而失势，残子不就强，活而无根。故料敌要矣，我先而敌必应则先之，不应则挑战，不战则守。故守敌以养其先，守先以多其敌。攻在于智，守在于机，可进可退，可伸可缩，可劫可补。形成则审其局，势定则规其方。走狗悉烹，天下天平。故常胜之术无他，机智沉而行任整也，虽九枰宁出于此哉！王拙推棋叹曰：昔有庖丁解牛而近乎道，今吾观弈者之论，亦恢恢乎！其有余地，目无见全子矣！吾以悟易，得养主焉！遂入终南访道而去。鲍明得其所叙弈论手录一卷，即世称小王右军，挟之以归。而后有好事者，稍稍传于海内，亦不知王拙何许人也。

嘉靖乙卯[1]浴佛日于玄燕山房录之。

朽庵道人逢年识。

① 公元 1555 年。

棋经十三篇

晋陵樊与贤注解

论局篇第一

夫万物之数，从一而起。局之路，三百六十有一。一者，生数之主，据其极而运四方也。三百六十，以象周天之数。日行迟，一岁一周天。月行速，一月一周天。一岁凡十二交会，故周天之度数三百有六十，而局取法焉。分为四隅，以象四时。隅各九十路，以象其日。四隅各十九路，合而成局。四时各九十日，故象之也。外周七二路，以象其候。夫棋三百六十，白黑相半，以法阴阳。黑白各一百八十，阳明而显故白子，阴晦而暗故黑子，是定阴阳之义也。局之线道谓之枰。线道黑路也，其名曰枰。线道之间谓之罫。线道之间，黑路中之方眼也，其名曰罫。局方而静，棋圆而动。自古及今，弈者无同局。《传》曰："日日新。"故宜用意深而存虑精，以求其胜负之由，则至其所未至矣。

得算篇第二

棋者，以正合其势，以权制其敌。兵以正合，以奇胜。布势不可不正，相角不可无权。故计定于内而势成于外。计先定于心，势后布于局。战未合而算胜者得算多也；算不胜者得算少也；战已合而不知胜负者无算也。《兵法》曰："多算胜，少算不胜，而况于无算乎？"由此观之，胜负见矣。

权舆篇第三

权舆者，弈棋布置，务守纲格。诗言权舆，始也。布置其子，在守纲格之规范而已。先于四隅分定势子，然后拆二、斜飞，下势子一等。谓于三七、七三下子是拆二也；于三六、六三下子是斜飞也。拆二与斜飞俱下势子一路。立二可以拆三，立谓直立其子也。立一子但可拆二，疏则易断。立二子然后可以拆三。立三可以拆四，直立三子则势高，虽拆四路，亦不可断。与势子相望可以拆五。平四四有势子，于平十四下着是拆五路，与势子相望也。立三而又与势子相望，则势益大，故可拆五。近不必比，远不必乖。比，太近也。乖，太远也。太近则势促，太远则乖离。此皆古人之论，后学之规，舍此改作，未之或知。《书》曰："事不师古，无以克永世。"又曰："靡不有初，鲜克有终。"

合战篇第四

博弈之道，贵乎谨严。高者在腹，下者在边，中者占角。边不如角，角不如腹，边角如生，得路必促，此棋家之常。法曰：宁输数子，勿失一先。有先而后，有后而先。击左则视右，攻后则瞻前。两生勿断，俱活勿连。阔不可太踈，定不可太促。与夫恋子以求生，不若弃之而取势；与其无事而强行，不若因之而自补。彼众我寡，先谋其生；我众彼寡，可张其势。善胜者不争，善阵者不战；善战者不败，善败者不乱。始以正合，终以奇胜。必也，四顾其地，牢不可破，方可出人不意，掩人不备。凡敌无事而自补者，有侵袭之意也。弃小而不救者，有图大之心也。随手而下者，无谋之人也。不思而应者，取败之道也。《诗》云："惴惴小心，如临于谷。"

虚实篇第五

夫弈棋，绪多则势分，势分则难救。绪者，若綀糸之有头绪也。弱者破强者，隔绝便多起头绪，然后驱东击西，逐左则攻右，使奔走不暇也。投棋勿逼，逼则使彼实而我虚。虚则易攻，实则难破。下子须要得地，若与彼逼近，彼必补而实之，后必难攻。我子若虚，岂无切近之忧乎？唐太宗谓李靖曰："使敌势常虚，我势常实。"临时变通，慎勿执一。《传》曰："见可而进，知难而退。"

自知篇第六

智者见于未萌，愚者暗于成事。故知己之害而图彼之利者，胜。《兵法》云："知己知彼，百战百胜。"但知攻人，不知自保，乌乎胜？知可以战不可以战者，胜。识众寡之用者，胜。以虞待不虞者，胜。以逸待劳者，胜。进可以攻，退可以守，逸也。走则愈穷，守则愈困，劳也。不战而屈人者，胜。布棋入格，不待交战，自然得胜。《老子》曰："自知者明。"

审局篇第七

弈棋布势，务相接连。自始至终，着着求先。攻其所必救，弃其所可舍，求先之道。临局离争，雌雄未决，毫不可差。局势已胜，专精求生。局势已弱，锐意侵绰。沿边而走，虽生亦败。弱而不伏者愈屈，躁而求胜者多败。两势相围，先促其外。彼此被围，内围共着。勿顾其中，先紧其外。势孤援寡则勿走。被围而外无可援，宁舍而不走。走则敌势愈坚，而我势益促。是故棋有不走之走、不下之下。击彼而走此者，不走之走也。舍此而得彼者，不下之下也。误人者多方，成功者一路而已。多方者，百端以惑之也。棋说本来只许赢一路，便是成功。晋王仲宣歌云："头尾只求多一路，免烦大败笑旁观。"能审局者，岂不胜哉。故《易》曰："穷则变，变则通，通则久。"

度情篇第八

人生而静，其情难见。感物而动，然后可辨。推之于棋，胜败可得而先验。法曰：持重而廉者多得，轻易而贪者多丧。不争而自保者多胜，务杀而不顾者多败。弈贵乎安静。寂然不动，虽鬼神莫测其机，况敌人乎？苟动颜色，则胜负可得而先验矣。因败而思者，其势进；战胜而骄者，其势退。求己弊不求人之弊者，益；攻其敌而不知敌之攻己者，损。目凝一局者，其思周；心役他事者，其虑散。行远而正者吉，机浅而诈者凶。能畏敌者强，谓人莫己若者亡。意旁通者高，心执一者卑。如下一子要旁通。三生二活，四面相照，应令人不测者胜。执一无谋，必无远行，其见乃卑。语默有常，使敌难量。动静无度，招人所恶。《诗》云："他人有心，予忖度之。"

斜正篇第九

棋以变诈为务，劫杀为名，岂非诡道耶？变诈者，棋之用意；劫杀者，棋之立名。顾名思义，皆诡道也。予曰："不然。"《易》曰："师出以律，否藏凶。"兵本不尚诈，谋言诡道者，乃战国纵横之说。棋虽小道，实与兵合。故棋之品甚繁，而弈之者不一。得品之下者，举无思虑，动则变诈。或欲下而复止，或欲去而复来，或用手以影其势，或将言以泄机。得品之上者，沉思而远虑，因形而用权。神游局内，意在子先。图胜于无朕，灭行于未然。岂假言辞喋喋，手势翩翩者哉？《传》曰："正而不谲。"其是之谓与？

洞微篇第十

凡棋有益之而损者，有损之而益者。益之而损者，得此而失彼也。损之而益者，舍小而取大也。有侵之而利者，有侵之而害者。得先则利，失先则害。有宜左投者，有宜右投者。左右下子皆活，宜思之。使一着防尽后，打可也。有先着者，有后着者。着而必应，犹得先手为先着。待彼先着，我方应之为后着。有紧辟者，辟取其靠，辟之义谓以我子紧其，截住彼之头绪，次着必断，使之急应曰紧辟。有慢行者。与敌子相靠而行曰紧行，不相靠曰慢行。棋有紧行，而紧靠相挨；恐失外势，故慢行以缓之。粘子勿前，弃子思后。粘子勿前。如我棋数节应粘。粘后，则敌断前，而所失犹少；粘前，则敌必断后，而连前之粘俱失关。弃子思后。如有数子应弃，又思弃后，或成脱骨，或成反敲，或打二复一而不成全眼，或虽弃而敌成眼五、花六、聚七，凡此皆弃子之后事也。有始近而终远者，有始少而终多者。密不可破，故始近而终远。势有可为，则始少而终多。欲强外先攻内，欲实东先击西。内应则外自强，西击则东自实。路虚而无眼则先觑，路虽多而虚，未有实眼。若做眼则失先手，故于敌空处先觑，觑则敌必应，而不失先手，且做眼在其中矣。无害于他棋则做劫。敌来劫起我子，次着有害于我，则不可打劫也。饶路则宜疏，受路则勿战。己强则张大其势，不虑人之侵也。己弱则谨守其疆，不轻与之战也。择地而侵，无碍则进。地，空处也。碍，谓前途有子相碍也。有益于得路则侵而夺之；无害于他棋则进而行之。此皆棋家之幽微，不可不知也。《易》曰："非天下之至精，其孰能与于此？"

名数篇第十一

夫弈棋者，凡下一子，皆有定名。棋之形势、死生、存亡，因名而可见。用棋之名三十有二：

曰冲。冲，突也。直连子而突入关谓之冲。

曰斡。斡，间也。不连子而投入关谓之曰斡。

曰绰。绰，侵也。以我子侵彼路而拂其子之谓。

曰约。约，拦也。以我子拦彼路而遏其子之谓。

曰飞。谓下子隔斜路而走，亦有沿边而走者，使有远粘不断之貌。

曰关。两子正相对而立，隔一路曰关，倍而并之曰双关。

曰劄。扎也，若有两虎口相对，有断即断之。

曰粘。连也，防敌冲断而连之。

曰顶。撞也，当其头以我子压之。

曰觑。视也，有可断而不敢断，先以子视之。

曰尖。签也，初下子斜行一路，若以胜负相攻，使子有粘活谓之尖。

曰门。闭也，闭住敌子，使不得出，隔一路为小门，二路为大门。

曰打。击也。

曰断。段也，截而为二。

曰行。走也，初下一子粘连不断，唯恐有夹打险难之谓。

曰立。沿边而下，恐有行子冲断相攻之谓。

曰捺。以子按其头，自上而按下也。

曰点。深入其地破其眼曰点，旁通其子曰透点。

曰聚。敌地空闲未全眼，则聚而点之，有聚三、聚四、花聚五、花聚六。

曰跷。翘也，我彼之子，皆相倚联行，而我子居下，着不能张，欲先取其势，则以我子斜出一路，而邀住敌子之类。

曰夹。挟也，两子挟一子曰实夹，两子自挟曰虚夹。

曰拶。逼也，以我之子，逼彼之子。

曰辟。邀绝敌路而次着断之曰辟，即可扭断之曰紧辟。

曰刺。灭也，连子而入冲敌要路使之无眼。

曰勒。束也，束其要使无眼，与劄、刺小异。

曰扑。投也，以我子投敌穴中破其眼而促其着。

曰征。杀也，两边逐之，杀而不止。

曰劫。夺也，先投子于敌虎口曰抛，后复打曰劫，劫而不受杀者。有金井、轳辘及重鋂、舞剑诸势。

曰持。和也，两棋相围而皆不死不活。有两棋皆无眼者，有皆有劫者，有各一眼活者，有彼棋两段各一眼而我棋一段无眼间其中而持者。

曰毅。棋死而离局曰毅，俗谓之提。既提矣而随手毅者曰复毅。

曰松。虚也，取其玲珑透达、疏而不漏之义。

曰盘。蟠也，两棋相隔绝而欲连之，沿边而渡过曰盘。

弈者临局变化，远近纵横，我不得而前知也。用行取舍，难逃此名。《传》曰：“必也，正名乎！”弈棋之谓与。

品格篇第十二

围棋之品有九。一曰入神。二曰坐照，坐照者，至虚善应，亚于入神。三曰具体，具入神之体而微者也。四曰通幽，能善应变，或战或否，意亦通幽。五曰用智，未能通幽，战则用智，以收其功。六曰小巧，务远图，好施小巧。七曰斗力，动则必战，与敌相抗，不用智巧，专务斗力。八曰若愚，局势已败而不觉。九曰守拙。全局受饶，不知攻守，随手而应，以徒自全，乃守拙之徒也。九品之外不可胜计，未能入格，今不复云。

杂说篇第十三

夫棋边不如角，角不如腹。约轻于捺，捺轻于辪。势使之然也。夹有虚实，两子夹一子曰实，两子自夹曰虚。打有情伪。凡打节有实打、有虚打。逢绰多约，遇拶多粘。因绰则多约，不粘则断，辪亦如之。大眼可赢小眼，斜行不如正行。花六、聚五大眼也，直三、方四小眼也。黑白相围，各无双眼，则大眼可赢小眼也。斜行易断，故不如正行。两关相对则先觑，我先觑，则我得路而先实。彼若先觑，必至交攻而失路。前途有碍则勿征。凡欲征棋，先觑前路有无棋子相对。若前路有子征则必碍。施行未成，不可先动。先动则觉，谨勿妄施。兵法云：兵，应者胜。谋未成而先攻人者败矣。盘角曲四，局终乃亡。直四板六，皆是活局。花聚透点，多无生路。花六聚七，终非吉祥。十字不可先纽，空四路者为直四，空三双者为板六。花聚、透点多无生路。深入敌境，将聚三、聚四、聚五、聚六而点之，或旁通其子而透点之，故多无生路。十字又也，四隅有十字之着，先纽者必败。势子在心，勿打角图。当乘势取腹，活角则失势多矣。弈不宜数，数则怠，怠则不精。弈近于戏，数局乃止。若无数着去，则精神有限而怠心生，弈理何自而精。弈不宜疏，疏则忘，忘则多失。纵精于弈，若以不下则疏而局生多失。胜不言，败不语。言语勿泄胜负之由，则敌不能窥测。振廉让之风者，君子也；起忿怒之色者，小人也。君子虽胜而有谦谦之风；小人好胜则有愠怒之意。高者无亢，卑者无怯。高者任意，故多亢。卑者受制，故多怯。气和而韵舒者，喜其将胜也。心动而色变者，忧其将败也。赧莫赧于易，耻莫耻于盗。妙莫妙于用松，昏莫昏于复劫。子既下，复悔而换之，深为可愧。人不见，乃窃而盗之，实为可羞。用松，则形虽擒内而兼取外势，故妙。又两敌相围，敌有空处，先投其空与己相望。敌应，则紧靠而反折一着；不应，则可以相连，两势益张。名虽松实则紧，此用松之妙也。覆劫则愈用愈穷，故昏。凡棋，直行三则改，方聚四则非。直行不得过三，方四决不可活。胜而路多，名曰赢局；败而无路，名曰输筹。皆筹为溢，停路为芇。筹，得算也。溢，水满也。得算则子多，如水之满而溢矣。芇，相当也。停路则彼此相当而芇矣，两家无胜败，名曰芇。打筹不得过三，淘子不限其数。两下未曾交锋，故先打筹试之。若连胜三局，则输家受饶矣。淘子者输路也，自一路至全局皆谓之输路，故不限其数。劫有金井、辘轳，有无休之势，有交递之图。弈棋者不可不知。两处成劫曰金井、辘轳。此系无休之势而交递之图成矣。棋有敌手，强弱均而争先曰敌手。有半先，以三局为准，弱者两先而强者一先也。有两先，饶二子也。有桃花五，有北斗七。桃花、北斗，饶五子、七子之形象也。夫棋者有无之相生，远近之相成，强弱之相形，利害之相倾，不可不察也。棋之始也，自无而有。棋之终也，自有而无。势之相角也，远近、强弱、利害变化不一。是以君子安而不忘危，存而不忘亡。

刘仲甫棋法四篇

一、布置

盖布置棋之先务，如兵之先阵而待敌也。意在疏密得中，形势不屈。远近足以相援，先后可以相符。逼近势子，有拆三、拆四之着，势虽难大而易破。至于尖、飞之类，力虽牢而路促，不如拆二之得其中。若入他境，或于六二、三六下子，及九三与十三之着。用意在人，此乃为格。

二、侵凌

夫棋路无必成，子无必杀，乘机制变，不可豫图。且布置已定则强弱未分，形势鼎峙，然后可行侵凌之法，应援相接，勾落相连，多方以拥逼，拥逼者因势借力。迤逦而侵袭。侵袭者近角，跷、间、劫、夹、斡之类。侵袭行，则彼路不得不促；拥逼渐急，则彼势不得不羸。俟乎忿而先动，则俟敌而索其情，观动则制乎变。此之谓善奕者也。

三、用战

用战之法，非棋家要道也。不得已而用之，则务在廉谨以守封疆，端重而全形势。封疆善守，则在我者实矣；形势能全，则在我者逸矣。夫以实击虚、以逸待劳，则攻必破、战必取矣。

四、取舍

取舍者，棋之大计。转战之后，孤棋隔绝，取舍不明，患将及矣。盖施行决胜谓之取，弃子取势谓之舍。若内足以豫奇谋，外足以隆形势，纵之则莫御，守之则莫攻，如是之棋，虽少可取而保之。若内无所图，外无所援，出之则愈穷而徒益彼之势，守之则愈困而徒壮彼之威，若如此棋，虽多可舍而委之。沉谋默战于方寸之间，解难排纷顷刻之际。动静迭居，莫测其正。不以犹豫而害成功，不以小利而妨远略。非浅见者能仿佛也。

围棋十诀

一、不得贪胜；

二、入界宜缓；

三、攻彼顾我；

四、弃子争先；

五、舍小救大；

六、逢危须弃；

七、慎勿轻速；

八、动须相应；

九、彼强自保；

十、势孤取和。

势谱目录

诸谱中先着白黑互见，每势要查着则谁先，未免劳神检点。今遍查各谱，凡系黑先者一切换白，亦扶阳抑阴之意也。

一选《参玄经》　一选《玉局藏机》　一选《烂柯经》

一选《分类弈棋谱》　一选《玄玄经》　一选《心斋增变》

敌手局　受二子局　受三子局　受四子局　受五子局

正兵局　倚盖势　好起手　穿心角　大压梁　背绰角　金井栏　镇神头　卷帘边　铁重关　平角图　平关斜飞　空花角　大铁网

王友谅李棋童对局　侵分图　长生不老　夜渡函关　翻云覆雨　卧内夺符　直走魏都　孰敢争先　春水断桥　远近交攻　威壮长城　反风灭火　投鞭断流　五将失道　半渡而击　食不下咽　蛛联碧落　五龙变现　四将突围　龙翔海窟　墨子守宋　两军逾垒　恢拓中原　割地媾秦　齐侯袭莒　昆阳溃围　五蕴皆空　实东击西　二仙垂云　单骑降虏　酆津双剑　六出奇计　背水纡筹　游鱼赴沼　宾鸿中弹　因计就计　势不两立　坚壁全军　投间抵隙　虏在目中　以强示弱　欲取故与　左冲右突　红炉点雪　暗度陈仓　九子化龙　椎破连环　二木飞渡　深入摧坚　虎穴得子　扼吭拊背　先机捣穴　三鼓夺气　神龙点眼　相如全璧　兵不血刃　输他一着　里应外合　樽俎折冲　一苇渡江　塞翁失马　探骊取珠　八俊党锢　豫且得龟　投胎夺舍　二子成功　中权后劲　中兴四将　疾风迅雷

大舜为棋

舜之子名商均，不肖，其智不若父。舜始为棋使之相搏，以运其机变，动其心智，棋之戏始于此。

王质观棋

质常采薪于石室山，遇二老人围棋石上。质放柯于坐下，观之。一局未终，老人曰："子何不去？"质起视柯，柯柄已烂，下山归家，门闾俱改。

李泌赋棋

泌字长源，七岁能文，唐玄宗召使人招之。初至，帝与宰相张说围棋，帝令说试泌，曰："方如棋局，圆若棋子，动若棋生，静若棋死。"泌即答曰："方若行义，圆若用智，动若骋材，静若得意。"群臣拜贺得奇童，帝宠赐之。

王安石赌棋

号荆公。在钟山下与薛肇明围棋、赌诗，一律胜者饮酒，败者赋诗。薛败不能作，荆公代其诗云："莫将戏事扰真情，且可随缘道我赢。战罢两奁分白黑，一枰何处有亏成。"

安伯赌棋

蜀简州刺史安重伯贪赌。州民有油客，姓邓，能棋，召敌。口令立侍，每落一子，俾退立于牖下：“俟我算路，乃进！”终日不下十数子。邓倦且不堪。次日又召。或讽曰：“本不为棋，何不献赂？”遂献金三锭。

谢安围棋

号安石。当苻坚伐晋，加安征讨大都督。安无惧色，命驾出别墅，乃与张玄之围棋赌别墅。既而兄子玄等破坚，有驿书至，安对棋如故。客问之，徐答云：“儿辈破贼。”既罢还内，过户限，不觉屐齿之折。

文帝赌棋

宋文帝与羊玄保围棋，赌郡。保胜，补宣城守。

王导围棋

晋王导与其子悦围棋，争道。导笑曰：“相与有瓜葛，那得尔邪？”

王积薪好棋

王积薪每出游，必携围棋短具，画纸为局，与棋子并盛竹筒中，系于车辕马鬣间。道上虽遇匹夫，亦与对手。胜则征饼饵牛酒，取饱而去。

李岩老阅棋

李岩老好睡，与人下棋，岩老就枕，阅棋数局。

李憨弈棋

赵宋李重恩弈棋，冠绝当世，形神昏戆，号李憨，棋外一无所晓。对弈昏睡，但开目，随手应之，皆出人意表。

王粲覆棋

粲字仲宣，观人棋，局坏，粲覆之，不差一，其强识如此。

橘叟赌棋

巴邛人园有橘，大如斗。巴人异之，留以观玩。一人取橘剖之，中有二叟须鬓然，相对棋局，谈笑自若。一叟曰："橘中之乐，不减商山。"一叟曰："但不得根深固蒂，为愚夫摘下。"顷即化二白龙而去。

棋声与律吕相应

《棋天洞览》云："元颐本棋枰声，与律吕相应，盖用响玉为盘，非有异术也。"

围棋夺造化

王勃围棋，率下四子成一首诗。勃犹诧之，向人曰："吾材夺造化，虽一时之间，百用亦可。"

尽数天星，遍知棋势

《止戈集》云："人能尽数天星，则遍知棋势。"

窃咽棋子

《棋天洞览》云：“李杓直与人棋而败，乃窃数子咽之。寻问，乃鼓局大恕。”

贵家棋子

《棋谈》云：“开成中，贵家以紫檀心、瑞龙脑为棋子。”

徐峰善弈

《大唐龙髓记》云：“徐峰善棋，段成式欲尽穷其术。峰曰：‘子若以墨狻猊与我，当使子过我十倍。’”

遇棋仙

《手参棋诀》云：“卞子京遇棋仙，束带拜金铸紫堂，仙仍坐于席上，胜克之利，万不失一。”

手谈

《群仙传》云：“王积薪夜宿店家，闻隔壁围棋，及明视之，无棋局。问之，盖手谈也。”

坐隐

《世说》云：“王中郎以围棋为坐隐。”

棋盘路图

夫棋盘，有三百六十一路，以分平、上、去、入四字，各据一角，计九十路。棋盘以左手尊而为平。从角左行，四声亦各从角起一，左行至十，为十路。每路又各从排定位数起一，从左右行，并数至九而止，凡得九十路也。如言“三五”，则以第三路起一，从右行，并数至五，为“三五”，余皆仿此。凡下局先须排定势子，然后布置，使疏密得中，或拆三，或拆四，或斜飞，或小尖皆可，但不若拆二之着，合乎疏密之宜也。

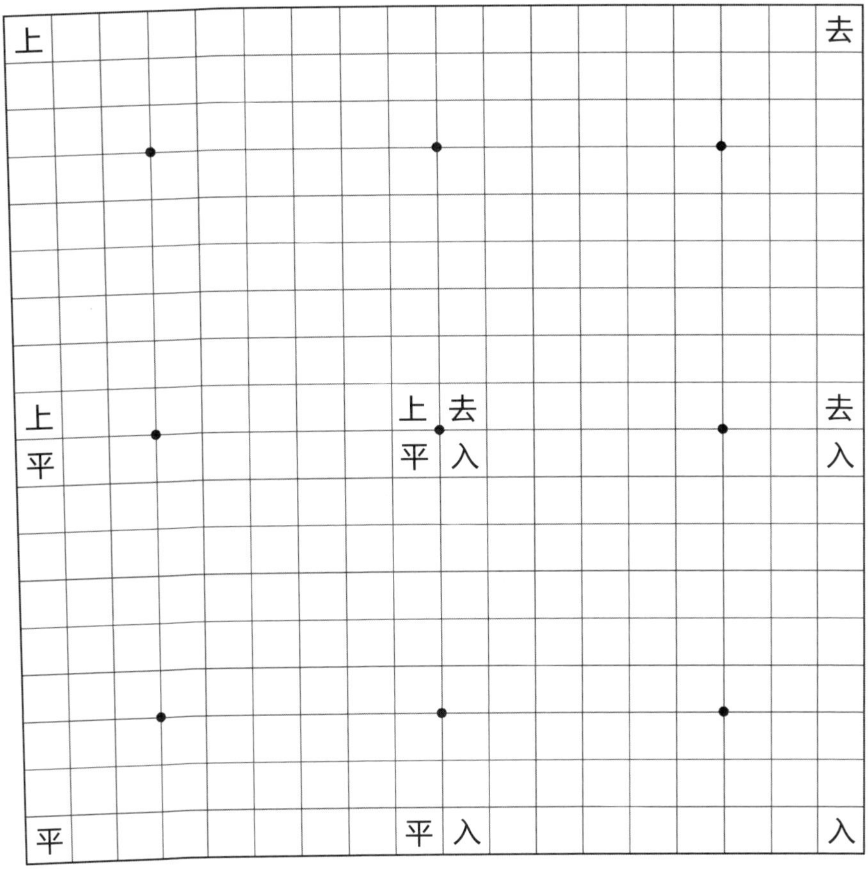

棋盘路名

局面之路，其各一十有九。一曰天，二曰地……详在后图上。自右之左而数之，四围皆然，此又平、上、去、入之变也，按图试着，亦不可不知焉。

起数子

三六、六三下子，二四斜飞入角，五六单关入腹，三九拆二归边。

右法见三六、六三下子，一举而有三用，所以为妙，旧本位置错综，系传录之讹。

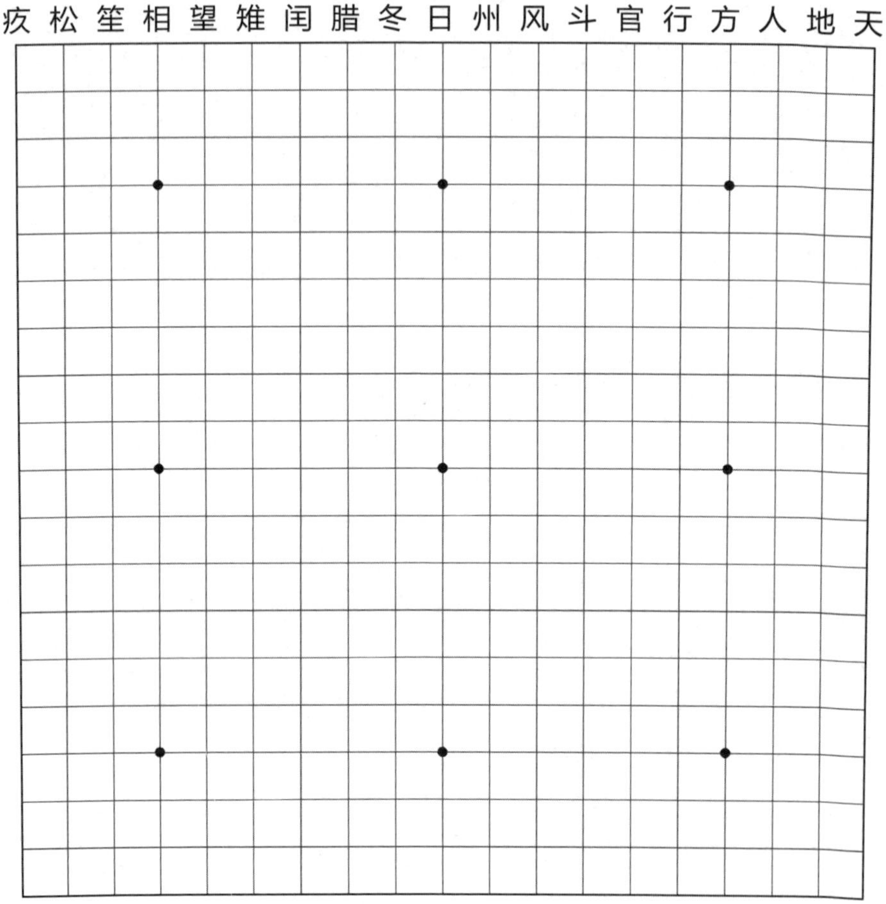

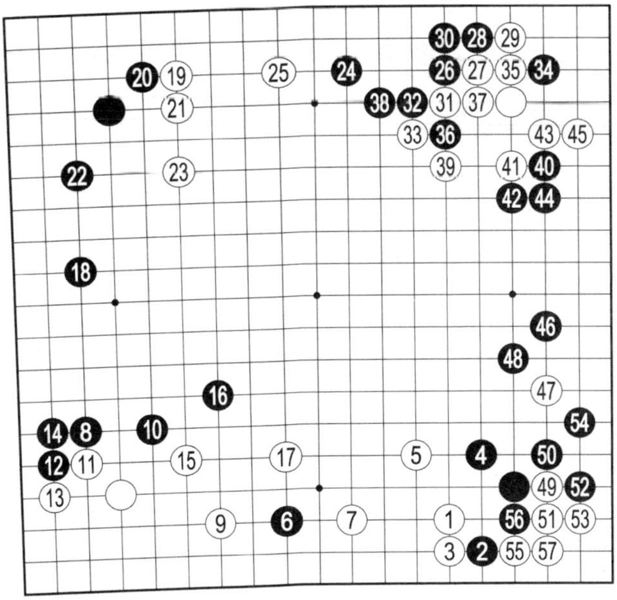

敌手一局 白先胜

选《参玄图势》

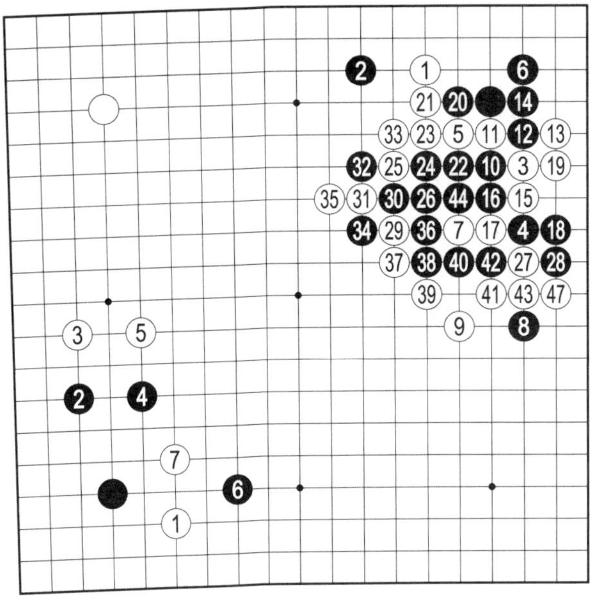

敌手二局 白先胜①

㊺=⑰；❹❻=⑦

① 左下白后招法错误。

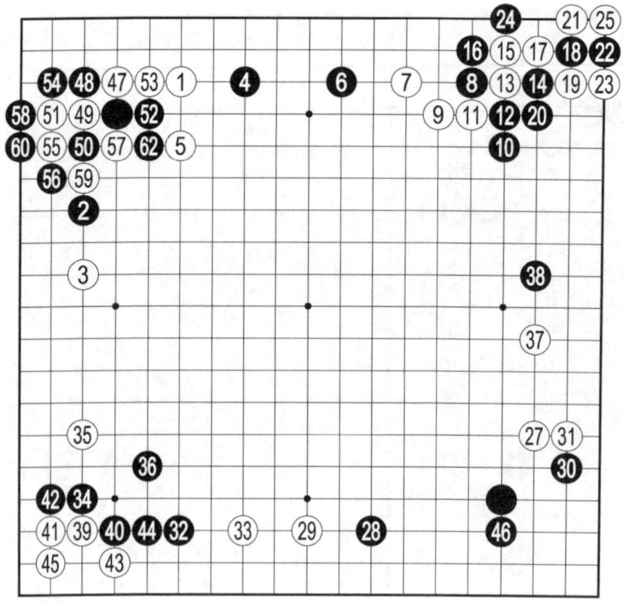

受二子局 白先黑胜

❷⓺=❶⓼；⑥①=❺⓪

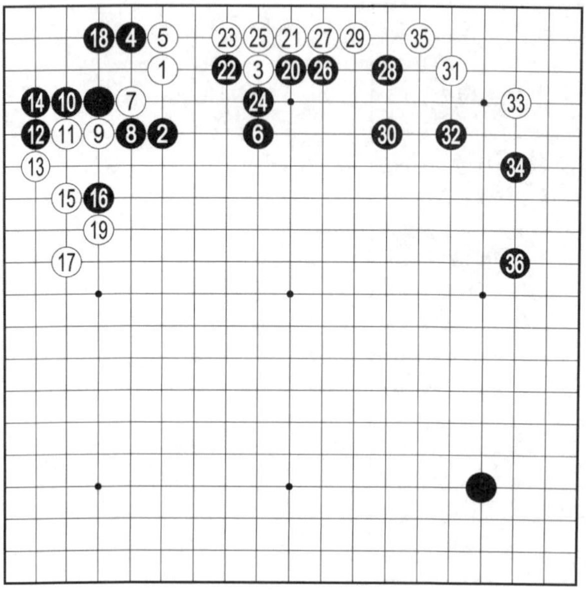

受三子局 白先黑胜

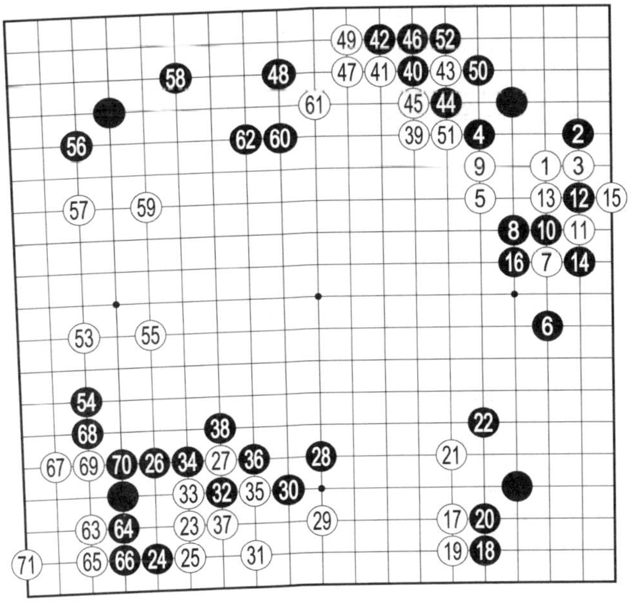

受四子局 白先黑胜

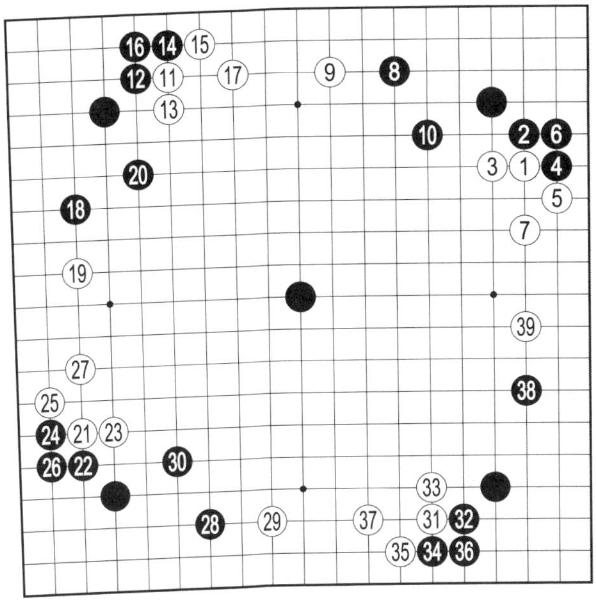

受五子局 白先黑胜

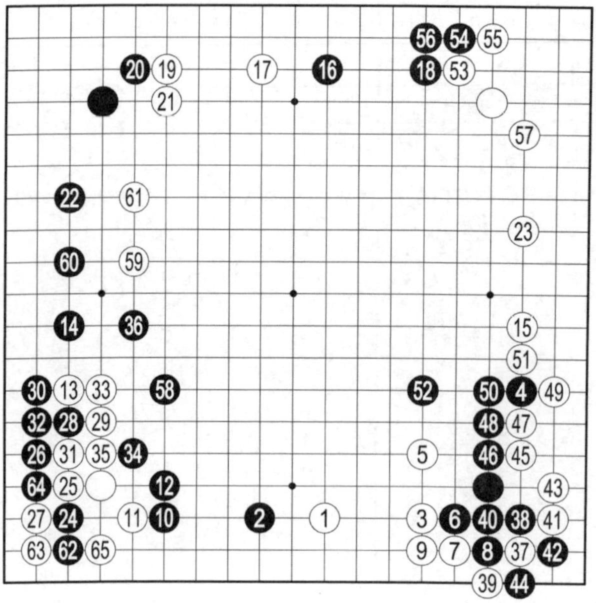

正兵一局

选《玉局藏机》

评曰：59着，外以侵边，内以固腹。

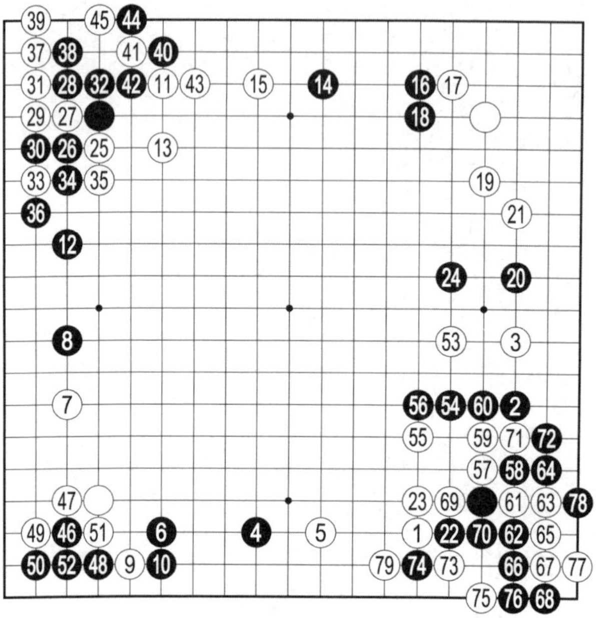

正兵二局

39立妙。

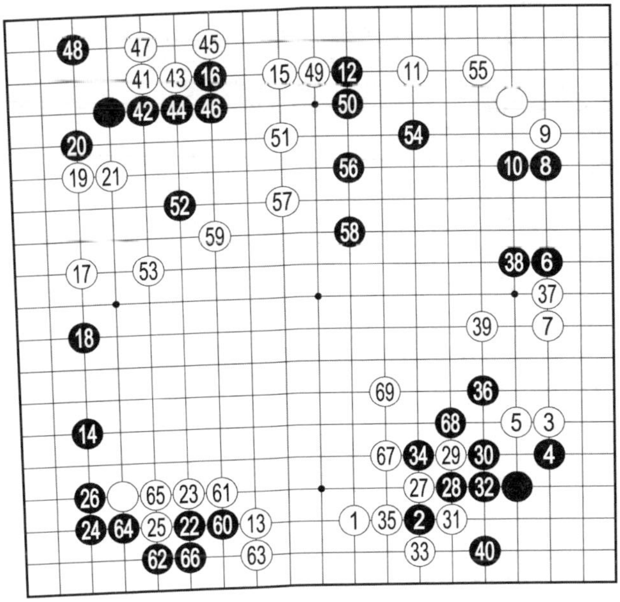

正兵三局

㉕着争先法耳。

评曰：平淡中有味。

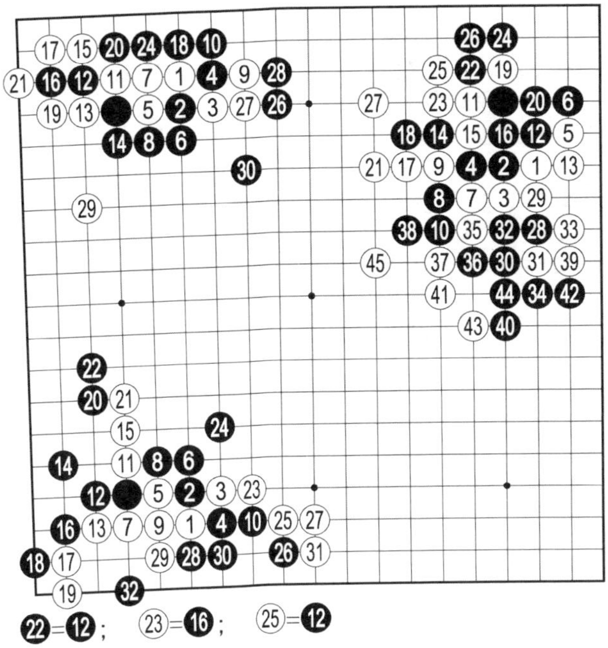

倚盖势

⑪、㉛、㉟妙

白拙于⑦，黑巧于⓮。

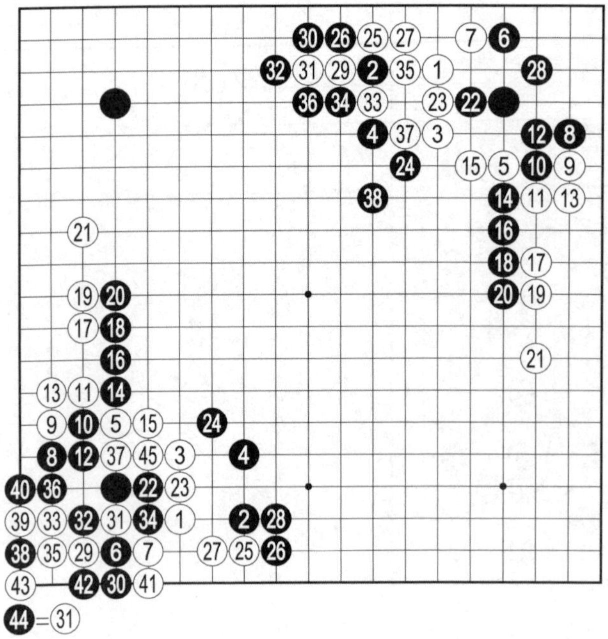

好起手

❷❽妙，❸❹妙。

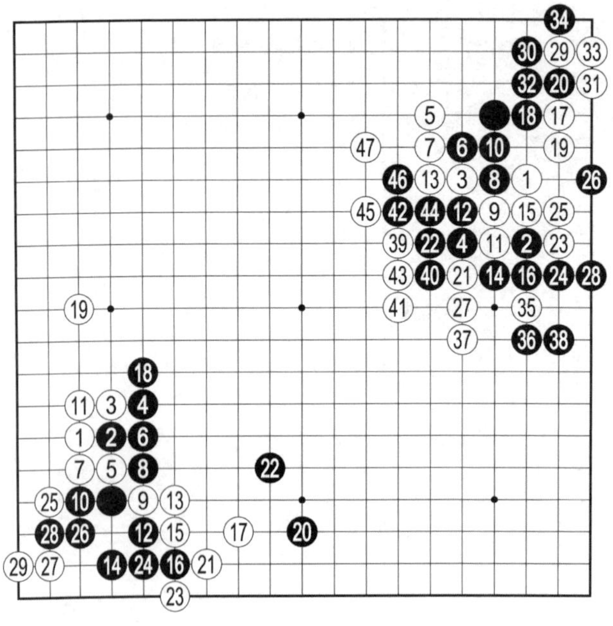

穿心角

黑三面受敌，未免得此失彼。《经》曰：“绪多则势分，势分则难救。”

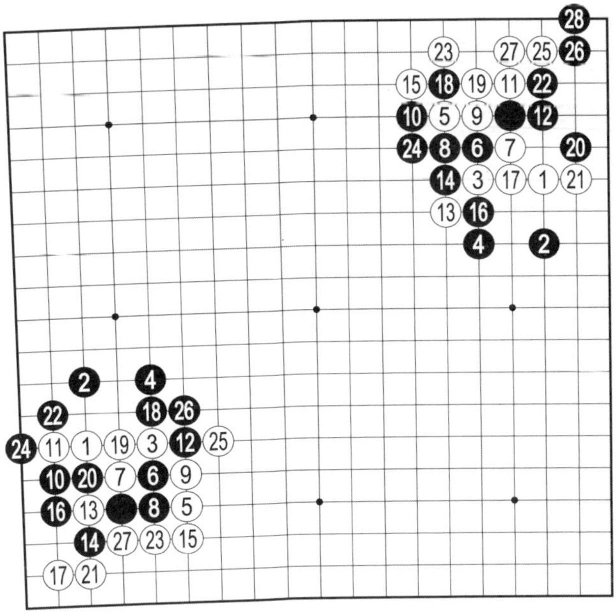

28=13

背绰角

18妙。13侵腹太早，故败。

17、21妙。28同13。此黑弃子取势，可法。

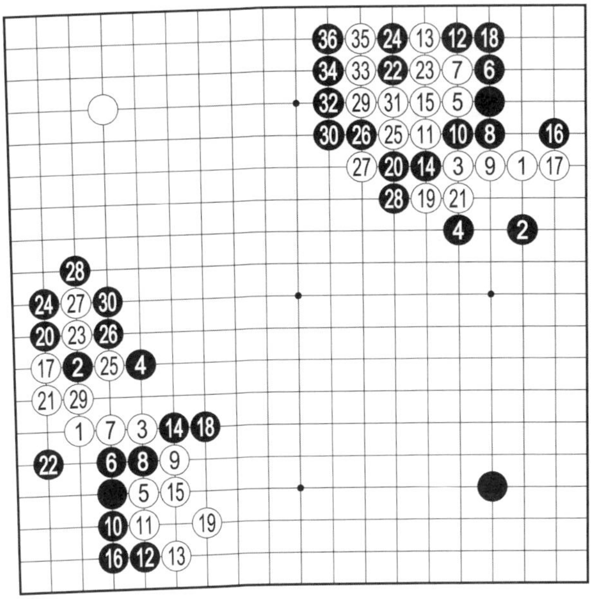

金井栏

6妙。13妙。14妙。

24妙。26妙。28妙。

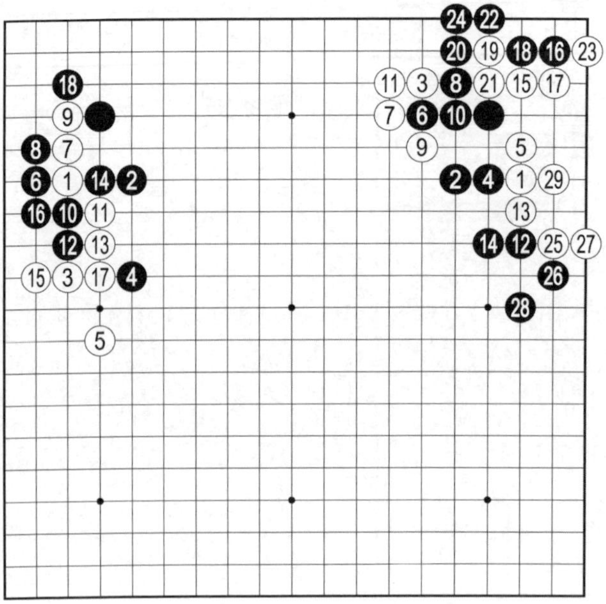

镇神头

❶妙。

❶着得争先之法。

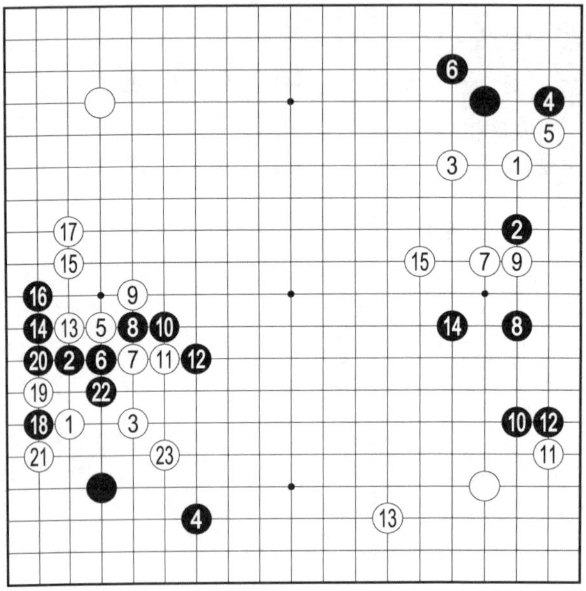

卷帘边

❽妙。胜负未分，宜法。

⑰妙。

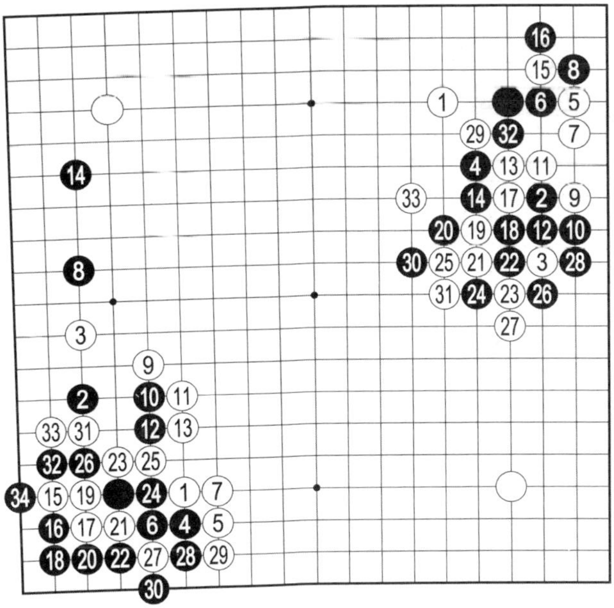

铁重关

⑮妙。㉝妙。

⓰逼。

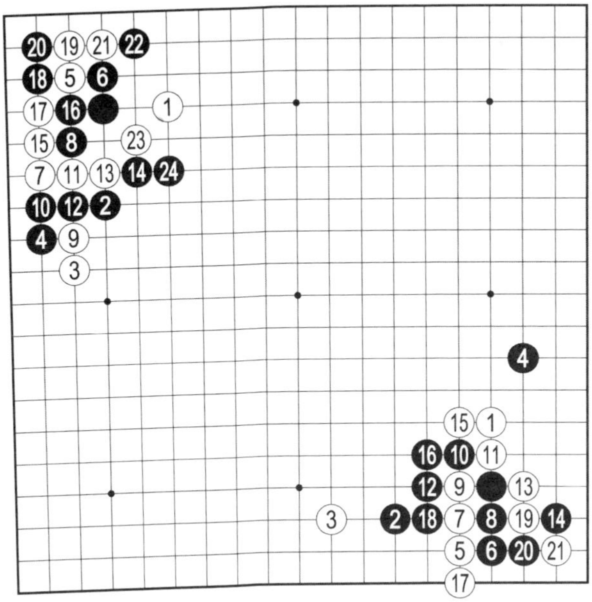

平角图

⑰妙。

⑯、⑰妙，白突围而出奇哉。

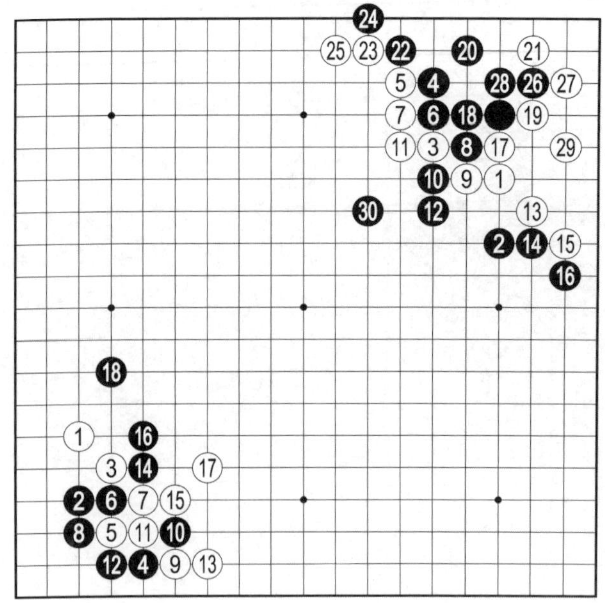

平关斜飞

20、21妙。

空花角

9贪，4巧，胜负攸分。

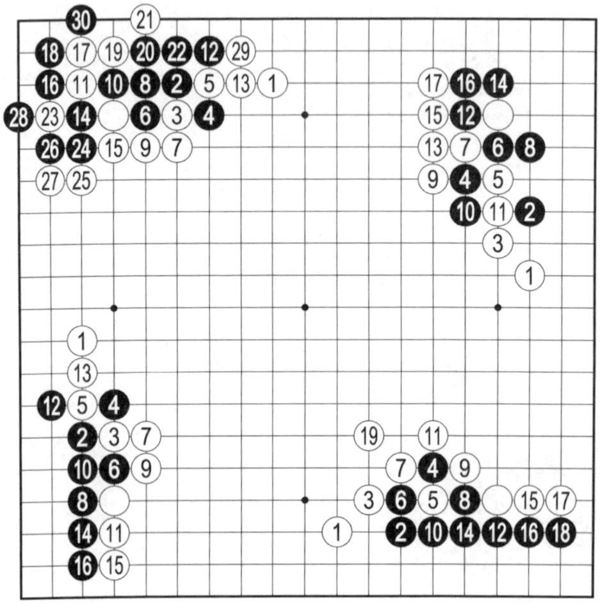

13=5

大铁网

6妙。

23妙。

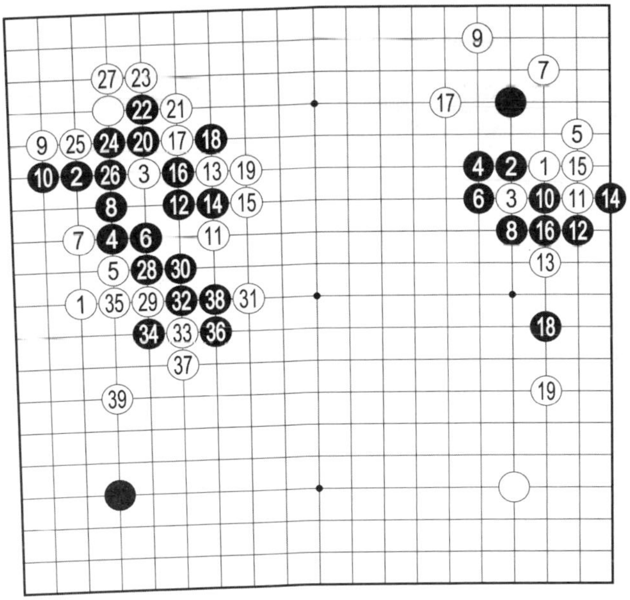

王友谅李棋童对局

⑦、⑨妙。

白阔大中谨严，黑不布置，急于破敌。⑤妙上切。

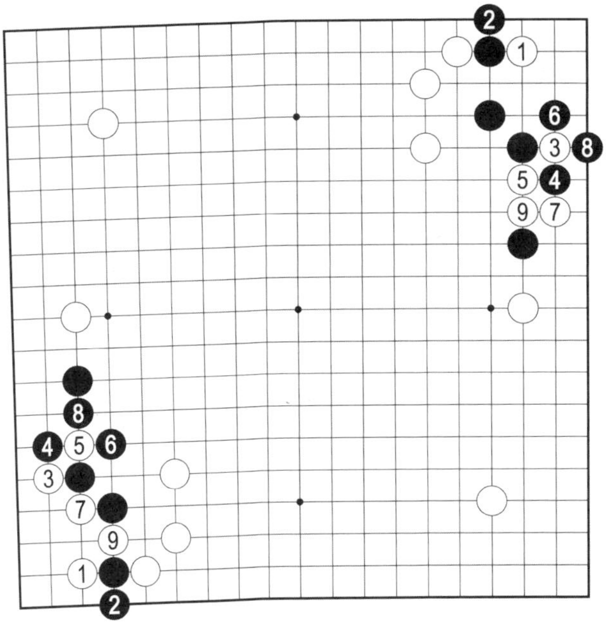

侵分图

选《分类弈棋势》。

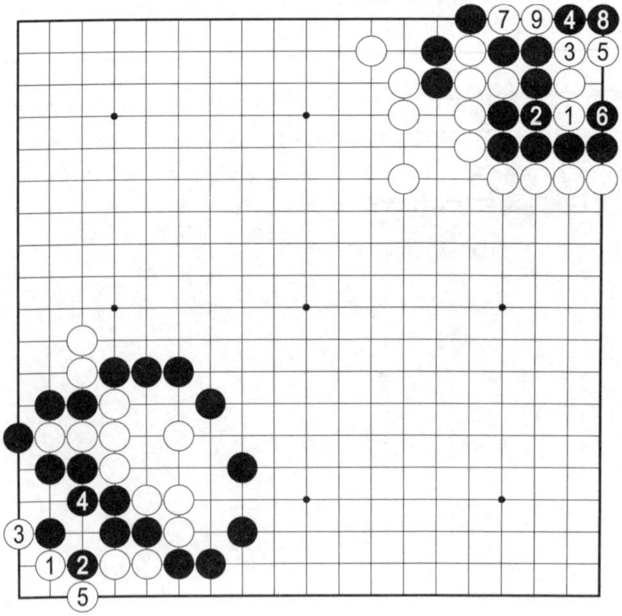

长生不老

⑤妙。❽妙。

夜渡函关

⑤妙。

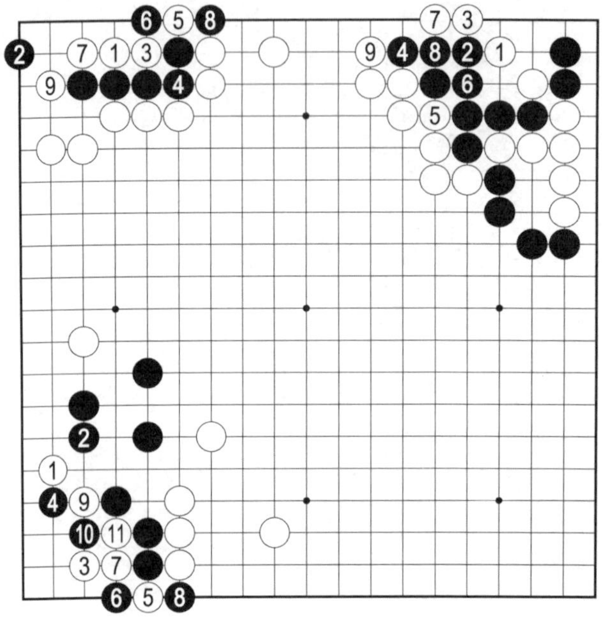

翻云覆雨[①]

①妙。

卧内夺符

⑤妙。

直走魏都

①妙。❻妙。

孰敢争先

① 左上答案错误。

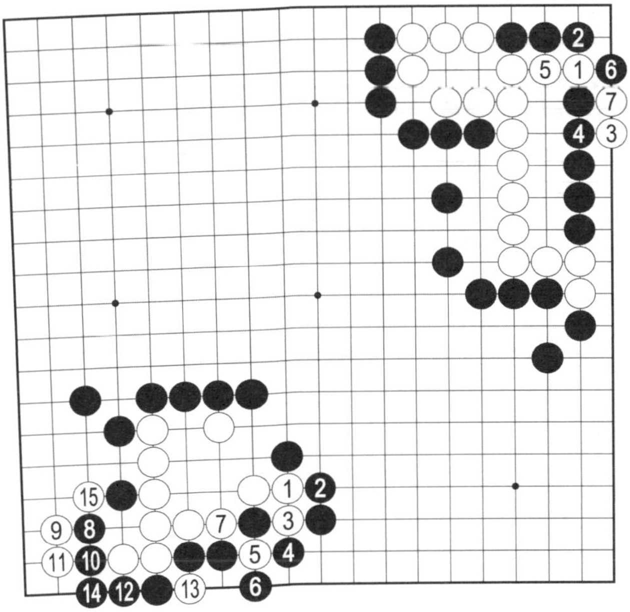

春水断桥

③妙甚。

远近交攻

⑨妙。

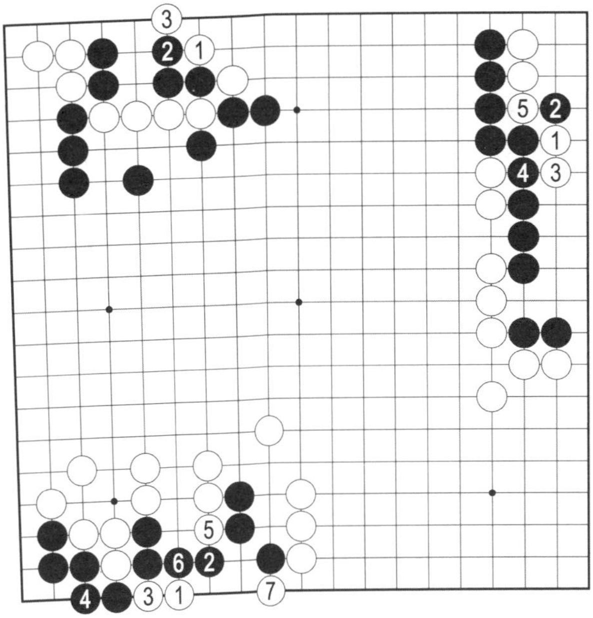

威壮长城

反风灭火

③妙。

投鞭断流

❿妙。

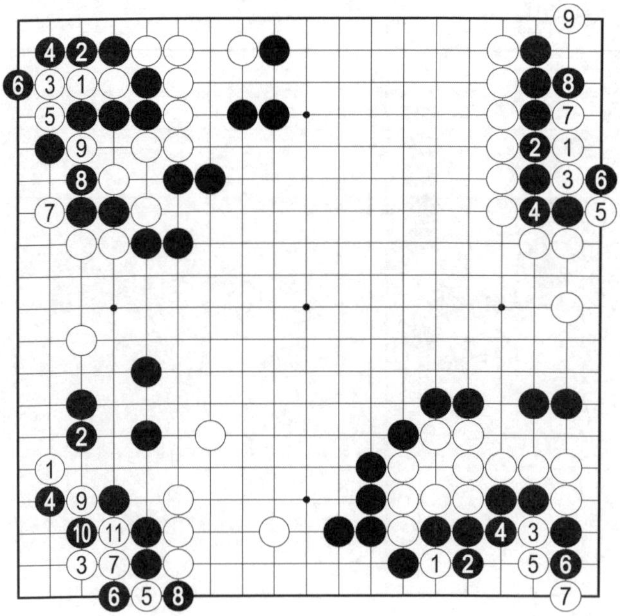

五将失道

⑦妙。⑨妙。

半渡而击

食不下咽

⑤妙

蛛联碧落

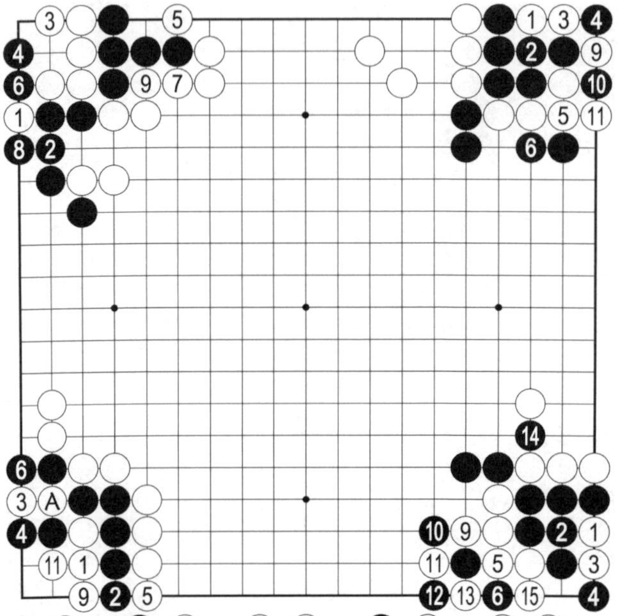

⑦=③；❽=①；⑦=③；❽=①；⑦=Ⓐ；❽=③；❿=Ⓐ

五龙变现

③妙。

增变

⑮妙。

四将突围

③妙。

龙翔海窟

⑦在四二扑。❿在四二口，③妙。

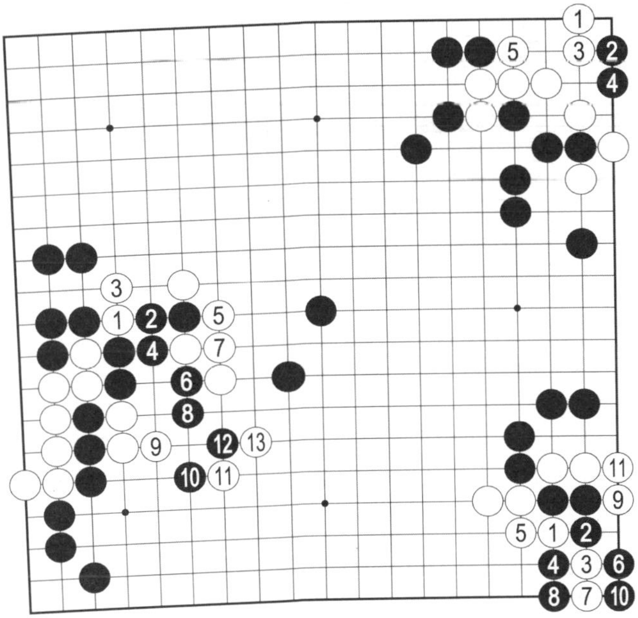

墨子守宋

①妙。

两军逾垒

恢拓中原

⑨着后愈来愈奇。

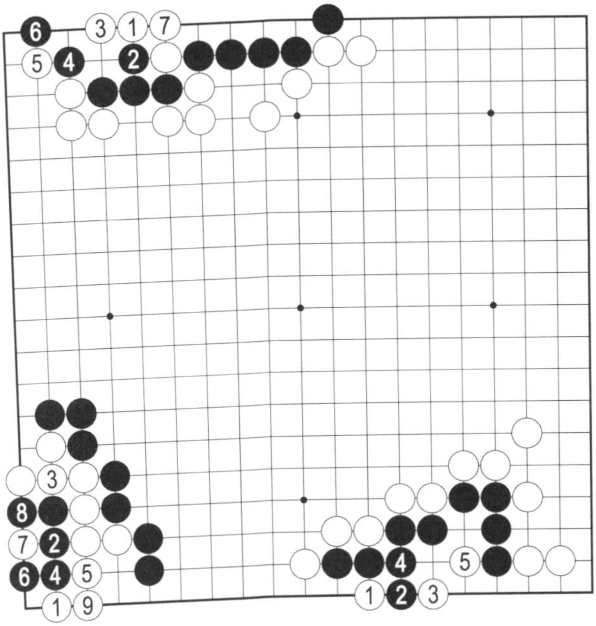

割地媾秦

⑥妙。

齐侯袭莒

昆阳溃围

③妙。

五蕴皆空

⑦妙。

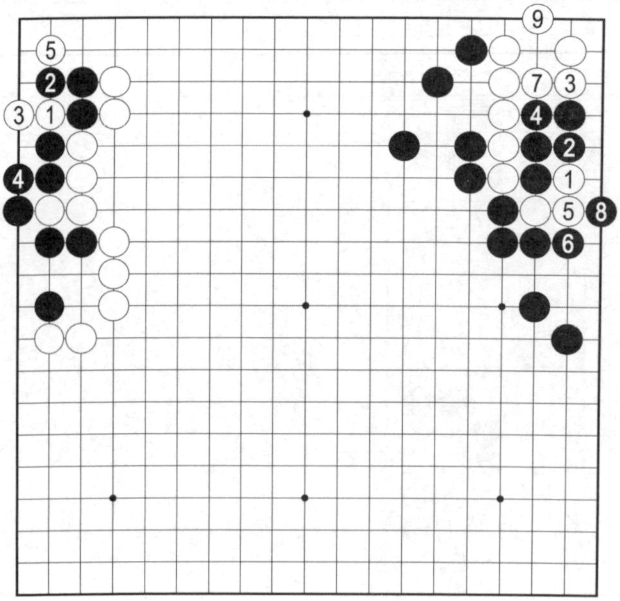

实东击西

①妙。

选《烂柯经》。

二仙垂云

③妙。

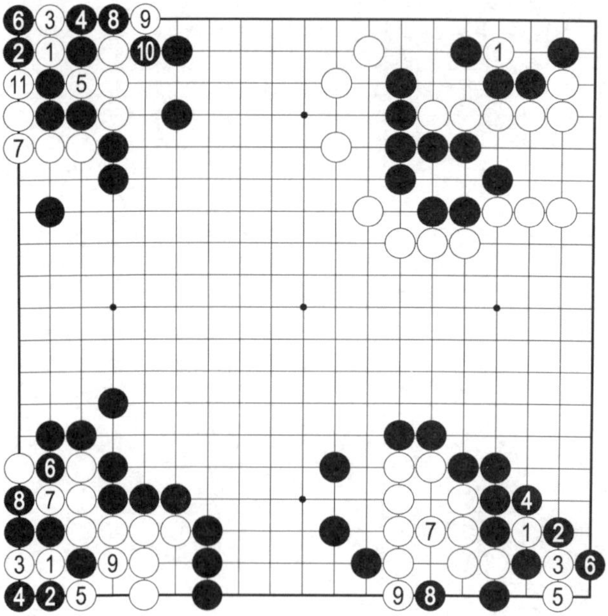

单骑降虏

鄷津双剑

⑤妙。

六出奇计

⑪妙。

背水纡筹

①、③妙，⑤妙。

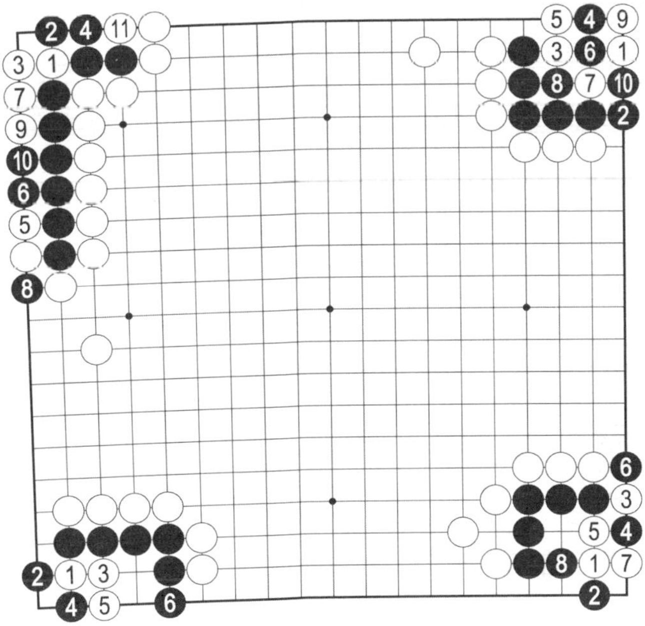

游鱼赴沼

❻妙。❿妙。

宾鸿中弹

⑤妙。

因计就计

❹妙。❿、❷、❽粘妙甚。

势不两立

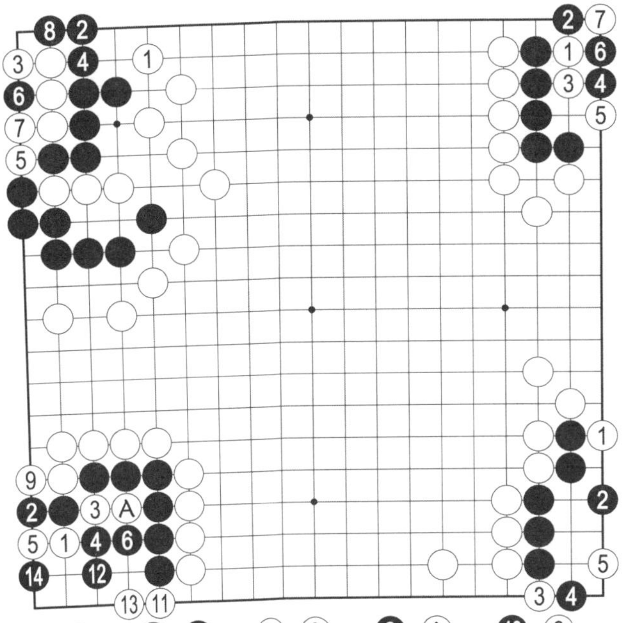

❽=❻；⑨=❻；⑦=③；❽=Ⓐ；❿=③

坚壁全军

❹妙。

投间抵隙

⑤妙。

虏在目中

③、⑤妙。

以强示弱

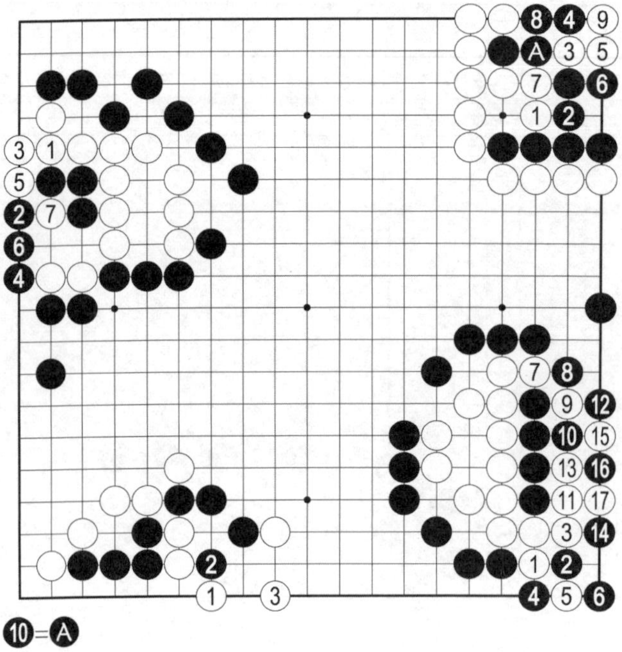

欲取故与

❽妙。

左冲右突

⑨妙，⑬妙。

红炉点雪

⑤妙。

暗度陈仓

③妙。

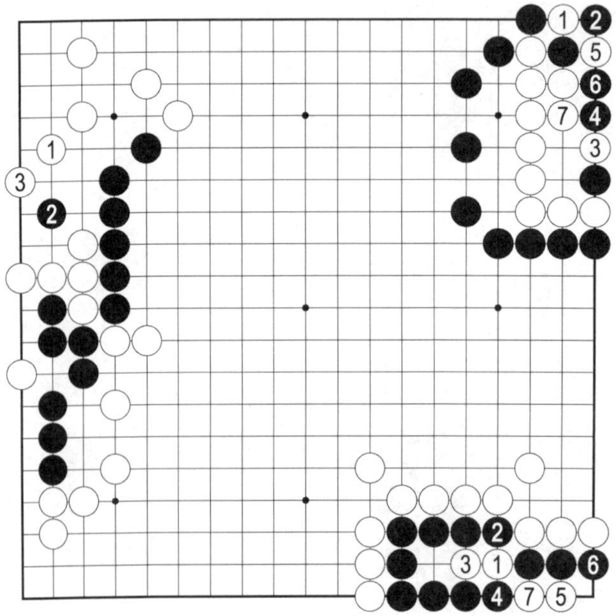

九子化龙

⑤妙。

椎破连环

⑤妙。

二木飞渡

③妙。

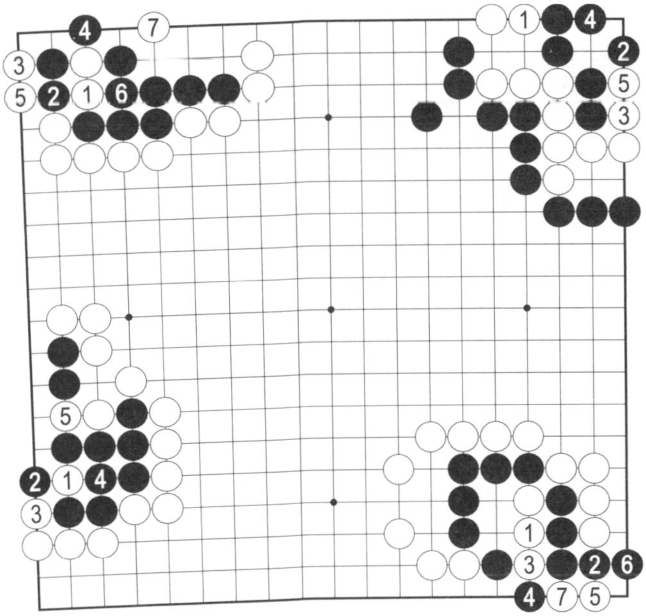

深入摧坚

❷妙。

虎穴得子

⑤妙。

扼吭拊背

③妙。

先机捣穴

①妙。

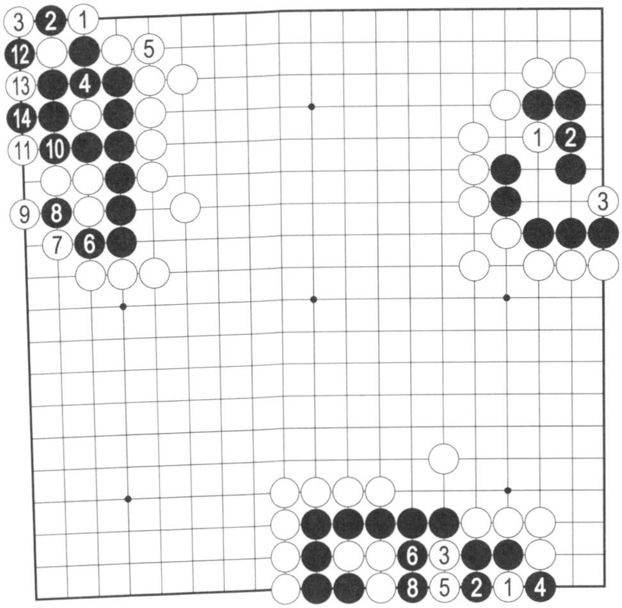

⑦=①

三鼓夺气

③妙。

神龙点眼

❷妙。

相如全璧

❷妙。

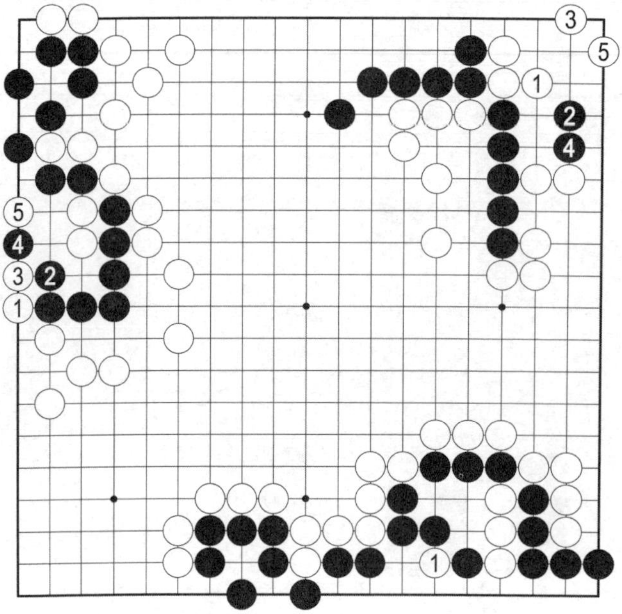

兵不血刃

③妙。

输他一着

里应外合

⑤妙。

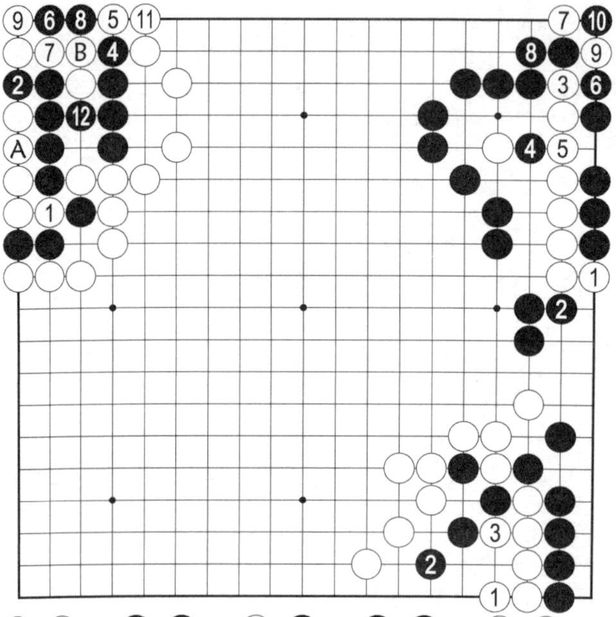

③=Ⓐ；❿=❽；⑬=❻；⓮=❽；⑮=Ⓑ

樽俎折冲

❽妙。

《心斋增变》。

一苇渡江

①妙。

塞翁失马

③、⑤一点。①妙。

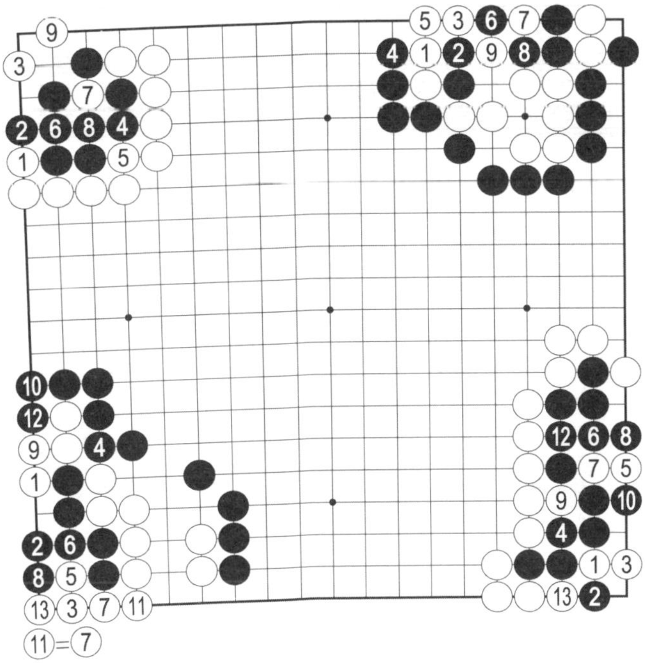

探骊取珠

③妙。⑦妙。

八俊党锢

⑤、⑦妙。

豫且得龟

⑤、⑨妙。

投胎夺舍

⑨妙。

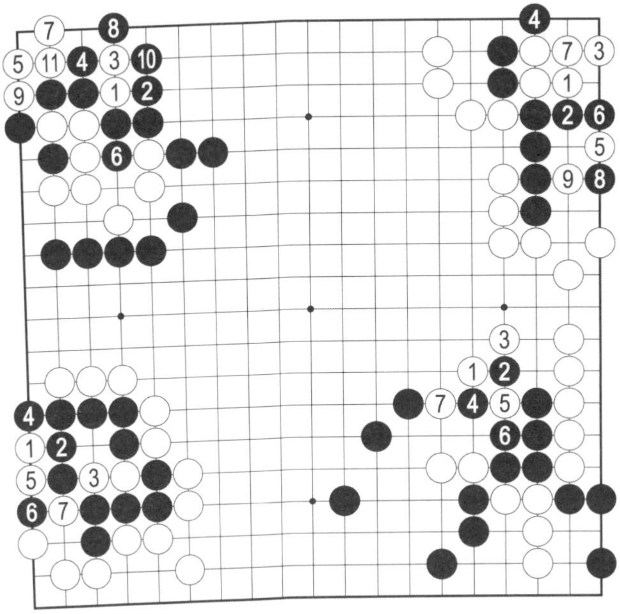

二子成功

③妙。

中权后劲

⑦妙。

中兴四将

⑤妙。⑦甚。

疾风迅雷

集览弈书，多繁乱错落，不惟反增人厌。兹特请海内诸名家遍网经谱，中采其势与经合、简切巧语者录之。命工镌木，三复考订，用是袖珍，聊以便游览云。

万历壬寅孟秋吉旦玉峰万卷楼

柯枰新印

（明）徐应椽　辑

薛志春　尧育飞　点校

明崇祯六年刊行

点校说明

《柯枰新印》共一卷，明徐应橡辑。本书刊刻于明崇祯六年（1633）。卷首有徐应橡胞弟徐应秋的《柯枰新印序》一篇。书后有胡宪《古菱湖志》和徐应橡《自叙》各一篇。

徐应橡，衢州西安县人，生平待考。其弟徐应秋，明万历四十四年（1616）进士，主持粤东乡试，巡视闽海，平巨寇刘香有功。胡宪，生平待考。本书在序言之后有赵宧光手书的“烂”“柯”“洞”“天”四个大字。还有《四声图》《路名图》《原始卦象图》《范数图》四篇关于棋盘方位的图谱。正文共有敌手对局八十二局，让二子四局和让三子二局，共计八十八局棋谱。对局均没有标明对局者信息及其出处。徐应橡《自叙》中说：“间则对楸枰较胜负，远近善弈之士亦颇鳞集而至。至即手谈，勿之有倦，归而复局，无或一差。”经核查，本书选辑了当时流传下来的棋谱以及明代国手的对局，多数棋谱仅剩一两个单官，个别棋谱收完了单官。

本书国内失传，日本的围棋史专家南雄司有藏孤本。日本的围棋史专家香川忠夫[①]与南雄司相识，影印了本书，后邮寄至北京华喆先生处，校者在华喆先生处复制得此书。复印本模糊不清的地方，参考了《续修四库全书》《中国历代围棋棋谱》《围棋文献集成》等相关资料，如1629年过百龄裁定的《仙机武库》，明末周元服、汪幼清选评的《弈时棋谱》，清代季心雪评论的《弈墨》与清初沈国俊收集的《秋仙汇选》等书，并据此校对，实在无法辨认之处以“□”表示。本书的整理工作，曾得到了多九公[②]老师的大力协助，在此深表谢意。在此特别要感谢香川忠夫、华喆先生。

① 日本围棋史专家，热衷研究中国围棋史，著有《围棋史料集》《围棋杂编》《围棋事迹部类钞》《中国围棋史料集成》。

② 丁国如，在美华人，围棋史专家。研究视野开阔，对中国、欧美、日本的围棋史均有出色的研究成果。

柯枰新印序

凡玩好游戏之具，其可以寄远思、消清暇，有同人之适，而得静穆之趣，破寂离喧，久而不厌者，唯弈为然。故雅流韵士，羽客畸人，于世无所不解脱，而于此往往好以成癖。待诏滑能用技精，为玉帝所召，清虚上真，亦复尔尔。而史称顾师言以卅三着胜神头国王，华夷隔而风致同，犹可想见。晋宋以来，人主至与臣竞能，羊玄保赌得宣城，传为韵事。朝署间特设围棋大中正，而品之高下，宰相评论，黼扆制决，几与署行议年并为严重。善其精微奥远，类非长行、握槊、蹙融、弹棋诸鄙浅之艺可同年而语。无论仙凡显晦，深嗜而酷好之有由来矣。王积薪擅名开元，耽思骋巧，梦青龙吐经，几于鬼神之通，而孤山老姥尚云可教以常势，所示攻守劫杀之方甚略。然则楸枰玉局，其致甚玄，匠斫轮斤，别有天授，自非慧心虚悟，淹以岁月，未足窥其阃域，而猥云“取蜕龙牙一枚，临局神变横出”，又云“解得四语乘除，人人国手”，一何悠谬而无当也哉！伏习入神，妙不尽于谱，而非谱无以观妙。若世所传玉壶、银台、花六、持七诸局法，开山之始，语焉未详。迨明兴，士大夫多工手谈，自李文正、杨文襄雅擅能声，绅绫间以佐酒枪麈尾，非是不快。而四方游士以弈鸣者率聚于春明，永嘉、新安，翘然称首，谱学传播缘是始日异月新。顾滥觞之余，金针秘密，学如牛毛，成者麟角，教外别传，会心者亦未数数其人。独余伯氏，雅厌尘纷，早窥玄篇，弱冠从先中丞京邸，便有斯癖，每对名手，角艺布局，墨守输攻，似有夙根，一往奔诣。归而筑约园于菱湖之址，好事时来，名花欲笑，辄瀹茗于高松怪石之间，一枰取适，寝食为忘，绥明棋圣之目，久噪远迩。于是参酌旧编，证以心得，图为《柯枰新印》一书。十七道中，六花八阵，出鬼入神。翻阅数遍，则王抗取势，赤松斗子，尚非超绝，诚不知所谓通天象地、有裨圣教者何如？而永嘉、新安而后，集其大成，断有专属。倘石室、青霞之侣把臂入山，碧桃花影又堪再烂王质之柯矣。予卜仆风尘，于此道未涉津涘，劳薪暂息，俗累却来，读伯氏弈谱而游约园，顿觉神明开涤，若友笙鹤而去尘嚣。顾鞅掌王程，方当叱驭，屈指花间展局，隅坐纵观，为日无几。古人云："第五之名，何必减骠骑？"而鸡肋未捐，北山献诮，真有愧于元方，不无抚兹谱而惘然耳。

赐进士中宪大夫钦差巡视海道兼理边储福建按察司副使前奉敕巡视广东海道兼木舶御澳防倭布政司右参议典广东乡试提督两馆玉牒册兼太医院礼部祠祭清吏司员外郎以皇太子诞生礼成加一级，弟应秋顿首拜撰。

文末名章："徐应秋印""丙辰进士""锦窠秋礼棘院衡士"。

旌邑刘国宾镌。

（"烂柯洞天"，赵宧光，印章"伯赵""宧光"）

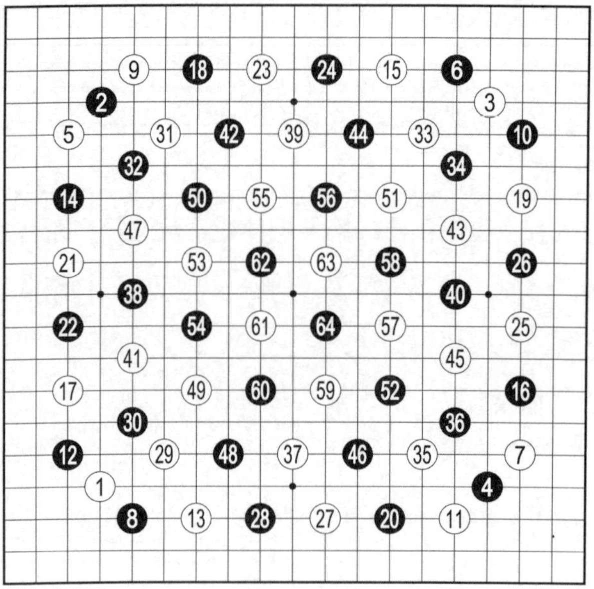

原始卦象图

右六十四举成图，然后对弈，法法象也。沈存中曰：“古局十七道，合二百八十九，是则周回六十四，即伏羲方圆卦图所谓先天之学之义。”柳子厚记柳州石枰云：“黑肌而赤脉，有十八道，可弈，此又设自造物者。”二者算以知法，皆合历记，无异今局。孔孟所以有取于弈者，岂非以其具至理耶？识之，以俟传古大雅。

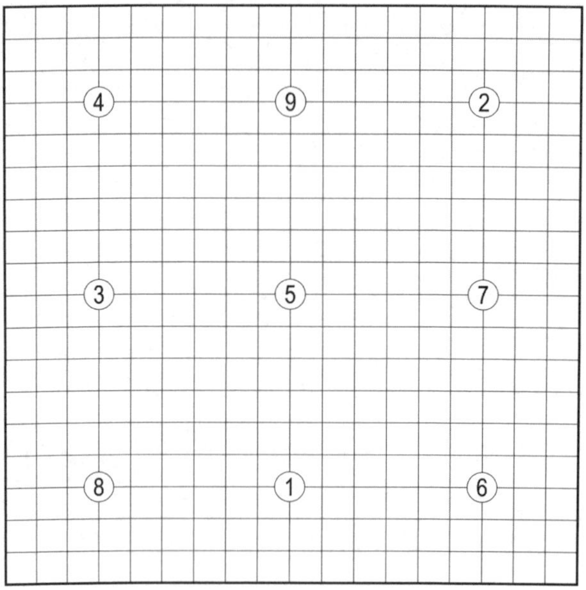

范数图

右九举成图，然后对弈，法范数也。其局当用二十一道，合四百四十一，周回八十，其一则归大极，算以减法，亦符乎。今再变是图为八十一局，作中和篇，兹特具其大都云。

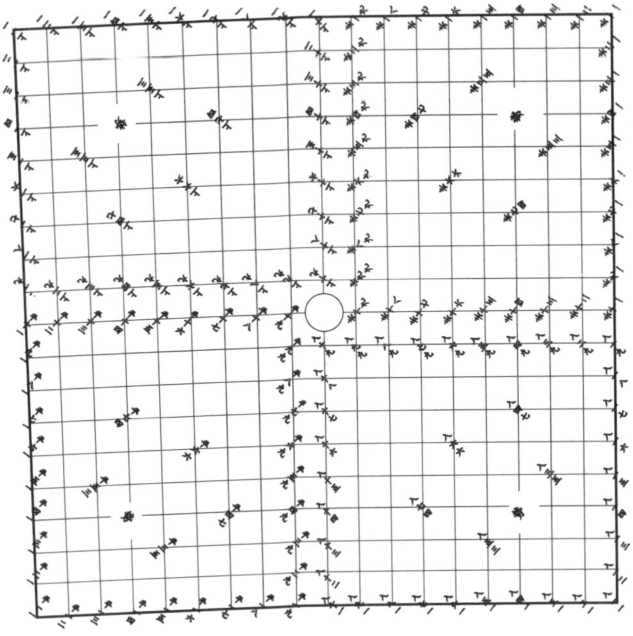

四声图

凡下局先须排定势子，然后布置，使疏密得中。或拆三，或拆四、斜飞、小尖皆可。但不若拆二之着，合乎疏密之宜也。夫棋盘有三百六十一路，以分“平上去入”，四字各据一角，计九十路。棋盘以左手尊而为平。从角左行四声，亦各从角起一，左行至十为十路；每路又各从排定位数起一，从左右行并数至九而止，凡得九十路也。如言三五，则以第三路起一，从右行，并数至五为三五，余皆仿此。

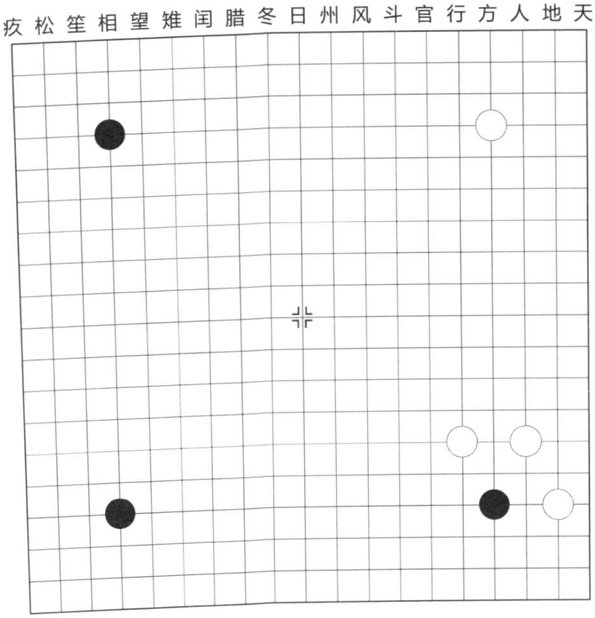

路名图

局面之路，其名一十有九。一曰天、二曰地、三曰人、四曰方、五曰行、六曰官、七曰斗、八曰风、九曰州、十曰日、十一曰冬、十二曰腊、十三曰闰、十四曰雉、十五曰望、十六曰相、十七曰笙、十八曰松、十九曰疢。自右至左而数之，四围皆然。此又“平上去入”之变也，按图试着，亦不可不知焉。

起手于三六、六三下子，二四斜飞入角，五六单关入腹。右法见三六、六三下子，一举而有三用，所以为妙。旧本位置错杂，系传录之讹。

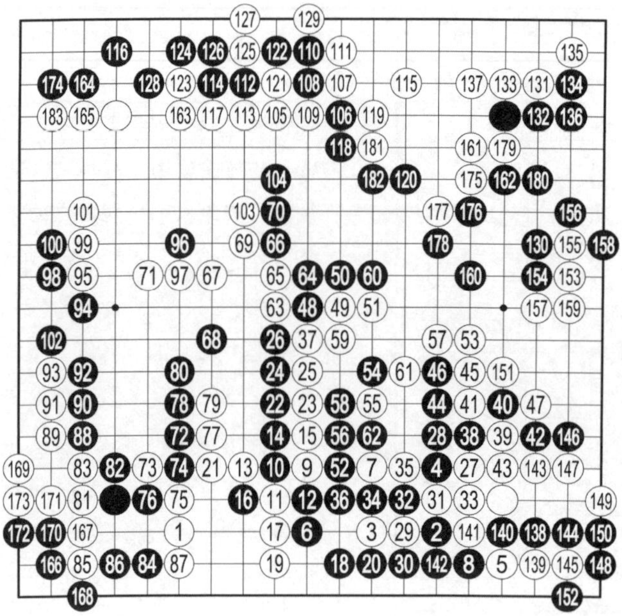

劲敌第一局[1]

183 着

27妙。41断，妙。47妙。61妙，得先手。57妙甚。53妙，妙。48妙，得先手。144妙。146妙。96妙。72妙。73尤妙。

起局如孤峰耸秀，连阵如天马行空。

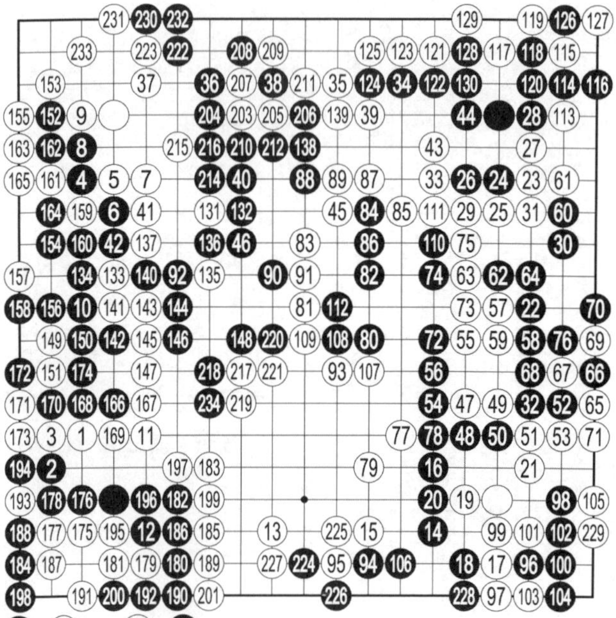

202=193；213=38

劲敌第二局

234 着

72、74先手，妙。203妙。135妙。233妙。155妙。157妙。此局分断取杀，弃子收势，着着可法。

---

① 此局《弈时棋谱》中作“程白水对李养泉”。

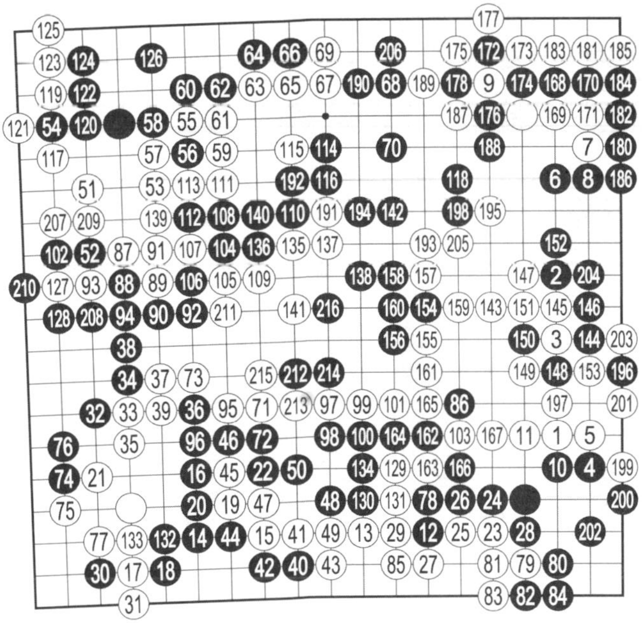

179=172

劲敌第三局①

216 着

40妙。102立，妙。74妙。

右局战守得宜、攻击得体，用意各臻其妙。

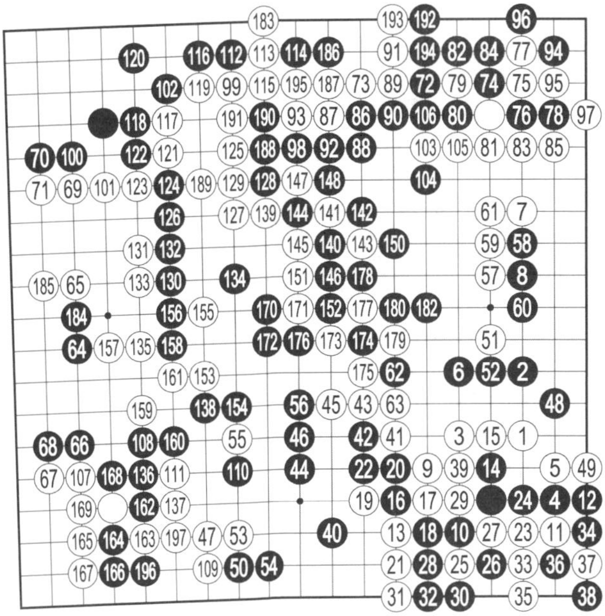

第一谱 (1-197)

149=144； 181=174

劲敌第四局②

197 着

37扑，妙。35着妙。78妙。81妙。40着妙。182实行，妙。172行，妙。114妙。186至194收法妙。170妙。155起至162数着奇拔入神妙。

通局变幻奇妙，先后手取舍法。两敌精透入神。

① 此局《弈时棋谱》中作“程白水对李养泉”。

② 同①

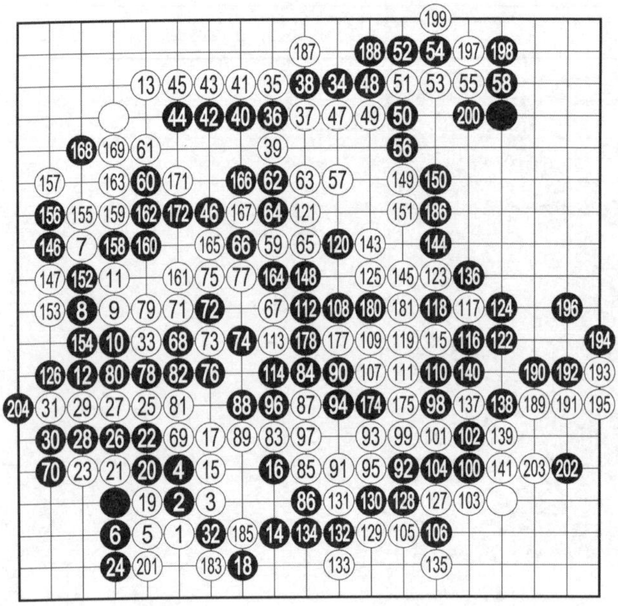

142=(137)； **170**=**66**； (173)=(167)； **176**=**66**； (179)=(167)；
182=**66**； **184**=(167)

劲敌第五局 ①

204 着

两敌俱妙。神品。(137)先手，妙。**92**妙。**100**妙。**120**妙。(13)妙。(25)妙。(125)可法。

取舍分局，沉思妙算入神。

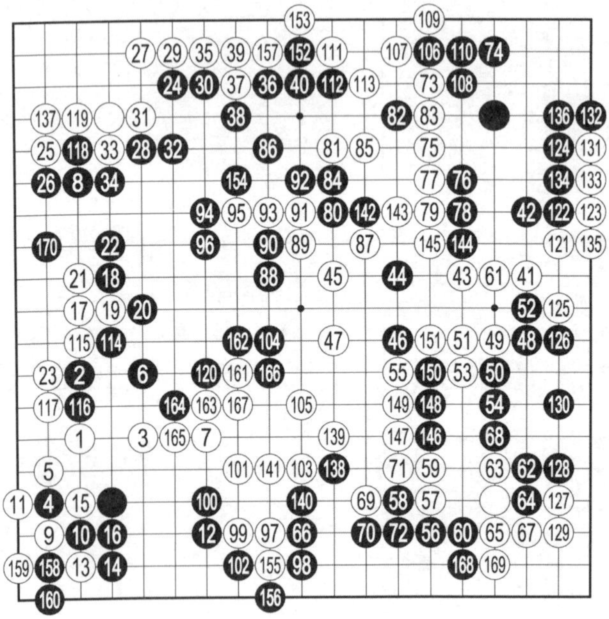

劲敌第六局

170 着

44妙。(45)妙。

① 此局《秋仙汇选》中作“凤墀图”，次序略有差异。

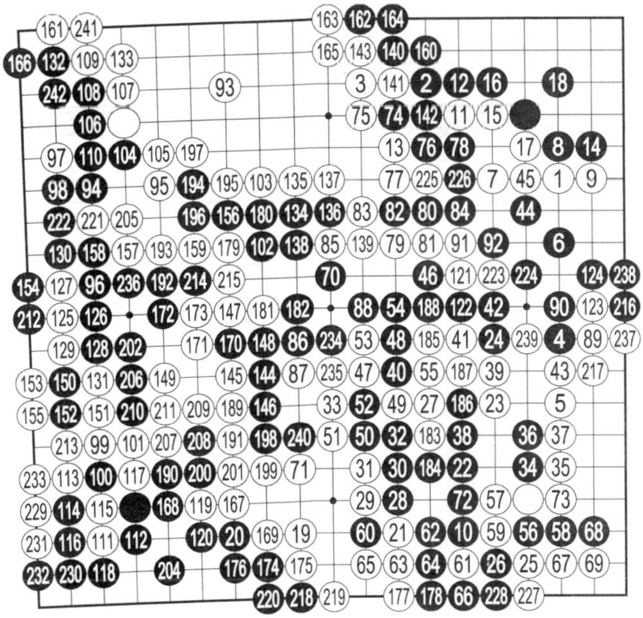

203=100

劲敌第七局[1]

242 着

63、65妙。40、41数着俱妙。

47妙。48妙。74妙。

心手相应，深知尺籍五符。

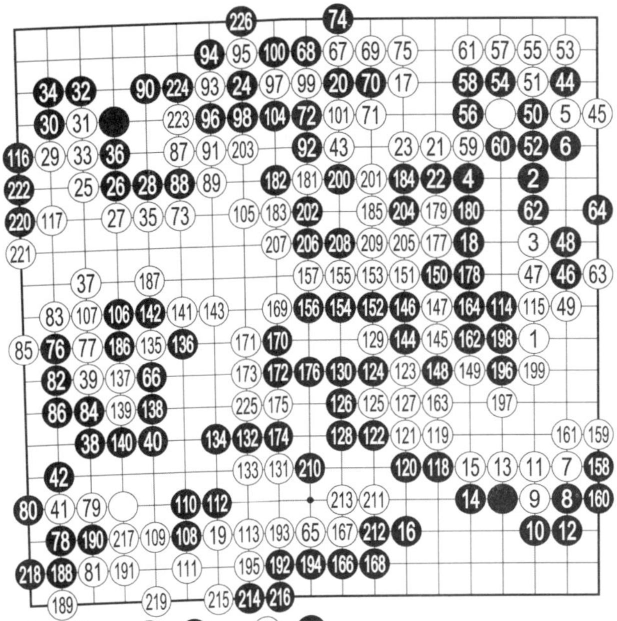

102=20；103=70；165=148

劲敌第八局

226 着

87妙。95分断，妙。108妙。

143妙。158先手妙。

① 此局《忘忧清乐集》中作“成都府四仙子图”，黑白、次序、方向均有差异。此局与本书16局相同，次序、方向均有差异

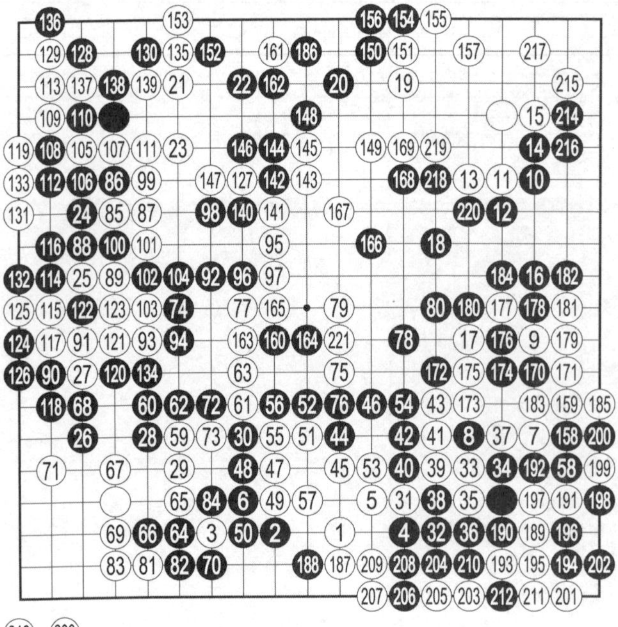

213=203

劲敌第九局

221 着

170妙。203妙。187妙。154取先手妙。24、26着妙。64妙。131妙。

通局转换得法，先后有度。至结局处愈出精细，学者最宜究心。

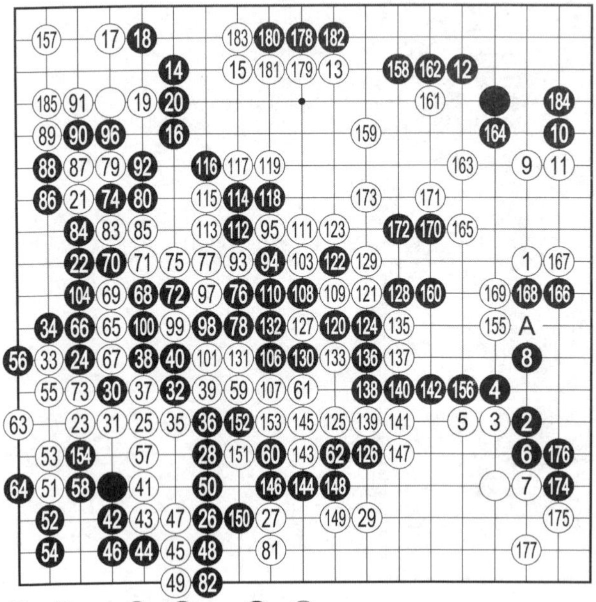

102=99；105=30；134=127

劲敌第十局①

185 着

两敌攻杀，先后手间不容发。妙极妙极。

128先手打妙。122妙，妙。57妙。103、108、109、110俱妙。

此局攻杀取活，先后有序。所谓实东击西，此之谓也。

① 此局《弈墨》作“野雪对江君甫”，次序略有差异。

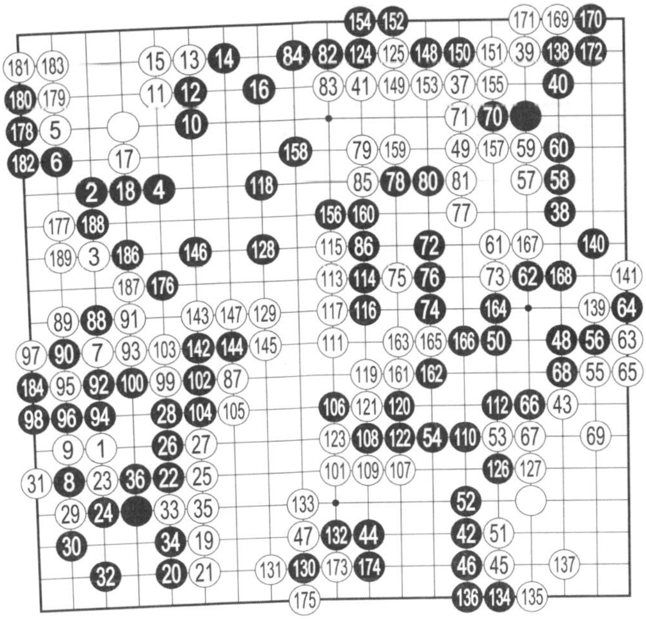

185=90

劲敌第十一局

189 着

75妙。72妙。88侵分，妙。

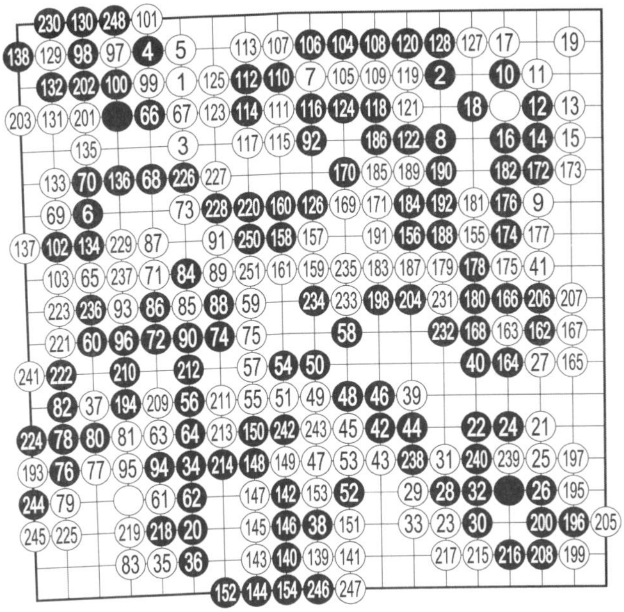

249=4

劲敌第十二局

251 着

42妙。

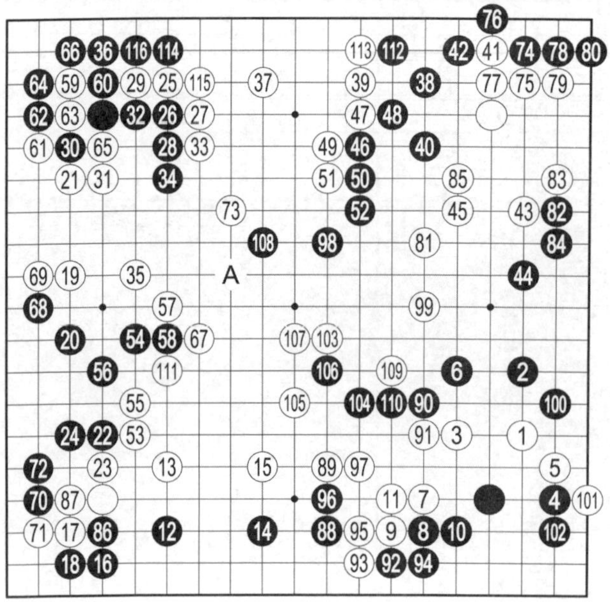

劲敌第十三局

116 着

64退打，妙着。
右局正奇相形，众寡各峙，深得谋生张势之体。

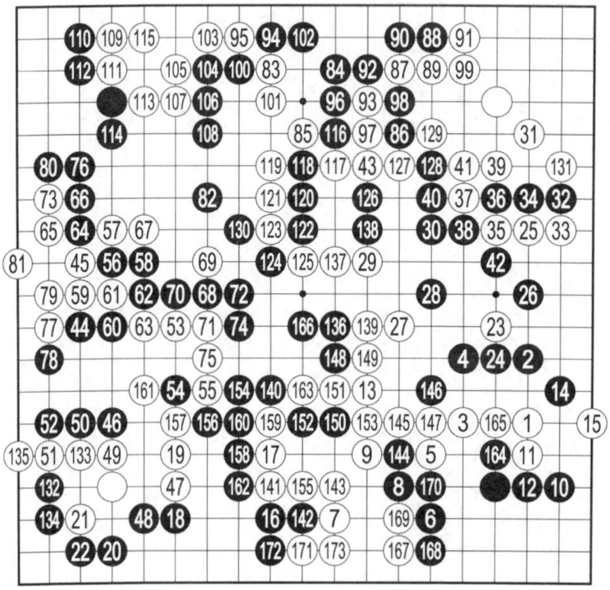

劲敌第十四局

173 着

23妙。43妙。98先手断，妙，妙。87妙。88妙。31妙。82妙。100妙。27、29取势，妙。53妙。61至81俱妙。
右局布势连接，深得审局之法。

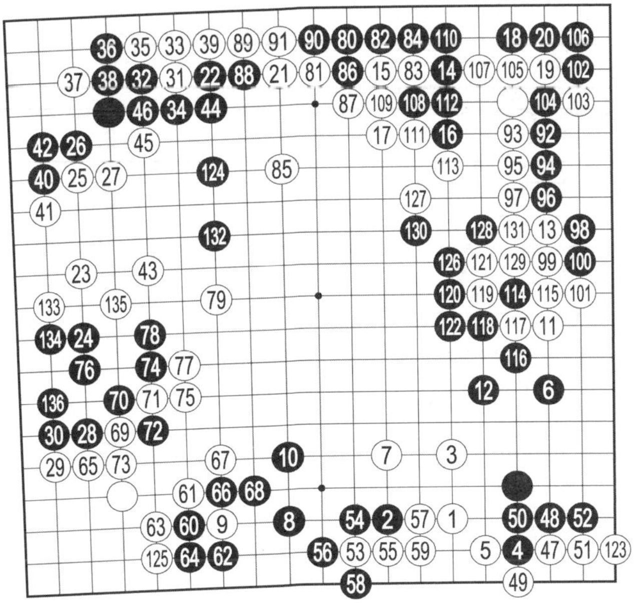

劲敌第十五局①

136 着

123妙。108先手，妙。85妙。25收妙。

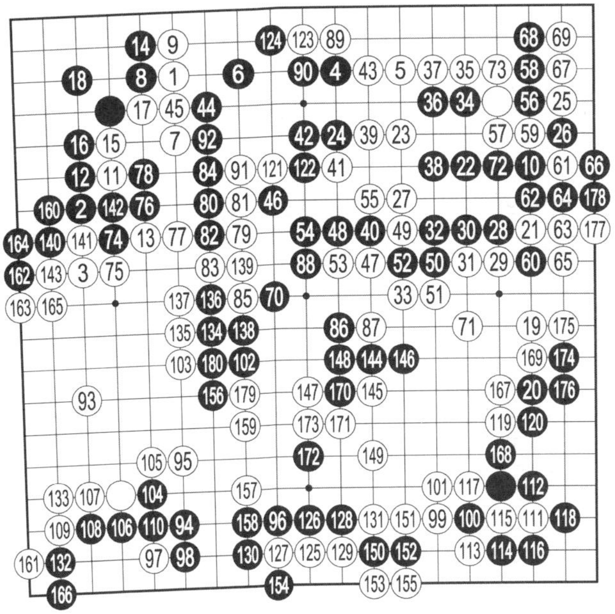

劲敌第十六局②

181 着 同第七局

57妙。60妙。39妙。40妙。右局攻守得宜、正奇合律，自始至终一着不苟。

① 此局《仙机武库》中作“白水遗局”之一。
② 此局与本书第 7 局相同，次序、方向皆有差异。

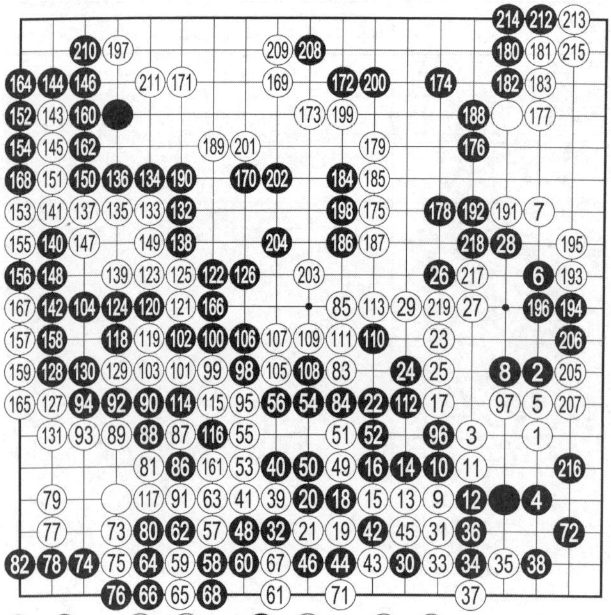

47=42；69=59；70=65；163=87

劲敌第十七局

219 着

65立、69扑妙。96妙。观局如五兵纵横，万马腾跃。而旌旗刁斗，指顾肃然。

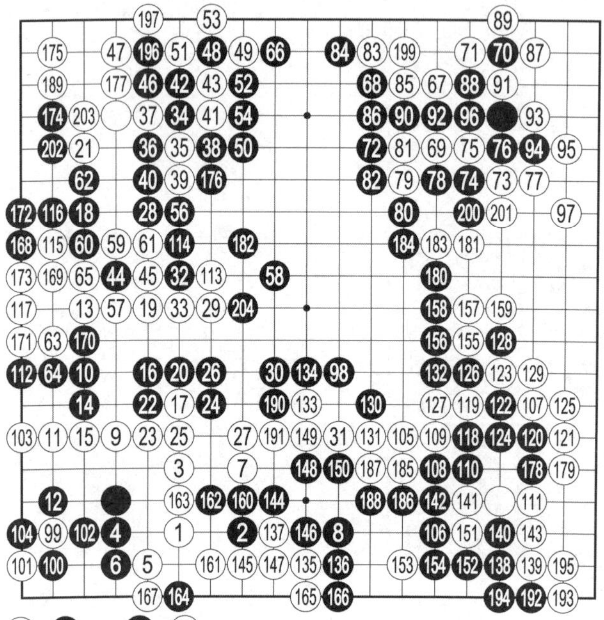

55=48；198=35

劲敌第十八局

204 着

153取先手，妙。99用意，妙。

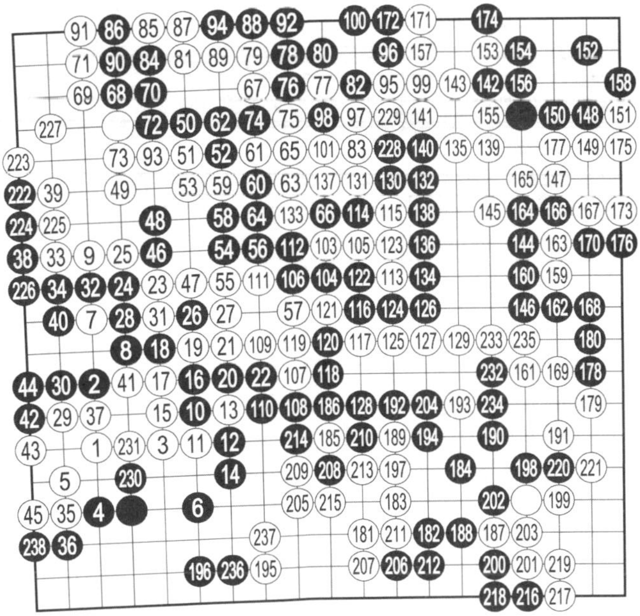

102=77

劲敌第十九局①

238 着

103神妙。109、111妙。29妙。35妙。33妙。38妙。用意深微，变幻莫测，妙妙。

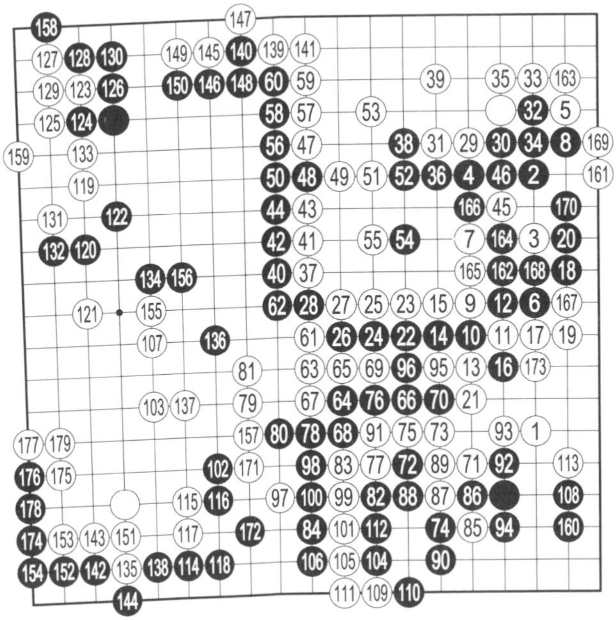

劲敌第廿局②

179 着

51妙。82、84妙。102妙。

① 近人有指此局为唐王积薪“凤池图”。此局出自《仙机武库》，题“全图十一局”，近人之“凤池图”当视为伪托。

② 此局在《仙机武库》中作“白水遗局”之一，次序、方向皆有差异。

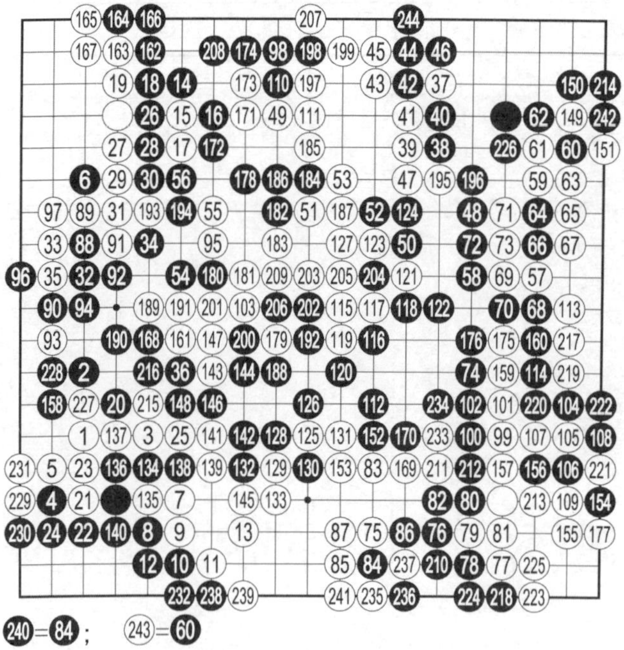

劲敌第廿一局

244 着

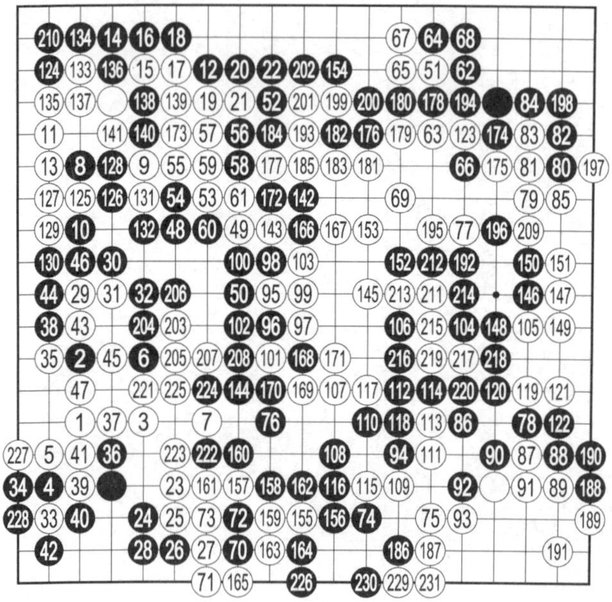

劲敌第廿二局

231 着

44妙。

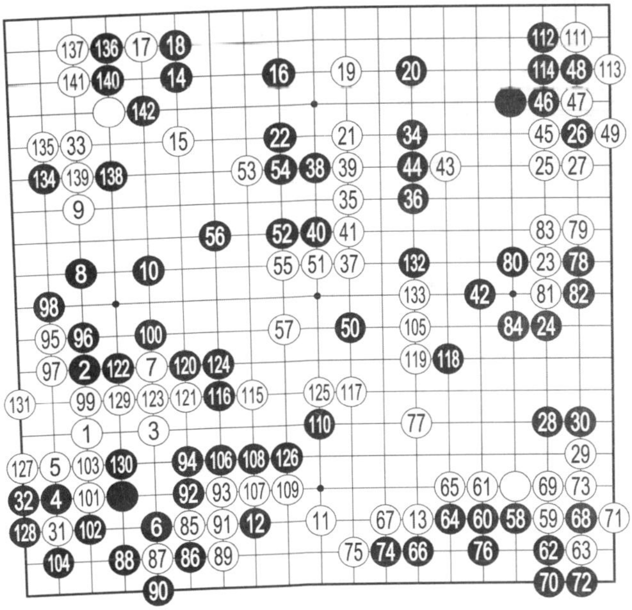

劲敌第廿三局

142 着

70立，妙。105妙。50妙。134数着侵分，妙。

左冲右突，妙析奇致，大畅玄风。

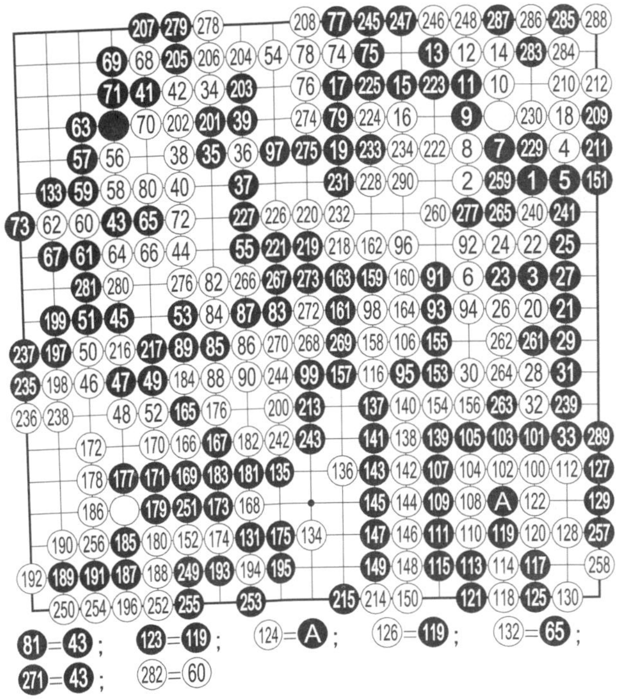

劲敌第廿四局 ①

290 着

129数着杀手，妙。127妙。128、130活手尤妙。91、93妙。96妙。168妙。153数着收实，妙甚。

① 本局在《忘忧清乐集》中作“烂柯图”，次序、方向皆有差异。

劲敌第廿五局[1]

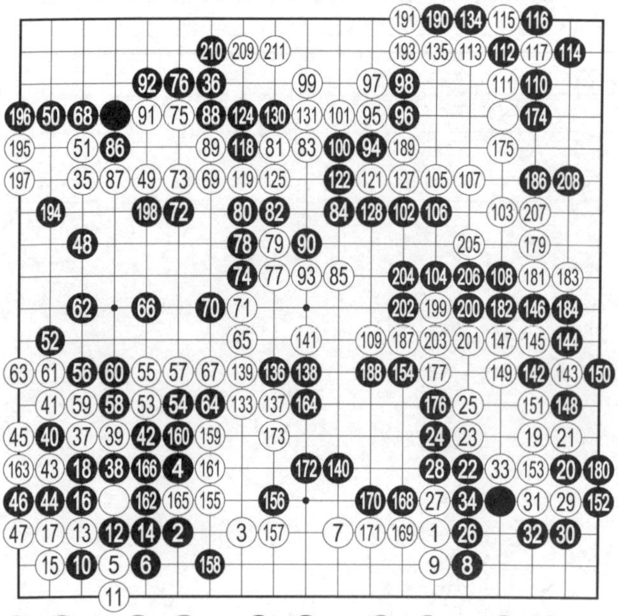

120=112； 123=117； 126=112； 129=117； 132=112；
167=143； 178=142； 185=143； 192=115

211着

37着法妙。56先手，妙。72妙。

劲敌第廿六局[2]

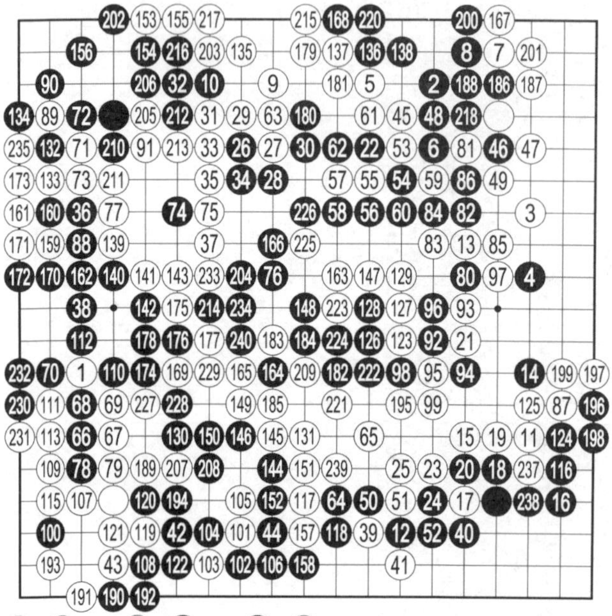

114=1； 219=46； 236=89

240着

85取舍，妙妙。82夹，妙。13妙。17着法妙，妙。21妙。26妙。117妙。144妙。着着用意玄妙，先后手入神，可法。

---

① 此局与本书56局相同，方向不同。
② 本局《适情录》中作“万寿图”，与《忘忧清乐集》中的“万寿图”不同。

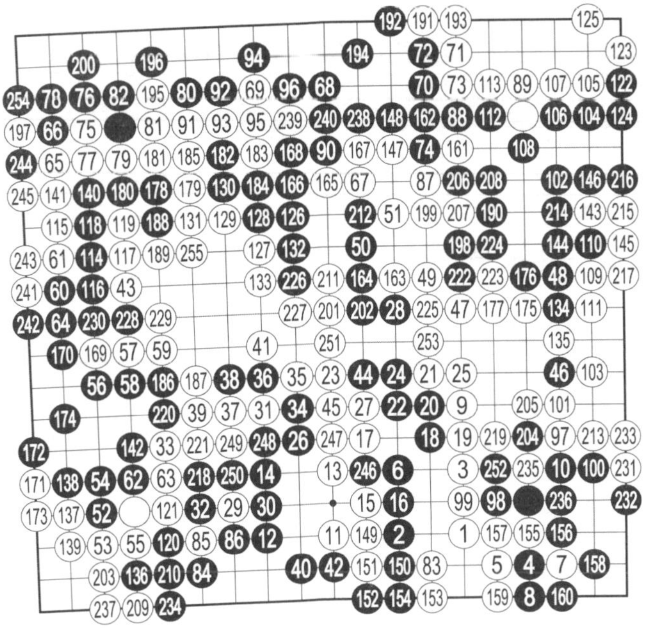

劲敌第廿七局

255 着

87妙。26妙。29、31妙。32妙甚。43妙。

布局、侵分、官着，精密可法，妙。

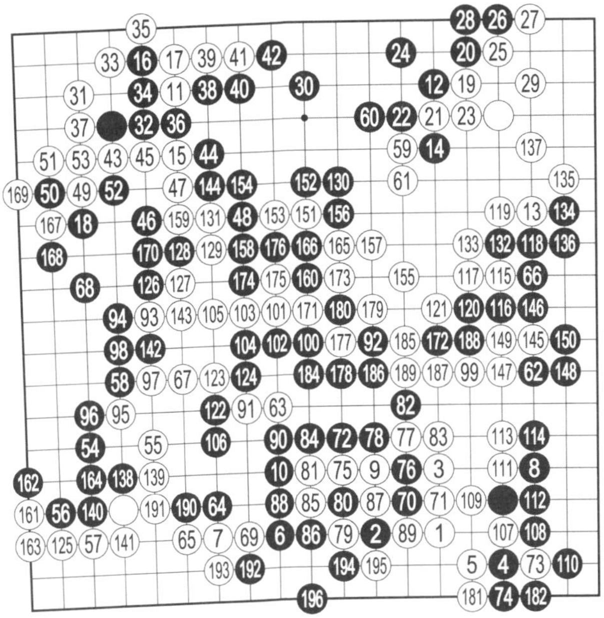

183=177

劲敌第廿八局

196 着

63妙。

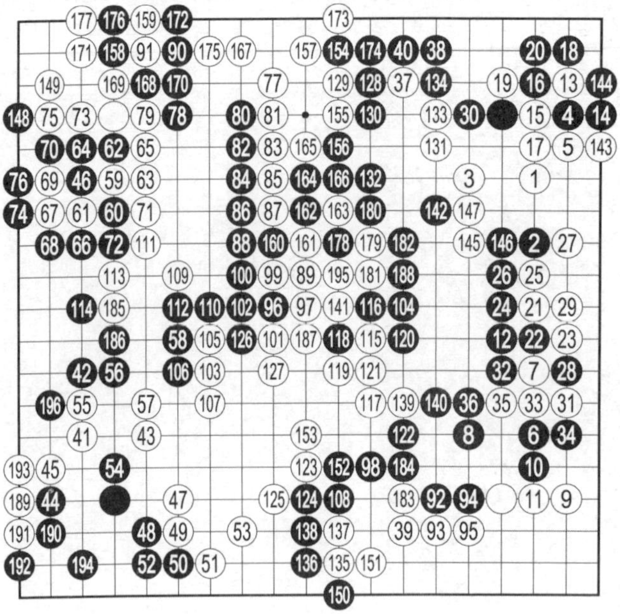

劲敌第廿九局

196 着

108妙。

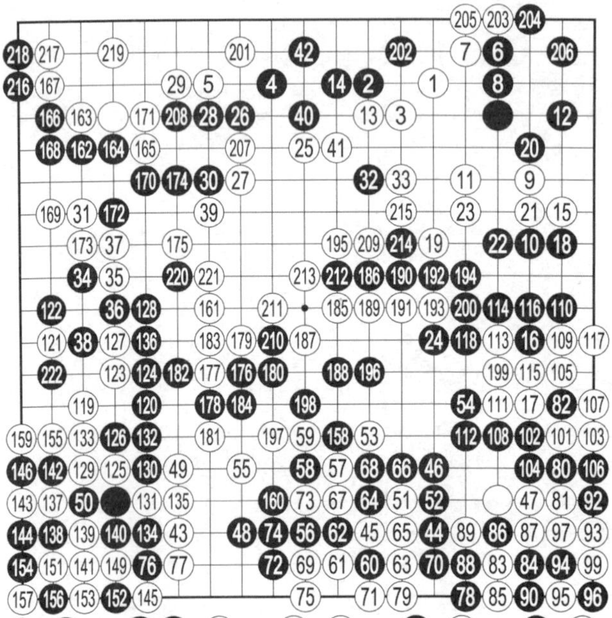

91=86； 98 100=95； 147=137； 148=143； 150=137

劲敌第三十局

222 着

101、103妙。139断，妙。119妙。121妙。125、127妙。

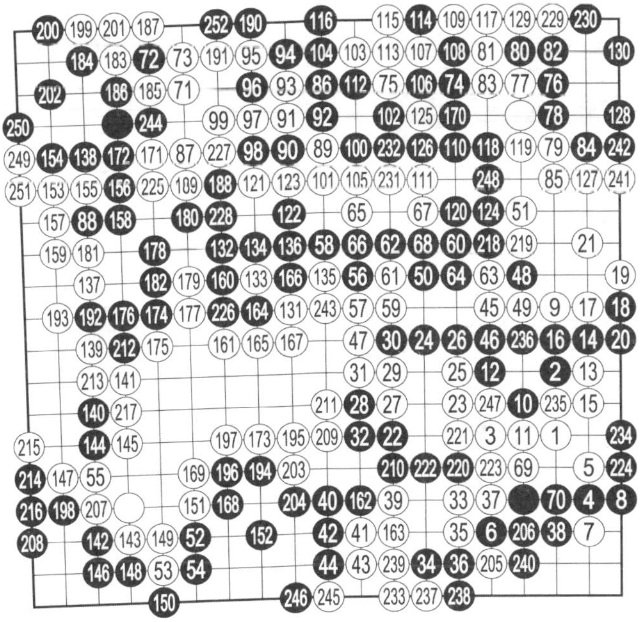

劲敌第三十一局

252 着

32妙。33妙。48、50妙。69先手，妙。96妙。162妙。170妙。133、1 135妙。180应，妙。着着用意精密，可法。

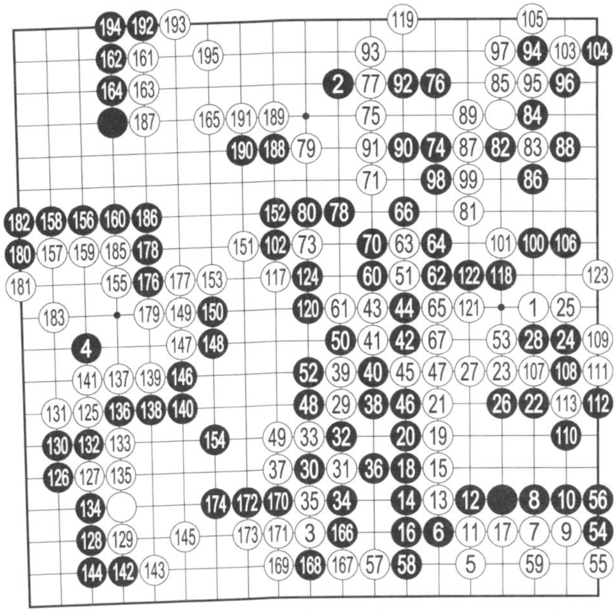

68=44； 69=42； 72=44； 114=108； 115=24；
116=113； 175=31； 184=30； 196=31

劲敌第三十二局

196 着

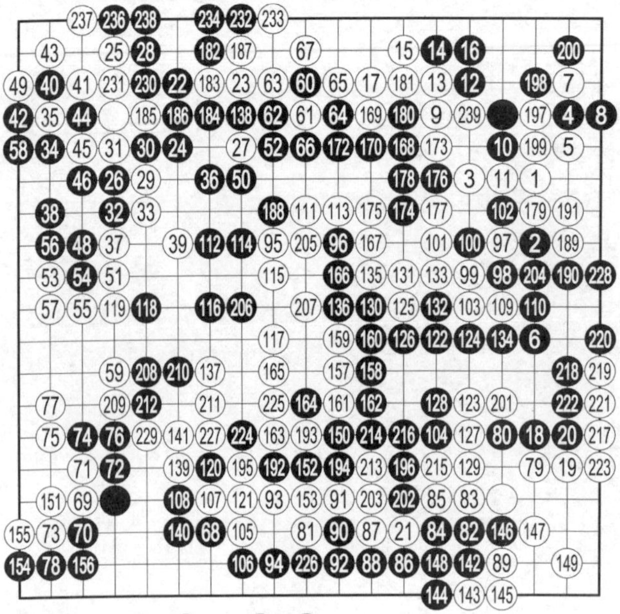

47=35；171=61；235=60

劲敌第三十三局

239着

27妙。34妙。36妙。40夹，妙。122妙。157、159、161、163收着俱妙。

53妙。59妙。

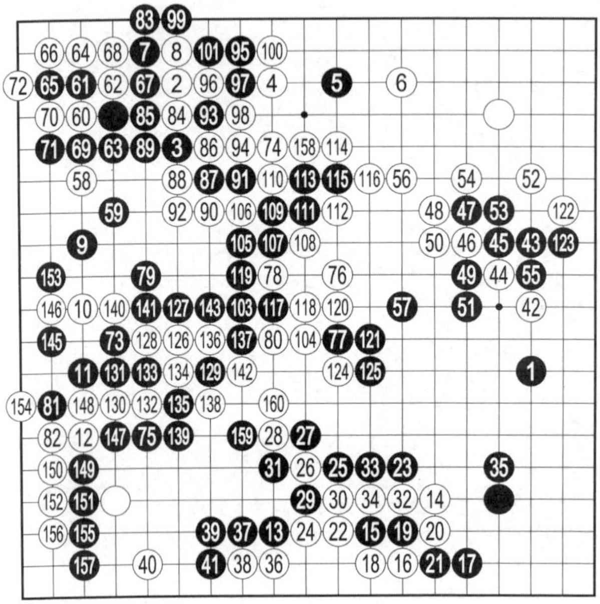

102=93；144=129

劲敌第三十四局

160着

103、105妙。129妙。130尤妙。52、54妙。

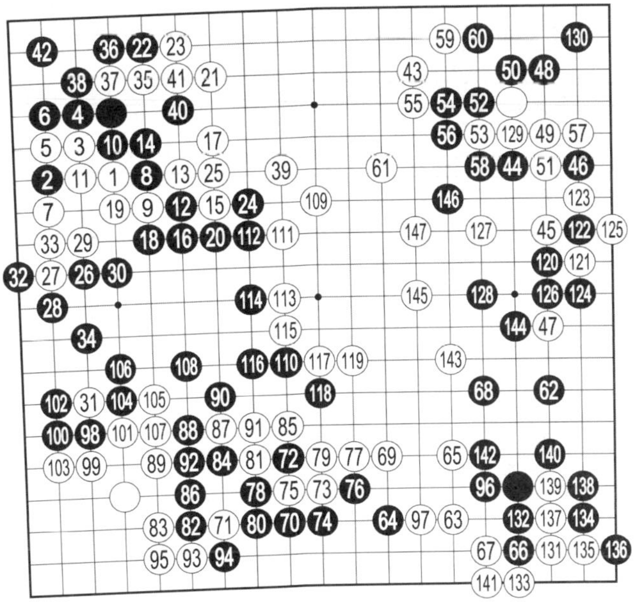

劲敌第三十五局[1]

147 着

143着引子收腹俱妙。82夹，妙。

111、113俱妙。

此局布置疏密得中，步伍整肃，深得善阵不战之意。

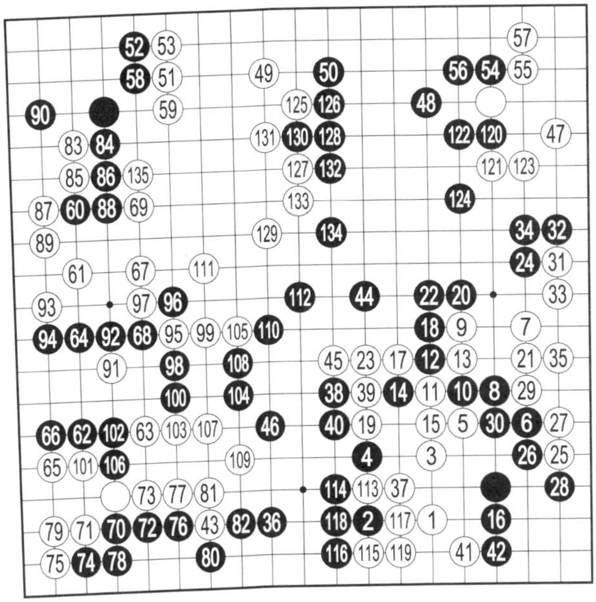

劲敌第三十六局

135 着

25着夹角取活，妙。38妙。95妙。91着先觑得力。105着平易中有味。

两敌防守精微，用兵有法。

① 此局与本局77局相同，次序、方位皆有差异。

劲敌第三十七局

264 着

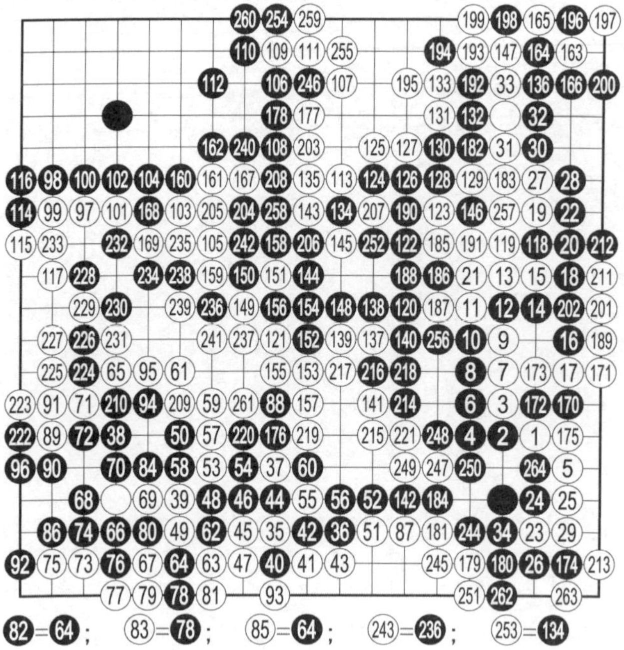

劲敌第三十八局①

239 着

42妙。46、48先活角，妙甚。

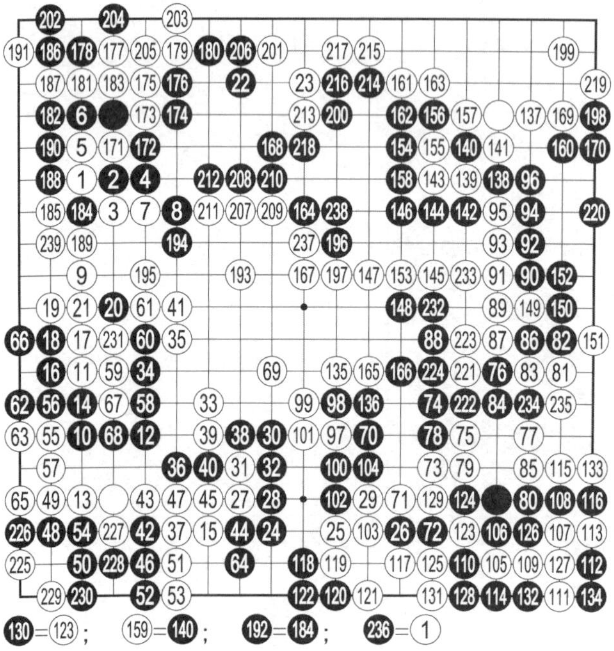

① 本局存于1576年的《石室秘传》中。《弈墨》中作“过百龄对汪汉年”，过百龄约1586年出生，此局不可能为过百龄的棋谱。

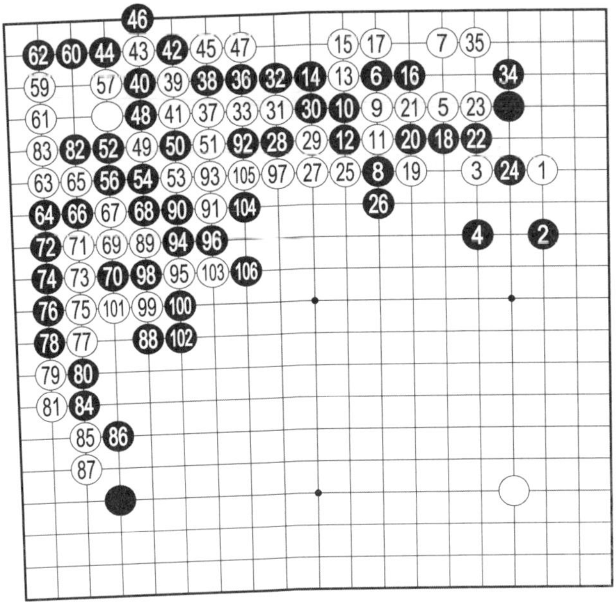

55=50； 58=43

劲敌第三十九局[1]

106着

纽杀，神品。102妙。92妙。

40着妙。67断，妙。98妙，妙。

40夹，妙。72神妙。

构局如常山蛇阵，随之无尾，迎之无首，一片神力所致。

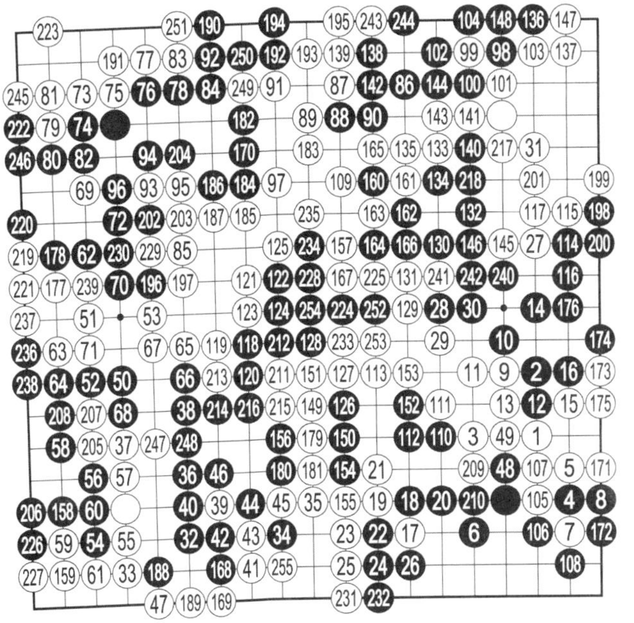

劲敌第四十局

255着

164妙。47妙。

① 此局《忘忧清乐集》中作“遇仙图”，次序、方位皆有差异。

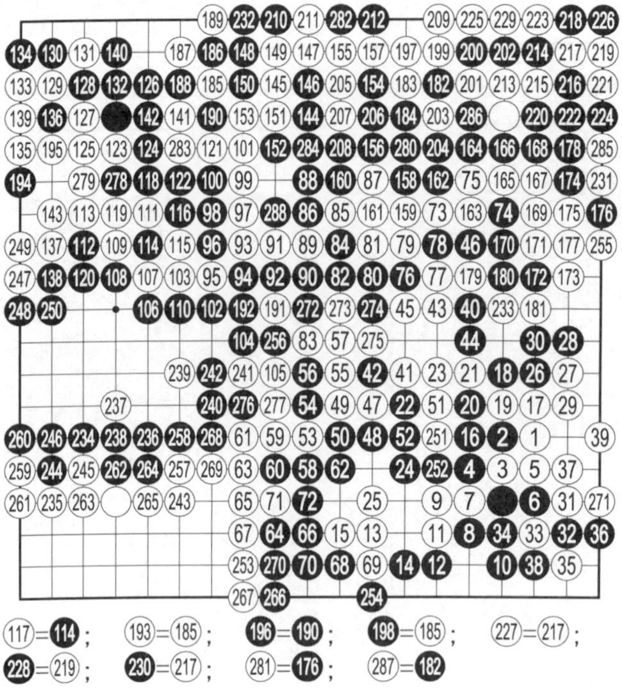

劲敌第四十一局

288 着

短兵相接，鏖战神奇。

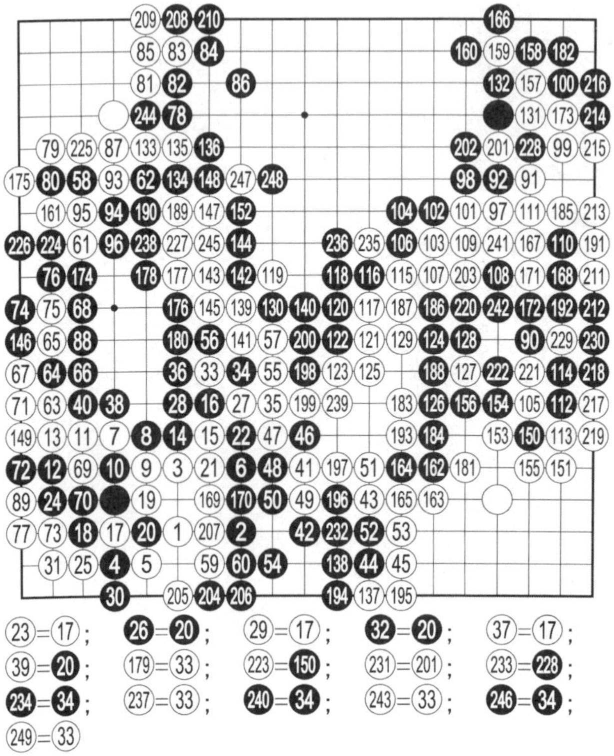

劲敌第四十二局

249 着

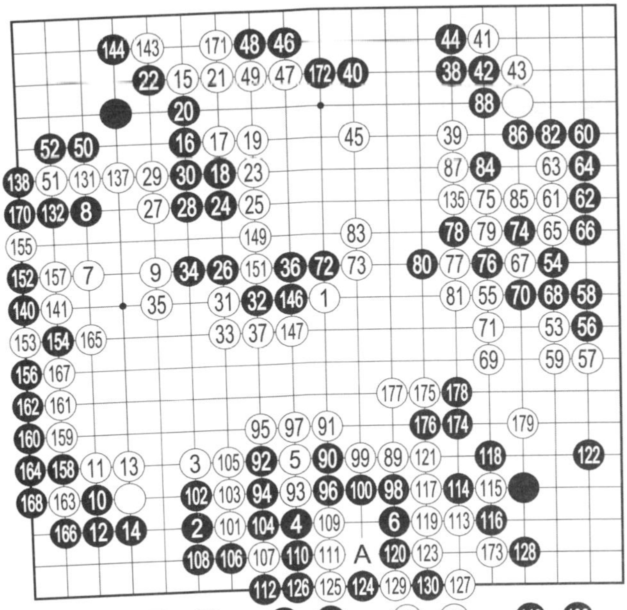

133=129； 134=67； 136=130； 139=129； 142=130；
145=129； 148=130； 150=129； 169=153

劲敌第四十三局

179 着

150不应[1]，当在入角九二路吃。

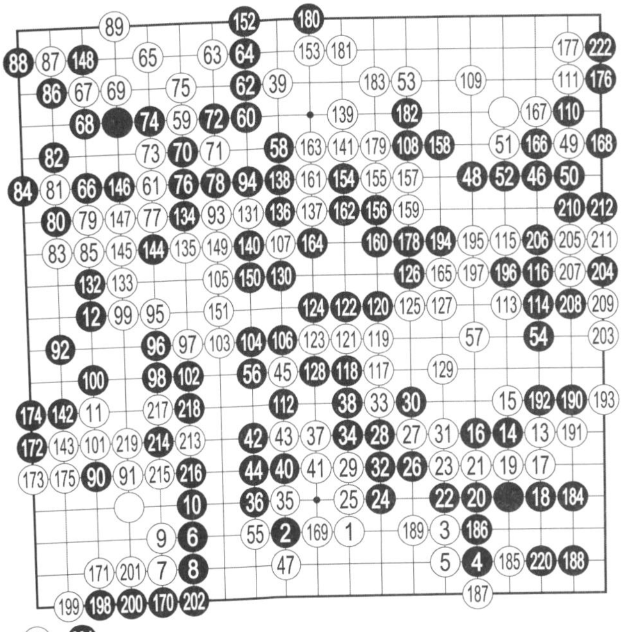

221=204

劲敌第四十四局

222 着

40、42妙。120妙。144断，妙。

① 校注：“粘”。

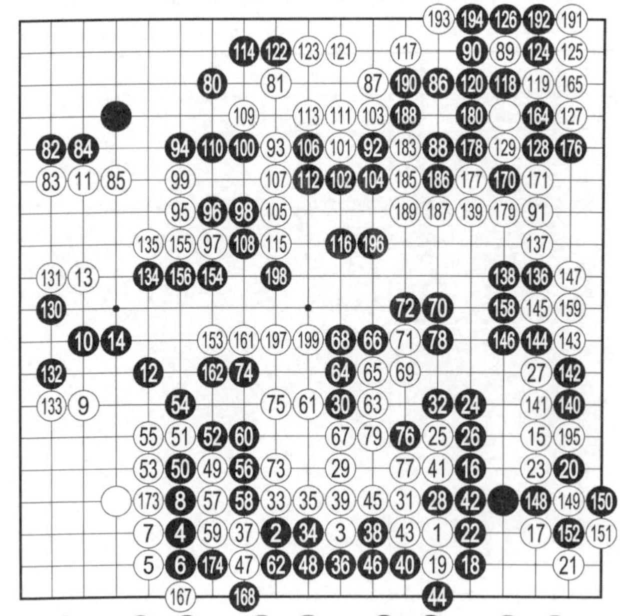

157=149； 160=152； 163=149； 166=152； 169=149；
172=152； 175=149； 181=170； 182=152； 184=149

劲敌第四十五局

199 着

21妙。12妙。18妙。20妙。78妙。

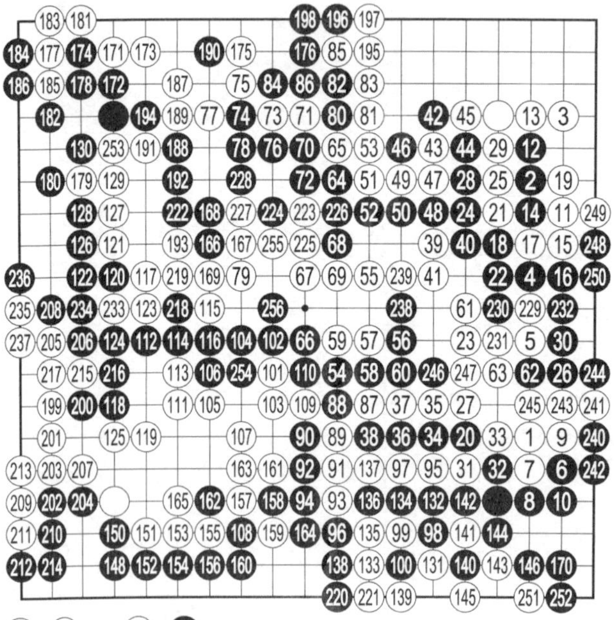

147=141； 149=140

劲敌第四十六局

256 着

39、□妙。

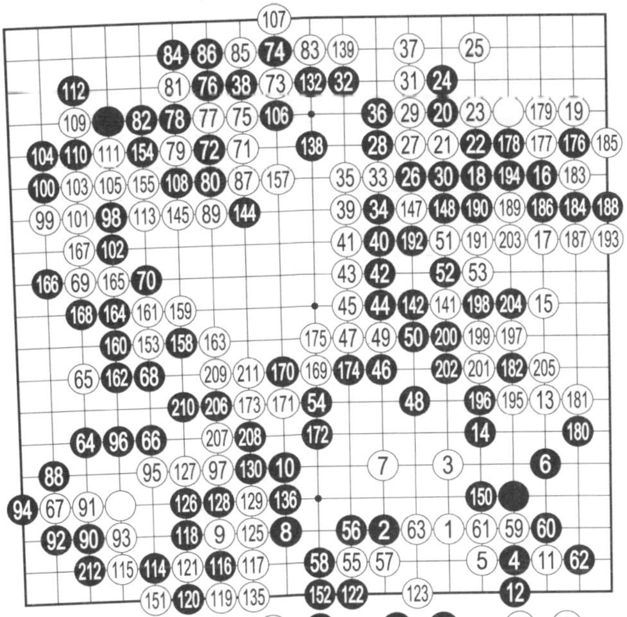

124＝116； 131＝121； 133＝74； 134＝116； 137＝121；
140＝116； 143＝121； 146＝116； 149＝121； 156＝79

劲敌第四十七局

212 着

166妙。109妙。113妙。

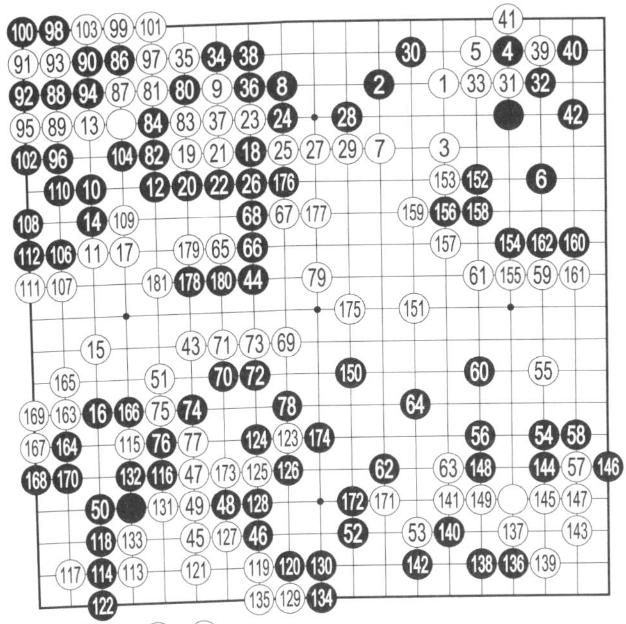

85＝80； 105＝93

劲敌第四十八局

181 着

123妙。

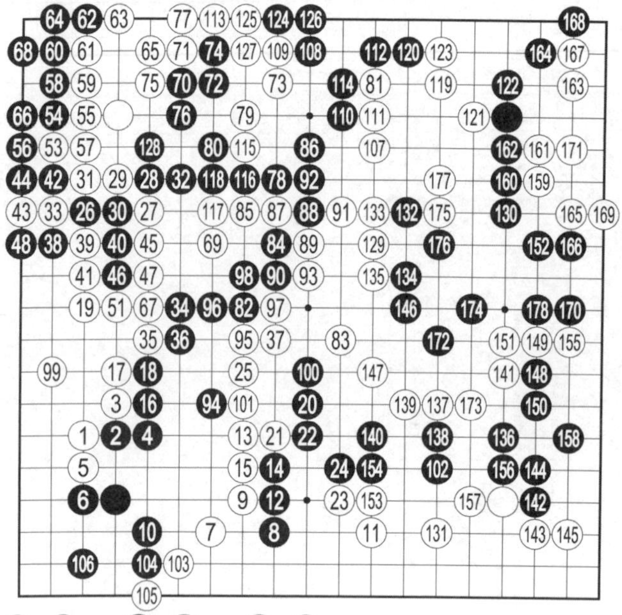

49=33； 50=43； 52=33

劲敌第四十九局

178着

86妙。102妙。111妙。134妙。

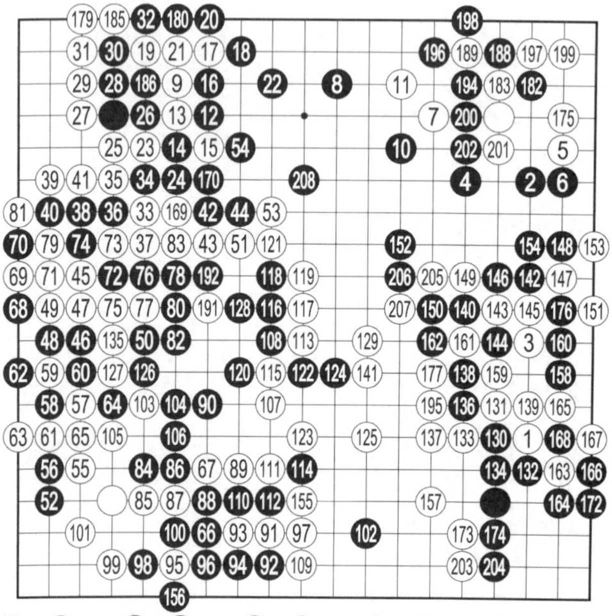

171=163； 178=144； 181=161； 184=144； 187=161；
190=144； 193=161

劲敌第五十局

208着

103妙。72、74数着妙。

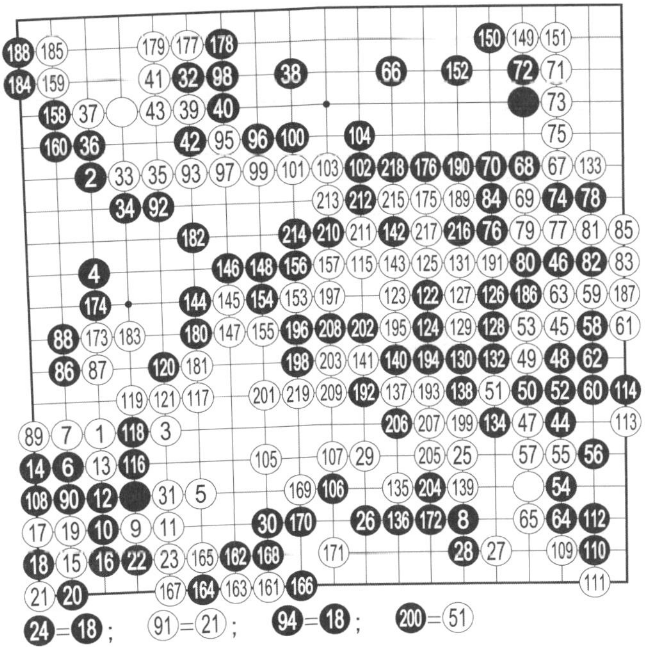

劲敌第五十一局

219 着

74断，妙。18妙。20妙。

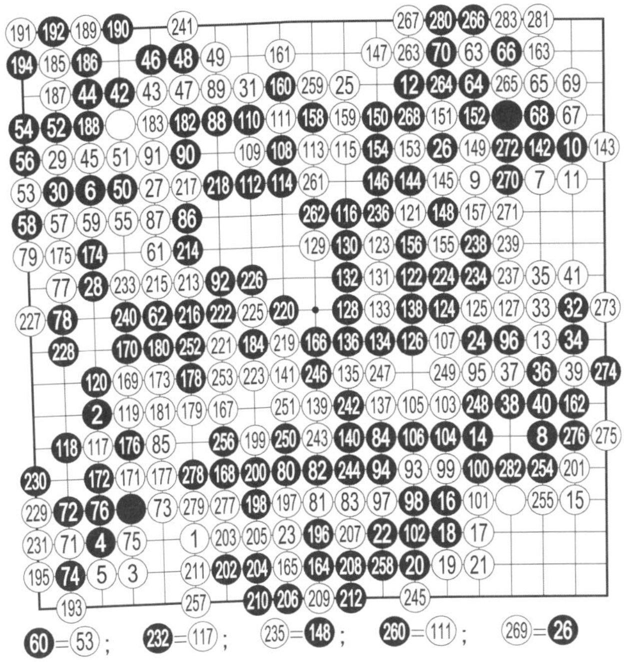

劲敌第五十二局①

283 着

117妙。93妙。95妙。

右局如军行细柳，殊有从容节制之妙。

① 本局作 284 着，实际只有 283 着。

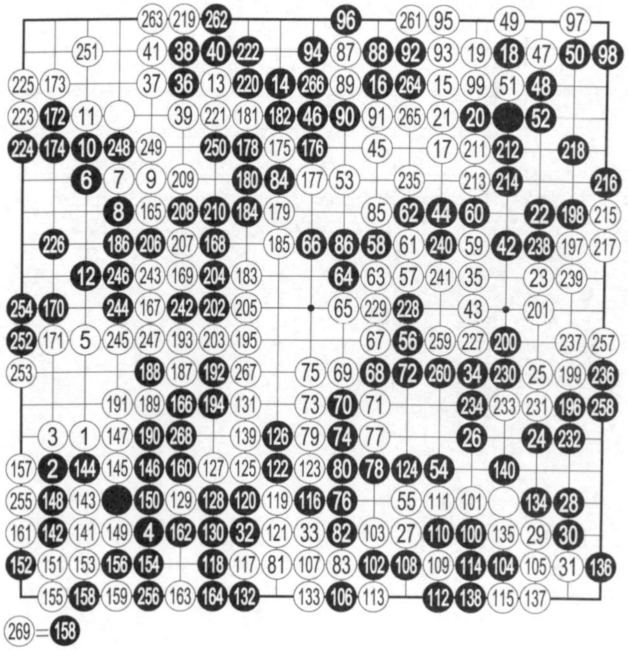

劲敌第五十三局[①]

269 着

102数着妙。

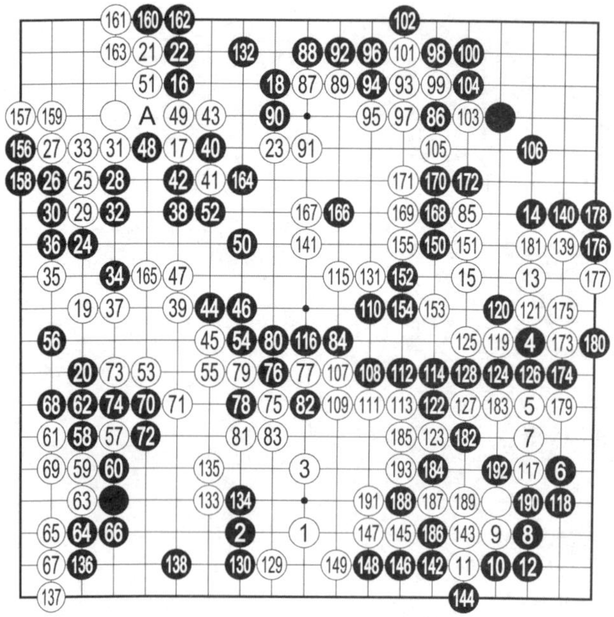

劲敌第五十四局[②]

193 着

182至192数着侵取妙甚。190神妙。166妙。168妙。170妙。44妙。

---

① 本局左边非常模糊，根据棋意整理了 7、8、159、161、170、171、172、173、174、223、224、225、226、252、253、254、255 各着。

② 此局右边模糊，根据《秋仙汇选》，填补次序。

劲敌第五十五局

229 着

105妙。

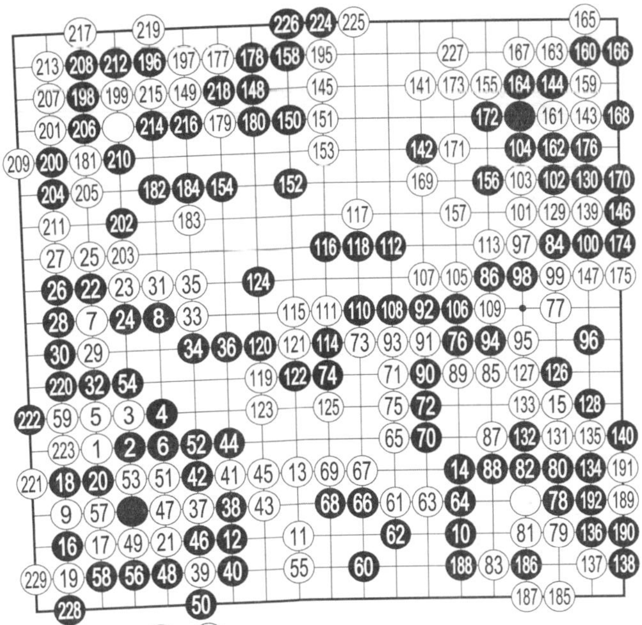

193=191； 194=189

劲敌第五十六局[1]

211 着

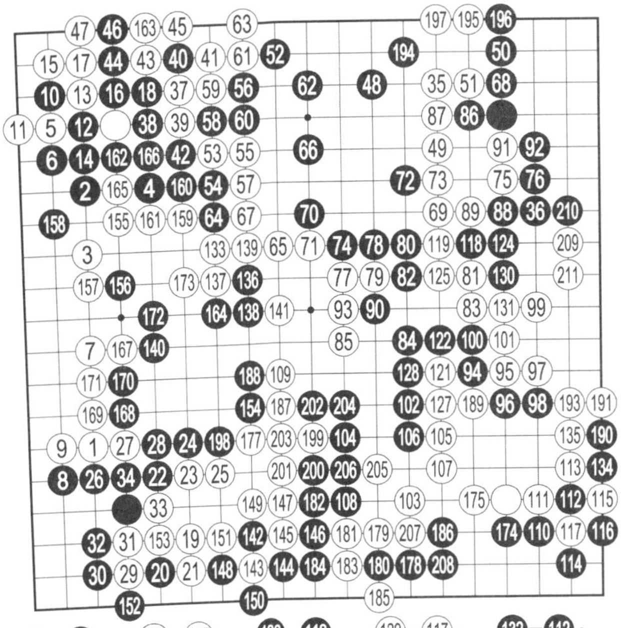

120=112； 123=117； 126=112； 129=117； 132=112；
176=143； 192=115

① 此局与本书 25 局相同，次序、方位皆有差异。

劲敌第五十七局

251 着

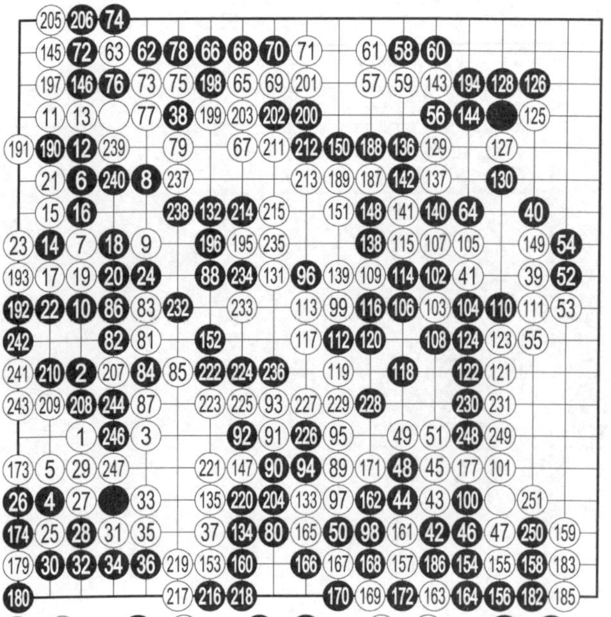

175=169； 176=167； 178=172； 181=169； 184=172；
245=84

劲敌第五十八局

286 着

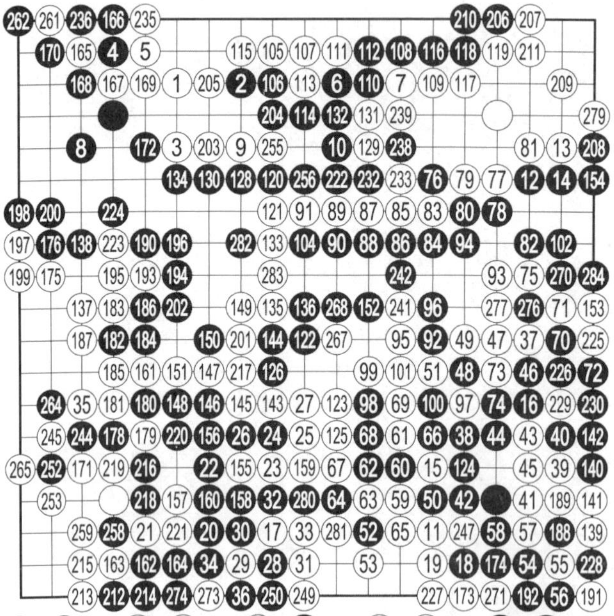

103=48； 127=15； 177=60； 231=191； 234=228；
237=191； 240=228； 243=191； 246=179； 248=228；
251=191； 254=228； 257=191； 260=228； 263=191；
266=228； 269=191； 272=228； 275=191； 278=228；
285=276； 286=191

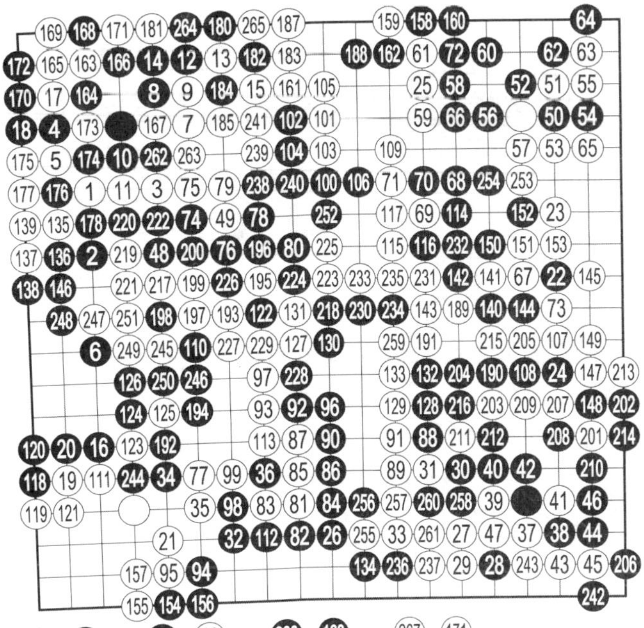

179=176；186=13；266=168；267=171

劲敌第五十九局

267 着

60妙。81妙。203妙。

战法回合变幻异常。如神龙之出没，令人无处窥测。

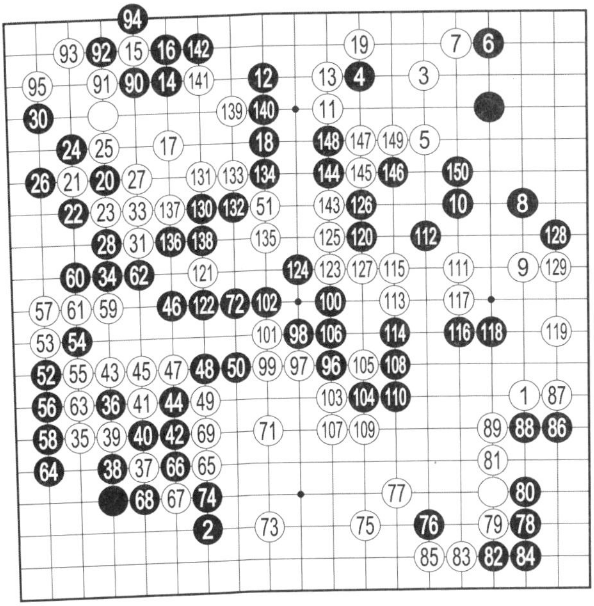

29=21；32=20；70=37

劲敌第六十局[①]

152 着

51妙。122妙。139、141取先手，妙。57、59妙。

① 此局黑白座子颠倒，根据棋意修改。

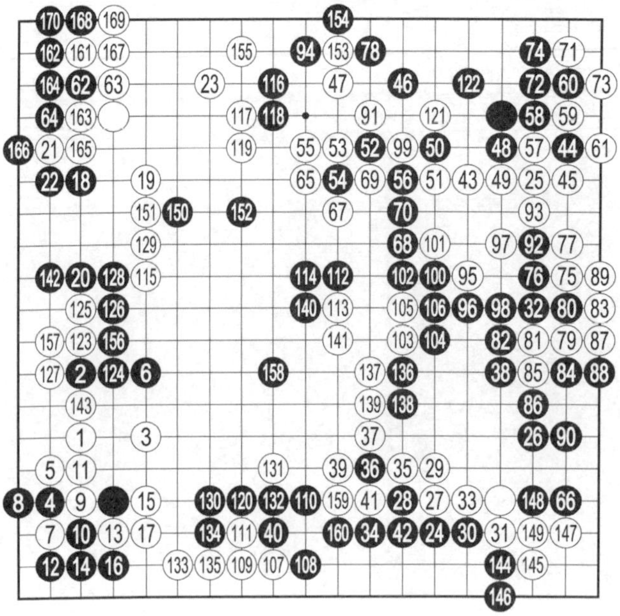

劲敌第六十一局

170 着

❶⓪妙。❶❺❷妙。

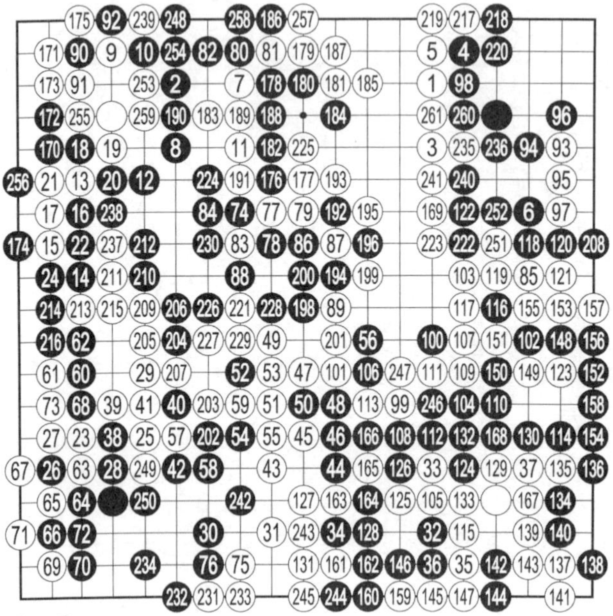

⑲⑦=❶⑨❷

劲敌第六十二局[①]

261 着

❶❻、❶❽妙。⑫⑤、⑫⑦妙。右局烂若披锦，无处不善。

① 此局《秋仙汇选》作“李维容对野雪”，次序、方位皆有差异。

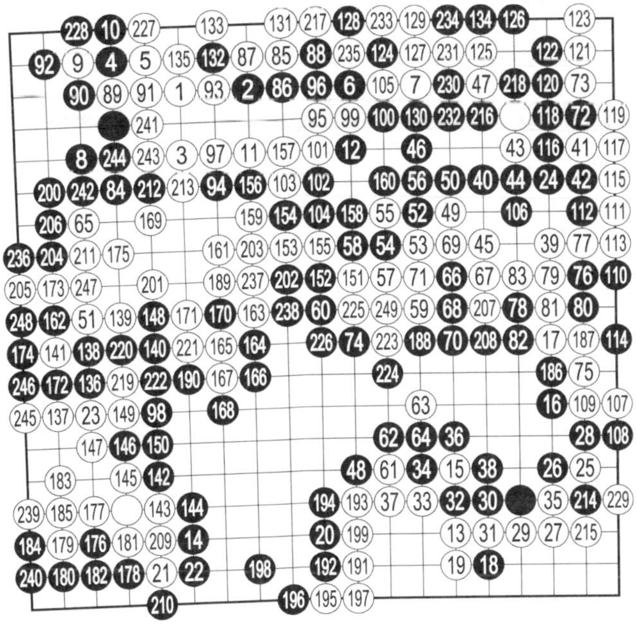

劲敌第六十三局

249 着

94妙。

心有精垒，手有神锋，妙，妙。

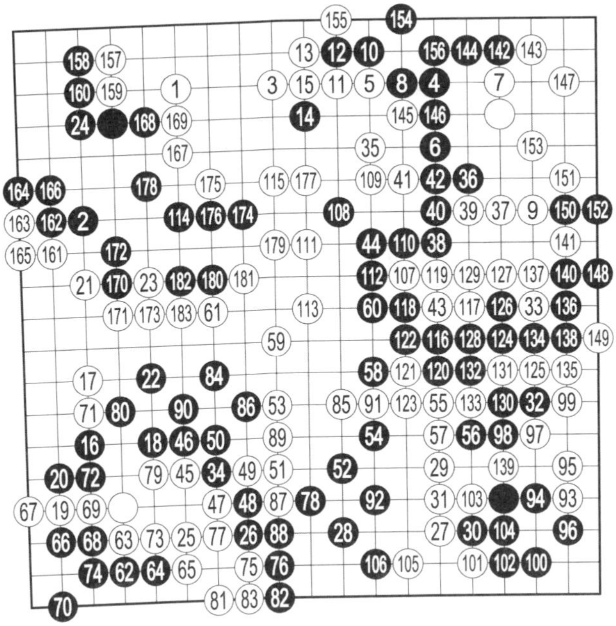

劲敌第六十四局

183 着

150先手妙。101、105先手妙。125妙。126妙。85妙。86形，妙。157、161先手妙。

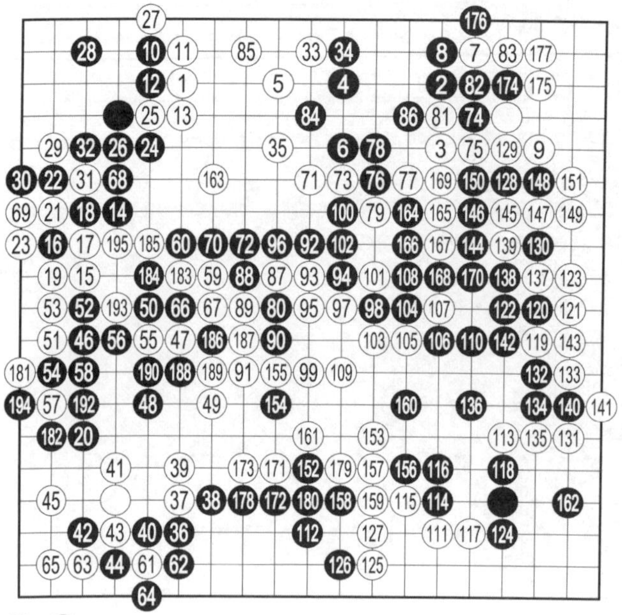

191=186

劲敌第六十五局

195 着

61断，妙。

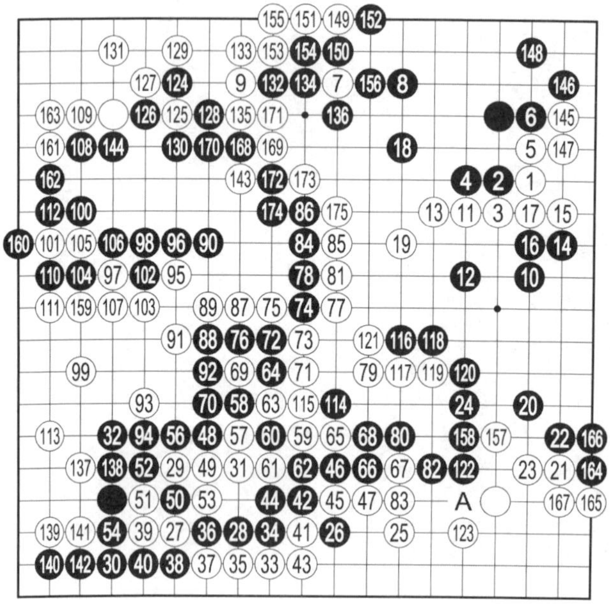

55=50

劲敌第六十六局

175 着

14、16妙。60妙。

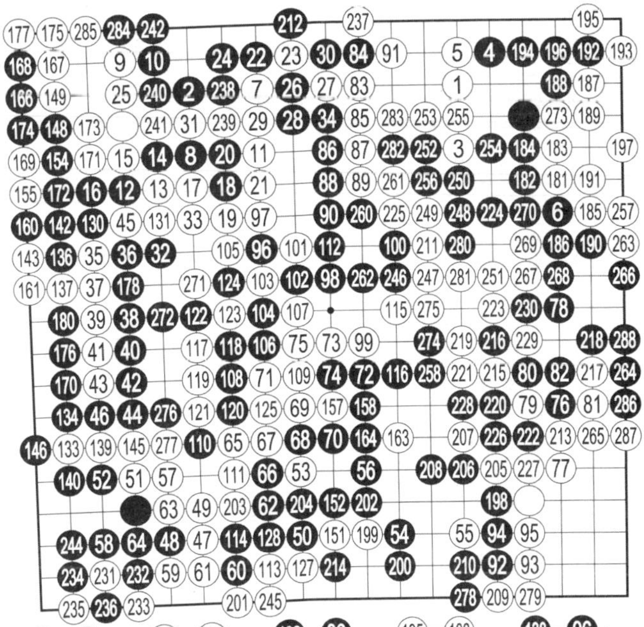

126=96； 129=103； 132=96； 135=103； 138=96；
141=103； 144=96； 147=103； 150=96； 153=103；
156=96； 159=103； 162=96； 165=103； 179=123；
243=231； 259=236

劲敌第六十七局

288 着

117妙。

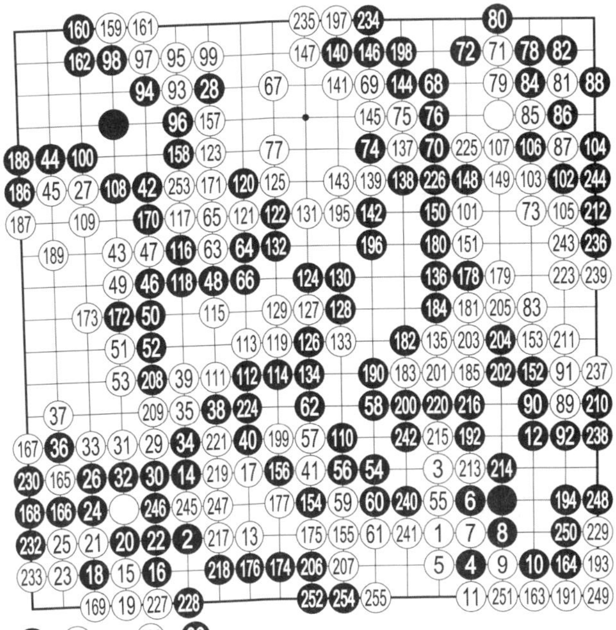

222=87； 231=36

劲敌第六十八局

255 着

174妙。123妙。56妙。46、48妙。
29、31妙。

劲敌第六十九局

247 着

137、129妙。

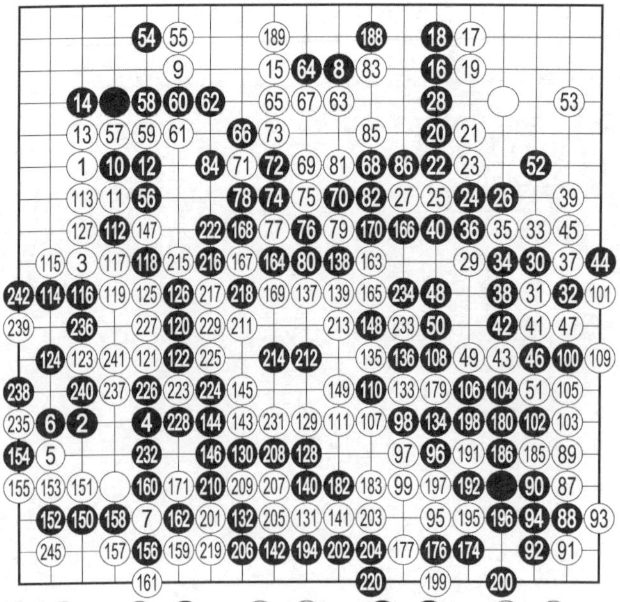

172=156；173=110；175=7；178=156；181=7；
184=156；187=7；190=156；193=7；221=167；
230=223；243=218；244=154；246=235；247=148

劲敌第七十局

210 着

81先手妙。94妙。203行，妙。

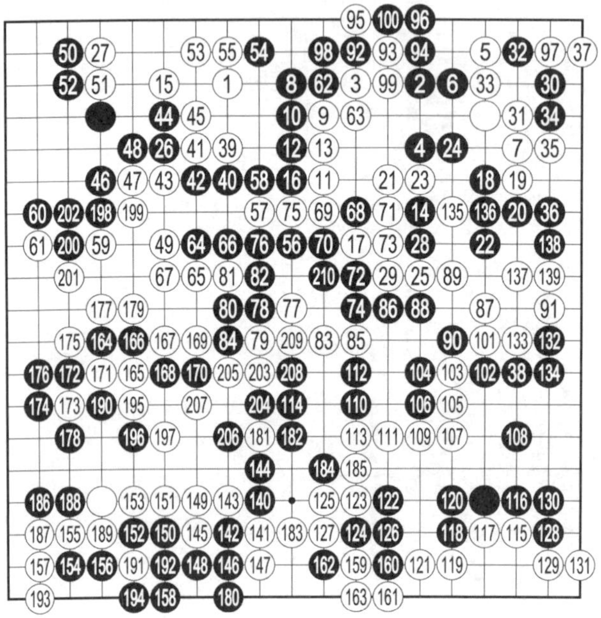

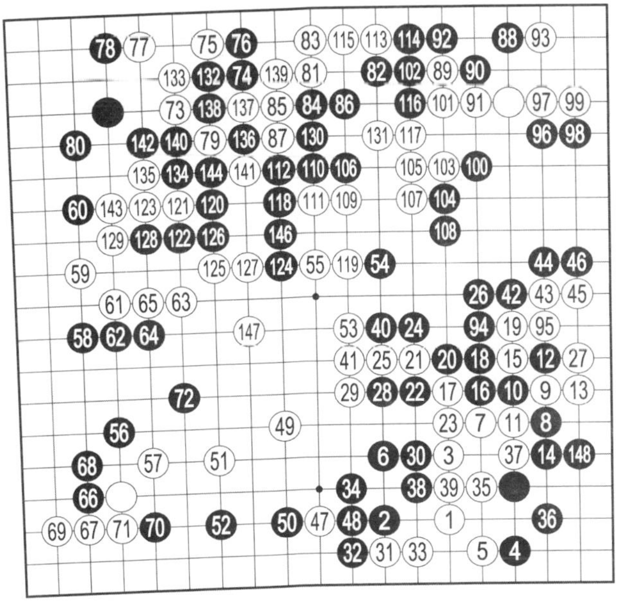

145=136

劲敌第七十一局

148 着

79小尖，妙。49妙。96妙。

35妙。113妙。132至138数着入神。

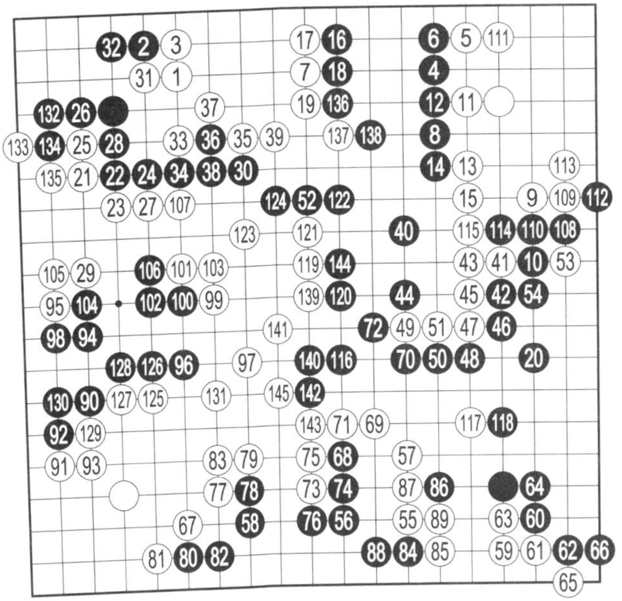

劲敌第七十二局

145 着

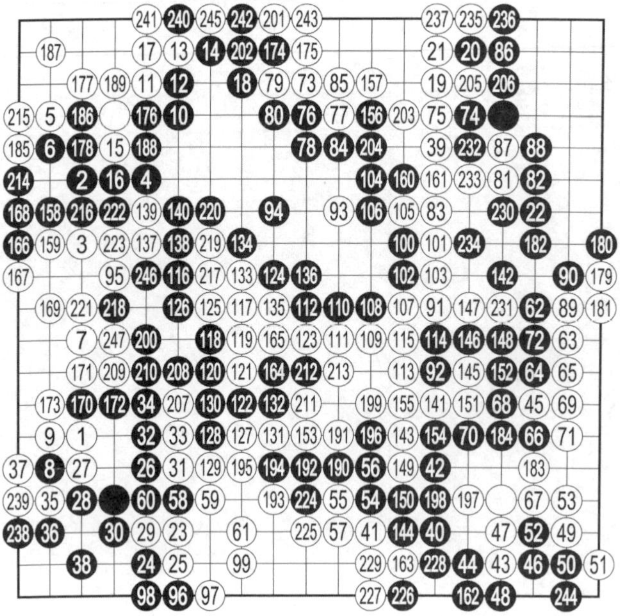

劲敌第七十三局①

247 着

64妙。66妙。

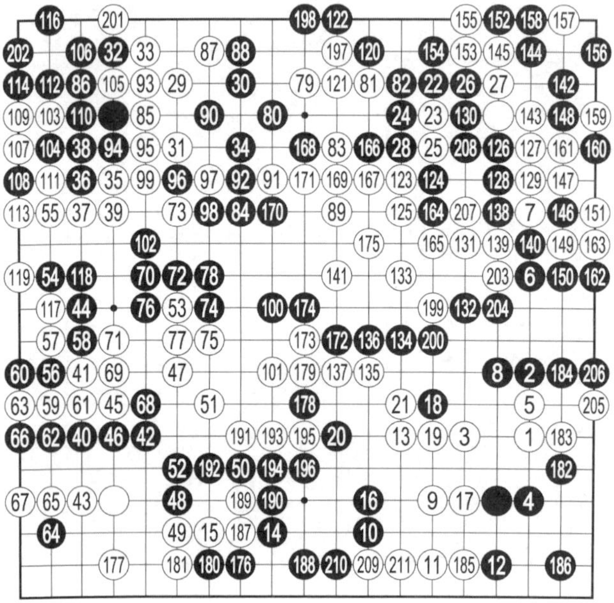

115=108

劲敌第七十四局②

221 着

146先手，妙。122妙。103起至119妙算入神。

① 此局《弈墨》中作“林符卿对雍皋如”，次序略有差异。
② 此局《秋仙汇选》作“朱玉亭对许敬仲”，方向有差异。

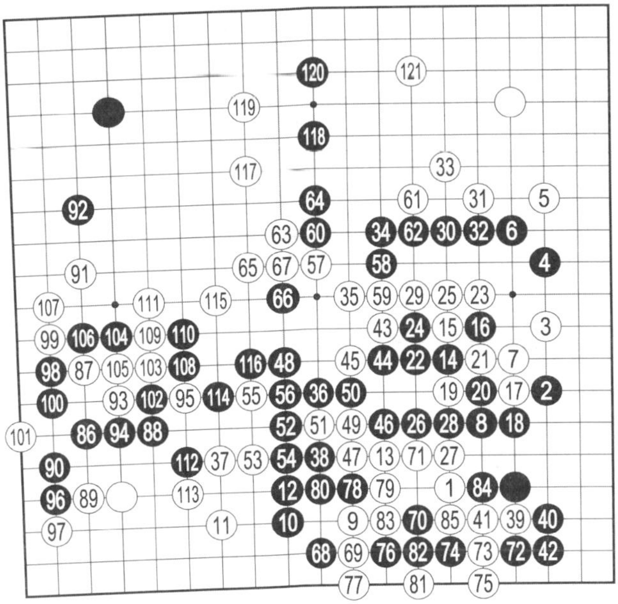

劲敌第七十五局

121 着

81妙。104妙。112妙。33妙。57妙。

此局着着俱妙，各争先手。

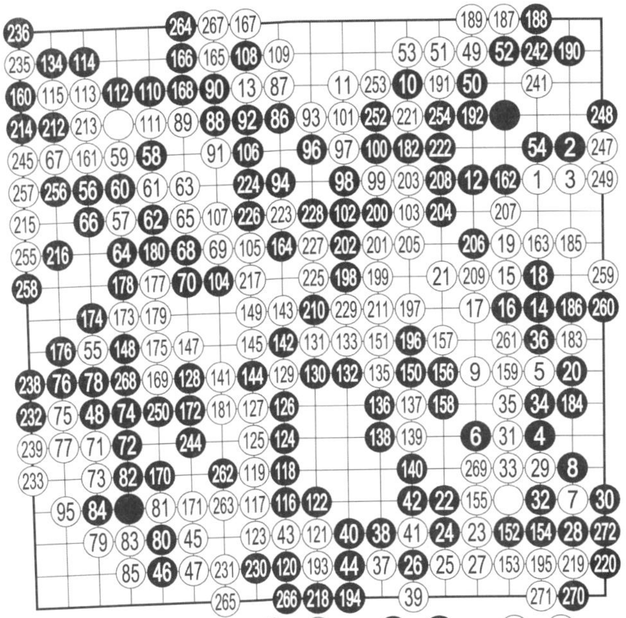

146=129；234=26；237=41；240=26；243=41；246=235；251=26

劲敌第七十六局

272 着

81妙。173妙。

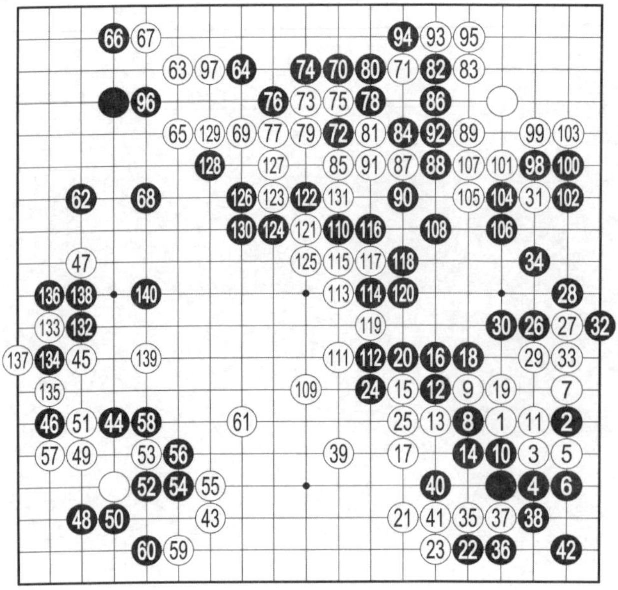

劲敌第七十七局①

140着

29妙。82妙。108妙。132侵分妙，妙。

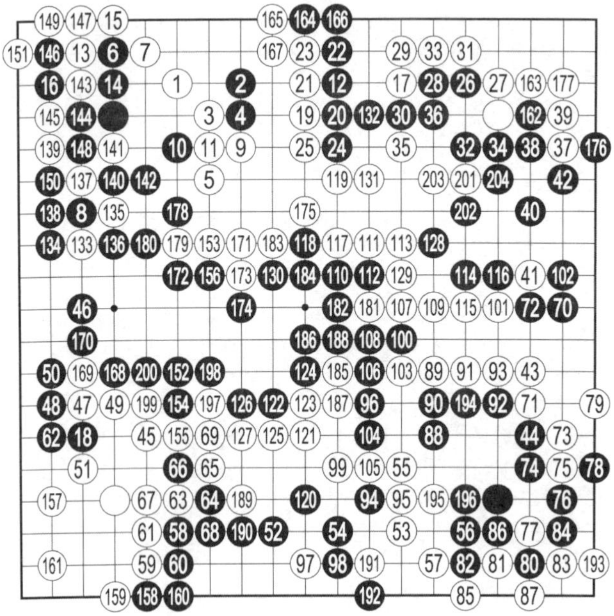

劲敌第七十八局②

204着

107妙。80妙。35妙。84妙。97、99妙。100妙。114妙。119妙。122妙。128妙。57妙。131妙。

① 此局与本书35相同，次序、方向皆有差异。
② 此局《忘忧清乐集》中作“阎景实对顾师言”。

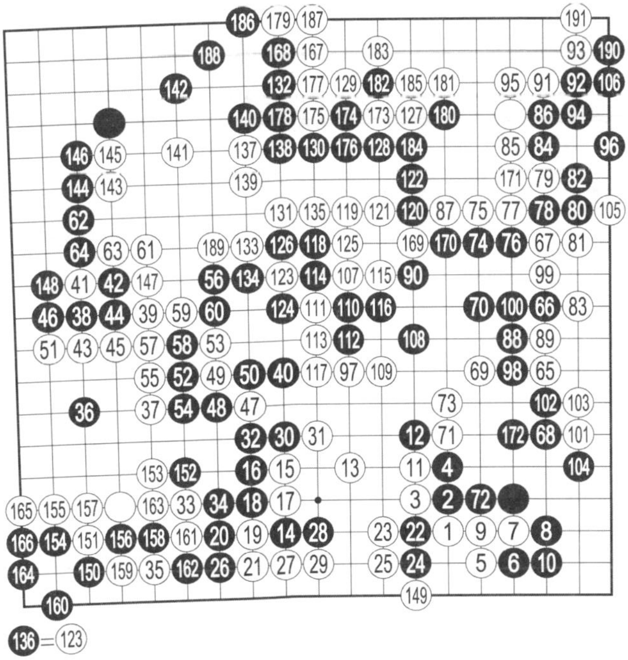

劲敌第七十九局

191 着

180妙。120妙。122妙。124妙。

右局精而且密，正而复平。至47着顾断求先、160着挟子活角，犹妙。

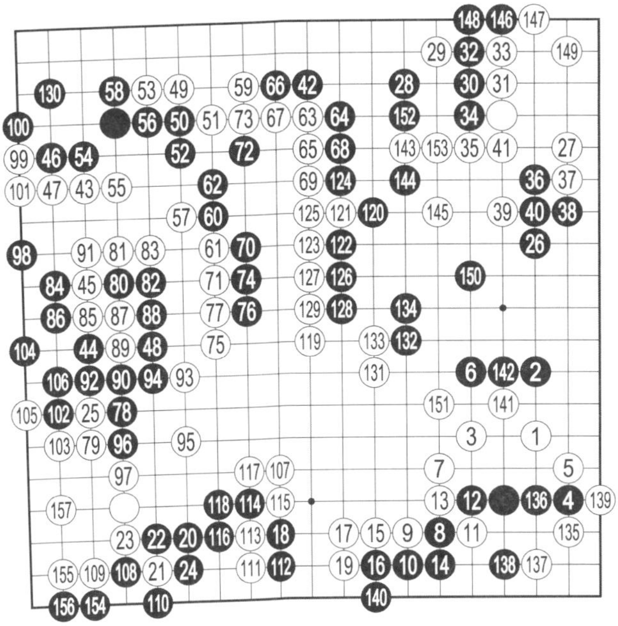

劲敌第八十局

157 着

法门正兵。

37行，妙。39先手觑，妙。

107、119着攻击取势尤见奇绝，妙，妙。111收外妙。

右局体势严整，取机攸当。至98着活法最妙。

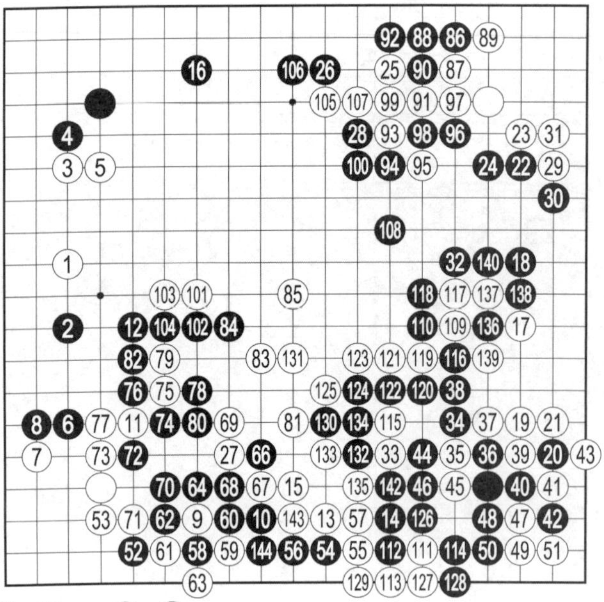

65=58； 141=136

劲敌第八十一局

144 着

130妙。29数着先手妙。84妙。136先手，妙。101、102俱先手，妙。

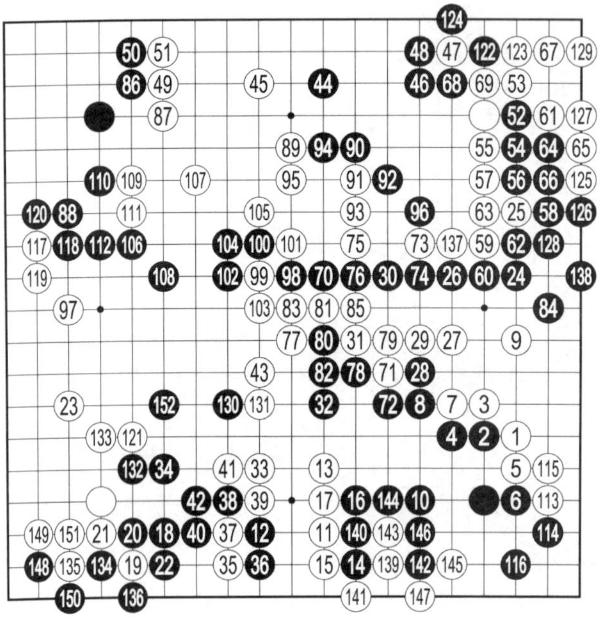

劲敌第八十二局[1]

152 着

99、101妙。14、16妙。右局行立得宜，步势平正，法之。

① 此局《仙机武库》中作“白水遗局”之一。

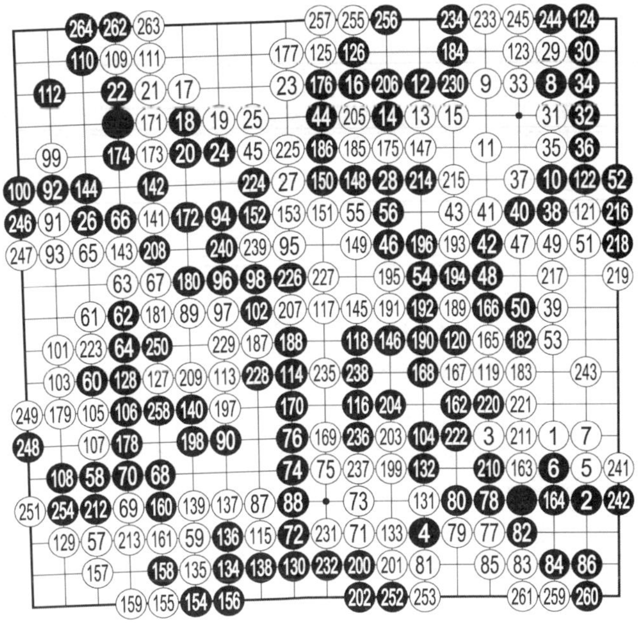

二子第一局

264 着

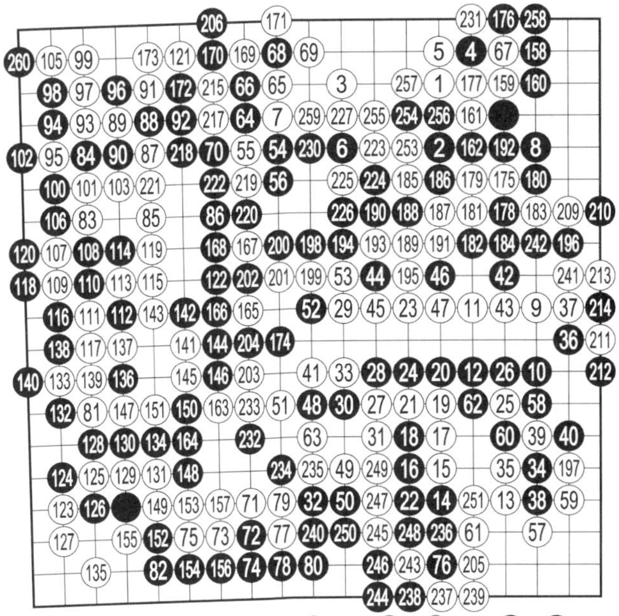

104=95； 207=39； 208=34； 216=211； 228=64；
229=66； 252=243

二子第二局

260 着

209妙。178妙。245妙。21妙。
49妙。51妙。75妙。148、150妙。
95断，妙。96断，又妙。

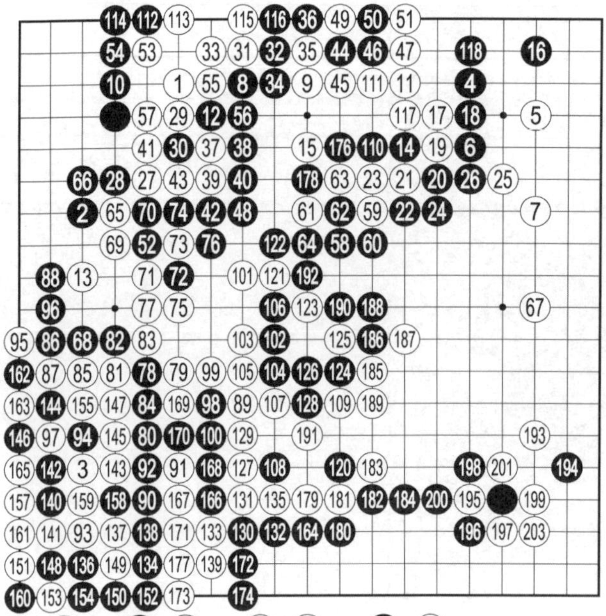

119=49； 156=97； 175=153； 202=195

二子第三局

204 着

117妙。27妙，妙。31妙。65妙。95妙。101妙。102尤妙。140妙。

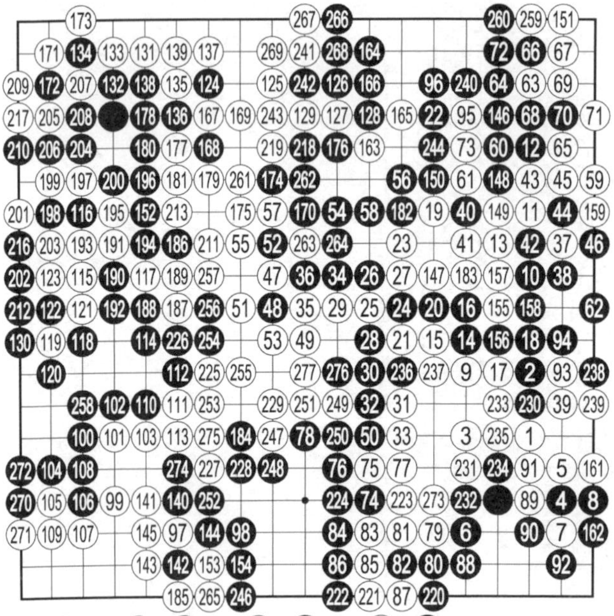

160=37； 214=198； 215=116； 245=40

二子第四局

277 着

23尖，妙。40妙。43妙。34先手，妙。164妙。61、63妙。140妙。205妙。184妙。

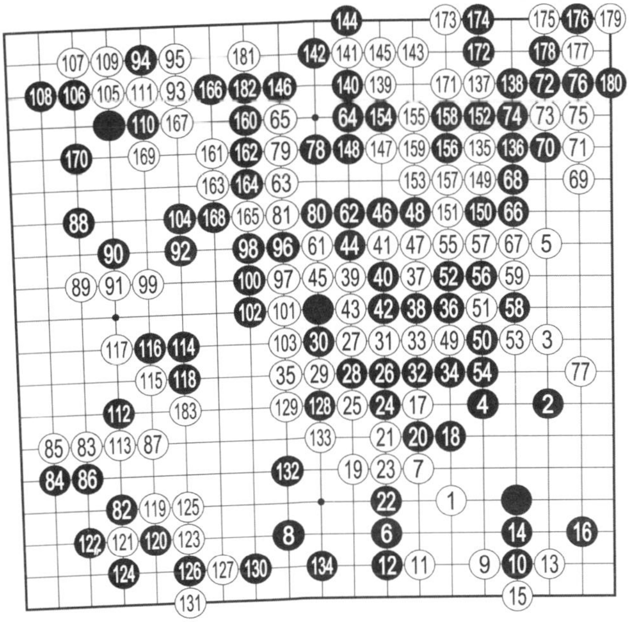

60=51

三子第五局

183 着

⑦尖，妙。

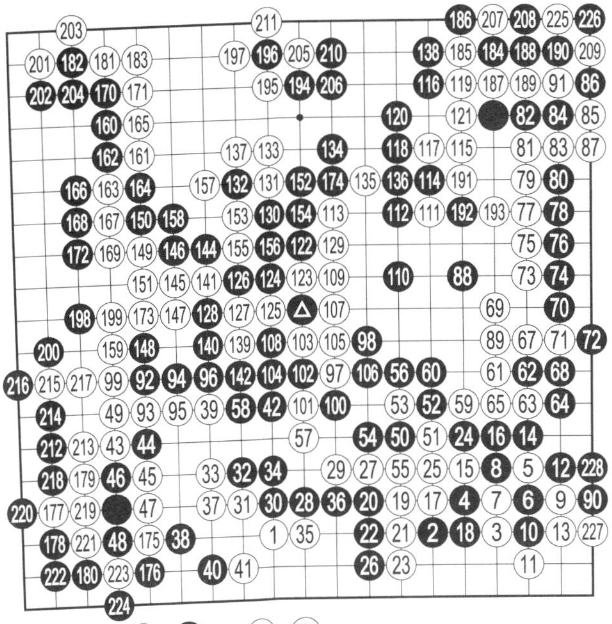

66=6； 143=△； 229=225

三子第二局

229 着

12妙。59、61妙。92、94妙。88先手妙。100尖，妙。147行妙。

自跋

古菱湖在县城之东，今即杨公河。旧志："湖阔近百亩，中有长堤亘数十步，环池岛屿萦纡，竹树茂密。东有邵祭酒之野航、赵别驾之雪斋、镏二卿之壶中天宇、余甸公之东湖道院、赵安庆之更碧楼、刘南安之退庵；西有留江阴之别墅、毛紫薇之水国秋、陆衡阳之环胜。其景物皆郡城佳处，士大夫多乐居焉。"

北城胡宪书于卧佛山房。

是役也，余筑圃于菱湖之东。幽篁异卉，备莳其内。甃石为榭，高数十步而上，雉堞横亘，若俯侍于下焉。瀫溪匹练，霞岭葛松，悉收入睟睫中。斯亦极一时遥睇之胜。南望柯岩，丹崖烟飞，隐隐与茶寮相接。李杏桃梅，以时而发。秋至，芙蓉拂水，黄菊绽篱，潇疏之致，兴自不浅。冬月半轮，斜出林杪，窗下雪蕉，互相掩映。是时况味，亦复悠然。吟咏之余，偶值客至，辄尔酣酌，割池鲜以饲之，继晷烧炬，无间昕夕。闲则对楸枰较胜负，远近善弈之士亦颇鳞集而至。至即手谈，匆之有倦，归而复局，无或一差。维时想之，有若夏赤松之敏速，善于大行者。有若褚思庄之沉思，巧于斗棋者。有若江仆射之恐其不得不即为之下者。有若僧一行观积薪局遂与之争先者。又有若殷仲堪之应答如流，对敌不辍者。虽其有敏迟不同，偏兼或异，而非慎思详审，其孰能兴于此者乎。倘得是谱而摹之，久而精其理焉，庶几乎治局之本务瞭焉耳。

崇祯癸酉孟夏青霞主人君材徐应椽书于入山深处。

两方印章：一为“君材”；一为“徐应椽印”。

弈谱四种

（清）陆僭辰　辑

章琦　徐舒薇　崔灿　黄梅　点校

清钞本

点校说明

陆僋辰《弈谱》为清代手抄围棋古谱，南京图书馆藏。该谱体量庞大，又是他处没有的孤本，卷末有民国政要“殊可宝贵”的评语，在古代围棋抄本中实属罕见。陆僋辰在抄录中比较选择，甚至汇总，加入了自己的理解认识，并非简单堆积。从中也可以了解一些稀缺棋谱、棋评，以及清代嘉庆道光时期的围棋状况。

据卷首《陆筦泉先生传略》，陆僋辰（1777—1842），字筦泉，号耳乡，江苏海安人，精通医学、诗词和金石学，工琴善书喜博弈。经比对，《范西屏让子谱》最后一局出自嘉庆十五年（1810）汪秩、毛孝光所编《受子谱》，其余均出自嘉庆二十二年李汝珍（1817）所编《受子谱选》。乾隆五十五年（1790）刊印的《弈理析疑》是陆僋辰抄录棋评的主要来源。无名四子谱三十局占据绝大比例，此所谓“范西屏自拟四子谱”颇有影响，后来各种棋谱多有载录。陆僋辰在抄录时稍作顺序、手法调整，并作简要说明，对宋谱《忘忧清乐集》“立仁角”的引用尤其精准到位。自拟谱按照第一手位置分类，依次以右下角星位大飞挂、小飞挂、一间高挂、下边星位下一路分投展开，但有三局位置错落，陆僋辰予以重置。后来转录自拟谱者均循旧例而未作改进，足见陆僋辰之细致严谨。

《施定庵弈理指归摘录》实际上摘录了《弈理指归》和《弈理指归续编》，更为全面。《弈理指归》原著无图，钱长泽为之补图而出《弈理指归图》，后来原著失传，陆僋辰摘录的便是《弈理指归图》。“弈理指归”偶尔被陆僋辰写作“易理指归”，虽然是错字，但施定庵的确以易理思想作为全书的指导思想，藏于上海棋院的《弈理指归》乾隆乙未抄本可为佐证。《弈理指归》晦涩难懂，施定庵又撰写《弈理指归续编》，便于读者入门。陆僋辰不仅对《弈理指归图》进行全局精简、局部扩充和调序等加工，还将《弈理指归续编》有机整合进《弈理指归图》。过百龄《四子谱》、范西屏《桃花泉弈谱》、陆僋辰本人的“筦泉增注”

甚至《庄子》等内容也出现在《施定庵弈理指归摘录》之中，互为参照，蔚为大观。《弈理指归续编》中很有名的《四子总指》未被摘录，或因其“六三六四七三逢，应法渊源四五同”的理念与《范西屏让子谱》之四子谱不尽相同。

陆僊辰特意给《范西屏桃花泉弈谱提要》做了目录，为他书所无。《桃花泉弈谱》卷上“尖顶三六侵”“三五侵扳”“拆二飞攻”“不宜封角”“尖封”“尖顶关封”“尖顶飞封”，卷下“尖顶夹侵”“顶关夹侵”，共九项未录，看来陆僊辰对尖顶一类的快速定型持保留意见。“拆二飞攻”等与《施定庵弈理指归摘录》的“拆二式”“拆二双飞式”有所重合，省略亦有精简优化之意。《提要》将《桃花泉弈谱》两卷剩下的十一项合为一卷，并调整原来的顺序：“大飞进角”“九四压”后置而“三五侵分”“五六飞攻”提前。陆僊辰的变动当有他的考虑，范西屏和施定庵的巅峰对决——“当湖十局”就比拼过“五六飞攻”的深厚功力。《提要》通篇“臧念宣《弈理析疑》云”“《析疑》云”“锡山吴修圃增解云”“附《析疑》增变”，为研究《桃花泉弈谱》带来极大便利。

《弈套》集多种古谱之大成，一方面是定式、死活、常用技巧的汇编，特别对施、范两谱以外的“双飞燕”有更多收集，反映了陆僊辰的个人偏好。“内拦、外包、出子、紧子、截子、折眼”等术语，在古今棋谱中均未发现，应该是当时民间对局中的实际说法，填补了围棋史的空白。《弈套》另一方面是国手对局的“套装书”，何闇公、周东侯、黄龙士、徐星友、苏撰之、梁魏今、程兰如、范西屏、施定庵悉数入选。考其出处，《围棋近谱》《弈理析疑》和《弈理妙悟》是三大主要来源。此外，孙怡堂所评一局和无署名评论两段因《弈套》得以保存、流传，可谓弥足珍贵。

点校中径改明显的讹误，将所有异体字统一转写为规范汉字，其余尽量保持古籍原貌。感谢诸多老师为本书的出版作出的辛苦努力，尤其要感谢中国棋院杭州分院为本书的点校工作提供的支持。

范西屏《让子谱》

陆筦泉先生传略

先生名儋辰，字筦泉，耳乡其别号也，邑之海安镇人，郡廪生。相传其父某好读书，家有东坡像，事之甚虔。一日梦坡至，挈一童畀之曰："此儋耳人也，以付汝。"遂生先生，故名字取焉。生平于学无不窥，而尤致精于医。尝得古书多种，各据善本为之校正，撷诸家之精粹，编为《证治赋》十数篇，使读者易于记诵。人有求治者，所疏方案笔法古雅，能运经语如己出。其得诀之妙，大都善用古方而不泥，故犹是经济，而一经先生增减，遂觉新颖异常，非夫好学深思、心知其意者莫能喻也。又尝病前贤之注《内经》《伤寒论》等书颇有敷衍者，乃以经注经，期必图明乃已。晚年有《痧辩》《运气辩》诸作，稿方付梓，又有《本草赋》《针灸书》，大半散佚。少时颇究心金石之学，搜罗古碑至数百通，所蓄铜雀瓦古砚及印章各数百事，一一题识而手自镌之，一时里中收藏之富推先生焉。工琴善书，喜博弈，著有《弈谱》四册。里有铁工某称国手，先生一日与之角，偶不胜，辄辍不复谈弈。居恒扫轩焚香，数以术致坡仙，倡酬集厚盈尺，皆不传。坡尝语之曰："子艺虽多，所传者字耳。"今里党得先生方寸绢素，极为宝贵而名不远闻，可胜叹哉。先生生于乾隆四十二年二月十五日，殁于道光二十二年十一月十一日，葬于界牌墩河南姜家小桥之某阡。余年十五时矢志于医，好博考古籍，见先生之作辄为心钦，其间得力者不少。感先生阐发古义、嘉惠后学之意不可泯灭，而府志载先生传不详，其著书仅有存者，方谋付手民，遂略集其事实，以俟传先生者采择焉。

里后学陈盛修睦之谨述。

范西屏四子谱七三起手 十二局

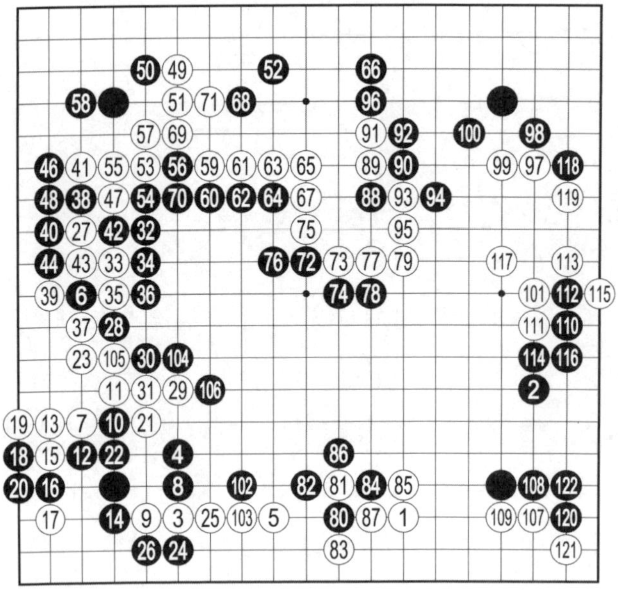

45=6

一局 122 着

四五粘

白入七三起手，黑入三七飞，白平三六投。

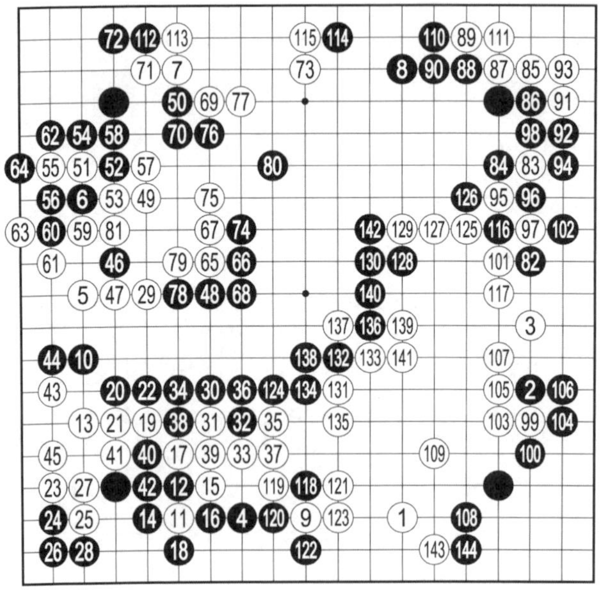

二局 144 着

七三起手，黑三七飞，白入三九投。

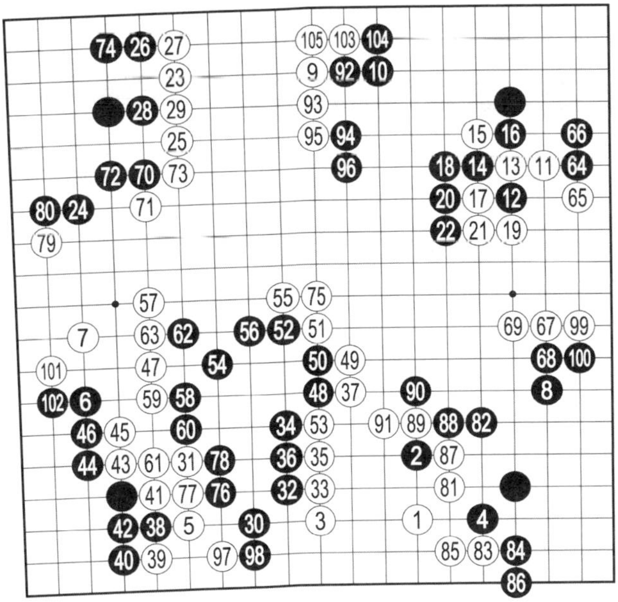

三局 105 着

七三起手，黑七五镇，十三拆二，黑五三尖。

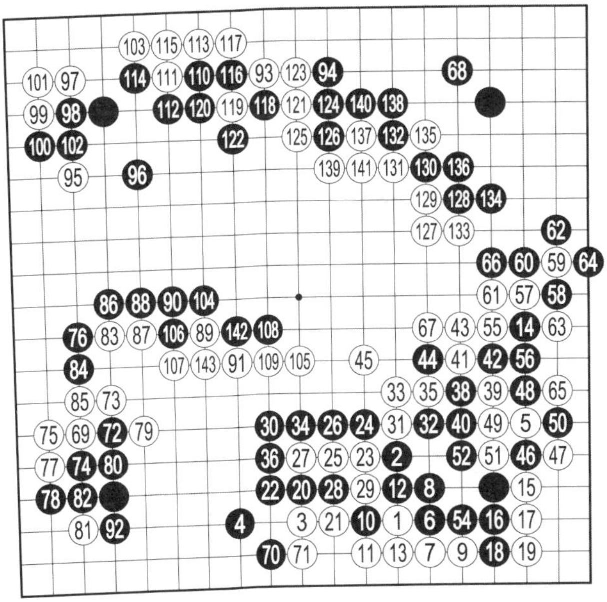

37=10；　53=46

四局 143 着

三七、五三粘

七三起手，黑七五镇，十三拆二，黑平三八投。

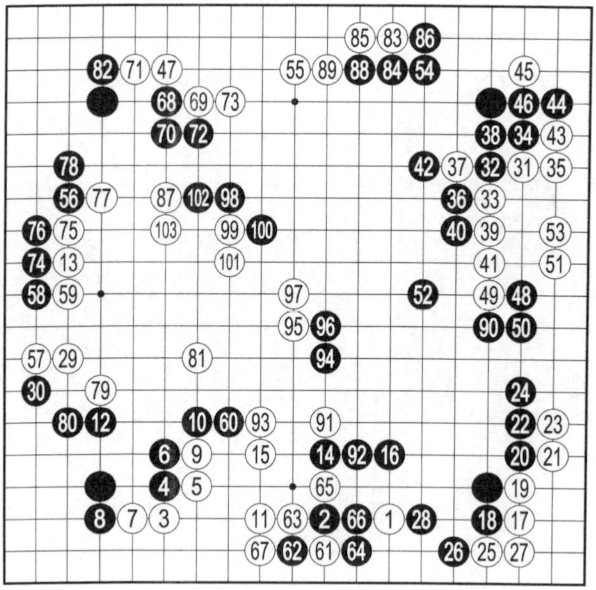

五局 103 着

七三起手，黑九三逼，白平三六投，黑四六压。

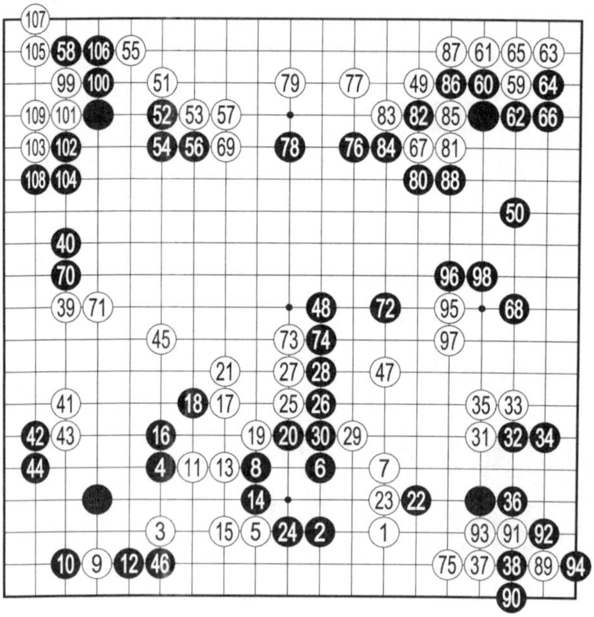

六局 109 着

七三起手，黑九三逼，白平三六投，黑五六镇。

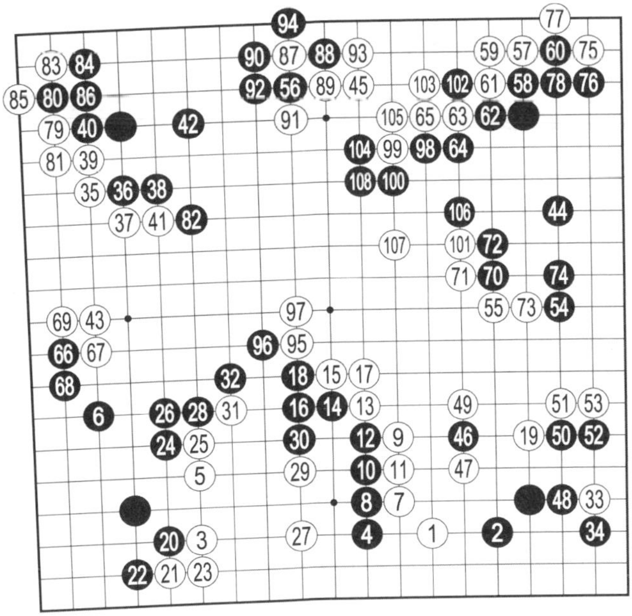

七局 108 着

七三起手，黑五三尖，白平三六投，黑入九三逼，白平五六关。

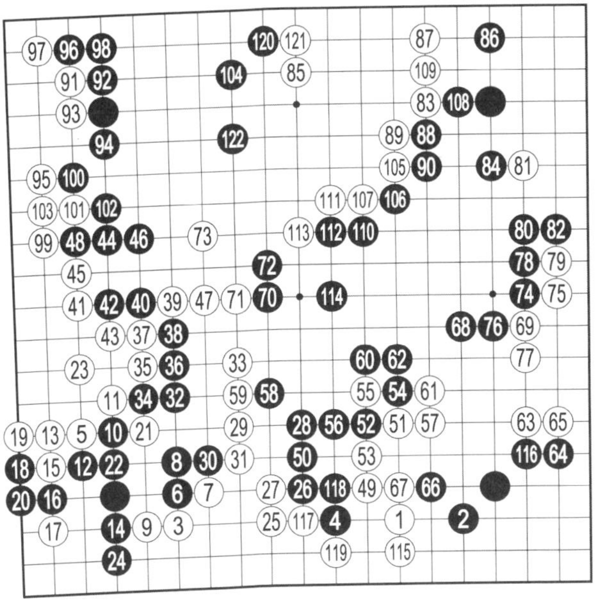

八局 122 着

七三起手，黑五三尖，白平三六投，黑入九三逼，白平六三投双飞。

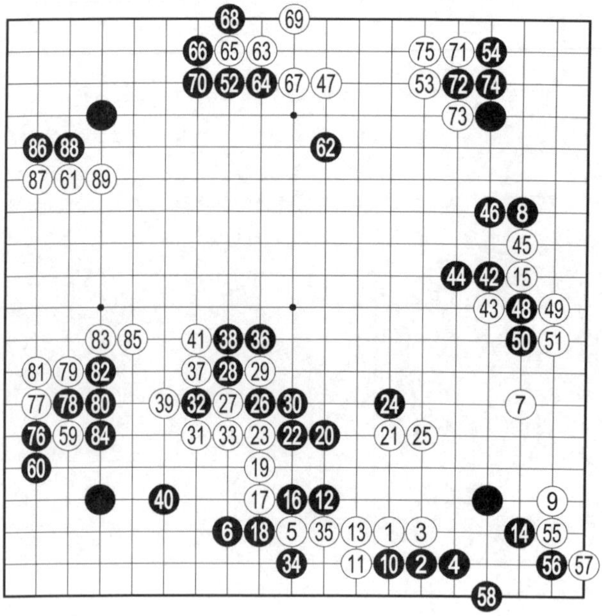

九局 89 着

七三起手，黑六二设象眼，白六三盖。

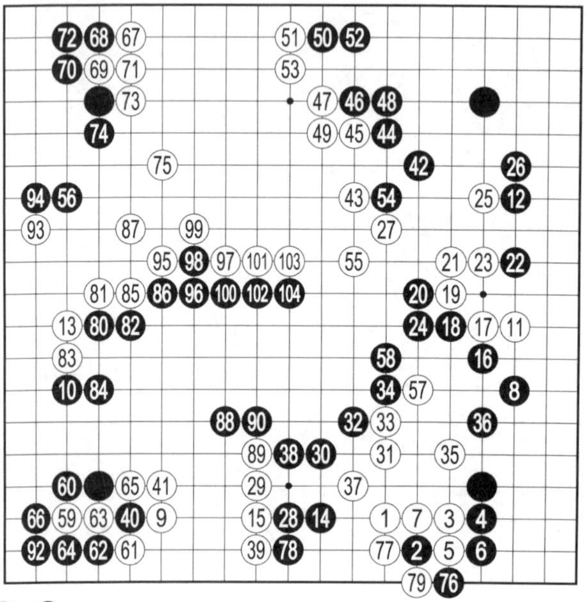

91=40

十局 104 着

九一、三五粘

七三起手，黑六二设象眼，白五三跨。

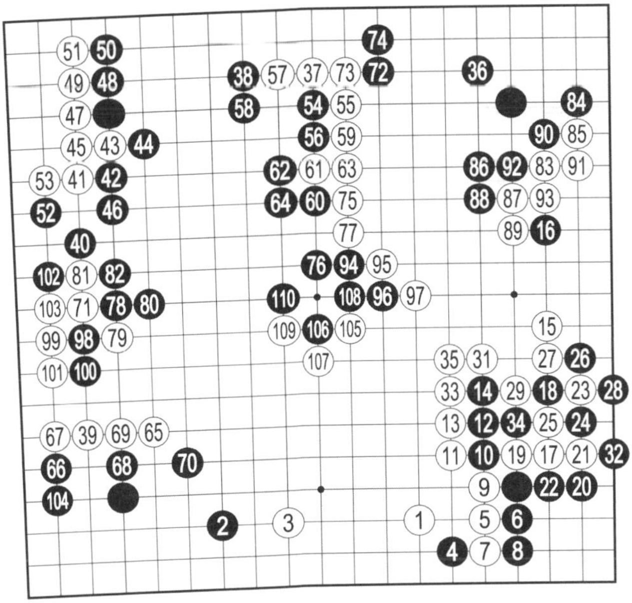

30=23

十一局 110 着

卅、二七粘

七三起手，黑平三七飞，白平三儿拆三。

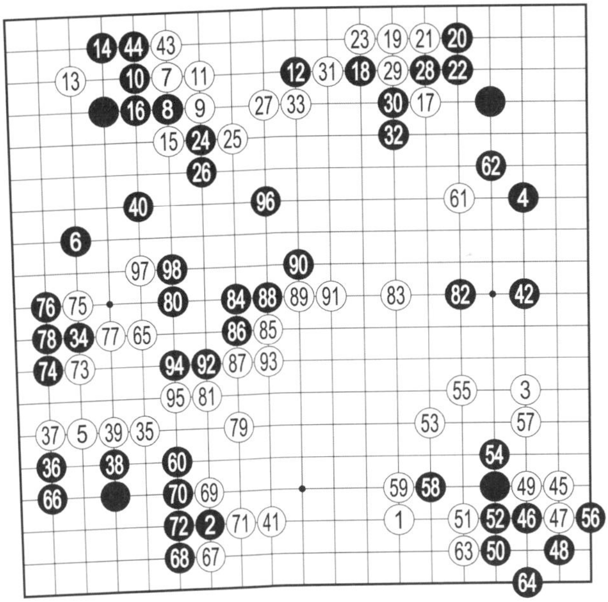

十二局 98 着

七三起手，黑平三七飞，白入三七飞。

范西屏四子谱六三起手 十二局

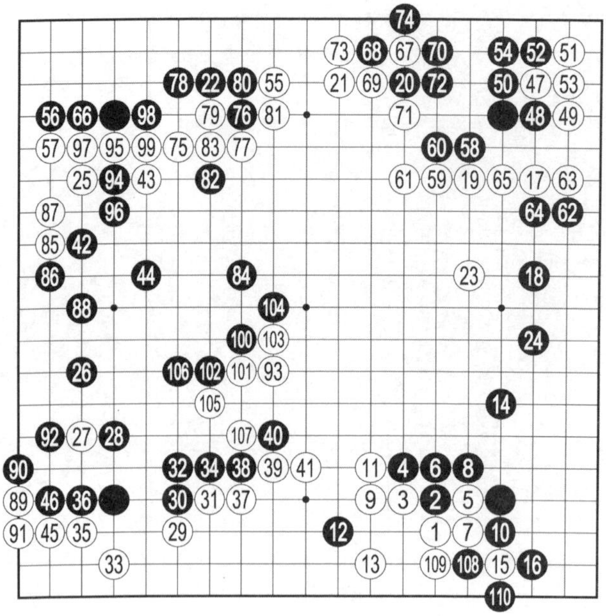

一局 110 着

白入六三起手，黑用压梁，白五四吃打。

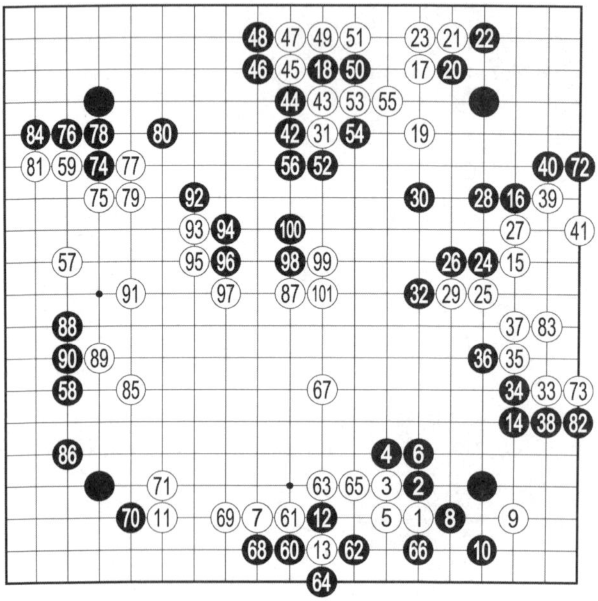

二局 101 着

六三起手，黑用压梁，白七三粘。

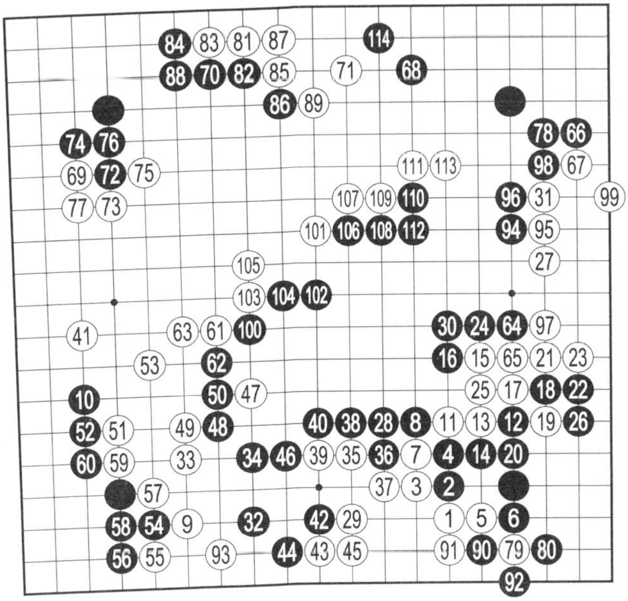

三局 140 着

六三起手，黑用倚盖，白五三行，黑四三搪，白七五长。

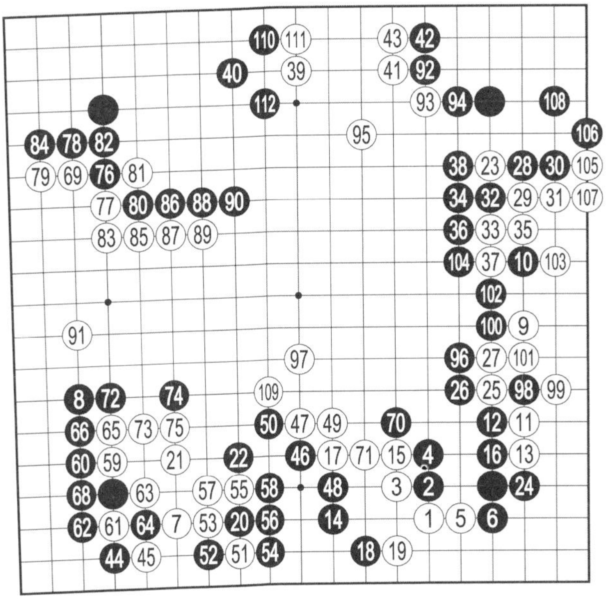

67=61

四局 112 着

六三起手，黑用倚盖，白五三行，黑四三搪，白平三六投。

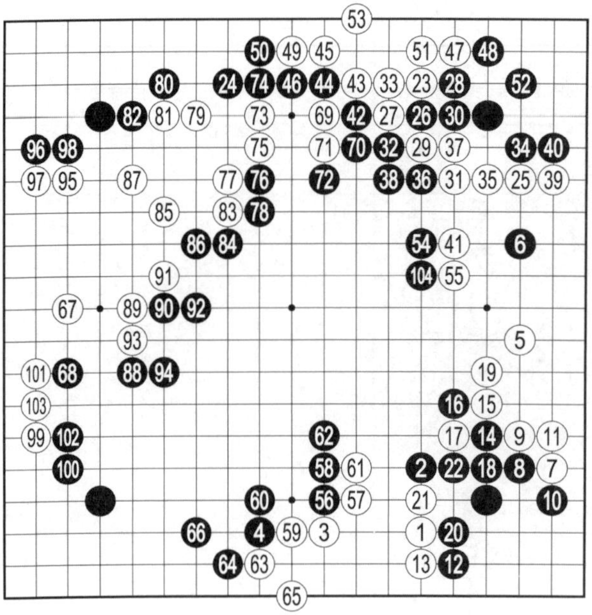

五局 104 着

六三起手，黑用镇神，白九三拆二，黑平三九逼。

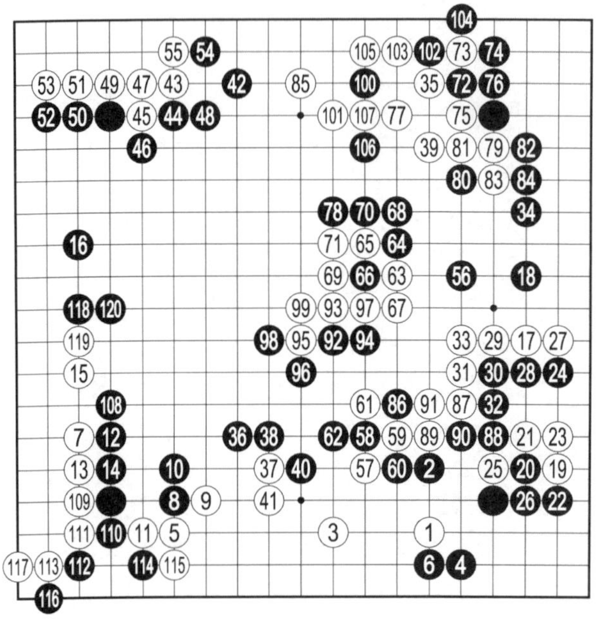

六局 120 着

六三起手，黑用镇神，白九三拆二，黑五二飞拦。

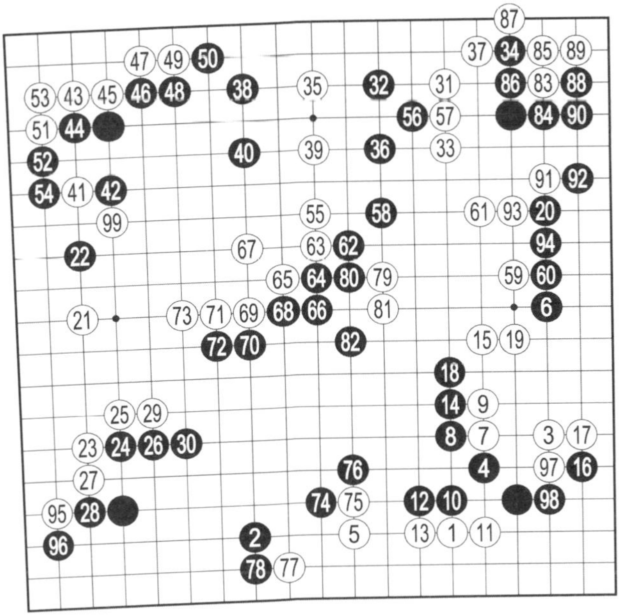

七局 99 着

六三起手，黑平三八设小网，

白入三六投双飞。

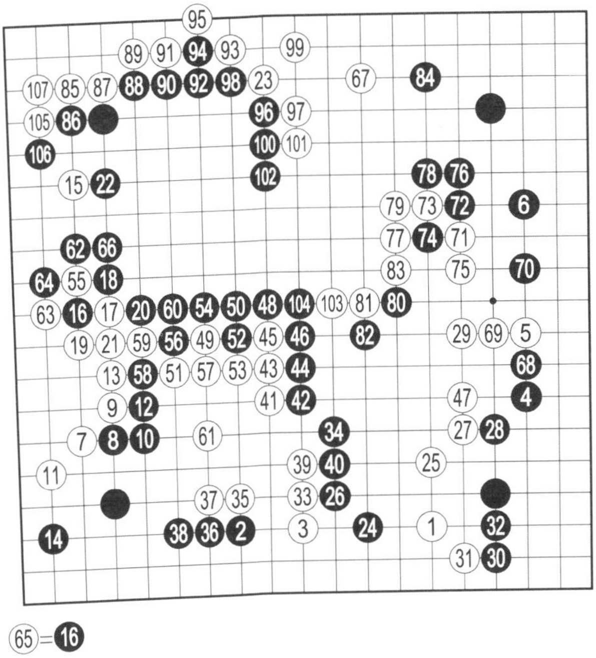

八局 107 着

六五粘

六三起手，黑平三八设小网，

白十三投拆三。

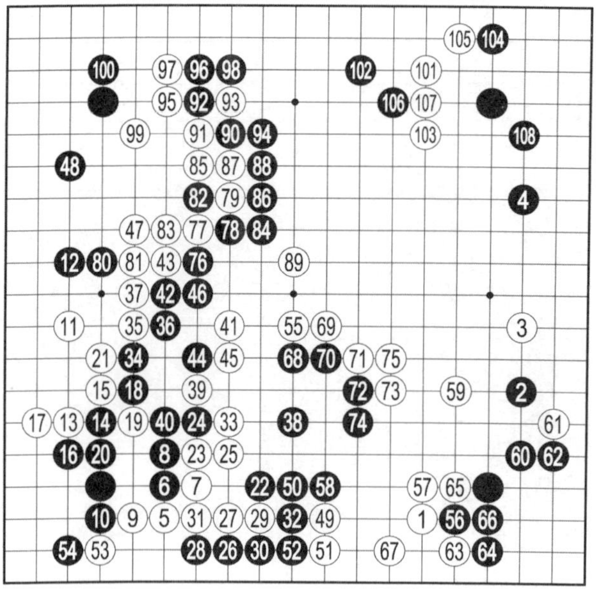

九局 108 着

六三起手，黑入三七飞，白三九逼，黑去七三飞，白平三六投。

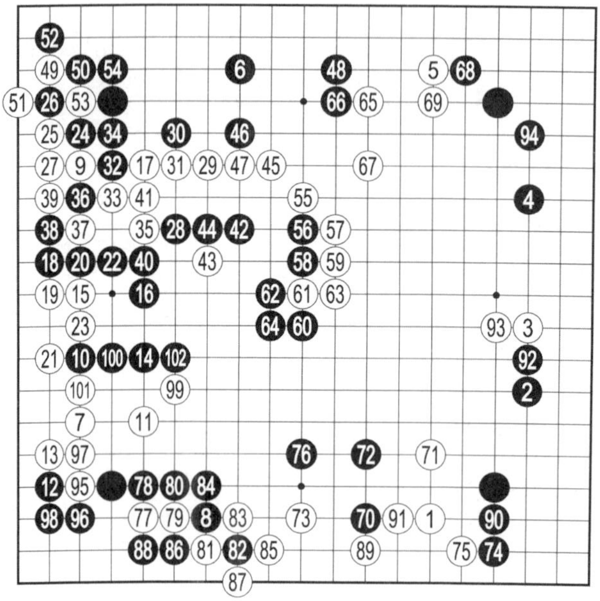

十局 102 着

六三起手，黑入三七飞，白三九逼，黑去七三飞，白去三六投。

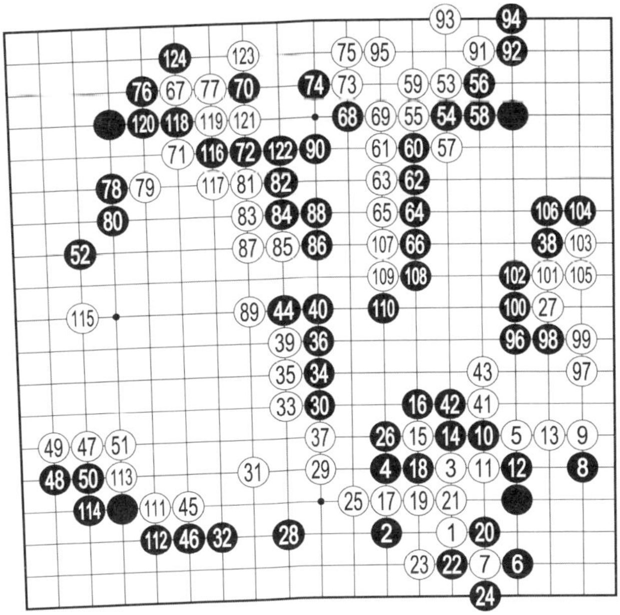

十一局 124 着

六三起手，黑八三逼，白六五关，黑八五关，白四六投立仁。

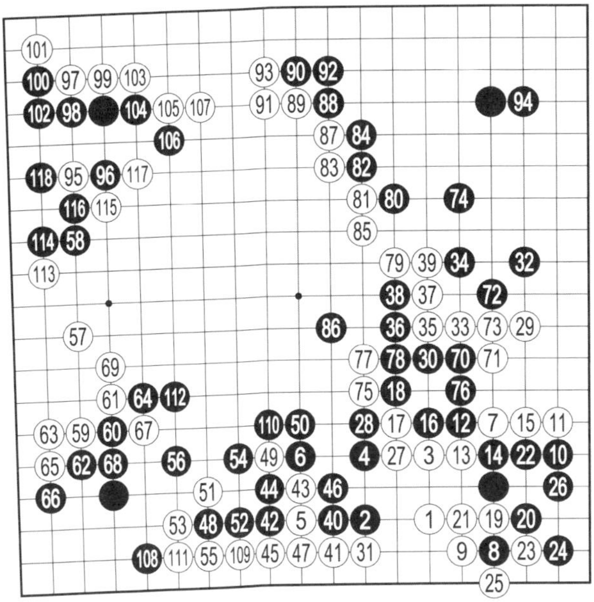

十二局 118 着

六三起手，黑八三逼，白关，黑关，白十三投，黑十五镇，白再四六投立仁。

范西屏四子谱六四起手 四局

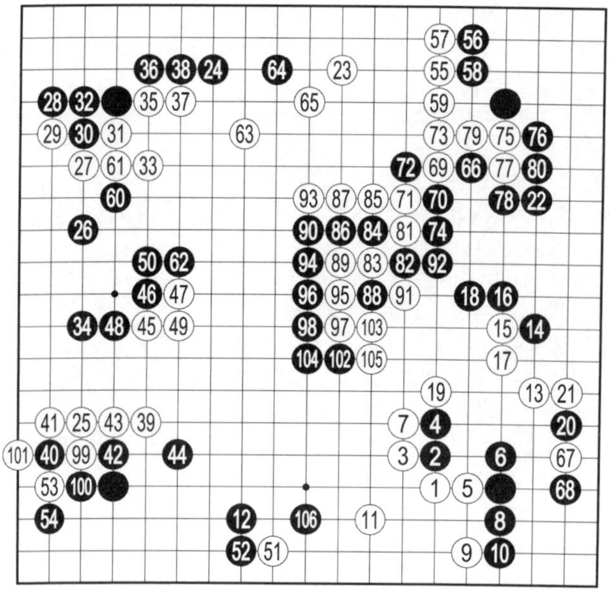

一局 106 着

白入六四起手，黑六五压。

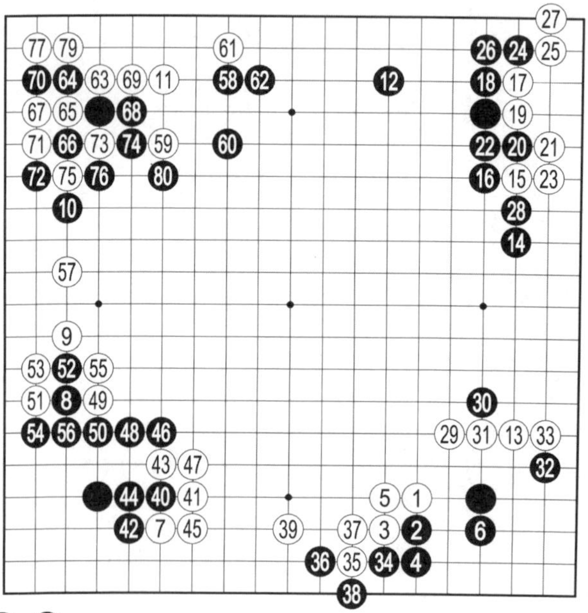

78=66

二局 80 着

六四起手，黑六三托。

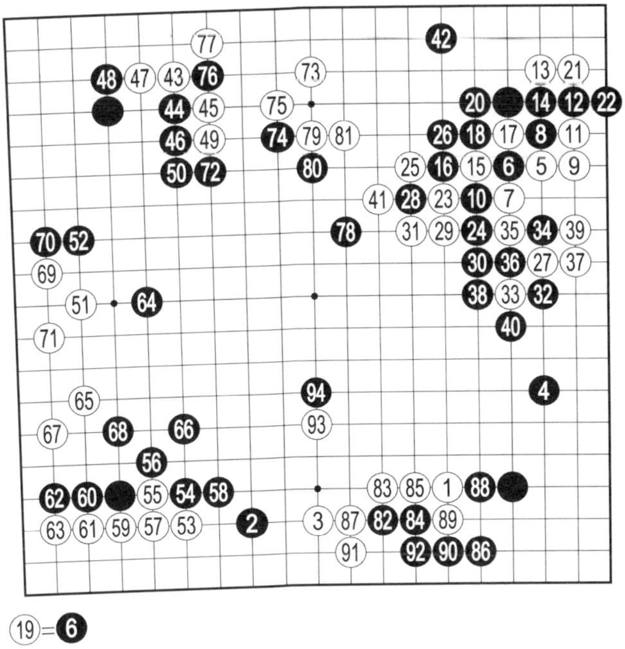

三局 94 着

十九粘

六四起手，黑平三八逼，设小网，十三投，黑入三七飞，白去六三投。

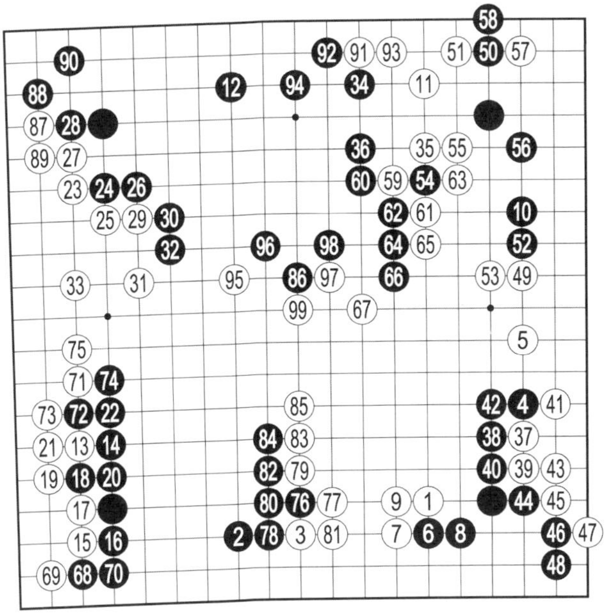

四局 99 着

六四起手，黑平三八小网，十三投，黑入三七飞，白入三九逼。

范西屏四子谱十三起手 二局

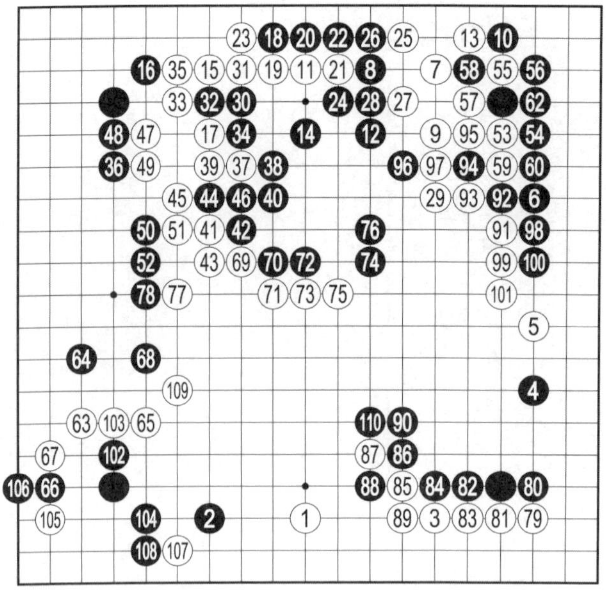

⑹=⑸⑸

一局 110 着

白十三起手，黑平三七飞，白入六三投，黑入三七飞，白入三九逼。

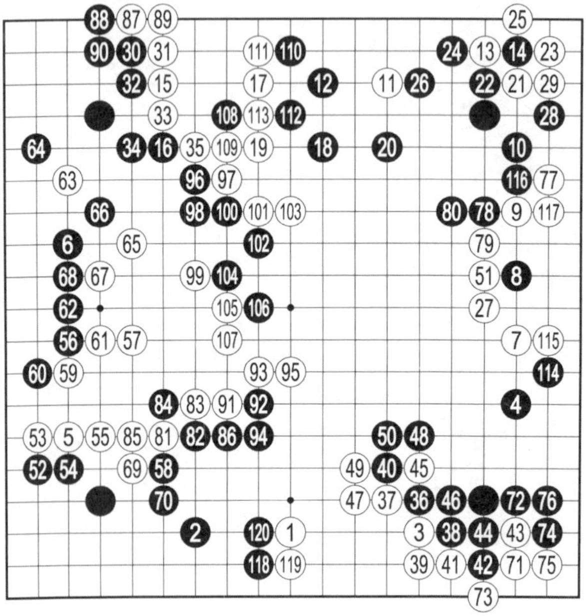

二局 120 着

十三起手，黑平三七飞，白入六三投，黑入三七飞，白平六三投。

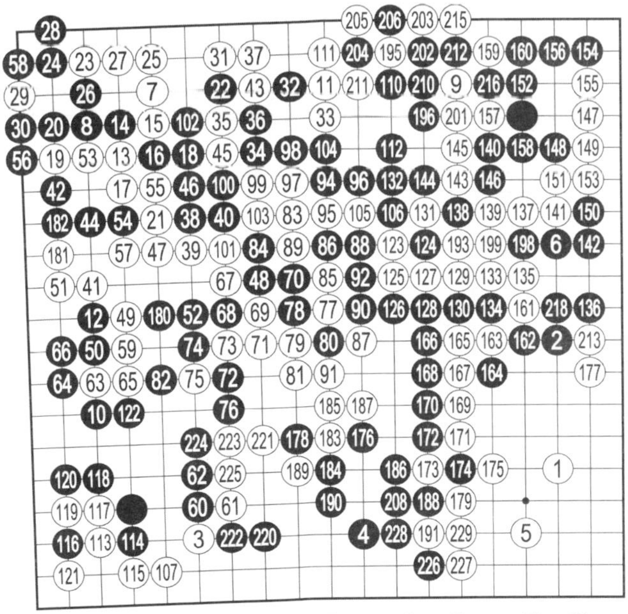

范西屏 胡肇麟

受二子 229 着

93=80； 108=70； 109=84； 192=174； 194=131；
197=173； 200=174； 207=173； 209=195； 214=174；
217=173； 219=174

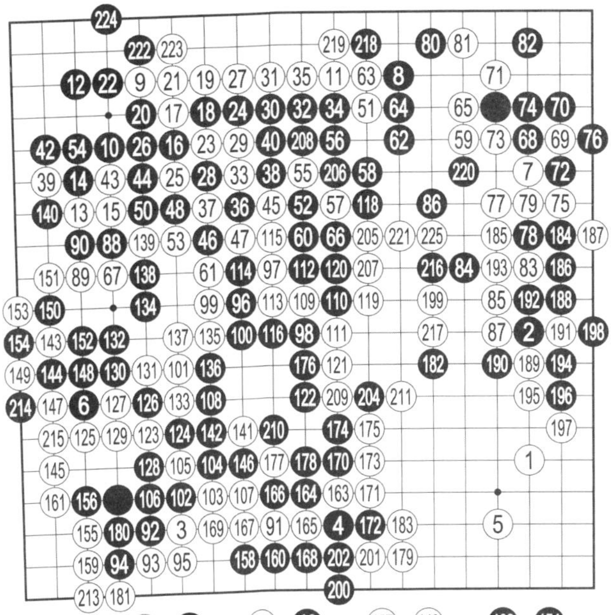

范西屏 胡肇麟

受二子 225 着

41=28； 49=36； 117=46； 157=143； 162=154；
203=143； 212=154

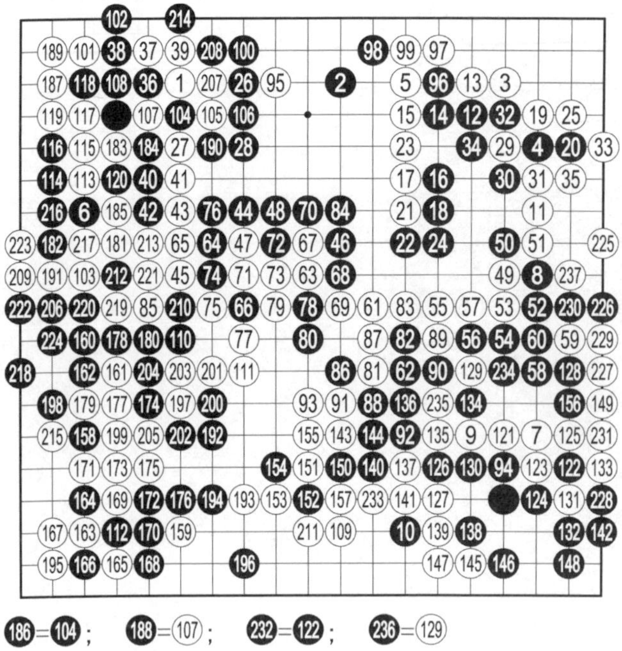

范西屏 胡肇麟

受二子 237 着

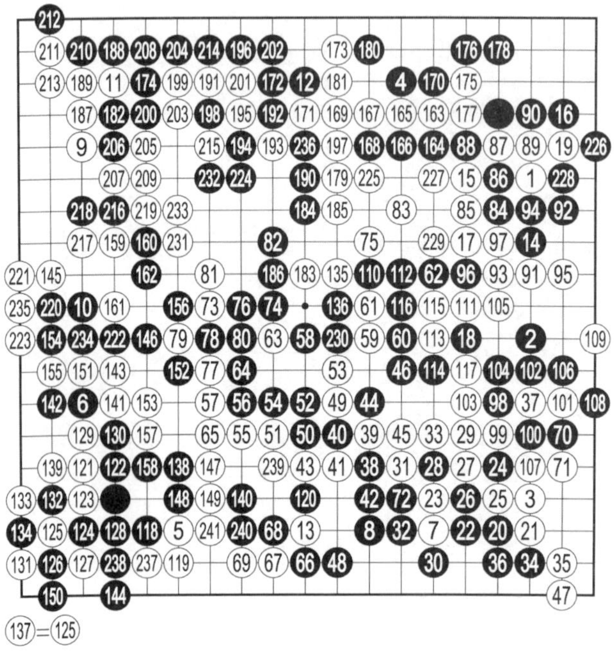

范西屏 胡肇麟

受二子 241 着

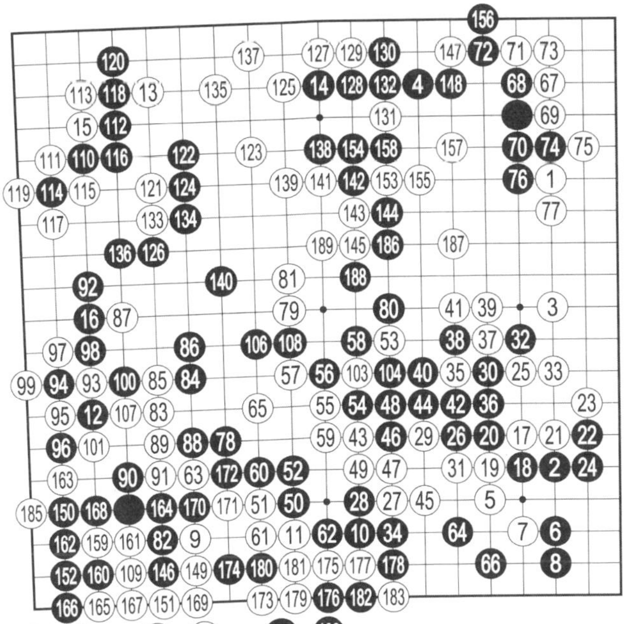

102=94；105=93；184=182

范西屏 胡肇麟

受二子 189 着

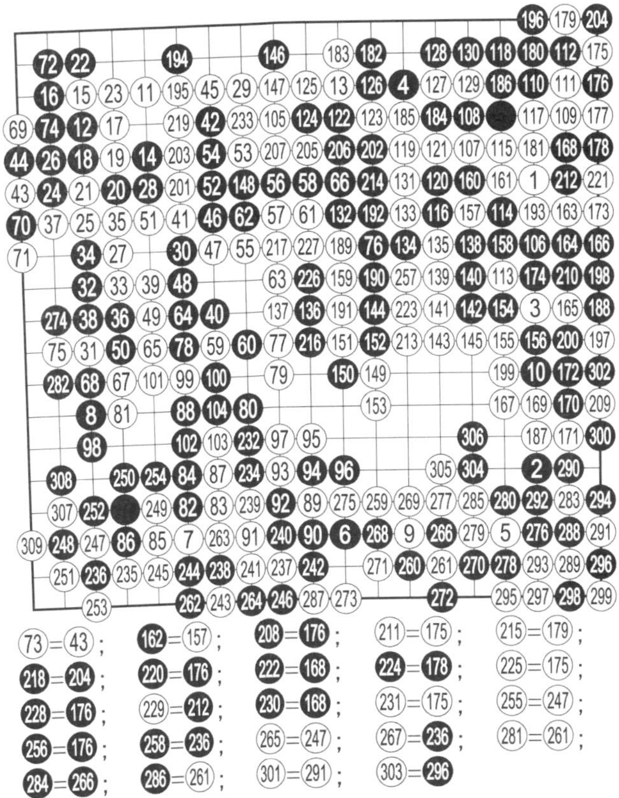

73=43；162=157；208=176；211=175；215=179；

218=204；220=176；222=168；224=178；225=175；

228=176；229=212；230=168；231=175；255=247；

256=176；258=236；265=247；267=236；281=261；

284=266；286=261；301=291；303=296

范西屏 胡肇麟

受二子 309 着

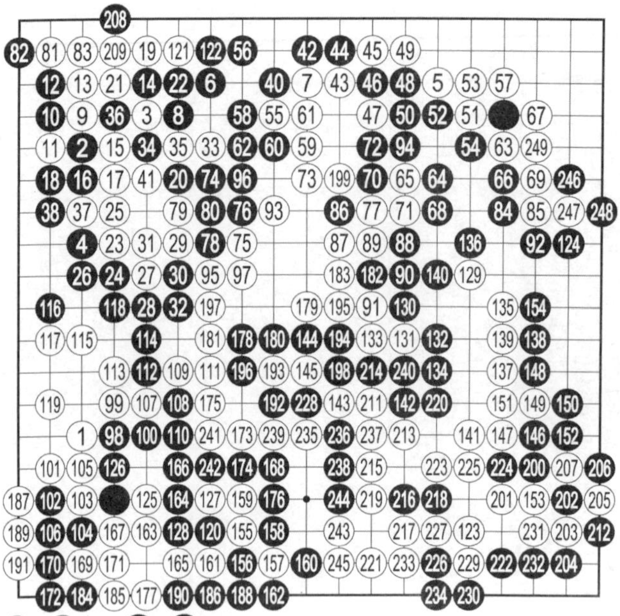

39=3；210=202

范西屏胜李步青

受二子 249 着

8紧峭。9与11灵活。12不打，安静。14虎虽紧，反引白生端，当15位竖，白必34位出头，黑14位虎，白接，黑18位打，白终受逼。27当79位靠，黑扳，白33位觑，黑接，白双，黑有一断之后手，而白出头方畅。32呆极，当34位先打，再于61位压，白外扳，黑40位扳，白59位打，黑占，白43位粘，黑60位行，白不敢73位长，必95位打，黑占，白占，黑于73位一打已净，而白尚未清。34随手。40通盘无劫，不得不然。45太强。46至59，不易之着。69有力量。70夹，好。71勉强，当七十路关。74紧。76当88位扳，可吃白二子活净。78当九八路扳，白两地牵制，岂可使白一着活净。84庸，当五六路占，白若护86位一扳之病，黑可85位扳，紧峭有情。88当94位先占，凡白必199位吃，然后88位打，白占，黑九八路打，白十八路靠，再于90位长，仍可制白。92当97位打，白不能不后手，然后于平角105位用尖逼，不至用倚盖凑白。125、127细。128当159位外扳。146至150，侵法自然。152低，当200位长，白若152位断，黑二八路占，白153位顶，黑207位打，白202位搪，可得先手。168可七八路关，白吃角，黑吃白边二子通连。178至199，不易之着。212大。臧念宣评。

吴修圃云：据前评谱出，几乎对子着法。忆三十年前，步青遇西屏于金陵，受二子，共六局，胜负参半。越二年，复于吴趋对弈，四局受先，亦互有胜负。近来所诣益深，未知视西屏何如。此局216以后，着法精悍。西屏曾谓入角受逼，非予当此，必攫去。前路率意处，则其功候未到时也。

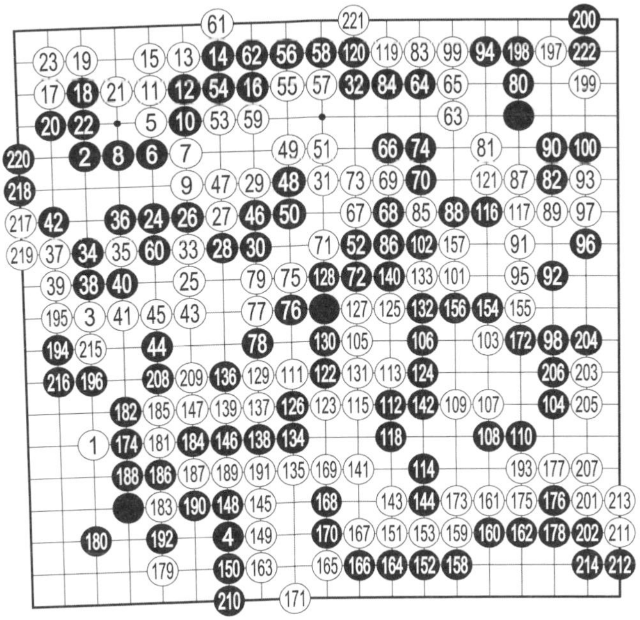

范西屏胜黄贤书

受三子 222 着

6嫌机缓，不照常于18位关，亦是着法。9长，有力。25笼罩飞动。29虎，与边子有情。30长亦是，防白30位虎，后即十四路逼。35、37束缚黑子，使不得41位压攻。43补，与中间黑子有情。52松，当56路先手紧，使白53位打无力，且无55至61先手便宜。然后四八路尖，白69位关，黑52位飞，因走而走，运去63、65分投着法。白若不关，于52位飞，黑75位尖补。白若不飞，于75位赶，黑71位尖应，总不受制。67尖，紧峭。72当73位提，白接，黑72位长，何等通畅。78粗，当79位断白，紧含128位先手。80呆，当81位封，白无暇后手活角。87尖压，灵妙。92太逼。95必压。九六当99位断，边角通连，大而且逸。102随手，当133位虎，自有眼位。105奇妙。106当107位关，白大块未活，无暇制黑。118不知利害，当121位挤，白接，再五六路挤，白接，黑已活透，然后于199位补角，胜负未定。135顶，妙于两顾。143至171有成算。175大极。179灵警。197、199伏着，细。203点，妙，黑不敢205位立，防白于去边十三路冲，黑虎，白断，黑206位紧，白九二路扑，黑提，白八三路打，黑占，白八一路扑，黑提，白立，黑后手补角，成劫。222收净。

西屏授子，灵奇变化，无可捉摸。此局81尖后，看似平常，实从单微中喷云薄雾而出。105、111多设疑兵，如武侯八阵，各按方位，入其中者，左冲右突，无能解围。技足通神，得未曾有。吴修圃评。

施定庵《弈理指归》摘录

续弈理指归要法总诀

起手据边隅，根基既立，不战屈人。

入腹争正面。争据正面大道，逼敌小径。

镇头大而含笼，制虚为妙。镇阻大路，当以宽舒制敌，紧则启变。

尖路小以阻渡，避碍方宜。尖因避碍于左右。

关胜长而路宽，须防挖断。挨长被挺之时，扳惧断者宜关，须不畏挖也。

飞愈挺而头畅，且避连扳。挨挺之时，彼既头高，脱飞胜挺，所以避扳，顶来再长，更畅。

形方必觑，接虎托跳递胜。虎胜接而情紧，托胜虎而扼要，跳胜托而避扳。

头软斯扳，长关退虎随宜。长关退虎，应法须择。

逼孤占地，二用。拆三利敌角犹虚。使无拆地孤终窘，不惧分投角尚虚。

阻渡生根，二用。托二因伊边已固。彼既已实，不妨托叠其坚，虚者酌用。

夺路压扳长胜退，顶断须防。扳，谓彼扳也，退促恐彼长而畅，长则防彼顶而断。

争根点立彼立。渡输尖，上扳预占。料彼惧隔不立，惟有上扳，再渡较胜也。

互关兼镇必关，任择飞尖与托。彼此关而兼镇，则向背输赢所系。

两打同情不打，推敲扳虎暨长。应法各有当然，打则防变。

隔二隔三，局定飞边行乃紧。三路占地已定，当争二路充根，应则行紧。

拆三拆四，势分关腹补为良。恐彼投分，绪多难救，须关有情一边。

象眼尖穿二式。忌两行，飞柔制劲。飞笼柔弱之处，劲处可制其劲。

马步镇逼二式。常单跨，软扳硬冲。有弊扳以避后，无病冲而图长。

并二斜尖二子者同义。腹中堪拆二，须防关扭。

双彼横二处。单彼惟一子。形见必敲单，勿令粘重。忌彼粘此而净，故夺。

阴虎扁输阳虎畅，阴虎扁阔而落空，阳虎头高而情紧。

小飞窄逊大飞宽。凡坐子及空花角，得先加大飞方畅。

拆三利敌虚高一，敌高一路而虚，拆三不甚惧投，平头则忌拆。

隔二攻孤慎落单。凡攻逼定悬二路，而必争先再拆，逸以待劳，慎勿被彼反逼也。

立二拆三三拆四。

攻虚宜紧紧宜宽。攻虚而松，恐敌变去；攻紧用紧，恐弱不胜强，而反受制。

两番收腹成犹小，腹譬之街，岂能空占，多得边屋，蓄路自广。

七子沿边活也输。虽活失势，或因杀敌所致，亦审轻重。

两处有情方可断，否则彼可专顾。

三方无应莫谋孤。孤子当预谋活，否则弃而借用，慎勿力救。

精华已竭多堪弃，弃呆子当如敝屣，争先别图恢复。

劳逸攸关少亦图。

滚打假征而冲出，伤敌一边。包收揠吃一子，而收胜势。俱谨避，反敲夺敌正面之长，而使旁行小路。盘渡纵吃数子而通外。并宜防。

静能制动劳输逸，实本攻虚柔克刚。

台象生根点胜托，台象竖关横镇三子，点敌拆二生根，拆一护断，彼粘，我顶，得先。

矩形护断虎输飞。矩形横竖皆数子，形如曲尺者，补断则飞胜于虎，为不受觑也。

觑敲有变宜从紧，必先觑再敲后补，先敲则无觑，若先补后觑再敲，则彼反打矣。

刺引无更可待机。无变之刺勿先，不特妨变，且资敌内外眼位，并去寻劫之用。

凡义当争一着净，如出头封头，生根搜根，成势破势，做眼破眼之类。

诸般莫待二番清。以上诸义，若待两番始足者，机缓而小矣，惟大局定后或可。

窄舒互易先须夺，彼此俱先，如倚盖争挺、我畅彼病之类，若彼转此步，舒窄互更。

左右无孤势即空。势所以应远制孤也，左右皆净，则空势反成单子矣。

二网张边侵共逼，大小二网，专为侵势逼孤，侵则存己之拆，逼则阻敌之拆。

两花争角逸兼攻。彼此空花，外有应兵，则关五五得大意，否则争三三，逸而含攻。

取重舍轻方得胜，东敲西击定成功。

攻角总旨

关拦大飞角，白三六已关五六，黑七三大飞，白已九三栏者。

须悉六般攻。

点白三三。惧立黑三四应。攻外。

侵白五三大侵。嫌盖黑五四。应中。

下侵白五二大飞侵角。关地损，白可得角，却伤右边。

上扭白五四关，黑扳，白断。右边穷。黑三三打而四五冲，伤白右。

贴白四三路贴，据三扭要路。胜关无变，白如三四关，黑扳，白断，黑五三打而四五冲，仍与上白五四关应法无变。

退白贴，黑五四退。输扳有功。黑不退而扳三三，使白无活角之变。

长白五三。舒盖黑五四。不易，黑若不盖五四，而虎三五，白五四路转，黑二六扳，白于二五断，好。

扳白以无征而扳六四，为大扭，虽可吃黑，究失大局。险断白不扳而断三四为下扭。通融。

夹白断，黑五二夹。避无征怯，黑不敢打三五，顶六五，再搪二五而粘，惧断六四无征。

敲黑不夹而三五敲，好。逢有拆雄。黑或已拆上三九，或平三八已拆，白关五六之局。

逢征白如平三六单关扭角，须去三六引征，否则逢征矣。或遇拆。

碍北与伤东。逢征不能大扭，而或下扭，黑三五打下，白右碍左伤，遇拆而扭，失势亦甚。

就此无征拆，终归吃角庸。二扭俱偏，黑舍呆子而取胜势则妙，若恋子，则堕白术中。

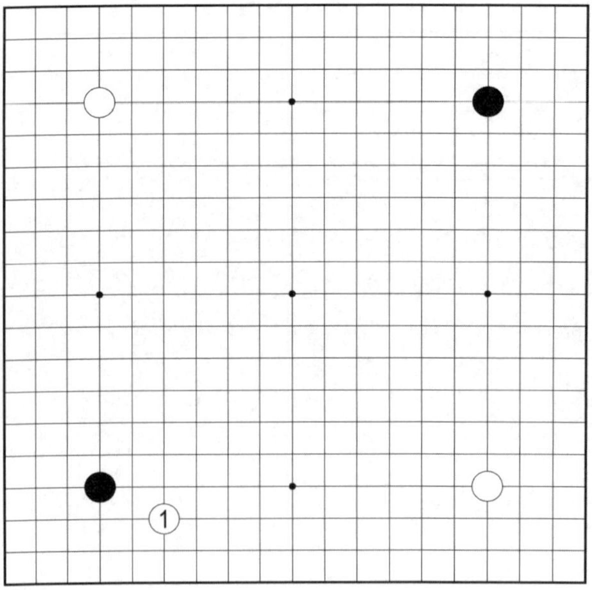

起手辨正 施定庵弈[①]理指归

起手三六最佳，侵角多方，攻逼机紧。关腹则机神远运，拆边则静以待动。

落子定名四十八字附数数

投、飞、拆、逼，镇、罩、门、封。托、压、扳、退，嵌、斡、顶、冲。长、行、夹、渡，并、立、双、关。盖、贴、跳、跨，挤、碰、搪、拦。引、征、觑、虎，断、接、转、尖。扑、收、点、吃，打、劫、提、粘。

局分四声，纵左横右。落子数数，纵先横后。数合周天，环布四九。天心一着，析之都有。

① 原作“易”，应为“弈”。

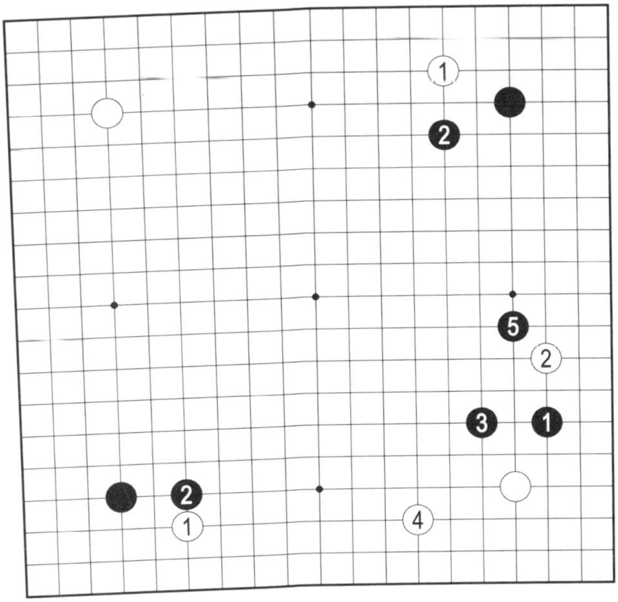

不惧镇神

镇神名义取机神，镇拆相因敌势钧。顾腹笼边须领略，休将实际委他人。

附卷帘边诀系平角

六三关起八三傍，九四帘垂用卷良。尖应七四。转头白八五。拦九七，长八四。时扳断黑扳八五，白断九五。吃偕长。黑十五吃，白长九六，黑长八六。

倚盖

倚盖由来象效天，须防扳接敌张边。个中扼法机关紧，不使棋头出畅然。

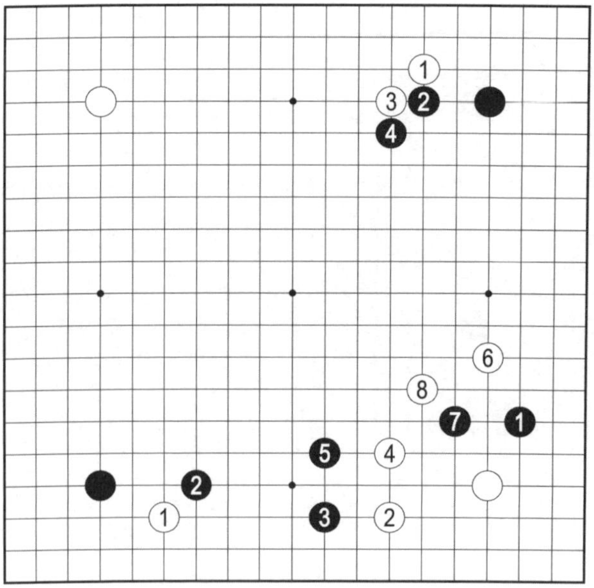

压梁

用紧无如大压梁，宜于受子恃边强。若逢对手须斟酌，欺敌难登角胜场。

附大包边

七三关起孤三六，四八包边马步续。右扭三四。扳三三。来渡打赢，左五四。还挨托五三，六三。嵌或五五，或四六。包腹。

垂莲

虚笼三六倒垂莲，顾腹兼能制敌边。长起四六。须争扳断后，黑扳，白断，互相牵制。斜飞五五两图全。分势。

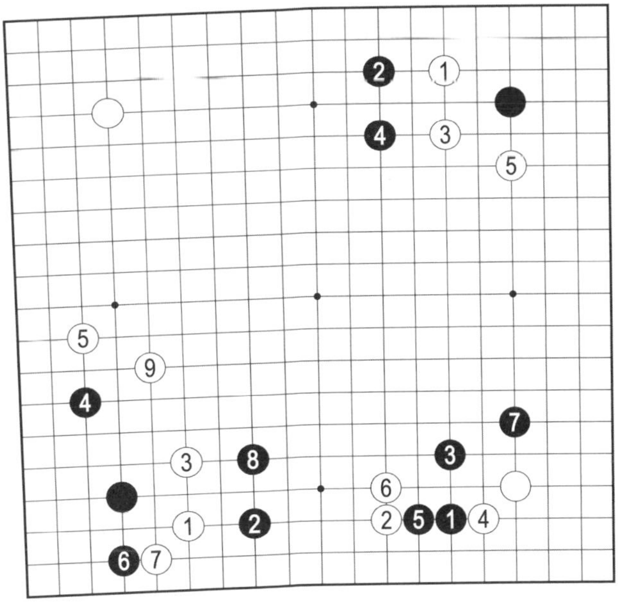

大角图诸套

立仁角 背绰 金井拦 钓竿 诀系顺布

六三关起八三因，四六随投号立仁。七五着缘尖后断，或为背绰挤五四。先临。三四五投金井式，五着投于三四路，为金井栏。五投五六五着投于五六路。钓竿形。

连环角

六三关被五三尖，七三八四四六连。压托环来图挜打，每因腹子失中边。

飞盖角 诀系顺布

六三关后敌斜飞，三九分边盖法随。关应三三多觑截，尖飞内外总藏机。

是为起手诸谱。古谱有太极图起手者，务虚而无实际。至大网、小网及大飞诸起手，背缓坐重。甚而十四、四七，更无义理，用是删去。

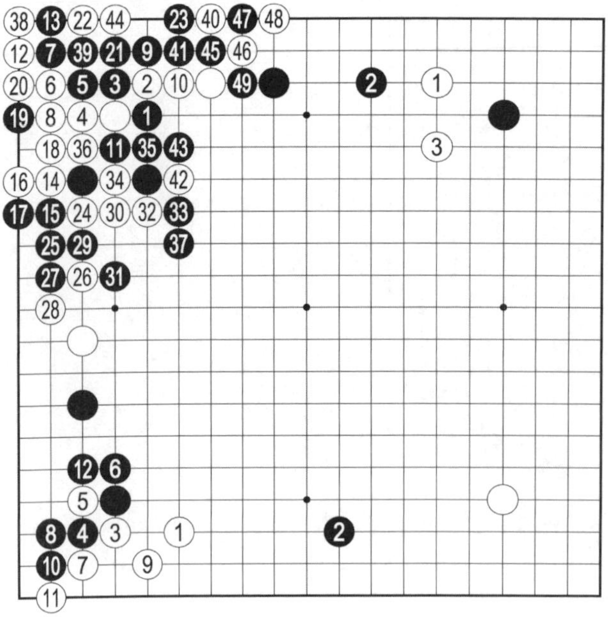

以三八无当之逼为好，则角被封失势。

扭角

扭角者，三六子势孤而系重，谋生之末计也。常局忌施，恐角实而九三□之子无情耳。此式见《弈理指归续编》。

单扭第一式

四必扳，六善应，较胜他着。七不长而虎，得先。十二老到，胜四二吃。若白第七着亦五三长欺敌，黑不必如古谱五二下托，弄巧启变。宜先于三五打，白长，再二三赶，白二五转，然后六三并，使白无变。

上扭第二式与三十四式下扭着法略同。又有下扭二式，见空花角后。四松。卅九当八二尖。四十二好，得劫。

扭杀诸套，尤非起手所宜。

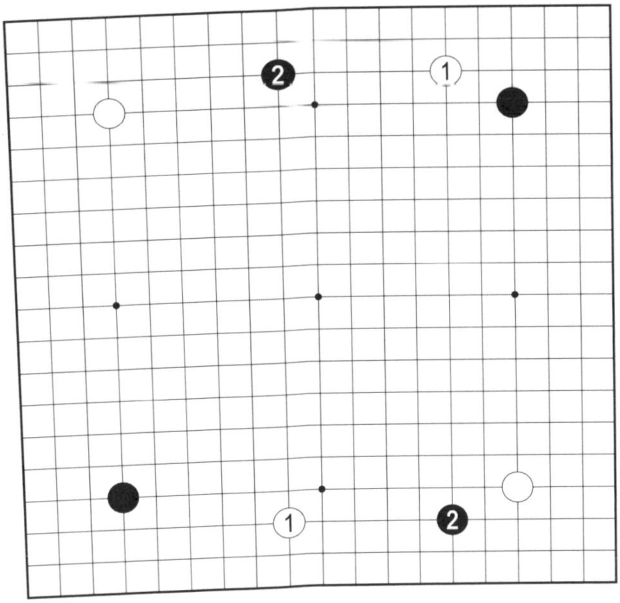

应手九三，两分为正，进退有地，使白不能拆三张边，且能分势相持，而角亦有神照也。三九如白平右。翻正为偏，进惟拆二，气机自缓。黑如内投六三，入左。白犹得当。

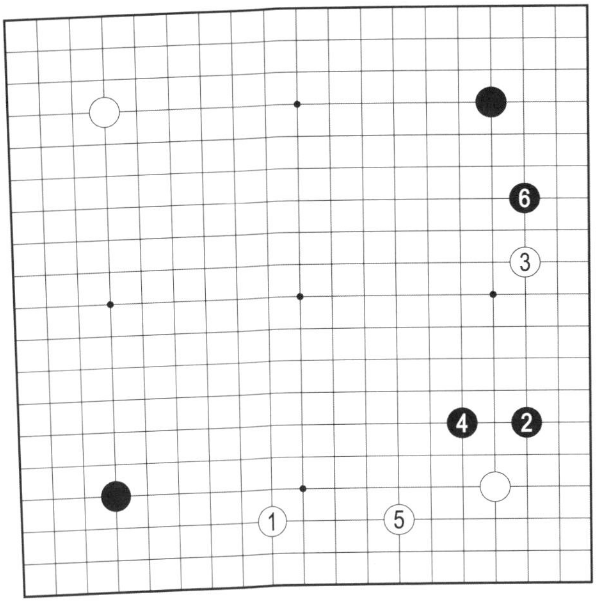

若外投三六，入右。白再投九三，去左。黑或先关五六，入右。逼白飞应，而再飞七三去左。攻孤。

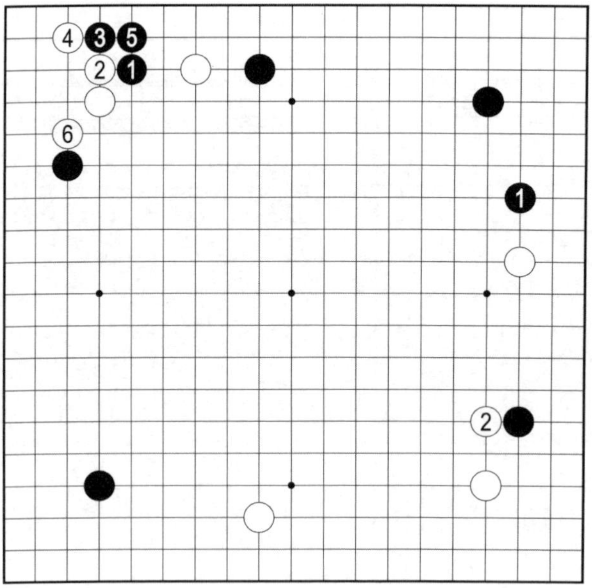

或竟飞七三，去左。纵压四六，入右。亦伤孤子。

大侵

五三大侵，易活伤右。搪四三。扳四二。扳三二。粘，五二。顶三五。法须究。大侵上盖，五四。行六三。盖六四。扳七二。过。粘相机宜，白粘七四，须相度机宜。搪白搪四三。稳而大。或顶或不搪四三而顶三五。或飞，又或不顶三五而飞二五。迟早可作。应搪扳紧，黑应白之四三搪，用四二扳。吃活黑或不扳四二，而七四吃活。无累。有拆谓黑上三九已拆之局。犹堪，无拆切忌。

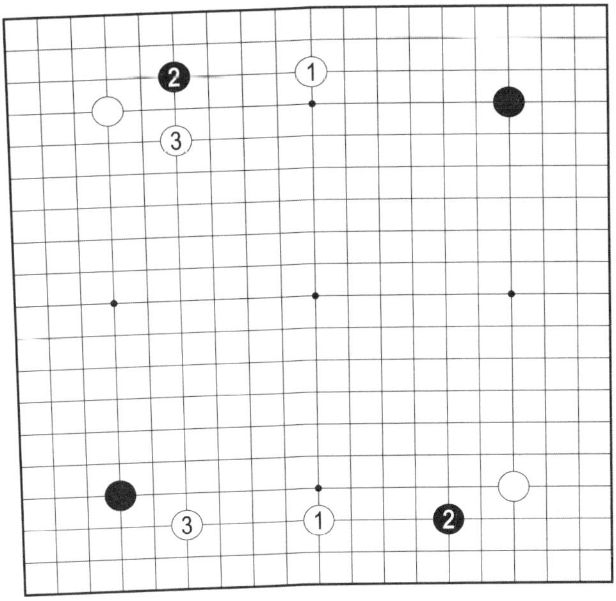

十三起手，好奇自偏。意争拆三，然须敌内投六三，入左。则凑镇六五。受攻，而拆三更当。

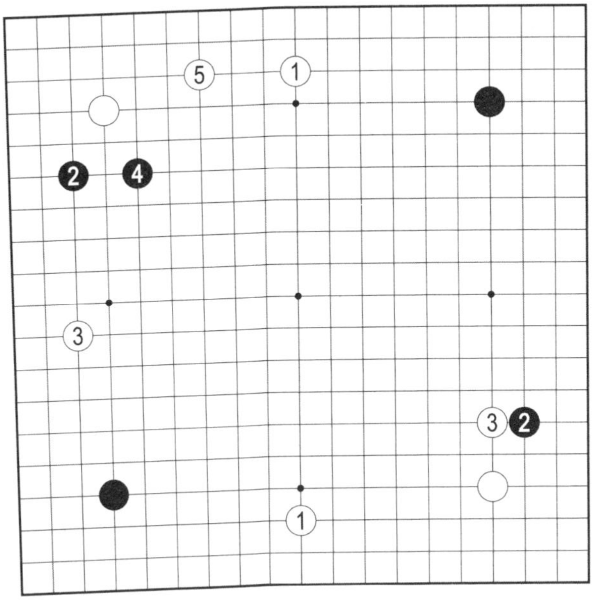

❶？

若外投三六，入右。压则此大彼亦大。

否则被关，五六。内补七三。已属偏背。

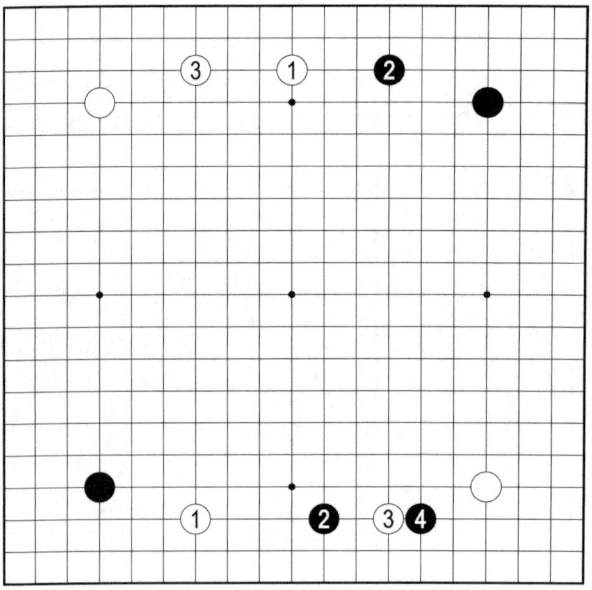

即黑不投三六，而飞三七，纵拆三七连边，亦重叠机缓。

三七起手，诱敌之兵。去角既远，不利侵分。被投九三，病无拆地。纵逼七三，仍被六三生根，劳逸判然。惟饶四、五以下，避倚、压、角图诸套，便于脱卸耳。

过百龄《四子谱》三七起手，有三五尖、五七镇、三九逼、二五飞等应法。

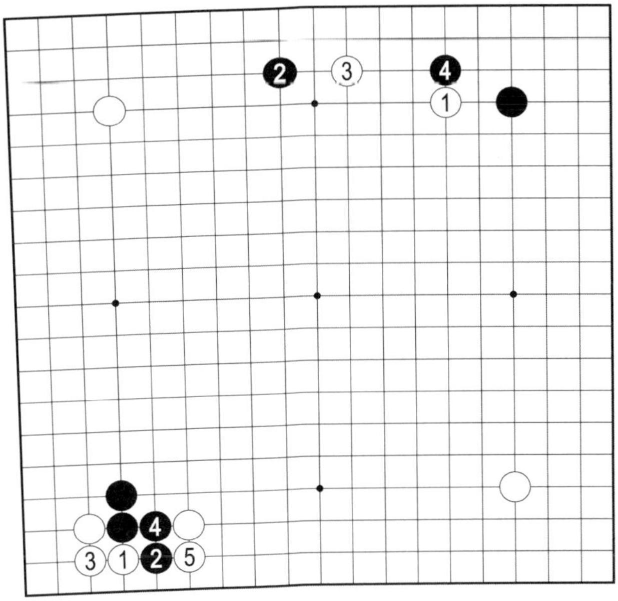

四六起手，欺敌之兵。边地既虚，不能侵分。且受三八之逼，即敌投九三，两分。纵加三九内退守，仍受托三六挤促之病。惟饶六子以下，姑免压梁收腹耳。

《四子谱》四六起手，有五六压、六四关、七三飞、四八逼等应法。

凡点角后，必争二四之扳始畅。外系三六，仍可借夹周旋。若三七则受黑三六一虎之伤，四六更被虎而废矣。

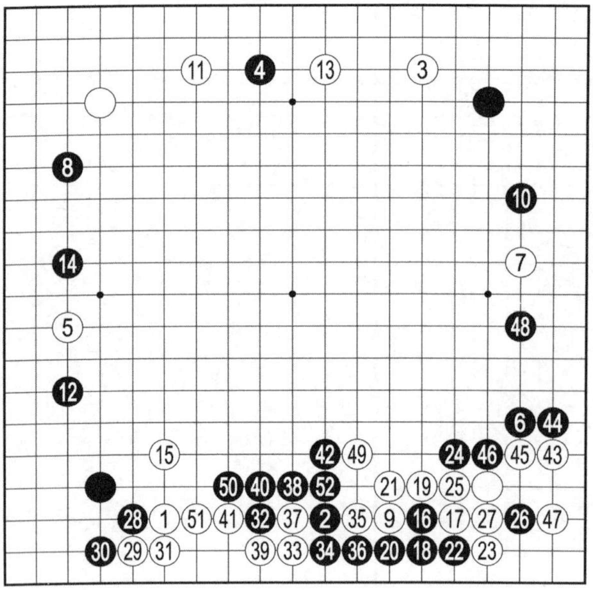

小侵式

九三情寓角，九三之子，侵角为上，拆边次之，关腹下矣。顾右小侵六三。便。若五三大侵，则伤右矣。夹五三应。拒行拒黑行。防活，扳六四应。堪粘脱先白扳六四，黑扳七二，白七四粘，黑五二虎，白或有机紧之处，可以脱先投子。守攻尖三五应。并紧，白尖应，黑若二五扳，白二四虎，黑粘，白于六二扳，攻而兼守；黑若不扳二五而长四六，或立二六，白皆扳六四，黑渡七二，白打五三，而保角图先。取舍立七二应。行权谓平右互相制挟，而九三黑子系重，则立以阻渡而转换。左右明虚实，三隅大意研。虚实之形，见于左右；向背之机，伏于三隅。

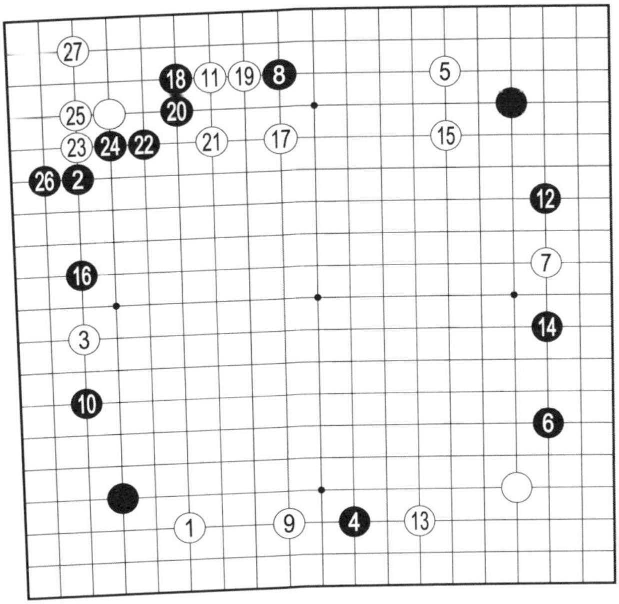

关镇制孤式

去右关因上左飞，镇边封角九五镇、四六封。任从违。纵教飞拆黑或飞六五，或拆三八。先何据，应以长关展化机。应飞以长，则气足；应拆以关，则机活。

九五镇边雄，尖八四。凶凑压攻。尖则凑压六四，图在后。脱黑不尖，而脱去别投。松补益厚，白假攻借补，如顶上三五之类。侵黑不脱，而六三小侵。紧顶尤丰。白顶八三，边丰厚而角亦不伤。

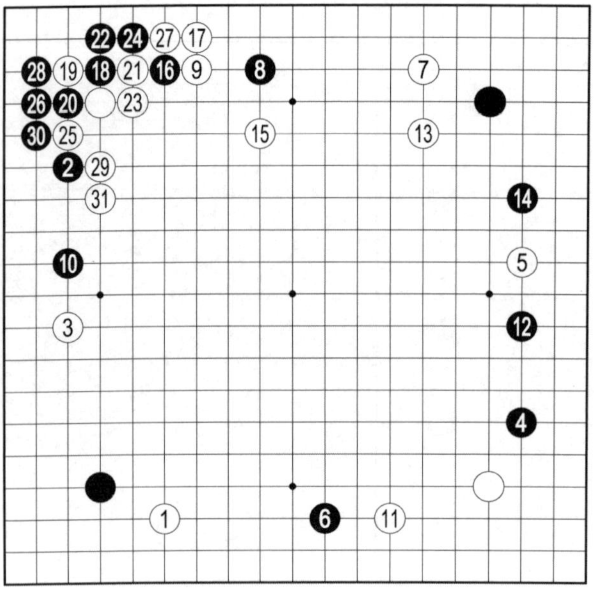

气贯立七二防渡，谓黑小侵，而白平左右之子，皆有照应，则七二立以阻其渡。

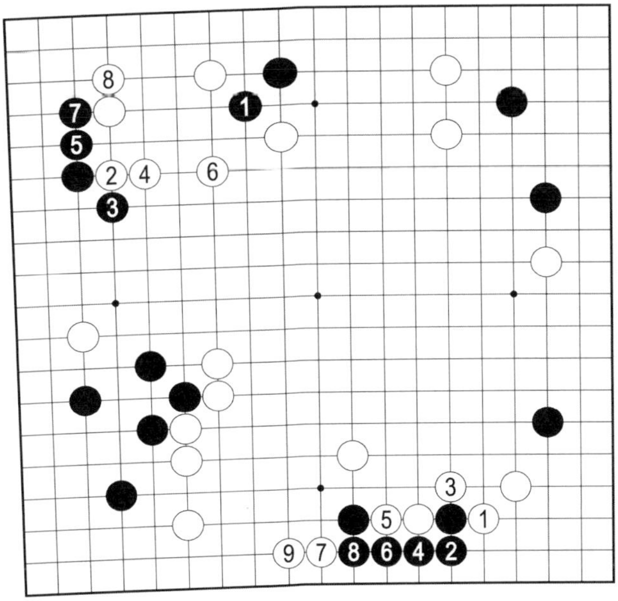

围重夹白七二不立，而五三尖。纵通谓白左势重，则夹之纵通，如黑已飞六五，白长六六，再扳七七，更长八七之类。又或白四六已封敌角之类。立六二。封六四。转七二。顶八三。应，觑十二。接九二。并白二九。成功。

镇边九五。尖八四。压，四六。扳四七。长五六。行三五。封。七六。进角利小，求活势穷。三五不行，惟长八五。与盖七四。盖退白六三退。角坚，长不伤外。未拆黑三九未拆之局。断三七断黑。凶，已拆。黑三九已拆。虎白，三五虎。大。粘黑三七粘。长白长九六。长黑长八六。转，白五七转，或八七先扳，黑应七七，而白再五七转。右促左碍。

范西屏《桃花泉弈谱》九五镇，谓黑尖出，则受白笼逼，宜三九拆应，或六三侵亦可。又有五六关应着法。

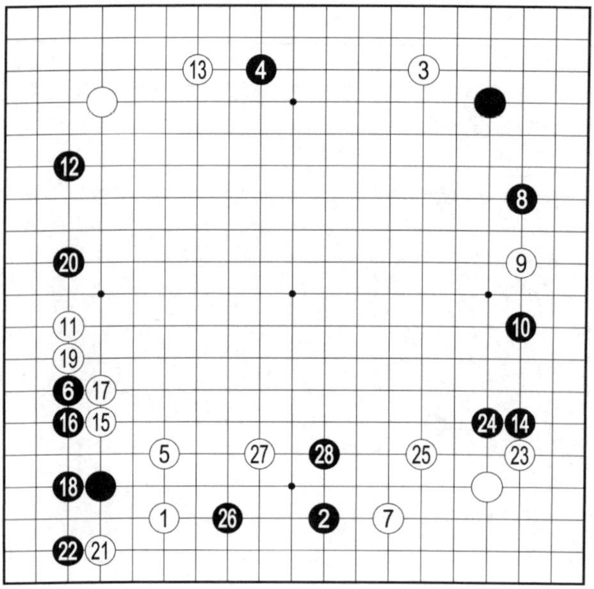

关飞封角式

平右关须入左飞，镇封与否俟乘机。谓用关必须七三大飞，逼黑九三孤子，则情兼封六四、镇九五两法，而机紧神舒。倘黑平左已飞，用关即非。

如黑平角未搪之局，十八着不并四三，而顶八三，白八四盖，黑九二扳，则白五三扳，黑五四断，白八二断，黑九四打，白四三行而吃角矣。

又有黑三八、五八亦关之局，《桃花泉》云，宜六五尖封，不宜六四封。

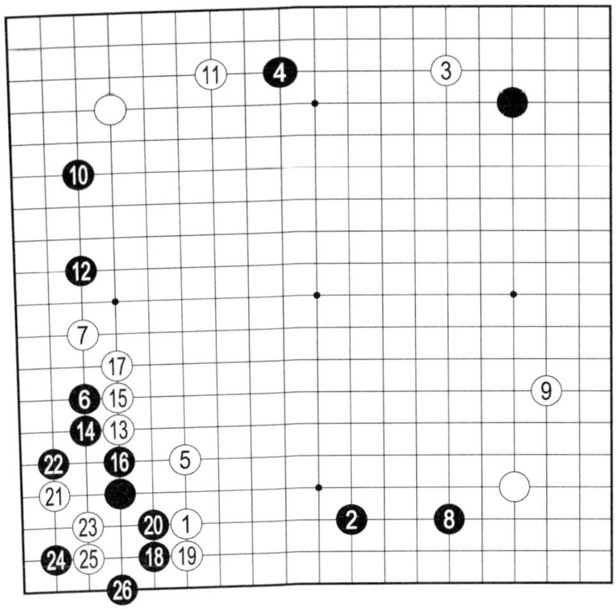

迟飞被拆伊边畅，封角图通意亦违。白迟飞七三，被黑拆六三而边畅，则白单关之机背，纵先封六四通连，亦后而薄矣。此动静胜负之原也。不善用关，则不若拆二之稳。

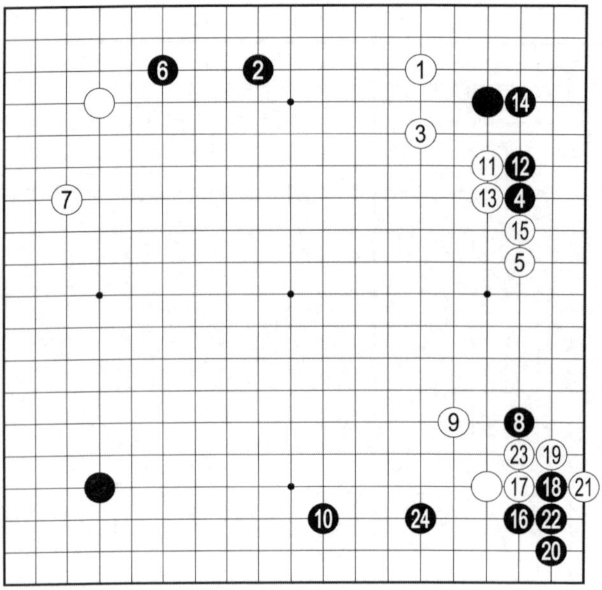

镇合关封式

单关去右白五六。左飞黑七三。拦，白九三。三六投时入镇堪。黑入三六投，白五六镇。右拆黑入三九拆。飞上封关较紧，白去九五关起，紧于六四封角。左投黑不拆，投入九三。平隔远尤宽。上争飞拆阴阳面，白争上角七三飞，黑争上角六三拆，若白于去五六未关无形、已关有象之际，七三飞逼九三孤子，则单关神远机灵，乃得阳面。若关早飞迟，黑争拆六三畅边，则白之单关，神松根浅，而启黑六五之攻，反阳为阴矣，去据封攻劳逸间。黑先六五飞攻，则入三六孤子自昌。白六四先封，则黑三六孤子愈穷矣，此劳逸之分也。被拆虽封嫌入点，黑六三拆，白封六四，黑搪，白盖，黑并后，白须八三顶，黑争先于入角三三点，而后六三拆出。

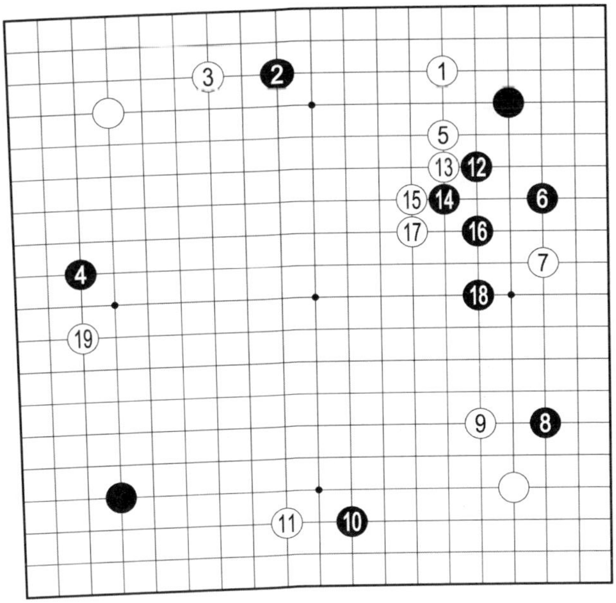

占飞纵逼累孤残。白上七三飞，纵黑六五逼取去边，或十五关，或十四封，白仍有四九、三八应法。否即于上边九五镇，抑或用三五顶上角有拆二之三六子，用四六压上角无拆二之三六子。又或不压四六，而拆三八，逼黑关起，再飞六五攻之，而黑九三之孤子伤残矣。先封后镇虽防逼，扳拆攻临亦未安。白入五六未镇，而去六四先封，俟黑四三补角后，白不顶八三，而镇入五六，则虽杜黑六五之攻，而召黑八四之扳。黑或不扳，而拆上九三九，白皆未安妥也。

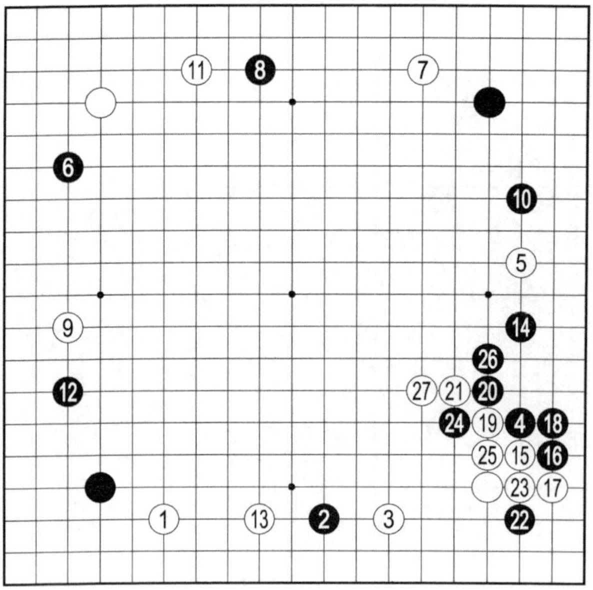

拆二式

拆二黑从入三六拆三九。平而稳，锋藏理亦微。顶白三五顶含攻守活，谓顶之可杜二四、三四之侵角生根，兼攻守而机灵紧，镇坐缓重非。若先镇五六，黑关五九，白再飞二五，则机缓犯重。势紧压头重，或形成机紧，则压四六而互扳，有成势、制敌、分势、援孤子四意。

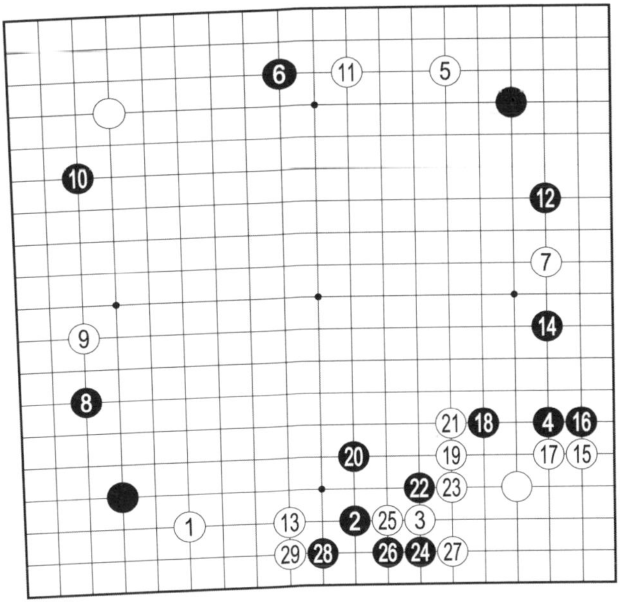

情舒飞角肥。平正机缓，则飞二五而搪角，任黑或长或关，白皆飞六五，稳厚含攻。莫轻飞顶脱，应变可随机。前人每二五飞，待二六搪而脱先，后无四六压头之用。今人常顶三五，敌若长四六，则亦无压矣。或不长四六而扳二五，则白二四虎，俟黑二六粘而脱先，既失二五肥角，且启敌二三之夹、三三之觑，而滋出六三侵角之情，是皆飞顶无因而形滞妨变也。

此黑从三六投，三九拆二之局，顶、飞、压、镇诸着法，皆就白之应黑而言。《桃花泉》之拆二，系从三九拆八三，待敌六三关起，乃先顶五三，后飞五六而攻敌也。

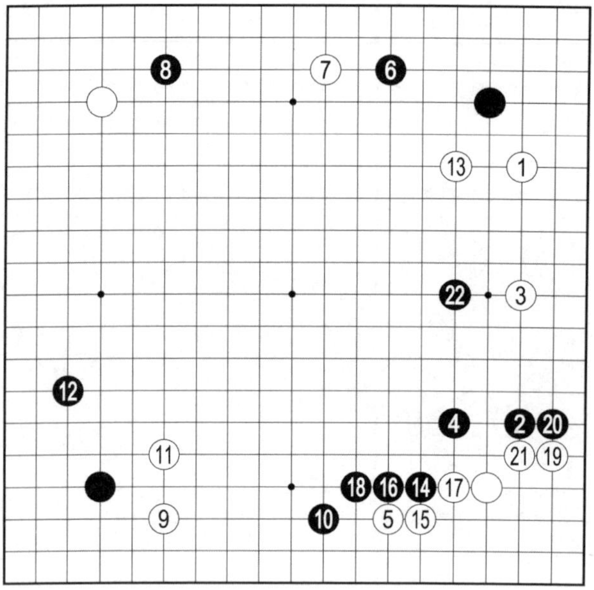

拆三式

或起去六三，偏应入三六。拆三十三。逸于边，单关五六。劳在腹。各飞白入七三，黑去三七。补亦丰，六五。先顶谓白六五不补，或入三五先顶。关犹促黑三八关，较二五扳角灵活。

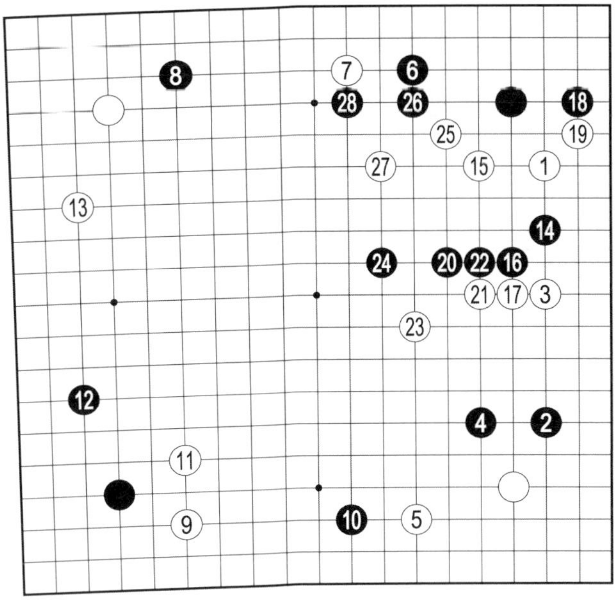

否则互拦投，谓白⑦着不于六五补，于去三九拦，黑上六三投，白平三六投，黑入九三拦者，或互拦互投。关白平五六。飞黑平七三。飞白上三七。或续。投黑投去八三。关六五。绪各繁，取、舍、机、层、伏。尖九四。长十四。关去四二。序清，顶五二。关黑去九六，忌扳十五。长白十五，忌飞入六九。机速。粘九五。飞入七九，胜于去十六长。皆不移，关或去九八宽攻。逼或用五六飞逼紧攻。咸清肃。

《桃花泉》白㉕着四六飞，黑三六搪，白五四退，黑三五搪，白四三斡，黑三三打，白五四打劫，黑提，白九三挤，黑接，白复提，黑三四先粘，白㊲着于入角三五尖，互扳互粘，白㊶着七五关后，至65着白三二劫胜，以67着白有十七路引断之劫也。白㊶七五关，黑七六顶，白扳，黑行，白六五退，黑八七转，白五七挤，黑六六接（黑四五打，白粘），白九九关，黑九六打，白粘，黑九八虎，白去九九关，黑去十八行，白八九接，黑去十九冲，白入十九长，黑入九五行，白中心转，黑去八九打，白粘，黑去五七关，白三二劫。

《桃花泉》九在十三位，十同，十一在九位，十二同，十三九三（平）拆三，平无五六单关。

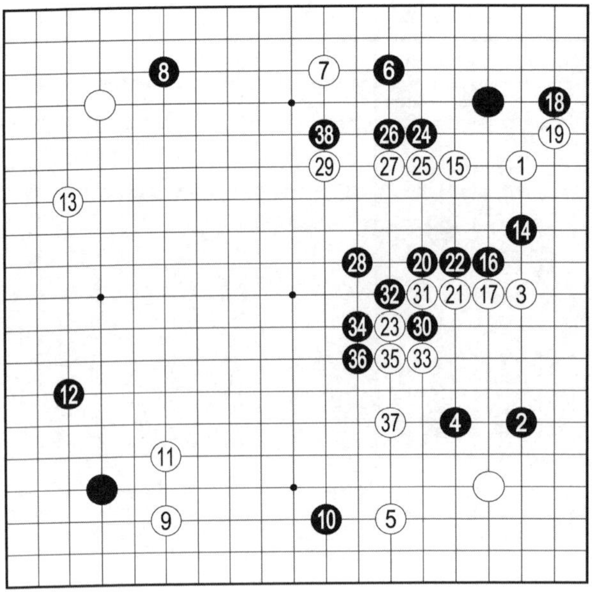

黑24五六飞逼，白六六长，黑五七长，白六七长，黑九八关，白六九关，黑入六九跨，白去十六冲，黑十七断，白入六八吃，黑八九打而八八长畅，争先于去五九贴，制白以紧。

若顶谓24不关不逼，而于去十七顶。定偕长，白入八九长，黑去十八长。扳白扳去十九。断黑入九九断，白去十六挤，黑去八八关，白入七七关，互有牵制。营满局。费全局经营矣。

《桃花泉》黑24着去十七顶，白十六挤，黑九七粘，白入八九长，黑28着入六四封角。范云：不如五四关，白扳，再三三点为是。白六三托，黑七四退行，白八四扳，黑断，白五四并，黑七六关，白四七觑，黑四六接，白二五飞，黑二六立，白二三关，黑三四关，白三三搪，黑九五门，后白于去五六尖，黑四六顶，白九九飞，黑八九贴，白上十八扳，黑七九长，白五八关，黑上十九断，白去十九退，黑六七觑，白粘，黑上九八打，白去九三挤，黑接，白八八扳，黑七八转，白七六虎，黑八七打，白三二夹，黑四三接，白渡，黑二三关，白三三冲，黑搪，白二二行，黑二四粘，白三八并，黑一二扳，白二七扳，黑二六扳，白四七打，黑粘，白七七挤，黑九八提，白上七四投垂莲。

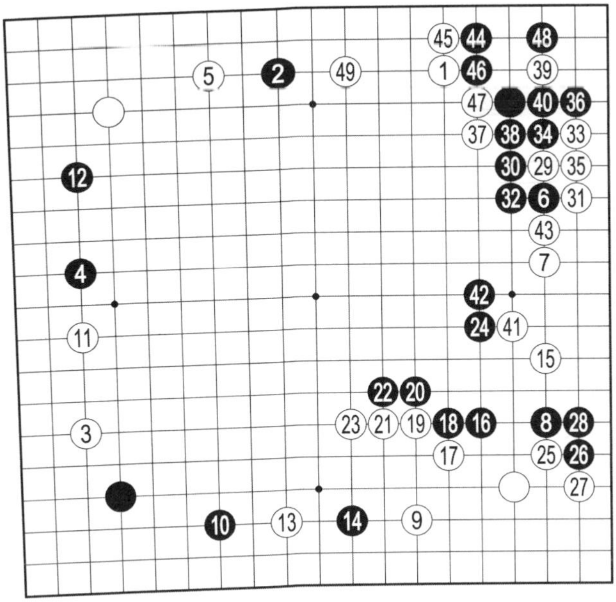

逼关制边式

六五飞分势，攻孤左边黑九三孤子。借逼关。右边黑三六、五六之单关。双拦分厚薄，单隔别忙闲。双拦，谓白平已有三六、三九之拆二者，或无三九之拆，而有五六单关者，俱名双拦。厚薄者，言五六关地雄壮，胜于三九之拆也。单隔，谓白惟平三六一子，而无拆无关者，或无三六，而惟三九一子，黑更有三七斜飞者，皆名单隔。忙者，言彼此三九单隔之局，二孤相持，则六五之飞，为应孤截攻之要。闲者，言三六单隔之局，而去九三白子，或左或右已有拆二而畅，则乘间而飞六五，脱然制黑。

脱则行先顶，黑倘不应六五之飞，脱去别投，白三五先顶，黑必二六立，然后六六行，既杜二四飞活，且防三三脱卸，此搜根之义。长子须互扳。谓不脱而长六六，白七六扳，黑七七扳。

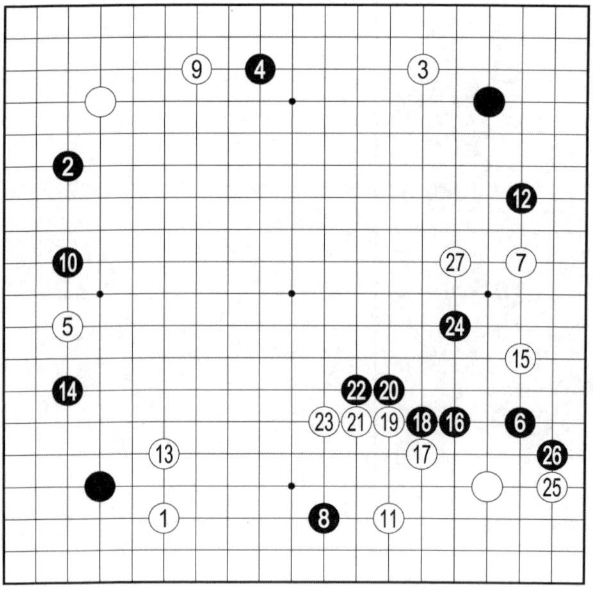

长八六。兼笼益厚，如白去九三有拆二，平三六有五六关，双拦二局，并三九单隔之局，俱宜八六长，黑必八七长，白再九六长，则兼笼而地厚，存腹内转头，亦机紧也。虎继罩犹娴。若平三六单隔之局，则宜入八五虎，而不宜八六长，恐黑亦长八七，白必再长九六，黑即平三八拆，白须关五六，黑则关五八而出矣。惟用八五之虎，黑必八七长，白或于十五关，或于十四封罩，皆为闲逸。

去左无孤子，纵横平入间。统言去九三白子，须有地步而不孤，则无所累，乃飞五六攻敌，脱则行而制关，长则扳而取边，纵横于平入之界矣。倘黑去七三已飞，而白入三八未拆而孤者，恐六五飞后，互扳互长，黑于去九五镇，白既难求活，复忌尖出而受六四压攻，故白单关双拦，方以实胜。

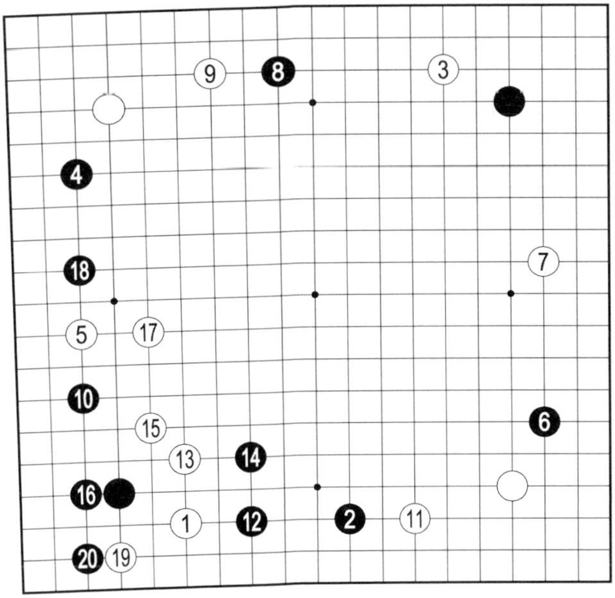

拆关连逼式

拆二黑平三八。攻三六，单关五六。关五八。逼连。神充堪避势，黑拆关相兼，神充而逼白有情，可避入角之重势。机缓勿争先，制敌则机缓不足。脱去白倘六五不尖，脱去别投。飞边壮。黑飞六五壮边，黑或二四无关，则必三五先顶去根，白二五扳，黑二四虎，白二六粘，然后于六五飞逼，白六六长，黑七五长，白七六长。黑每七八逼，白九六关，黑九五贴。黑或不关七八，而扳八六，皆借攻强边之法也。尖六五。来补角四三。便。若二四已关，二五已顶之局，则补五三，白皆九五关连。如不关而飞八五，终有九四压断之患。

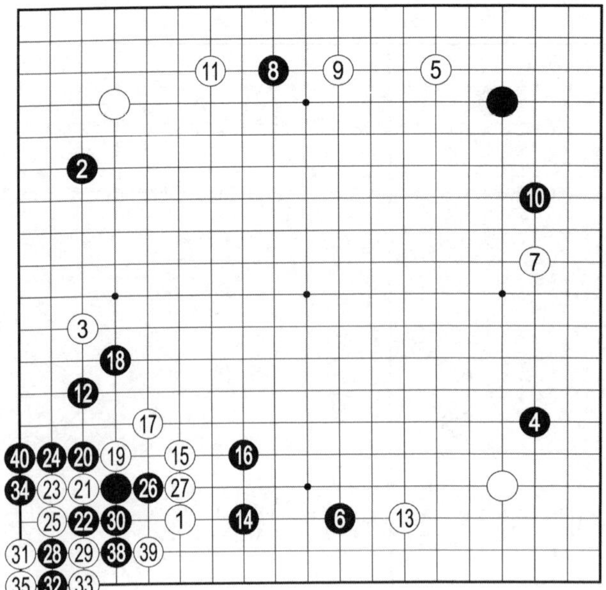

制孤尖八四，黑不补而尖。取舍各行权。

《桃花泉》拆二飞攻，亦系拆二攻三六局面，而着法不同，见前拆二条内，不用五八关逼也。

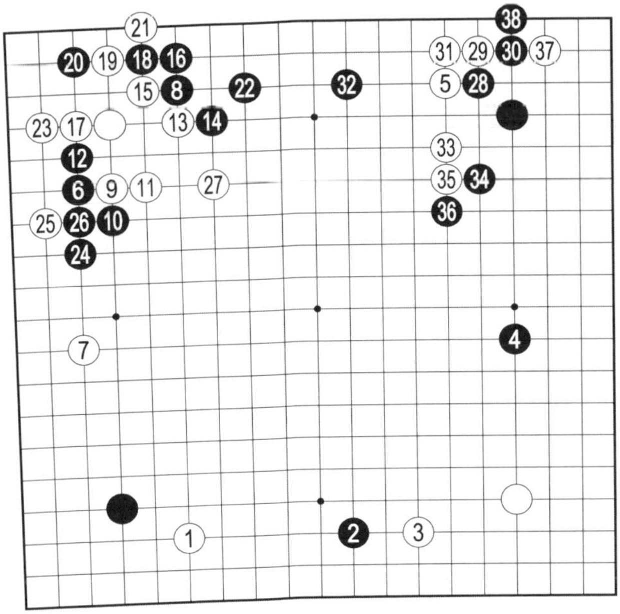

正双飞式

双飞机独迫，偏正变须通。先向九三压，谓有九三之子一边。终图四九攻。飞上四九。扳四七。长五六。均首畅，粘黑粘三七。点黑点三三。并根空。粘则壅滞，点则躁急，皆致一边，根空受累。

前人每虎三五以应粘点二路，总必扳二六而飞五二，不达大局，机神仅图保角，致堕偏锋彀中。

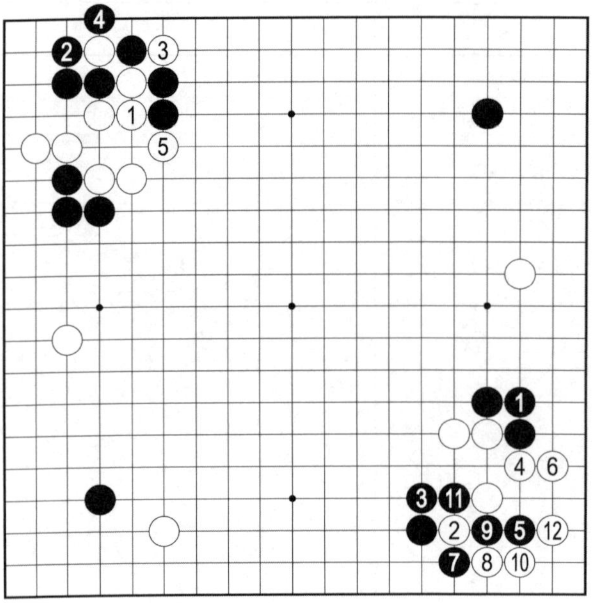

解粘

白顶五三，黑长六四，白虎三五，黑点三三，白立二五，黑虽扳五二，白存四二扳，黑断，白或乃二二而整角。黑若不点三三，而十三拆，白六二扳而肥角。

或五四粘，以外断六二，再六五虎畅，成眼位制敌。

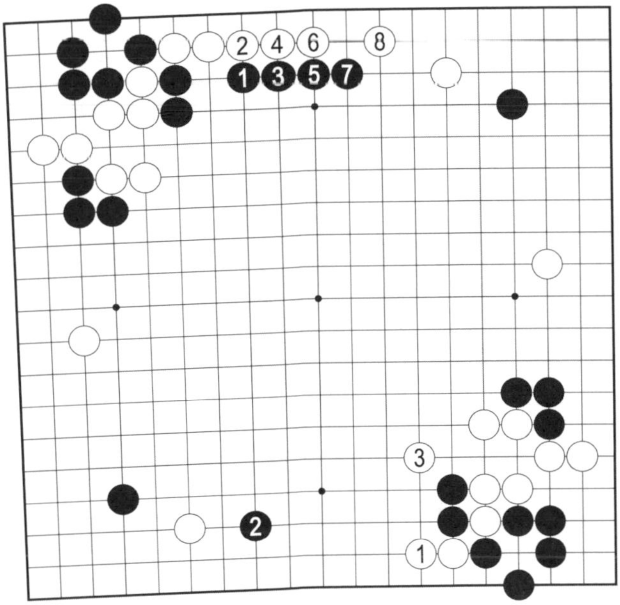

白不虎六五，而长七二，黑投三八，白封七五制敌。

黑如三八不投，而八三先关，则白再行三着，即三八跨通，黑须两地经营，虑白存一五之立，图角通外，及破眼之用耳。

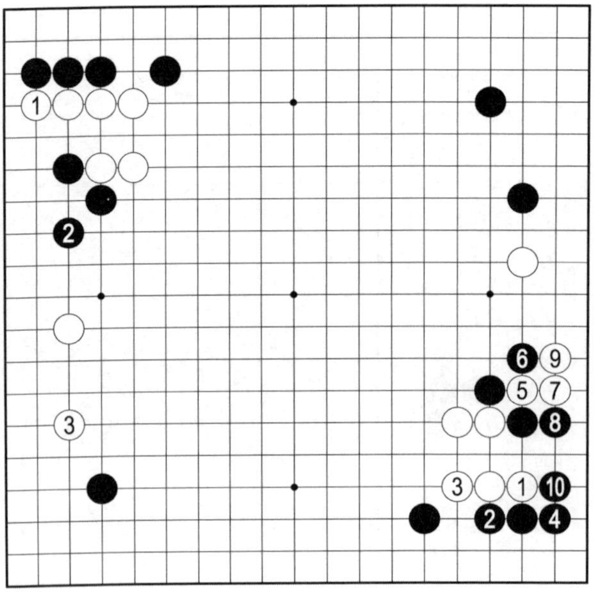

解点

白搪三四，黑退四三，白双五四，黑立二三，白断三七，黑打三八，白长，黑立二六，白转二八，黑转二四于已飞七三之局，则白虑黑再粘四八，分势绪繁，而终须补应，庶不失两分机局。若黑七三未飞之局，即白六三拆畅，黑亦残子乏情，虽存十三、八三之侵，总无制白之道。

白或不断三七，而搪二四，黑虽得虎三八，究属根虚，即白拆六三，亦势逸判然。

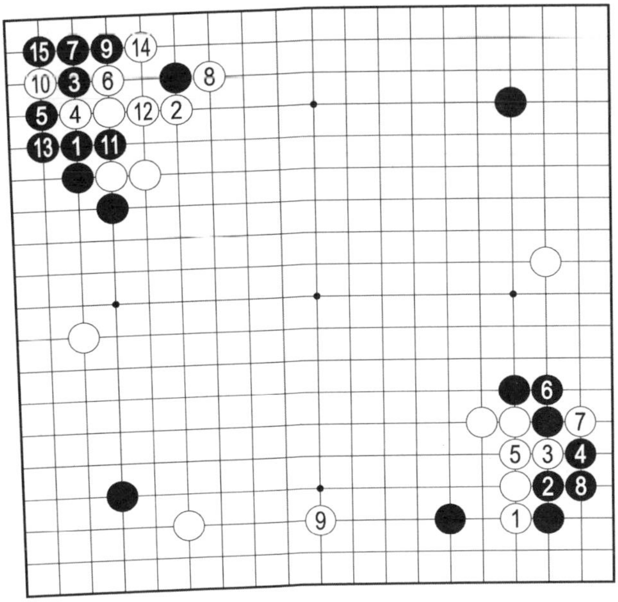

如白平三六已投局，则白二四不搪，而搪四三，黑三四退，白三五挖，黑打，白粘，黑三七粘，白二六断，黑二四粘，白十三逼，黑失大局矣。

又如黑不三七粘，而三五行，白六四压，黑三三点者，白冲三四，黑搪，白四三搪，任黑粘二三，或三二立，白皆七三扳，黑虽得角，究失边势，非正着也。若二四再转，白二三断，黑四五冲，白五四粘，黑粘，白五二虎而得先。

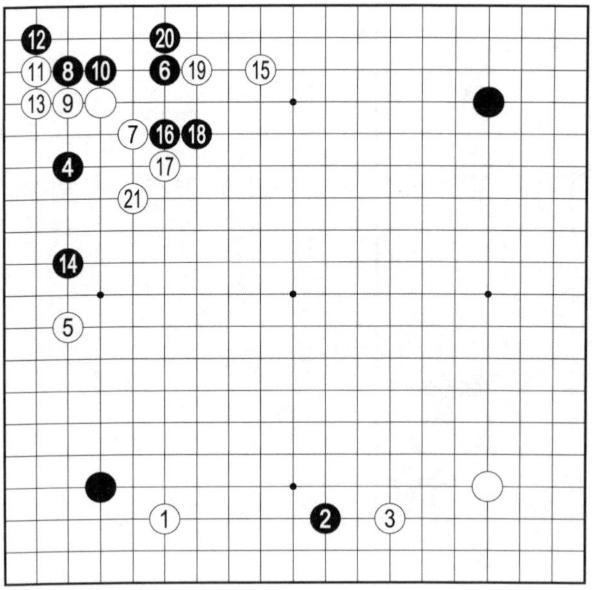

尖双飞式

双飞亦用尖，机紧为求先。凡投双飞，欲据拆三拆四，逸己攻人大意，则必五五尖应，脱先以夺之。点角无余蕴，三三点，则白三四立，至黑三九拆二，搜根占地，似属便宜。但大意既尽，鲜有余味，且角地未足，拆处究弱，左右反有攻逼，必外不惧攻，点之方当。拆边谓黑三三不点，而三九拆。有妙权。连攻争地阔，谓白尖后，黑不点三三而拆上三九之局，若加拆兼攻，须争宽广之地，如两边俱有白子，一系去三六，先手在黑，则或拆三，或拆二；先手在白，则或拆三，或拆四，皆逸己攻人。单逼逐形迁。单逼，谓白一边无子，突投九三攻敌者，黑关六五，白扳六六，黑长七五，白拆去三八。大意须研究，因之夺路便。

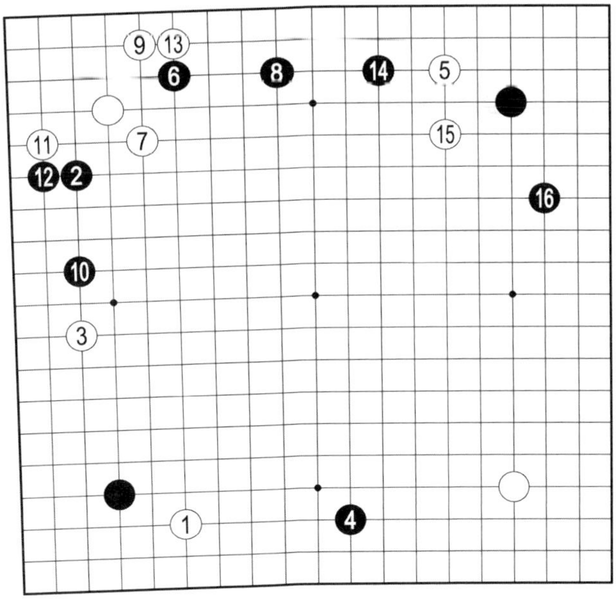

尖双飞拆边原式

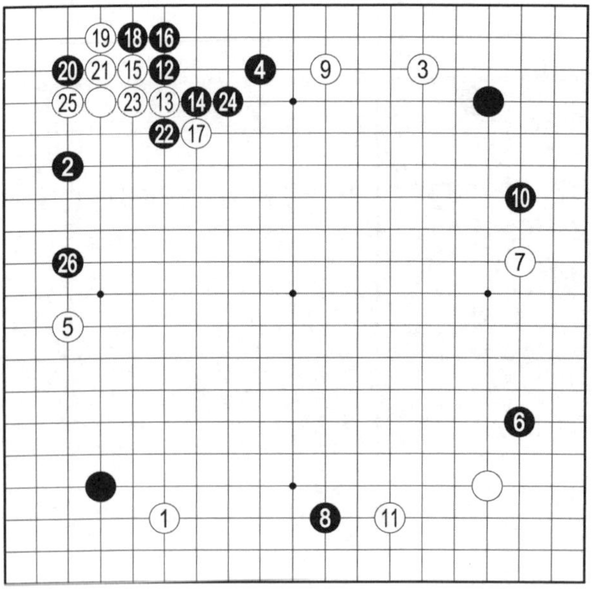

拆二双飞式

双飞兼拆二，压拆纵其重。黑拆二本固，压虽益坚，因地限而重复，若压单子，则被扳得势而张大矣。倘白有平九三之局，彼即不能扩充其边，乃伤孤子。挖黑挖五四。则打争虎，白打五五，后虎三五。行须顶护冲。黑不挖而五三行，白三五顶，搪角存根，兼去敌根，而护五四冲断。尖偏长有力，黑不五三行而五二尖，白七四长，若寻常之局，则白不长而五三虎，黑六二粘，白四二虎，黑七四扳，白七五扳，即归正变，扳正虎无攻。黑不五二尖而七四扳，白虎五三，白倘不虎而长六五，则受行点之攻矣。打接封图外，上势黑六五打，白接，黑五六封头取势，实地究伤，未宜常局。立扳转适中。黑不打六五而立六二，白扳七五，黑转五二，乃中庸之道也。

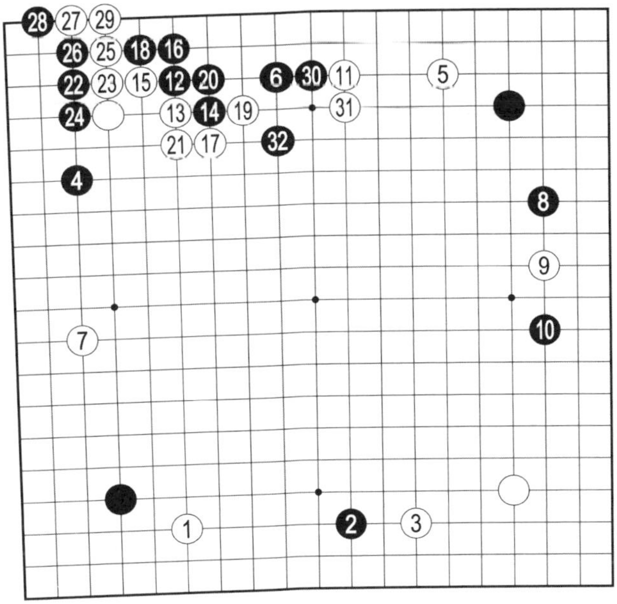

拆二双飞式

打粘融气脉，白打八四，黑必粘应，白亦六五粘，则承脉贯气，制孤援寡为宜，常局究失实地。虎补觉从容。白不打八四，而虎四二，黑觑打后，每长八四，白补三四，乃常局正变。

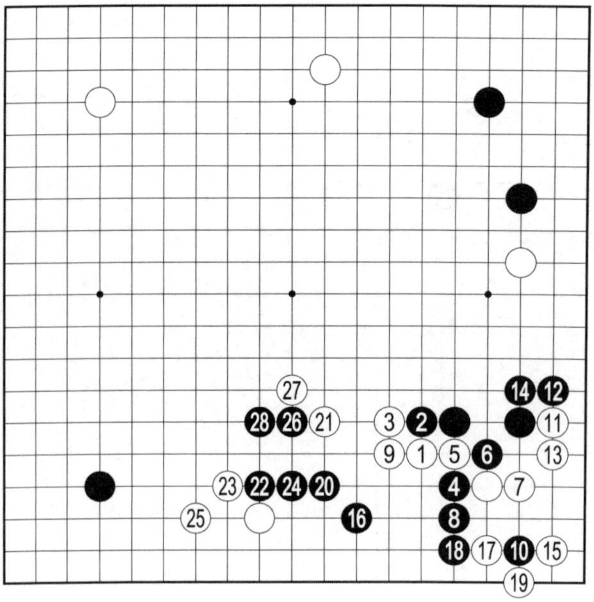

布置

布置平三九，白平三九已投子。常逢入右关。黑关五六之局。庸飞嫌缓后，飞七三则机缓失先，大局定后，仍受侵分也。紧逼六五。定长六六。扳。七六，白若不扳而随长七五，则机缓失先。去实谓黑去七三已飞之局。跨五四。犹紧，黑跨，白五五冲，至黑入十四粘，任白或平三七虎，或五七长，皆入十六关，白十七扳，黑双，白亦左右不净。

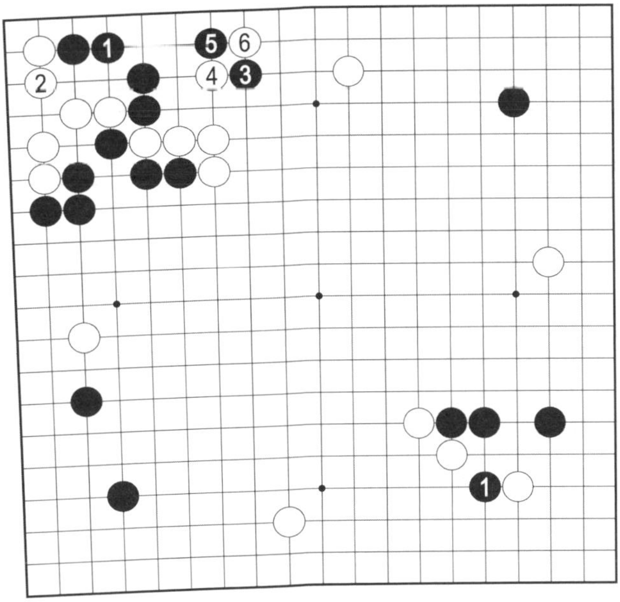

若黑去七三未飞，跨即受制矣。

黑忌十六不拆八三，而先退四二，白退二三，黑再拆八三，则白跨七三而断八二包收。

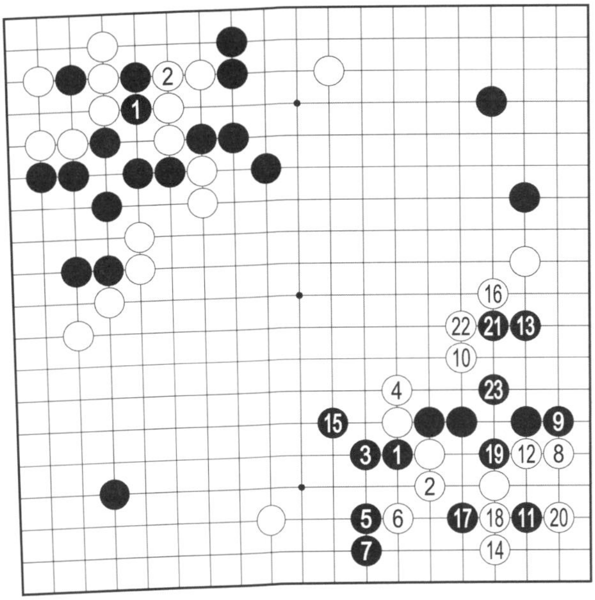

平虚黑平三七未飞之局。断谓前式❹着不跨五四，而断七五。更艰。

虽存冲五四，白或不打劫而挤六三，亦通，黑究未净。

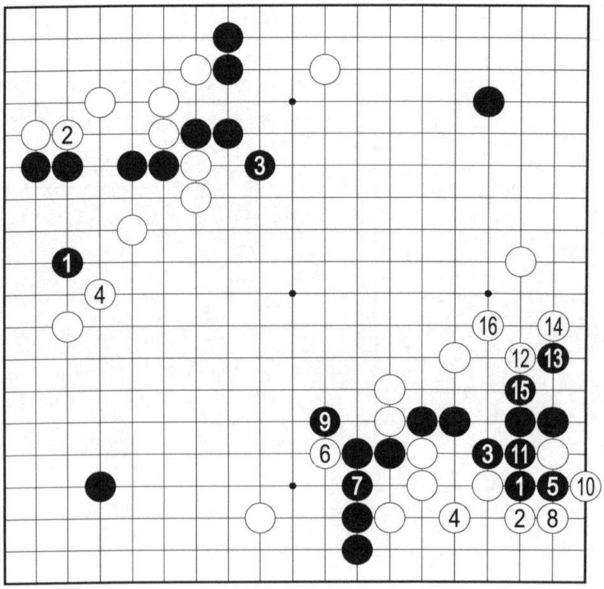

黑若前式⓫着不点三三，而于三四跨，至白九四虎畅，更落后手。

尤忌不跨三四，而竟拆三九，即白补三五，黑尖九四六，受白封十四而再谋活，较前更窘。

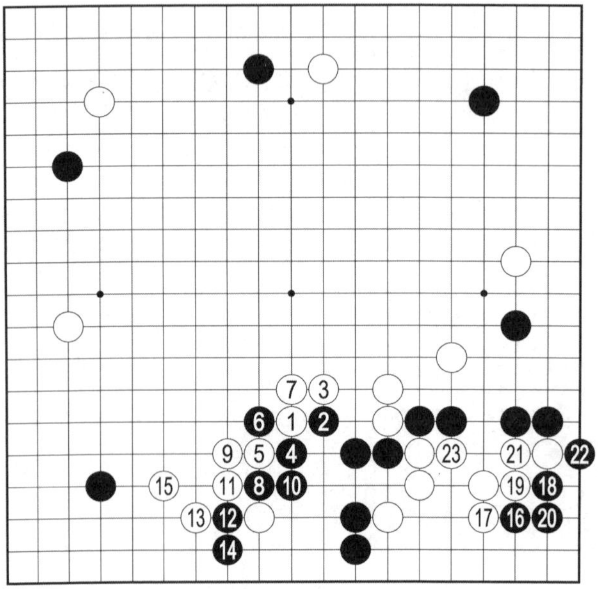

且白三五不补，或于十六罩，黑必九六先尖，至黑入角一五渡，白于五五作劫亦活。

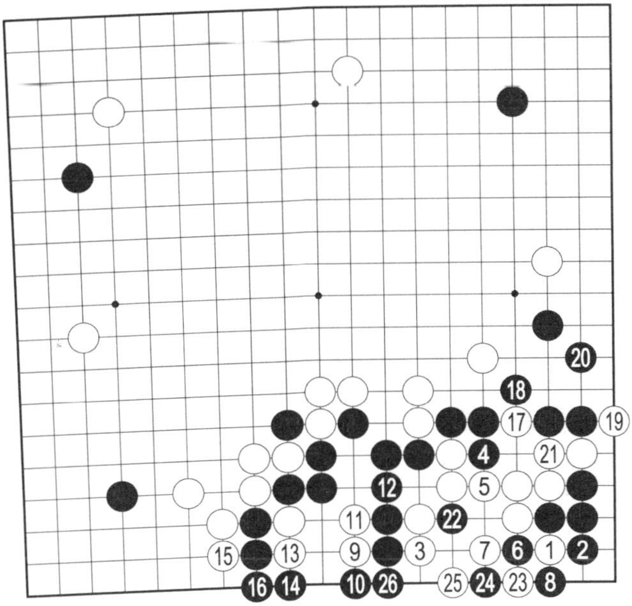

白或上式㉑着不粘三五，而扳三二，黑转二二，白搪七二，黑若冲五五，白搪五四，至白㉗提劫，虽须三着吃黑，然势坚存收，即黑尖去十四，亦枯涩。㉑着若㉒位做眼，黑或六一漫点，白七一立，黑五一退，白平一七打、杀，然黑必不点，仍㉖位粘，白后手活，白惟不肯因呆子失先，所以存劫，坚外势，收中腹耳。白㉗提劫，黑当三二粘。（筦泉增注）

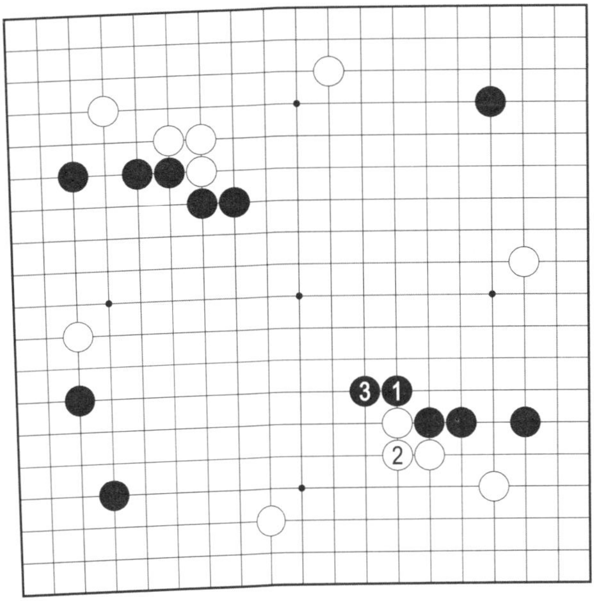

扳谓黑七五不断，而扳七七。粘七五。长八七。逸畅，白角尚有三三、九四之侵。强弱拆飞间。白去六三有拆则强，无拆则弱；黑去七三有飞则强，无飞则弱。

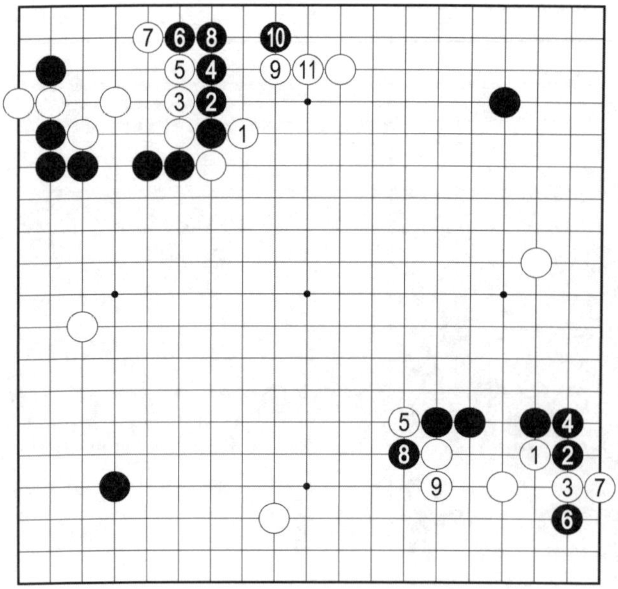

避跨避黑五四跨断。如先顶，白于六五已逼未逼之际，先顶三五。经扳必上扳。黑扳二五，白虎二四，黑粘二六之后，必须扳七六，若不扳七六而长七五，则机松落后。夹来宜立阻，黑二三夹，白宜一四立，忌不立一四而虎三三，被一四渡后，再断七五，白势局促。断后定长还。黑断七五，白定须随后即长六四。

白忌先打八五，后长六四，恐黑长七三，白搪六三，黑扳六二，白扳，黑粘，白若关九三，黑托九二，白粘十三则伤角。

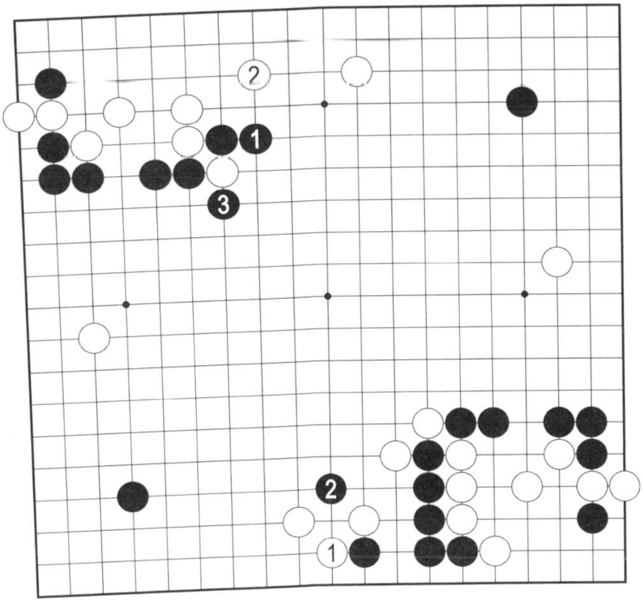

白若十三不粘，而十二虎，则黑十四点出。

盖逊长神畅，飞遭打势孱。黑断七五，白长六四之后，黑若七四盖，则被白扳七三而局促，惟八五长，则神充而机活。白八三飞，黑即七七打，纵无征，而互长白伤外势，边亦受病。

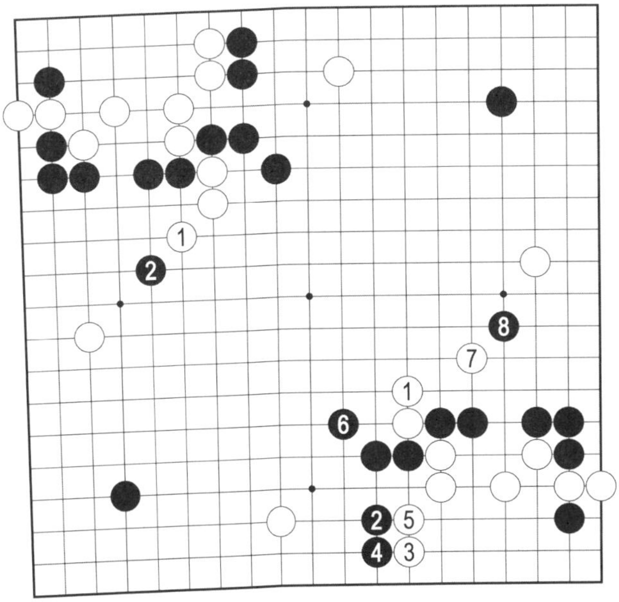

争长关谓白不飞八三，而争七七长，以避黑打。关黑关八三。各补，白七二飞，黑立，白七三搪，黑九六尖。飞白五八飞，图封黑。跳黑四九跳。欲封难。

白或不飞而六八尖，黑又于五九跳出。

以上白三五先顶诸变，纵杜黑五四之跨，而启七五之断，至白补角，黑九六尖畅，遂不能封黑于右边矣。

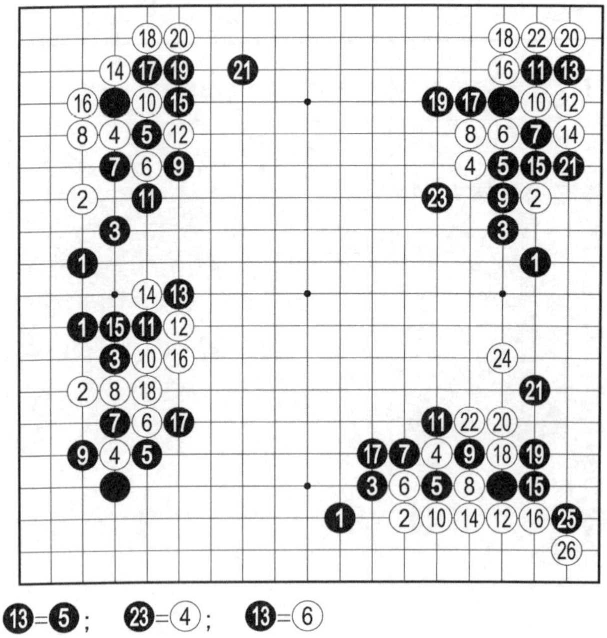

大铁网续弈理指归

大网九三。投七三，应尖八四。六五出。托六四。可斡五四，吃五三。粘五五。连七四。曲直。扭角三三打，偕长白四二，黑三二。转五二。则接。六三。下打三四。右递长，逼吃逼白吃角。门收腹。五四或缓斡，冲后白七四冲，黑断。从头吃。互吃黑五五吃，白提，黑六六吃。虎向角，提同五。粘五三。白已实。随长黑长三四，白长三三。图外栏，两断防宜密。八五急先粘，四五犹断得。扳四五。行四六。跨三七。打五六。粘，同四。四八关非率。撇角二三。岂迂缓，守己兼制敌。

应尖五四据上式数。飞，五五扳图外。互扳白六五。吃六四。长五三。连黑或七四连，白四五打，黑长，白三四打，黑四六打，白提，黑立。弃角外势大。不连六六打，断四五。提黑七五提。盘角快。不长白五三。任黑提，入腹路无碍。扳飞用五三，不用五五。退白六四退。行黑四五行。关对待。白六六，黑四七。

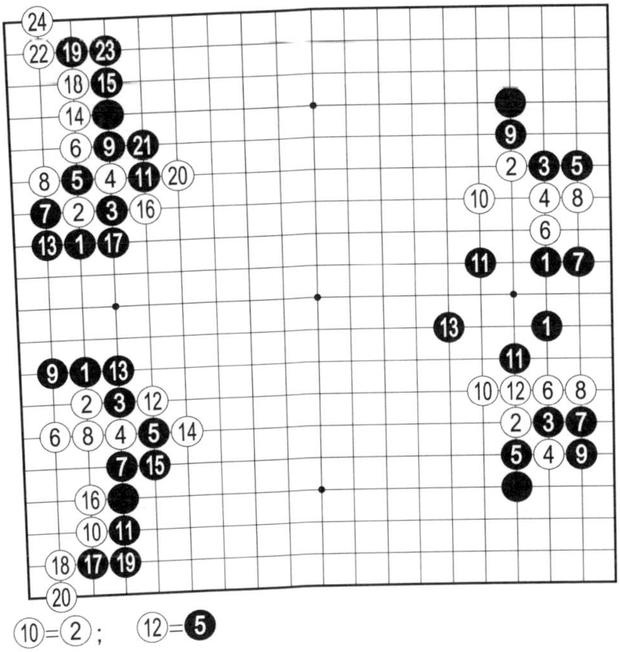

断四三。吃偕长转，扳打套头在。断后着法，见拆关连逼尖八四式内。应尖六四尖，压六五。断敌无奈。白惟外投三六而已。应尖投六四，下托六三。扳法二。扳外立下六二。宜，扳内断有自。不托设象眼，六二。诱敌收外势。

小铁网

八三为小网，投以七三贴。压扳互包打，互粘行角捷。否或如压梁，内外敌情别。白内虎六二，或粘六三，则情在内；若外打七五，则情在外。初如投三六，舍压亦无诀。

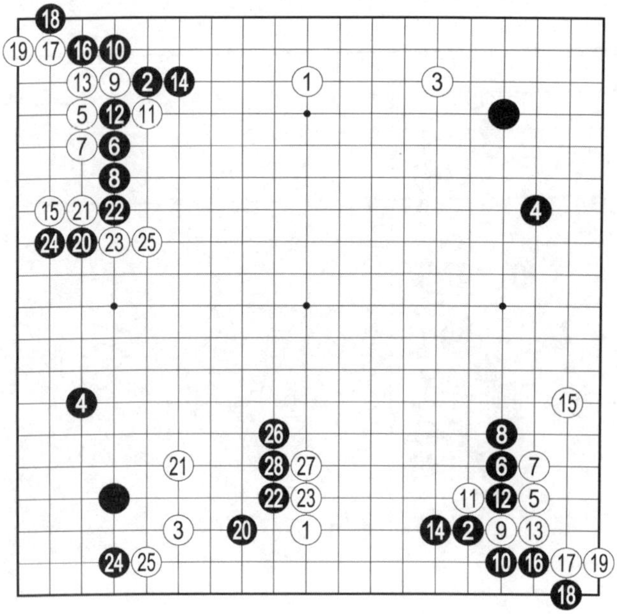

空花角

28着《续弈理指归》

空花角

25着

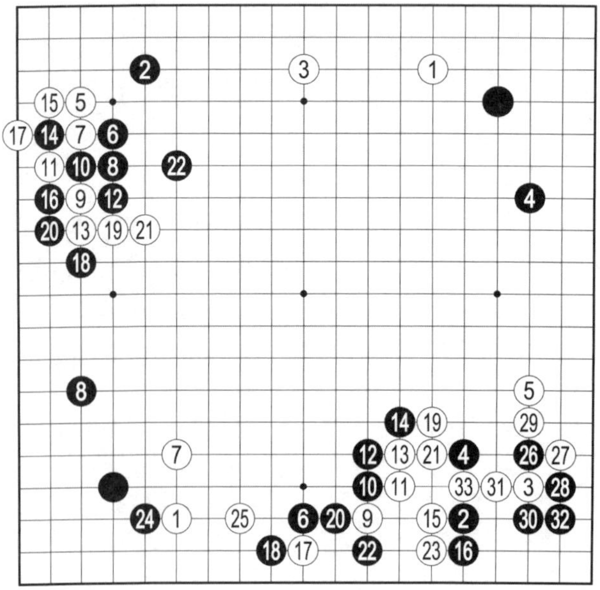

空花角

22着

空花角

33着

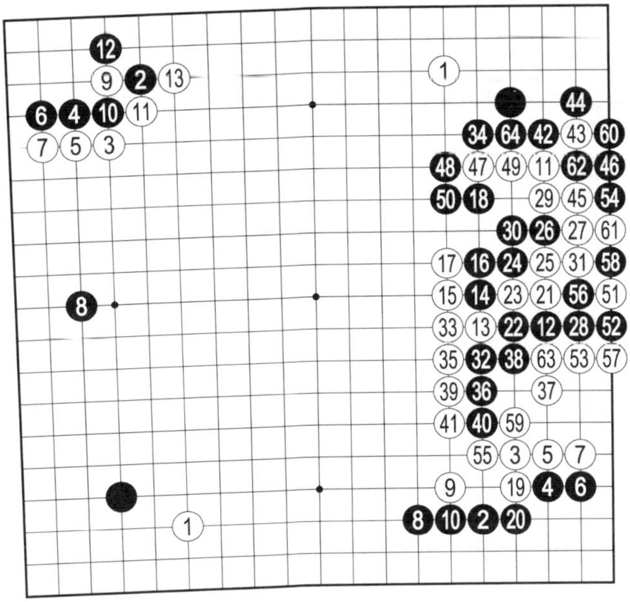

空花角

65 着

空花角

13 着

❶?; 65=51

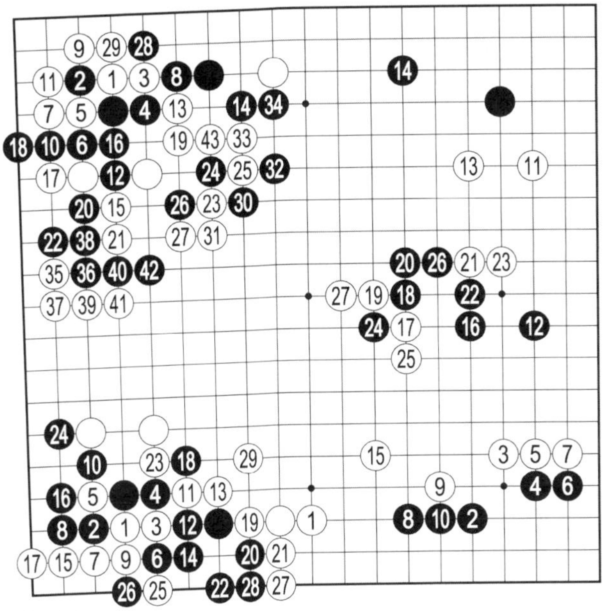

空花角

27 着 十三起手

下扭角不夹而敲一式

43 着

下扭角不敲而夹一式

29 着

❶❶?

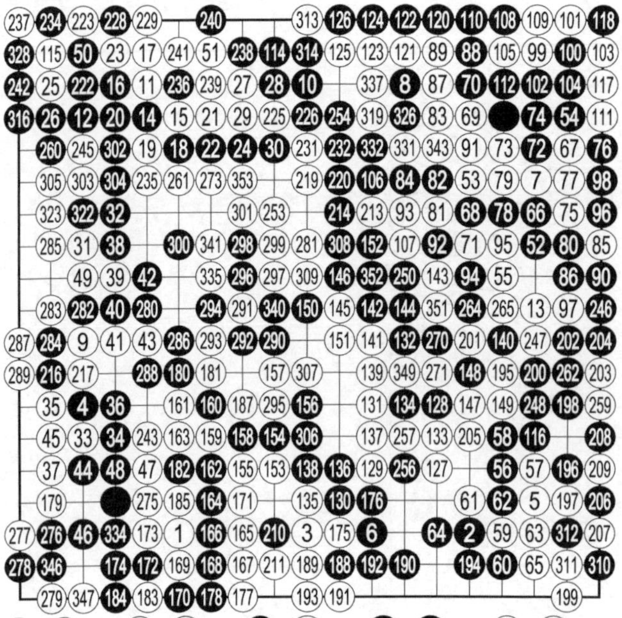

113=85； 119=101； 186=183； 212=206； 215=209；
218=206； 221=209； 224=206； 227=209； 230=206；
233=209； 244=206； 249=209； 251=92； 252=206；
255=209； 258=206； 263=209； 266=206； 267=259；
268=203； 269=209； 272=206； 274=209； 315=207；
317=228； 318=312； 320=76； 321=207； 324=312；
325=98； 327=207； 329=234； 330=312； 333=207；
336=312； 338=326； 339=207； 342=312； 344=109；
345=207； 348=312； 350=207

施定庵胜 胡肇麟

受二子 353 着

此局定庵先生借劫转换，大气盘旋，致铁头云得不偿失。庄子谓：“小知不及大知，小年不及大年。”良然。

施定庵 胡肇麟

251 着

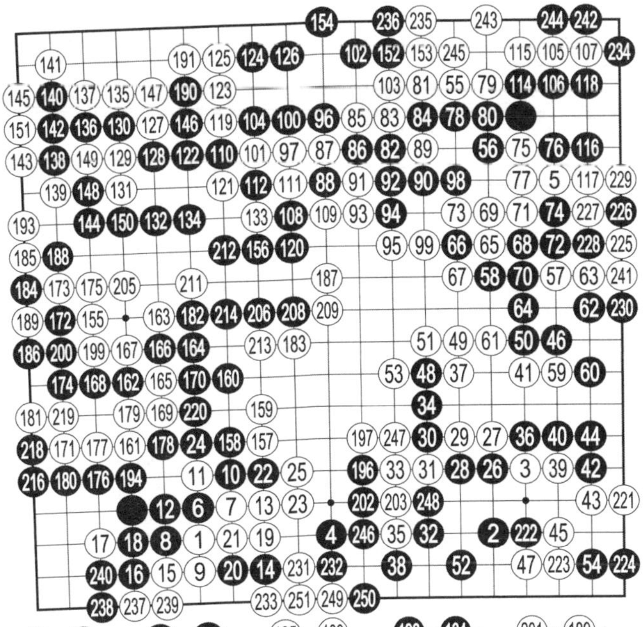

113=88； 192=184； 195=189； 198=184； 201=189；
204=184； 207=189； 210=184； 215=189； 217=184

范西屏《桃花泉弈谱》提要

范西屏《桃花泉弈谱》提要目录

九五镇黑角之右，白五六关。白角之左，白有七三飞。镇中间黑投九三路之孤子也。

白角之右，黑有三九子，无三六子。白九五镇，黑八四尖。白七六罩。三式。

白角之右，黑有三六子，无三九子。白镇，黑尖，白右四六压。二式。

上势。白镇，黑不尖而六三侵，白七二立。一式。

上势。白镇，黑不尖不侵而右五六关，白六六贴。一式。

白角之右，黑有三六三九拆二。白镇，黑尖，白四六压。四式。内《析疑》一式。

上势。白镇，黑不尖而六三侵，白七二立。四式。白不立而五三尖。一式。白不立不尖而八三并。一式。

白角有尖顶。白镇，黑二三夹。二式。内《析疑》一式。

六三侵如前用九五镇局面。黑未镇九五。白九三孤子。先顾右而六三小侵也。

黑角之右。白有三六子。白六三侵，黑左六四压，白七二扳。五式。内《析疑》二式。

上势。白侵，黑不压而右三五尖顶，白二五扳。一式。白不扳而四六长。一式。白不扳不长而二六立。一式。

黑角之右。白有三六三九拆二。白侵，黑三五尖顶，白二五扳。三式。《析疑》不扳而四二尖。一式。

黑角有尖顶。白侵，黑左六四压，白三三点。六式。

黑角尖顶已夹已立。白侵，同上着路。二式。

三五侵黑角之左，白六五关，右黑三七飞，白三九拦，即《弈理指归》关拦大飞之角，白投三五，所谓大侵也，五二同。

黑角关拦大飞。白三五侵，黑四五盖，白四六扳。八式。内《析疑》五式，计关左有三九子者六，有三六子者二。

上势。白侵，黑不盖而三四立，白三六行。二式。

上势。白三四侵，黑三三扳，白不扭而三五长。二式。

上势。白三四侵，黑不扳而四五长，白三五长。四式。

五六飞攻白关六五，黑飞五六而攻之也。

黑角右有三七飞。左外有三九子。白有三九右拦之局。白左投六三，黑八三拆二，逼白六五关，黑先五三尖顶，后五六飞攻。五式。

上势。八三五拆。白六五单关。黑尖顶飞攻。六式。内《析疑》二式。

上势。白单关。黑不尖顶而飞攻。四式。内《析疑》一式。

虚角。起手飞攻。六式。尖顶后。飞攻。三式。

封角外连关拦之子，而封敌角于内也。

黑角关拦大飞之局。白四六飞封，黑三六托。四式。内《析疑》一式。黑不托而五三尖顶。二式。内《析疑》一式。

黑角有八五关。互关飞拦尖顶之局。白先三二夹，后四六封，黑三六托。一式。黑不托而三五尖。二式。内《析疑》一式。

黑不托不尖而五六压。三式。

上势。白五四关封，黑五三托。二式。黑不托而五五斡。二式。

双飞燕敌角之三六、六三，先后投子也。

起手右投双飞，四着左六四压。六式。右四六压。四式。

七着右投双飞，八着左压。一式。

九着右投双飞，十着左压。一式。

起手投双飞，四着五五尖。九式。内《析疑》一式。

五着投双飞，六着五五尖。一式。

扭十字

黑角有八五关。互关飞拦之局。白四三扭。十六式。

上势。黑八三子无八五关。白三四扭。八式。

上势。黑无八三子。白三四扭。三式。

虚角。白三着关四三扭。右同。七式。

大飞进角

白因九三子，大飞五二进角，黑尖压。二式。黑不压而六三罩。一式。黑不压不罩而四二搪。一式。

二五侵

黑角有三七大飞。白有六三三九子。白二五侵分，黑三六并。四式。黑不并而三五尖。一式。黑不尖三五而尖五三。一式。

九四压

如前用九五镇局面。不镇九五而压九四。四式。

投拆三

白从六三拆十三路，黑十四着投八三，白六五关。六式。

筦泉编次

范西屏《桃花泉弈谱》提要

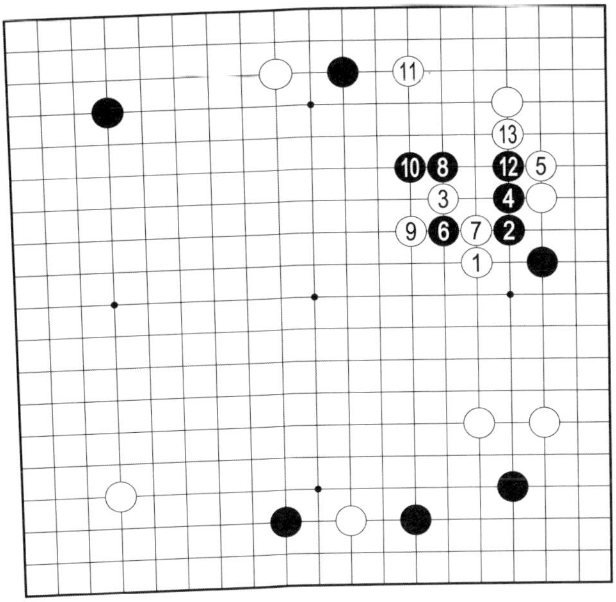

九五镇平去之九五，上入之五九同。平去之三六，上去之六三同。落子数数，放此例推。盖四声左为九五、六三，右为五九、三六也。

黑无三六子。❷尖，是。❹当❻位先跨，⑦不冲，竟于七七路长，再于⑪位飞，亦有便宜。

臧念宣《弈理析疑》云：❹既先压，⑦当九六路夹。黑必⑫位行，白⑬位顶。黑❽位夹。白七七路长。黑五五路虎。白三六路飞。角无后手，任黑腾挪，总有牵制。❿粗，仍当⑫位先压。⑪当七五路截断黑子，转换便宜。

又云：角无三六子，尖出亦是。❹不如八六路先跨，无变。

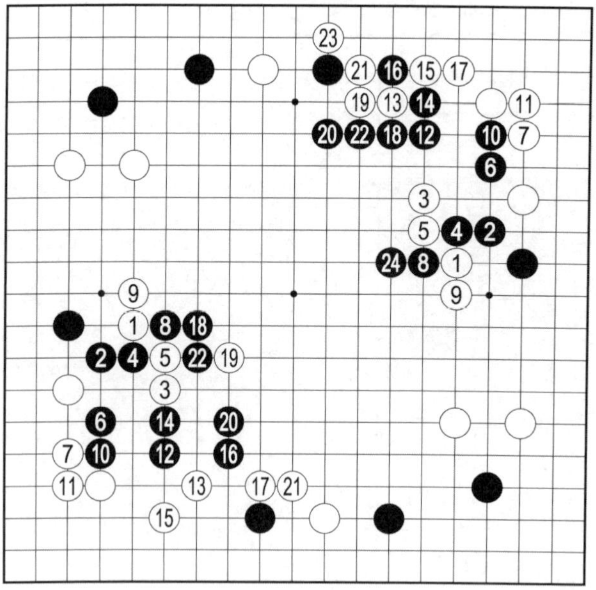

⑦尖，好。⑰退是。❿加，好。白稍便宜。

《析疑》云：⑦尖是。若外无征子，当七四路冲，黑七五路断，白五六路断，黑三六路逼，白二八路尖，黑❽位断，白⑨位长，黑六六路打，白五五路长，黑十二路尖，白十三路嵌，黑子受敌。锡山吴修圃增解云：⑦尖变为七四路冲，❹如⑤五位先跨，则无冲断之变。

⑬好。⑲落得。㉑净。白得便宜。

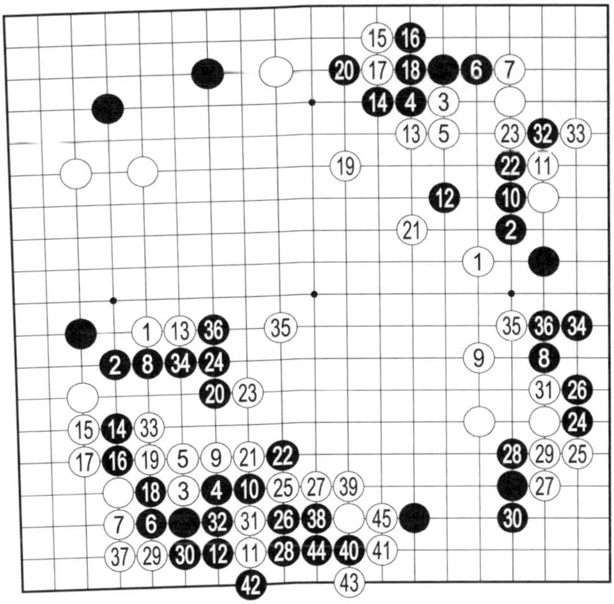

黑有三六子。此势白虚镇得神，黑尖出，则受白笼逼矣。❷当于⓴位拆二为正。⑤长是。⑦立，老成。⑬至㉑是。24托，求活。㉙粗，不如30位扳，得实地。32断，细。白得便宜。

《析疑》云：角有三六子，尖出，两地受逼，当⑪位侵，是。❿当八五路长。⑬至⓲不易之着。⑲飞，㉑罩，好。24求活，伤角。㉓细，防九二路一托之患。皆因二尖，❿又不于八三路长，大失便宜。

❽长胜上平。⓰顶、⓲冲，好。㊶粗，当42位先立。

《析疑》云：八是，⑬不于㉛位觑，细。后有㉙位一扳之便宜。⓮、⓰是。黑白着法俱好，只因有三六子尖出，以致白得实地，黑稍有亏处，此正变也。

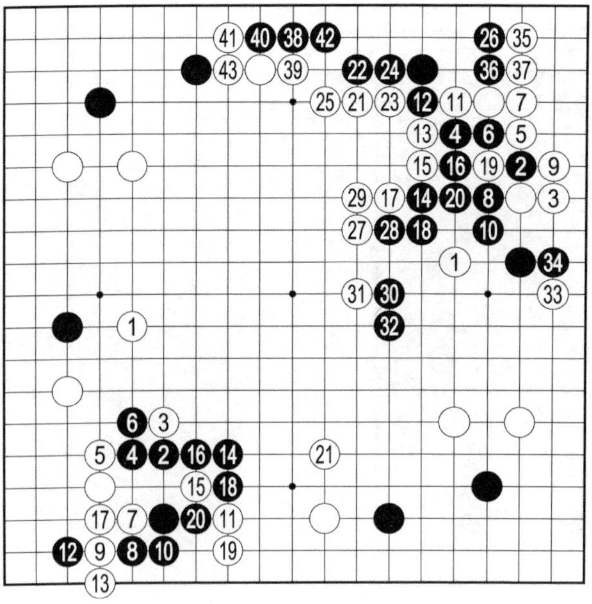

❷侵胜尖出。③好。⓰低，当于⑰位长。㉓是。㊴当㊵位立。白得便宜。

《析疑》云：三六有子，❷侵，是。③好。❹是。⑤至⑨不得不然。⓰当⓴位接，⓲不至受屈。㉑、㉓有序。㉗松活。㉘至㊷不易之着。白得便宜，皆由黑⓰之误。

❷关，不如九三路拆二。③妙。⑪拆。⑮尖，好。⓰当⓲位先挤后接。⑰落得先手实角。白便宜。

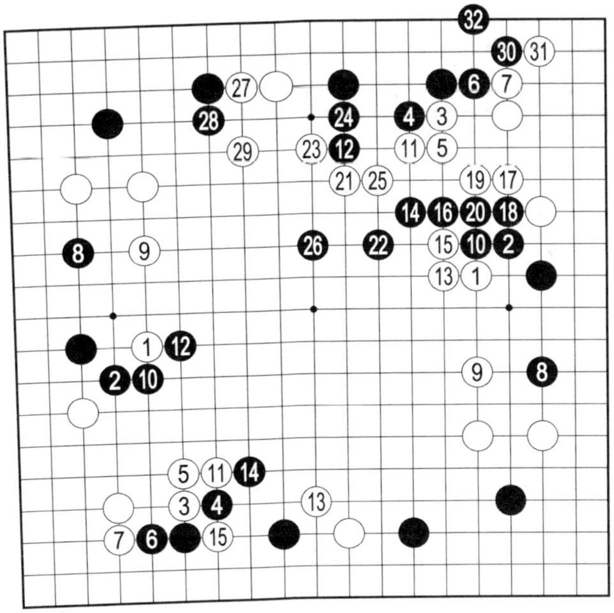

黑三六子有拆二。⓬关，好。⑬至㉕是。㉗当六三路侵。

《析疑》云：三六有拆二，尖出亦可。⓮当⑰位先关后飞，方有序。⓰虎是，⓴受屈，由⓮轻率故也。㉑好。㉒尖，是。此变黑白俱正，两分。增解：⓲若于⑲位虎，官子并无便宜，⓴受屈，含七二路夹，多存眼位，应法似低而实是。

⑬尖，⑮打，好。白得便宜。

《析疑》云：⓮低，当四八路长。白五八盖。黑二四撇角，白扳，黑立。⓮至⓲[1]，虽有封头，黑已活净，白角仍有未清之处，又有五九路一扳之罅隙，以此见黑有拆二，可不用镇。又云：❿着八五路长，后有六四路一关之着法。

① 棋谱只有15手，但底本文字写的是14至18手。

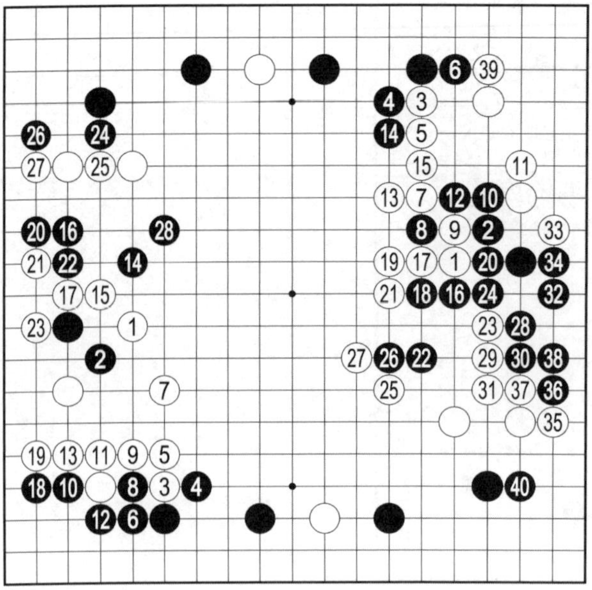

⑦浮躁，当㊴位立。❽先夹后行，有序。⓮落得。(40)补角是。白稍便宜。

《析疑》云：⑦关封无味，当固角。❽至⓬虽可着，不免为❼所乘。⓭犯重，当六六路接。(24)呆，当㉙位关。白不能封头，何须勉强求活。增变于后。

附《析疑》增变：

⑦着关封，立意得黑二子，而失大角，转换吃亏。❽至⓲，得角是。⓴至(26)干净。

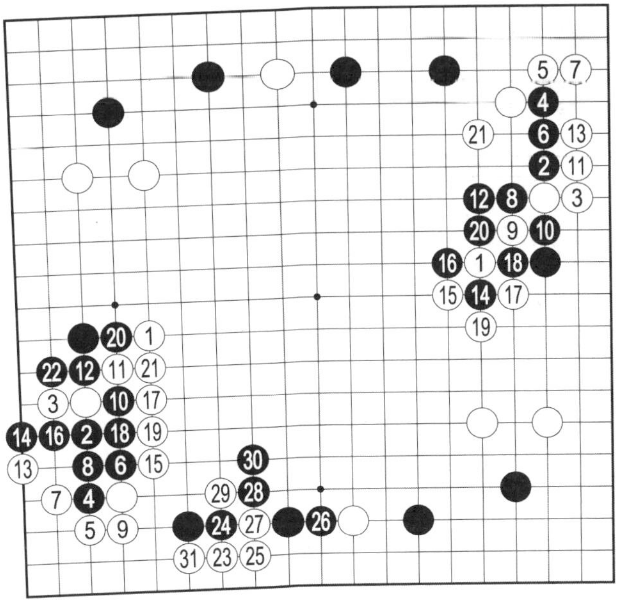

❷侵是。❹关是。❻呆，当五四虎。白得便宜。

《析疑》云：❹关❻接，不如㉑位飞。⓮至⓴不得不然。白便宜。

❹关❻虎是。❽当五二路做劫。⑬尖，细。㉓点，好。

《析疑》云：❹关❻虎，如局内劫多，亦是。⑬妙。⑮细。

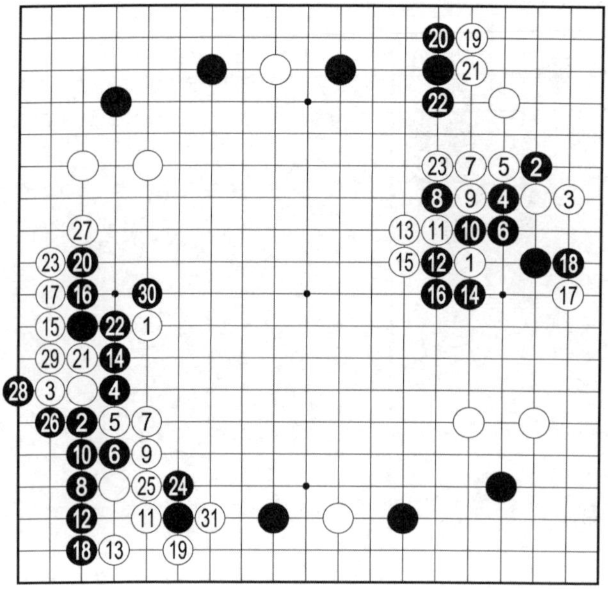

⑤断，好。⑦长至㉑，皆是。

《析疑》云：❻不打而退，是。如于⑦位先打后退，反代白去三三路一点之患。❻着以后，黑白俱是。㉒呆，当六七路尖，白虽实角而外有许多着法，此变亦正。

⑪虎，⑬尖，好。白得便宜。

《析疑》云：❻五四打亦低。

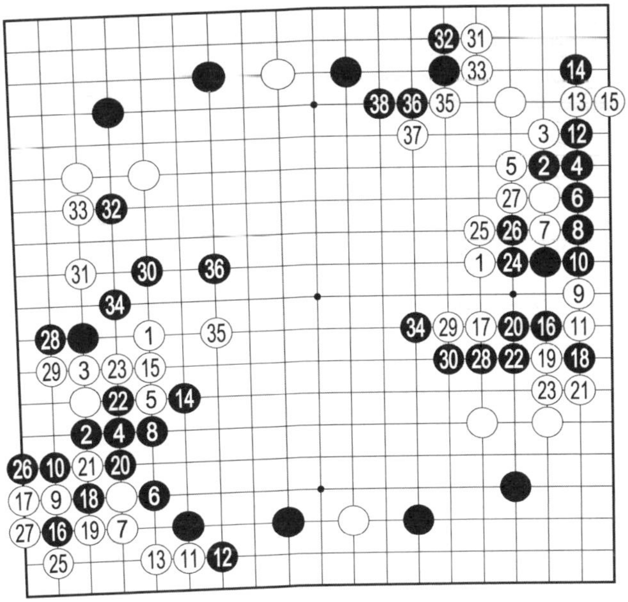

❷❹=❶❽

⑦用强，当㉗位接为正。⑪是。❶❻关。❶❽扳。至❸❹，出法好。❸❽不打，细，两分。

⑤关是。❻顶尖，好。❶❽至❸❷，黑子着法生动，稍得便宜。

《析疑》：不收③着八三平着法。范本云：③当七二路立也。

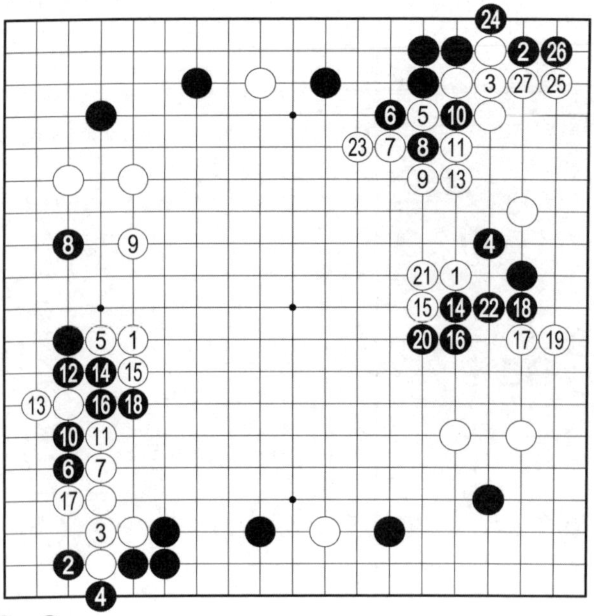

⓬=⑤

黑三六拆二有尖顶。❷夹，好。③接，有成见。⑨反打。⑰拆，⑲立，俱是。白便宜。

附《析疑》增变：

《析疑》云：有尖顶之角，如通局无紧要处，竟于六四路虎，着法亦正，何必用九五镇徒张虚势。

❻是。❽八好。❿十至⓲十八皆是。白稍失便宜。

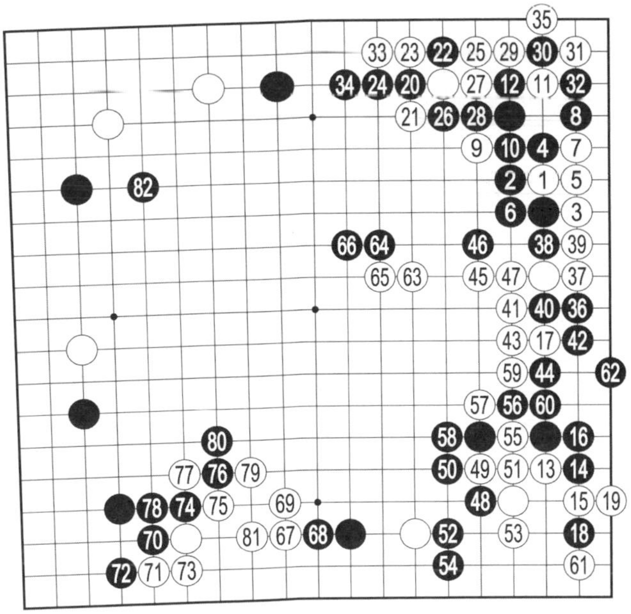

六三侵分

白右有三六子。六三侵，黑六四扳。起手侵分太早，当于❸❹位拆。⑨九着，⑪着，随手两点欠斟酌。⓬立是。⑬先尖顶，紧。⓴碰。㉒下扳，好。㊸当㊺位虚虎。㊻落得。㊾低，当五三路扳。52虎，54立，好。68先碰，是。82关，黑得胜势。

《析疑》云：⓬存⓴碰着路。⑬先尖顶，紧。⑰当32位夹，或34位拆。38紧。㊸低。⑬既尖顶，如何又接？68脱先，好。69当二九路立。此局白因㊸之呆、㊼之弱，故失便宜。

吴修圃增解云：⑰于34位拆则可，若于32位夹，黑四三路粘，白四一路过，黑30位扳，白㉛位搪，黑㉙位粘，白一二路立，后手分角，而黑地坚实，大碍三六一子。48关，52虎，不忌55位冲，缘㊸呆接，令44补实也。46既虎，㊼必当八六路扳，使黑不敢作劫，方不平弱。

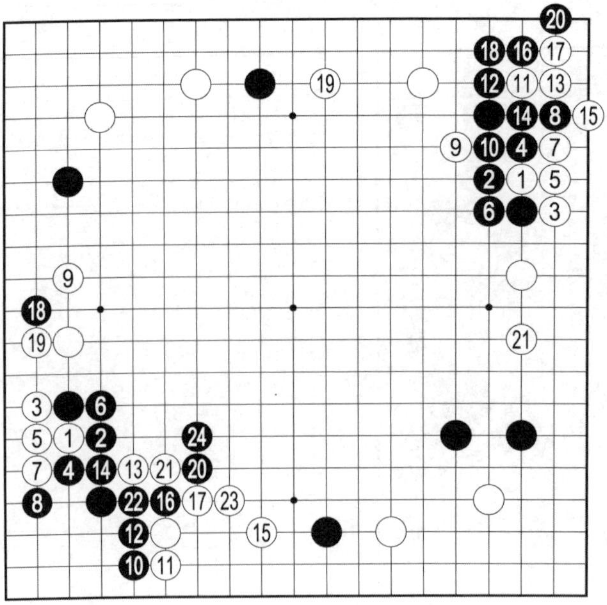

附《析疑》增变：

《析疑》云：⑬夹过，亦是。⓰大。⑲拆是。黑如得角二子，又系后手。由⓬之搪反有亏处。

增解：此系常式，《桃花泉》所无。⓴扳见小，若十三路碰，使白不得舒展，黑仍无亏处。

⑨竟关，不两点是。㉔可缓，黑稍便宜。

《析疑》云：⑨不点角，后不及点，⑬亦不可点，如黑⓮不粘于⓰位扳，白⑰位扳，黑⓴位扳，白三三点，黑四三接，白㉒位吃，黑㉑位接，白三四路断，黑一五路立，吃白。黑若不立，于六五路吃，白一五路打，黑提，白扑，黑提，白二四路打，黑二十三位打，黑外势大极，而白活未净。

增解：《桃花泉》以⑨关不两点为是，此与下变，意在点角，各持一说。今按⑨若照常十三位点，黑接，白三三路点，黑三四路立，白⑨位关，黑三七路碰，白边子殊碍，虽有二四路扳，及三二路夹过之着，无济也。合仍从范说。

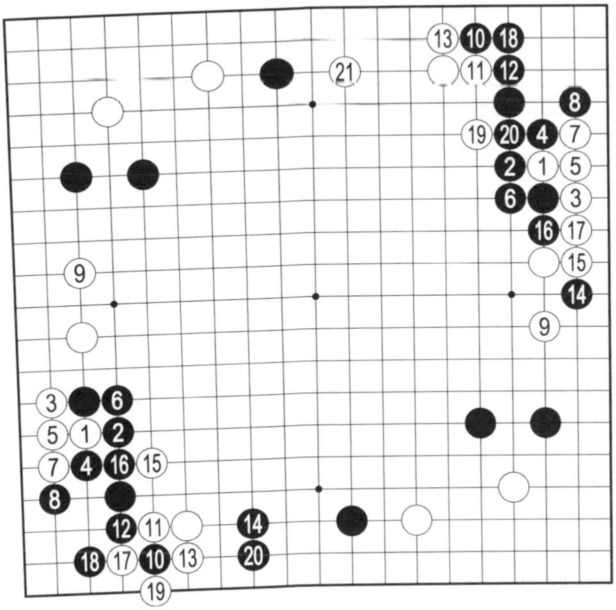

⑪冲亦可，然不如⑬位立。❽当三八路拆二。

附《析疑》增变：

《析疑》云：⓮拆好。⓴立是。白仍活未净，听黑腾挪，由于不先点之过。

增解：《桃花泉》⓮觑，此变为三八路拆，似胜，然⑰打呆，当⓴位关，黑必二九路扳，白四八路夹，黑三九路接，白三七路虎。含⑰位打，既有眼地，且力争外面，黑边亦未宽畅，无甚腾挪也。

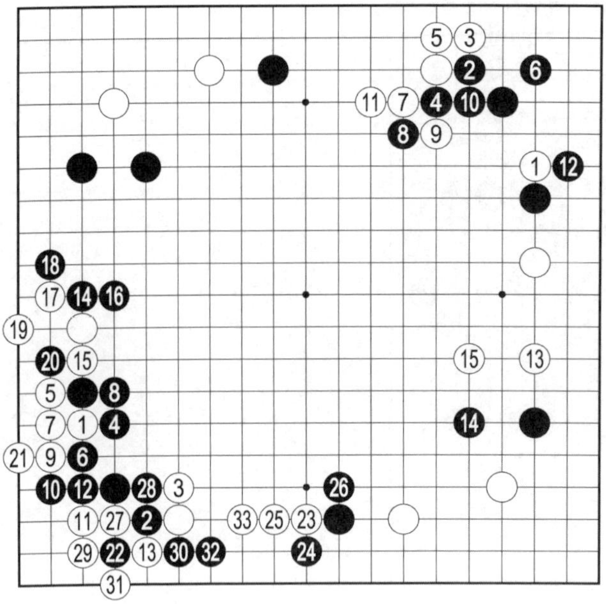

白右有三六子。六三侵，黑三五顶。❷尖亦是着法。③当❹位长，或⑤位立。因三六于无拆二，不宜扳。❹至⓬是。黑稍便宜。

《析疑》云：❻是。⑬、⑮两逼好，此变亦正。

③长是。⑬贪扳，当三九路拆。⓮是。⓴断，细。㉓当十三路碰。原局㉓在㉗位，《析疑》从范氏改正如此。

《析疑》云：白无拆二。③上长是。㉓虽系勉强，着路甚好。㉔至㉝不得不然，仍有一七路做劫之患。黑亦有不净处。

增解：㉓碰，㉔若不扳，即于㉖位长，白边有接应，㉗打，㉘便不敢粘。白善腾挪，黑亦针锋相对，此等处，少松则吃亏矣。

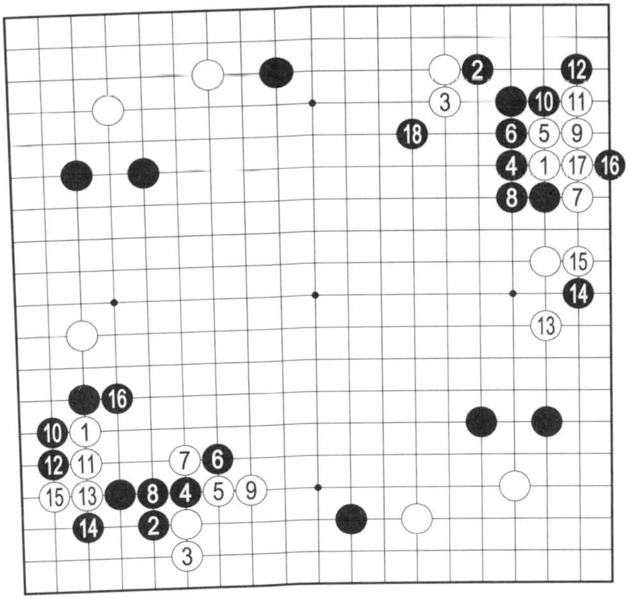

⑯点，细。⑰当于三九路拆。⑱虚罩，是。黑稍便宜。

《析疑》云：❹当⑤位夹，两分。

③不如❹位长。❹至⑭皆可。⑮当⑯位扳。此变外有六七路征子，则是黑便宜。

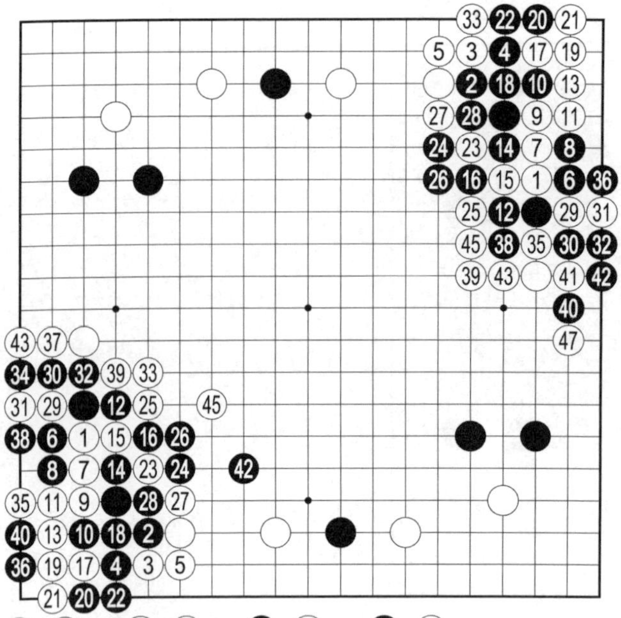

㉞=㉓；㊲=㉙；㊹=㉛；㊻=㉙；
㊶=㉛；㊹=㉙

白右有三六子拆二。六二侵黑三五顶。⑮冲，⑰打，是。㉓至㊴，胸有成算。

《析疑》云：⑦当❿位点是。❽至⑬，一定之着。⑮先冲是。㊴至㊼有着路。

又云：九三孤子，关出无情，用侵分法借景生波，良是。去边拆二逼紧。❷何得尖顶，仍当六四路扳。③可扳，亦呆，当五三路尖。

㉜接，是。㉟立，细。至㊺，好。白稍有便宜。

《析疑》云：⓮于⑲位虎，亦可着，如局内劫多，更好。㉜是。㊱当㊲位行。白做活，黑七七路尖，自有便宜。

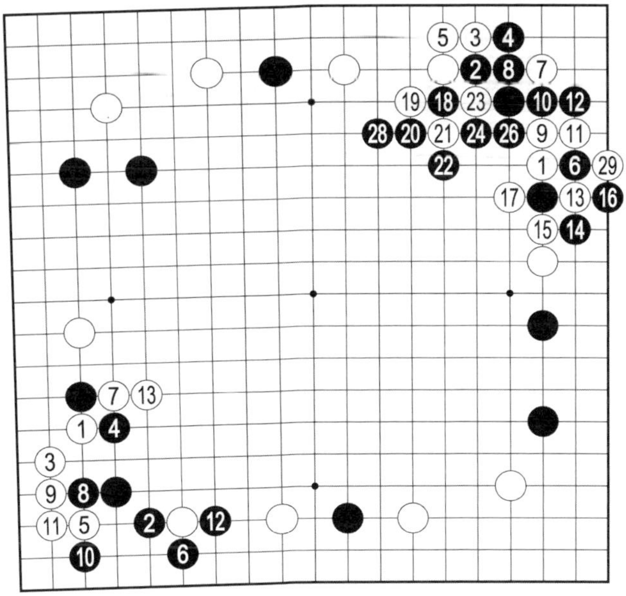

㉕=⓲； ㉗=⑬

⑦点亦[1]是是。⑬打是。㉖接，㉘长是。两分。

《析疑》云：⓰当⑬位粘。此变角内已活，不宜扳虎。希图反打，任白提劫，而九三之子，脱然无累矣。

附《析疑》增变：从《桃花泉》❽着变。

《析疑》云：❽冲❿夹紧。⓬弱，当八四路打。白如⑬位长，黑八三路粘，白⓬位退，黑三四路补，白二二路行，黑二七路行，白二八路虎，黑四六路虎，转得便宜。

① 原书破损，依照《桃花泉弈谱》补全。

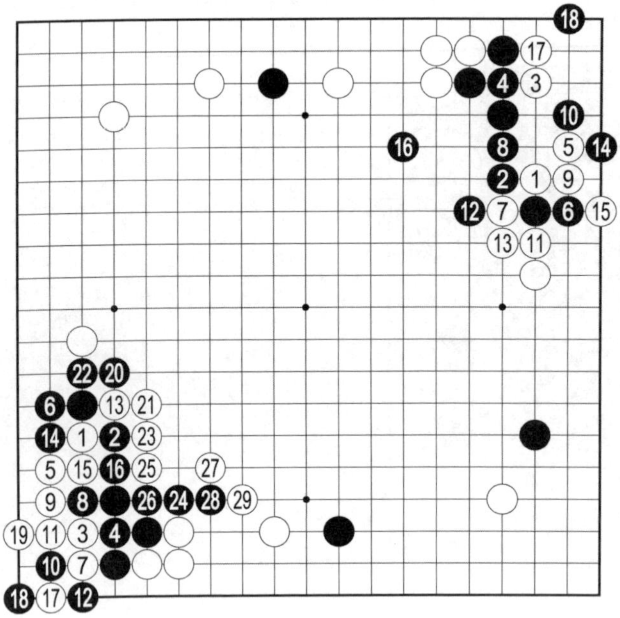

角有尖顶。白六三侵。③点，⑤尖，着法生动。⑦当⑰位夹。❽是。⓲点，细。

《析疑》云：角有大飞，无故不可尖顶。①当⑰位夹。⑩见机。⓰虽巧，而白势较胜。

增解：凡用尖顶逼敌固角，须四六路虎。若不虎而脱先，外面亦须逼敌边子。如此式无虎，便生出③点、⑤尖等着法，故曰：无故不可尖顶。

㉓、㉕，好。此变外无六七路征子，是白胜。

《析疑》云：⓴低，当一九路关。白虽活角，黑可占地步。㉓紧。

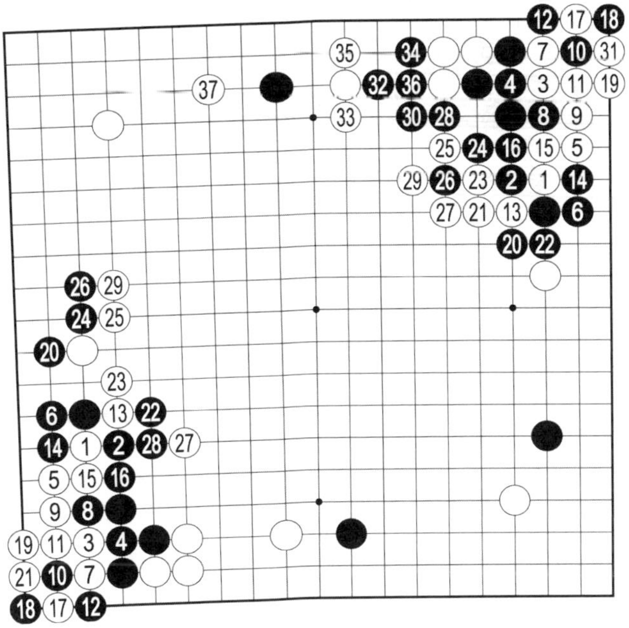

❷④长，是。变有征子。㉝长是。白稍便宜。

❷⓪关，好。两分。

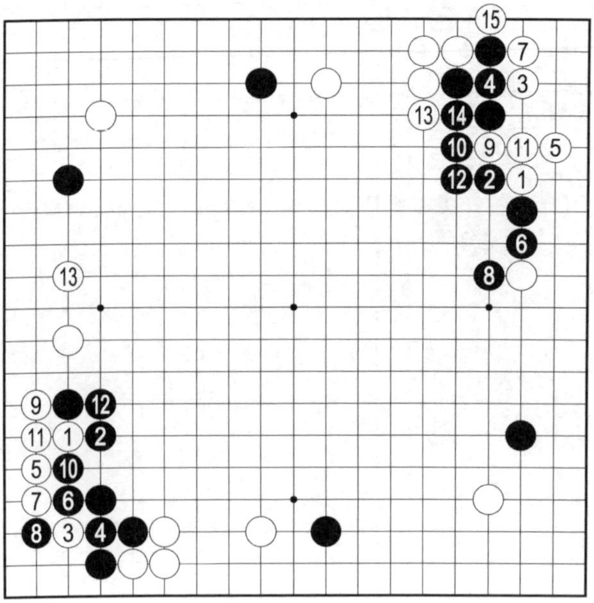

❻碰，❽扳，亦是。白得便宜。

《析疑》云：⑨至⑬，得先手便宜。

❻、❽亦可着，白稍便宜。

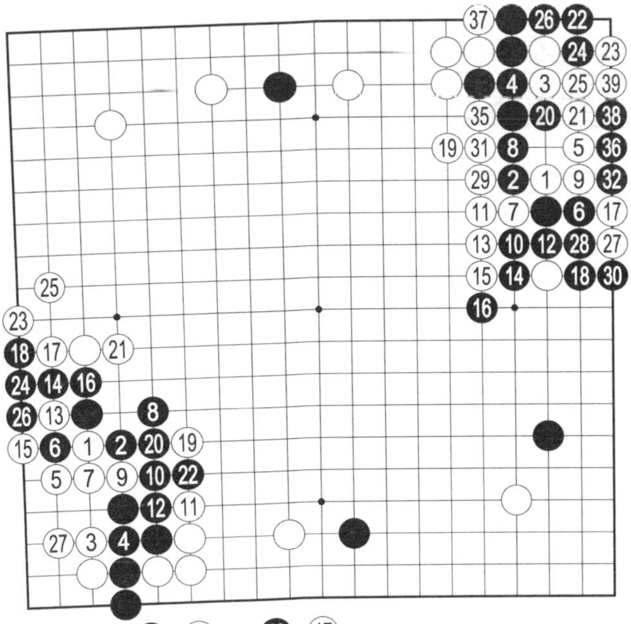

㉝=⑰；❸❹=㉗；❹⓿=⑰

角有尖顶二三夹后。六三侵分。⑰是。❷❷跳，细。白得便宜。《析疑》云：如局内有大劫，㉓当❷❹位虎。㉗至㊴，细，虽成两活，白得便宜。

❻打，❽虎，是。此变最为正着。白稍便宜。

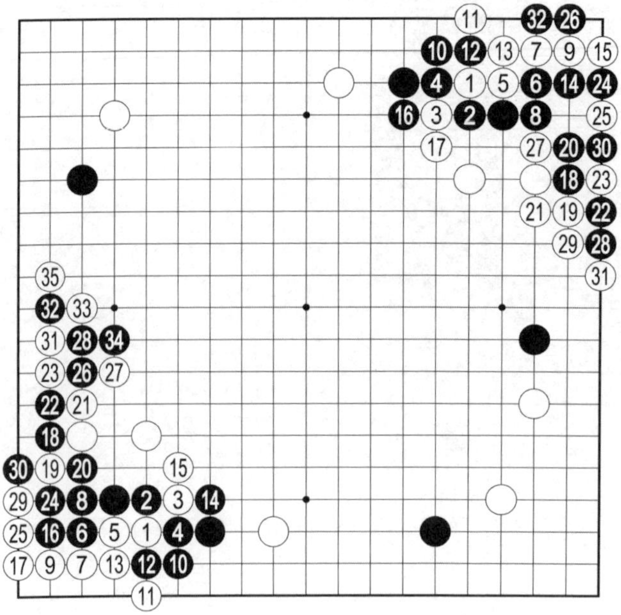

三五侵分

白三五侵，黑盖后❽着粘。㉒撇，好。㉔立，细。黑胜。

《析疑》云：入边有三九子，⑭先搪是。㉑当八三路虎。㉒、㉔是，黑反吃白，因㉑呆接之故。

增解：入边有三九子，⑲不敢内扳，故⑭四不嫌填实。

上局关左无三九子，只有三六子一局。又附《析疑》增变一局。

⑯当⑱位先托。⑲好。白胜。

此变⑯低，当先托后搪。⑲内扳好。㉑是。㉕细。因⑯先搪而黑子尽失。

增解：黑只有三六子，故⑲内扳，黑低在⑯填实也。

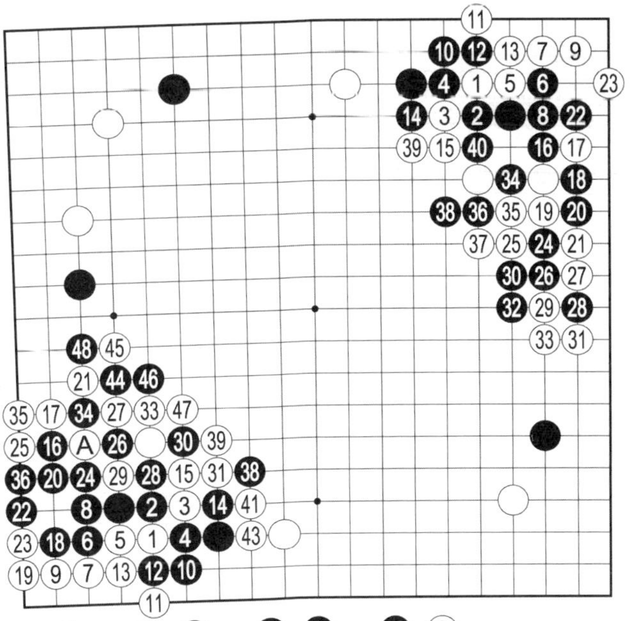

32=26； ㊲=Ⓐ； 40=34； 42=Ⓐ

附《析疑》增变：前局以内扳腾，此变以内扳，败。

《析疑》云：⑰当外扳。㉓不得不然，如外无征子，34当三二路紧，亦可吃白。

增解：此变三二路黑无填实之着，故⑰以内扳致败。

坐子仍同第一局。28细。㊺打，好。

《桃花泉》

⓲在⓴位、⑲在㉑位、⑳在⑱位、㉑在⑲位，此照《析疑》式。

《析疑》云：㉑虎好，22至㉗，不易之着。28不提先挤，是。此正变也，胜负视劫之多少，42不打劫而粘，白便宜。

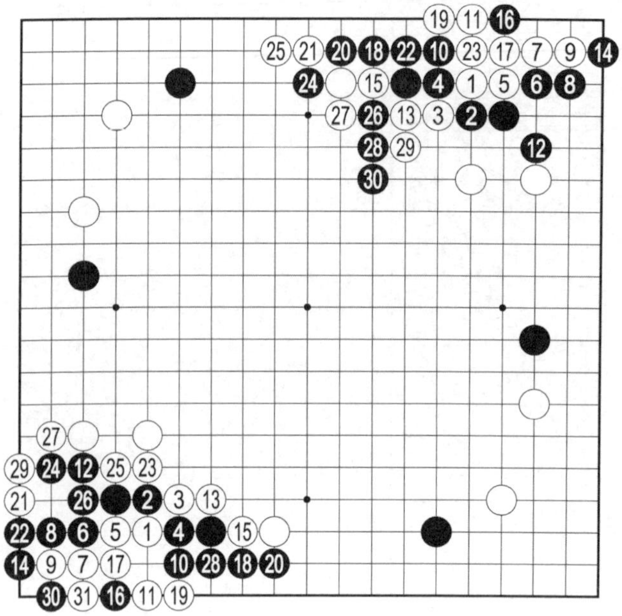

前局❽着长。《析疑》增变二局

❽长不如四三路接。⓮当㉓位冲，白接，黑㉓位行是。⓰好。⑲细。㉑当四一路点。24断后，皆黑便宜。

㉑点妙。非此不免有失。

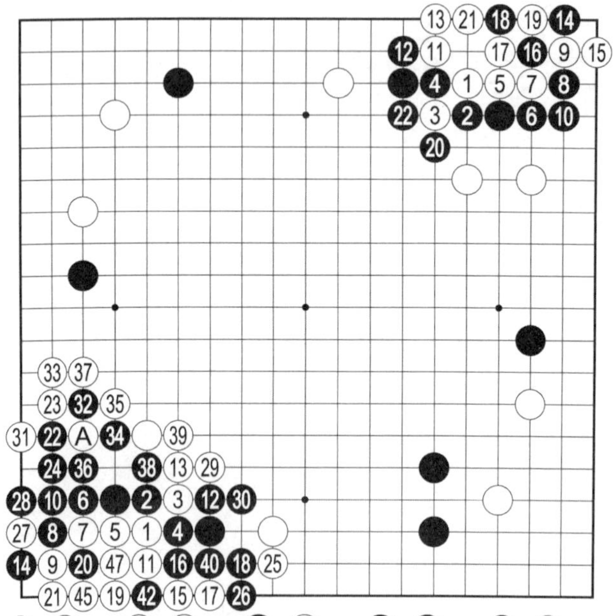

㊶=Ⓐ；㊸=⑮；44=⑰；46=42；48=32

前局❻着立。《析疑》增变二局着法与《桃花泉》小异。

❻是。⑪当二五路立。⓮好。⓰当⓲位跳，白⑰位顶。黑一七路立，白二五路粘，黑⓴位吃，白⓰位接，仍存官子便宜。

⑪好。⑮巧。⓰当⓴位吃一子，活净。⑲虎，气松。46当32位复劫。白㊼位提，黑六三路粘，白八五路虎，方成两活，仍白便宜。

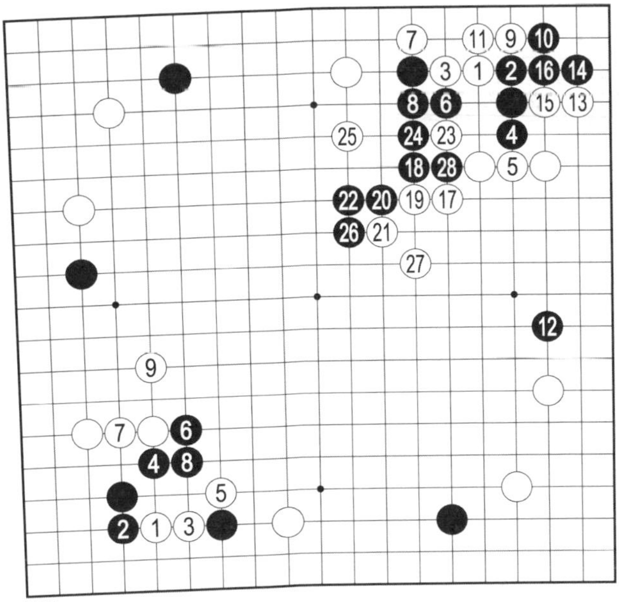

白三五侵。黑三四立。❷立，是。③碰，好。❹当五五路尖。㉓先挖后关，细。白稍便宜。

❹尖，❻扳，是。⑦接，是。两分。

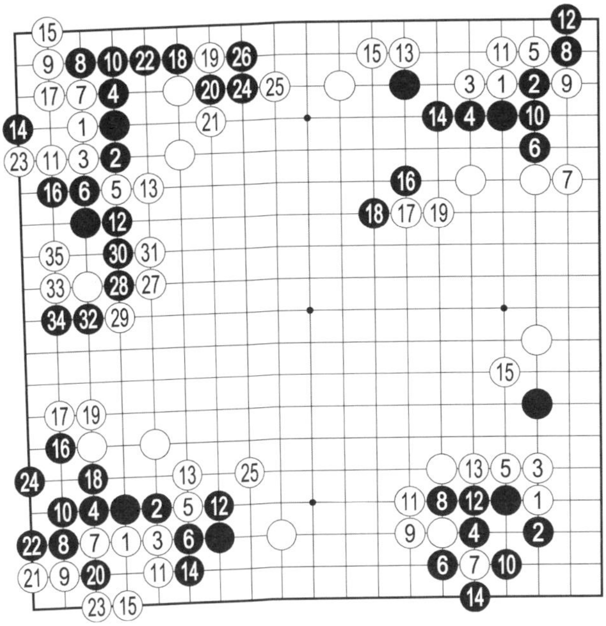

三四侵扳。一是，使黑无变。⑦立是，照应局面。⑮净，⑰托，⑲退，是。白得局面。

❹低，仍当⑤位长。⑦断好。❿打是。白便宜。

⑪立是。⓮点巧。⑮立是。一三路虎则成劫，黑从六四路挖出。

断是。㉗至㉟关，是。白胜。

⑮好。白胜。

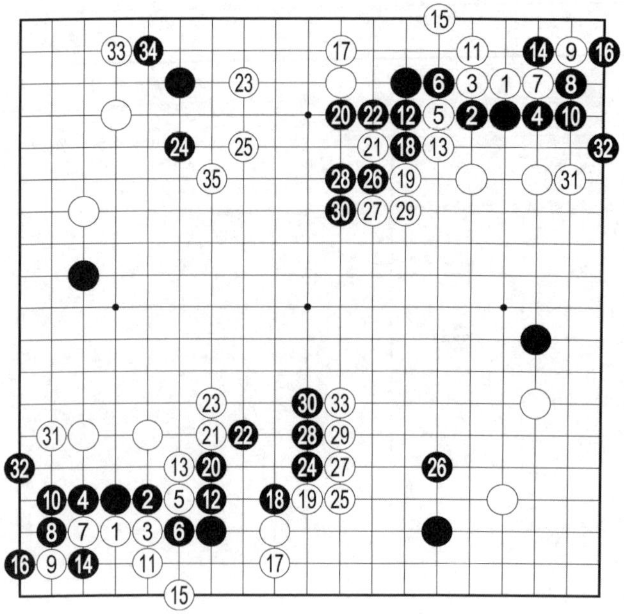

⑯打，是。⑰立，胜尖。㉑扳，好。㉗打。㉙接，是。㉛落得，㉟尖，是。白便宜。

《析疑》云：⑱当⑳位先关。㉑细。㉔当七四路尖，白势差胜。

⑱先关，是。㉝长，气壮。白便宜。

《析疑》云：⑳当㉑位跨。如白㉔位打，黑⑳位接，白关数子，反受黑逼。此变亦正，黑白俱有着路。

又云：当此局面，置子为正。①、③、⑤不免用强，⑪、⑮虽巧，若黑应无差，白亦不能取胜。后着路俱是，势成两分，侵、扳惟此二变可法。

此二局，《析疑》俱⑭二一扳。⑯打，后局。㉔五九路长。㉕拆二。㉖同。㉗八五路关。㉘八二路关。余同。

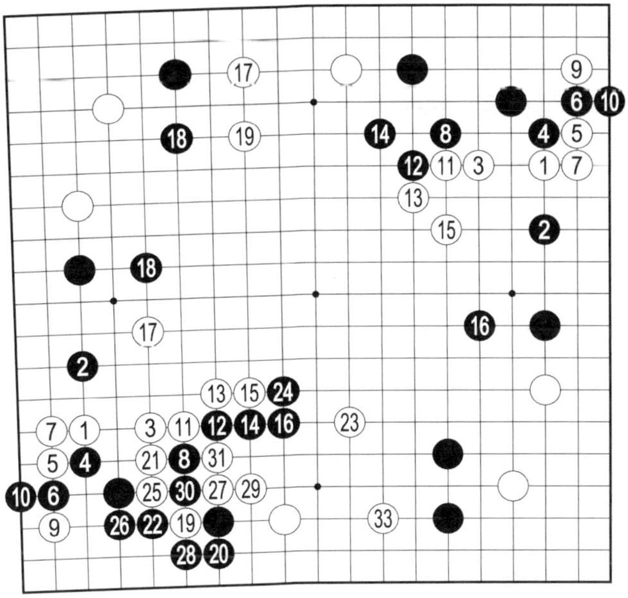

32=19

五六飞攻

八三拆二逼白单关，尖顶飞攻。14虎是。15不长，虎好。

《析疑》云：去边有拆二，15虎好。16防镇，17、19是。黑角未清，上角单关受逼，白有自然之利。又云：此势当入角三六侵好，4至5 不明局面。

增解：凡八三路拆，逼敌关出，角与边两碍，故须入角三六路侵，安顿边子，然后飞攻。白15虎后，16不必防镇，即可于四六路飞笼，各处无碍，方得局面。

21冲，23虚破，至33，着法生动。白稍便宜。

《析疑》云：24转头，扼要。33当九四路关，方不受制。又云：入角有关，14、16两长，气势阔大。

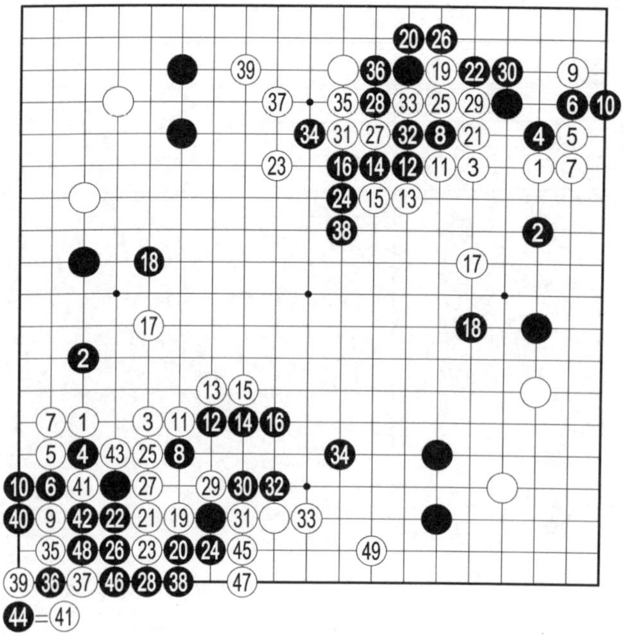

㉕打，亦是。㊲关。㊴尖，是。白稍便宜。

20扳，是。22当㉓位行。㉗是。34当四五位行，补角。白便宜。

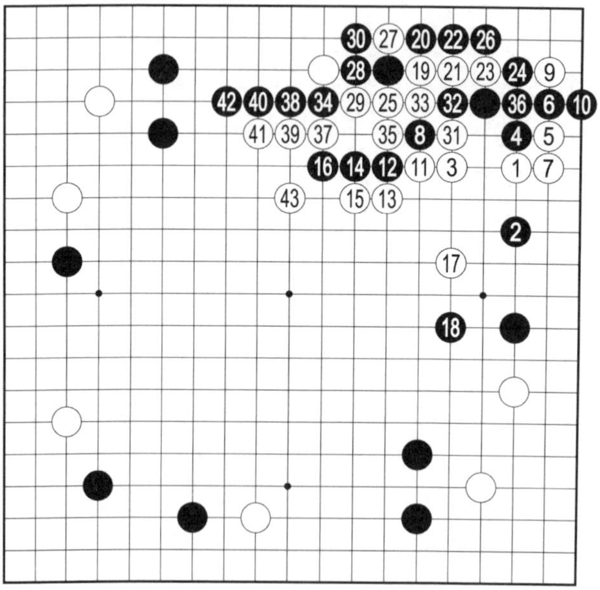

22长，好。24挖，好。㉕当二三路打，再于㉛位冲。此变黑得先手便宜。

《析疑》云：22至㊴俱正。40弱，当五八吃，白粘，黑㊶位打，白六十路打，黑七九路长，白二九路打，黑提，白40位打，黑三十路长，白九六路打，黑八九路长，白八五路提，黑九二路尖，虽俱有着法，而白两地未清，黑轻白重，且有许多腾挪，实操胜势，何得轻弃三子。

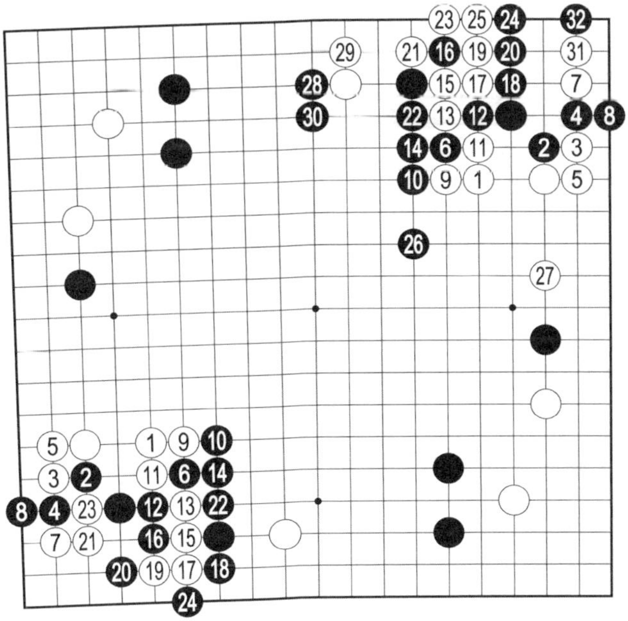

无八三拆二。逼白单关。尖顶飞攻。⑪冲亦可。⓬不搪，于⑰位尖是。⓰亦可。两分。《析疑》云：❷不可尖顶，当❻位飞，因尖顶，生出⑪、⑬攻断之着。28、30虽有黑势角仍未净。增解：此势⓰有轻扳之病，❿当⓮位长。

⓰是，两分。

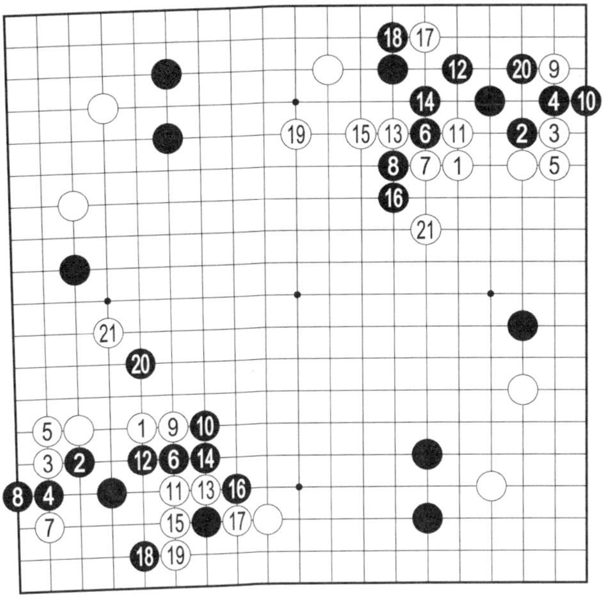

附《析疑》增变：

《析疑》云：⑬是。⓮呆，当⑮位打。⑰点妙。⓲不得不搪。白⑲关妥净，⓴不得不补。㉑关亦是。白便宜。增解：⑰先点，固是争先法，但⓲若于⓴位补，白不敢于⓲位渡，不过三八路碰，白若不碰，于三六路触，黑四五路接，白四七路断，黑俱可得先，外面不甚失势也。

⓬当⑮位托。两分。

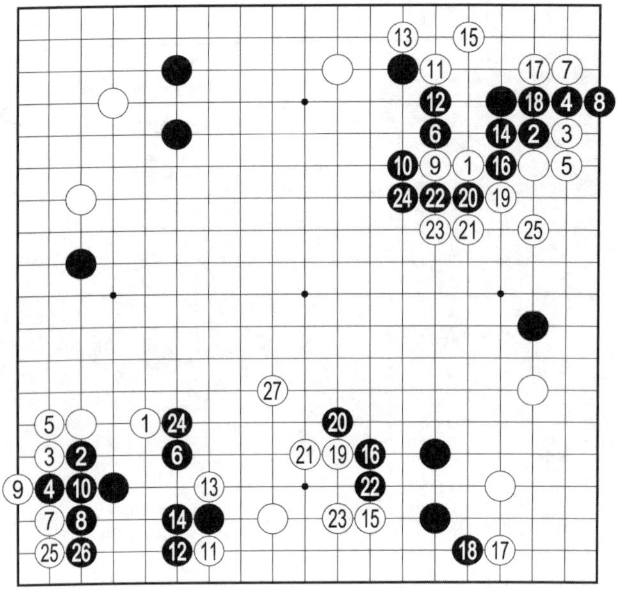

附《析疑》增变：

《析疑》云：⑪因黑无八三拆二，故不于七七路扳，三六侵，胜四六尖。⓮当三五路打，白接，黑⑮位搪，先得角好。⓮、⓰，冲吃二子，仍不便宜。⓲当七三路扳，转有便宜。

增解：二四护角，❿扳后，生出许多着法，故以不尖顶为是。⓮呆极，谓⓲当七三路扳，着法特重，可见恋子之非。

❽弱，当⑨位立。两分。

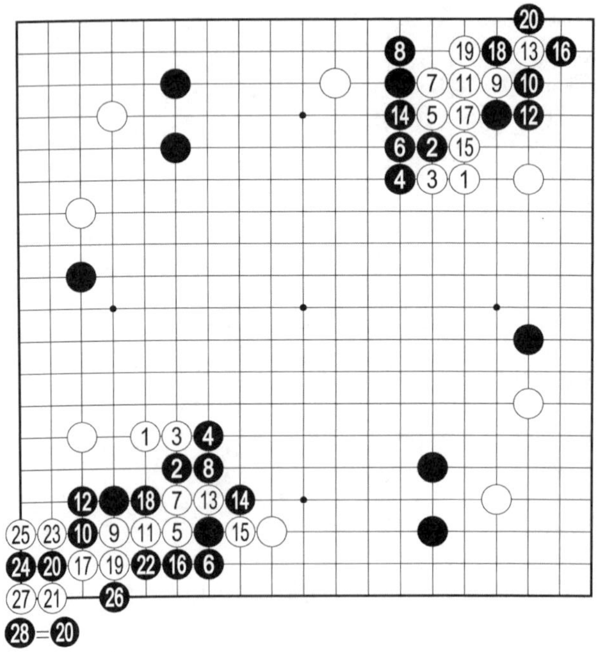

单关飞攻。❻当⑦位托。此⓬接，外无征子则可。⑬扳，细。黑稍便宜。

附《析疑》增变：

《析疑》云：⑤照应③、⑨子亦是。❻因无尖顶，可立。⑬、⑮失算，当⑰位先扳。㉒至㉔是紧子法，如外有征子，⓬不可接。

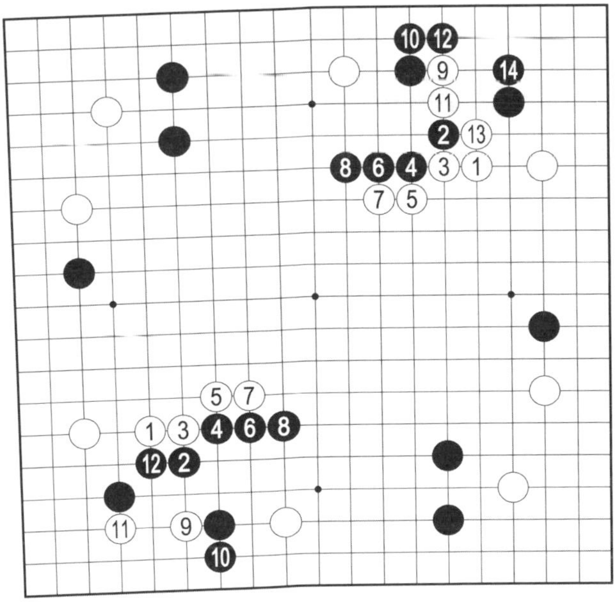

⓬、⓮，好。黑便宜。

⓬是。黑便宜。

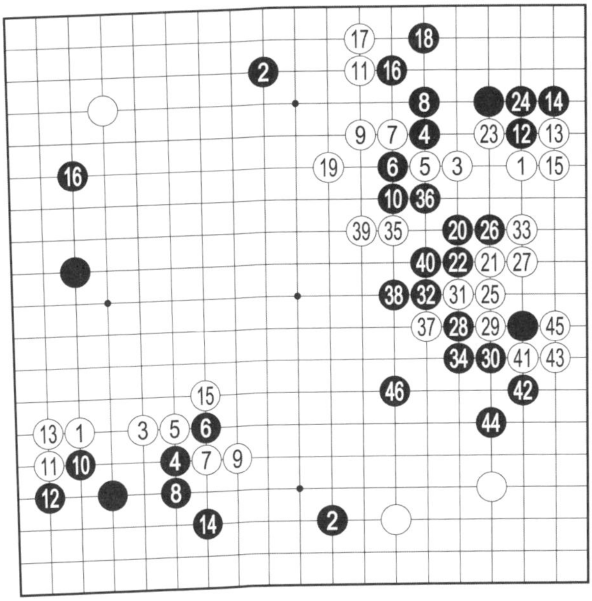

虚角五六飞攻角无三七六飞，故云虚角。

第❹着飞攻⓲虎，是。⑲不可缓。㉑至㉝，一定之着。㉟顶。㊲断。㊴长，落得腾挪先手。⓮当九七路先关，后接。两分。

⓮尖。⓰拆，是。两分。

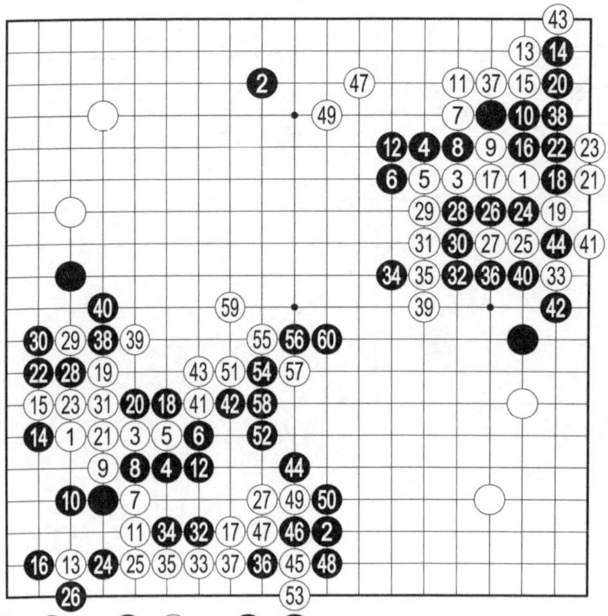

㊺=㉕；46=㉗；48=44

⓬接，是。⓮低，当六二路托。㉑打。㉓行，好，有成算。㊶做眼，好。白大得便宜。《析疑》云：⑪不打是。㉑、㉓是。㊶做劫好。黑虽可吃白，而白外势大极，黑失便宜。

⓮是。⓰虚托，是。⓲扳，妙。⑲飞，是。22夹，落得。㉙扳，是。38打，好。44飞，至60，皆一定之着。黑便宜。

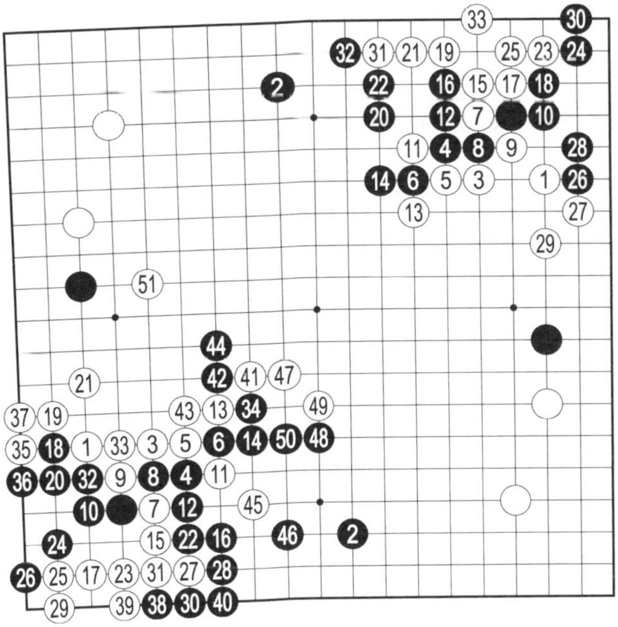

⑪、⑬两打，好。⓰立应是。⓴加是。●30立活，是。两分。

⓰逊前。●22当㉕位托。㉓是。㉙粗，当于●38位做眼得先。●34大，不可缓。㊶扳至㊾，有力量。(51)当十八路关。白得便宜。《析疑》(51)在十七路。

《析疑》云：⑪当⑮位立。⓰当●22位靠，白三四路行，黑三三搪，白㉗位扳，黑⓰位退，白●28位行，黑三八路行，白⑰位扳，黑㉕位扳，白㉓位粘，黑⓲位托，白⑲位扳，黑⓴位退，白㉑位虎，黑二八路拦，白●38位活，黑㉙位立，得先手于●34转头，乃通局之大着。此局⑪本低，因黑⓰、●22两着之非，反失便宜。

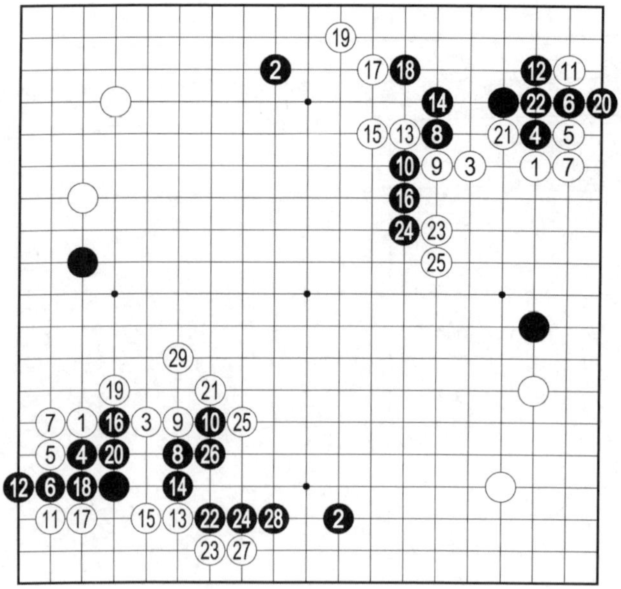

第❽着飞攻⓬弱。⑲不立，尖好。**㉖**随手点。㉗是。白便宜。

《析疑》云：❹尖顶而❽飞攻，白虽无四五路一跨之着，究有腾挪。⓬低，先失便宜，而白过又多眼位，当⓴位立。⑲尖好，黑角仍有不净，且于边子有情。

⑬亦是着法。⑮是。㉑扳，有力量。**㉘**当二九路扳。㉙好。白得便宜。

《析疑》云：⓬立是。⑬、⑮好。㉑必着，如黑长亦大。㉙补法好。

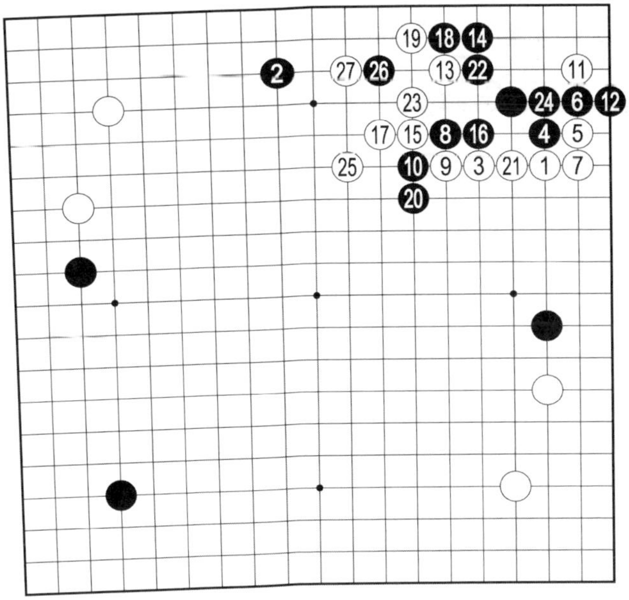

⓮飞，低。⑮断。⑰长，是。㉕尖。㉗应好。白得便宜。

《析疑》云：❽飞不当时，而又尖顶，故失便宜。如此局面，去边有拆二，方可飞攻。

增解：黑八三路若有拆二，飞攻较紧，白无暇⑬位投。可见飞攻要照顾局面。

《析疑》云：入角白有大飞，❷于九三路落子，欠明，当三七路大飞，是。❹如大飞，不免稍重，用飞攻亦不得力。

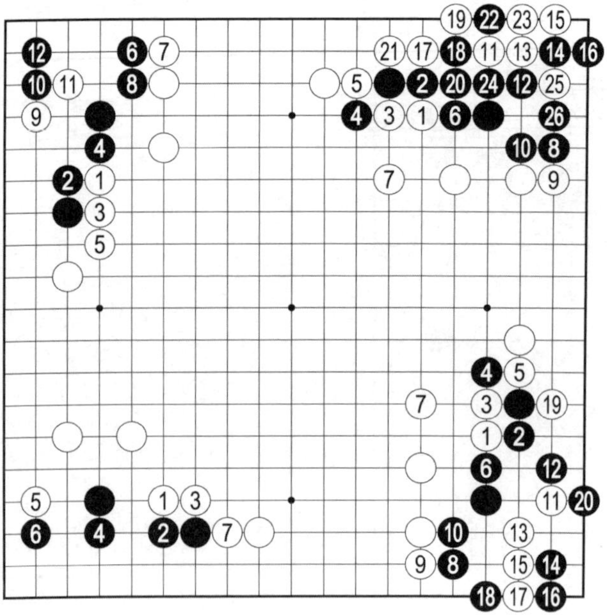

封角

单关飞封。❹扳，❻顶，亦是着法。⓬低，当⓲位虎。⑬至㉓落得便宜。
附《析疑》增变：
《析疑》云：⓬虎。⓮、⓰是。

❿应顶是。两分。
《析疑》云：❹顶是。⑤当三八路顶紧。❿是。
又云：⑤若三八顶。黑五二飞。白六二搪。黑三二关。黑角已净。白仍有六六路一压之病。

❹立。封角正应。
《析疑》云：❹先手补角是。⑤当⑦位先顶，胜四二路先飞。

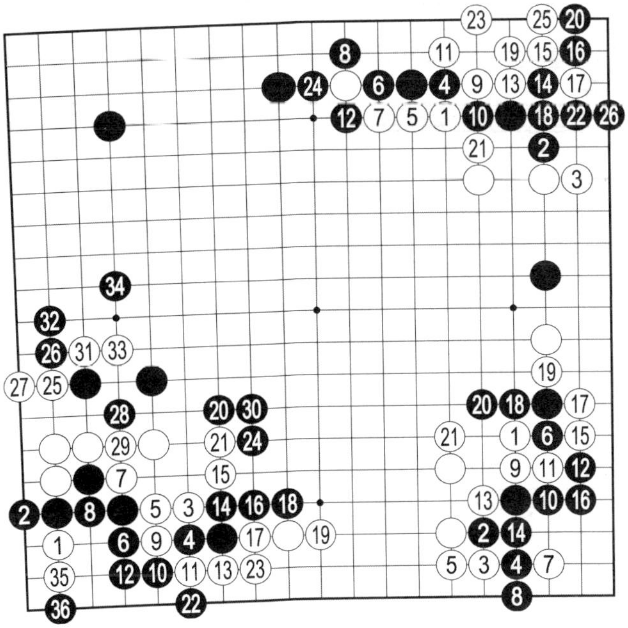

❷尖好。❻顶，❽渡，是。⑨当四九路接。㉓是。㉔提，好。黑稍便宜。

《析疑》云：❷当❹位托，③当五二路扳，紧，⓬不于二七路搪，打好。㉑有先后，㉓不于二八路两收，竟活好。此变尖顶不可为法，因③不扳，黑转便宜。

附《析疑》增变：

《析疑》云：③扳是，⑦、⑨变局好，白得便宜。有尖顶，此变亦正。

增解：不取❷尖顶之着，所见与《桃花泉》异，特增③扳一变，见尖顶究无便宜，此等识力已到至处。

互关尖顶飞封。❹应亦可，然不如五六路飞压。⓲长，⓴飞，好。㉚接，净。黑稍便宜。

《析疑》云：⑤至⓰不易之着。⑰低。⑲仍不能扳，何不于㉓位退，致有小失。又云：③飞低，当⑤位关。

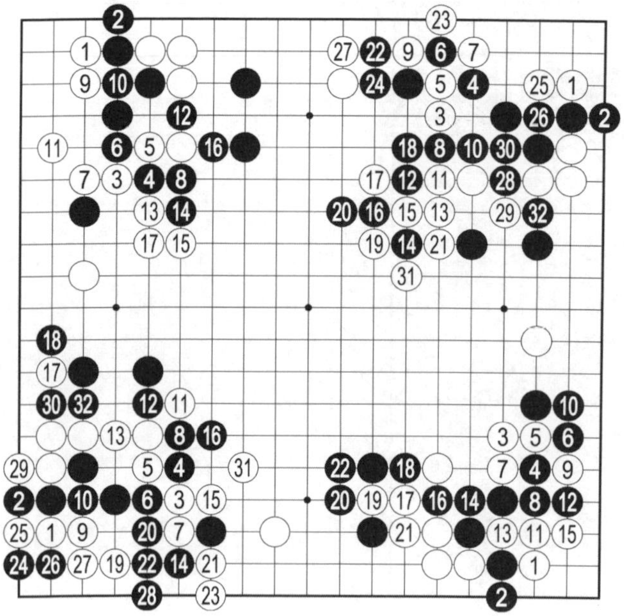

❹尖低。❽压好。至㉜是。黑便宜。

《析疑》云：⓮太强，⑮、⑰落套，当㉙位虎，然后两冲，可成两分之势。

附《析疑》增变：

《析疑》云：⑦是。⑮搪角是。两分。

❹压，❽长，好。⑬、⑮两扳是。又云：⑦当❽位打。⓮扳亦是。⓰不随手打，是。㉘立是。黑胜。此局与《析疑》第四变，着法先后小异。

《析疑》云：因③、⑦两着之粗，以致黑多巧着，白子尽失。

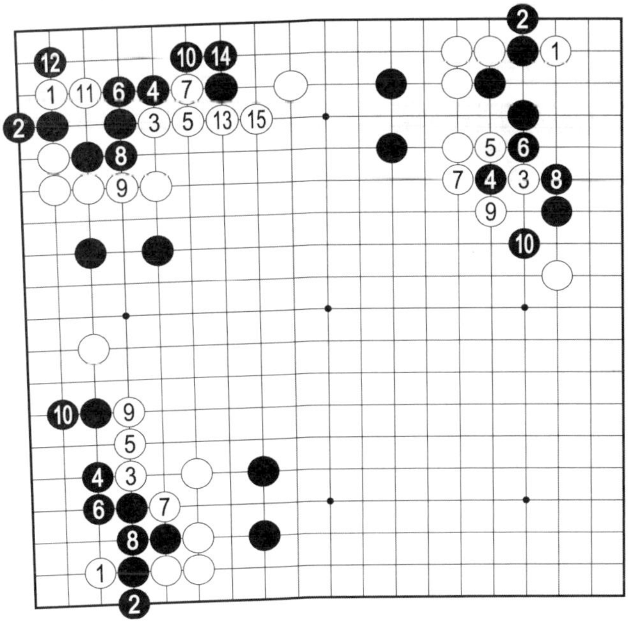

⑦打，是。黑稍便宜。

《析疑》云：❻至⑨，黑白俱是。黑角仍有劫活，白虽得先，两地俱未清脱，由③着之飞不当也。此变亦是飞封正应。

互关尖顶关封。❽好。⓬夹，好。黑稍便宜。

⑦打。⑨长，是。❿立，是。两分。

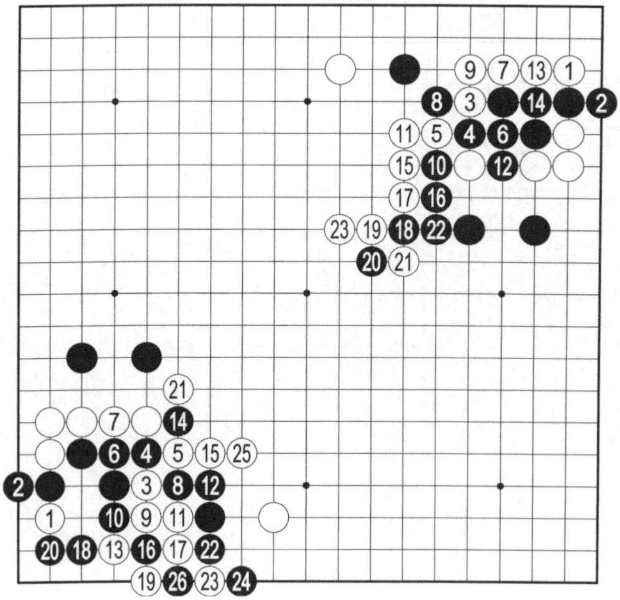

❹扳虽转换，然不如⑨位扳。⑦扳至㉓长，是。白稍便宜。

⑦仍当❿位扳。❽当❿位立。❿当⓮位先打。㉓落得成劫。黑稍便宜。

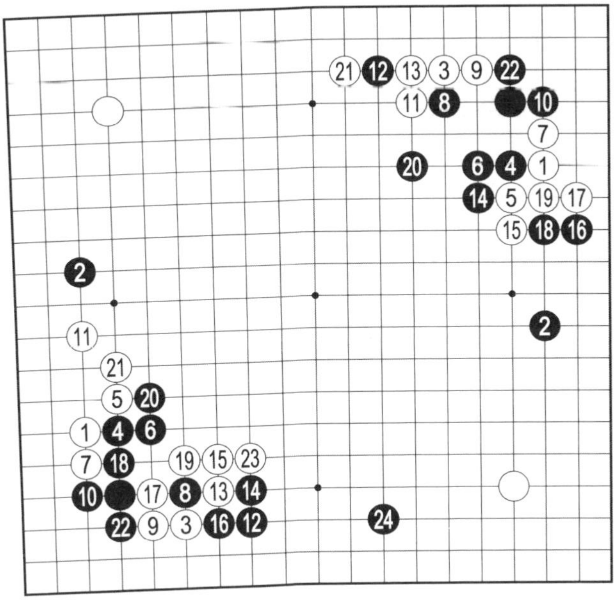

双飞燕

③着右三六双飞。❹着左六四压。⑨长究非正着，当⑪位扳。❿立是。⓬点太紧。⑬当四八路长。⓮至㉒，是。黑稍多着法。

《析疑》云：⑨行进角，本非正着。黑少应法，反失便宜。❿立是，如三四路搪。后五四路紧，白无一断之病。⓬点细。⓴是。㉑不得不夹，黑得先手，着法尚多。

增解：《桃花泉》以⓬点太紧，⑬当四八路长，论甚精妙。⓬点，原料⑬紧接，故有⓴关先手便宜。若四八路长，气势较畅，黑着法略少。

⑪当⑬位扳。⓬、⓮紧。⓰断，是。㉒、㉔是。黑稍便宜。

《析疑》增解云：⓬、⓮，借逼以占要地，可见⑪当⑬位扳。

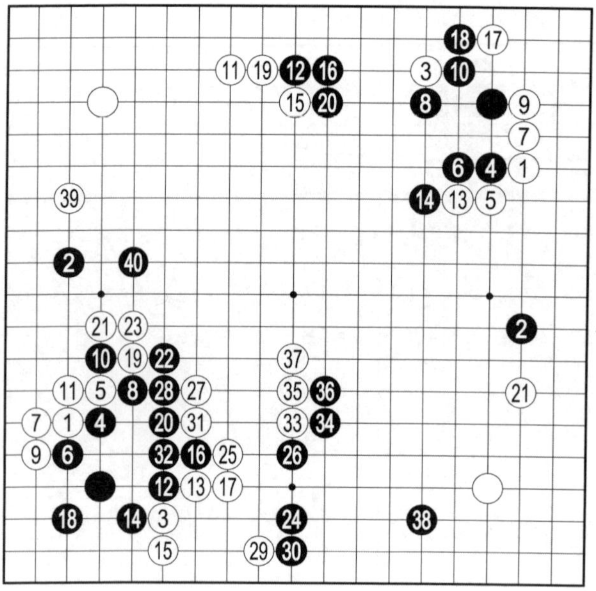

⑨四三进角，亦是着法。❿虎是。⑪好。⑬先长后压有序。⓰当⓴位扳，白退，黑长，势壮。⑰虚飞，是。白稍便宜。

⑨随手，当六五路打，再于❿位长。❿打至㉒，皆是。㉔紧。㊳拆，大，得局面。黑稍便宜。

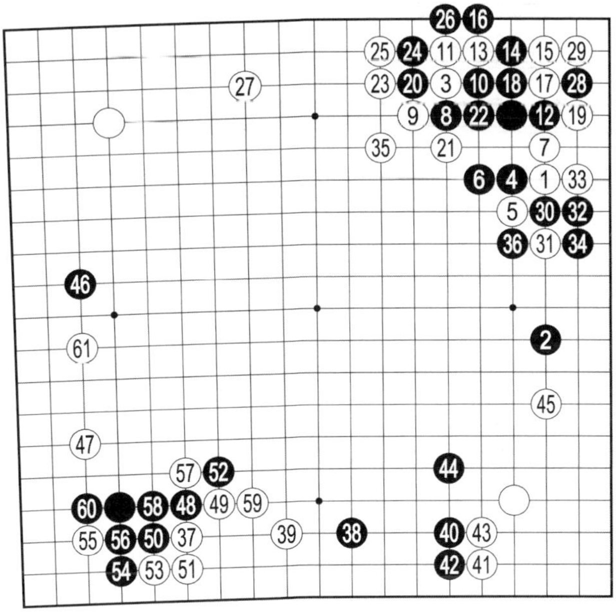

⑰长。⑲过。弃子转换，亦是双飞着法。㉗拆，是。㉟虎，大。㊴当入角七三路飞好。两分。

《析疑》云：❹至⓰俱是，入边黑有三九子。⑰当㉓位虎为正应。

增解：入边黑无❷着三九之子，㉘、㉚不可早断，恐㉛位敲后，黑子无援引，不免沿边而走也。既有❷着之子，⑰、⑲过角，被黑截断五子，失便宜矣。

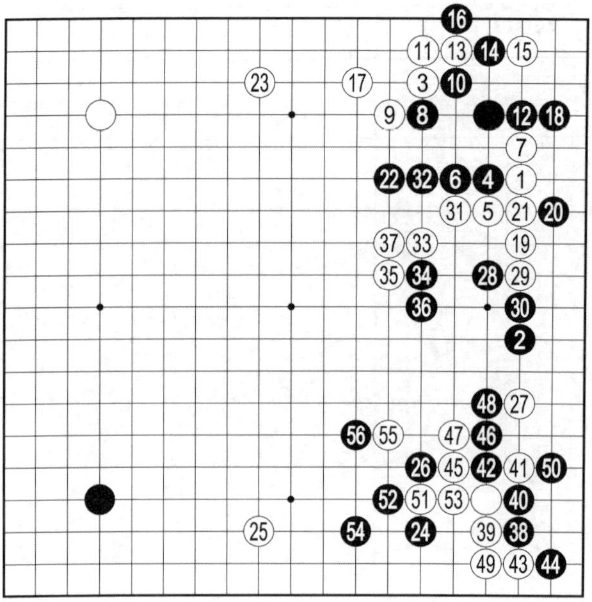

26着关，胜双飞。42断，好。若于50位扳，白于45位虎，反无意味。黑稍便宜。

《析疑》云：此变入角无大飞，双飞太紧。4至22俱正。23虽大，不如27位飞是。25亦正，仍当27位飞。26当28位先逼。41扳，不如42位长。黑41位长，白46位长，任黑腾挪，不能制白。

增解：《桃花泉》第一变嫌起手双飞太紧，意谓局势未定，无故用双飞，失之太紧耳，原不专指入角一面。此云“入角无大飞，双飞太紧”，正见用双飞，以不碍己子为高。

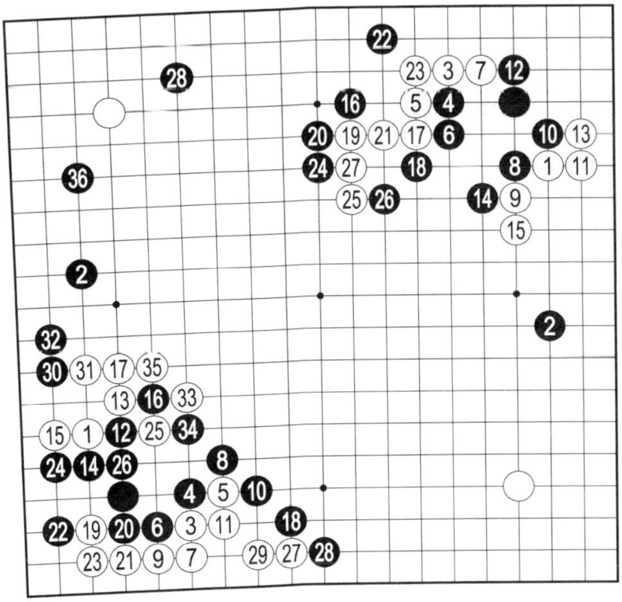

③着右三六双飞。❹着右四六压。❹于四六路压，意在图变，⑬当于十三路拆，得局面。⓮扳。⓰逼，紧。⑲关，是。㉒飞，㉔长，有次序。黑稍便宜。

《析疑》云：⑬如三十路拆亦正，⓰紧逼，非正着也。㉓低，当三八路虎，得先手于㉔位扳。黑九五路行，白上角七三飞，此必争之着。

增解：《桃花泉》云“❹四六压，意在图变”，如⓮、⓰等着也，然⑬果于三十路拆，得局面，黑仍无变着，可见❹当❽位盖，不碍局势。《桃花泉》赞“⓰逼紧”。不过存一着法，此云非正着极是。

⓲尖，好。㉗可缓。当㉝位打一子。㊱识局面好。

《析疑》云：❻虎非正着，❻如五六路长，⑦可❻位行，黑⓬位盖，白⓴位行，黑⓮位虎，白⑲位长，而黑得不偿失，亦无便宜。⑨当五六路打是，㉖不反打是。此变黑虽腾挪，有十三路一断之大着，仍无便宜。

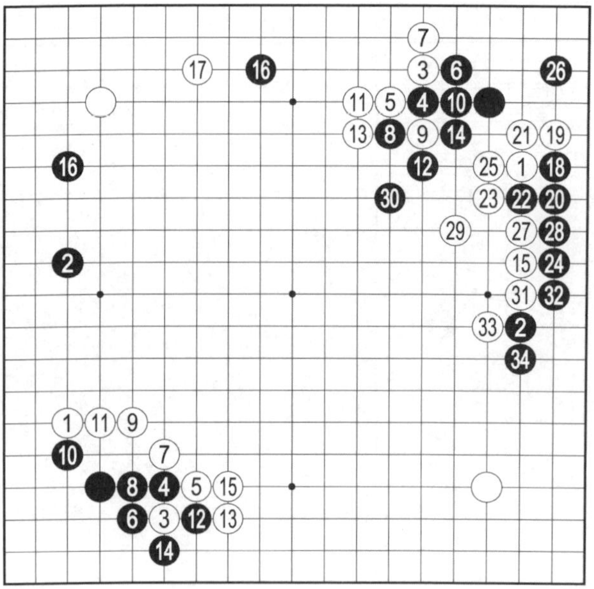

⑨打是。⓲托，好。⑲当⓴位扳，黑稍便宜。

《析疑》云：⓬低，当㉕位盖。⑬当二五路先行。⓰防白于八三路布成大势。⑰仍当二五路行角。⓲好。

⑦打。⑨封。如上角有飞。亦是着法。❿先尖是。⑪接，是。⓰不可缓。

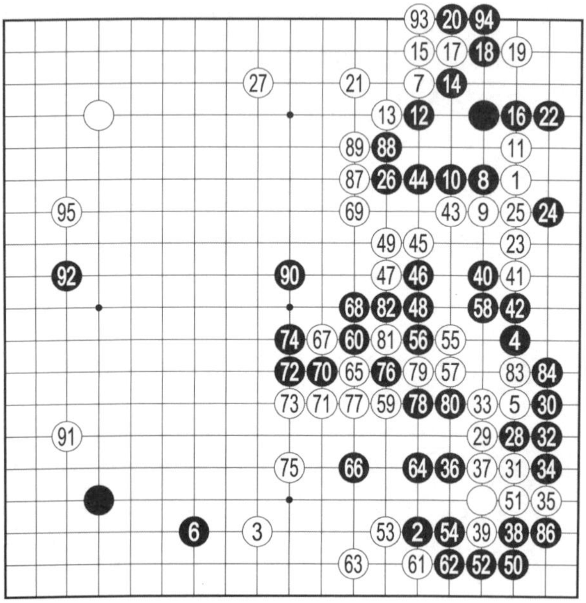

㊵=76

⑦着右三六双飞。❽着左六四压。28侵，皆双飞熟套。㊴立，是。53至63，紧。64双，是。65、67紧。69尖是，87封，大。白得胜势。

《析疑》云：此局入角有⑤位飞，❻当去角三七路飞，不失局面之正。❽亦因入角有飞，当尖应为是。⑨至26俱正。㉗当五五路镇好。28侵，当时。50当九三路拆。白86位补角，然后82位转为是。此局因❻落于间，白得先，占大势。

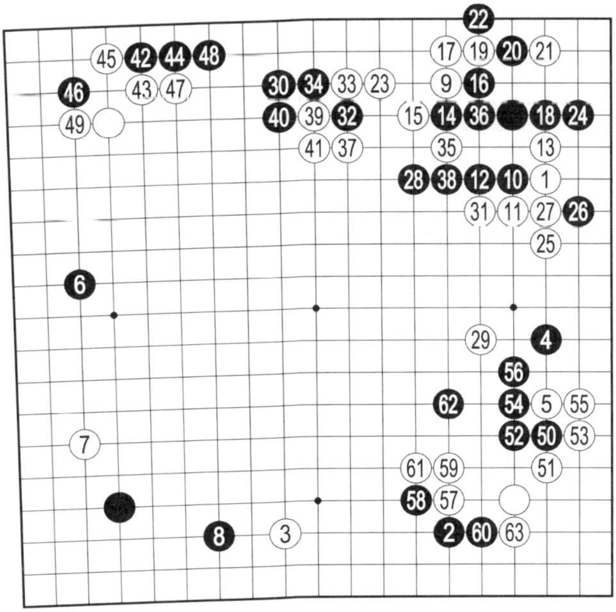

9着右三六双飞。10着左六四压。29五九路镇，亦是着法。32，不如38位接。47长。49立，是。50当51位侵。52是。61转。63立，是。白便宜。

《析疑》云：9紧，10仍当尖。31紧，32飞好。40至49，不易之着。50如51位侵亦可，不免小失。52至62虽是，然左右边子势难两顾，因6与10欠妥故耳。

增解：6与上局小异，俱失之宽缓。

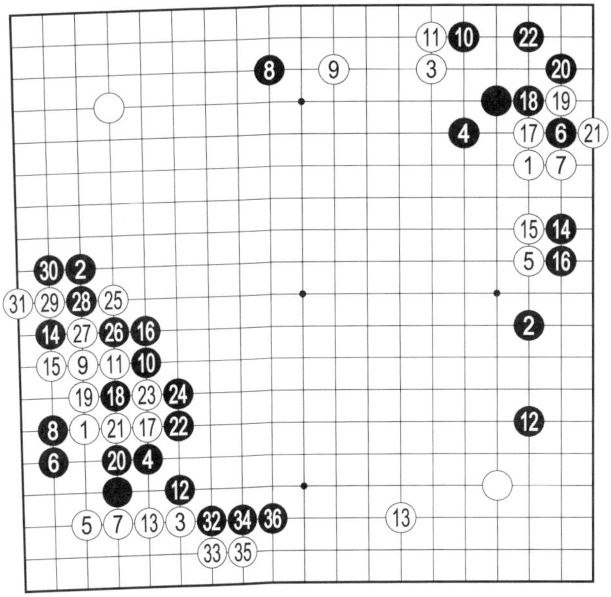

双飞4着尖应。4尖亦是正变。8是。14点侵是。22虎活，好。

10镇，是。12落得。14飞，好。15贪立，当16位扳。18扳，细。白虽活。黑便宜。

《析疑》云：双飞尖应，如局内有大着，方可用以脱先。5点亦可。6低，当四三路拦。7大，9灵活。11是。12防六五路关，13、15俱当23位扳。18好。20是。33若外无征子，当34位夹。此局白13、15呆应，失便宜。

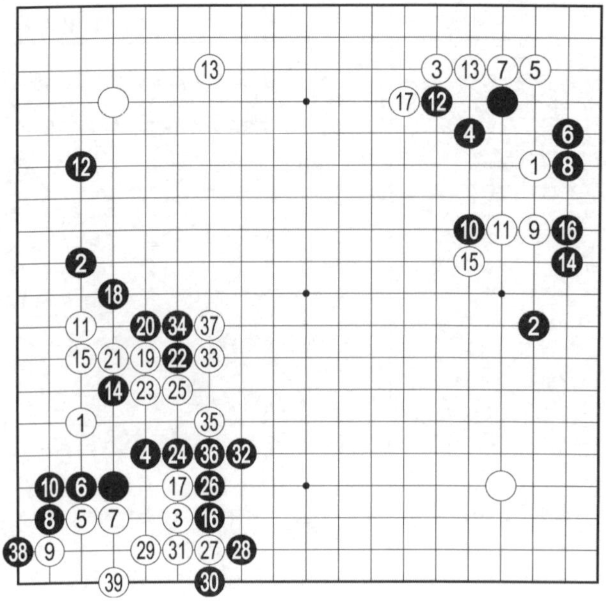

附《析疑》增变：

⑮是。⑰大。白以三子为饵，随意变化。黑俱失便宜。

●12先拆，好。●14飞，是。⑮若位关，亦是正着。两分。●16是。若先●18位尖，恐白于六四路冲，黑虽封亦无趣味。●24至●32，皆是。黑得便宜。

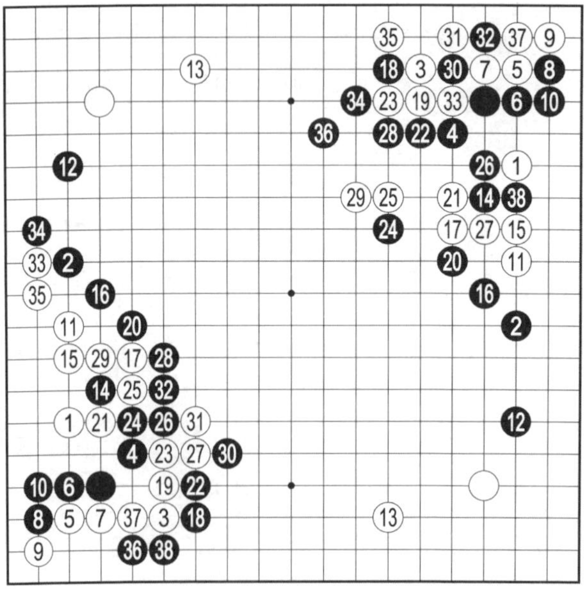

㉑不如上变接。●24先飞，是。●30挖。●32打，细。●34包。●36虎，是。黑得便宜。

㉑亦是。●22至●38，皆是。黑便宜。

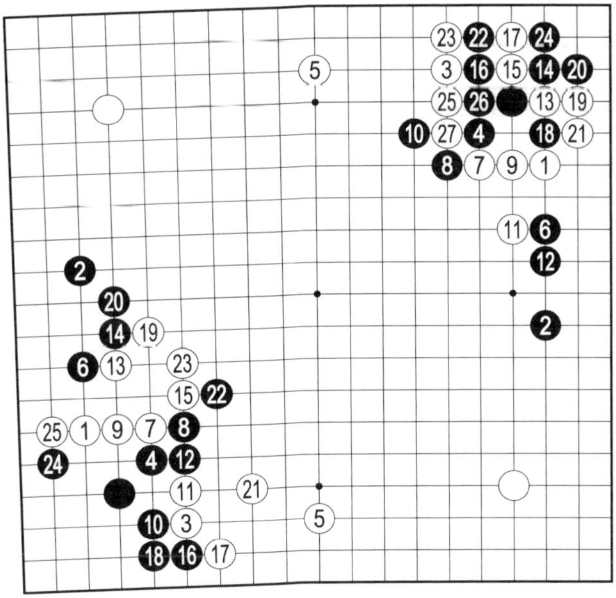

⑦关，⑨接好。❿当⓰位虎。⓬当九四路扳。⑬关。⑮断，是。**24**当**26**位接，白过，黑再于三七路关。白关应，黑于一四路扑活，好。白得便宜。

《析疑》云：⑤于十三路拆三，好。⓬位拆二亦可。❻是。⑨接，有⑬、⑮关断之着。㉓夹好。**24**如**26**位接，角活亦无便宜。

增解：此变明以五拆三，胜⓬位拆，所见高。

❿虎，是。⑮扳，好。两分。白稍便宜。

《析疑》云：❿好。⓮扳是。⓰必着。此变黑似便宜，然角有一点之病，仍属两分。

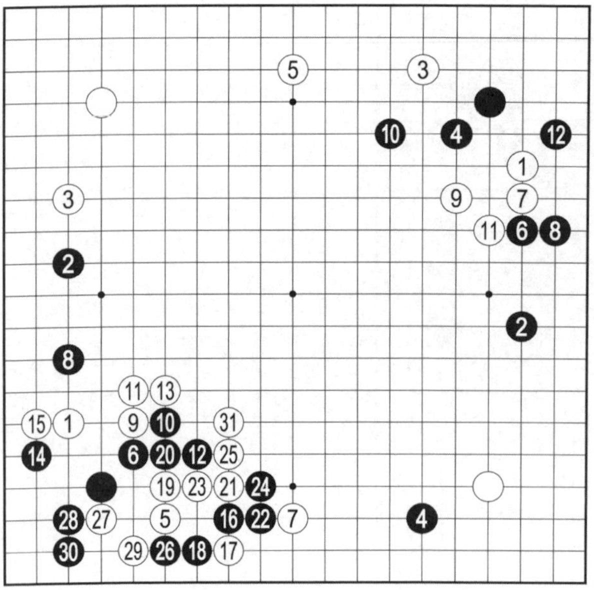

❿关，好。⓬飞，是。黑得大局。

双飞❻着尖应。⑨关。⑪长，是。⑬必着，亦两分。白得外势。

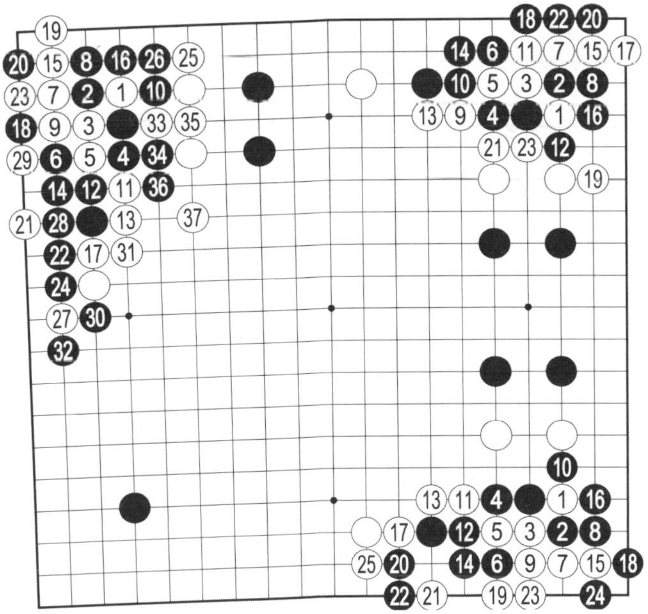

扭十字

黑左有八三关。白四三纽。⑦打，⑨扳，亦是。⑬长，是。⑰当三八路先顶。⓲粗，当五六路扳，白胜。《析疑》云：白外有黑子关逼，①可着。❻非一定之着。⓲低，若五六路扳，可成两分。

⑰顶，好。⓲低，当⓴位虎。㉓细。
《析疑》云：⑰是。⓲当⓴位虎，或仍五六路扳。

⓲当●36位扳。⑲立是。㉑点，是。㉕先立，是。㉗至㊲，是。白胜。
《析疑》云：⓲若●36扳，白必㉙位扳吃黑，可成两分之势。

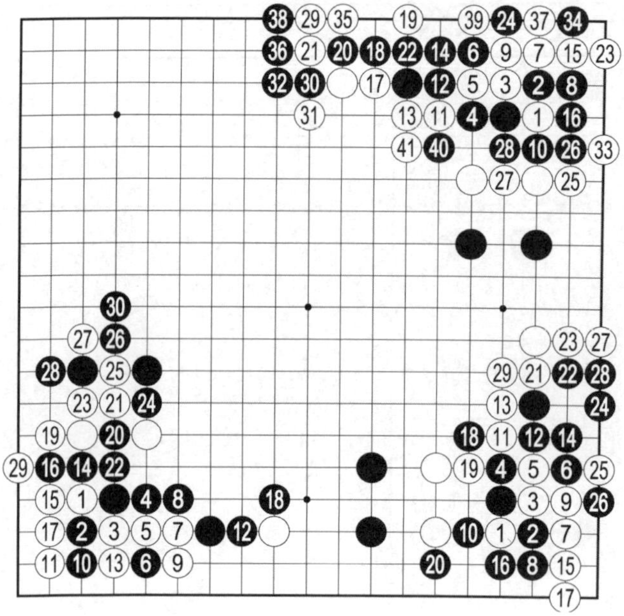

18虎，仍当40位扳。23立，是。24当30位断。25立，是。29至43，是。白胜。

《析疑》云：14当40位扳，白不能41位转头，必17位顶，吃边子，而黑六六路拦，亦大。29妙。

18扳好，29接，是。两分。

《析疑》云：此变亦正，白稍便宜。

12并，是。18扳，好。20虎，至30长，细。黑稍得便宜。

《析疑》云：11是。

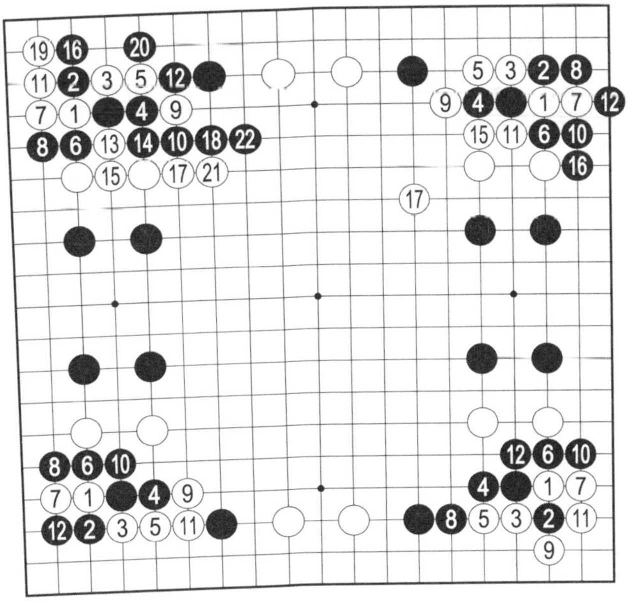

⑬=①；❶❹=⑦

❽立低，当三六路并。或于❶❿位立。⑨扳是。白便宜。

《析疑》云：❽若三六路顶，无变。

❽并是。黑稍便宜。

《析疑》云：❽好。❶❷是。此变最正，❻打后不易之着。

⑬打，至㉑转换。白稍便宜。

❶❿接，好。黑稍便宜。

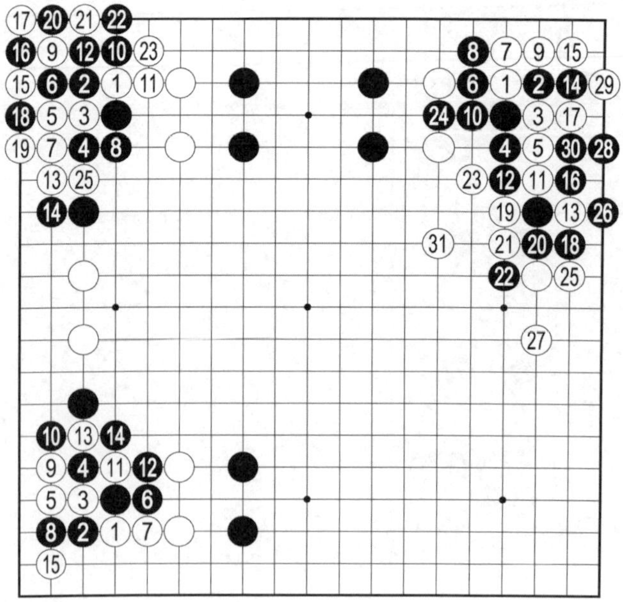

㉔=⓴

⑨打是。⓮长。⓰断，好。㉒是。两分。

❹打低。⑨夹好。白先手劫胜。

❹打，❻长，亦是正变。⓬、⓮打，亦可着。白稍便宜。此局本从六五路征白。若白别无应援子，⓬着四一路包打。黑便宜。

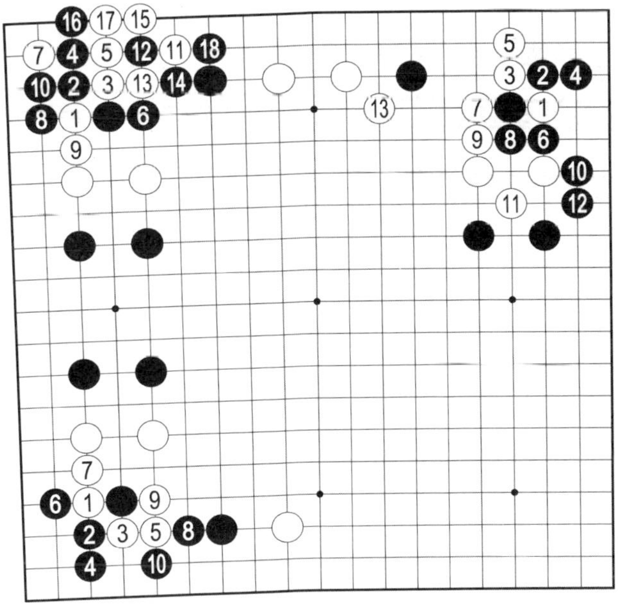

❹立低。⑦打。⑨接，是。⓬退，是。白得便宜。

❹立亦低。上直③着立。此直①着立。⑤当⑬位长。❻是。⓬挖，好。黑胜。

⑤是。❽顶是。白稍便宜。

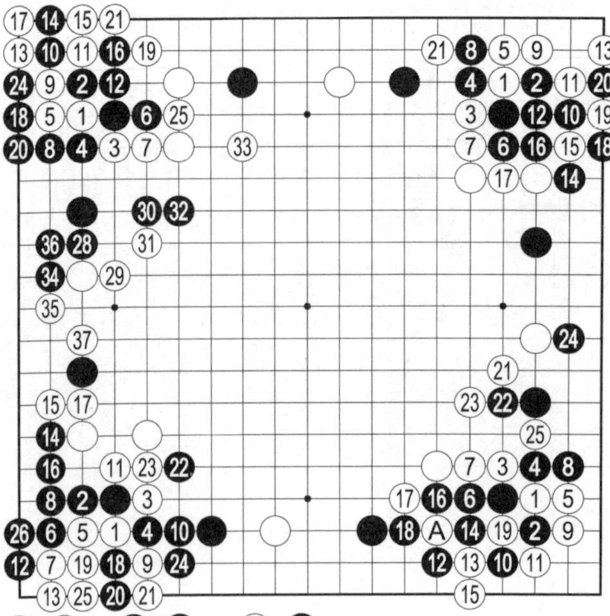

⓴=Ⓐ；●22=❿；㉓=⓮；
●26=❿；㉗=⑨

黑左有八三子。白三四扭。❽当⑨位立。⑪打。⑬虎，好。⑮挖，至㉑打劫，是。白胜。

《析疑》云：外有八三子，❷当⓬位立是，③非正着。❻是，如⓬位粘亦好。❽若⑨位搪，白三六路吃，黑❽位吃，白㉑位打，黑提，白⑰位粘，黑二七路夹，可成两分。

⑬挖，⑮立，好。白胜。

❿扳，是。⑪至㊲，是。

《析疑》云：❿是。⑪如⓬位打，黑⑪位粘，白吃二子，黑渡，白亦无味。又《析疑》●28着●30位关而止，不到㊲着。

❷立亦是。③当❿位关。⑬粗，当㉕位虎。⓮至●26，是。黑胜。

《析疑》云：③至⑪落套，黑有八三子，不可纽。⑪如⓬位立，尚可少失。

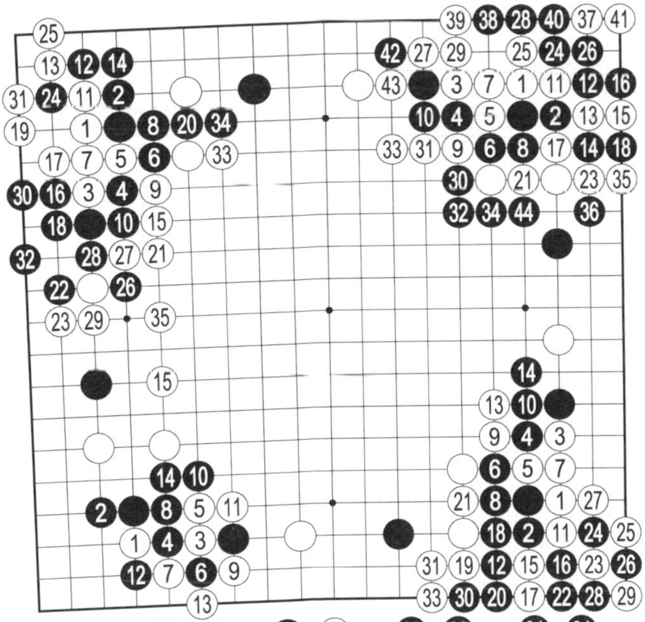

⑲=⑬；⓴=⑮；㉒=⑬；㉜=㉖；㉞=㉔；
㉟=⑮；㊱=⑰；㊲=㉓

③关，好。⑬当㉛位长。㉓当㉔位立。㉔是。白胜。

⑬、⑮亦是。⑲好。㉓当㉘位并。㉔是。白便宜。

⑤长，是。白便宜。

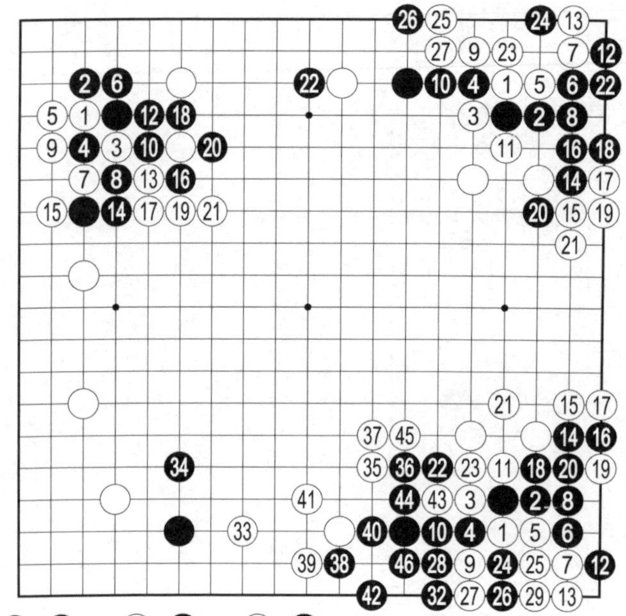

30=24； ㉛=26； ⑪=❹

黑无八三子。三四扭。❷当③位长。或⑤位扳。⑬立，是。⓲粗，当㉓位打。㉓接。㉕尖，好。白胜。又云：⓰当⑰位立。

《析疑》云：外无八三黑子，③扳，⑤靠是。⓰低，若⑰位立，可两活。㉕、㉗好，得净黑子。

⓰立，是。㉑虎，细。三三折。三五飞，好。白得便宜。

《析疑》云：⓰是。⓲紧好，如⓴位粘，白一四路点，黑一三路粘，白24位粘，仍可吃黑。今虽两活，外势已失，外无八三子，黑不可用纽落套。

❷扳是。❻接是。⓬接，至22布，是。黑稍便宜。

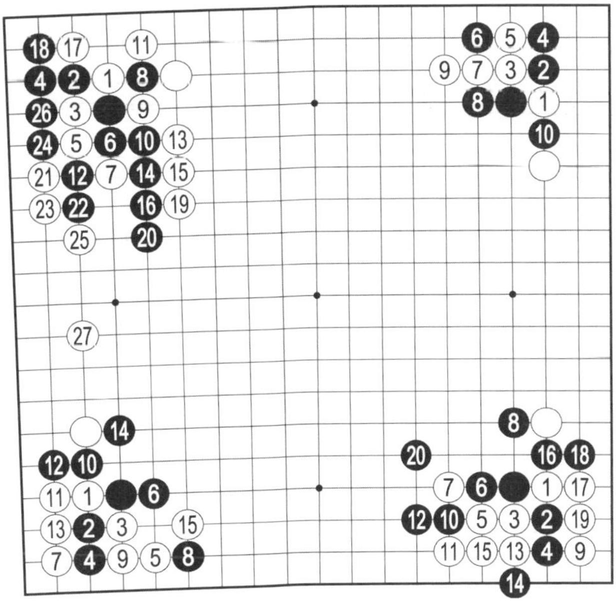

三六子拆一扭。❹立是。❻夹好。黑便宜。

⑨贴虽可。不如五六路夹好。黑便宜。

❽打不如上变关。⑨是。白稍便宜。

⑤尖胜长。❻当三五路打。白接。再于❿位打。⑦贴好。两分。

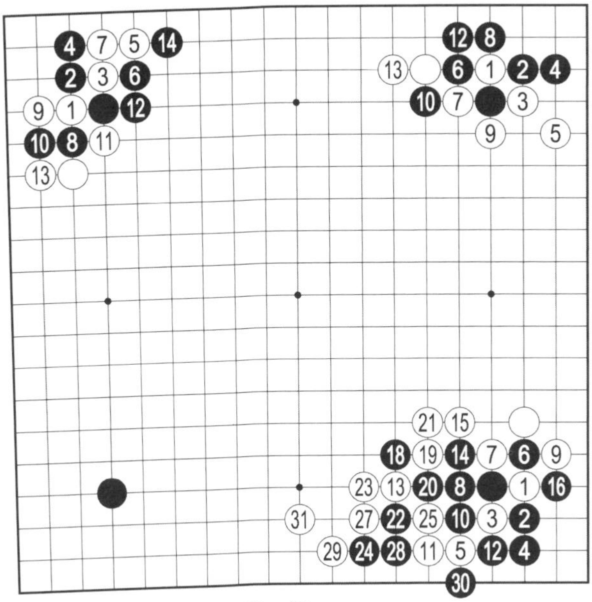

⑪=①；⑰=❻；㉖=③

⑦打是。白胜。

❿当⓰位打。⓲当⑲位长。

⑲挖，至㉛，是。白便宜。

❻打是，两分。

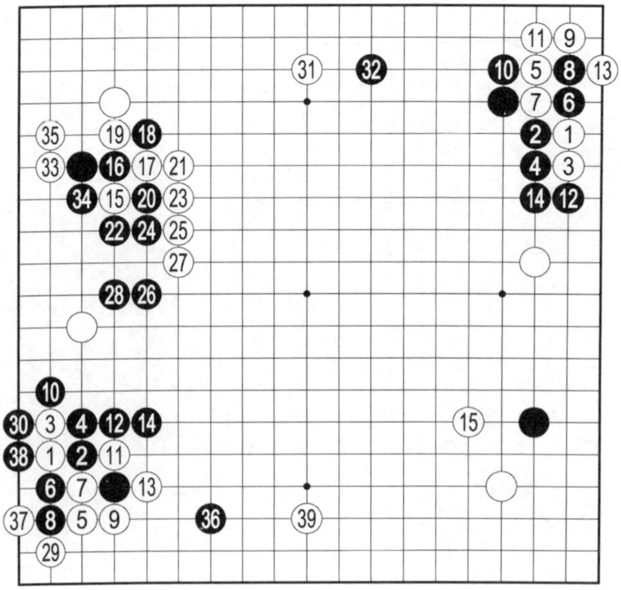

大飞进角白角黑投三六。白投九三之局。

白五二飞。黑五三尖应。二五三五同。❷尖是。③当❹位扳。❹好。❻当❿位立。⑨当❿位湾。⑬不打。若于四五路断，亦可着。⑮镇，好。

⑨是。⑪、⑬是。⑮用垂莲当时，得大局。⓲当⓴位断。㉕长，好。㉖当㉗位扳。

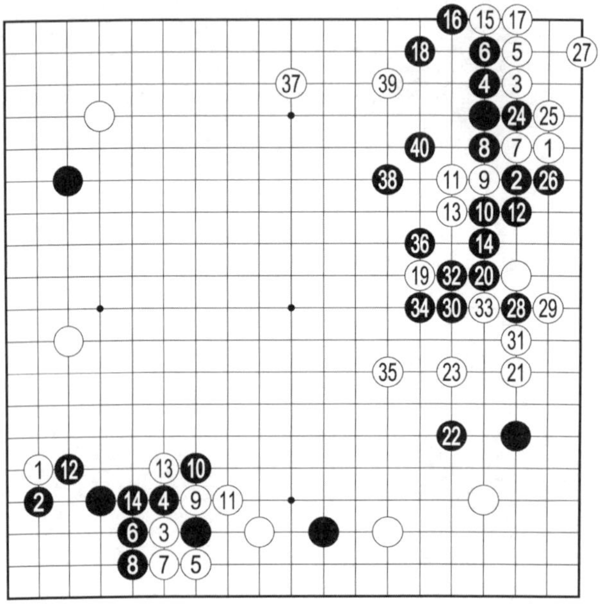

前式白角更有七三飞。黑八三投之局。黑角放此。

六三罩应③当㉖位行。❻当⑦位退。⑲飞。㉑拆。㉓扳。㉙打，活动。白稍便宜。

四二搪应③侵好。白得便宜。

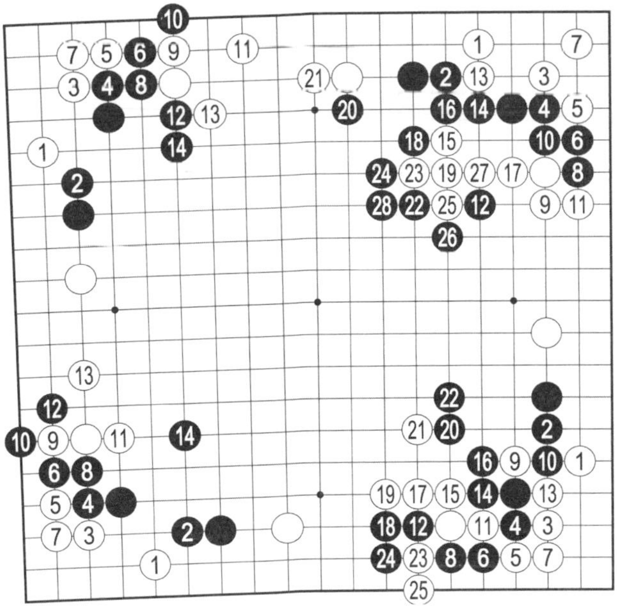

二五侵分白有三六九三子。黑有七三飞之局。

二五侵六三并应❷应亦是。❽不宜长，当❿位接。⑨长弱，当⑲位罩。⓬必争之着。⓲虎，⓴压，㉒加。有次序。

⑨先关。⑪断。㉑关。㉓断是。

❽接，是。⓮不扳，长，是。两分。

⑪长，胜关。⓮好。两分。

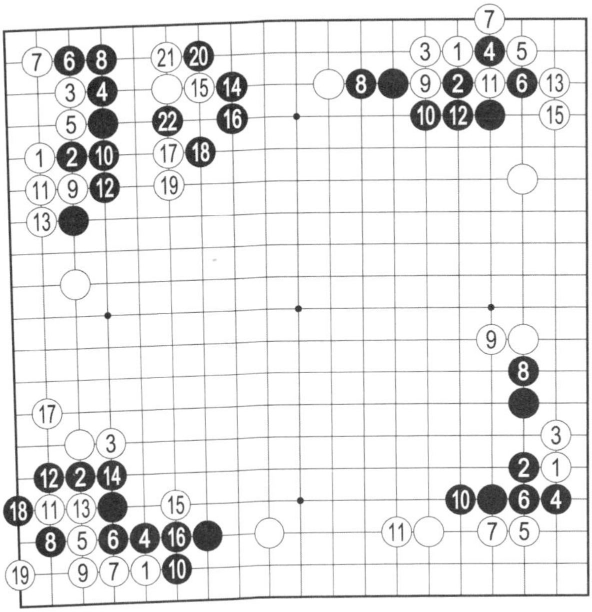

⓮=❹

三五尖应❷尖应，是。⑤夹非正着。❽碰，是。⓰扳，是。白稍便宜。

⑤点，是。❽当❿位先长，再于二七路立。

❻扳，亦是转换法。⓴扳，㉒挖，好。

五三尖应❷尖亦是。⓬立，是。两分。

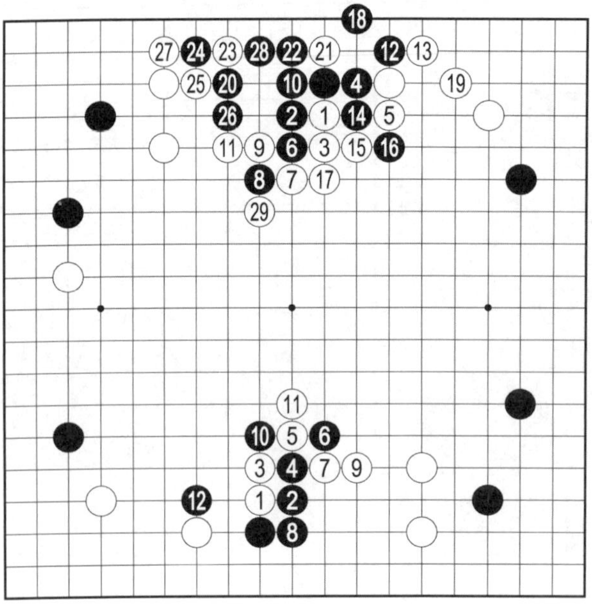

九四压

①压低，当于③位镇。❹随手。⓮至⓴，是。㉑点。㉓托。㉙打，是。白便宜。

❹长，❻扳，是。⑦低，当九七路扳。❽接。⓬压，是。黑便宜。

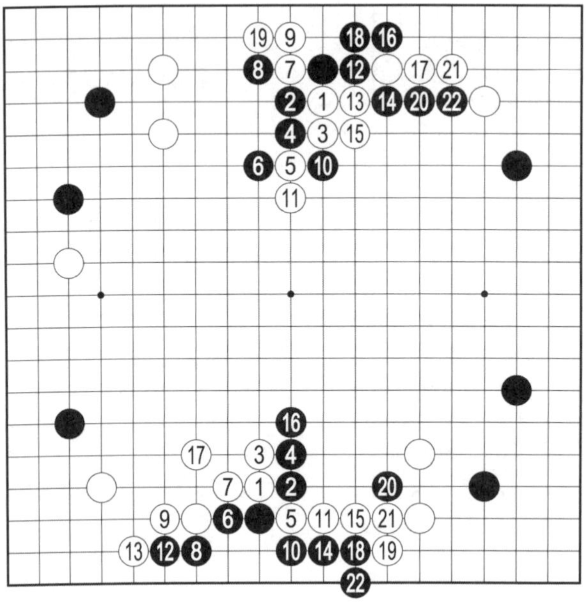

⑦亦非。❽打至㉒，是。黑胜。

⑤断亦可，然不如于⓰位两扳。❻至㉒活，是。两分。

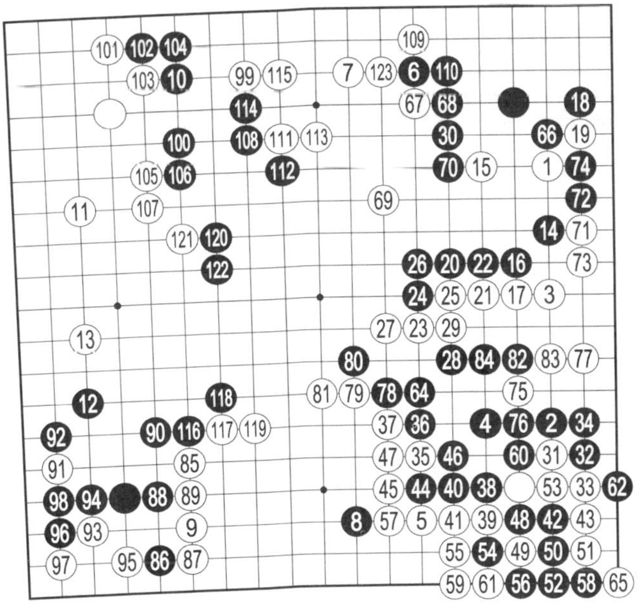

63=49

投拆三

2脱先变应。3是。4至12皆正。13拆，得局面。14躁。15至23，一定之着。24紧。26当九八路虎。27是。31紧。34当四五路打虎。35是。38关，至60打劫，亦可。62当竟于64位活。白劫未净。67至83落得便宜，兼存活地。85大。91落得先手。92尖应亦是。94或95位双，亦可。99拆，105飞补，是。121尖，123碰，是。

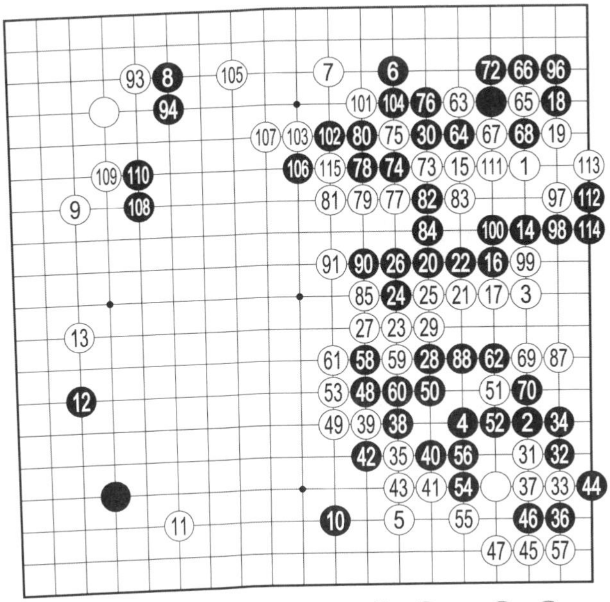

71=65；86=68；89=65；92=68；95=65

74当75位长。81长是。82当91位关。105拆，好。

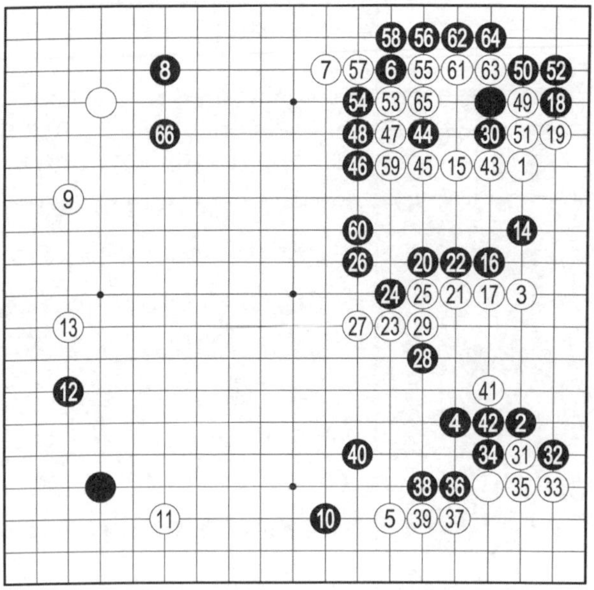

26虎，胜接。30冲，是。34打，36虎封，是。46虚飞，好。49挖，是。50若于51位打吃一子，亦可。56扳，60长，是。66关，大。黑得局面。

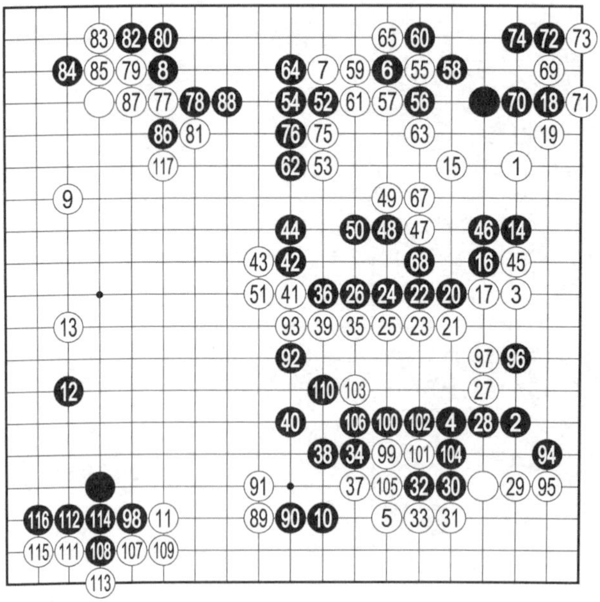

66=55

20扳，不如68位关。27点，29立补角，是。35长，是。37至51，是。54长，当59位顶。55夹，至75，是。77压，79虎，是。89拆，是。110不可缓。117打，是。白得胜局。

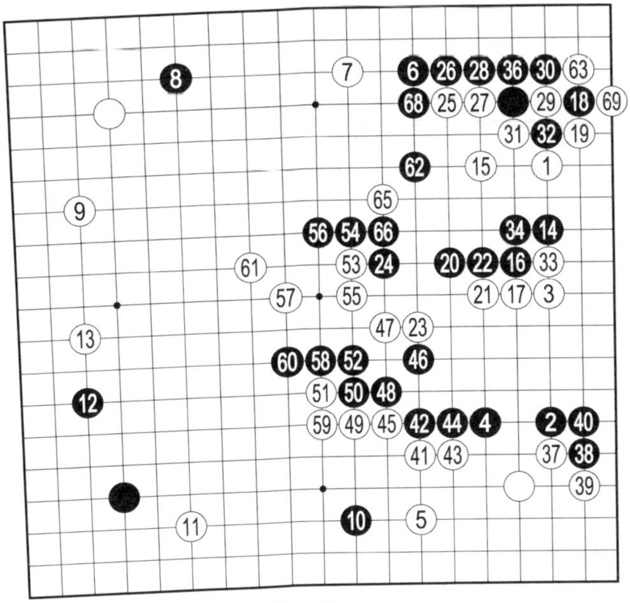

㉟=㉙； **64**=**32**； ㊲=㉙

24低，仍当十七路尖。㉕飞，至㉛打劫，是。㊸退，是。**44**接，是。**46**当**48**位扳。**56**长，好。

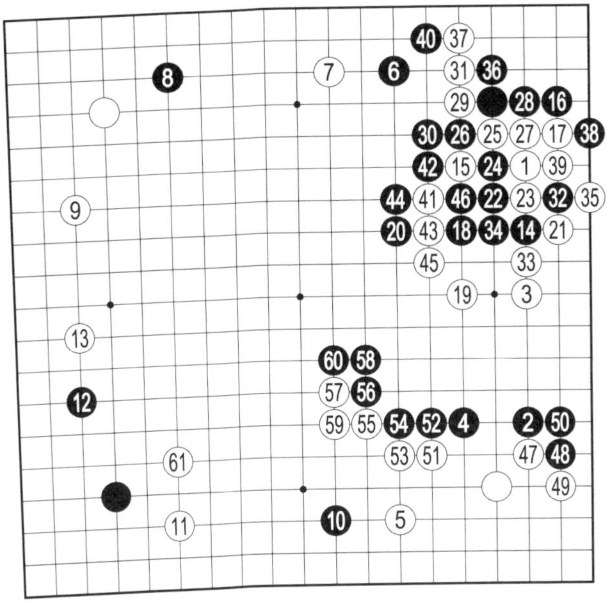

㉑过渡，是。**32**断。**36**立，**38**打，**40**尖，俱细。㊶落得。㊾接，是。㉛关，大。去角仍存一劫。

弈套

笕泉辑

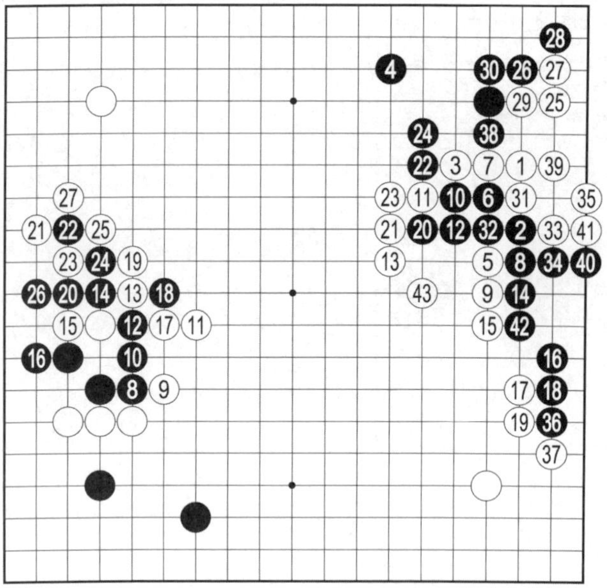

内拦

43着　卷帘边　❻着尖应。

27着　卷帘尖应　❽着变。

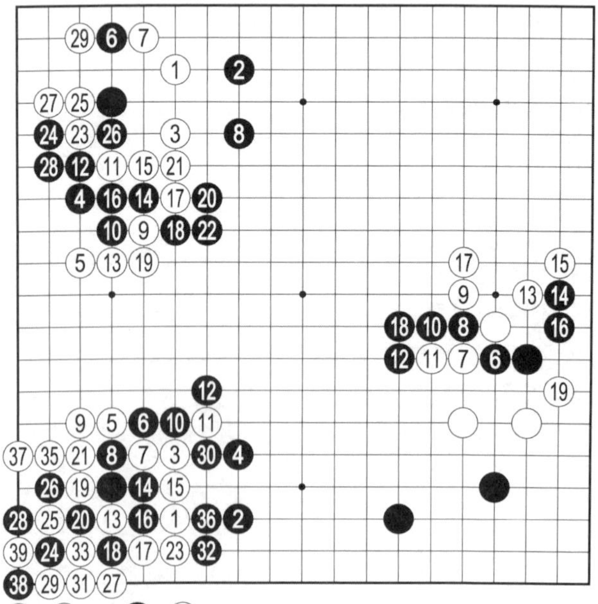

❷=⑬；　❸❹=㉕

19着　卷帘　❻着长应。

29着　飞盖角　❿着尖应。

39着　立仁角　六五压应。

⑬妙，胜二四飞。㉔好，若误于三二立，白先一四绰，后二二点，催步甚紧。凡此式，或外宽一步者，着二二便活，立与撇皆非。㉕妙，以外紧，故直扼之，使不得不劫。黑或一三做，或一四立，白撇二一皆劫。

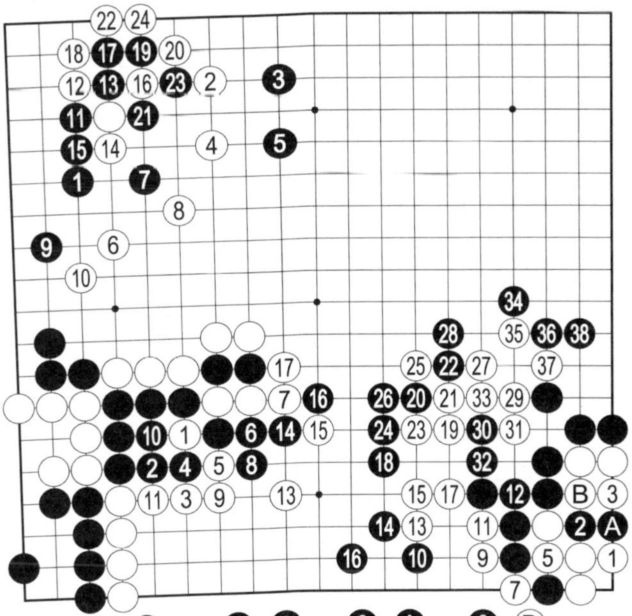

⓬=①； ❶?； ❹=❷； ❻=🅐； ❽=Ⓑ

外包

38 着 空花角。

过渡外包折眼。38好，防白敲出。

17 着 古谱。

以后黑入十五打，白长，黑平五九占，白入八四飞，妙。黑入十四立，白十三顶，黑平三九打，白入十二立，妙。黑平四八提，白三八挤，妙。皆两着吃黑。

24 着 大包边 ⓫着下扭。

此式包打成征。若外边不能征黑，或别图转换，则白㉒从五五路打，黑提，白六四路包打，黑于二二路夹，白双提，黑二三路打，白弃二子得先。

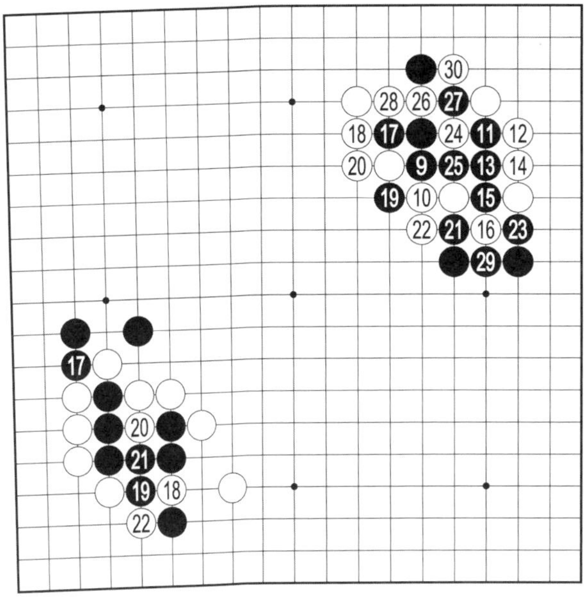

30 着 大包边上式 ❾着变⓫着上纽。

白㉔着 挖打包黑。

22 着 大包边上式⓱着变。

白⑱着挖黑成征吃黑。

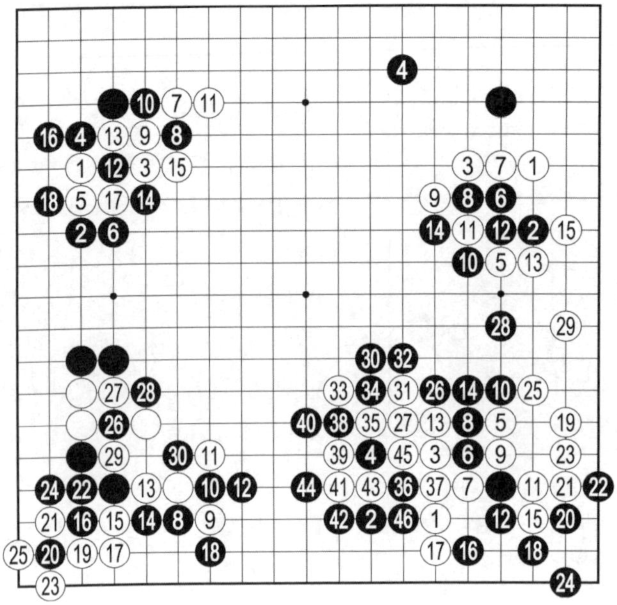

15 着 卷帘尖应。

⑪着挖，包黑渡边。

46 着 立仁角 尖应。

包吃白子。

18 着 连环角 ❽着六五压。

⓬着挖，⓰立，包白渡边。

30 着连环❽着三六托。

㉖着挖，包吃白腹子。

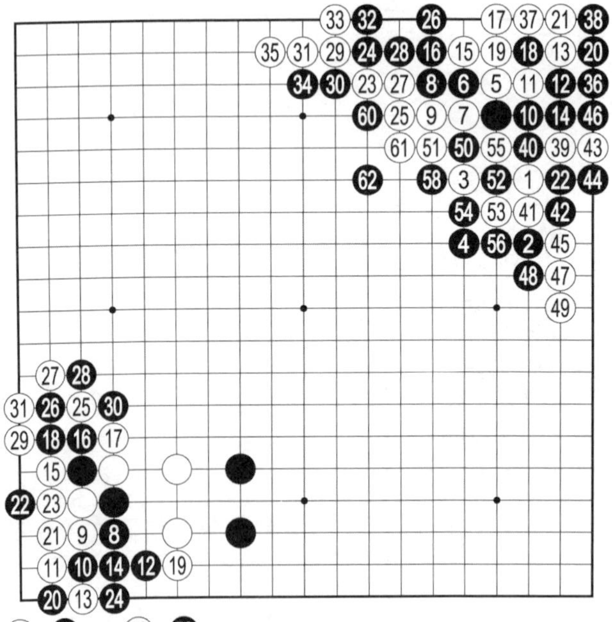

㊼=㊷；㊾=㊿

62 着 金井拦。

㊿着挖，(62)门，内与白持，外包吃白。此式黑㉒已从六二路下托，若白㉓包打渡边，腹子亦伤。

31 着 金井上式 ❽着变。

此式白⑲已拦角。㉕、㉗，包打渡边是。又黑㉔可五一行阻渡。

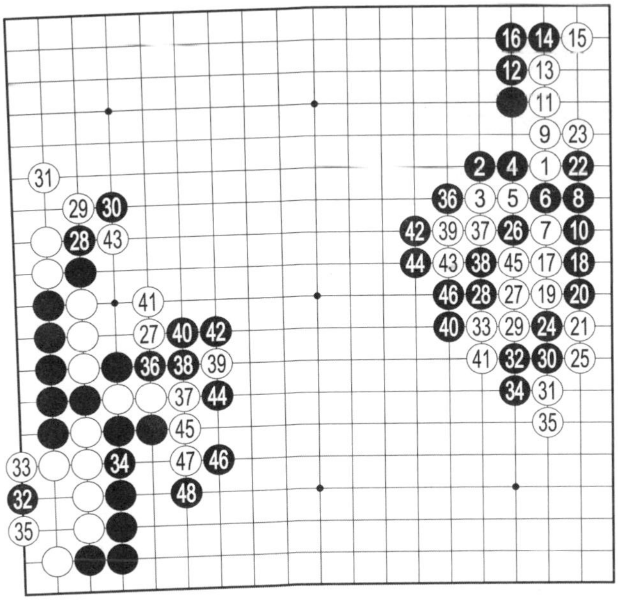

征子

46着 镇神 过百龄《四子谱》。此古谱一子解双征式也。过百龄改㉖先断，㉘先捺，仍成征局。方之古谱为胜。

48着 镇神上式 ㉗着变。

过百龄云：上式㉖断后，白或㉗变九五门，黑照此应法，又成反征。

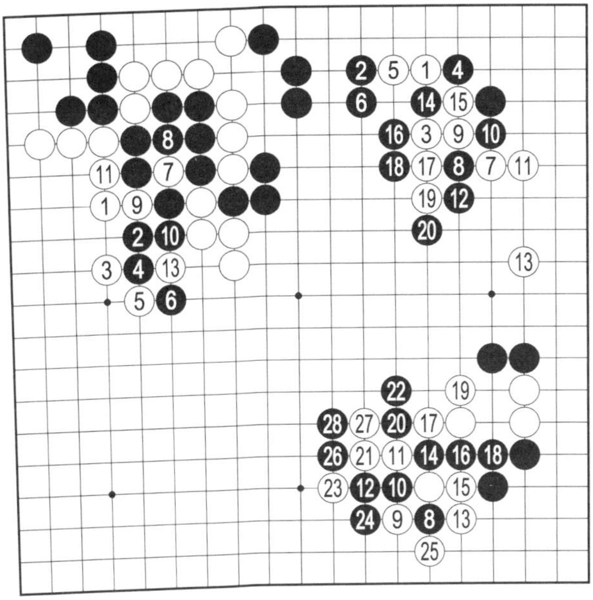

⑫=⑦

20着 连环角 ❽着压。

前外包局。因白⑪着平，故包白渡边。此式⑪着立，黑⑫着长，白不得不拆，凑黑挖打成征。

28着 连环角 ❽着托。

13着 古谱。

③着门，好。

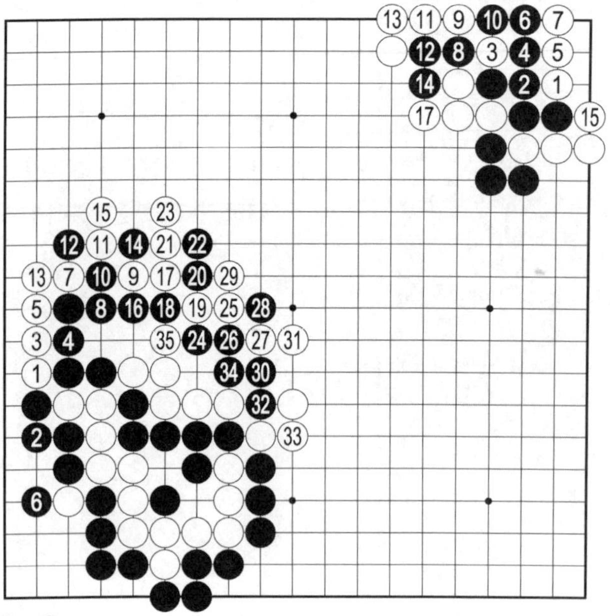

❶⑯=③

17 着 古谱《月宫》。

《仙机武库》云：旧有唐明皇游月宫，戏势也。好处全在起手，节取之。③、⑨妙。

35 着 古谱。

❸❷当八十路冲，庶有着路，然外势全失，难以收合余烬。

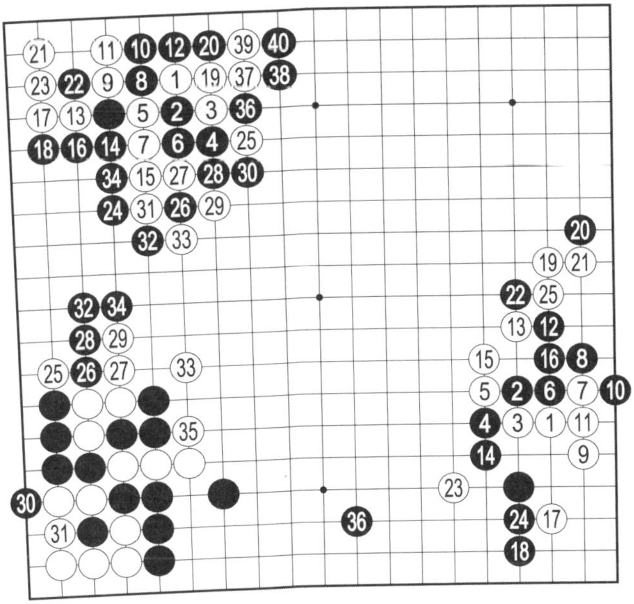

35=26

25 着　倒垂莲　四六长应。

20必着。23引断，却是护征，妙极。否则白25位断，黑即打13子征矣。

40 着。二式皆过百龄《四子谱》大压梁变。

36 着。

黑24关，更稳于31位弃内取外顶着。白上局随手轻跷，使黑右势既畅，左复反征，乃不善应之故也。后局改捺，独能腹中谋活，然局势促狭。黑操胜势，则黑24一关之善也。

32或不长，于六七门，擒白三子。白当九二路打黑二子，黑若不弃而长，白五一扑，黑提，白七一撇，胜。

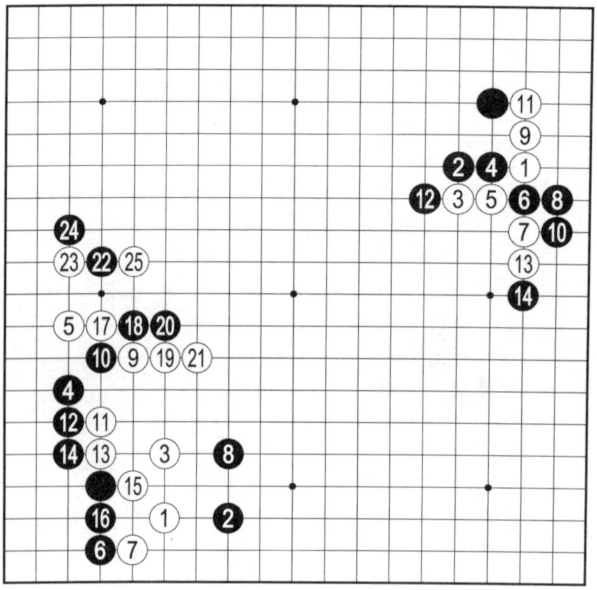

出子

14 着 镇神。过百龄《四子谱》

过百龄云：此古谱也。白⑪进角，黑⓬、⓮当照此紧应，简易可法。⑬若九四虎，⓮亦十四路紧贴。

25 着 飞盖 ❿着尖应。㉕夹着妙。

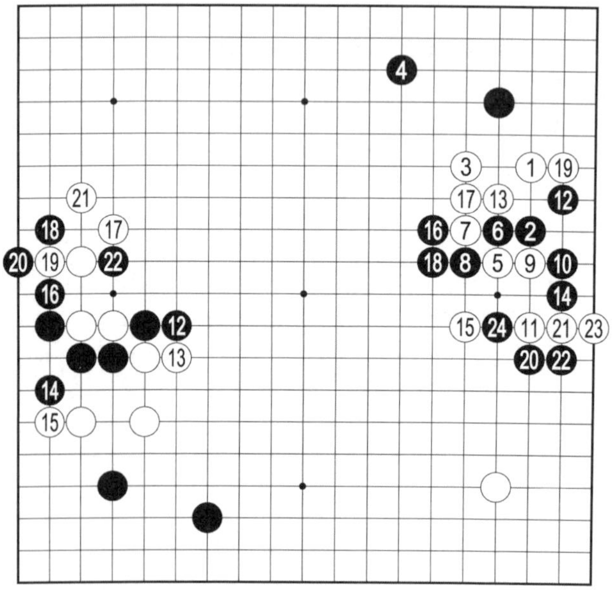

24 着 卷帘 ❻着长应。㉔挖着好，得白三子。出畅。

22 着 卷帘上式 ⓬着变。㉒掗着好，得白二子通出。

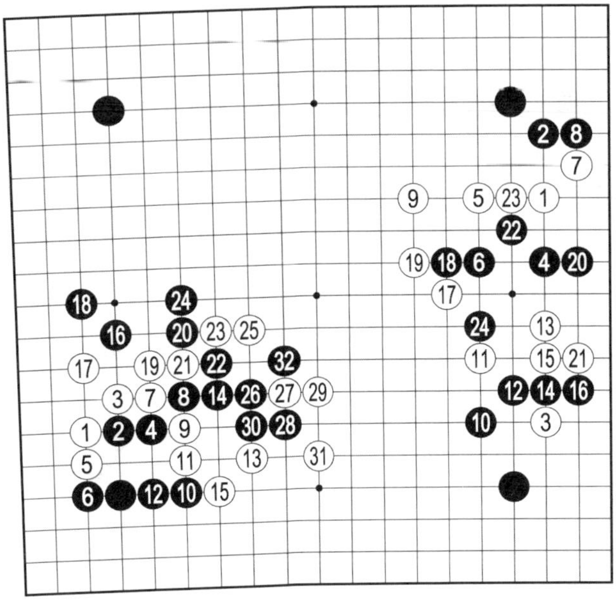

24着。过百龄《四子谱》七三起手。

过百龄云：⑪活泼。⑬是。⑮并，为⑰笼罩之地，论理还当二五尖换角。❷❹出法妙。

32着 倚盖。《四子谱》。

⓲妙于用松。⓴妙于用紧。㉓先断是，忌冲以实黑。❷❻是，忌关忌尖，以有一斡一轧之患。❷❽、❸❷出法有序。

又❷❹门后，白宜十二路托，黑扳，白粘退，黑粘，白再四二路扳，黑扳，白立，黑二七路飞，白抵，黑三一立，白六二虎。照此内活，不必乱击求出。

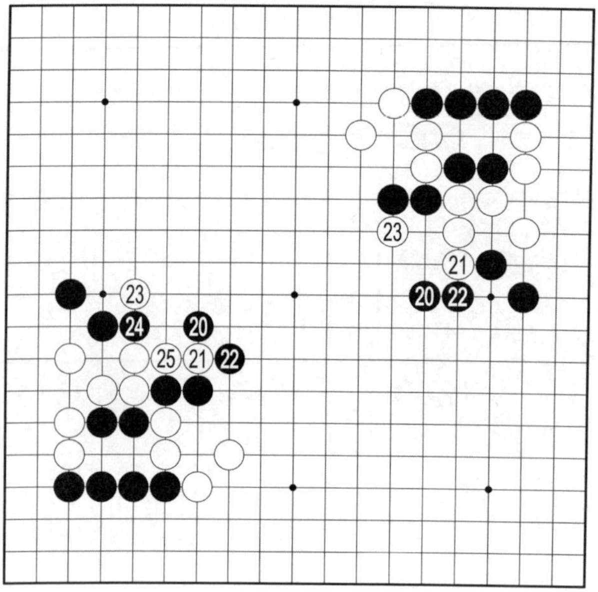

23 着 上式 ⓴着变。

⓴飞飞罩，不如紧门。㉑、㉓，白出法是。

25 着 上式 ⓴着再变。

⓴关，胜飞罩。㉑妙。㉓、㉕，出法有序。

紧子

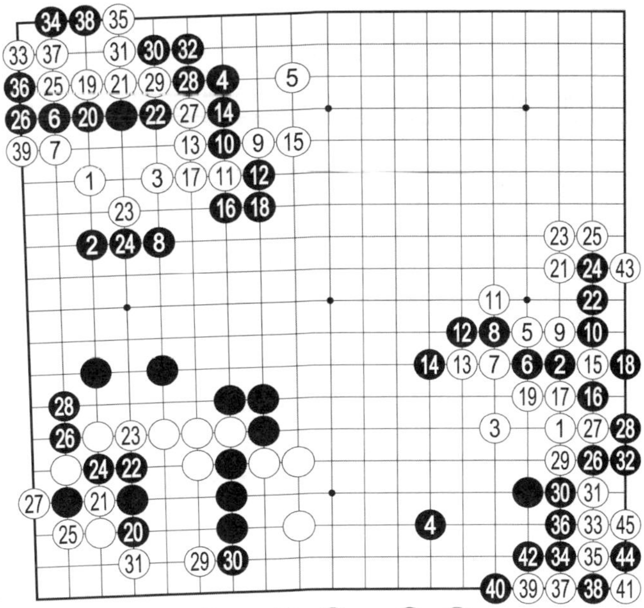

20=15； 46=38； 47=37； 48=39

45着 卷帘 6着长应。
44扑，好。白松劫。

39着 飞盖 10着关应。
白大眼杀黑。35立是。

31着 飞盖上式20着变。
古谱着法止此，无紧子法。以后黑32当二五挖，白必三五打。黑四五打，白提。黑四六粘，白夹则立，白扳亦扳，皆黑先一着提白六子。

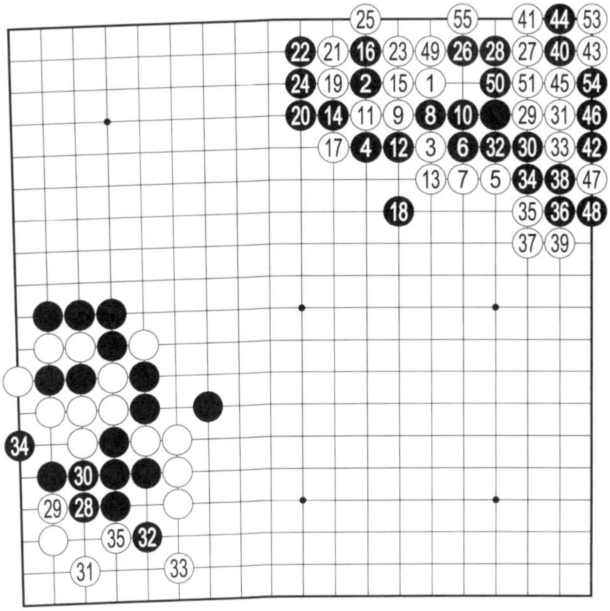

52=47

55着 立仁角。
55跨着巧。

35着 立仁上式 28着变。
33关，35挤，催步紧。

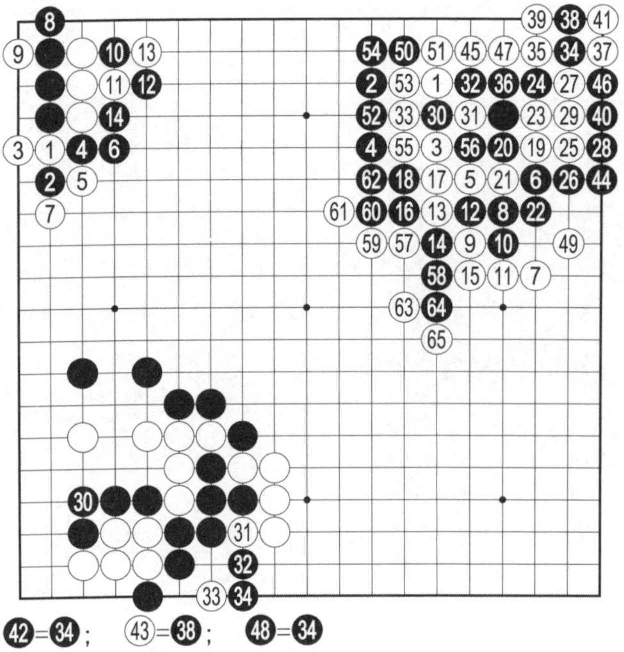

65 着 钓竿式。

61扳是。63、65，门拿之套。

34 着 钓竿上式 30着变。

30粘有成算。32、34，为六四路挖着松气。白若顾挖，黑二二路扳胜。

14 着。古谱《小题大做》。

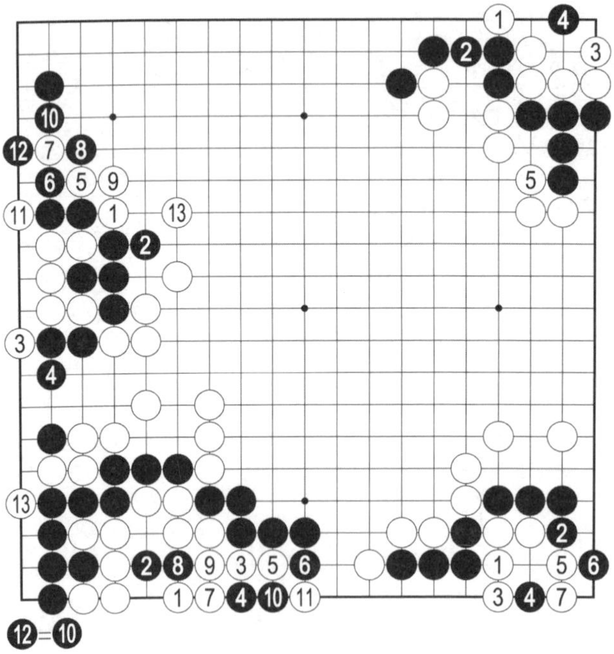

5 着。古谱。

3妙。

7 着。古谱。

3立妙。4低，白成有眼杀。4当于三二挜，白二二打，黑二一反打。若盘中无大劫，白当竟吃四子，让黑活角。

13 着。古谱。

任黑扑打，总松一着。

13 着。《让子谱》。

白若2位做则成劫。

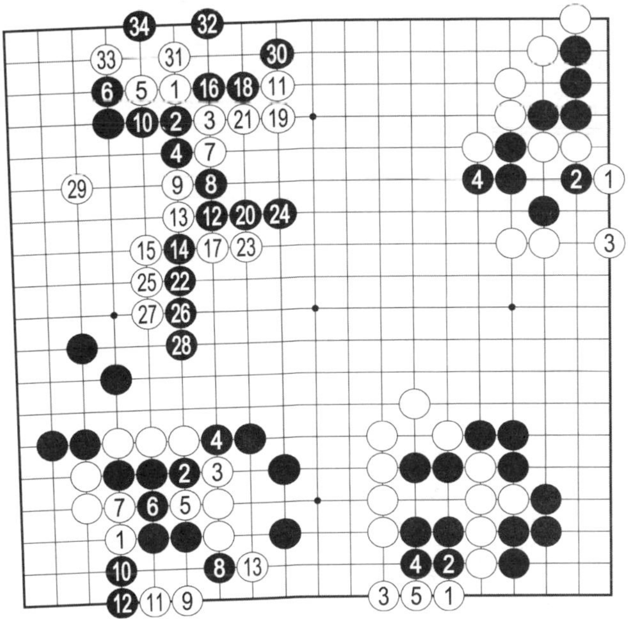

4 着。

①妙极。黑若七二立，白则八二立。黑七一立，白七四挤。黑如六三粘，白六五拦。一着吃黑。黑或不粘而六二打，白六五打，黑提，白提，黑亦杀。三过法，黑不能紧。惟有从六五路长出，而角子并不待紧矣。

5 着。

于上式同一机轴。

34 着。过百龄倚盖变。

古谱有此着路。❸❷、❸❹赶吃好。

13 着。古谱《三子者出》。

本古谱赶吃法，僭恶其亵用《四子书》[①]，改此，较多着路。

① 古有以儒家经典语入棋谱为亵渎之论，南宋棋待诏因对“念兹在兹”而遭皇帝打出。

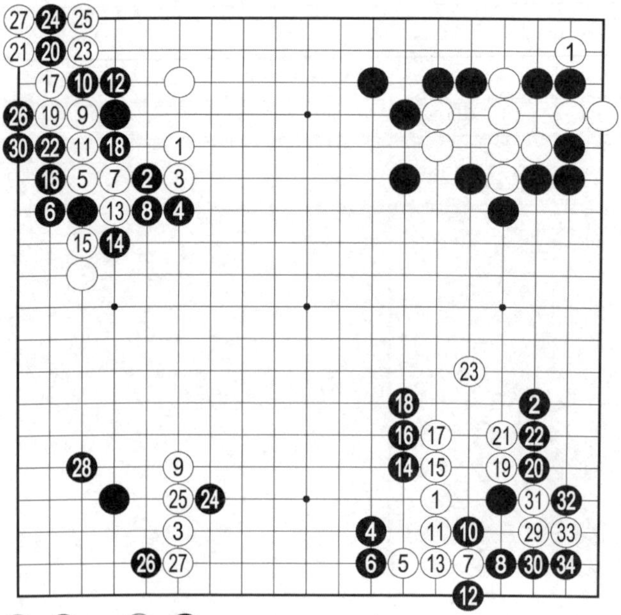

28=20；29=24

1 着。

黑若二三立，白二四夹，皆不能断吃白子。

34 着。《四子谱》四六回起手。

过百龄云：30善应，若误粘，则犯断成劫。凡过此点，知此应，便不忙。

30 着。臧念宣《弈理析疑》拆二飞攻变。

与《弈理指归》制孤八四尖图内着法相仿，即古谱玉箸之套头也。

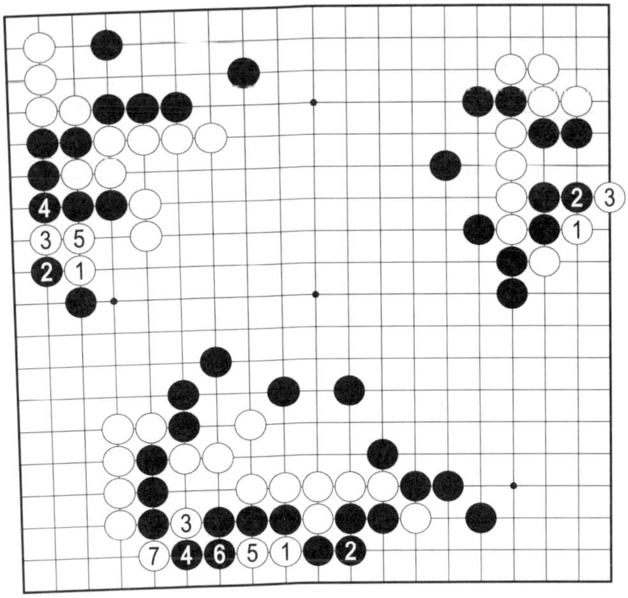

截子

3 着。

截二子，接不出。

7 着。

截三子，倒跌。

5 着。

截六子，渡不去。

❹着⑤位应只截三子。

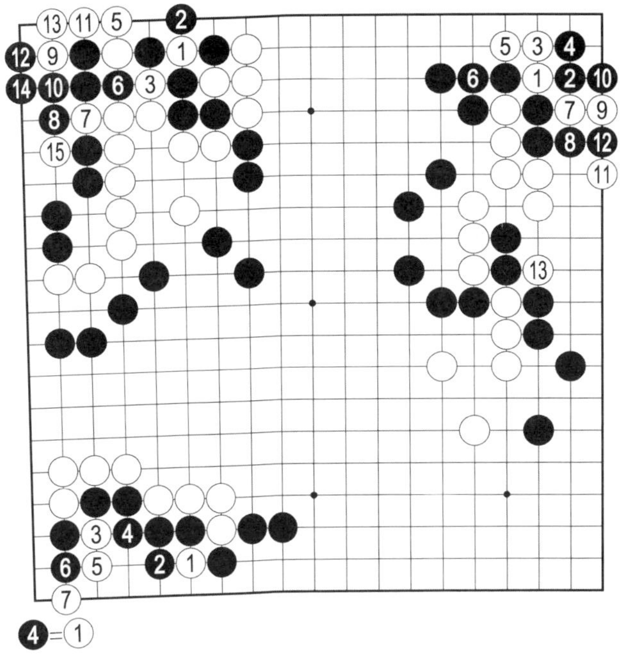

13 着。

兜截二子，黑不能打出。

15 着。

截七子，黑左右不能叫吃。

7 着。

截角子与上势同机轴，皆独立套头也。

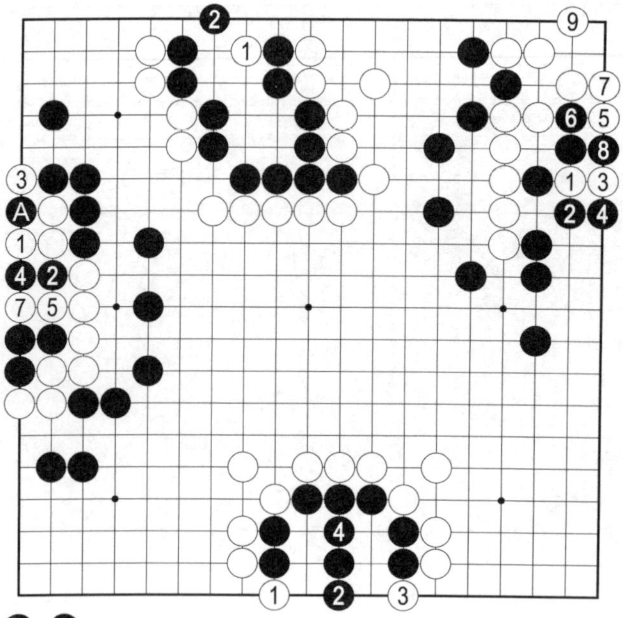

❻=Ⓐ

做眼

9着。

黑❹着若在❽位打，白当二一路先做，后⑤位贴，否则黑点二一。

4着。

2着。

❷若误于九一立，则③于❷位尖，杀。

7着。

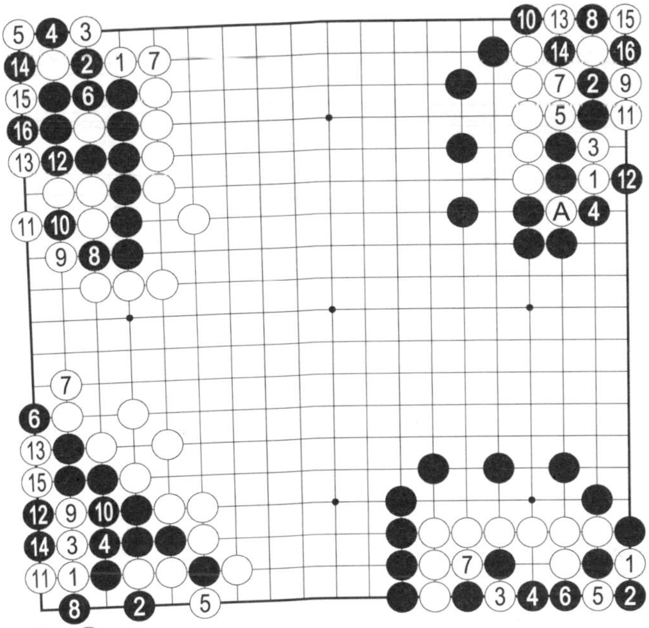

劫活

16 着。

连环劫胜。❷如⑤位粘，③、❹位粘。⑨着五一三[1]打亦劫胜。

7 着。

古谱名《九子化龙》，但⑦着在四二路。黑粘六二变杀，白当先六二打。劫胜。

16 着。

双劫胜。白⑤着若❻位提，黑⑭位包打作劫。

15 着。

长生劫。

① 校记：陆删“五”字，加“三”字，谱亦可证。

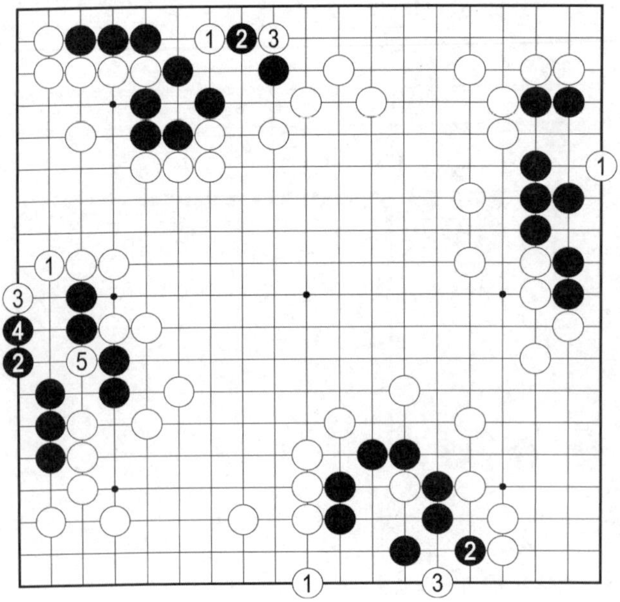

折眼

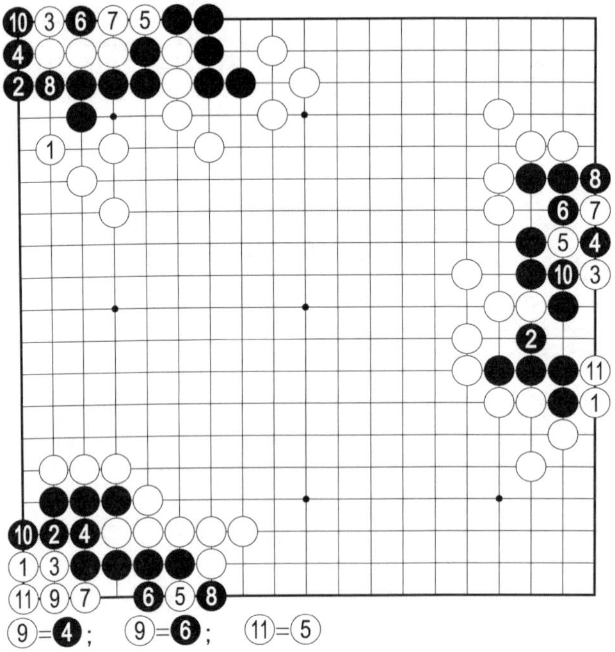

⑨=❹； ⑨=❻； ⑪=⑤

11着。

斗笠聚。

又❷如九一虎，白八二点，黑七二顶，白九一点。

又❷如一九虎，白九一点，黑三九眼，白一六粘，黑一八粘，白八一行。

10着。

蜂腰七。中腹聚势同。

11着。

绛节五。

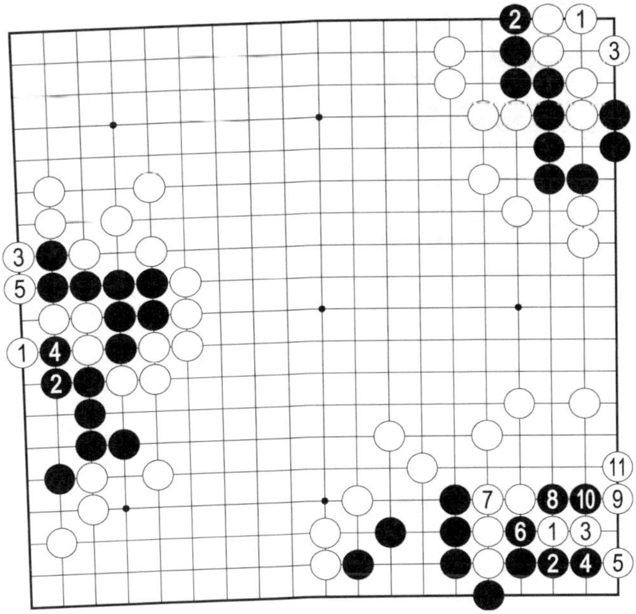

3 着。

复一花幡六。

11 着。

复一折眼。

5 着。

复一摺眼令脱。

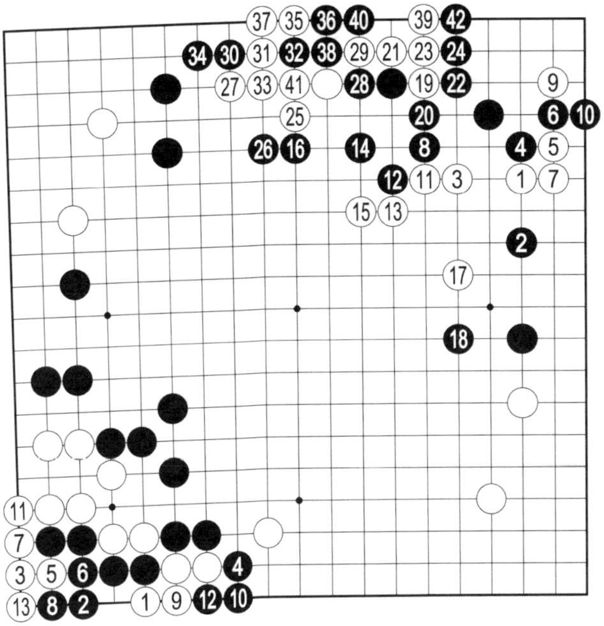

42 着。《弈理析疑》拆二飞攻变。

脱骨曲四。

13 着。古谱。

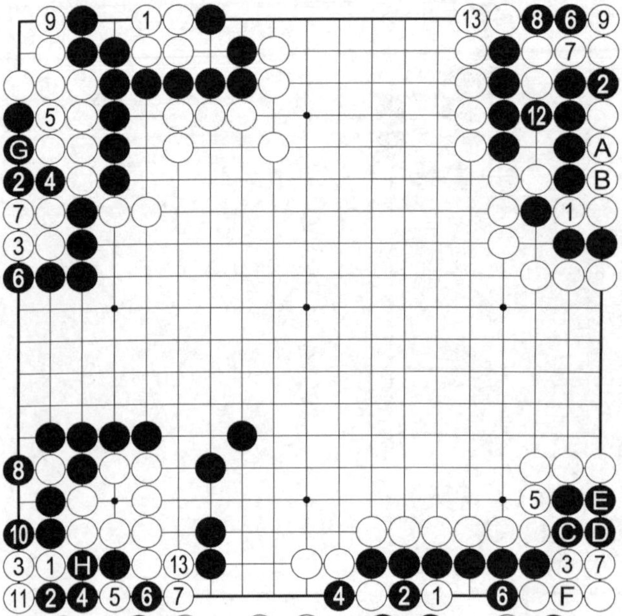

③=Ⓐ；❹=B；⑤=①；❿=❽；⑪=❻；
❽=C；⑨=D；❿=E；⑪=③；
⓬=Ⓕ；⑬=⑦；❽=G；
⑨=⑤；⓬=H

13着。古谱《苦肉计》。

①妙。③去五一点。❹在六一。⑮打脱骨。

7着。古谱《十王走马》。

❽二三打。⑨一三行妙。❿一四提。⑪二二断。⓬一二打。⑬二一立。⓮三一赶。⑮二四打。⓰一一提。

9着。

❽一五点。❿二六扑。⑪一四打。⓬提。⑬打脱骨。

13着。古谱《善守金城》。

⑤妙，明知脱骨，而抛劫成眼。

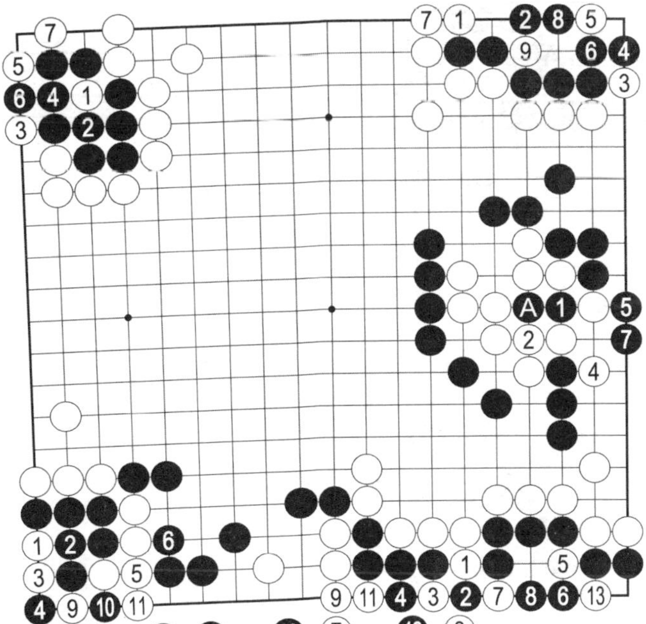

❸=❶；⑥=Ⓐ；❿=⑦；⓬=③；
⑦=③；❽=①

9着。古谱《大猪嘴》。

⑨扑是，凡猪嘴之类皆用此扑。

13着。古谱《倒拔蛇》。

连环扑法。

7着。古谱《金鸡独立》。

⑥于❼位约，可劫。在敌腹而连扑之，名曰突。②，当④位虎早，则劫败。

7着。古谱《双耳环》。

折角眼法。

11着。古谱《掩窦》。

连扑先手劫胜。白起手若于⑤位先粘，则黑于③位立，白不能入。

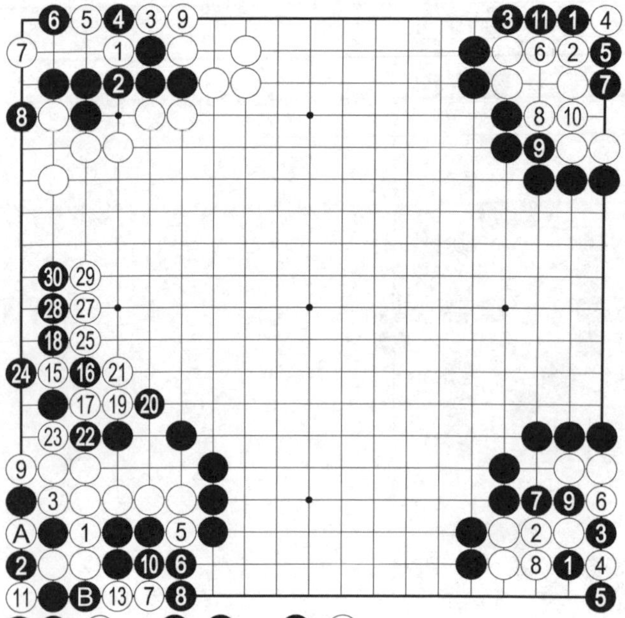

❹⓬=Ⓐ； ⓮=Ⓑ； ㉖=⑮

11着 以下二式，破敌扑法。古谱《伏翼》。

❼妙。若一三粘，则白四三眼而活矣。

又白④着当二三连，黑四三行，白一一扑。黑二一提，白一三断。黑四二冲，白三一逼活。黑或不冲而三一行，白四二粘。归劫活。

9着 上式❶着变。

❼妙。若一二粘，则白二一挜打而活矣。

又⑥着二一挜便活。

9着 以下二式，任敌连提边子胜。古谱《潼关》。

❽若三二打，白一三过。黑二二粘，白四一粘。黑六一提，白四一点。黑七二提，白八一立胜。

30着。古谱《蜃楼》。

❹，三一粘。⓬，三一点。⓮，一三提。㉖粘。

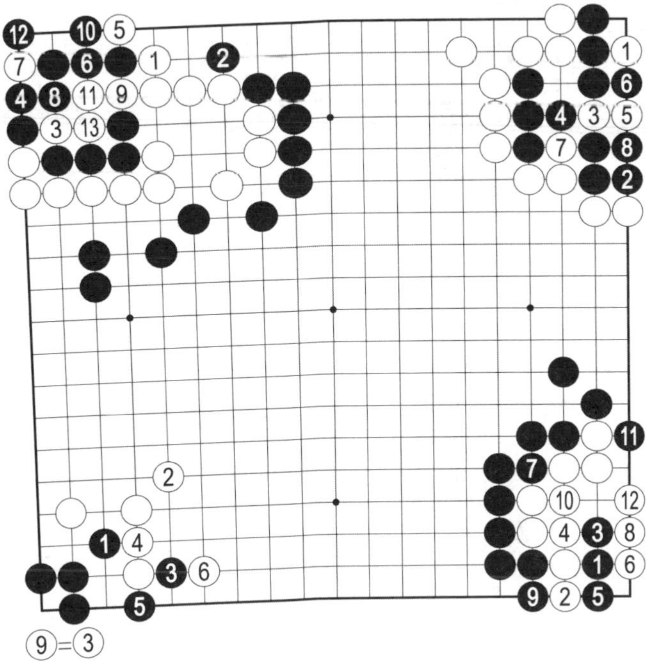

8 着 以下二式，点敌角眼胜。

12 着。古谱《采樵》。

⑥着点好，合活。⑧如⑩位占黑四一立胜。

13 着。古谱《蟠桃》。

⑤好。⑦破角眼妙。若黑❿着三三约，白二一盘角。劫胜。

6 着。古谱《三仙出洞》戏势。

②妙，翻转旧局。

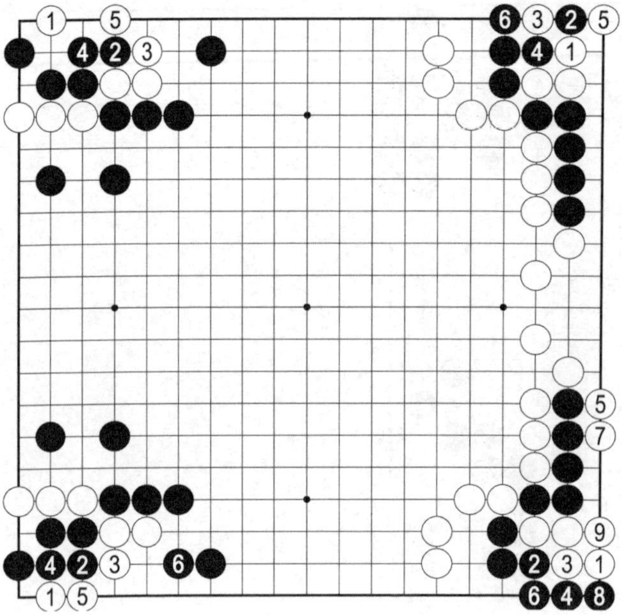

6着。古谱《颐中有物》。

❷妙，黑劫胜。①若二三贴，黑一二点胜。

9着 上式变。

①尖妙，成聚杀黑。

5着。古谱《石田》。

①虽好，惟❷错，致黑破杀。

6着 上式变。

❷立妙，成聚杀白。

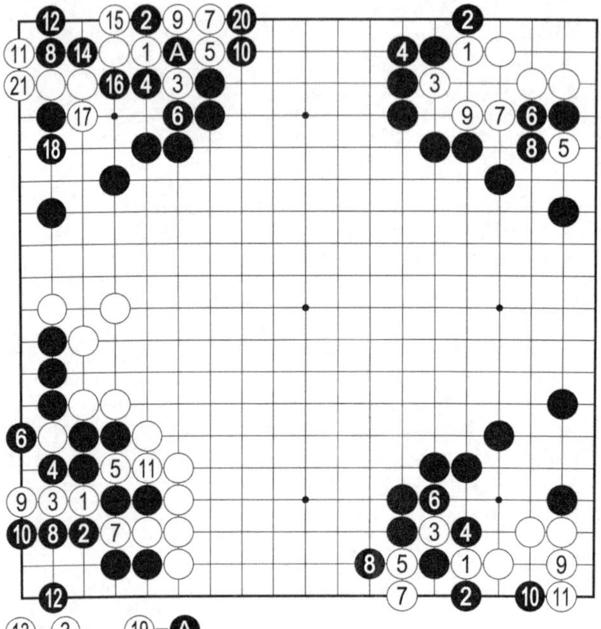

⑬=③；⑲=Ⓐ

9着。古谱《金钩》。

③妙，以无聊之吓，成有用之眼。

11着 上变式。

⑦妙。

21着 上式再变。

⑬提劫。⑲粘。

白若⑮粘劫，黑⓰断。白⑰行，则黑四一挜打而白败矣。

12着。

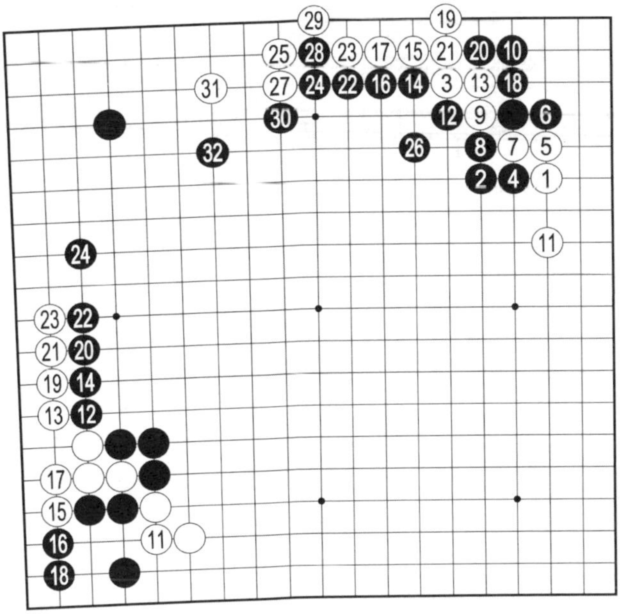

施范弈谱双飞燕应法补遗

32着。四式皆过百龄《四子谱》。

过百龄云：③乃奇中之变，对子宜用。❹压胜倚。❻强，胜一倚一虎一拦之常着。⑦、⑨落得冲断。❿妙。⑪亦正。⓬、⓮紧。⑮撇细。⑰不得不行。若三四冲，黑抵。白二五靠，黑敲。白粘，黑拦。白打，黑约。白提，黑立。劫胜。⓲是。⑲妙。㉕跳，胜行。㉖老成。白如三二点黑六二夹。

24着。

⑪妙。⓬是。或八三松罩亦可。⓮不得不长。若捺，白八三打，黑粘。白四二撇，黑挡。白六二粘，黑九二长。白三三打，黑粘。白二二打，黑提。白渡，黑五一点。白五二粘好，黑七一绰。白提。劫胜。如黑五一点，白误四一粘。黑七一绰，白五二粘。黑八一粘，白六一提。黑二一扑，白提。黑一三立，白二五挡。黑一二催，辘轳劫胜。毫厘千里，不可不审。

上二变，见③用双飞。❹当压，⑤行进，不必倚。当拦，任白冲断。恃有巧应，使白难两顾。前局若非⑲、㉕善应，白殆矣！后局⑪虽巧，仍不免沿边之厄。益知❿着之神也。

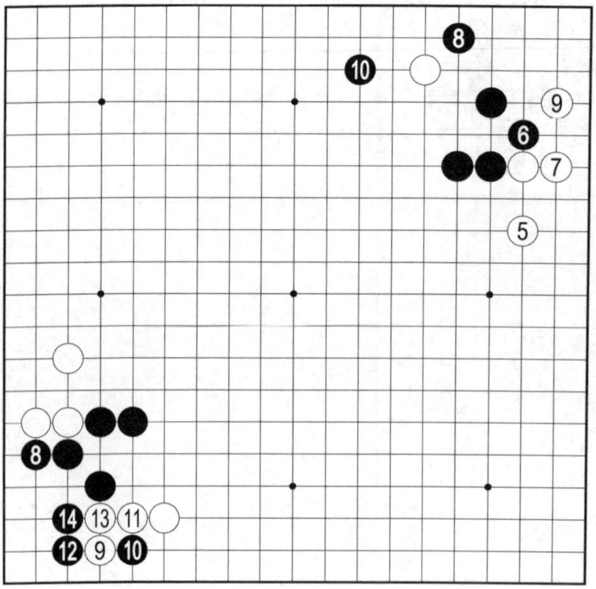

10着。

⑤活泼。❻尖拦是。忌四六倚。大凡用倚，畏其冲断。既无冲断，用倚何为？❽亦是。⑨亦活泼。❿善应。若二六行，反凑白三八关。

此变⑤关⑨跳，不落寻常步式，涂得饶子之法。其如❽守❿攻，善于应变何？

14着。

❽细。⑨落得飞。❿外捺，胜内拦。若内拦，白三三翻角，活而且先。或三三让则弱。若让白二三行，黑二二约。白一二撇，黑当立，不可粘。粘则孤眼。⓬、⓮落得收。此变见❽拦⑨飞。❿当先捺二五，复为⓬、⓮之收。黑角已固，据左右降白之势。

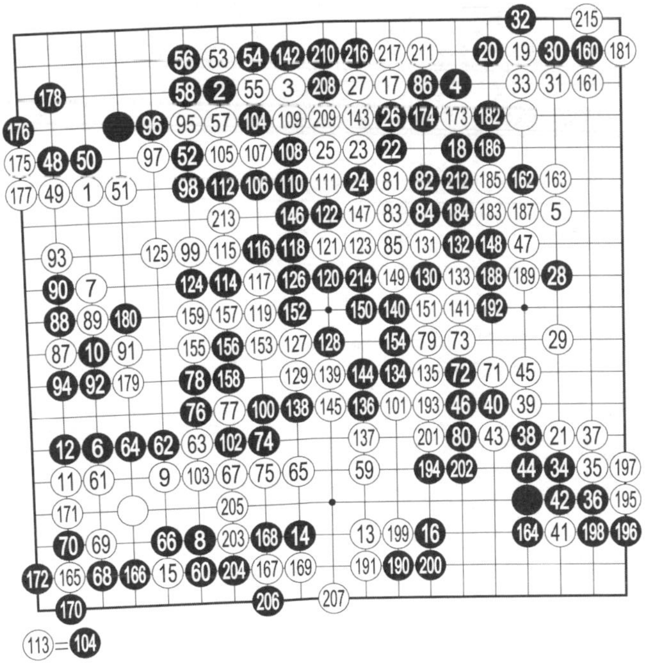

○何暗公 黄月天

217着。

113粘。

原评：精妙入神。

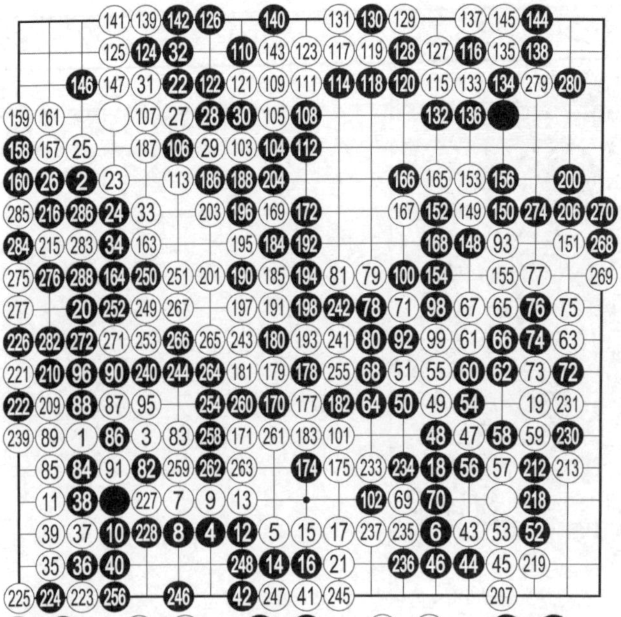

94=86；97=91；162=86；173=91；176=86；
189=106；199=91；202=86；205=91；208=86；
211=91；214=86；217=91；220=86；229=91；
232=86；238=91；257=224；273=221；278=222；
281=221；287=222

○周东侯 黄龙士

288着 和

臧念宣评：12至18争先。27压，29扳，活动。32不于106位打，防白113位打。黑107位提，白187位打。黑粘，白33位虎。黑34位长，白124位立。黑转局促。51若55位长，嫌机缓，姑扳以图变。52至62，乘间攻黑不可缓，64必长。66、68有序。72至78机法相生，纯乎自然。80接，老当。81长，劲。93虎应是。112固中间残损，紧逼黑边。补角顾腹，最位扼要。104扳。108反打，妙有成算。115因三子受逼，难于转身，用借引法，兼可攻角。116顾角，任白扳接，合活得先。148收法紧。157大。170先手收腹。190必扳。195嵌法巧。200大。

吴修圃云：国初名手如林，龙士年最幼。诸家遇之，俱望风而靡。惟东侯刻意追新，喜出偏锋，屡战不屈。此举如晋楚主盟，不相上下，可称劲敌。

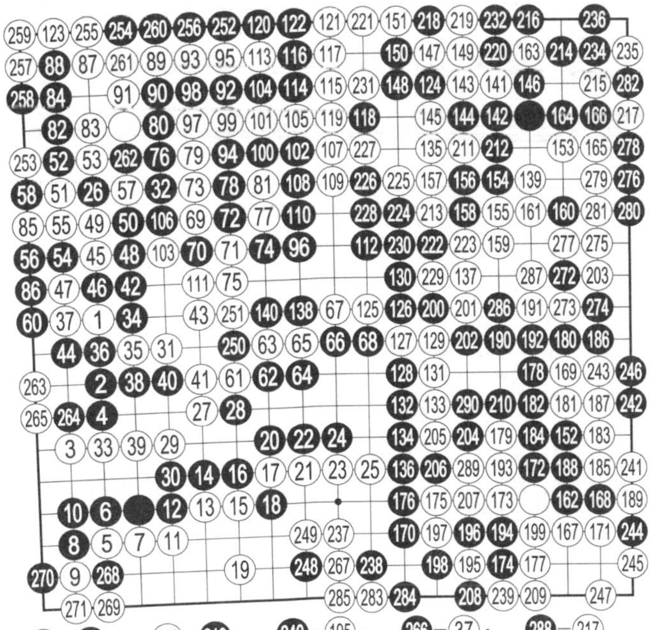

59=26；233=218；240=195；266=37；288=217

○周东侯 黄龙士

290 着 黄胜

臧念宣评：十三起手，是东侯变着。2善应变。3亦用奇。4应极稳。6让白走出。8至24力踞上游，争先于26分，最得局面。6若7位搪，白6位行，黑五四路长，白二四路扳，黑二五路扳。白268位粘，黑外面甚虚。有三七路投，及二六路夹之着法。补则落后手，此可见龙士用意弥远。27至31，白乘间攻黑，凌空飞舞。32必关。34紧。38巧。39当40位拦。黑39位虎渡。白42位打，仍含劫，何等舒畅。后来又有尖渡之利。55粗，当57位提。58细，为82攻角生根。59及83受屈，皆55之累也。70关。72断。一面攻腹，即扭入角中。74反打，76长，无一松着。94接出，再起波澜。96长，扼要。123先扳，防黑扳劫杀。只121多此一立，使黑接成持。125多事。当135位镇，于入边无碍。149接，细。160点，妙得先手。163当215位飞，黑必后手联络，含163位过渡便宜。165当166位扳，含214位先手便宜。填官子时，自无276、278等巧着。170关是。若199位断角，转少着法，且恐白先手补边。178飞压攻边，即含截角意。259不打劫，明轻重。276点，妙。白若278位接，黑277位接。白281位长，黑287位打。白接，黑六三路挤。变杀。283因黑劫少，扳得一子亦大。原本269于二四路打，被黑于271位反打成劫，官子吃亏，特改正。

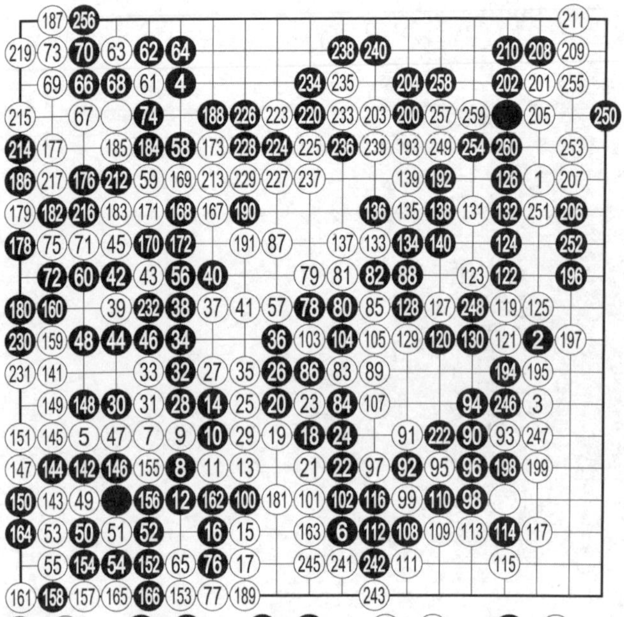

106=103； 118=92； 174=158； 175=157； 218=179；
221=99； 244=92

○施定庵 范西屏

260 着 范胜

此乾隆四年，当湖对弈第一局。

程兰如评：11躁极，当14位扳。黑粘，白长，气势雄壮，局面整齐，黑何暇自补大块。如妒其成大块，则7着何不于三九路投，或三六路双飞耶？19当21位关，无变。20当181位觑，变化较多。21至39势所必然。40当先于42位虚捺，挟一夹之封头，更有着法。56畅极。55若56位断，恐黑144位点，白难措手。65大，66至75，必然之着。84低，当104位虎。白亦只得于87位虎。黑则于128位虎，净而且逸。90至98，不得不然。99粗，当103位扑。黑提，白105位打。黑粘，白九八路收。黑粘，白102位挖断。黑116位打，白粘。黑提，白99位打。黑只得于七七路打，白连提二子，局已胜定。100好。116当117位先长而后补，不使白一着提净。141补而不净，不如不补。当167位先封，黑亦无眼活角。或于149位应亦好。145当146位断。黑必于145位、149位两走，方可图活，则白所得便宜已多。151失算。若提，可以净得黑子。153粗，当162位吃，既得官子，且又紧气。181、189叠下后手，皆153不细之故。176至180，粗率。若如于三九路挖，白搪，再于189位扑吃三子，黑活则白尽失。187贪，当212位粘，以后官子掣肘，黑边通连，皆因角劫碍手耳。201、203次序好。233当236位退。

孙怡堂云：白败于11先开杀机，嗣99随手一提，141率意一飞，145不断而夹，153不打而粘，非定庵本来面目，或此时初成国手，猝临大敌，未免有格外求好之病，欠自然之旨。继后数局，即有落落大方光景，皆足楷模也。勿以此局失着之多，定其优劣可耳。217细。221先提细。250点，便宜一着。

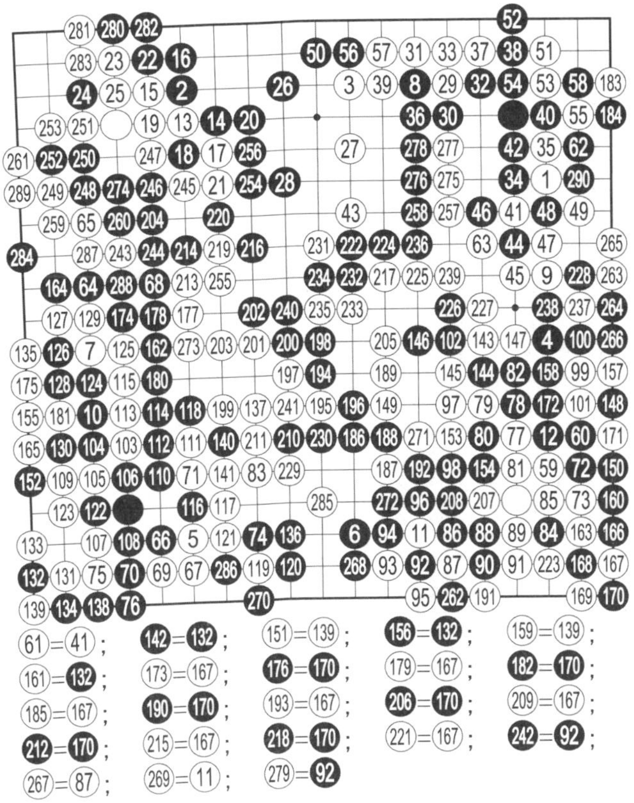

○范西屏 施定庵

290着 施胜

程兰如评：⑬至㉕，非制胜之着，反觉碍手。当136拆，26净，㉗关，与前意自相矛盾。仍当136位拆，或287位拆，机彀虽缓，蓄地颇厚。㉟当㊶位扳，或62位尖，皆有运用。实走进角，殊不可解。㊴呆，当50位尖。黑拦，白一点一粘则得角。黑如40位搪，则竟可于九五路跨断。㊸当46位长，乃必然之着。舍此而关起，其意何居。51至63后手提二子，未见便宜。76当107位虎。83若关，当在77之前，运用较多。77、79既已一虎一扳，则83即当97位长起，此亦一气呵成之着，不可分而为二。83若于97位长，则黑殊难措手。黑如99位活，则示弱。

若于102位飞出，则白有99位点。101位平。143位跨，且阻黑86位之侵渡，外势既张，仍得先手，已成胜局。85当163位行。93、95不必。若97在前，则为求胜之着。今反多一头绪，即为赘着矣！105多事，当113位通连，局势整齐。110虚走好。119枯涩，当162位虎，黑亦未能制白。155低，当187位觑，再于273位关，先据要地。以有限之残子，使黑不得不吃。况局中黑未净之处颇多，而仅仅以劫相持，足征见之不广也。194一飞之后，局已胜定，可置勿论。

孙怡堂云：18不于22位转，恐白20位打，取外势。

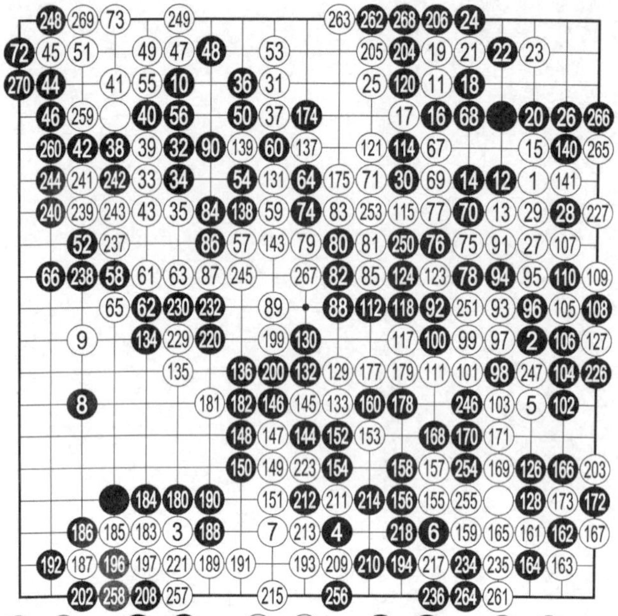

113=105；116=110；119=105；122=110；125=105；
142=60；176=162；195=173；198=162；201=173；
207=139；216=60；219=139；222=60；224=211；
225=139；228=60；231=139；233=60；252=123

○施定庵 范西屏

270着 施胜

此局系臧念宣抄本，较兰如原评传本，51与53、52与54互易。又多官子37着。

吴修圃云：定庵自记谓38当53位先扳，然后跨角，不受53一立之累。此论甚精，实系通局关键。西屏灵变过龙士，而细密逊之，如此类是也。

程兰如评：起手至31，布局皆正。33、35挟黑以成大块，紧。38躁，当84位扳。白粘。黑86位长好。39至54必然之着。64不若于131位实粘，存一活局，不至受白胜挪。74至90，谋生局促，外势尽伤。93强，当96位关。100低，当102位托，白亦只得于101位转，黑则于117位粘尖，必不肯于100位行矣。111、117寻劫便宜，乃100着实行之病。107粗，当109位虎。131、137得二子老成，尚存一劫。170不必，当留为五五路吃二子之用。180仅图通连，绝无余意，白子活透，黑亦负定。若于217位立，则劫在白所必争，然后于180位压作劫。白若于183位行，黑于185位搪角，尚可冀其转败为功。

此局白107若于109位虎，黑107位冲，白粘，黑126位飞，白去角三二路尖，黑四一路立，白140位拦，黑一二路点，白五一路拦，黑五四路紧粘，白128位拦角，黑于三六路平，白169位封，黑173位扳，白162位拦，黑一六路活，白166位打，黑立，白171位收，黑粘，白111位转，黑112位连。白于227位活。

再白128位拦后，黑若先手于173位扳，白三六路挤，黑二六路过，白169位打，黑粘，白162位拦，黑若于八一路聚，则白141位吃。黑聚，白172位扳，紧一着。黑若不聚，先于163位夹，白161位粘，黑渡，白111位转，黑112位连。白227活，黑164位活。白于129位逼，已操全胜之势。

再如白128位拦，黑169位冲。白111位转，黑112位连。白166位扳，黑顶。白粘，黑170位尖。白三六路断，白气亦宽一着。

又变，白107于109虎后，黑不于107位冲，而于141位过，则白于140位冲，黑渡。白六一路扑，黑227位提。白入角二六路扳，黑一六路扳。白三八路提，黑166位打。白粘，黑一七路粘。白107位做眼，黑去角四一路粘。白八一路搒，黑六一路粘。白127位扳，黑203位粘。白173位紧，黑226位吃。白126位赶，黑108位提。白123位寻劫，白劫松，黑劫紧，兼有本身二劫，黑不能救。

如黑不于203位粘，而于126位冲，白169位拦，黑161位跳。白165位拦，黑立。白拦，黑补活。白于去角三二路尖，吃通三子，亦胜。

孙怡堂云：121应劫细。若于204位提应，则白多二劫，而劫终归黑手。131不敢过贪，是。若于146位飞，变化亦复不少。135妙，136更妙。144生波之着。151接好。232奈穷于劫，只得让粘。此局黑初败于38，中败于64及100着，末复败于180，皆因未之深思也。

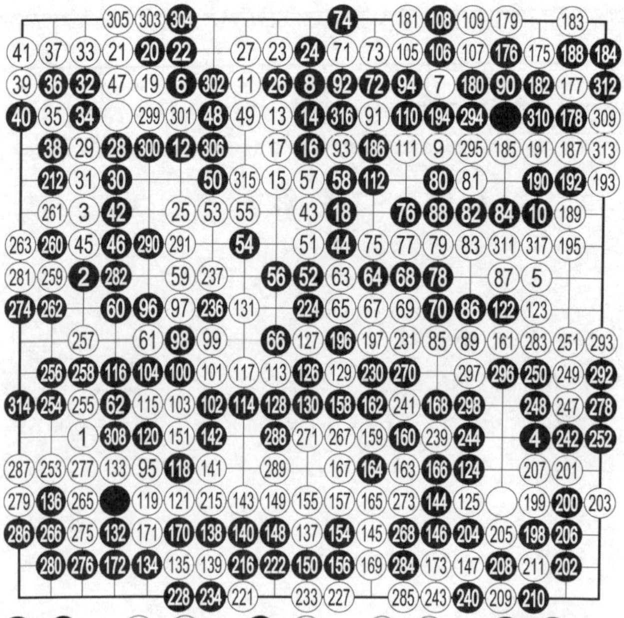

152=118； 153=151； 174=103； 213=35； 214=208；
217=211； 218=34； 219=32； 220=208； 223=211；
225=196； 226=208； 229=211； 232=208； 235=211；
238=208； 245=209； 246=211； 264=160； 269=239；
272=160； 307=118

○范西屏 施定庵

旧刻274着。

臧念宣抄本317着 施胜九子半

孙怡堂云：白175若于180位粘，黑不可186位断，恐白投175位即活，当185位长应妙。182细，若于106位先扑，恐白194位粘，黑186位应，白不于183位下，防黑184位点，再四三路挖，则黑191位打。白182位粘，黑185位粘杀。白纵187位打，黑192位打，白提，黑193位立胜。白于黑186位应后，即先四三路挖，黑只得182位断，白再183位做成劫。黑若184位点，白则191位长，黑打，白打，黑若三一路打，白184位劫。

程兰如评：11早，当170位投双飞，或268位大飞，皆得局面之正。15当21位先关。18是，19尖，不知顾忌，仍当21位关。23、27即受19之累。25当五六路飞，黑长，白长，彼此相制，方觉有情。45、47避收亦是。53粗，当54位关，黑不敢53位冲，恐白于58位扳断，若黑57位挤，则白于53位补，较胜多矣。54、56紧。62宜116位关好。66当67位先长，白长，再关。71、73见小，当85位扳，黑粘，白长。让黑修补，庶不粘滞。75亦勉强，80粗，当85位先长。82仍当85位长。89得五子，大极。90补既不净，似可不补，但恐白91位夹，先手活耳。

96冲断一子，皆为62弥补。113至120，彼此安逸。122不必，127弱，受黑先手封头，当128位长。140似乎落得，其实失算，凑白一打一尖之巧，不若竟于144位扳，存此尖长关打之变，运用殊多。145粗，当171位先挤，黑粘，再关，则无148、150一走一扳之巧矣。148长，既已成形，则149又当155位长，黑亦不暇吃二子。151、153敷衍无味。160细。161老到。162至174，彼此必然。175至195，彼此细密。196细。197粗，当224位粘，则黑不敢点角，仅于200位飞，然黑亦胜定矣。

再此局白127，若于128位长，黑必于161位长，白四八路扳，黑三九路长，白250位长，黑251位立，白249位拦，黑231位断，白270位打，黑197位长，白196位吃，黑230位长，白129位吃，黑162位长，白158位长，黑五八路吃，白六八路粘，黑五七路长，白241位吃，黑159位长，白160位长，黑163位扳，白164位吃，黑267位长，白271位吃，黑167位长，白166位打，黑提，白239位粘，黑144位断，白146位打，黑273位粘，白244位吃，黑四五路长，白四七路吃二子，黑199位虎，白211位飞，黑198位行，白208位退，黑202位扳，白二一路扳，黑206位粘，白273位打，黑粘，白七二路尖，黑205位冲，白204位粘，黑169位拦，白240位虎，黑210位扑，白154位觑，黑145位粘，白156位夹，黑八一路立，白十五路封，黑157位做眼，白155位搪，黑222位点，白137位粘，黑227位渡，白233位拦，黑150位吃，白216位顶，黑147位扑，白提，黑七一路行，白243位粘，黑二路提，白148位打，先手得二子，方为胜局。

吴修圃云：阅定庵自记本，亦云80当85位长，但恐黑长后，白七八路紧冲，黑病正多，白先手联络关子，黑角受伤，不得不于196位收腹，白将上边大块走透，黑无制胜处，至127于128转头，黑必161位长云云，亦本定庵自记。然此如文人相轻，见渠有算不到处。白果128位转头，黑正可于外面作关照，使白碍手，未必依自翻之案，坐以致负也。又闻西屏云：197脱手，便知黑要点角，必输数子。程评又谓：197粘，黑亦胜定。今按197粘，彼此胜负甚微。范程二家之说，予亦不能定其孰是。

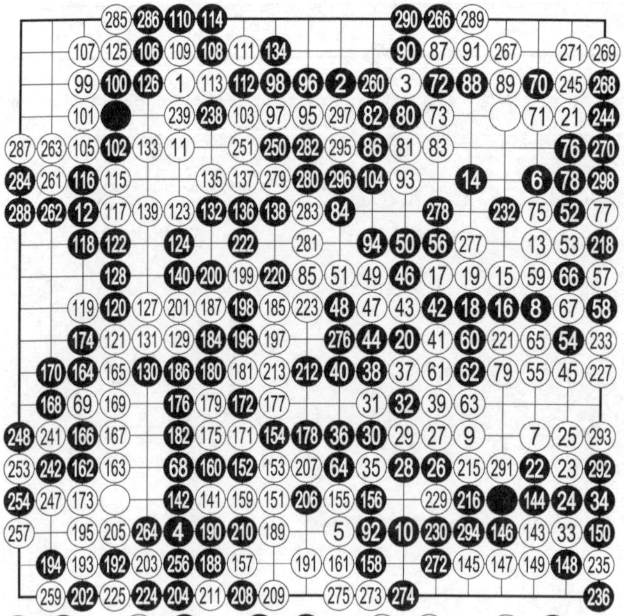

74=66； 183=172； 214=208； 217=211； 219=208；
226=67； 228=192； 231=225； 234=192； 237=225；
240=192； 243=225； 246=192； 249=225； 252=192；
255=225； 258=253； 265=192

○范西屏 施定庵

298 着 施（范）净胜一子半

吴修圃评：11关，局势既振，13方可投拆三。21关，胜五三路尖。22紧。32不得不断。33夹，35打，有次序，使黑角总补不净，后兼有借径活边便宜。45必着。57尖，是宽气法。64补病是。65防后来做劫。66落得打劫。70、72攻法奇，生出80断，得力。81打，有胆识。86必补。87反打，是。92再补，是。95觑，紧。99、101先侵角，后103长，手法灵异。107立，劲。119逼紧。120至140，必着。151至161，活法自然。164夹妙，如此侵分，割白119子，方觉局势相当。220若于298位提，白220位粘，宽一气，故须扑，白不敢提。亦因气紧，260提，大。以后官子，彼此俱细。

凡投拆三，有意挑战。此局11先关，后投拆三，构局既灵。21关，又不碍手，故足制胜。想西屏因前局投拆三失利，故细密一分。弈理与时俱进，即巨手犹然也。施范对垒，出奇无穷，此局尤纯粹以精。

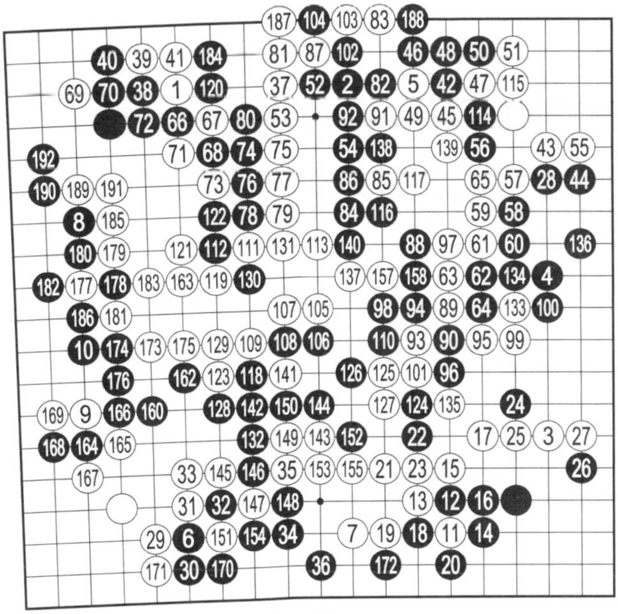

156=32； 159=147； 161=32

○施定庵 程兰如

192 着

如白179于上三八行，黑四七长，白四八长，黑平八二紧，白五二打，黑八三打，白提，黑十二虎，白二九立，黑五七长，白九一点，黑八一立，白十一行，黑五八断，白十四打，黑粘，白十三打，黑十五断，白二七撇，黑二六扳，劫。

白或不四八长而十二尖，黑四八接，白九二行，黑八二斡，白二七撇，黑二六扳，白一八虎，黑九一撇，白十一拦，黑二九点，白十三接，黑七一路先手得二子。

白或不十二尖而十三行，黑二七长，白十四冲，黑八二紧，白打，黑打，白提，黑十二虎，白九二拦，黑九一撇做眼，便成劫，当十一立。

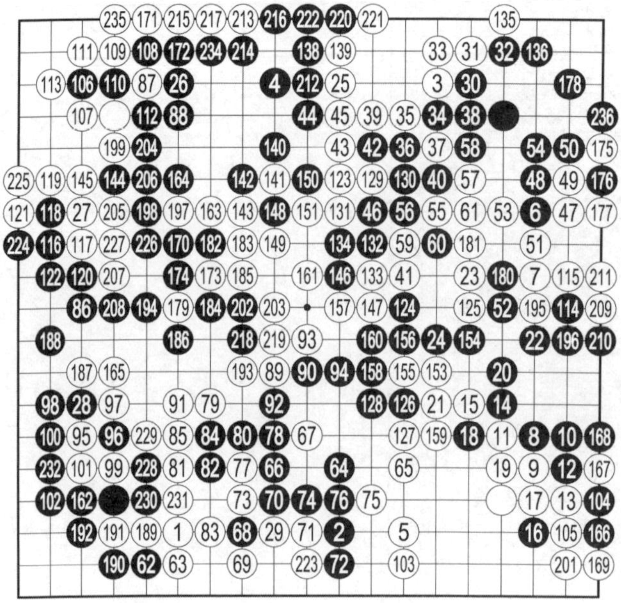

137=87； 152=141； 200=167； 233=96

〇程兰如 徐星友

236 着 程胜一子半

程兰如评：9尖、11虎太早，当照常布局为正。12先行是，34亦急，当120位拆，或64位关。37若先点后打，恐黑反打，孤子有伤。47含侵角而生根。48持重。52防白154位跨断。53至61，不劳而活。67虚点灵动。68至72意在避白103位立，先手补角，着法甚呆，当69位点，变化较多。76缓，当二九路两收，存103位一跨之活局。86缓不得。89飞、91占、93扳，次序井然。98卑陋，与其沿边盘渡，不若101位打，且提一子，86之子尚可图变。103见小，当108位立，黑拦，再于206位飞，或122位飞，方是大方家数。106当二五路先点，白145位平应，再于106位点，白107位冲，黑111位立，或活或过，方不局促。114至123彼此皆是。124至128，因两块未净，亦不可少。137恐黑199位扳。160粗，当219位吃一子，两处皆活，何必通连。161净，162大，167细，179粗，当197位先冲，黑拦，白再扳，不至吃去一子。以后皆正。

吴修圃云：前评34当120位拆，或64关，极是。35至61，白左右俱结实，后无制白处。故须放虚于他处置子，使白不无顾虑，方为妙手。

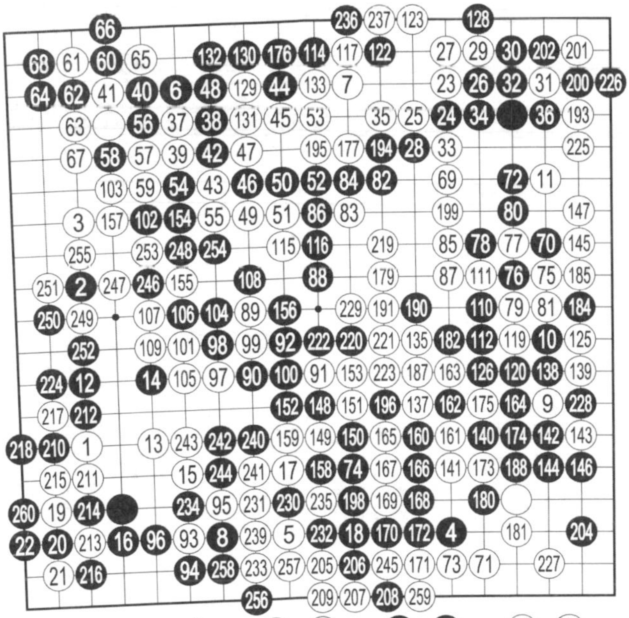

113=77；118=76；121=77；124=76；127=77；
134=76；136=77；178=162；183=175；186=162；
189=175；192=162；197=175；203=162；238=230

〇施定庵 梁魏今

260着 施胜

程评谓54至68得角有成算者，详白67设五一打，黑二五门，白三五冲，黑四六打，白长，黑三六打，白提，黑四二扑，白提，黑二四打，白粘，黑二六粘，白或八二跨，黑八三粘胜。白若不八二跨，而七二贴，黑忌六二冲，犯八三斡打之套，亦当八三粘，白六二接，黑八二拦，白十三赶，黑七一扳，白八四赶，黑十二虎，白九一点，黑十一立，白八一扑，黑提，白二二行，黑一二扳，白八一扑，黑二一扑，白提，黑一三粘，白二九赶，白劫紧，惟较孙变白无本身劫，可借劫转换，然大局已伤。白若于黑三六打后，亦四六打，黑不得不提，白虽可得角，亦失外势。

程兰如评：12早，当44位拆，14落得于19位先关。23宜74位关，黑必于141位关起，白于去角六五路关起，黑必于三七路大飞，白再于入角五三路尖，黑扳，白虎，黑粘，白于140位飞，黑长，白扳，则局面舒展，可收牵制之利。24至36，应法净。37宜75位拆为正。39亦当虎下，既有大飞，复又长起，未免重叠。45紧，49当50位打，黑长，白154位虎，黑边子未净，自有便宜。54至68得角有成算。69当时，72贪而见小，殊失局面大意。白因修补无情，故且飞角，今黑竟舍拦角之要着，而断白不净之一子，白得73一行，已偿弃子之利，且黑地未净，相机侵分，操纵在白。75又与72同病，当平角94位点，或97位镇，令黑谋生，又有腾挪。

78当185位打，争先于87位关出，援引孤子，局势亦壮，白角地自削。82忙，当110位先虎，尚有波澜，竟尖不虎，追白87长后，全体雄畅，黑处处皆为白制矣。89当先于150位捺，黑更掣肘。90、92不得不然，受累殊深，91得通盘之气脉。96随手，若258位粘，尚存过渡。97至109贪安逸。110舍此亦无处生波。111至147彼此必然，148率意扳出，全无成见。若竟于160位跨，照旧打劫，变化尚多。165至193，彼此操算精严。196细。若提三子，白即于219位双，黑难两全。199粘好。200至209，不易之着。210、212有深算。218奇妙。219粗，当242位补净。220、222不必，224是。229失算，仍宜242位补，不致吃去五子，尚可多胜。

孙怡堂云：此局黑失势于12着八三拆，再败于72不于73位搪，继又因78、82、96等着随手故也。

又云：黑66立后，白如三一路立，黑二五路加，白五一路提，黑扑，白132位跨，黑129位粘，白六二路粘，黑两收后，于130位拦，白133赶，黑不宜114位虎，虎则白七一路立胜，当七一路扳，白131位赶，黑114位虎，白九一路点，黑于十一路立胜。157当253位补。

又云：115乘空破黑眼位妙。若迟，恐黑弃七子，抢先他投故也。129乘空便宜官子，因恃劫系借径，故不妨先行便宜。若是认真打劫，则恐劫多，即不宜矣。

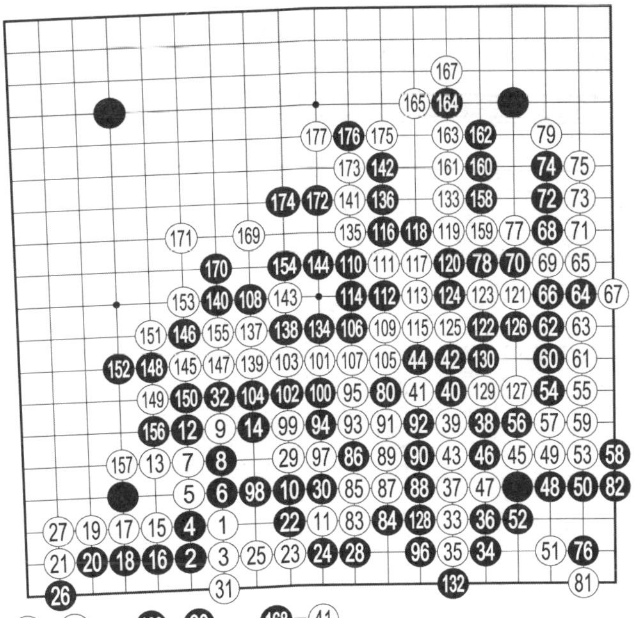

131=41； 166=80； 168=41

○黄龙士 徐星友

受四子局177着

弈小数也。国朝黄月天出，极尽心思之巧，遂开一代盛。相继国手不一，而最著者则有梁魏今、程兰如、施定庵、范西屏，时人谓之梁程施范，此以时代先后论，非以品次论也。其余国弈若赵两峰、娄子恩、吴来仪、蒋再宾、徐星友等，又以徐为杰出。徐初受黄四子，后徐已系二手，黄故抑之以三子，终血泪十局，遂成国弈。坊刻与梁、程对垒之局甚多，复采此者，见心机愈逼则愈生出，即巨手亦由渐造也。此与前施、程对垒之局，皆系逼走，此局黑因受子用强，白则按辔徐行，左宜右有，自然溃围而出，尤益人神智也。

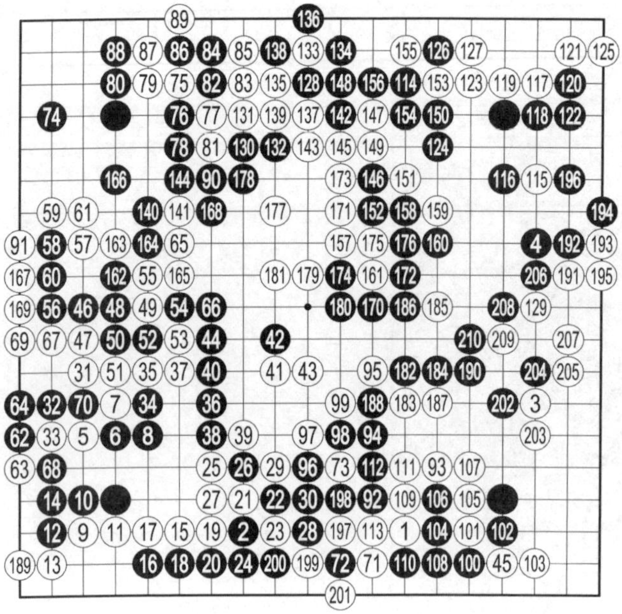

○黄龙士 徐星友

受四子局 210 着

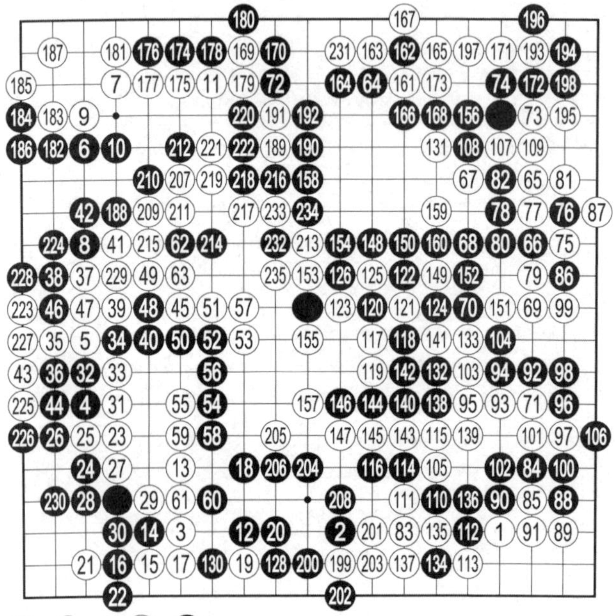

127=121； 129=120

○黄龙士胜二子半 徐星友

受三子局 235 着

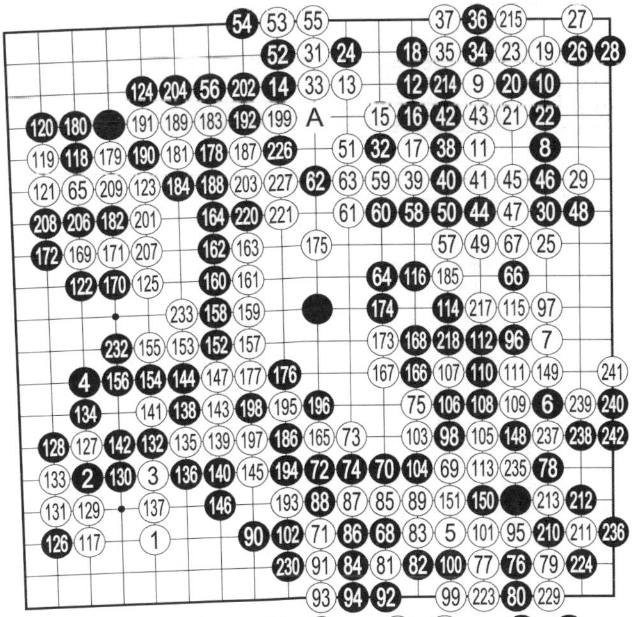

200=195； 205=190； 216=210； 219=213； 222=210；
225=213； 228=210； 231=213； 234=210

○黄龙士 徐星友胜

受三子 242着

臧念宣评：31让子着法，32当33位断，34、36紧峭。42低，当44位扳，白45位走，黑50位虚接。白如46位接，黑43位扑成劫。白如43位先占，黑46位接，白47位冲，黑67位断，白214位接，黑42位接，白48位退，黑八二路打，白长，黑五二路搪，白九二路打，黑三二路占，白四一路点，黑七一路打，白215位提，黑五一路立，气较白宽，57赶提一子得力。70当时，75虚张声势，让子法颇佳。78当230位点，白盖，黑退，白如二八路扳，黑86位顶，白四八路虎，黑101位虎，两地有根，白须修补挖断之病。98着法，因有孤子在外，亦是。99、101细。124当十四路扳，白两处受制。130、132见腹内白子破碎，欲用牵制之法。148、150有序，料白不肯213位虎成劫。182、184细，185勉强，授子着法。200当202位接，白提劫，黑四八路提，白八六路打，黑占，白十八路打，黑九八路反打，白九七路提，黑九九路打，白不能占，此非劫明矣。

吴修圃云：78果230位点，白必95位虎，150位做劫，然后102位盖，断不凑黑101位虎，至入角坚实也。

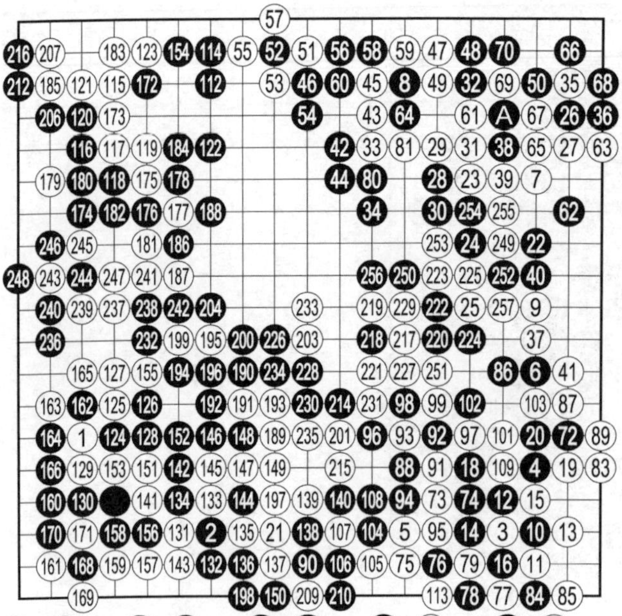

17=10； 71=A； 82=16； 100=93； 110=79； 111=77； 167=162； 202=168； 205=171； 208=168； 211=171； 213=168

○黄龙士 苏揆之

受二子 257着

黑66避劫，白221不222位拦，不肯让黑内活。黑222若229位打，白227位粘，黑251位提，白222位打，黑长，白入九八路长出，黑即不长而包打，亦不得出。黑224若229位打，白入九九路提，黑250位长，白于平十八路断，黑打，白长，黑不得不粘，白盖，一路包赶，叫吃，黑或于白九九提后，256位扳，白去九九路扳，黑225位断，白250位打，黑251位提，白去八八路提，黑228位关，白亦平十八路断，同前包吃，赶接不上，黑或不225位断，先226位护断含断，白250位打，黑251位提，白225位粘，黑227位打，白224位行，黑218位提，白去八八路提，黑入九八路劫，白复提劫，白通盘无劫。又黑224若225位断，白229位粘，黑251位提，白256位虎，黑227位逼，白入九八路长，后手黑活，白平十八路断，黑即不227位逼，于257位吃通，白亦平十八路断，黑打，白长，黑粘，白盖，黑再行，白再盖，黑入九九路打，白入十八路长，黑或入十八路打，白先提后断胜。黑226若227位打，白提，黑226位补，白入四九路挤，黑229位打，白250位拦，黑提，白入九八路粘，黑去十九路打，白粘，黑230位行，白234位顶，黑断，白打，黑粘，白233位打，黑长，白跟打，黑再长，白先手提劫胜。黑若不226位补，而于229位打，白亦250位拦，黑提，白亦入九八路粘，黑去十九路打，白粘，黑提活，白平十八路断，黑打，白长，黑粘，白盖，黑连，白234位赶胜。

又204，黑或误粘角劫，白平十八路扳，黑一六路撇，白一四路粘，黑一二路扑，白提，黑三一路立，白九九路紧，黑二一路打，白八九路打，黑提，白提，黑虽先手换角，而外势全失矣。

附：

（信封[①]）外书四本呈 陈兰成先生 台启 止缄

（内页）兰成二世兄鉴：归捡儋二爹棋谱系四本《范西屏让子谱》《弈套》《施定庵弈理指归摘录》《范西屏桃花泉弈谱提要》，皆非自著，然系手钞本，细书精楷，殊可宝贵。

兹呈上请察收，手请道安。

韩国钧 顿首 九、二八

① 夹带有信以及信封。

秋仙汇选

沈国俊　辑

孙德常　黄梅　点校

南京图书馆馆藏清刻本

点校说明

清刻本《秋仙汇选》四卷二册，为南京图书馆所藏，书中没有作者的信息，不过据《弈潜斋集谱初编》中弈谱目录的记载，可知为沈国俊辑，《秋仙汇选》卷一前有《棋经十三篇纂要》《棋法四首》《十诀法》《新增心要十法》。卷一有金花碗图、争花图、凤墀图、演武图等十局古局图，三十二局对局以及二十五局国手对局。卷二为受子对局，受二子六局，受三子四局，受四子四局。卷三为边角图。卷四为棋势。《秋仙汇选》的成书参考了明褚克明的《秋仙遗谱》，文中赞誉“今之学兵者，亦无有不遵《秋仙遗谱》，纵有新变，亦不离秋仙也。果能意会神交，秋仙即孙武也，孙武即秋仙也”。另外还提及《玉局》（即邵栋《玉局藏机》）和《石室》（《石室仙传》）两书。全书随处可见评语，或为作者自拟，或者从他书中摘来。

本次点校，所依据的正是南京图书馆藏本，并参考了上海棋院所藏之近人抄本。本着忠实于底本原貌的原则，在改动底本之处，标有校记。因底本有破损，对于内页破损之处，一般根据它本相同内容的文字加以补全，也有无法复原的地方，校者一一注明。或难以辨认之处只好以“□”表示，有疑似错漏之处，则依照底本，保存原貌。

本次点校参考了《围棋文献集成（八）》《围棋文献集成（十八）》《围棋文献集成（二十二）》的成果。成文后经点校团队其他成员帮助再三校对，以求成稿无误。不足之处，恳请指正。

棋经十三篇纂要[①]

论局篇第一

局，弈[②]枰是也。弈，围棋势也。夫万物之数，从一而起。局之路，三百六十有一。且一者，生数之主，据其极而运四方也。三百六十，以象周天之数。分为四隅，以象四时。隅各九十路，以象其日。四隅各九十路，四时各九十日。外周七二路，以象其候。夫棋三百六十有一，白黑相半，以法阴阳。阳显而为之白，阴晦暗而为之黑，是定阴阳之义也。局之线道之间谓之枰，是定胜负之衡也。局方而静，法乎地。棋圆而动，侔乎天。自古及[③]今，弈者无同局。《传》曰："日日新。"故宜用意深而存虑精，以求其胜负之由，则至其所未至矣。

得算篇第二

棋者以平正合其势，以权变制其敌。故算计[④]定于内，而势成于外。战未合而算胜者，得算多也。算不胜者，得算少也。战已合而不知胜负者，无算也。兵法曰："多算胜，少算不胜，而况于无算乎？"

① 此即《棋经十三篇》，原本辑者增补删减了文字，因此与其他版本有区别。
② 弈字为校者所改，原本中"弈"都作"奕"。
③ 原本此处损毁，缺 34 个字。此处为整理者参考他本《棋经十三篇》补，所补字为：今，弈者无同局。《传》曰：……由，则至其所未至矣。
④ 原本此处损毁，缺 7 个字。此处为整理者参考他本《棋经十三篇》补，所补字为：定于内，而势成。

权舆篇第三

权舆者，弈棋布置，务守纲格。《诗》言："权舆始也。"布置其子，在守纲格之规范也。先于四隅，分定势子，然后拆二斜飞，下势子一等。立二可以拆三，立三可以拆四，与势子相望，可以拆五。近不必比，远不必乖。比辅也，乖远也。此皆古人之论，后学之规，舍此改作，未之或知。《书》曰："事不师古，无以克永世。"又曰："靡不有初，鲜克有终。"

合战篇第四

博弈之道贵乎谨严。高者在腹，下者在边，中者在角，边不如角，角不如腹。边角虽生，得路必促。虽有强边，不如弱腹。法曰：宁输数子，勿失一先。闲子虽多，不若弃之争先而得势，要地子少切不可轻弃而强作乱为。击左则照视其右，攻后则瞻管前。有先而后，有后而先。先而后，始得先手，后失先手。后而先者，始失先手，后得先手。布置攻击之际，当合先后后先之法。苟失其列，则败宜矣。两生勿断，皆活勿连。阔不可太疏，密不可太促。与其恋子以求生，不若弃之而取势；与其无事而强行，不若因之而自补。彼众我寡，先谋其生；我众彼寡，务张其势。老《经》曰："善胜者不争。"《谷梁传》云："善阵者不战。善战者不败，善败者不乱。"夫棋始以正合，终以奇胜，凡敌无事而自补者，有侵绝之意也。口口防之。弃小而不救者，有图大之心也。宜熟察之。随手而下者，无谋之人也。不思而应者，取败之道也。《诗》云："惴惴小心，如临于谷。"

虚实篇第五

夫弈棋，绪多则势分，势分则难救。救棋勿逼，逼则使彼实而我虚。虚则易攻，实则难破。临时变通，勿宜执一[①]。《传》曰："见可而进，知难而退。"又曰：

---

① 原本为"勿宜执一"，应为"宜勿执一"。

“执中无权，犹执一也。”

自知篇第六

夫智者见于未萌，愚者暗于成事。故知己之害，而图彼之利者胜。知可以战，不可以战者胜。识众寡之用者胜。以虞待不虞者胜。以逸待劳者胜。不战而屈人者胜。老子曰：“自知者明。”

审局篇第七

夫弈棋布势，务相接连。自始至终，着着求先。临局交争，雌雄未决，毫厘不可以差焉。局势已赢，专精求生。局势已弱，锐意侵绰。沿边而走，虽得其生者败。弱而不伏者愈屈，躁而求胜者多败。两势相围，先促其外。势孤援寡则勿走，走则彼势坚固难以施其巧也。是故棋有不走之走，不下之下。不走反得，不下则生。误人者多方受惑，成功者一路生机。能审局者，多胜。《易》曰：“穷则变，变则通，通则久。”

度情篇第八

人生而静，其情易见；感物而动，然后可辨。推之于棋，胜败可验。法曰：夫持重而廉者多得，轻易而贪者多丧。不争而自保者多胜，务杀而不顾者多败。因败而思者，其势进；战胜而骄者，其势退。求己弊不求人之弊者，益；攻其敌而不知敌之攻己者，损。《兵法》曰：“知己知彼，百战百胜。”目凝一局者，其思周；心役他事者，其虑散。行远而正者吉，机浅而诈者凶。能自畏敌者强，谓人莫若己者亡。意旁通者高，心执一者卑。四面相照，令人不测者胜。执一无谋，毕见不远者败。语默有常，使敌难量。动静无度，招人所恶。《诗》云：“他人之心，予忖度之。”

斜正篇第九

或曰："棋以变诈为务，劫杀为名，岂非诡道耶？"予曰："不然。"《易》云："师出以律，否藏凶。"兵本不尚诈，谋言诡行者，乃战国纵横之说。棋虽小道，实与兵合。故棋之品甚繁，而弈之者不一。得品之下者，举无思虑，动则变诈。或用手以影其势，或发言以泄其机。得品之上者，则异于是。皆沉思而远虑，因形而用权。神游局内，意在子先。图胜于无朕，灭行于未然。岂假言辞喋喋，手势翩翩者哉？《传》曰："正而不谲。"此之谓也。

洞微篇第十

凡棋有益之而损者，虽益而反有损。有损之而益者，虽损而反生益。有侵之利者，有侵之而害者。得先则利，失先则害。有宜左投者，不伤于右。有宜右投者，不碍于左。有先着者，有后着者。有紧辟者，急应曰辟。有慢行者，布置曰慢。粘子勿前，弃子思后。有始近而终远者，有始少而终多者，始得路少，终得路多。欲强外先攻内，欲实东先击西。内应则外强，西击则东实。路虚而无眼，则先觑。无害于他棋，则做劫。饶路则宜疏，受路则勿战。择地而侵，无碍则进。此皆棋家之幽微，不可不知也。《易》曰："非天下之至精，其孰能与于此。"

多①数篇第十一

夫弈者，凡下一子，皆有定名。棋之形势、死生、存亡，因名而可见。有冲，有斡②。直连子而入曰冲，不连子而入曰斡。有绰，有约。以我斜侵彼头曰绰，以我子拦彼头曰约。有飞，有关，有劄，有粘，有顶，有尖，有觑。劄者净虎口，

① 原本作"多"，应为"名"。
② "斡"字为校者改，原本中"斡"都作"幹"。

粘者恐分断。有门，有打，有断，有行，有立，有捺，有点。以子按其头曰捺，深入而破眼曰点，旁通其子曰透点。有聚，有跷。跷有断棋之意。有夹，有拶。以子促而迫之曰拶。两子夹一子曰实夹，夹两子曰虚夹。有辟，有刺。连子而入曰刺。有勒，有扑。束其要用，使无眼曰勒。以我子投彼穴中，使急[1]曰扑。有征，有劫。两边逐杀而不得止曰征。先投子曰抛，后提之曰劫。有持，有毅。两棋相围各生曰持。棋死而结局曰毅，俗谓之提，既提而随手毅曰复毅。有松，有盘。用棋之名，三十有二，围棋之人，意在万周。临局变化，远近纵横，我不得而前知也。《传》曰："必也正名乎！"弈棋之谓欤。

品格篇第十二

夫围棋之名有九。一曰入神，二曰坐照，三曰具体，四曰通幽，五曰用智，六曰小巧，七曰斗力，八曰若愚，九曰守拙。九品之外，不可胜计，未能入格，今不复云。《传》曰："生而知之者上也；学而知之者次也；困而学之，又其次也。"

杂说篇第十三

夫棋约轻于捺，捺轻于辟，势使之然。夹有虚实，打有情伪。大眼可赢小眼，斜行不如正行。两关对直则先觑，前途有碍则勿征。施行未成，不可先动。角盘曲四，局终乃亡。直四、扳六，皆是活棋。幞头笠帽，俱是损伤。花五、聚七，终非吉祥。十字不可先纽。胜不言，败不语。振谦让之风者，君子也；起忿怒之色者，小人也。高者勿亢，卑者勿怯。气和而意舒者，喜其将胜也。心动而色变者，忧其将败也。赧莫赧于易，耻莫耻于盗。妙莫妙于用松，昏莫昏于覆劫。凡棋直行三则改，方聚四则非。胜而路多，名曰赢局；败而无路，名曰输筹。皆筹为溢，停路为苗。打筹不得过三，淘子不限其数。劫有金井、辘轳，有无休之势，有交递之图。而弈棋者，不可不知也。非生非死，非劫非持，今定名曰循势势。

---

① 原本有破损，疑为"敌"字。

凡棋有敌手，有半先，有双先，有桃花五，有北斗七。夫棋者有无之生，远近之相成，强弱之相形，利害之相倾，不可不察也。《易》曰："君子安而不忘危，存而不忘亡。"

棋法四首

一曰布置

盖布置棋之先务，如兵之先阵而待敌也。意在疏密得中，形势不屈。远近足以相援，先后可以相符。若入地境，或于六三、三六，及九三与十三之着。斯不执一，进退合宜。决曰：远不可太疏，疏则易断；近不可太促，促则势羸。用意在人，此乃为格。

二曰侵凌

夫棋路无必成，子无必杀，乘机智变，不可豫图。且布置已定，则强弱未分，形势鼎峙，然后侵凌之法，得以行乎。其间必使应援相接，勾落相连，多方以拥逼，迤洒而侵袭。侵袭若行，则彼路不得不促；拥逼渐急，则彼势不得不羸；俟乎忿而先动，则视敌而索其情；观动则制乎变。此之谓善应者也。

三曰用战

用战之法，非棋家要道也。不得已而用之，则务在廉谨以守封疆，端重而全形势。封疆善守，则在我者实矣；形势能全，则在我者逸矣。夫以实击虚，以逸待劳，则攻必破，战必克矣。

四曰取舍

取舍者，棋之大计。转战之后，孤棋隔绝，取舍不明，患将及矣。盖施行决胜，谓之取，弃子取势，谓之舍。若内足以豫奇谋，外足以隆形势。纵之则莫御，守之则莫攻，如是之棋，虽少可取而保之。若内无所图，外无所援。出之则愈穷，而徒益彼之势；守之则愈困，而徒壮彼之威。如是之棋，虽多可舍而委之。棋者，意同于用兵。故叙此四篇，粗合孙吴之法。古人所谓怯敌，则运计乘虚，深谋默战于方寸之间，解难排纷顷刻之际。动静迭居，奇正莫测。不以犹豫而害成功，不以小利而妨远略。此非浅见谀闻者所能议其仿佛耳。

十诀法

一、不得贪胜；二、入界宜缓；三、攻彼顾己；四、弃子争先；五、舍小救大；六、逢危须弃；七、慎勿轻速；八、动宜相应；九、彼强自保；十、势孤取和。

新增心要十法

敌手宜慎，不可太欺；受子宜稳，不可务杀；初局布置，不可草率；终局官子，不可忽略；无益处不可妄断，恐失其先；无应处不可妄投，恐失其势；绪多不可恋子，孤子先谋其生；乱侵则实其彼，自补则稳其虚。

古图局　计十局

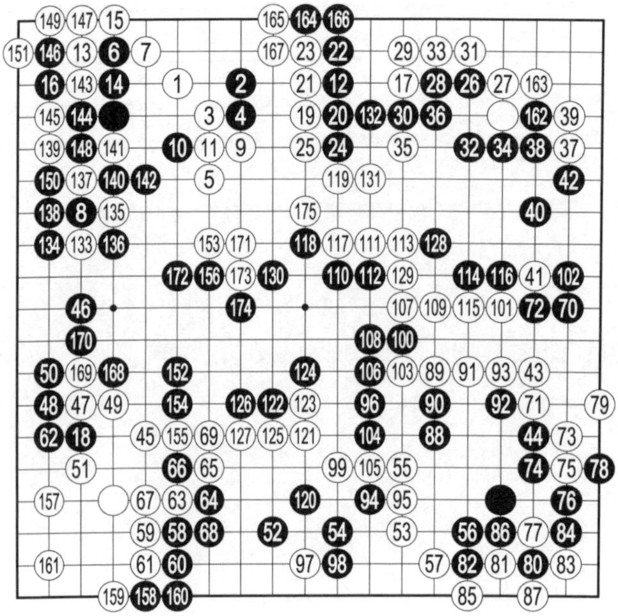

金花碗图　白先 175 着

此局 19 着，当于九五位虚罩，纵彼走活，则我势益张，乃先侵之便，彼此无强弱也。135捺致139取角，固是矣。然104后得外着，152得先手，较之取角无优劣，恐《玉局》[1]评者未当也。

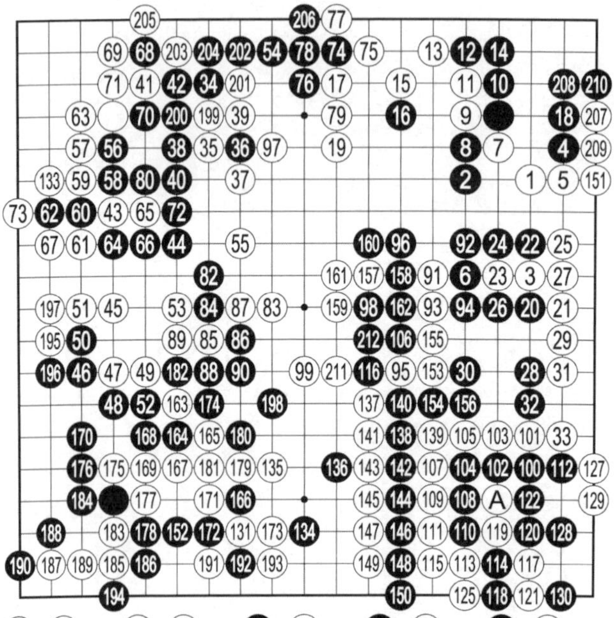

81=43；123=119；124=A；126=119；132=65

烂柯图　白先 212 着

此局相传已久，世皆习尚，故存之，即有臧否不议也。虽不尽善，初学尚不可外此。

① 即（明）邵栋《玉局藏机》卷下金花碗图 204 着评语，校者随手录于此："评曰：'白十九着外侵，黑 20 忍而让之，黑 70 着内攻，白 71 忍而避之，此敌手转换法也，与躁而秋声者异。'评曰：'白不投九七，九九岂能单关而突出，不捺百卅五着，则百卅九何由取角？此谓鸾台南指，情实西射者也。'"

争花图[1] 240着

此局⑫⑤、⑫⑦劫妙，❶❻❽妙，图内紧细入神，脉如贯珠，观黑子应劫处，步步可法，宜熟玩之。

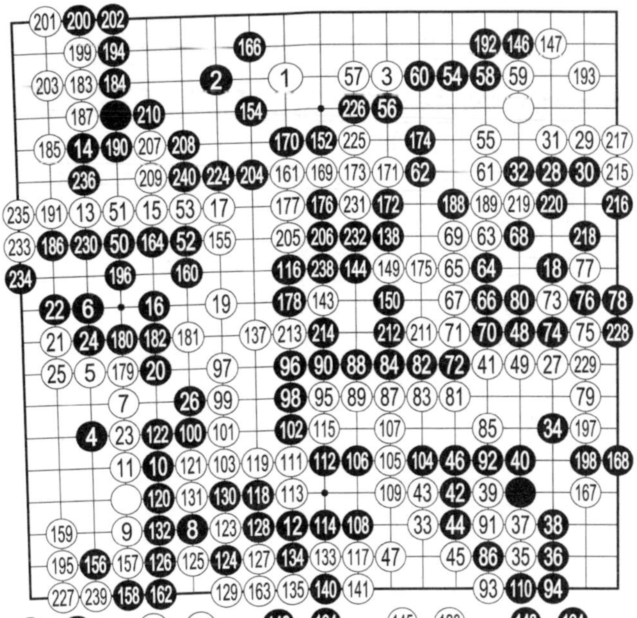

136=124； 139=123； 142=124； 145=123； 148=124；
151=123； 153=124； 165=86； 221 222 223 脱先；
237 脱先

万寿图 130着

此局㊺妙。㊾妙。63妙。78妙。88妙极。108妙。109妙甚。111更妙。黑自63后势孤矣，而88出奇兵，复振其势，妙甚。如108、109两出奇思足称劲敌。

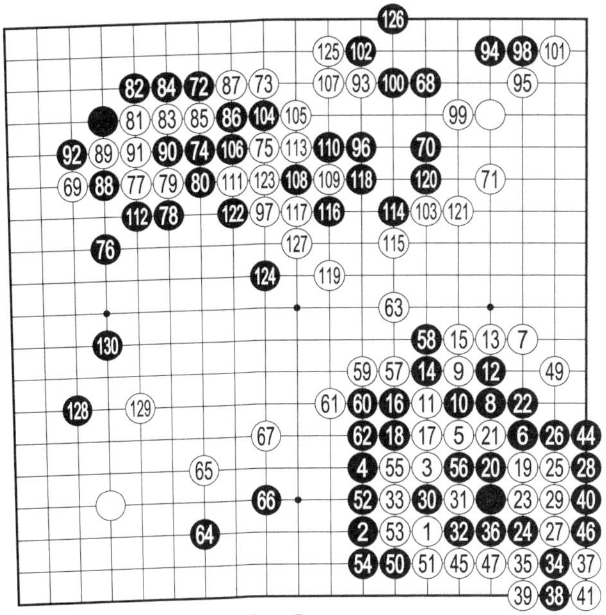

42=34； 43=38； 48=34

① 据国家图书馆藏《商山奕谱》，此谱有对局信息“唐大中棋待诏顾师严与闫景实于慈恩寺，争古书花一轴。黑先白胜，共133着”。

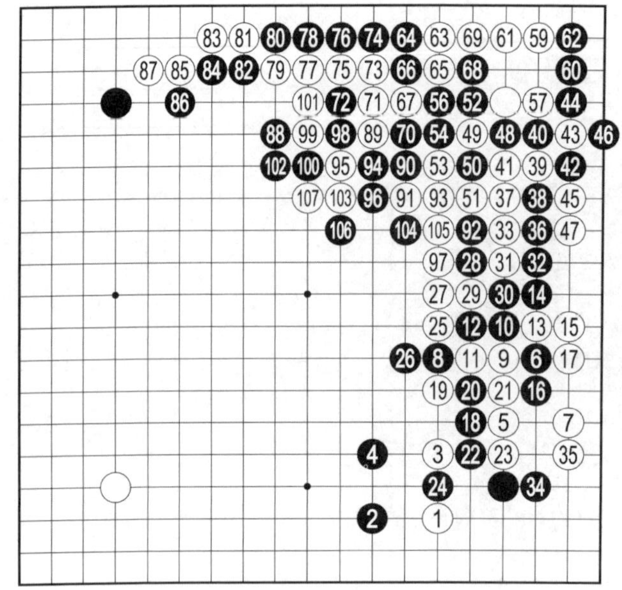

55=50； 58=43； 108=98

遇仙图 白先 108 着

此局起手数着后即奇，故至争杀。愈出愈奇，令人应接不暇，第非平正中来，故大胜大败未可为法耳。昔方屺山恒爱此局，谓玩之使人巧生。故表之以公世。

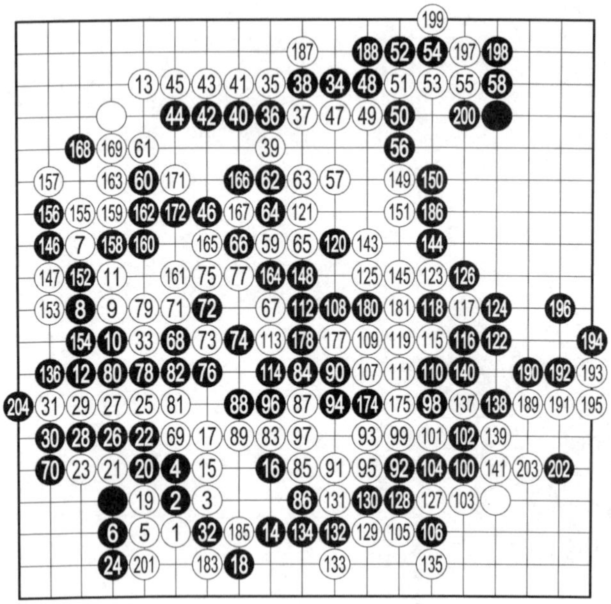

142=137； 170=66； 173=167； 176=66； 179=167；
182=66； 184=167

凤墀图 白先 204 着

此局始终亦归平正，但取舍处，先后失序。有似好奇，使18着不侵，则彼安得便宜。若151着，先于十二补或于九九粘，彼亦不致劫活矣。

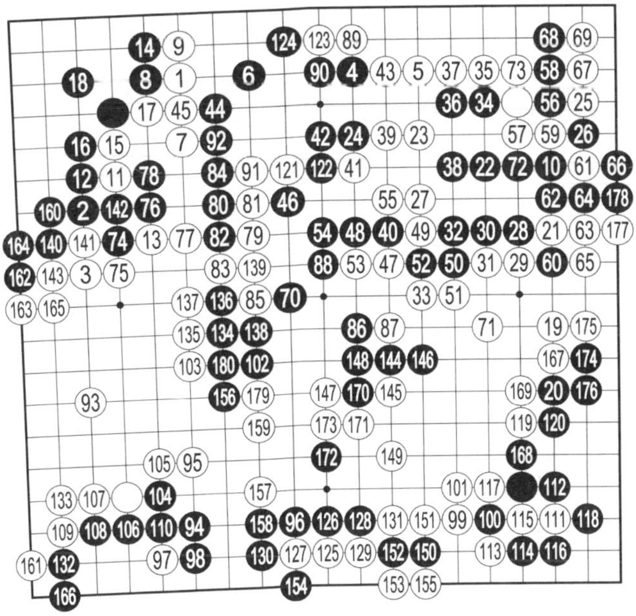

四仙图 180 着

此局12、13妙。39好，40妙。47好。57妙。74、76好。82妙。147好。白177着弃小就大，而得自在。黑亦整密不疏。官子皆细。二家若非精炼者，则不能耳。

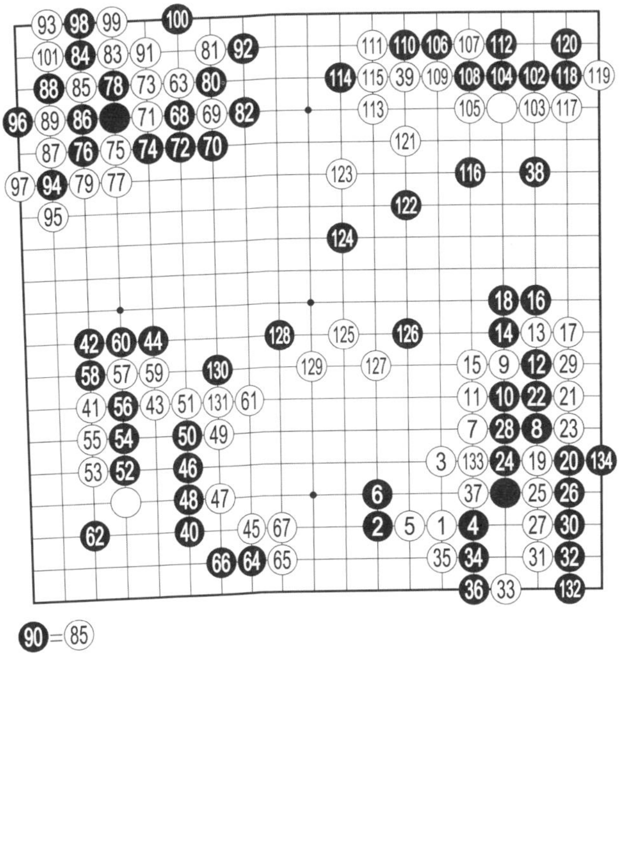

90=85

长生图 134 着

此局21、23妙。33好。103妙。162妙。图内黑虽失而小，但所得亦饶。俱在转换中之妙用也。宜细味之。

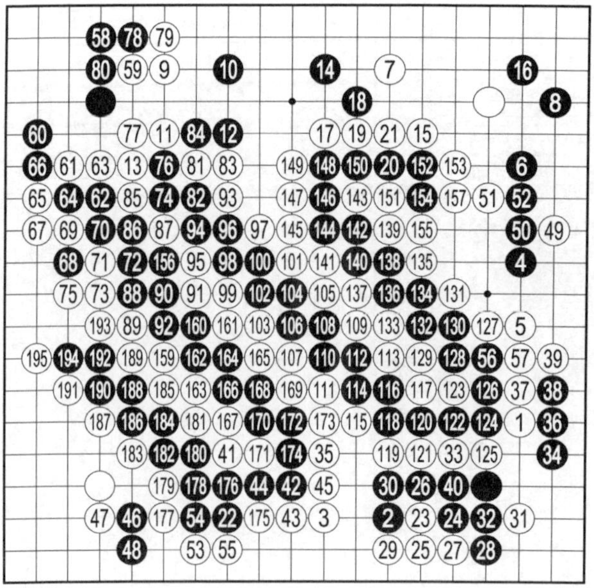

158=87

演武图 195 着

此局虽曰未必平正，第选其奇幻可观，势如武侯之八阵图，置之冷处即为平原顽石，皆为奇兵。一遇敌人则平原化为沙场奇兵矣。此图近之，故录以诱后学云。

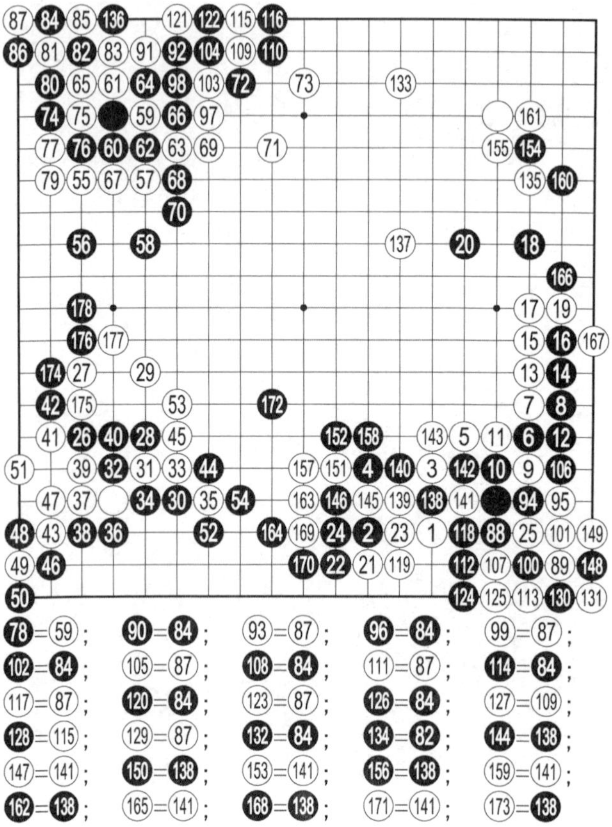

78=59； 90=84； 93=87； 96=84； 99=87；
102=84； 105=87； 108=84； 111=87； 114=84；
117=87； 120=84； 123=87； 126=84； 127=109；
128=115； 129=87； 132=84； 134=82； 144=138；
147=141； 150=138； 153=141； 156=138； 159=141；
162=138； 165=141； 168=138； 171=141； 173=138

醴泉图 178 着

此局㉕妙。㊾妙。86妙，138妙。图中脉络如渊泉而有源，用意如醇醴而有味，故古之命名立意盖有见于此也。至于86打劫处转换处，两家各出手眼妙甚。

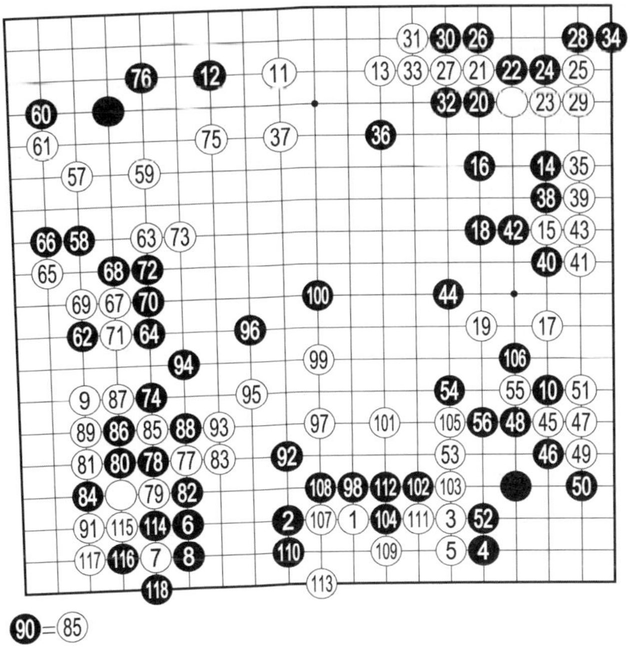

敌手三十二局

第一局 118 着

此局18着笼罩法，祖自此谱，而后学常以为法。20着，由18着而来成金井势用当。黑34着，先手活角，妙。35老成。40着生眼位妙。45侵法正，65、67可法。75大也。76补，稳。83又力量。85着妙。99、101俱有力。107、109着，过大妙甚。

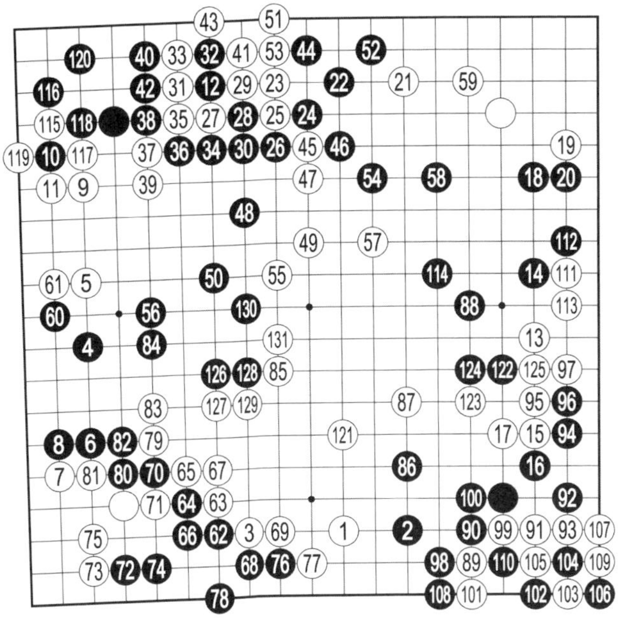

第二局 131 着 白胜

此局23着，投急。44不如在四六位上有势而稳。55细。56笼罩大。62侵法好。64扳力量方有78之活。79、81、83妙。85、87俱大。89侵法好。91、99、101俱妙。103、109活法好。121大极。

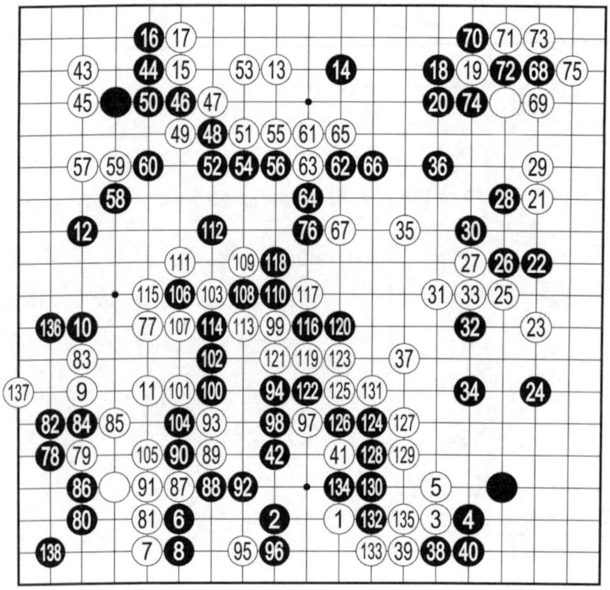

第三局138着

此局25、27紧。28正。29退一步，稳实。35、37有势而大。38、40稳角是。43侵正稍迟，黑补则大矣。62有力。71、73妙。77虚笼兼分黑子腹势，妙。78、80分角好。90紧。95细。99力量。100妙。106、108，当细味。109班，亦妙。121贪，若让数子则腹势成矣。今虽出而反受黑子分边，亦不为大利。126、138是。

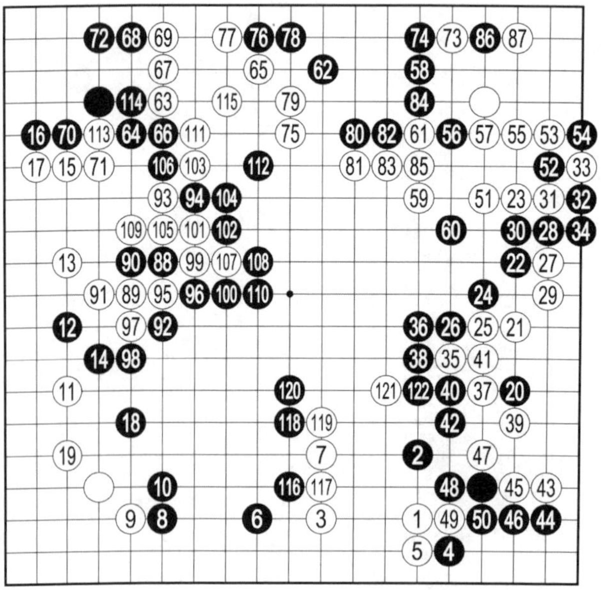

第四局122着

此局18着收得大。27、29有次序，始有35扳出之着。39、43是，49存眼地。56觑是。58借收正。61巧。72应法好。75大。88着大极。细而有味，92有力量。黑自94起至110收法，着着紧凑，112带补而取先。116、118、120收腹大极。

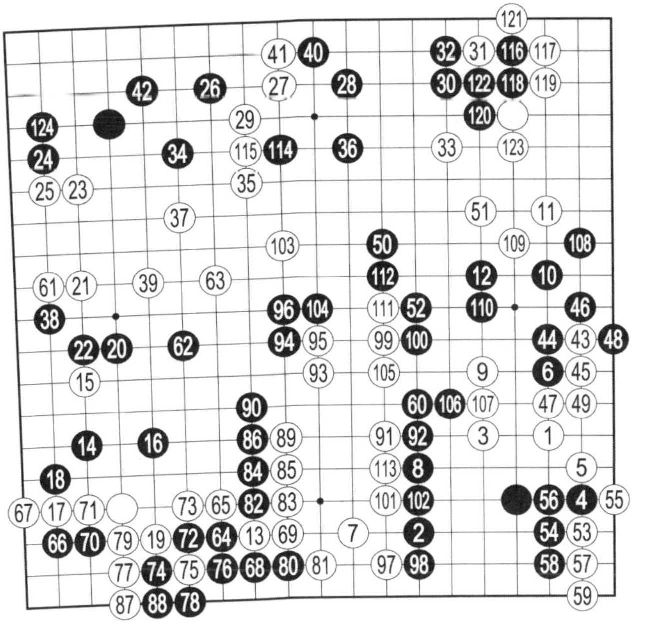

第五局 124 着

此局❿20着，用卷帘势。当㉑着，弃一子自在。㉝大。❸❹正而有情。㊲人，兼收黑角。㊴细，㊸侵，生眼位，❺❽气盖大。㊼应法正。㊾分角大。❻⓪收是。❻❹起至❽⓪侵分活法。宜细味之。❽❷分断是。㊽先手正，妙。⓫⓰大，通局着着贯串，步步有情。如弃取活法各有妙用。

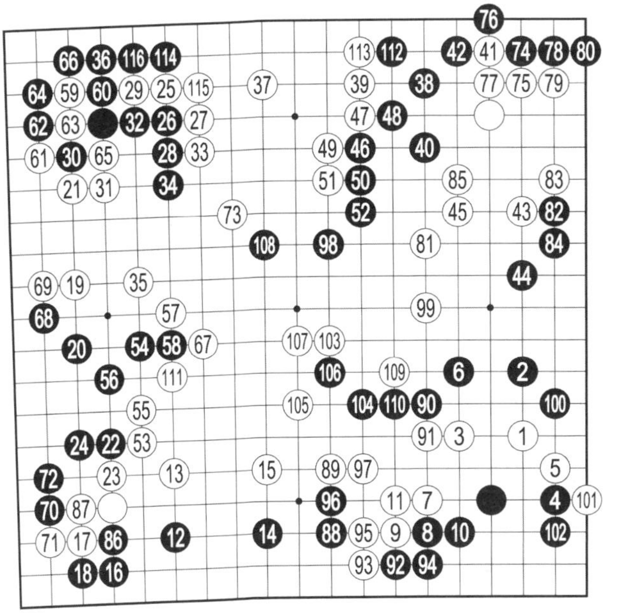

第六局 116 着

此局❽着、❿着套先手法。⑬、⑮用镇相当。❸❻保角灵动。㊴大。㊼立法细。㊾、51白成大块。❻❷、❻❹让一子好，而得先手好。89有势。99含侵。103大极。111收得净。通局细紧而无渗漏处，故妙。

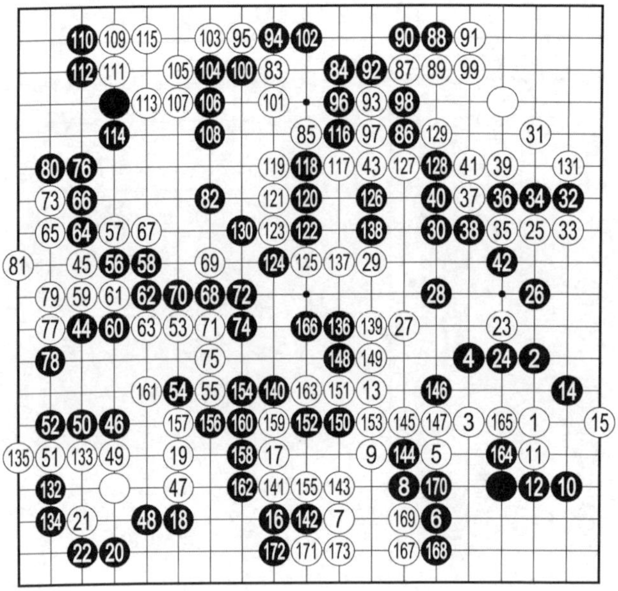

第七局 173 着

此局17、19用镇以取势大极。27、29张腹之势，当细味。可法31补，老成。32投弃，实自而生眼地。43弃小从大。53气量雄壮，欲取彼而收此。61在69位收腹更实，而外势更张，令白难得黑子反而伤其外势，惜乎前意之不合也。82弃，彼取白数子转换之法，极大。84、86有情。87应法好。88妙极。96、98有次序。100妙极。115，白后手活而伤其外，得彼失此，故败矣。126妙。154、156、158中着皆妙。宜细味之。

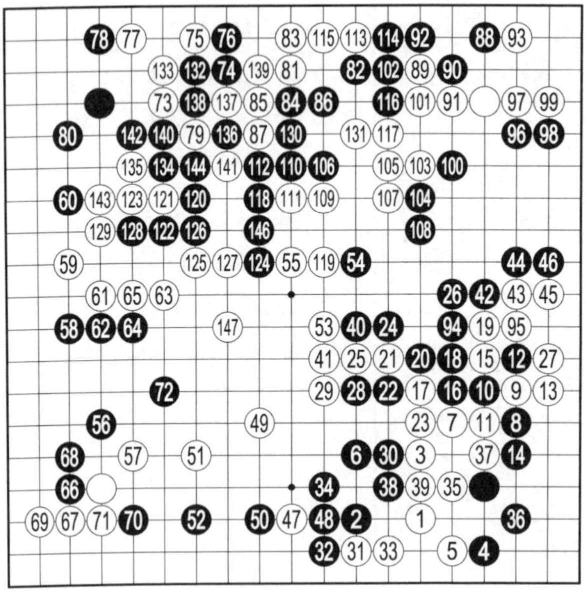

145=136

第八局 148 着

此局钓竿起手，两家各活而不伤其势，亦可以为法。黑40起至46收紧。50好。白51至55取势大。66、68、70皆正。79细。80老成。83有力。88飞角灵动而有取意。96、98、100带侵而成六块。105、106黑白两出，皆有次序。130、132细。134、136妙。黑白自始至终，攻守得宜，守动合法，可谓劲敌。

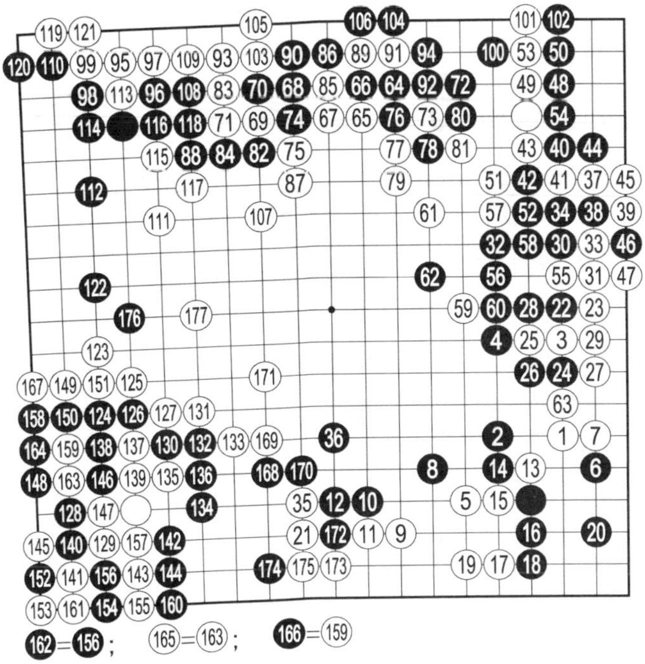

第九局 177 着

此局8着、10着两笼取势法。13断细，22、24有情。30正、32好。40分得小角妙。56应法正。65强。70断细。84、88力量。105好。白111至117，先后有序。122走法畅大。135妙。黑152、154、162跌法妙。白159、163、165跌法亦妙。168出妙甚。是局各逞奇谋，咸臻神妙，惜乎白之二边，皆受笼逼，故夫势。此局小之患耳。

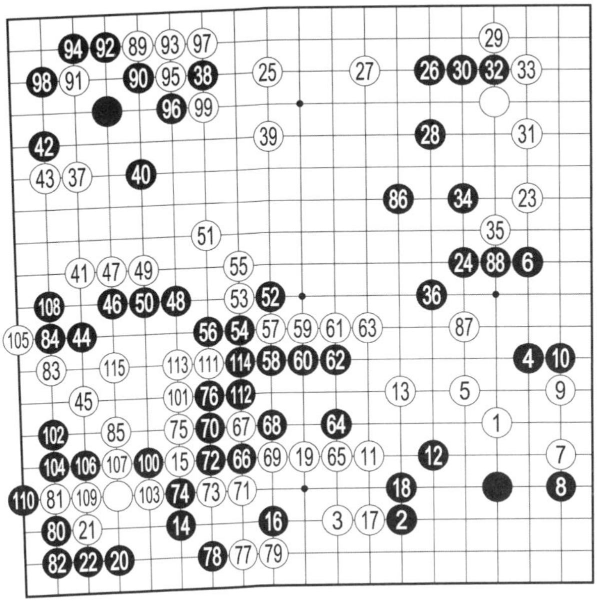

第十局 115 着

此局5着奇幻。11、13笼法有味，宜深玩索。17细。19正。31应法好。36妙。38、40、42有次序。57断正。白67至77俱妙。黑66至74活法好。89侵法妙。115活法，妙甚。此局白正大，似乎李太白潇洒可观。黑整密，似乎杜工部紧。可法如5着，11、13笼法。115活法大有仙气，观者慎毋忽之。

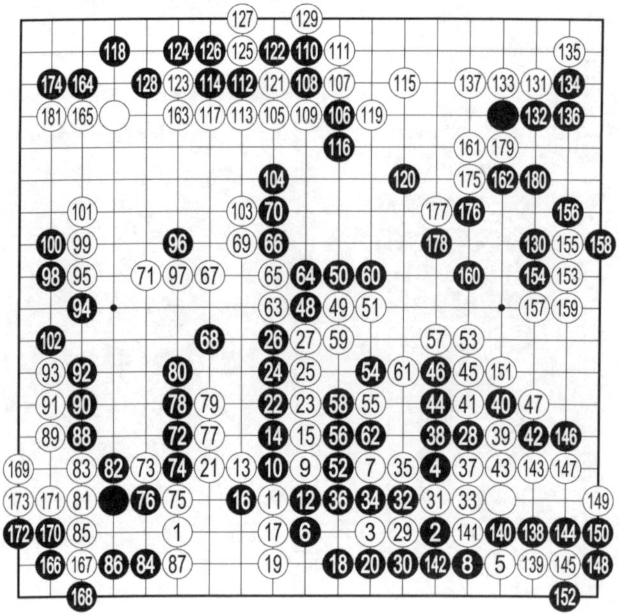

第十一局 181 着

此局27妙。41断妙。47妙。48转先手妙。53妙。57妙甚。61得先手妙。72、73、96俱妙。是局通盘转换得体，终亦平正。第58着，不当于九七冲，若于七八粘则62着先手在我矣。146、169俱妙。

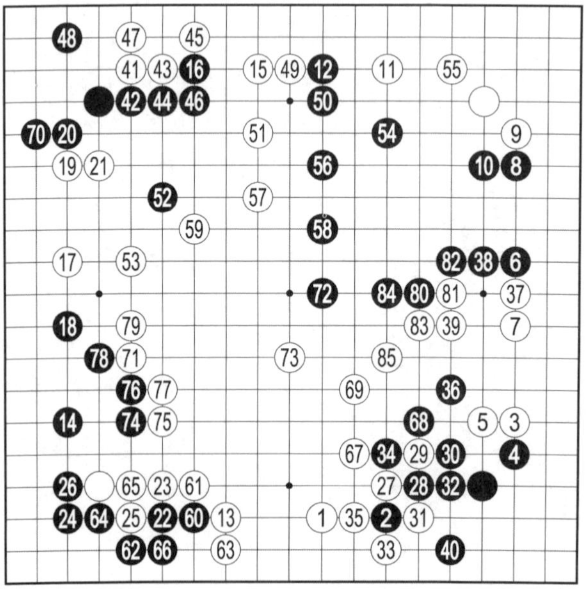

第十二局 85 着

此局与《玉局·正兵》[1]第二局同，自69着后皆《石室》[2]所增。其37、49以护断反得先手，而71、73收腹俱妙。

① 据（明）邵栋《玉局藏机》卷下正兵二局，谱为 69 着。
② 文中指出 69 着之后为“石室”所增加的，“石室”或指《石室仙机》。但查《石室仙机》卷二全式第十二局，谱为 69 着，此处存疑。

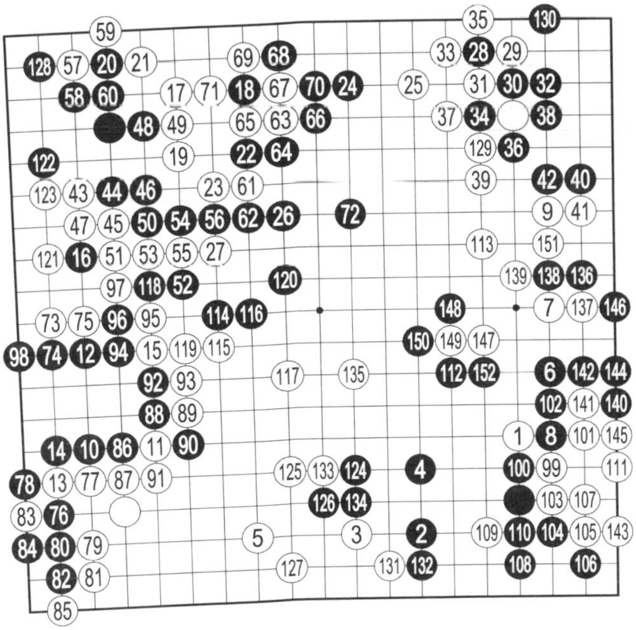

第十三局 152 着

此局9着不应孤子妙。11、15用镇有势。30斡活角，妙甚。52走法好。63好。64妙。72稳。76至98活法有序，宜当熟玩。99至111活法妙。114妙。136、140妙。局中四处活法甚巧，通局先后不乱，真劲敌手也。

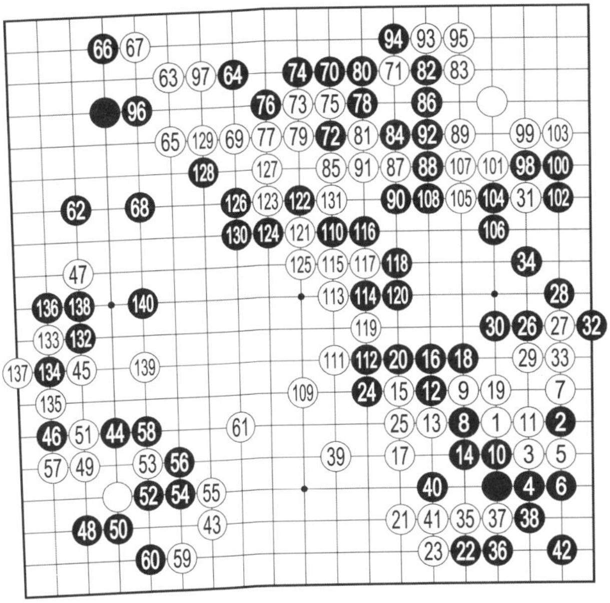

第十四局 140 着

此局9着不应孤子妙。11、15用镇有势。30斡活角，妙甚。52走法好。63好。64妙。72稳。76至98活法有序，宜当熟玩。99至111活法妙。114妙。136、140妙。局中四处活法甚巧，通局先后不乱，真劲敌手也。

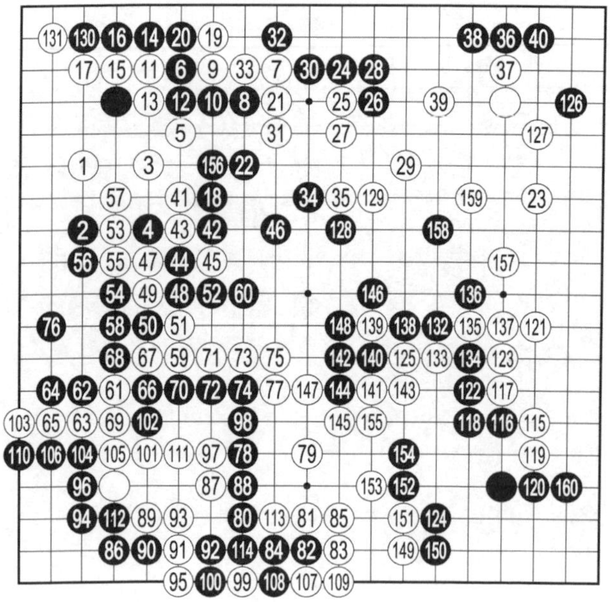

第十五局 160 着

此局12粘安逸，方有14、16之便宜。18正。19、21有次序。29大。30、32好。36、40飞角大。45断细。54、56收法好。66夹妙。82生眼处好。94、96借意活角妙。99点妙。黑102至110俱妙。白101至111亦妙。此白不该作两持局，当收让黑活，黑即不能又活此大角矣。115大。135更大。149活法好。160大。是局白两持处失宜，收腹处又不能净，故不能为胜局也。观黑活法、侵法，紧细而妙。

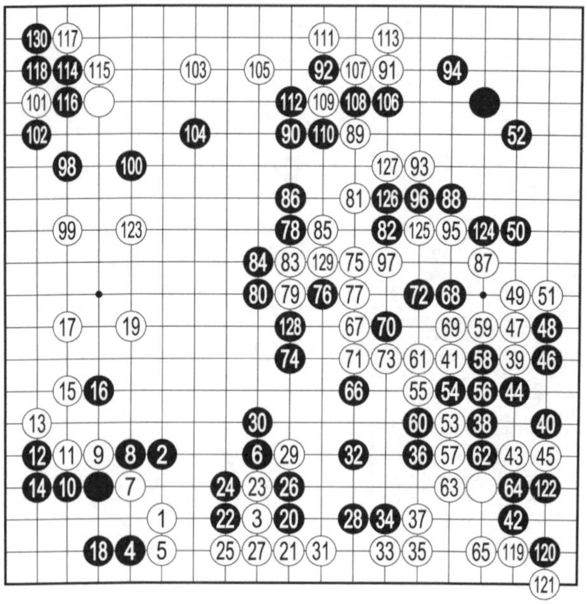

第十六局 130 着

此局7断细。16正。20盖。22夹好。32、36正而有势。44好。50借势张角。52补稳。白53不若张腹势方妙，今反伤角而又65后手之补。66得力。79夹好。80复夹更好。94弃子固角大。114分角大。130大。是局白因边行而失利，黑得四角而丰饶，侵活处可法。

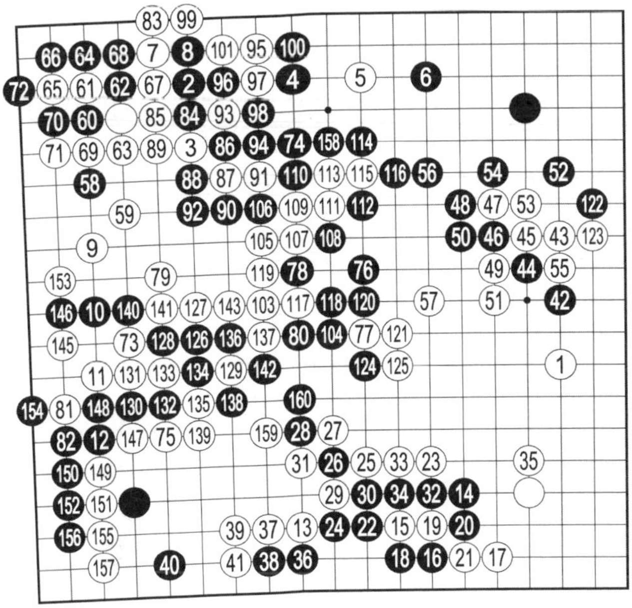

102=93； 144=129

第十七局 160 着

此局21妙。28班，不如在四九路，盖一子则白势尚浮，黑亦不受笼络矣。33、35大。51、55，白虽得二子而反实黑角黑边，亦不为大利。57大。66二分角好。73大。74更大。102粘小，不若在105位补则安逸而大。126好。40妙。白47至57换角亦大。是局两家转换处各有妙境，至分杀处神化幽玄，当细味之。

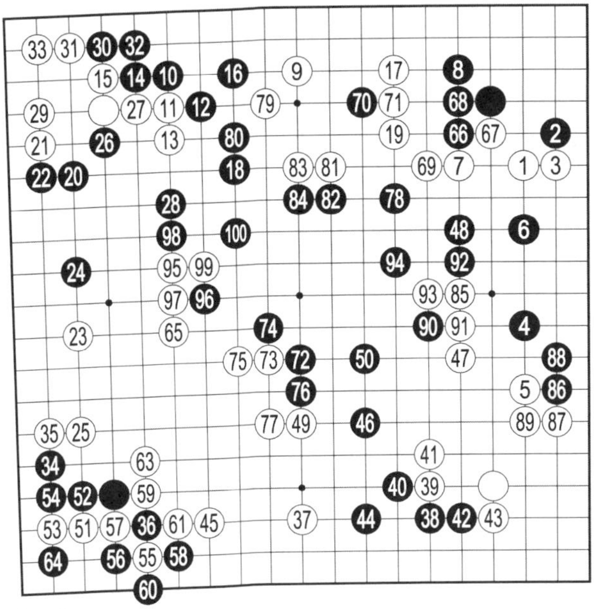

62=55

第十八局 白先 100 着

此局26不断妙。28笼罩大。47兼固兼侵。55投弃收黑角妙。49含意远。65大。是局与石室第一局同，但彼局烦杂，从此局简者为是。

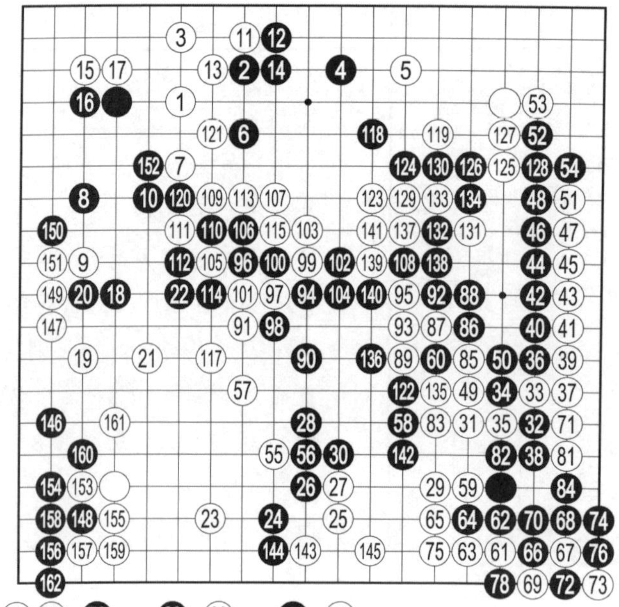

77 79=72； 80=69； 116=105

第十九局 162着

此局15取角大。19让正。21有二意。23大。35断，不如在三八位上夹妙。白37至51虽活，甚失外势。57虽□大块内势浮极，不如在三四路上补稳。60大。77粘细极。108妙。109好。122好。126妙。144先手搪好。146侵好。148让走分角妙。是局侵分、联络、活法大有意味。

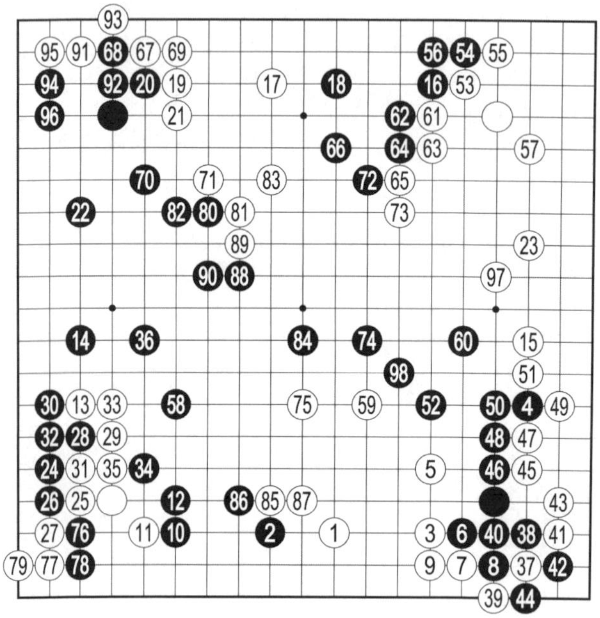

第二十局 白先98着

此局41、43妙。79妙。97、98细。学者当以为法。第起手与《玉局·正兵》[1]第三局同。自59着，始更变之，然优劣尚未分也。至79着活角法，较之则天壤矣。

① 据（明）邵栋《玉局藏机》卷下正兵三局，谱为65着。

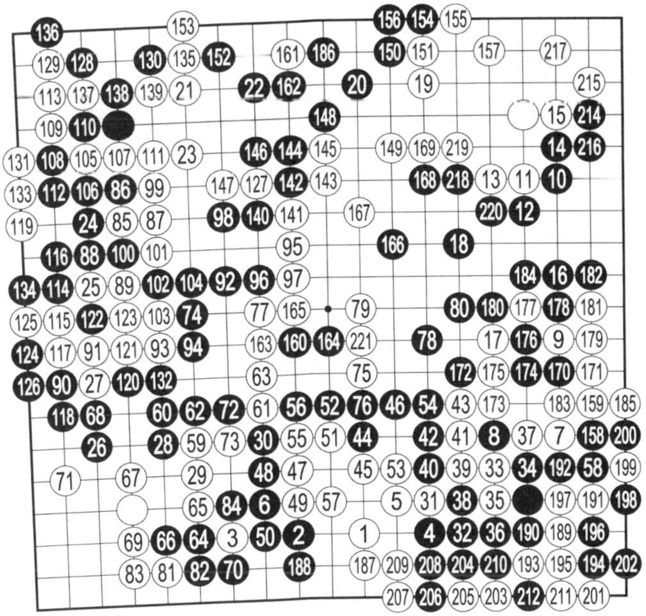

213=(203)

第廿一局 213 着

此局**30**长，含两意好。(31)、(33)、(35)俱妙。白(45)至(57)，着着取先手活，妙甚。黑**64**至**70**活法妙极。**80**连络老成[1]。**102**断好。(131)进，使黑不能曲身妙。(141)断而生眼妙。**170**、**194**妙。(181)至(185)妙甚。(187)立可，实东击西之意。(191)妙，使彼必应，不然可渡。(199)跌。(203)尖，妙极。(211)粘妙。是局诸法俱备，如布势法、转换法、杀法活法、取妙手法、两持法、收官子法，皆入化境。学者最宜熟玩，无忽视也。

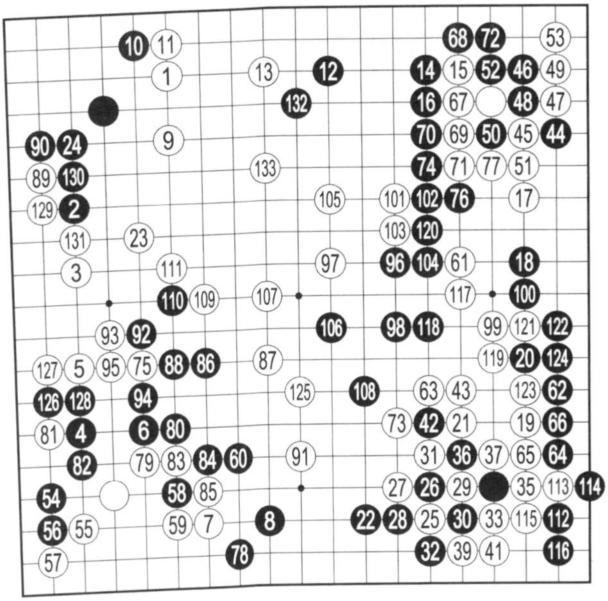

34=**26**； **38**=(29)； **40**=(25)

第廿二局 133 着

此局白(25)至(41)得角妙。**46**分角好。(53)立强。(63)在**66**位挡，则黑眼虚而白角实矣。是局系边情正兵二局。第彼局**54**着后纷乱之极，宜从斯局变者为是。

① 原作“老诚”误，应为“老成”。

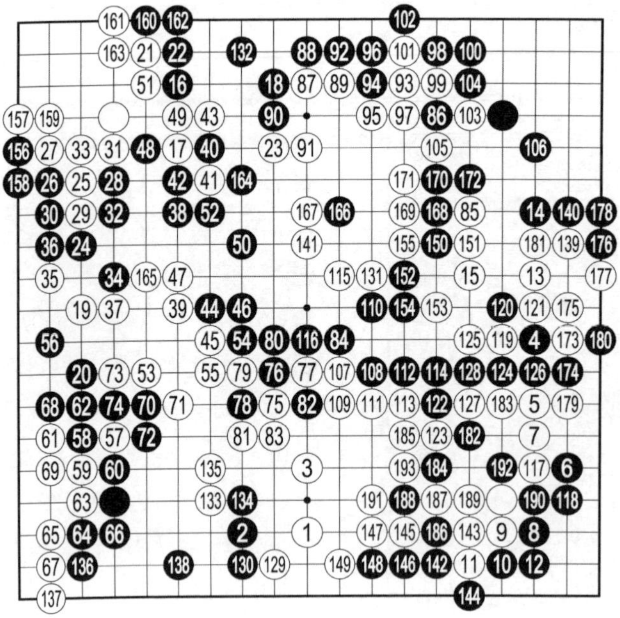

第廿三局 193 着

此局6先分角是。26、28波澜极矣。38虽欲分下边，该对封37头有势力。50弱该冲断，则有如许波澜。白59至67分角亦好。78分，方有妙境。94斡。98渡妙。120纽分亦大。150觑，细甚。166、168意味大妙。182至194俱妙。185官子小。此局白出手取势，甚非小家气度。黑搜边冲腹，侵杀俱神。

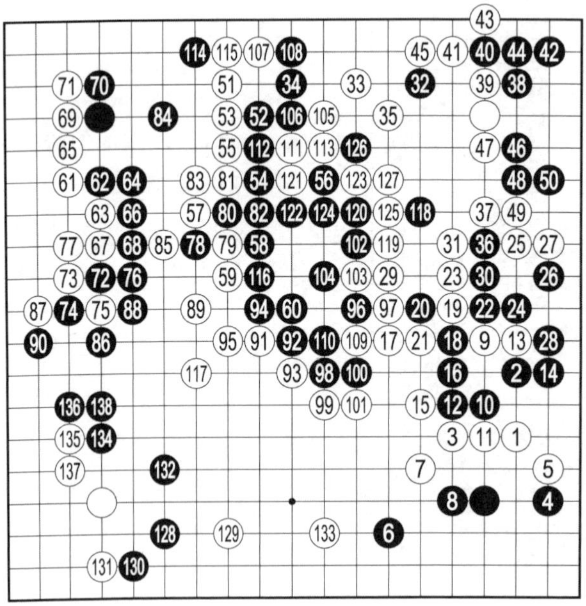

第廿四局 138 着

此局7细。8老成。黑10至18虽活而失外势。29是。31退一步，即进一步。38弃子得角大。57、59有势力。66让角而破外势，妙极。72、74两班有力。78断有情。85出法细。93、99、101收法是。125大。126先手活妙。

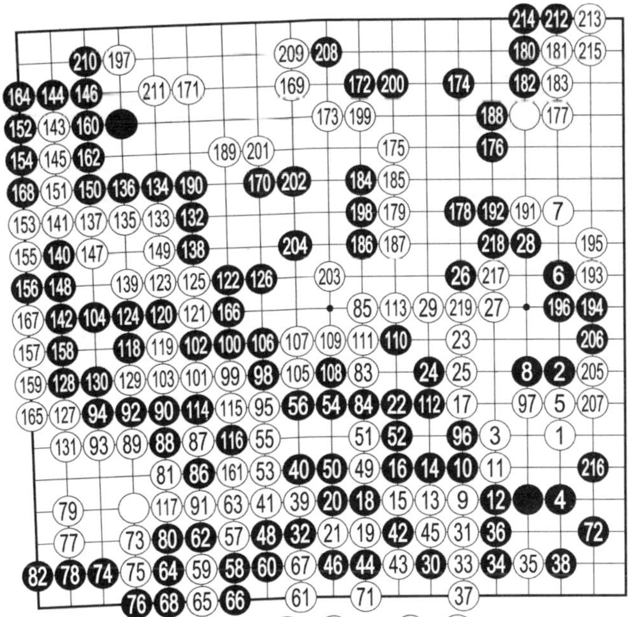

47=42； 69=59； 70=65； 163=87

第廿五局 219 着

此局59班，61点妙。69扑使黑未有实眼。80、82活妙。88扭便宜外行数着。96先手存眼处。110讨先手法。黑168作两持，外势大极。170老成。176望角连外妙。184、186望好。198大。通局杀活自如，绝似五兵纵横，布势列阵俨同万马奔腾，至收官子处，亦皆深细可法。

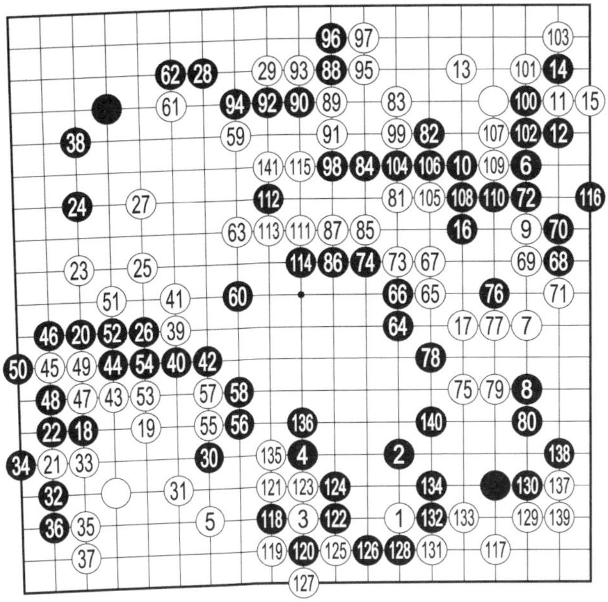

第廿六局 141 着

此局平正中不拘，可为诸局之冠。45侵边，55护断，皆得先手。60及64取腹。88攻内而利外。120断而两分。俱可为法也。

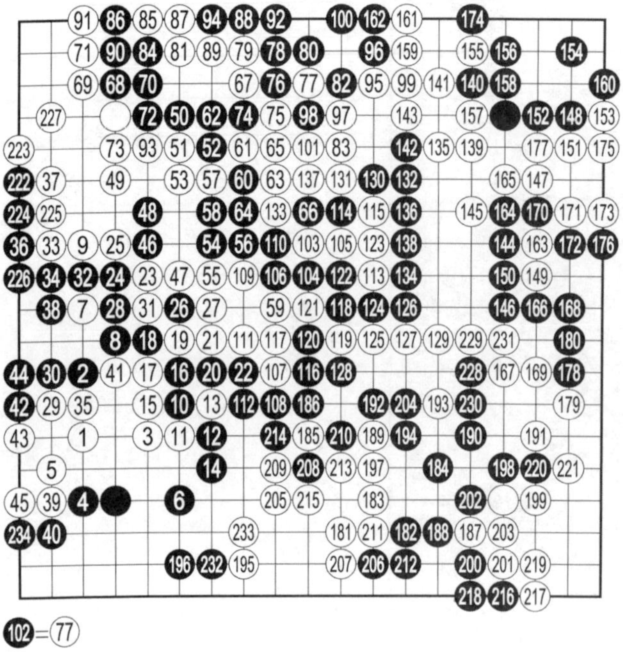

第廿七局 238 着

此局❹虽老成，实不活泼。❿太急骤，以致失势。㊷先手活好。㊅收正。㊹透。㊻断妙。㊱望妙。㊲不应内而应外妙。㊵、㊸两班妙极。⑩活，稳而安逸。⑩妙。⑩夹更妙。⑩、⑩、⑪先手活，妙极。⑭因外有妙用而行。⑱收大。⑬、⑬妙甚。⑭侵外实内。⑭分亦妙。⑭望，⑮犄角皆侵彼实已之着。⑯着当往外走则畅大，今乃弄巧，虽活亦觉闭塞。⑱分正。⑲至㉒皆得便宜[1]。是局白子碎活数块，举止从容，争先有节，令人快心爽目。黑子步步巧生，虽在笼络中，亦得长驱直出行动幽玄，大有仙意。

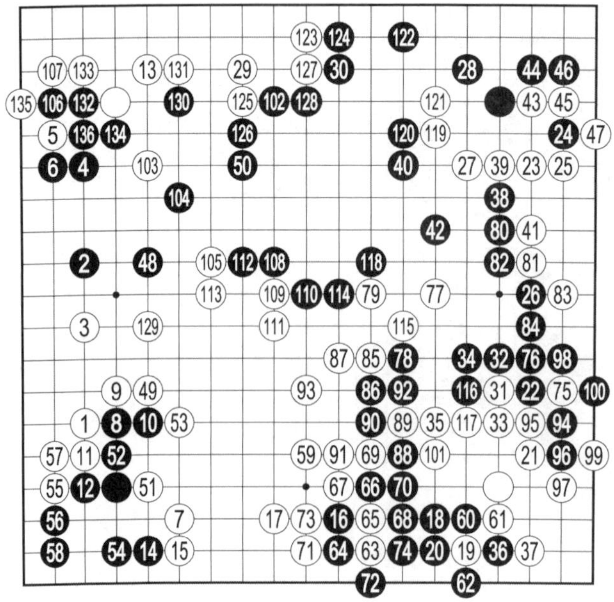

第廿八局 136 着

此局布置中规，先后有序，至结局处益见精细，自非老手不能弈微中，亦有此局，其⑬着于五三而止。此局之所以得便宜者益，⑬着先侵之妙也。

① 原文的"一百二十"为误刻。

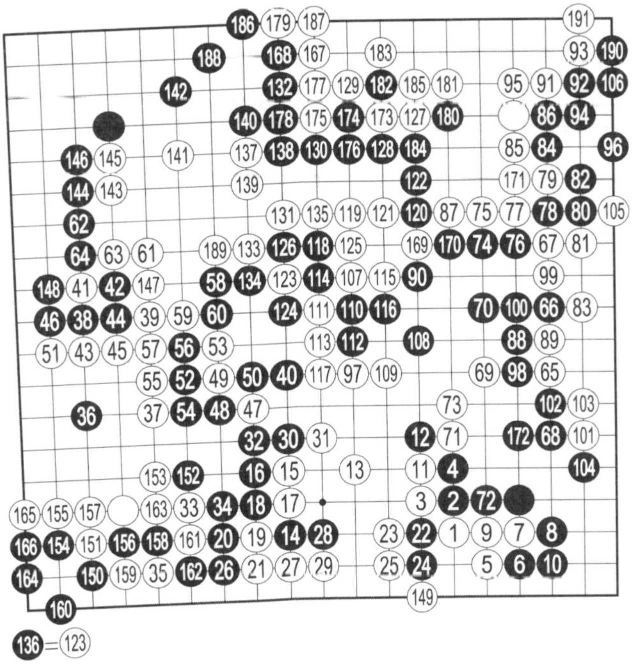

第廿九局 191 着

此局19、22两断皆有深意。28长亦细。44弃一子收外妙。63行进使黑不能先断，妙极。96活角虽小，实分白之已资。101至105活法次序。114断有波澜。120、122出细妙。130放出白子，亦乃术法，恐白收边大极，其理妙甚。150因136而来，欲有寒灰复燃之意。153、160妙甚。180便宜，官子灵细极。是局争先细密，布置精奇，弃取处可为神妙。

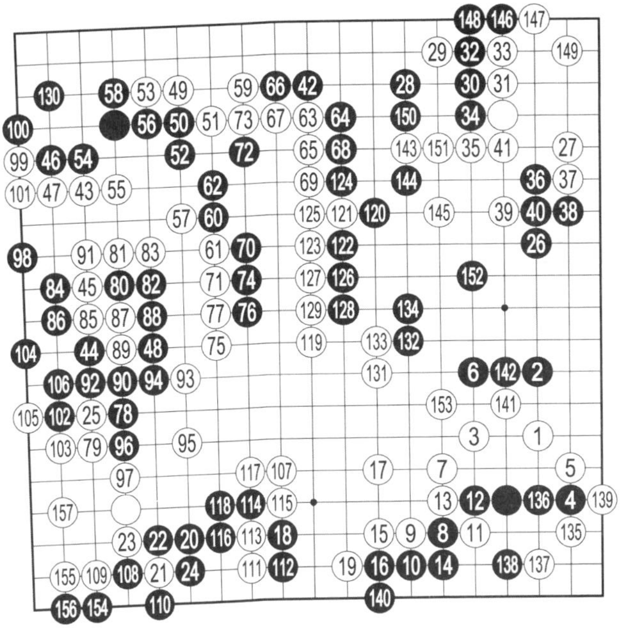

第三十局 157 着

此局17、19收外势大。29象眼实角之意。42大。80、84夹生眼地好。85至89钻法亦妙。95笼大而妙。98、104活法妙甚。111因欲实腹势而来。119大极。131大。135夹，137尖，139过俱妙。145当先在148位上讨先，待彼应后方去，则便宜数子矣。此局白子布置严整，黑子活法超神侵杀处着着可法。

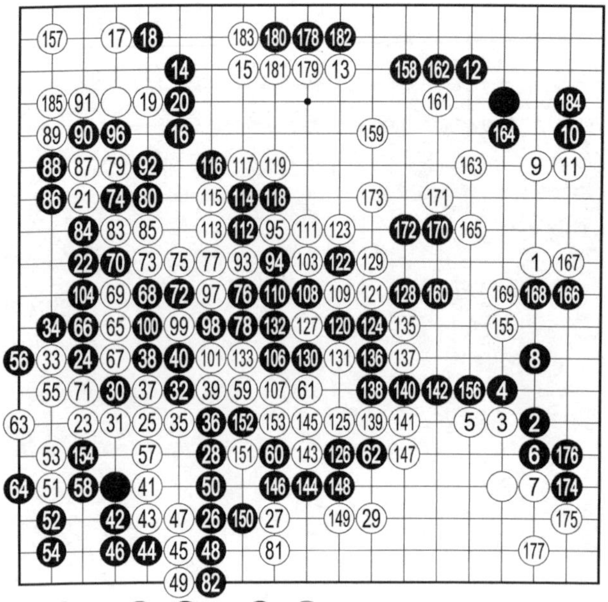

102=99； 105=30； 134=127

第卅一局 185 着

此局30、32收好。白35、37不宜钻，伤外势，当进角活，则彼势不实我势不伤，安逸而妙。42立好。50稳。57粘。取其先手气长之意。59长，65望，71断俱妙。81有深意。83妙。93弃妙。97未该透入，当先在145位觑，再在103位上扑一子方妙。黑106至112走法俱妙。白125至141收法细。黑128至142出法亦妙。150生眼作持局妙。155、157、158、160俱有次序。178侵大。局中用意幽玄，杀活神化，先后有序，攻补得宜，至收官子处，亦细密可法。

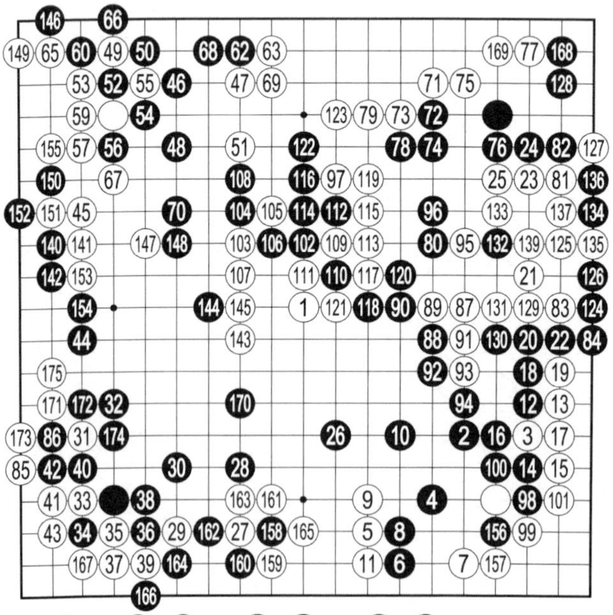

58=52； 61=55； 64=52； 138=136

第卅二局 170 着

此局2着新。14夹好。15应法正。26至30取势畅。22因有外势而用于得当。34大。52、54劫妙。80无走无笼好。81、83生眼着。97大。102好。103应好。109妙。117好。125，白边未必无说。171妙。今之学武者无有不遵孙武子书，纵有新法，亦不离孙武也。今之学兵者，亦无有不遵《秋仙遗谱》，纵有新变，亦不离秋仙也。果能意会神交，秋仙即孙武也，孙武即秋仙也。

诸国手局

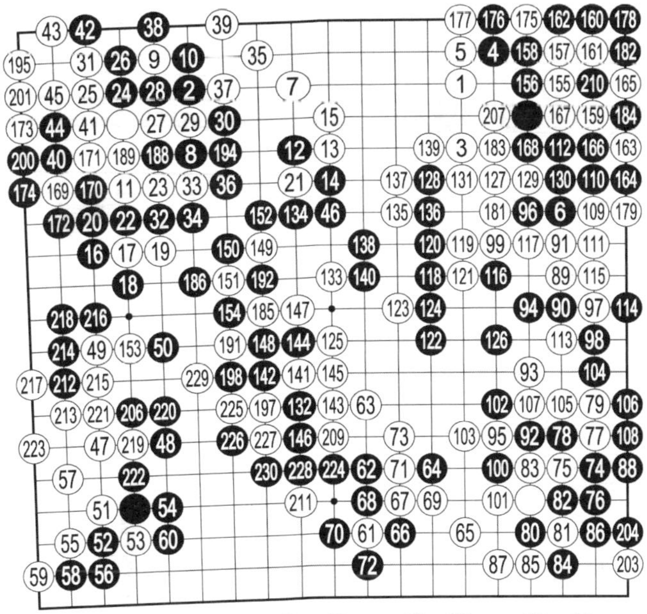

180=175；187=163；190=184；193=163；196=184；
199=163；202=184；205=163；208=184

第一局

朱玉庭 许敬仲

230 着

此局12笼罩有势。16不粘而取先手妙。21断，细而正。36不粘而收，弃小从大妙。46大。62、63无孺子气，非国手着，不能如是也。74取角法妙。88细极。90正。91应法细。104妙。122、123皆好。132大。163劫妙。211灵动。213侵收妙。局中弃取劫活转换之处深思可法。至其活泼之妙，尤当熟玩。

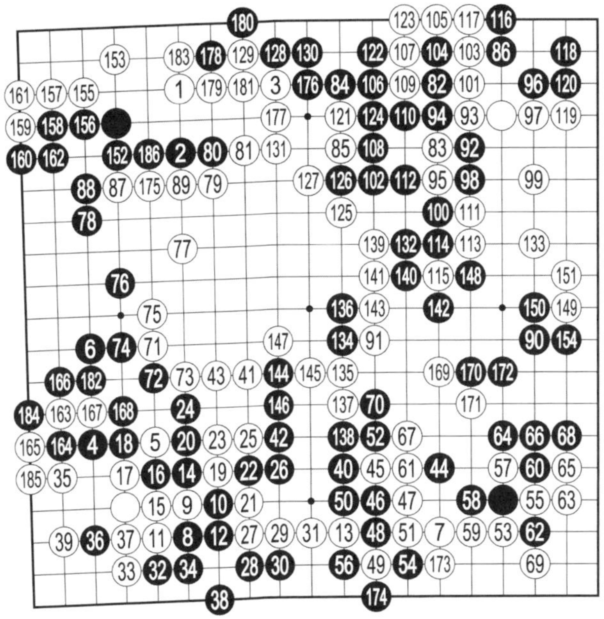

第二局

林符卿 过百龄

186 着

此局18、19两断俱妙。32小活得先有情。55转角大。71至79使数子不孤，走法畅大。91含收腹势。102转换妙。116、118活法巧妙。139好。此局全在转换处弃取收活各得其宜，如91之收，116之取，118之活，精妙入神。学者宜当细味。

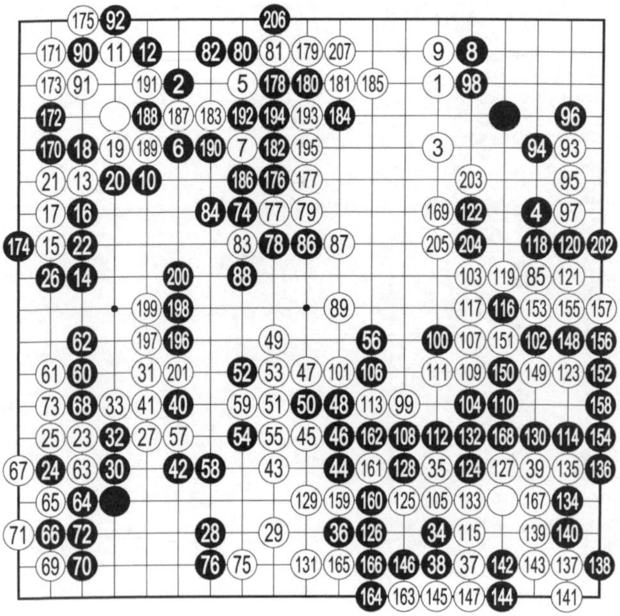

第三局

李维容 郑野雪

207 着

此局⑤、⑦两着取大势。❶❻盖。❶❽夹妙。㉛应法有波澜。52至56有次序。57、59两透细。61不粘而托灵动。63至73活角妙。74大。81、83争先取断妙。88收一子细。93弃小取大好。100、104好。111、113取三子大极。138妙。142、144点法妙。161扑妙。167、168细极。170当在171位上长出。纵白走去不过数子而已。今白活反大。176扳，178断，俱有意味。183觑亦妙。186粘妙。190妙甚。193大。220大极。此局黑190着，精幻入神。白如113，取收三子之大，奇思玄妙。真所谓南金北箭，两敌皆为神品。

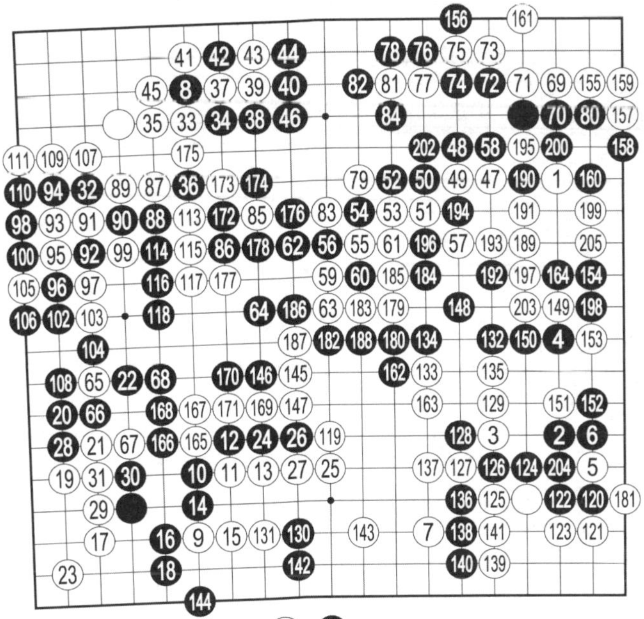

101=92； 112=105； 201=190

第四局

许敬仲 郑野雪

205 着

此局19不应外而就飞，活角妙。35实粘还该长出破腹势妙。36收势大极。42取先手收法妙。黑48至58收势，有力量妙。64大。65虚断有情。66应亦好。69分角妙。80贪极以至腹势尽破，不若粘补腹内得先手活去再飞入，白一子再取先手侵杀妙极。是局但取其黑之前杀收势法妙。故录之。学者当自思善变之法可也。

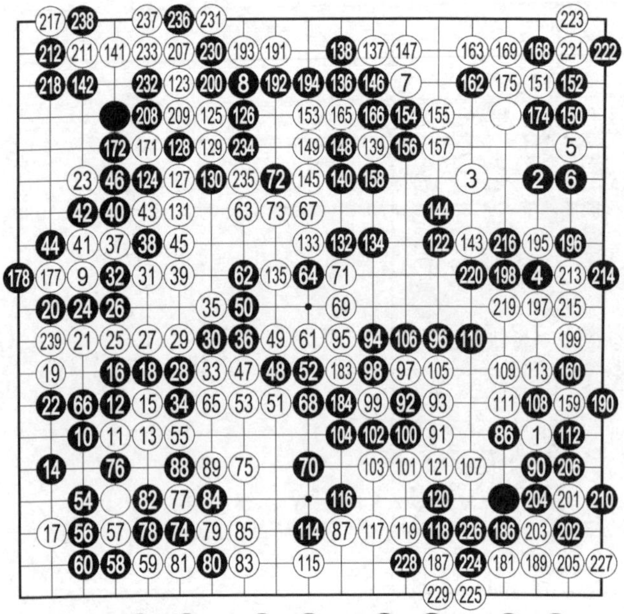

161=1； 164=108； 167=1； 170=108； 173=1；
176=108； 179=1； 180=38； 182=108； 185=1；
188=108； 240=171

第五局

许在中 周懒予

240 着

此局20着妙。46大。54妙甚。55自在。67长有力。70弃妙，不然则数处受敌矣。74、82虽得数子，反失外势。不若先在75位上收，再在47位上觑，则边势大矣。91妙。132、134、140出法亦畅。是局黑子20着危地生春。白子91着空中楼阁，通局处两家咸臻其妙。

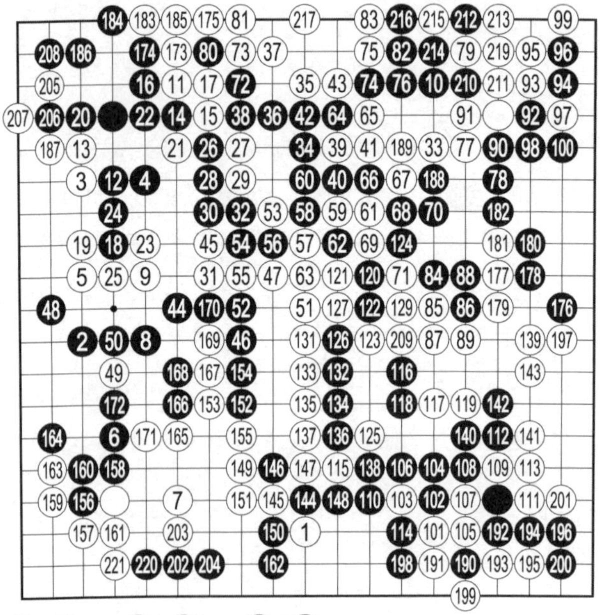

128=62； 130=69； 218=212

第六局

江君甫 林符卿

221 着

此局34好。92至96收角妙。120好。146班有力。190巧，后有官子之力。局内着着精微，步步细密，宜当法之。

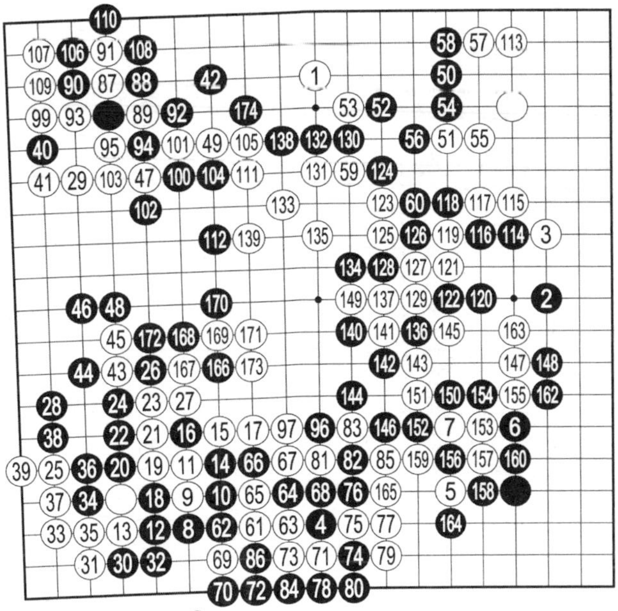

98=89； 161=156

第七局

林符卿 江君甫

174 着

此局70妙。72妙甚。78妙。96跷有照应。123细。140妙。144妙。156收妙。174大。起手处奇从可观。黑自72着妙。起而收边收角，着着精巧，令人观之快心爽目，无逾此局也。

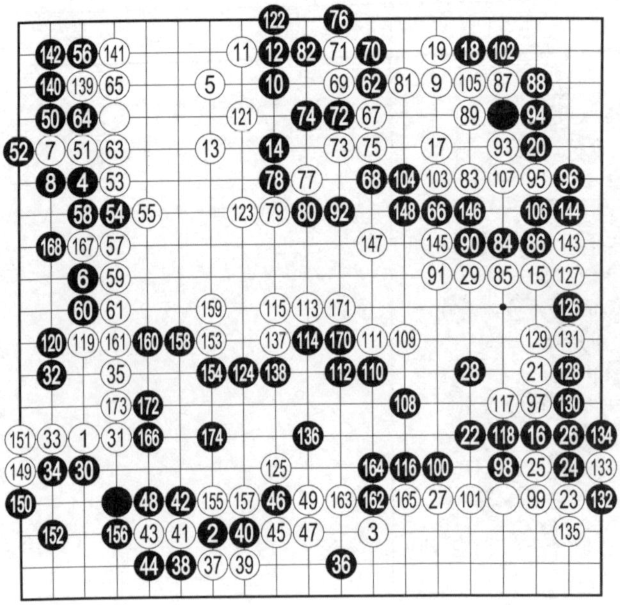

⑯⑨=㊶

第八局

汪幼清 周懒予

174着

此局⑬、⓮大，预避攻逼。⑮投㊴正。谓走第⑨之子，又成己大势。⓴太促，宜三七路为是。㉑攻，当。28大，稍缓。白即在28位关，则再走不畅。32侵法入彀。32正，倘扳虎反惹后手。㉟大而当时。㊲跷，宜㊼位拆。㊲分法好。50早，宜单关。56缓，宜在57位长，使白隔绝，自有波澜。65大，宜先在139位斡，无变。66不与白联络，有力量。73、75不得二子，有见。77、79力量，细极。80不得不断。83至95做眼次序。84、86应法有情。97去黑眼位借实角妙。108灵活，若他着则扳。117冲，当。123至130、133俱细。136防搜去眼位。137至174官子皆细。通局用意活泼，是称劲敌。

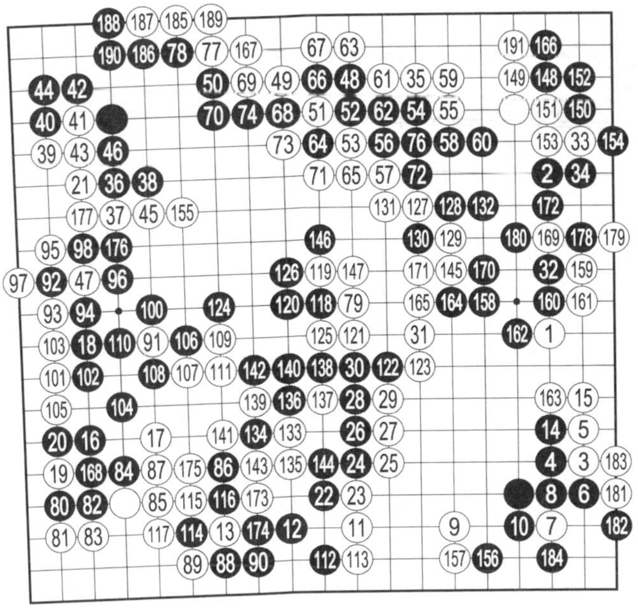

⑺⑸=⑸⑴；⑼⑼=❾❷

第九局

周懒予 汪幼清

191 着

此局❶❻力量，若他着则失脉络。⑰用镇，与⓬之子有情。㉛大，防黑转换。㉟大而安逸。㊱用倚，是，兼照应局面。㊽大。㊾正。51至57扳捺紧凑。61至69彼此弃取得宜。70宜74位搪。80分法自在。86、88、90存眼位。91大。92取先手。117因黑尚未活安妥，故应。118力量。122先后有序。134应法细。137紧，若虚断，则有变。155大，防扳收。156、172细。173至178皆大。此局深思图活，用意虚灵，非精粹者，则不能了了耳。

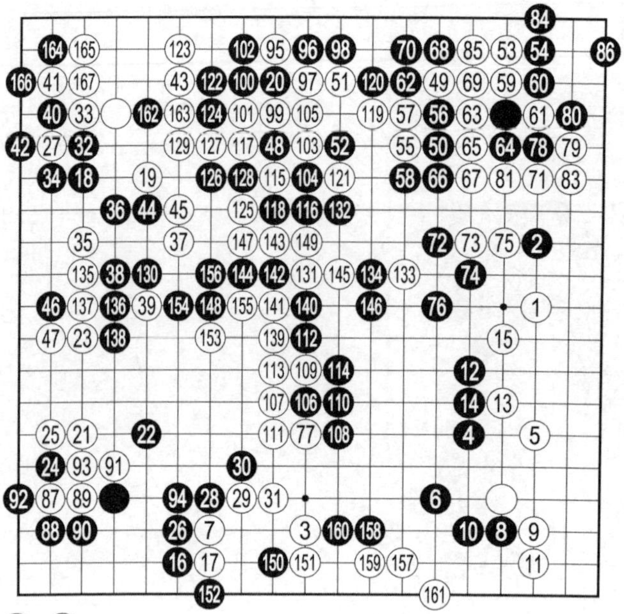

82=61

第十局

许敬仲 雍莫野

167 着

此局84妙。86妙。101出法好。106收腹奇畅。108、112俱妙。134应法好。143好。162妙，方有64之过。是局初起似乎疏懒平平，至后局步步紧细，精妙可法。

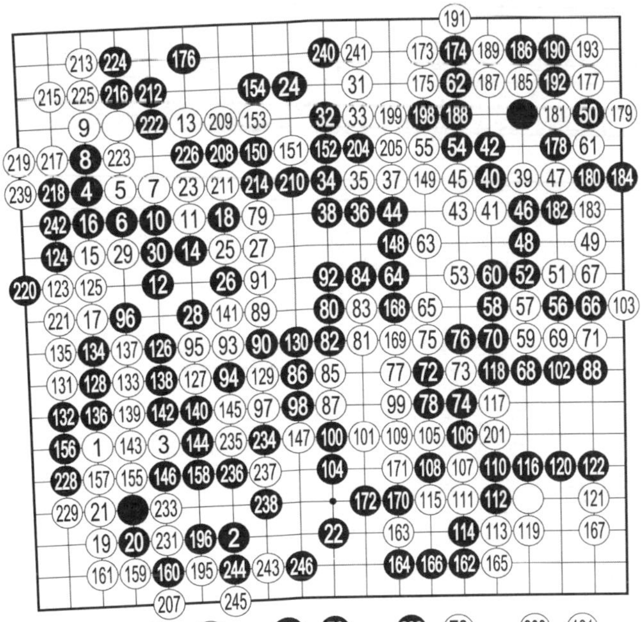

194=50； 197=181； 200=50； 202=73； 203=181；
206=50； 227=181； 230=50； 232=181

第十一局

过百龄 周懒予

246 着

此局15觑，17虚长正。18打大。19侵角。21大极。22虽取先手收其势尚浮。25断，正而细。28自在。39长，欲收外势。49宜先飞角使黑应后再取先手，外来方妙。57断，有波澜。63、64、66、67两行两应法，细极。68捺头弃内坚外，又得笼逼外白。73借走法，妙。79擒一子出是先手。89有意味。98、100有力量。107扳，亦有力量。角上该先在201位上吃，再120位上两收角，大之极。123，124俱妙。129落得。133夹好。262大。170细。181得角大。189贪。191又贪。220大。是局白49不进角而先外行，189不虎活而反作劫，败之宜矣。黑亦紧细可法。

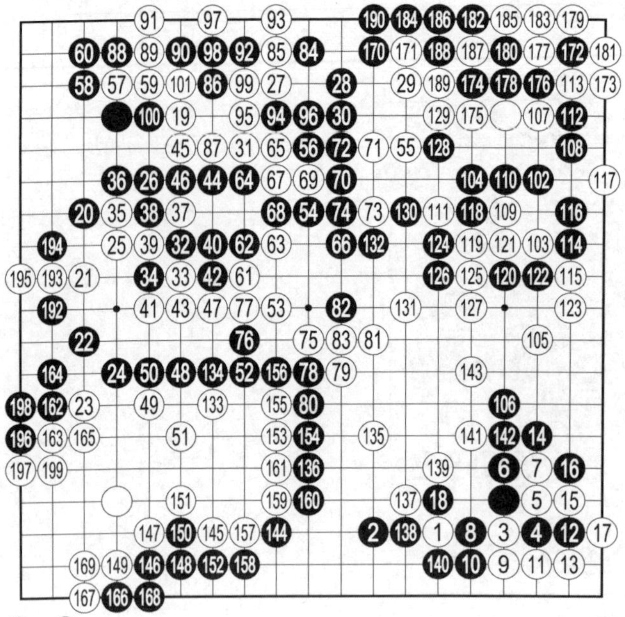

191=187

第十二局

周懒予 过百龄

199 着

此局十字不可先扭以至失外势。34扭，37夹俱细紧。51尖正。66尖虽有二觑，使外白不得畅行，94先斡方有两持之作。102缓不得。107补，老成之极，使黑二子无转身之地。120妙甚。128妙。146侵分大极。162细。182做劫妙。185、187妙甚。是局白子淡淡收来，平中却有奇幻。黑子步步深思争先，亦臻玄奥。学者宜则效之。

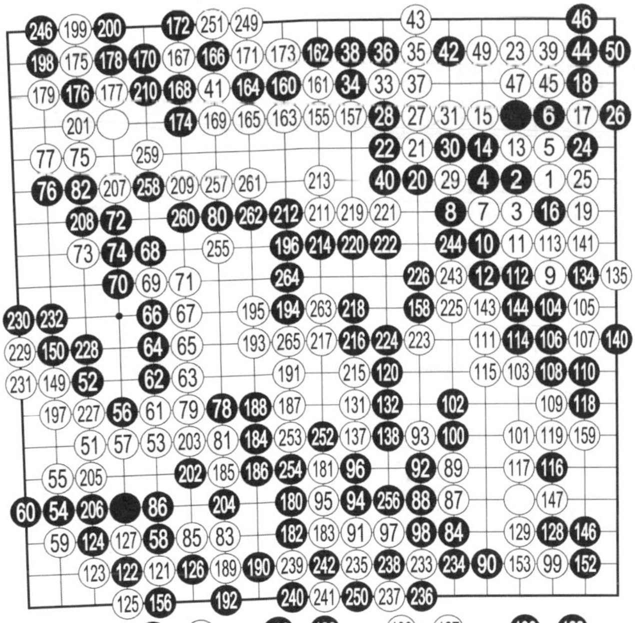

32=29； 48=17； 130=122； 133=127； 136=122；
139=127； 142=122； 145=127； 148=122； 151=127；
154=122； 245=239； 247=176； 248=242

第十三局

周懒予 过百龄

260 着

此局16细而有用。21、23好。35虎好。40粘，恐断去则势碎矣。49让而宜活好。56侵低，使彼实我虚。63至75有势极矣，皆因56之伤也。83大，而张外而侵内之着。85细，86应，宜58立下。93至99有次序而妙。105宜夹妙。116觑。120大。123劫妙。131、137借劫以收妙。158先手收好。170转换先手是。180夹，184扳，俱妙。194、196借收腹法。200细。202妙。233、239劫妙。250让，大极。是局生劫处奇巧，转换处入神，龙吟狮吼，各有神通。

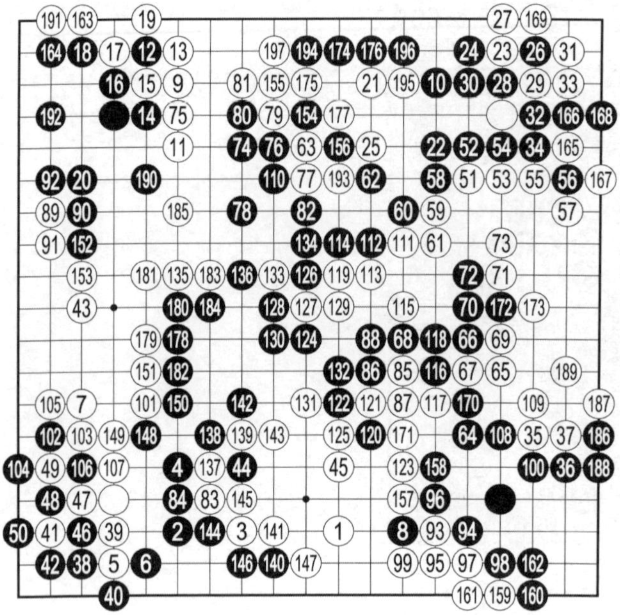

第十四局

过百龄 周懒予

197着

此局15不粘竟进取角新巧。26先夹，24收外妙。43让角，恐20黑角再行则大矣，而我行势亦不促。白51至61借一子之力而收，使黑瘦小而外势亦张妙甚。64即有侵边之意。66因64而来，则内可侵彼外可畅行，妙甚。74侵法与66同妙极。75粘，更觉老成。76并行，细紧之极。82捺头，力量。白85出，因外四子还无实地，又恐黑虎捺则势愈大矣。89、93局中侵分大着，人得先手。108、110细。111出亦大。120弃一子，因外得便宜之行。31至35皆有次序。140妙极。学者宜深味之。154大。157至165讨先手处。174、176弃少就多。亦且不失先手。是局争先取舍，着着细心。如黑74着、66着侵法奇妙入神，非精练者不能有此。

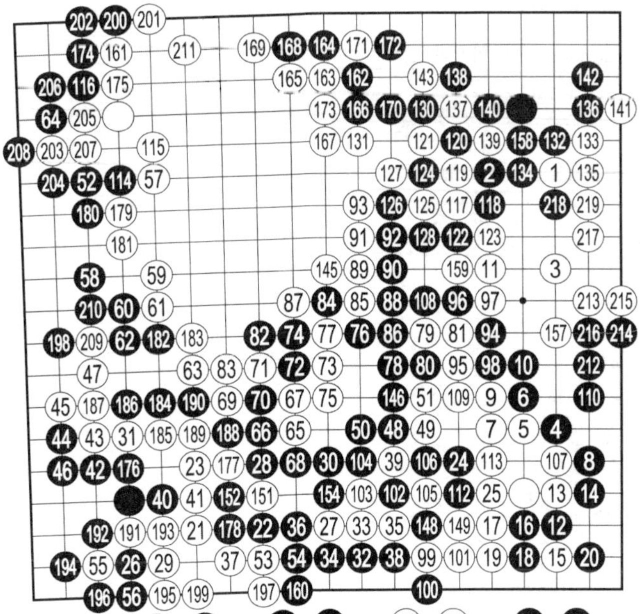

111=102； 129=124； 144=120； 147=137； 150=120；
153=137； 155=148； 156=120

第十五局

过百龄 林符卿

219 着

此局15着取先手法。24觑好。22妙。55夹，置之冷处，后反为热场。86在84上立，则白不能出矣，令错此一着方有91、93收腹之大。94细。107生眼，取法乎先。112斡，留心于后。114，先手补法好。白之生活处，皆细紧可法。

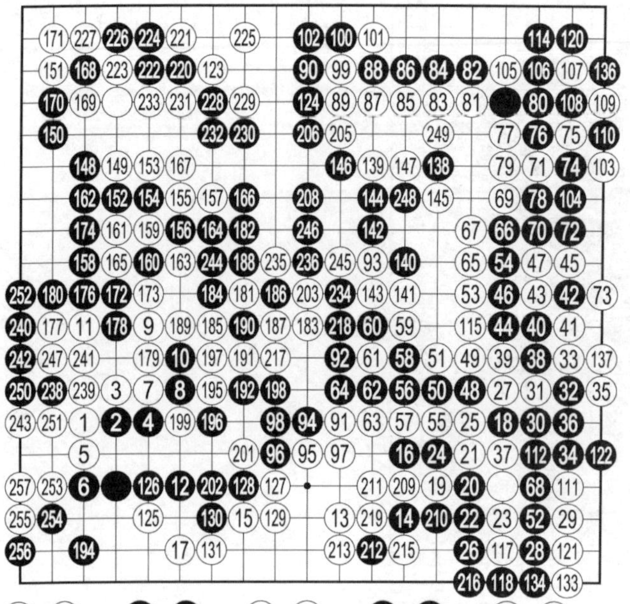

113=75；116=110；119=75；132=110；135=75；
175=160；193=181；200=8；204=190；207=181；
214=190；237=181

第十六局

周懒予 过百龄

257 着

此局9不如在11位稳，15折已侵入，妙。17大，然不如先在19位觑，后于六二路挂，使黑无变。19侵迟，成20之斡。25好，忌打下。29宜在30位得一子净。37贪，宜在48位粘妙。53不得不弃取。54贪。75宜长，进角则黑势伤尽。78妙，79不得不粘。90宜在99位走，后跳则无劫。121差。122当，杀以应劫。123补是。因无劫可寻，124大。若与封头则腹势成。125至131补劫兼得官。137宜三五路稳角，黑虽分定不至如此畅大。138至146细，非力量不到。139至147应细，稍有不到则失便宜，宜熟玩。是局两手用意细密，步伍有方，第不可胶柱鼓瑟于倚盖也。

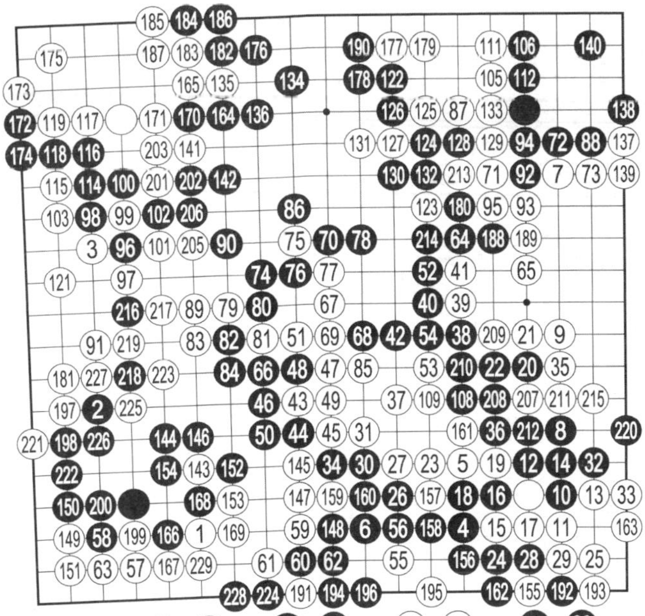

104=96；107=99；110=96；113=99；120=96；204=99

第十七局

周懒予 周元服

229 着

此局24、28先后有序。39、41，白成大块好。46扳有力。55细，方存59、61之着。75断，81分，俱有波澜。87大。96、98俱有力量。122逼。124、128妙。207妙。216因18官子而来妙。是局布置用意入神，官子细紧可法。

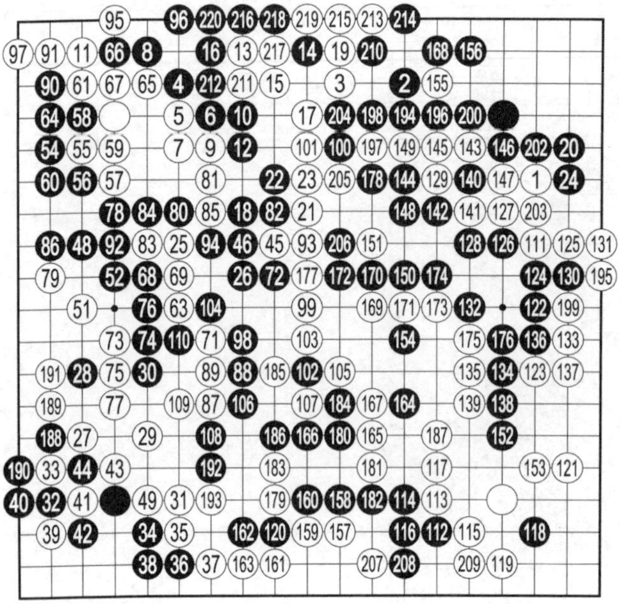

47=41； 50=44； 53=41； 62=44； 70=41；
201=140

第十八局

过百龄 周懒予

220着

此局14细。21宜24位挡。24大极。25笼络，是。41、43太欺。48好。64至70好。78至92彼此紧细。102走法好。104低，宜在106位好。111大。113至117好。120大。121太促，宜在三六路飞。135杀急故败。140至150好。151杀急。164藏去路，好。167、168大极。178细。179至187，彼此各得其宜。188大。194至202收法好。204、206大。210细。是局41、43角劫太早，故《棋经》有云“杀机先动者亡”。学者宜当慎之。

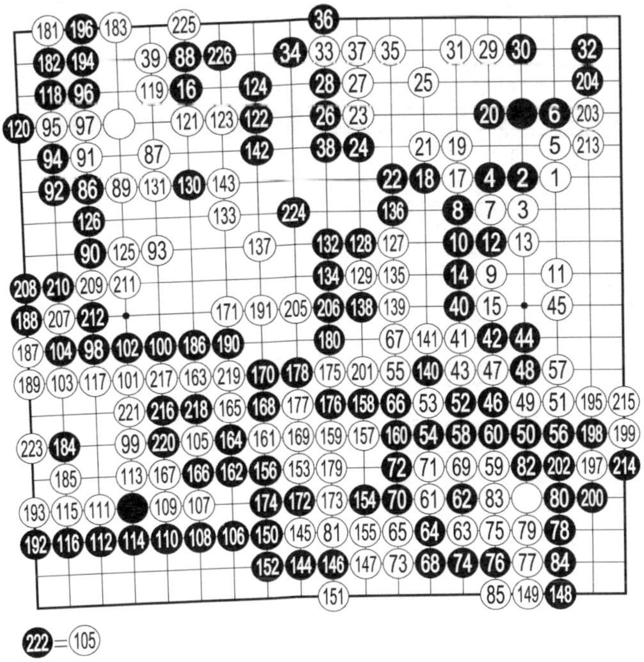

第十九局

林符卿 苏具瞻

232 着

此局78收角妙。82投太紧，故有伤腹之患。172妙。是局布置整密，终始不苟。足见敌手相当，自不同平等耳。

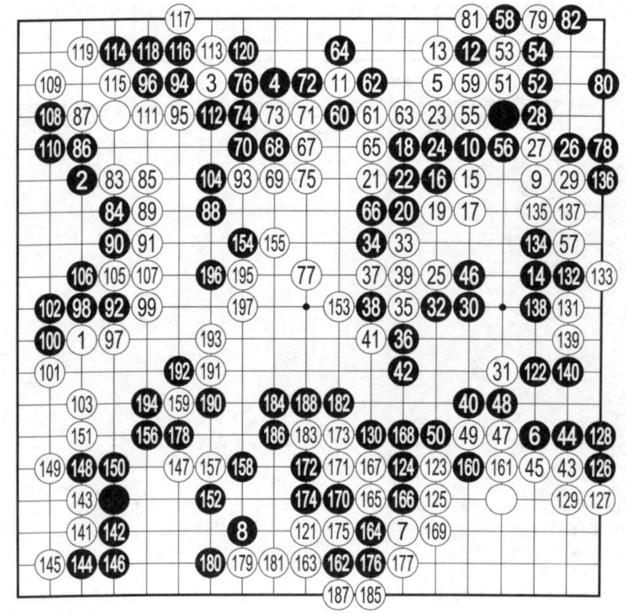

189=164

第二十局

周懒予 汪汉年

197 着

此局30好，借笼白以成大块，用意有情，31钓大势法。32至38借封白头，拿子妙。41至49借一子之力，以坚角。46应法细。51至57见小失先，宜在59路关为是。60、62妙，使白不得不呆应，而孤子活法自然，当细玩。78活法细。81在一二路走，多官子。83意在征东击西。93宜94位退。98有识见，若走出，反受无根之累，又妙在不得不收外，而实子尽得。159手稳病。122老成。123坚大块。131落得先手。141紧而大。142持重。147钓大块法。150老成。161侵隙入彀。163宜盖为意，步步不苟，着着留心，纵夺有法，熟玩为妙。189粘。

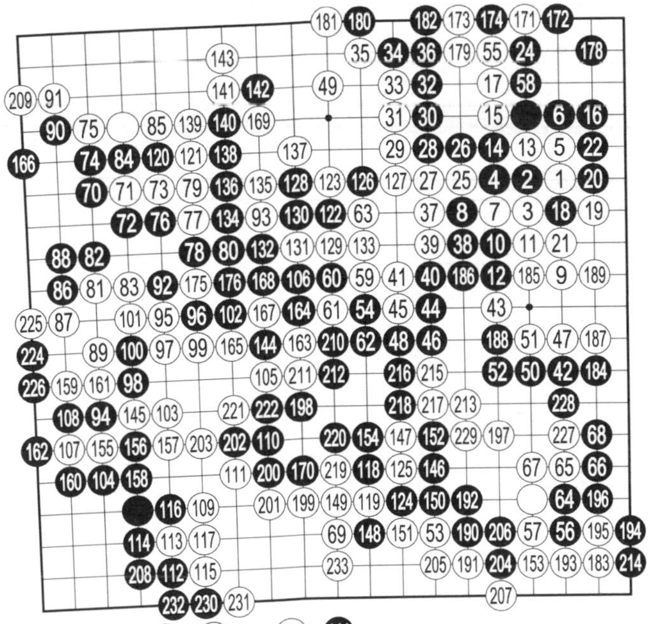

23=18；177=171；223=144

第二十一局

周懒予 过百龄

233 着

此局25至35弃好，凡遇此，当以为法。42妙，所谓不走之走，若竟走孤子则扳矣。48大极。49应法是宜细味。53当时妙。64大，66撇是。69自在稍迟，则受39逼矣。70不得不投。80鼓大势，不与联络好。90细，防先手立。93成大块。94攻兼补角好。95、97存眼地。109大。110侵法正。111稳。112至116稳角好。第百龄数出倚势，虽有所得，必有所失。在百龄精练之师，未必粘滞。想亦游戏而已。

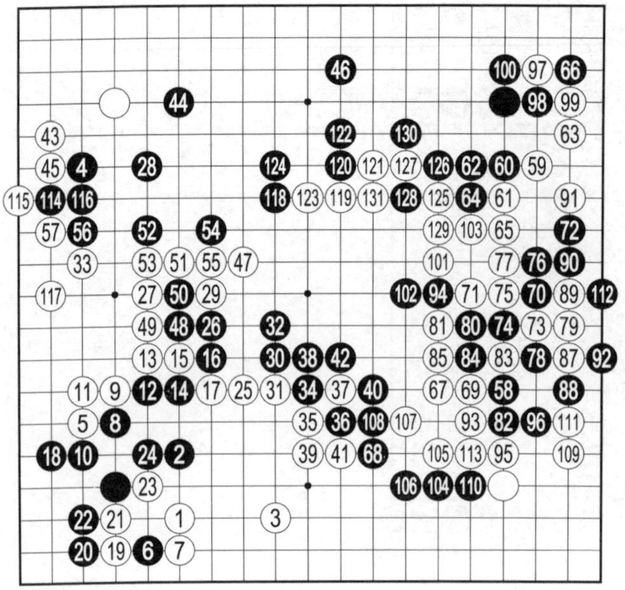

86=83

第二十二局

江君甫 郑大有

131 着

此局46让边取势法妙。47尖，固而含侵腹势。66稳角而自在。67分有力量。76好。白83至91大，有次序。97讨先手而生眼地。103老成。118大。119好。此局平正中而有深思，如黑46、58纵横活泼。白67、119之分腹。95、111之收角。各有妙境，终不如黑之局大而不疏也。

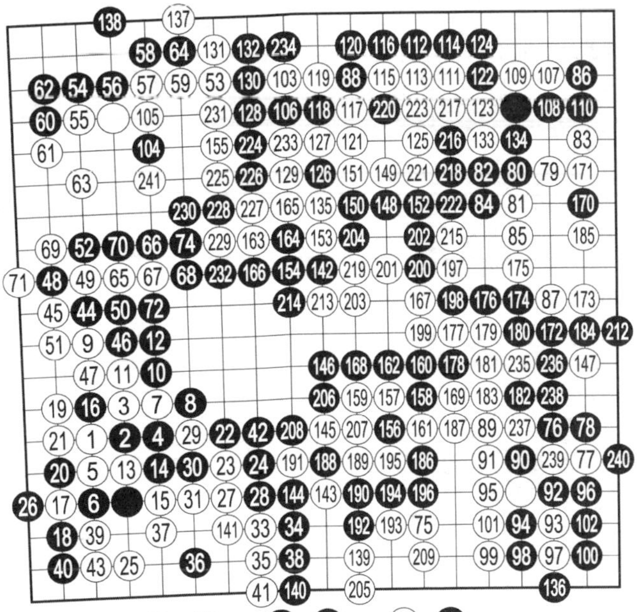

32=29； 73=48； 210=188； 211=156

第二十三局

周懒予 过百龄

241 着

此局16、17细，最宜玩味。22虎好。23含扳跌紧。25妙。35立不如二七路虎。40低，宜得二子，是。41应法细。42不可缓。53妙在透一子出兼得实地。54至62点角，紧。64宜于五七路飞，妙，不惟稳病且含关侵，然64即走亦不若不走。77飞早。80用倚成大块，好。89含侵腹势。宜在130位先斡妙。142收腹大知缓急。146收，大。147实子大。154变动。157力量。158、169彼此皆细。173老成，若他应，腹必成矣。193，宜194为是。205好。208细。212大。221细。238细。241大。是局攻杀相宜，奇正得体，妙。16断，17扳，玄妙幽微，皆心髓之旨要也。

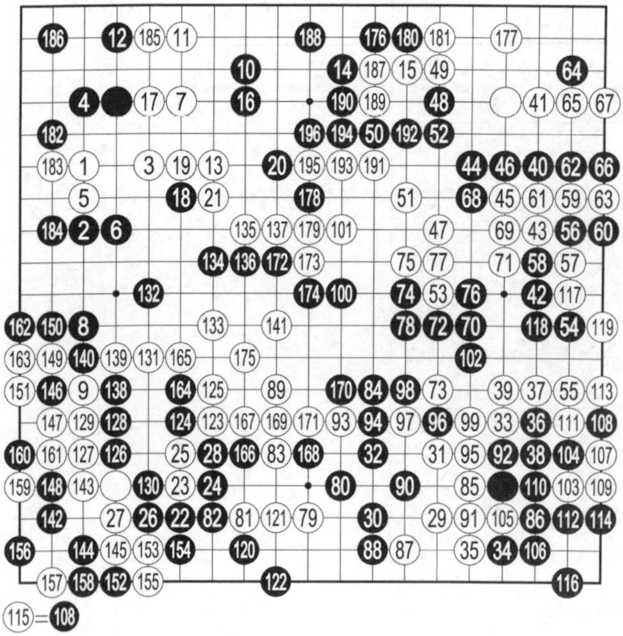

第二十四局

朱玉庭 许敬仲

196 着

此局❹、⑤、⓰、⑰，四着虽细小而板实，有深意。㉜收边势大。53笼有势。54巧。60长妙。64因实上而来，66好。70走出法细。79至83侵分法妙。90觑，91应皆细妙。96至102俱有次序。103妙甚。107妙。117妙极。119妙。120扳。122过妙。124断正。126捺妙甚。131虚笼，实存侵外之意。138冲断妙，黑侵角。142至160妙甚。黑166至174便宜讨尽。191夹妙。是局白119过，黑160两持，各显精奇，真为劲敌。

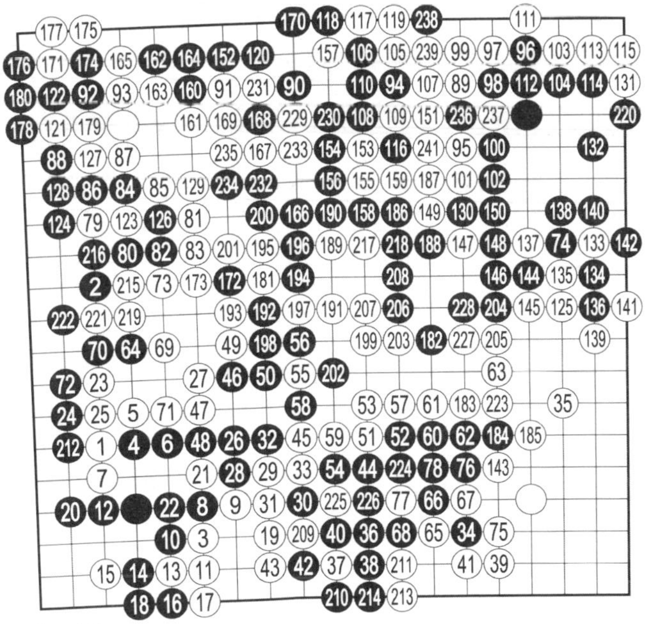

240=236

第二十五局

汪汉年 程仲容

240着

此局26恐黑再47位封头，角内有病。27出畅。36大，稍缓即受黑笼逼。40、44转换法。41大。43存根。44走已笼入。46走法有情。55先手获断好走。64觑法入彀。65紧。69、71细，兼存眼位。72稳己兼搜黑根。73缓不得。74破大势，又成己势，当时之正着。84出法细。89紧张己势，含侵小网。90当时。91正。92腾挪法。100、102攻法入彀，又兼己角。104让好。105至115，次序紧。116大。117老成。143大，因有147之夹，故不应。151稳。152至158细紧。160、165大。174、176官子细。此局初起处张布纵横，中结时深思熟神妙，所谓指谈意会，心战情投云耳。241提。

第二十六局

周懒予 姚吁孺（原本棋谱缺）

第二十七局

□□□ 李元兆（原本棋谱缺）

第二十八局

李元兆 周东侯（原本棋谱缺）

第二十九局

□□□林符卿（原本棋谱缺）

第三十局

王玄所 许敬仲（原本棋谱缺）

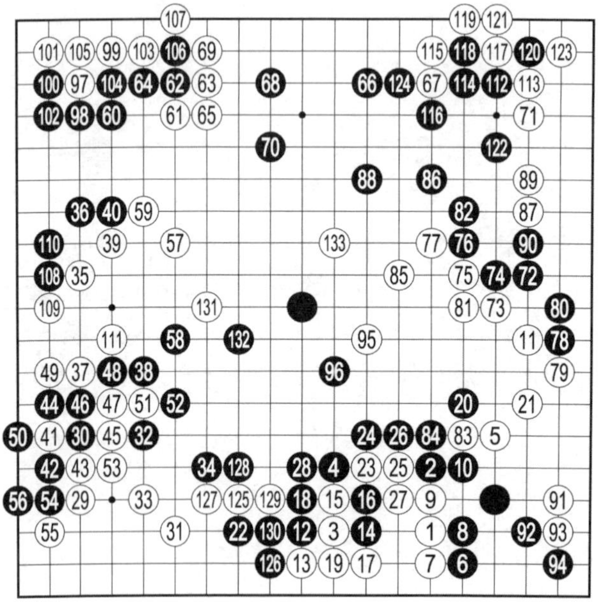

受二子局

第一局 133 着

此局24着镇法因中子而来。12、14好。20有深意妙。28老成。32含侵含收。24收好。51川，方有波澜。61至65有势力。69立含二意。71大。126是。132大。133大。此局黑子取势甚畅，着着使白无遏抑处，神妙可法。

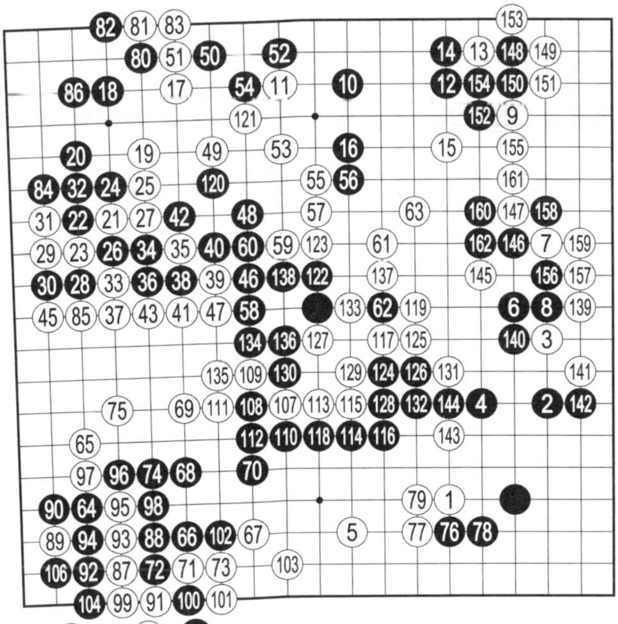

44=35；105=100

第二局 162 着

此局19、21因受子而欺。28不如在29位行出数着，方妙。74对讨先手便宜，而角上虚浮不实。76大。80补角。93分妙。136活好。139大。148大。62大。此局黑布置先后亦有深意。

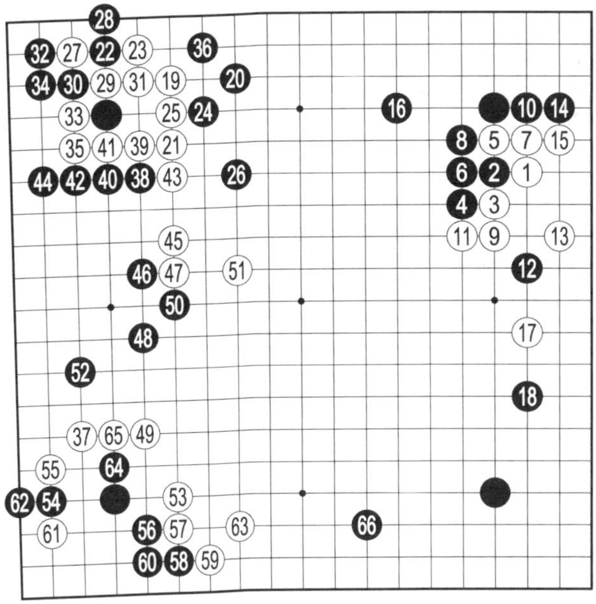

第三局 66 着

此局38、40借子收好。46有力量。58先觑，稳角好。66虚浮。

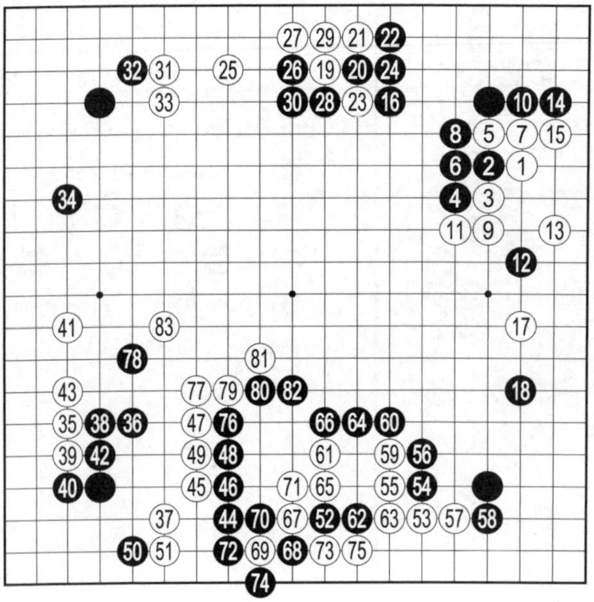

第四局 83 着

此局12好。14有势力。26夹妙。67、69两扳。弃子活边妙。

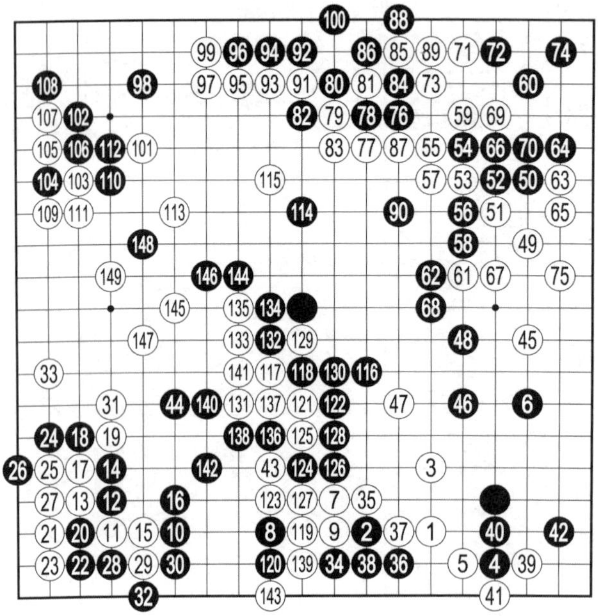

第五局 149 着

此局33转换大。34扳。36虎，搜根法好。61、63妙。73、74、75三虎切当。91断好。93至100着，黑虽活而小。105、107妙，使黑角不能畅大。114、115俱大。117巧而有力量。121妙。139妙甚。144、146收法大。148好。149大。此局转换有法，纵夺有情，深得弈理之妙。

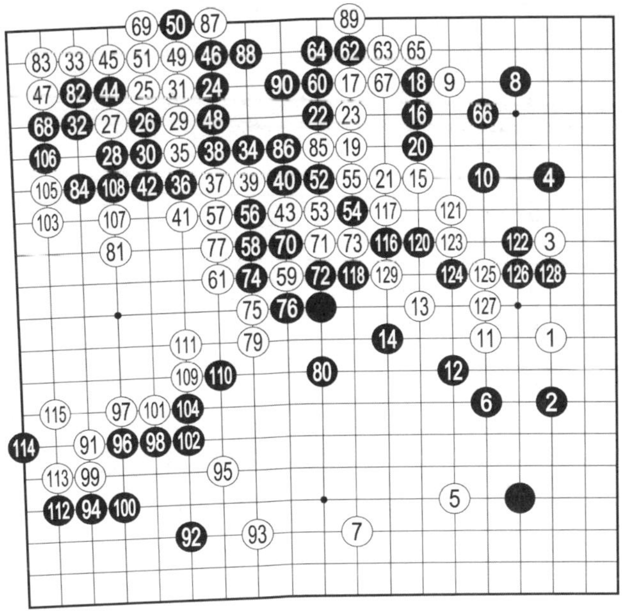

78=59； 119=54

第六局 129 着

此局15好。17让妙。19收大。28压妙。38断有力量。黑46、54妙。60至64活法妙。白61至67俱有次序。91大。134妙。129好。此局先后有度，次序不苟，着着可法。

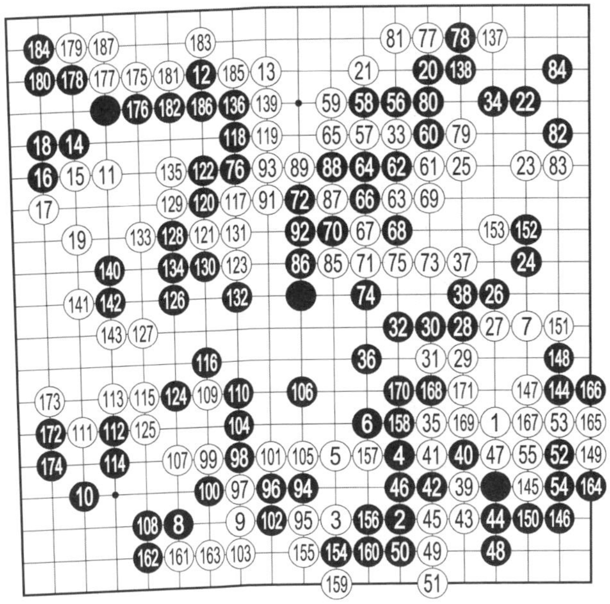

90=87

受三子局

第一局 187 着

此局33因受子而欺笼。35有深意。36连络好。39妙。56尖。62断好。74妙。77生眼法妙。87跌法妙。89、91、93出法好。94望好。101、103妙。116大。126好。152细。157先手补妙。172不若在175位补大极。受子着最忌好杀。是局平正中生波澜。受子者当法之。

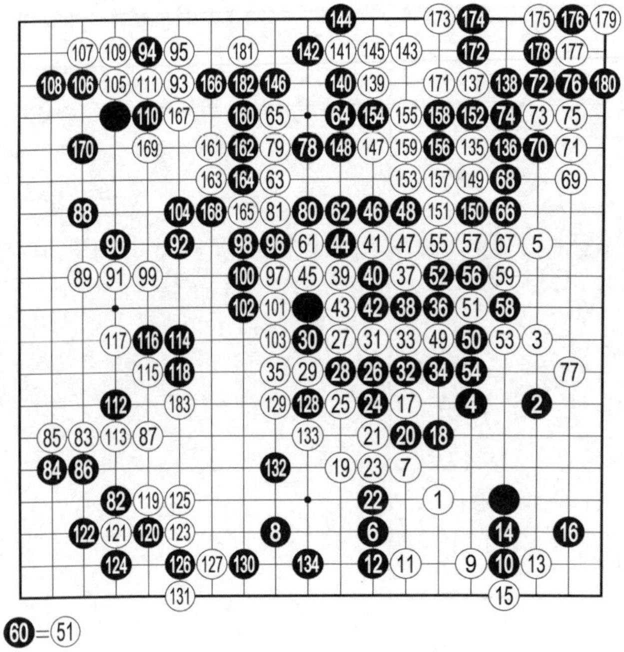

第二局183着

此局(27)分断妙。(35)力量。(39)好。[44]断妙。(49)妙。白(53)至(59)收法妙甚。(63)、(65)大。[66]觑，[68]立妙。[76]贪，不如在[138]位上补，则无后患矣。(107)妙。(117)不若在(133)位上安逸而妙。(121)好。[130]、[132]、[134]活法妙。白(135)至(147)妙甚。[52]应妙。[60]妙。[66]妙甚。[174]、[176]、[180]活法，妙极。是局白分杀入神，黑应法、活法亦细。受子中当为首局也。

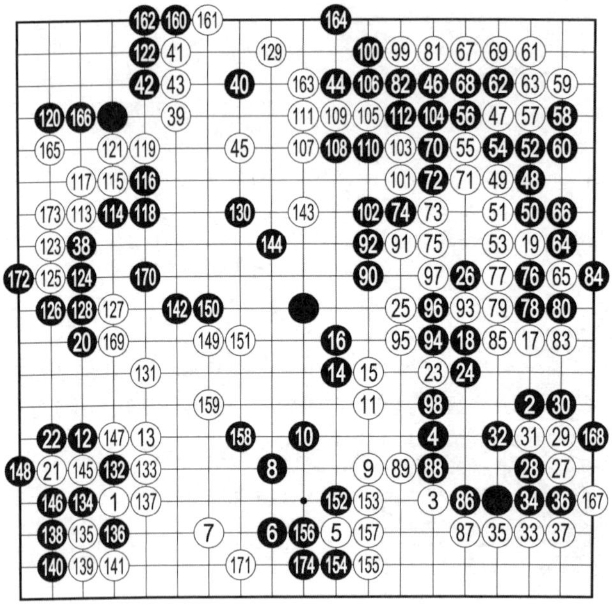

第三局174着

此局[20]缓不得。(25)是。(27)侵好。(35)弃换大。(53)粘好。[64]、(65)好。(67)妙。[76]断好。(81)、(83)、(85)有次序。(101)至(107)俱妙。白(113)至(121)侵分法妙。黑[120]、[122]活法好。(129)大。[130]收腹亦大。[132]侵角大。[142]不应角而收腹大极。[154]夹大。此局白弃取得宜，转先有法，黑收腹活角处亦尽神思。

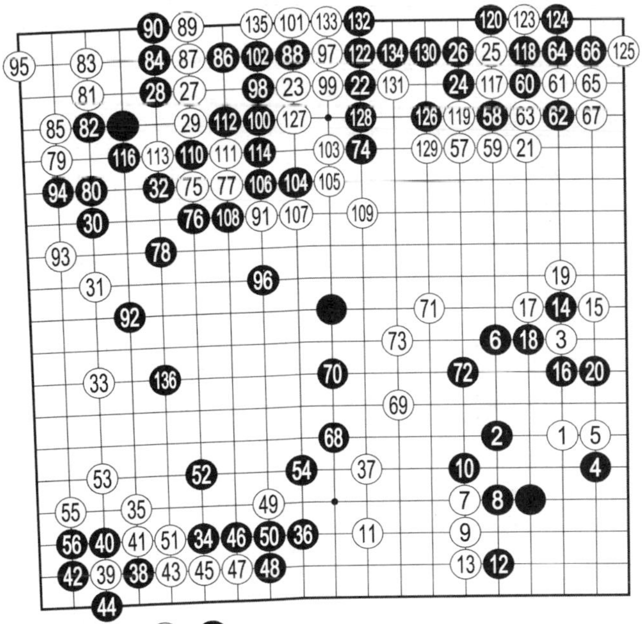

(115)=(110)；(121)=(58)

第四局 130 着

此局(17)弃二子取外妙。(21)、(35)因受子而张大待投。(39)捺让角分势妙。(45)行，(49)觑，俱妙。(53)正。(57)大。(93)讨先补角妙。(110)妙甚。(127)击内攻外之意。此局白子杀而复生，黑不战而得大腹，两敌用意深奇，神化可法。

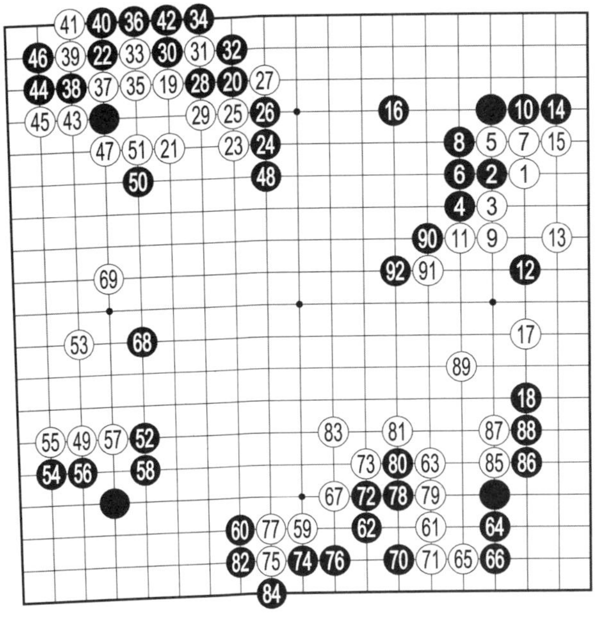

受四子局

第一局 92 着

此局(27)让过，乃套边术法。(36)过渡低。当粘角妙。(41)细。(43)、(45)收大。(64)老成。(68)、(69)大。(82)妙。(89)大。

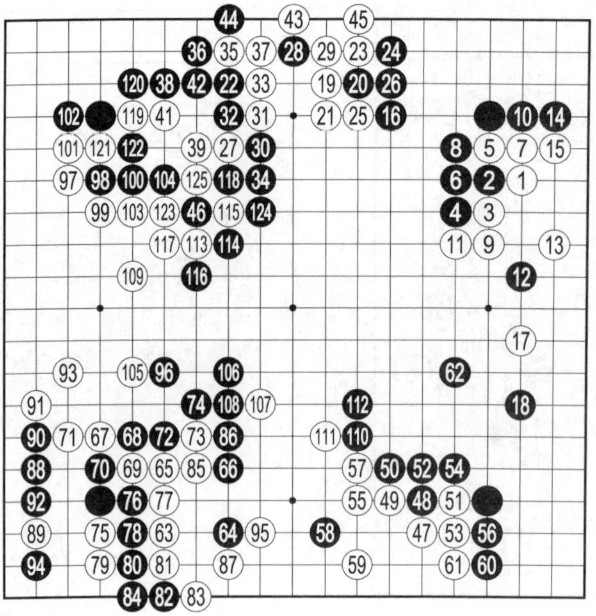

40 脱先

第二局 125 着

此局14稳角好。35扳先手而有波澜。79立好。97至103弃子收边大。115扭妙。119至125先后次序，而有寒灰复燃之着，妙甚。

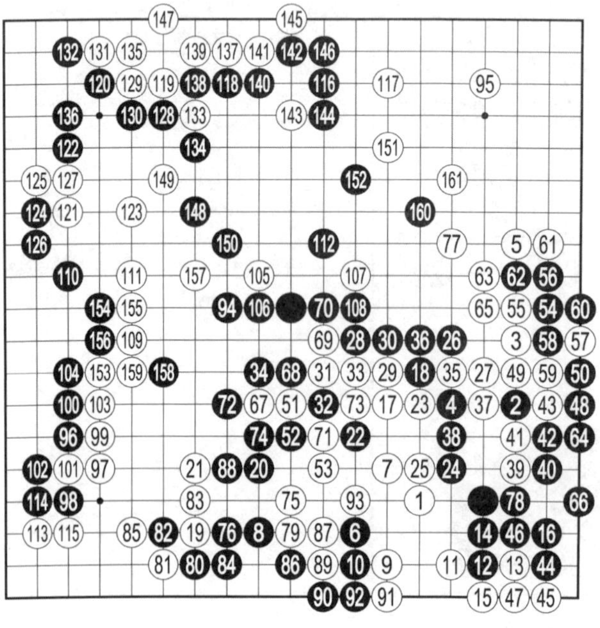

第三局 161 着

此局28虽封白子，不若粘之安逸，则无39、41之患。91、93生眼法妙。94稳而有势。105、107两觑得当。137、141活法好。160、161大。此局黑收腹处与转先手处，细密可法。白亦活泼有神。

第四局[1]（原本棋谱缺）

此局黑18寒。86有势。白八92好。115防断。多，故每生活处不甚畅大。

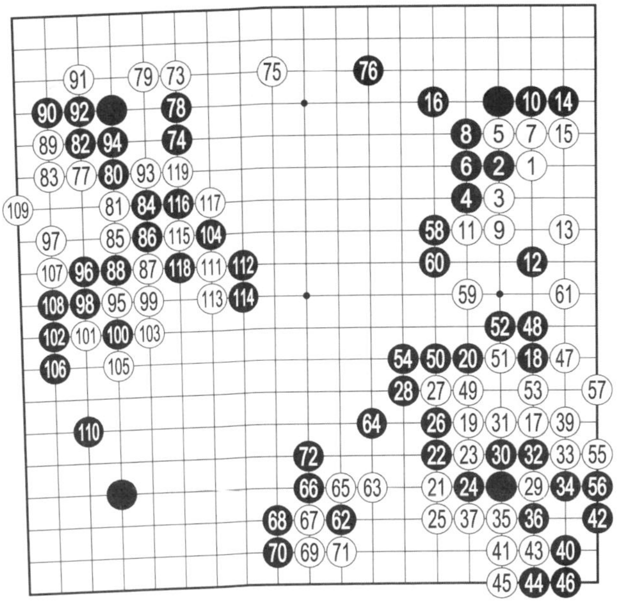

38=29

第五局 119 着

此局35、37收好。42活安逸。43讨便宜处。53作劫法妙。57反得便宜。61、58、60收大极。61应法妙。66至72收大。117、113乃是术法，瞒受子着也。115、117妙。

① 原本此页撕毁，仅存只言片语。

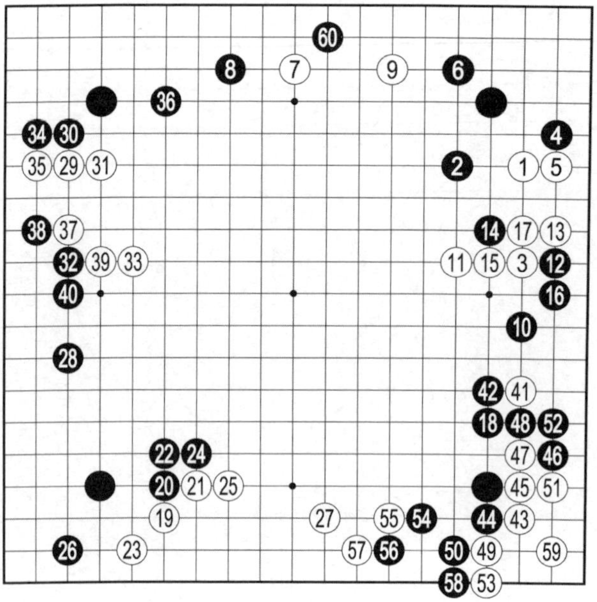

第六局 60 着

此局12、14妙。23不长而尖，亦有深意。26应亦妙。41钓角法。49、53细。55妙。60侵分亦好。

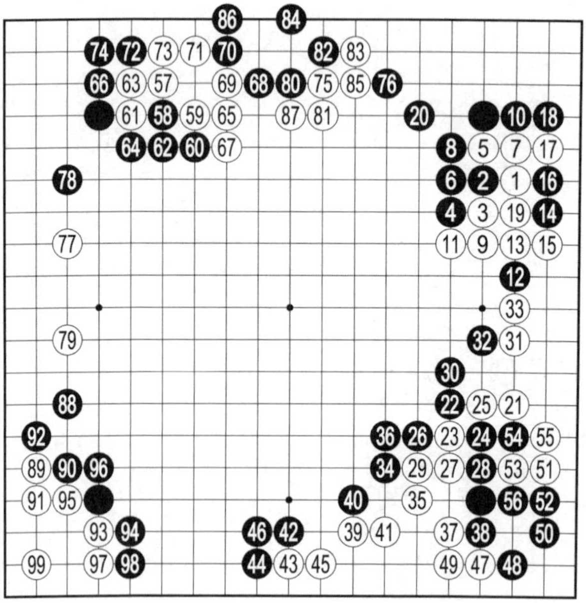

第七局 99 着

此局14点，16行，讨18先手之法。32好。47至53次序好。84、86巧妙。91活角，欺受子之着，不过将活法示学人也。

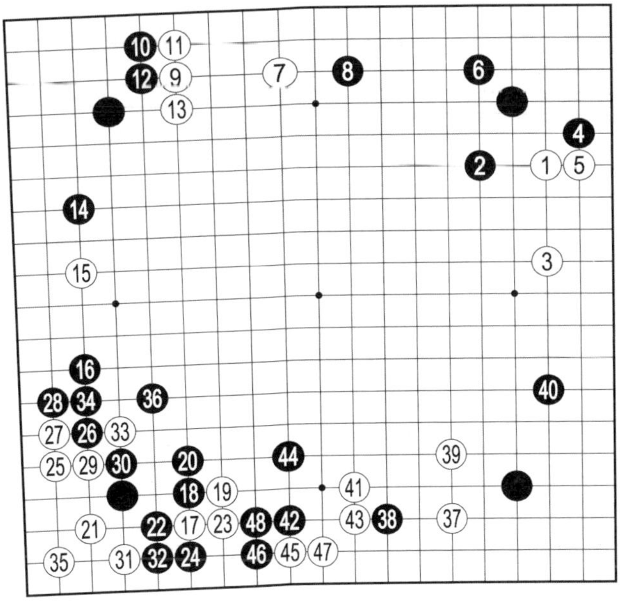

第八局 48 着

此局6着乃镇神补角固外之着也。12老成。21侵角虽早在受子亦不为害。25至35活法次序。42卷帘，弃一子收外妙。

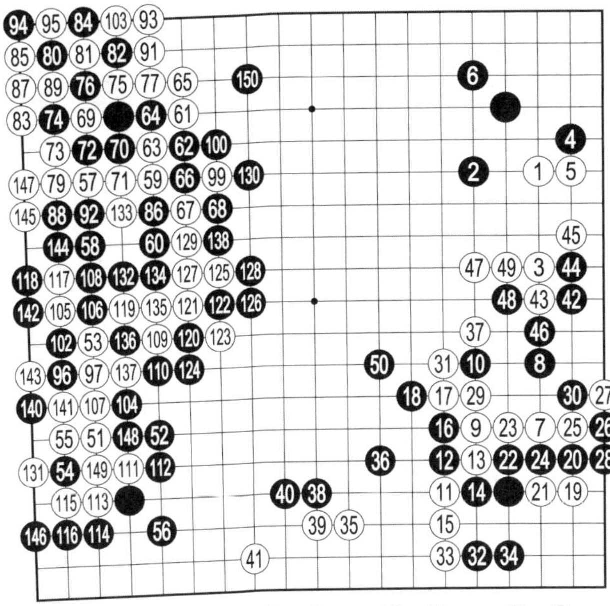

78=69； 90=81； 98=94； 101=95； 139=136

第九局 145 着

此局30过，亦是一法。32稳角亦是。35收尽。68细。81妙甚。83、85妙极。103竟提妙。105扳妙，有深意。117长，细极。119虎出，至129皆好。132粘，136扑，亦细妙。143扑妙。150收亦大。

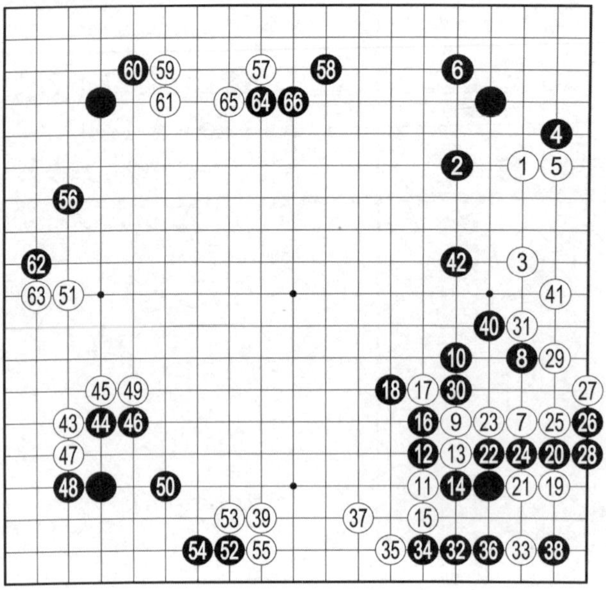

第十局 66 着

此局29、31虽收一边实，失外势。32收势尽。38稳老成。白布置亦有纪律。

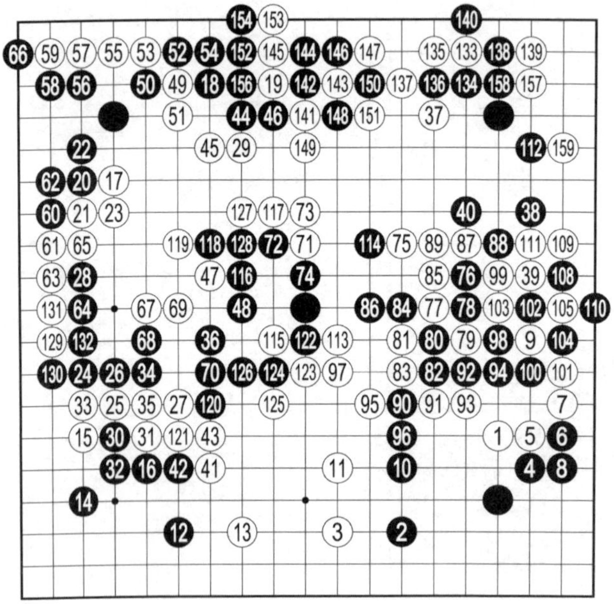

106=9；107=79；155=143

第十一局 159 着

此局30尖，34观，36飞，好。41收大。45因内未有眼地故让出。53角内四子因欲实外子而来。71、75空中架桥妙。87、91妙。黑94至110应法俱妙。120、122活法好。白41不应，而借意击东实西妙。是局黑134当退在139位上，则外势未实而我角不伤矣。白弃子转换处，奇妙可思。

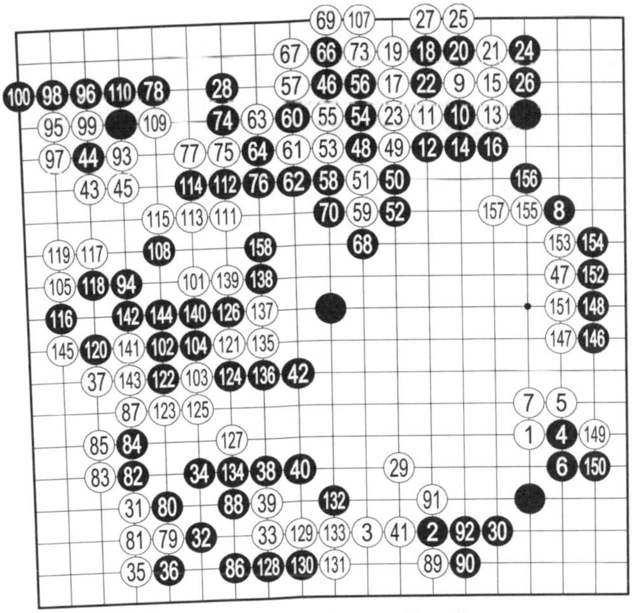

65=60； 71=51； 72=59； 106=51

第十二局 158 着

此局12断有力。24、26实角法，妙甚。30补稳。38、40有力量。42□应中子妙。48好。黑60至68俱妙。74弃子封头，妙甚。黑80至86有次序。94分边大极。95妙。106先手粘妙。116大。黑128至134有次序好。受子局最忌疏散无根。是局黑子细紧整密，侵杀自如，观之非受四子气象也。

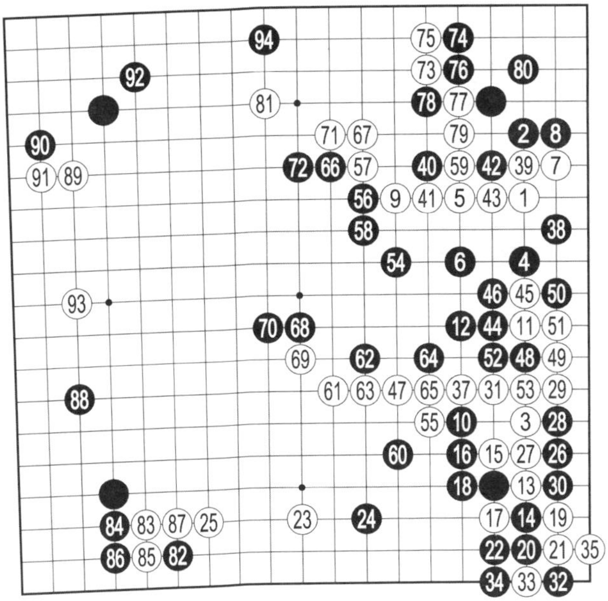

36=33

第十三局 94 着

此局7尖。9直起亦畅，稍缓又受41位上之遏抑也。26、28妙甚。48至54次序好。56妙。60补是。77细。82实角法。94妙。

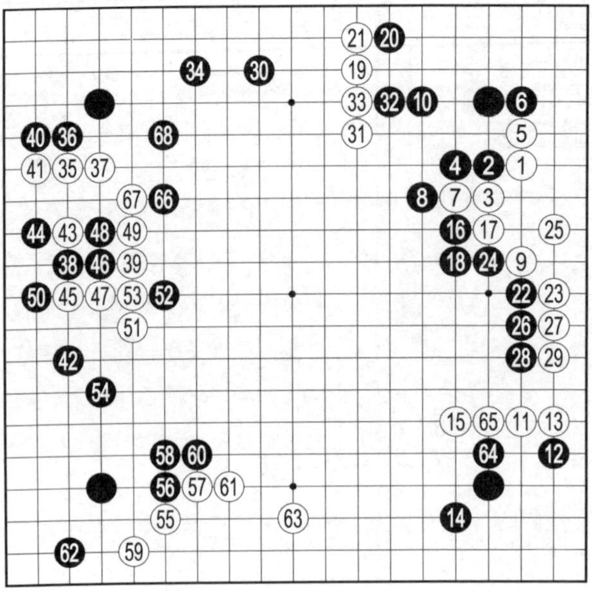

第十四局 68 着

此局⑪、⑮势力大。⓰扳，⓲长，用意深。22至28逼瘦白边先手妙。32次序。34补妙。㊺夹，欲张外势之意。52、66、68处张声势之妙。

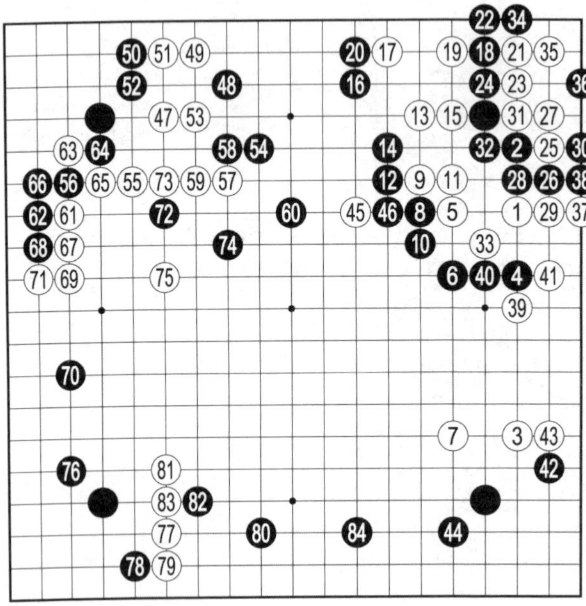

第十五局 84 着

此局❷应乃㊲不易之着也。⓴收有远意。34让出，两家各活妙。㊴走法亦妙。60大。63至71次序收紧。72觑细。75应法好。76稳。

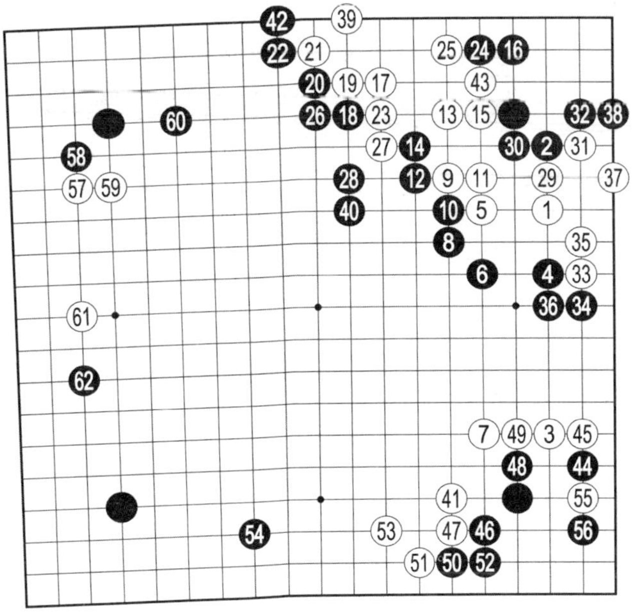

第十六局 62 着

此局37起手，一应法正。8遏头有力。16稳角法。20、22两扳力量收住。24、30细。40补，老成之极。

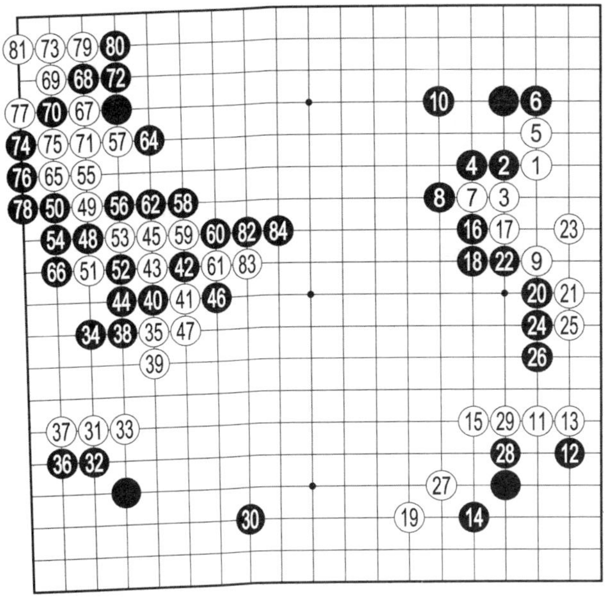

63=42

第十七局 84 着

此局16至26倚盖前局也。35变局起。38细妙极。42扳，力量之极。45长亦妙。51夹细。56断，有波澜。58处收妙极。68扳转，此劲敌着也，妙极。69托亦有心思。75活法亦妙。

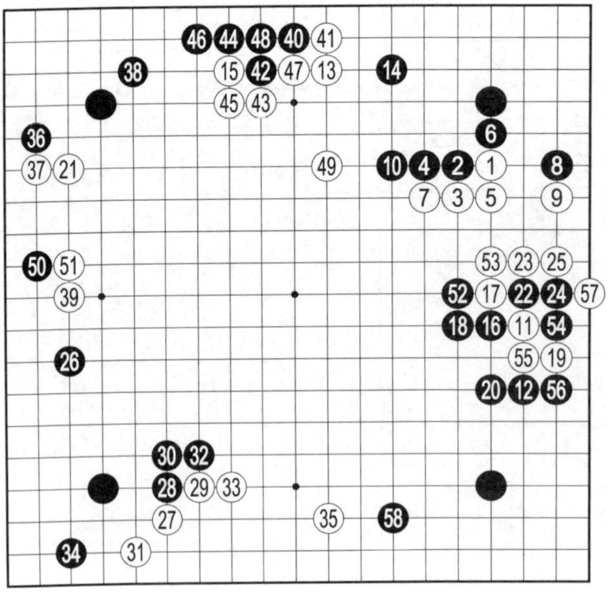

第十八局 58 着

此局5着、6着皆不易之着。22细甚。34安逸。35大。40分，亦大。51应不落套。52至56皆先手便宜之着也。

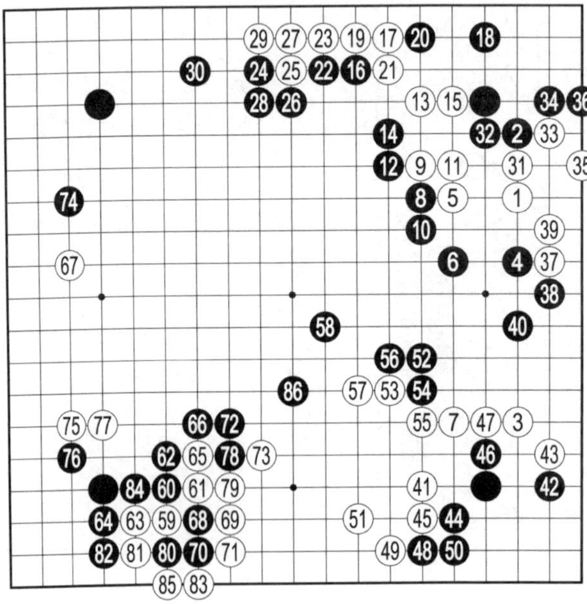

第十九局 86 着

此局20角上安逸。白19至29边行，甚是失势。33至39讨先手法。58收腹大。68断，亦讨便宜处。86收大。

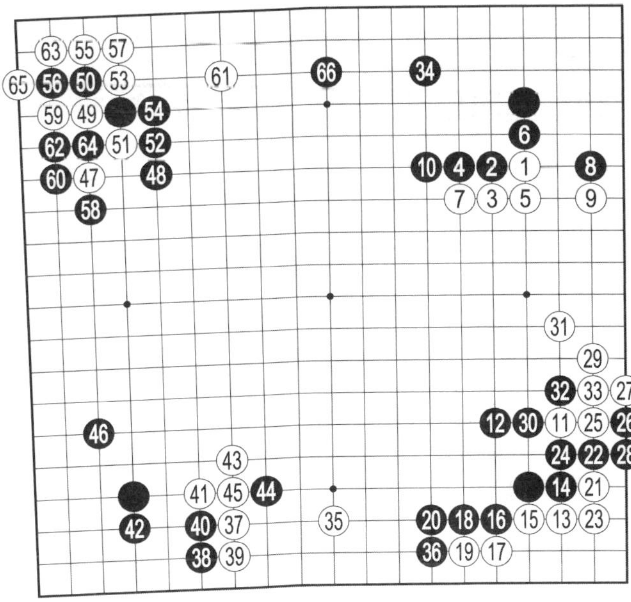

第二十局 66 着

此局13取角，得空便进亦妙。55、57取角亦细。58、60收外好。61大。62进妙。

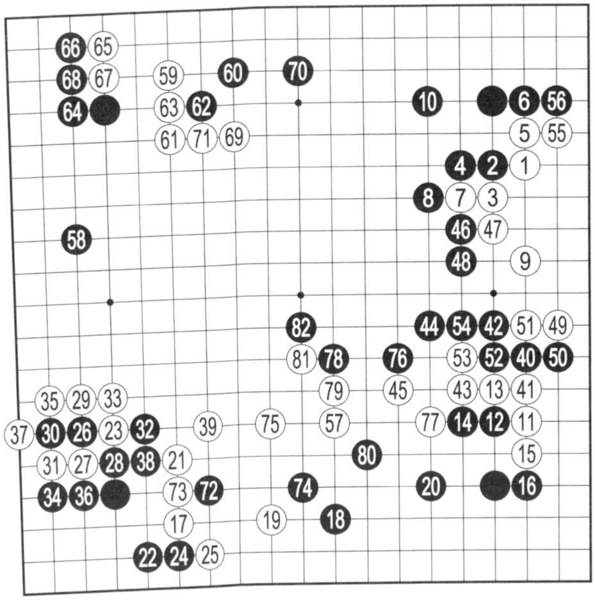

第廿一局 82 着

此局20补正。13让行，收外好。27挖转，攻内实外之着。34收角是。40觑。42出分断。白子细而有力量。64老成。70大。82扳，亦有力量。

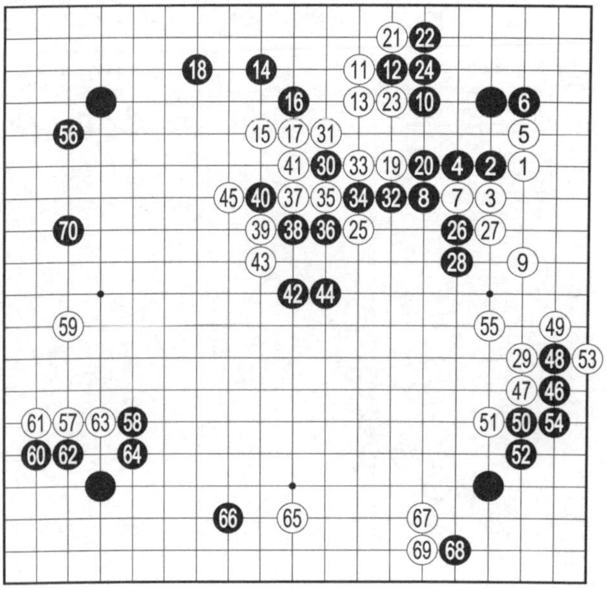

第廿二局 70 着

此局❸⓪点，无数便宜处。❹❻、❹❽收边法甚巧。❺❽稳。

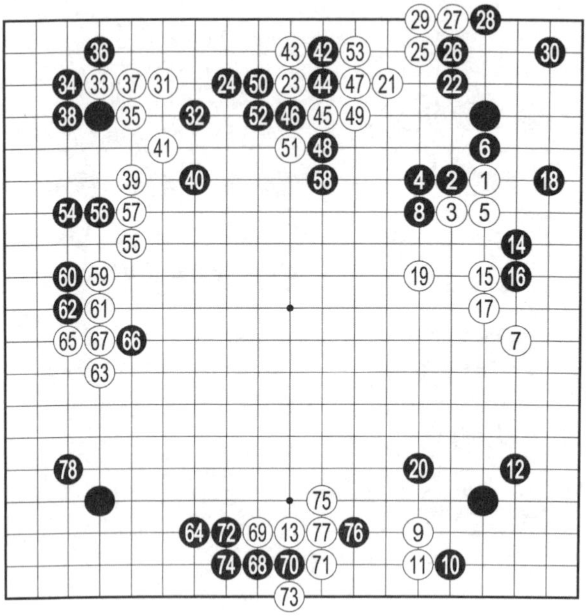

第廿三局 78 着

此局❶❹、❶❻使白必应之着。❶❽吊过。白亦不能断妙。㉗挖边，因有❶❽之欺，使彼必应亦生自之眼地。㉛投网，黑护角，纵白长出，白亦甚畅。❹❷扼投。黑因三□□孤，借此之力，遂有❹❽、❺⓪之收。❺❽正。❼⓪行细紧。

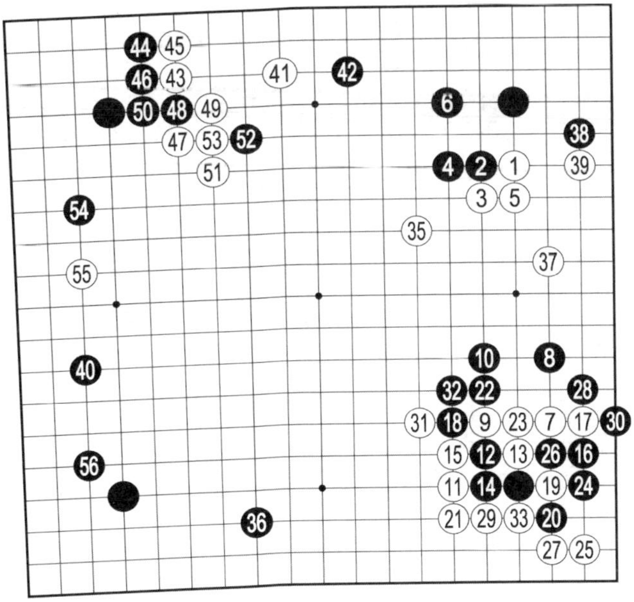

34=19

第廿四局 56 着

此局6着起变，总不如在四五路，使角稳实。25妙甚。27至33弃子收角取势，又得先手，妙妙。36、40双网法。48细。

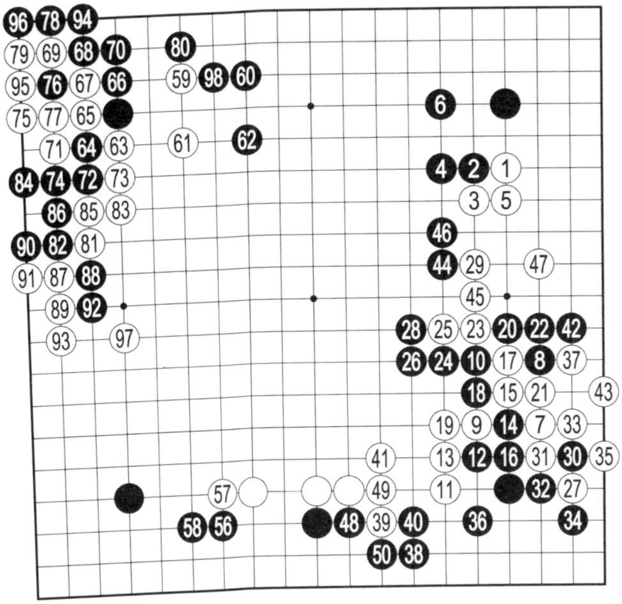

51 52 53 54 55 脱先

第廿五局 98 着

此局14着乃穿心角之必着也。23、25先手，两着细甚。28转七子处。36镶活。38飞出大。42、44皆细紧。48夹好。53不直下，防黑外收。63即金井势。64当应在65位上，则安逸。73长好。75、77皆妙。81至87妙甚。97妙。

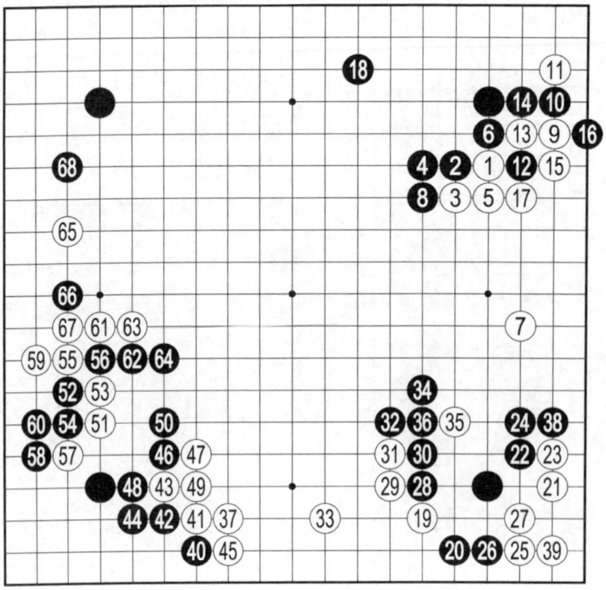

第廿六局 68 着

此局9着起变。11着该平在15位上，彼若补角则我得先手矣，彼若不补角则角上可侵杀。今又不能转换，先手亦是落空。12应法好。16讨先手法。18大。21活泼。22至27皆先手活妙。40侵彼实己之着。51多事。52应法妙。

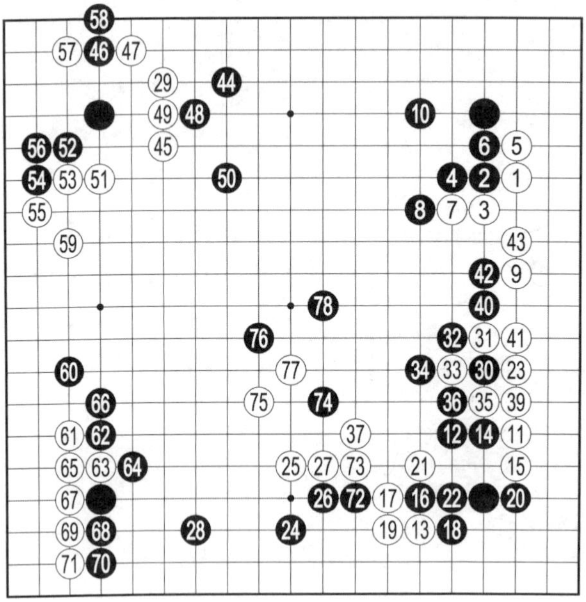

38=30

第廿七局 78 着

此局10稳。11、13双飞套法。16、18正。31宜平则不受黑逼矣。34妙。57细。63斡方有大角。74、76、78力量。

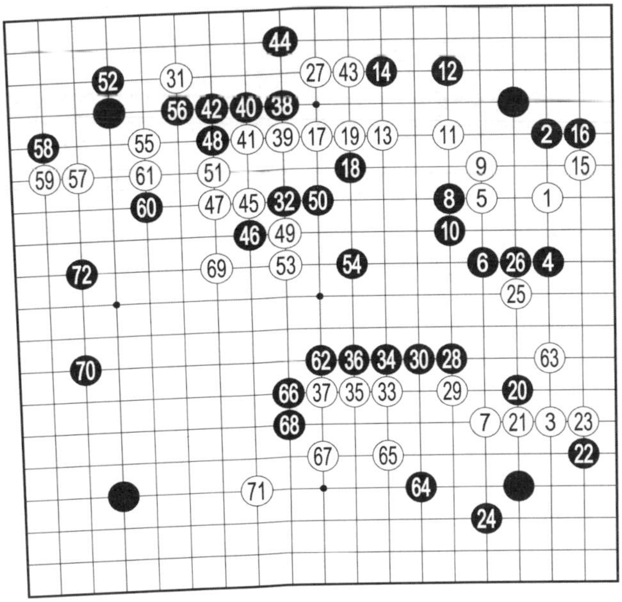

第廿八局[①]72着

此局⑫起，此三七变局法也。⑭故虽大角，外势甚孤。⑰收是。㉜、㉞收腹法。㊳妙甚。㊽、52收一子大极。54亦大。65擒一子稳。66、68收转亦大。72虽浮，亦有势力。

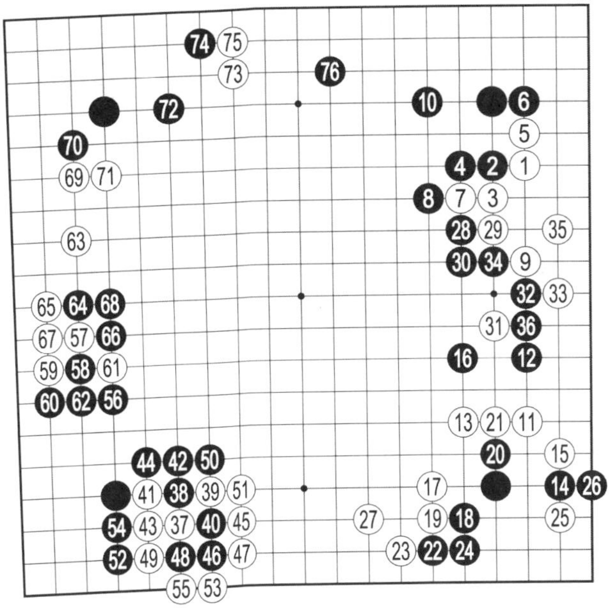

第廿九局76着

此局⑫投分细紧，稍缓则白势大矣。⑳觑。㉒扳先手活妙。㉘扳下。㉜扑，收大有力量而妙。㉞、㊱次序。㊵断。㊽行俱细。此两分局也，白得外边黑收内角而亦得外势。64夹妙。70大。

① 原作棋图破损。

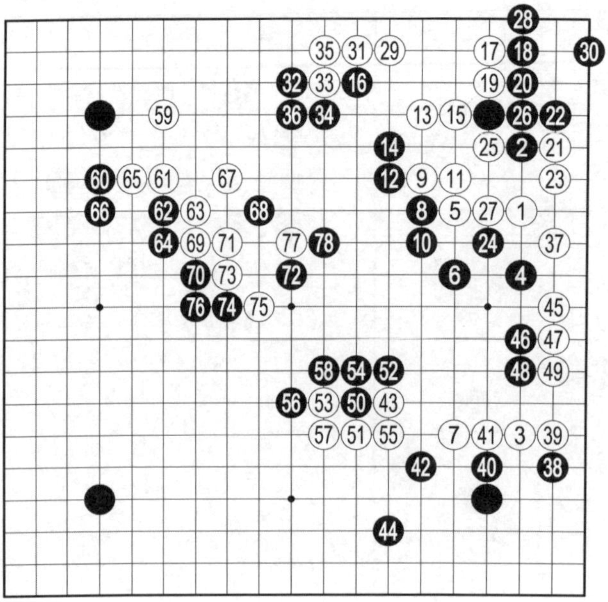

第三十局 78 着

此局16就收，亦有力量。24细。28妙甚，若点角则过度矣！53着巧妙。62扭转。56夹妙极。此黑欲收后势之法也。59平关，至77皆白破黑腹势之着。

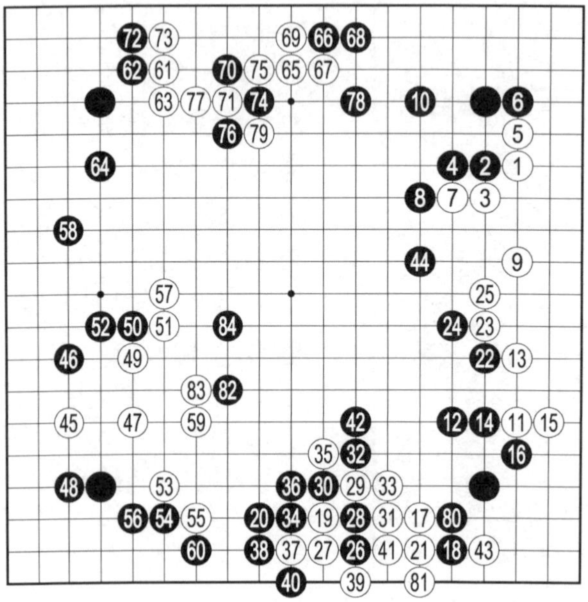

第卅一局 84 着

此局24有力量。26至40收法大妙。白27该平在28位上。不如此瘦小失势。44收净。48实角法。60有次序，77扼一子，讨便宜法。82、84收势大极。

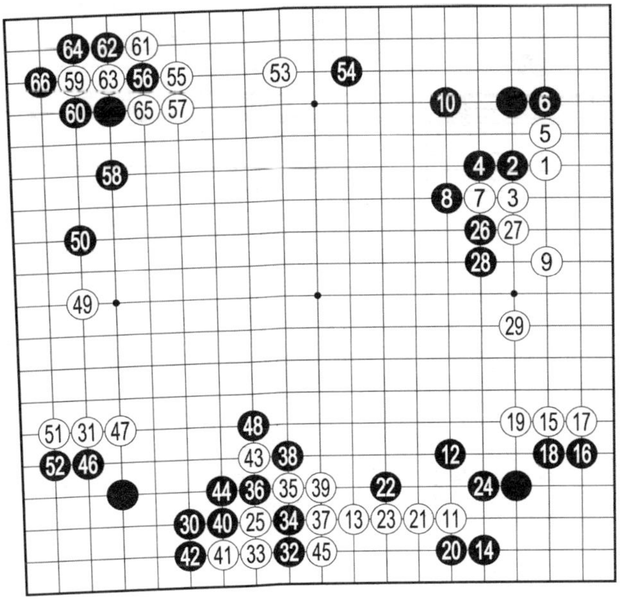

第卅二局 66 着

此局11变前局式。22观。26扳好。32、34借此之力以实外势妙。48长有力。51固分又生眼位。54大。62、64让一子妙。

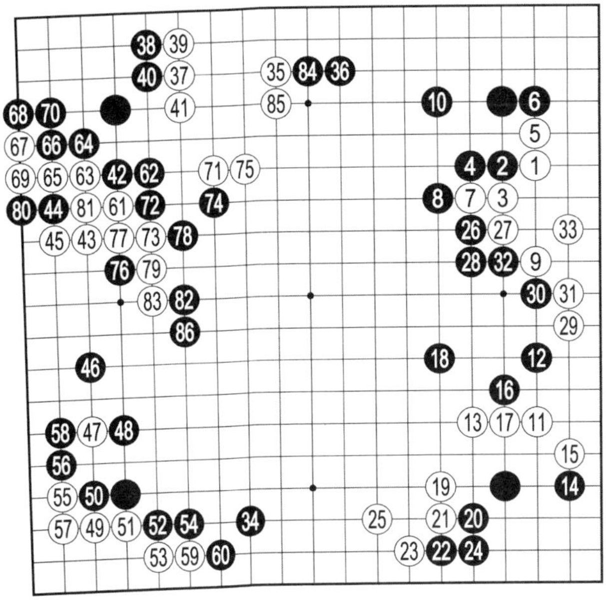

第卅三局 86 着

此局起手处即倚盖前局也。黑34取先手外行，比前局34粘较胜多矣。76、80、84冷处生情细极。

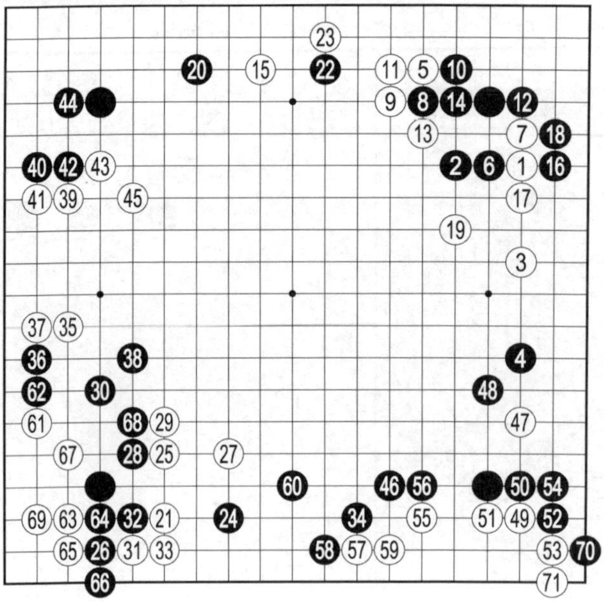

第卅四局 71 着

此局16妙，使白不能擒得，亦去眼地也。22细。27笼，亦是套法。28倚细妙。43扳，反实黑角该别行方妙。49进角是。57、59先手活妙。66让过度，白纵去则小矣。

角图残势说

夫诸角式残谱套图，有可议者，有不可议者。有正者，有不正者。有可议者，议其臧否，如立仁起手之类是也。有不可议者，惟爽心快目，如演武图、贾玄势之类是也。有正者，随时可用，如倚盖、镇神之类是也。有不正者，相时而动，如四七起手，急觑角之类是也。有造作者，有而难用，如金龟势、葫芦套之类是也。皆不可一而定之。无过处题据题言旨，以便学者之起手也。或问之曰："诸谱亦广，曷不书一平正而订之哉！"譬如禅之设立三乘，以接上中下人也。据其佛力之优。又曷不设一最上之乘以教之哉！总之心有好恶，局有高低；心有偏执，局有邪正。故棋乃心之用，心乃棋之体。体用得宜，则胜负见矣。

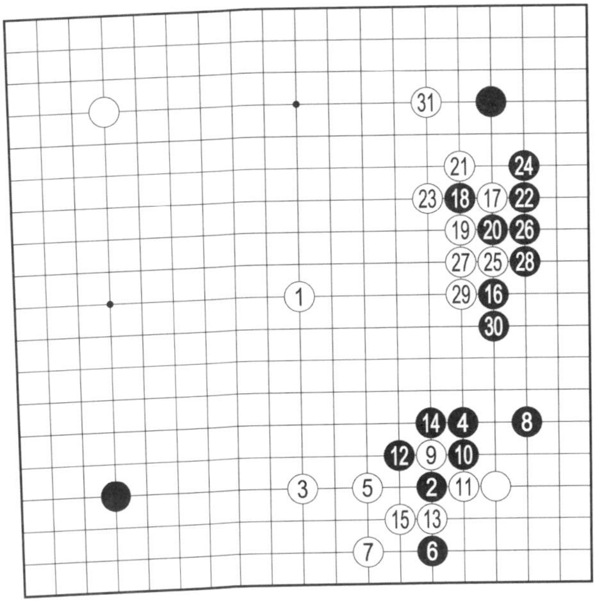

太极图白取势

有形比之，谓之太极。无形比之，谓之无极。无极以生太极，太极以生阴阳，阴阳以生天地，天地以生万物。万物从一而生，天地从一而始，阴阳从一而变，太极从一而起。故棋法于天。三百六十有一，以见无极之机。故盘法乎地，四隅各九十，以载无极之形。势零一而居中谓之无极。

⑨妙。㉓、㉛取势之着。

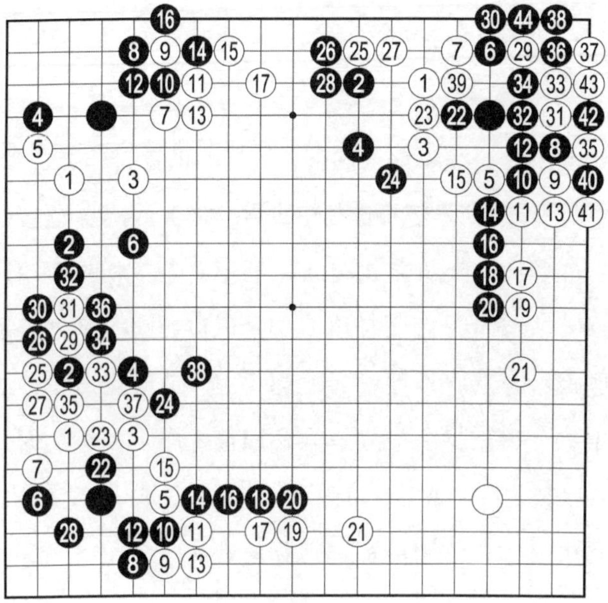

六三起好手 黑胜

起者，初起之意。好者，好侵好收之辞也。一着即好侵角，三着长起即好收角，二着乃制一之着。如彼侵角，我则收一于内；彼若长起，我亦长而分势于外角，亦不伤。此皆两分局也。今人心有好恶，妄生杀活，皆失局之本旨耳。

❷❹妙。❸❽妙。

二变 白胜

白若七二粘而恋子，则势分受制。不若此局⑬着之安重也。

三变 两分

❷❽着内而自守，❸⓪着外而得势可法。、

❷❽妙。❸❹妙。

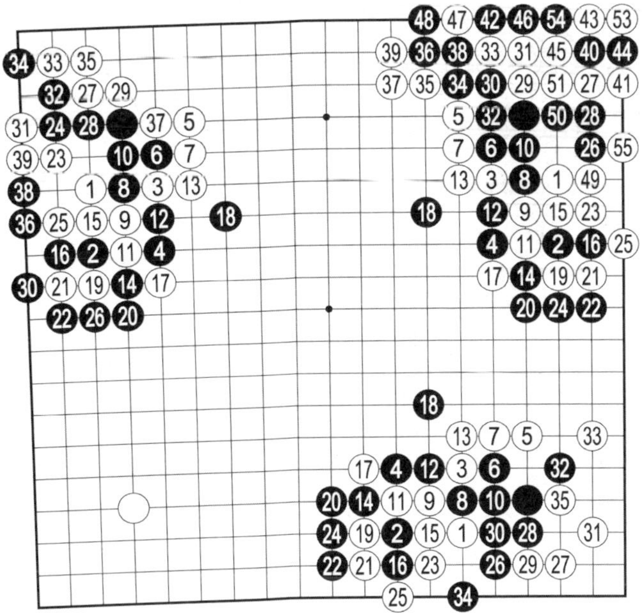

52=47

立仁角 白胜

立者，自立一家之意。仁者不邪之谓也。祖于起好手，变于6着之尖。8着斡断而白不惧风波。11亦断，任黑钳锤而白操纵自如，皆因黑之诸多后手之故也。言16立下为立仁，非也。27妙。43妙。51妙。

二变 白胜

29妙。31妙。33妙。35妙。

三变 白胜

白而23着杀角，又能自活，可法。黑24着太逼，不若四变退让一路守角之妙。

23妙。27妙。

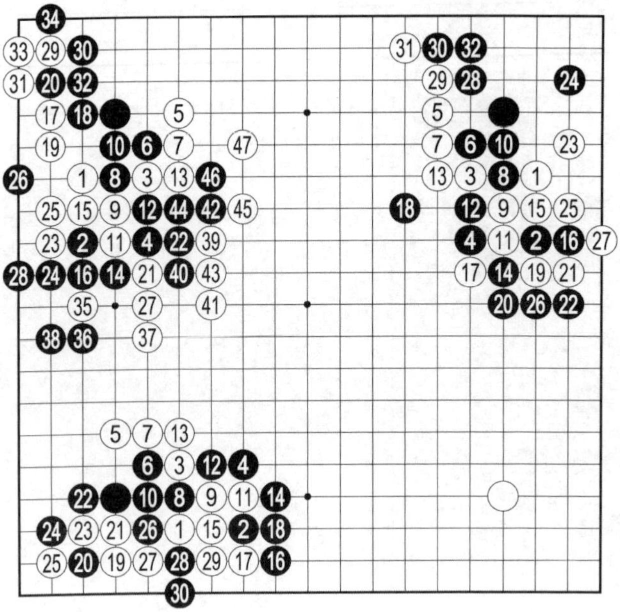

四变 两分

黑㉔着，守角妙。

穿心角 白胜

穿心角即立仁之局。从⑯起变，不立而粘谓之穿心。宜先透入角心之谓也。此式数变，黑亦失宜。

黑三面受敌，未免得此失彼，《经》云：“绪多则势分，势分则难救。”

二变 黑胜

白⑰着之失致败。

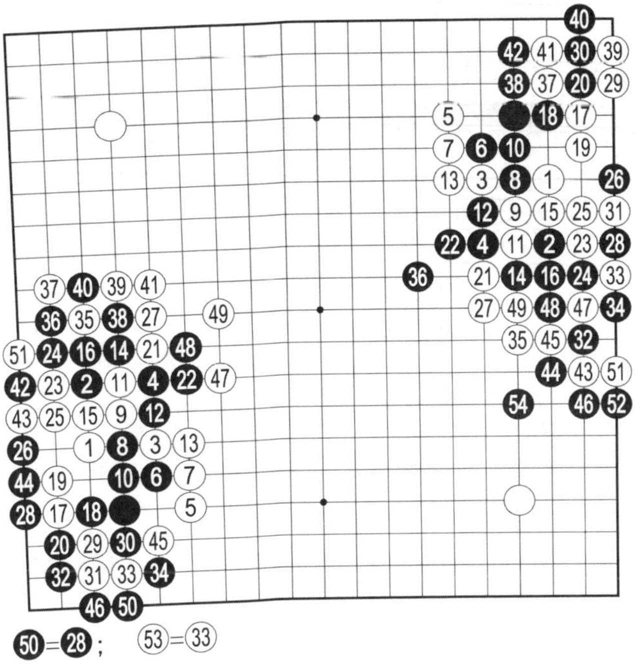

三变 白劫胜

四变 白胜

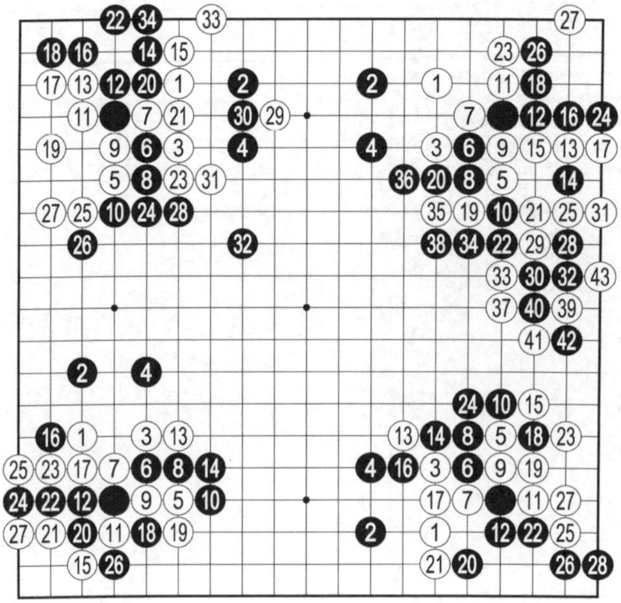

背绰角 白胜

背绰角者，从起手而来。自❻着，变而为立仁。自⓰着，变而为穿心。自⑦着，变而为背绰，使黑❽着，不能中斡也。其局亦系两分，临局者自裁之。

⑬妙。⑰妙。㉗妙。㉙妙。㊴妙。

二变 黑胜

白⑬着侵腹太早致败。

⓲妙。

三变 两分

此变过二变远矣可法。

⑰妙。⑲妙。㉙妙。㉝妙。

四变 白胜

⑮妙。㉑妙极。

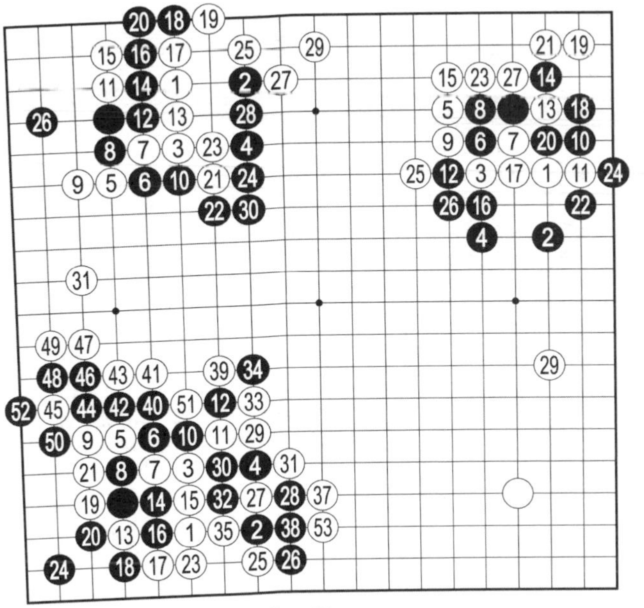

28=⑬； 22=⑬； 36=㉗

入神图 白胜

此图即背绰角之变也。从❽着不长出，而粘四五路上，恐其绪多分势，粘之故稳于前变。但❿着多在二五路上不稳，不如三四路直立两分得先，亦妙。黑❿着在三四立下，得夹未分。因苦杀致败。白㉓着，一六立下，不放黑渡角，亦得矣。今弃子取势可法。

⑲妙极。

大角图 两分

大者，宽阔之谓也，亦从背绰入神而来。自❻着起变，在五六路上约断。⑨长。❿盖即起杀机，要非安逸之局也。黑总不如先在二四路上稳角，然后施之于外为妙。

此局变法甚繁，以⑪起变，次序详之胜负见矣。

二变 白胜

黑28，五七断白胜负未分。

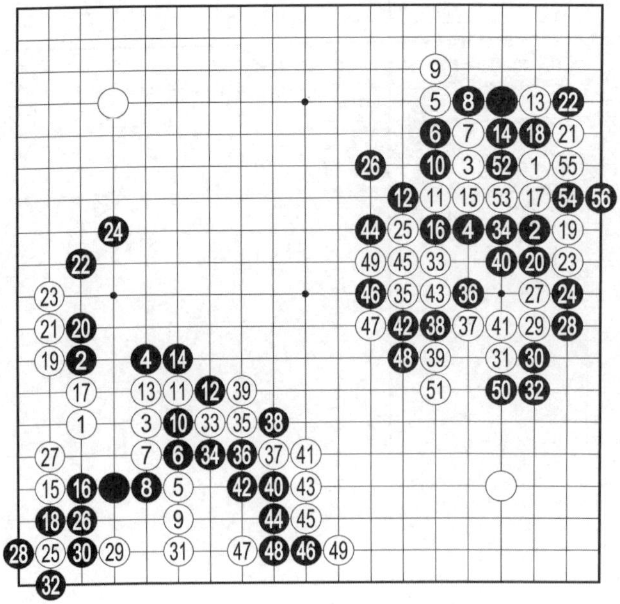

三变　黑胜

白⑮着不当粘而粘，㉔着紧捺其力。㉕着又当自活，黑必活角。白再断不为迟也。白因断早遂成四投入，观者宜详味之。

四变　白胜

黑⓲着在二五上。㉖着亦在二五上打白子，则角不能保矣。

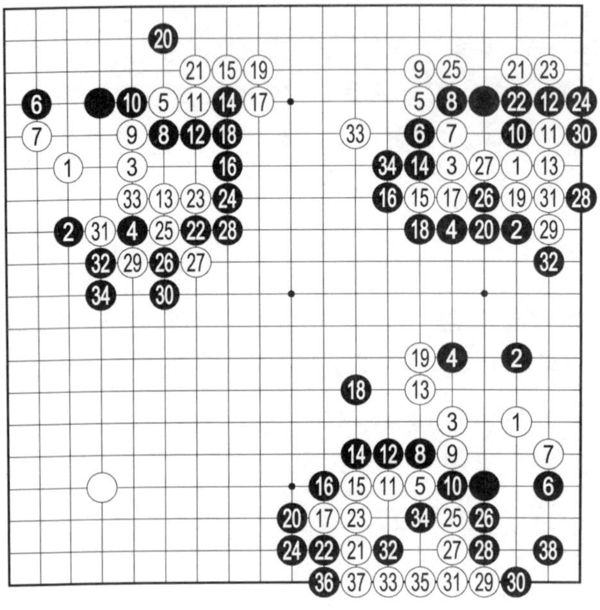

五变　黑胜

黑❿着先在三五，以致胜也。㉘妙。

六变　黑胜

❻着守角，妙。

七变　黑胜

此二变❻着守角之妙可法。⓰妙。

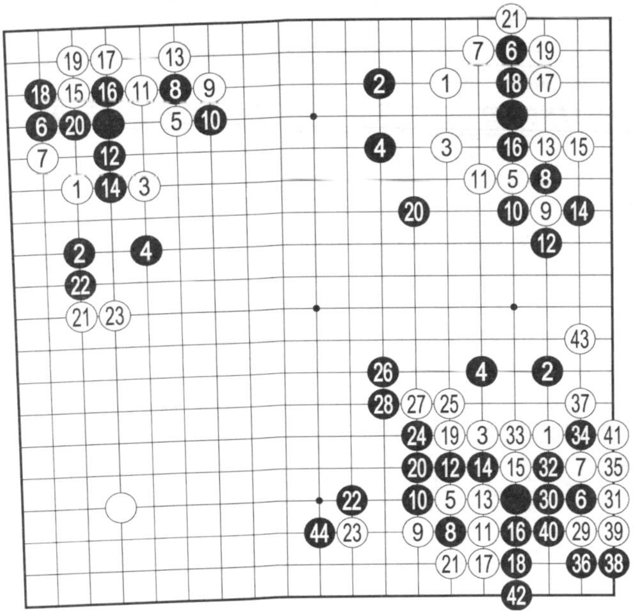

小角图 黑弃角取势

小角者，先从内守而后行于外。祖于起好手，亦从前背绰入神大角而来。自❽着在六三路上变起。❿即四七路扭断。其势两分有杀有活，亦在临局通变。黑总不如内活而取先为上。黑弃角取势。

二变 两分

三变 两分 白得势

黑因⓬着不打，不及上变得势，差之毫厘，胜负分矣。

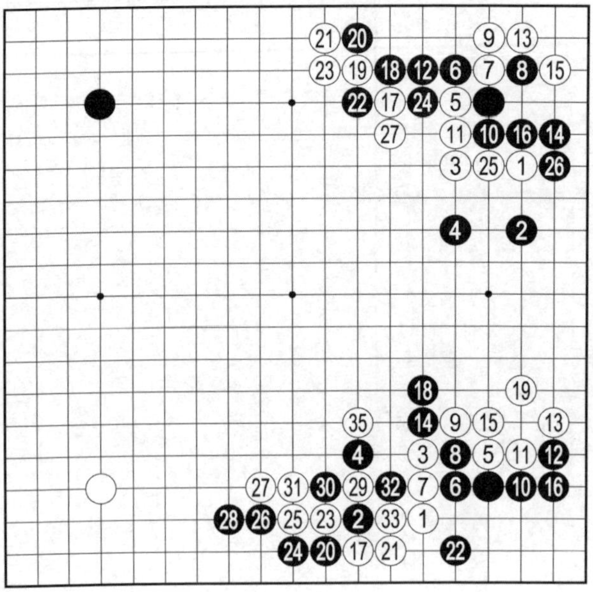

㉞=㉙

金井栏 白胜

此势即如金井栏杆，笼罩一子之式也。❻、72着扭起，相似乎十字，不可先扭，扭则受亏。总不如❻着退在三四路上安逸。《经》曰：“以逸待劳者胜，然后攻必克，战必下矣。”先后有序，可谓入彀者矣。

二变 两分

黑虽不能捉白，亦分为数块，未免得此失彼。

三变 黑胜

白子意专取角，黑❻着之应最正。白⑦着若顶在四五上，则为劲敌。今⑦着太过，致败。

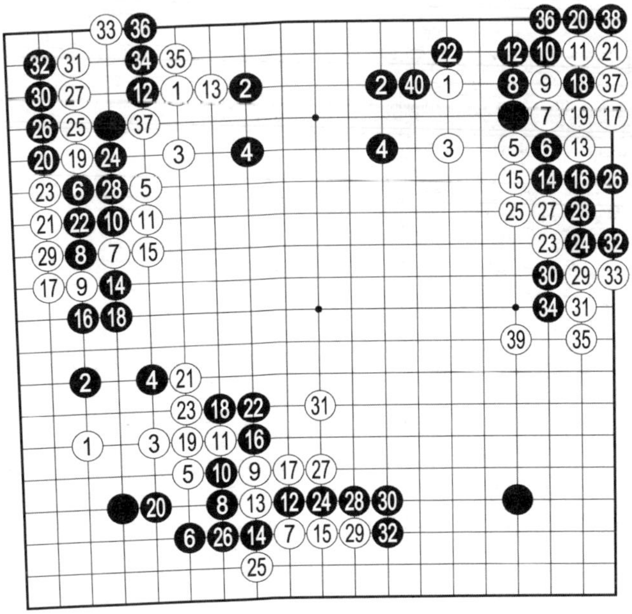

四变 两分 白得势

黑㉜着不做眼，即为脱骨，虽云两分，实失势矣。此局数变皆不若三变❻着之应最正。

钓竿势 白势胜

前数变皆从黑子起变。自食井，白子⑤着变起。今钓竿亦从⑤着，在五六路上起变，取其形似钓竿之势。⑤着短练，使黑不能左右断斡，而白亦可以施其才能。如局中有⑨着在三九路上，此即香饵之着也，宜熟玩之。

㉖贪。㉝妙。

二变 黑胜

⓬妙。⓴自顾妙。

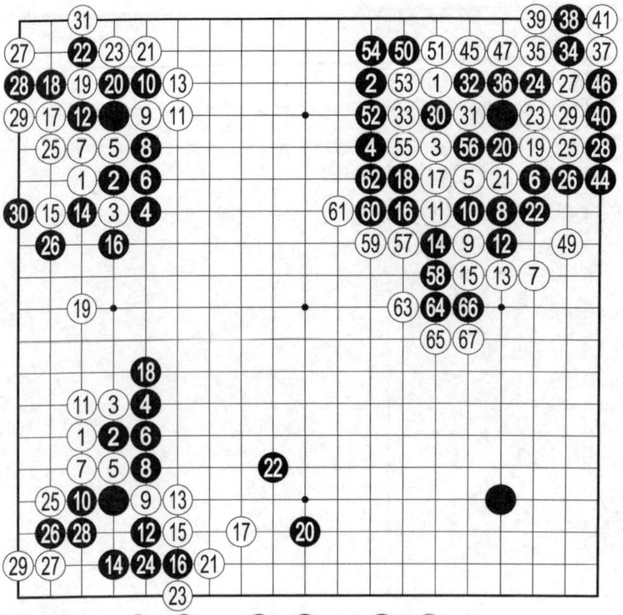

❹❷=❸❹；㊸=❸❽；❹❽=❸❹；❷❹=⑲

三变 白胜

白玄妙莫测者，着着皆役㉓妙，若❷❺立下则受征矣。

大压梁 白胜

压梁者，如物覆于梁木之上，可擎擎之谓也。黑自❷着起变，在于六四路上紧压一子，❹又在七五路上覆压③着。故谓之压梁。其局初欲收势而⑨着在四五路界断，其势两分。此变黑无大益处，在❹着不动之故耳。

二变 白胜

㉗妙。㉙妙。

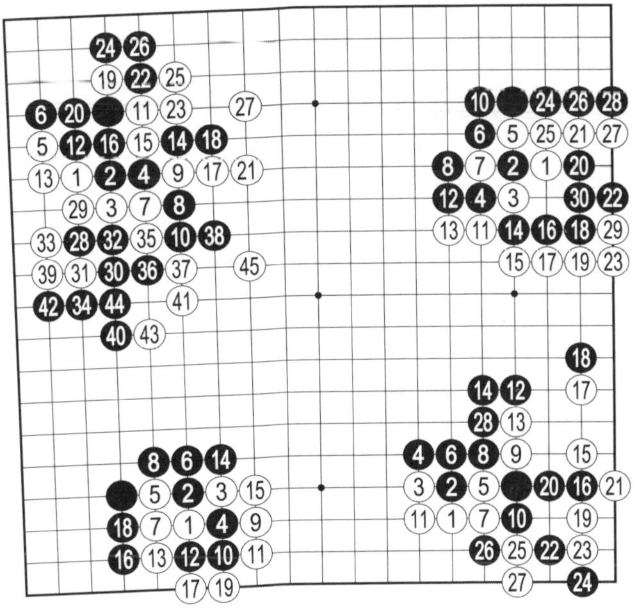

⑨=❷

三变 两持

黑㉒妙甚。白㉓不若此应败矣。

四[①]变 白胜

黑⓲自宜活角，纵白逸去，胜负未分。因贪反败。㉕妙甚。

倚盖势 白胜

倚盖从压梁而来，起变在❹着，或长起五六路上，或断在三七路，此即倚盖式也。今人常喜用之，因其活泼可守可战之故。❹着在三七路断不如在五六路，路皆两家局也。若苦恋杀多不能胜。黑㉘逼而致败，若在㊾上让白得活，成两分矣。

⑪妙。㉛妙。㉟妙。

二变

黑弃子取角。⓬妙。

① 原本作“五”。

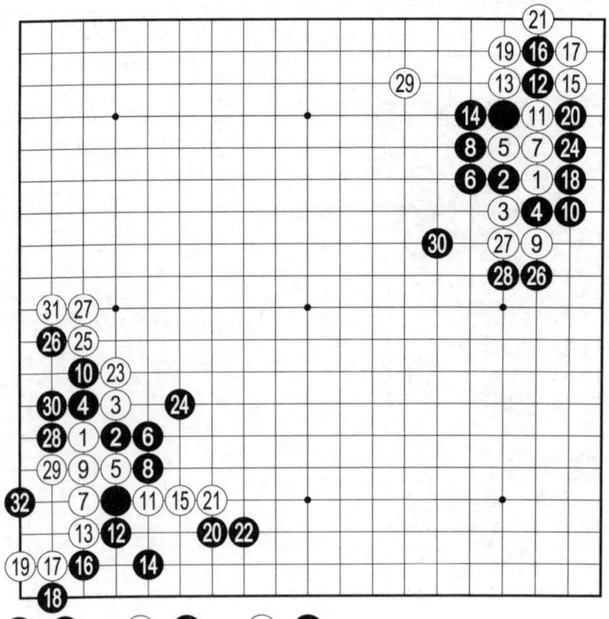

22=12；　23=16；　25=12

三变　黑胜

白㉙着宜于㉚位上，则黑势两分。今贪走故败。㉖妙。㉘妙。

四变　黑胜

倚盖势两分者多。此局白拙于⑦而黑巧于⑭也。

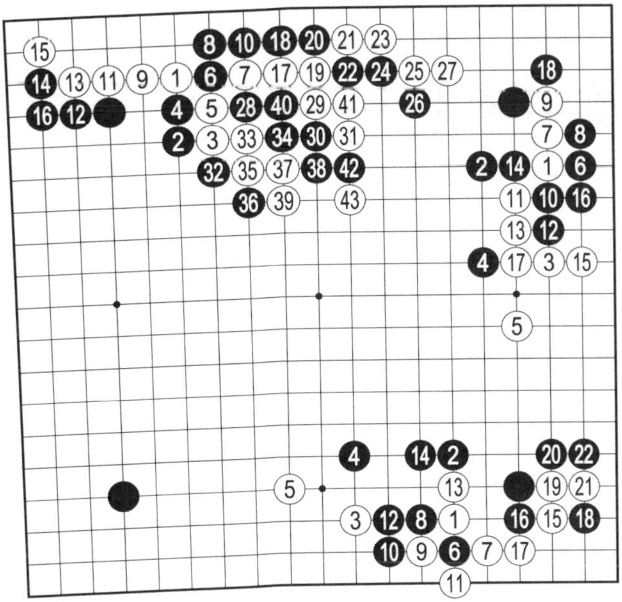

镇神头 黑胜

其名自唐时待诏顾师言起。因有日本国王子来中国，善围棋，上敕师言对敌。王子出冷暖玉棋，云："本国之东三万里，有集真岛，岛上有凝霞台，台上有手谈池。池中生玉棋子，不由制作，自然黑白分明，冬温夏冷，故谓之冷暖。又产如楸木，琢之为盘，光洁可鉴。"师言与之对弈，胜负未决。师言恐辱君命，纡首凝思，方敢下着，因谓之镇神头。乃一子解双征之局是也。其局善用者，黑亦得势。

6妙。10妙。

二变 两分

18着得争先之法。

三变 白胜

此局至42为白子而分征矣，而以43着转败为功妙。

四变 两分

16妙。

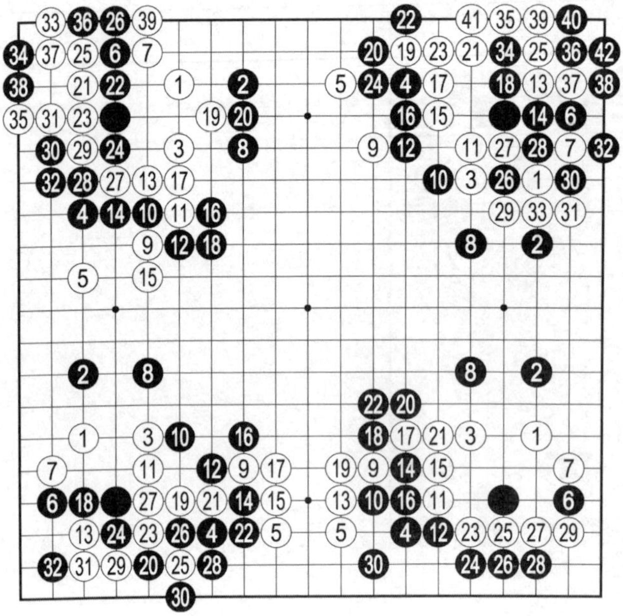

斜飞角 两分

❹着斜飞在三七路上，内可以保角，外可以施张。此着如家常茶饭，人常用之，但杀机一动则失题旨矣。

❿妙。㉖妙。

二变 两分

⑪妙甚。⑮妙。

三变 白胜

㉓妙甚。

四变 黑胜

⑰该在三四上顾角。

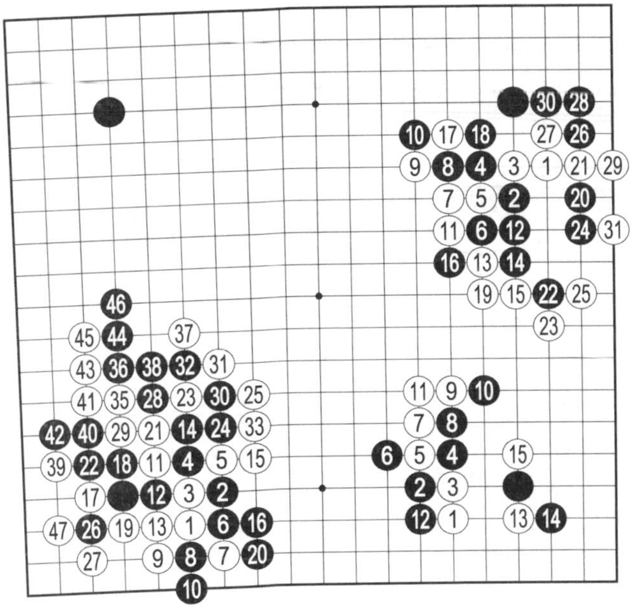

㉞=㉓

倒垂莲 白胜

此式亦从压梁而来，但❷着在四七路上笼住一着。似乎垂莲之义，不为平正之局。上战为事，当以相机而动可也。黑❻着不宜打，白⑨着应得正。

二变 白胜

⓮在34立则两分矣。

⑮妙。

三变 白胜

⑰妙。㉑妙。

四变 白胜

㉕妙。㊴妙。

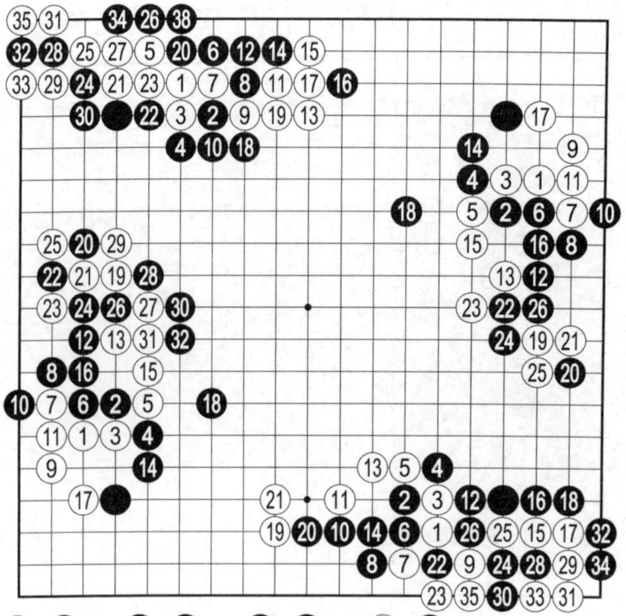

㉗=(22)； (36)=(24)； (36)=(28)； ㊲=(32)

五变 黑胜

⓲妙。⓴妙。

六变 黑胜

⓬妙。❽妙。(24)妙。❿妙。

七变 黑胜

❻巧。白⑪着贪，不思自活故败。(28)妙。

八变 黑胜

❿妙。(22)妙。

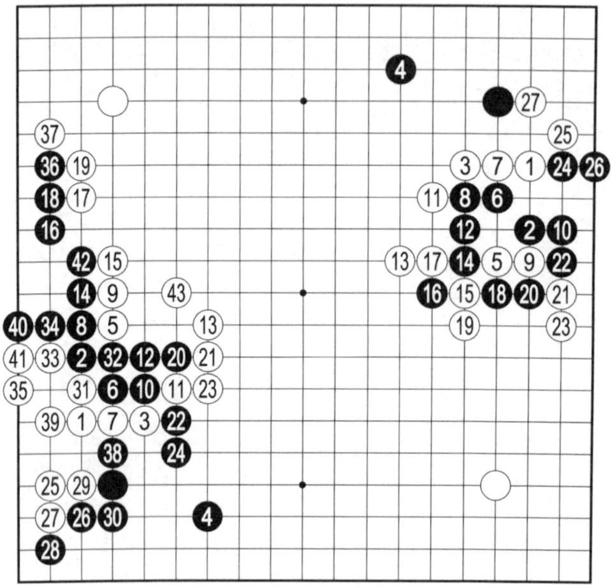

卷帘边 白胜

此式⑤着在四九路上，虚套❷着，义如卷帘。若❻着在帘内钻觑则失势矣。❻着总不如在三九路，让去一子，反得便宜。❻着之侵。此势最忌，《经》云："有侵而害者。"㉑妙。

二变 白胜

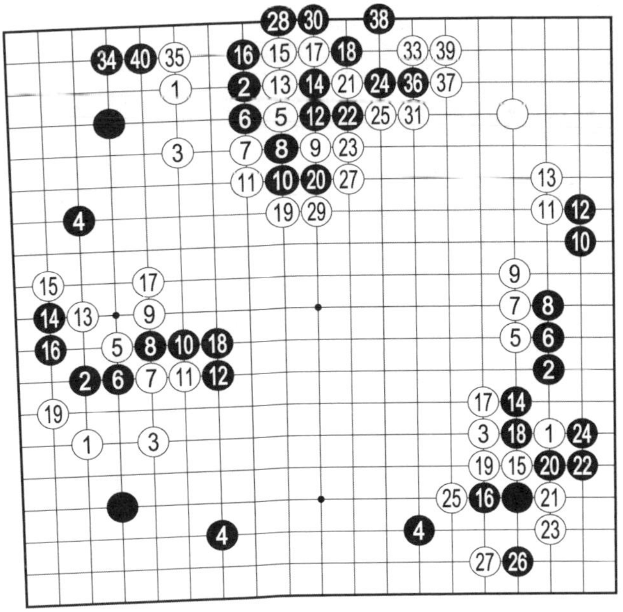

26=21； 32=8

三变 白胜

黑20着贪战，反失已成之角。《经》云："贪杀不顾者，多败。"15妙。17妙。27妙。

四变 白胜

白弃子取势得宜。

五变 白胜

黑8着欠稳。13妙。17妙。

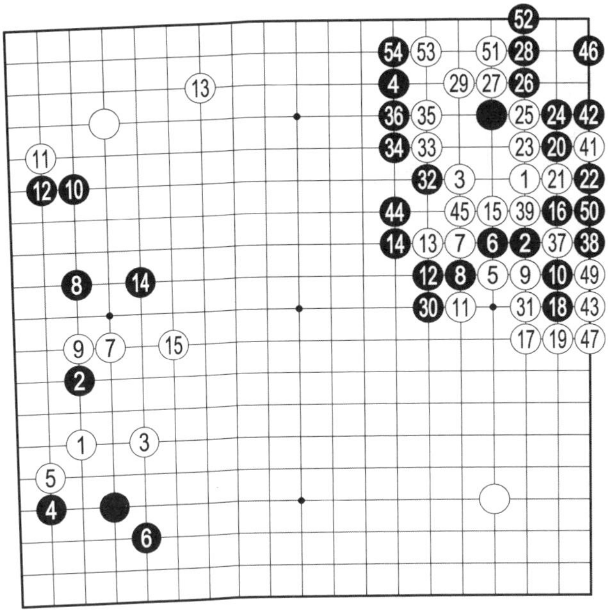

40=37； 48=41

六变 两分

七变 两分

以上数变，黑因落套，非败则失势矣。此变弃子则势不失宜法。

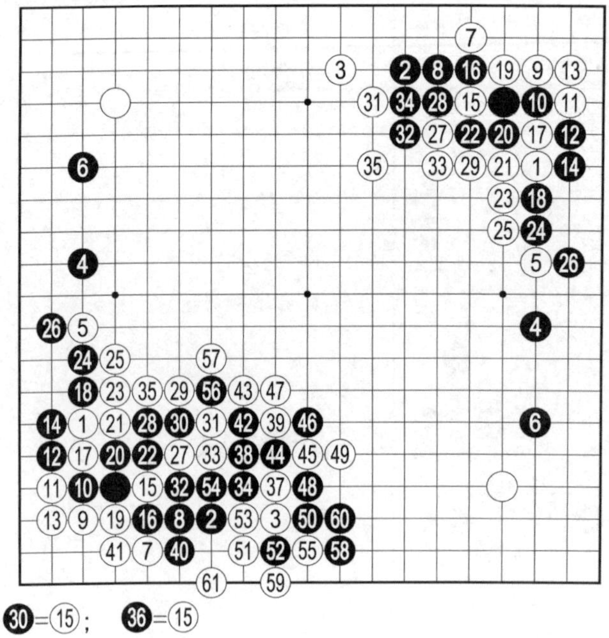

胜角势 白胜

此式布置而兼侵分，但黑角患在太疏。《经》曰：“棋不可太疏，疏则易侵矣。”

⑮妙。⑰妙。㉗妙。

二变 白胜

㉙妙。㊴妙。(51)妙。

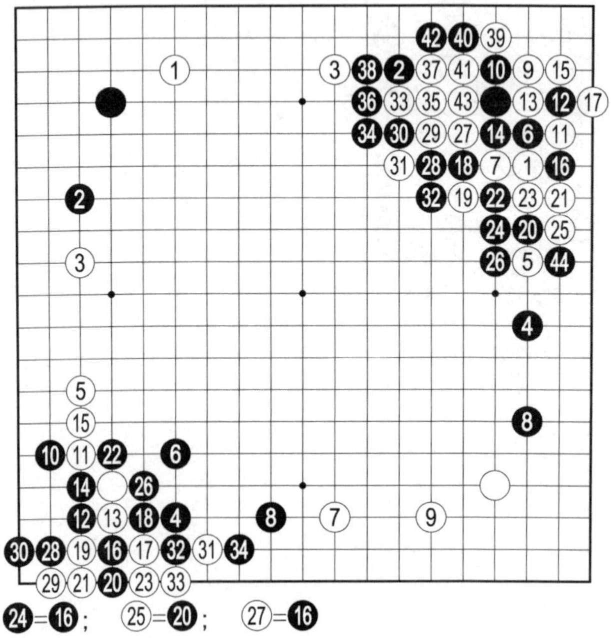

三变

黑弃子 取势

⓰妙。⓴妙。⑲太逼。

四变 黑胜

此势数变，布子兼侵分。自有次序，不可不谨于始也。

❿妙。⓲妙。

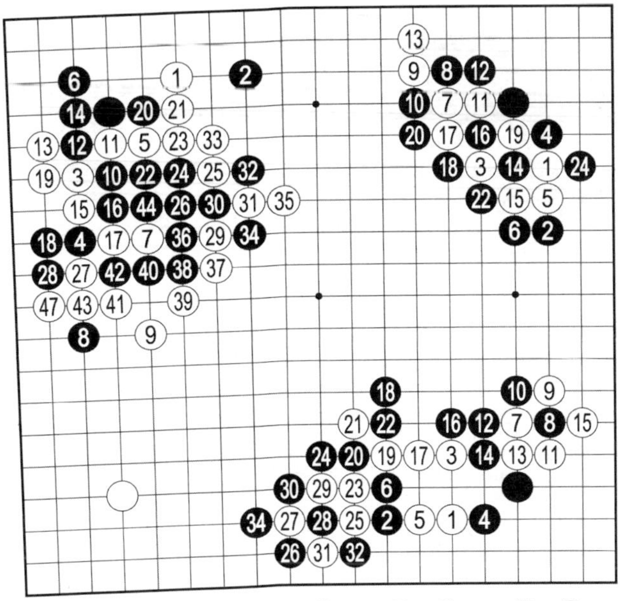

㉝=㉘；㉑=⓰；㉓=⓮；㊺=⑰；㊻=⑦

连环角 黑胜

连环角此非正式也。观《弈选》二局，不过悦人心目而已。白若长在五六路上，则是正着。⓮妙。⓰妙。

二变 黑胜

26妙甚。

葫芦套 白胜

葫芦套即双飞套之变局。套者，如诱人入圈套之谓也。正则套于人，邪则自套自矣。此残局之式也。

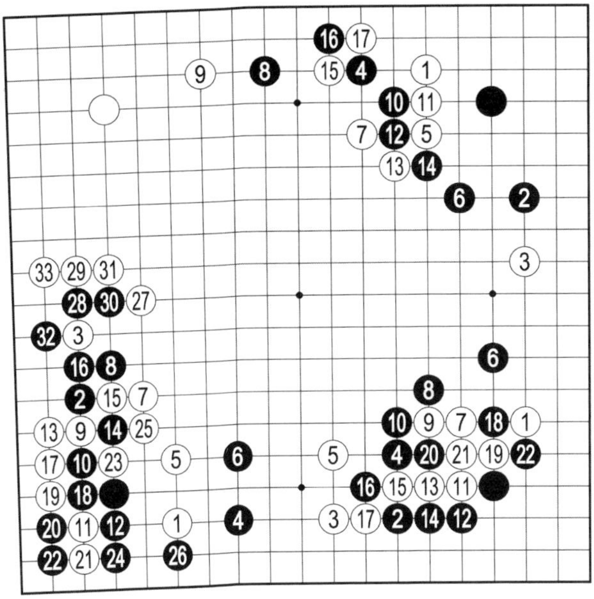

玲珑布置 白胜

此式其变不一，非绳规之着，皆布定而侵杀也。生巧处可法。

二变 黑胜

⓲妙。

金剪子 白胜

此式与玲珑布置相等，在⑦着起变。⑨着分黑为两截，即金剪义也。黑⓴贪，当在二三路吃转为妙。

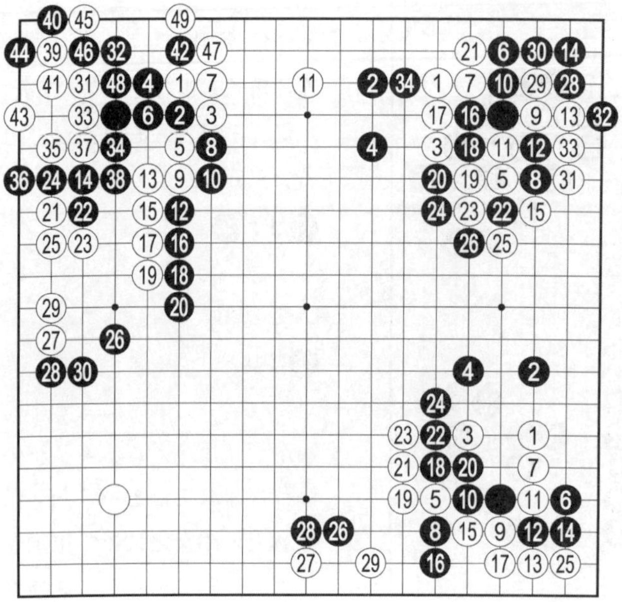

㉗=㉒

急觑角　黑胜

此式随即不停而觑也。初起式多是缓局。⑦着急觑，⑨着急投。《经》曰：“急则生变，❿着应在三四路上，则白反急矣。”

二变　白胜

㉗妙。

黄[①]保破角图　白胜

㉛妙。㉜当应在二二路上，犹有一半生机。⓮逼亦妙。

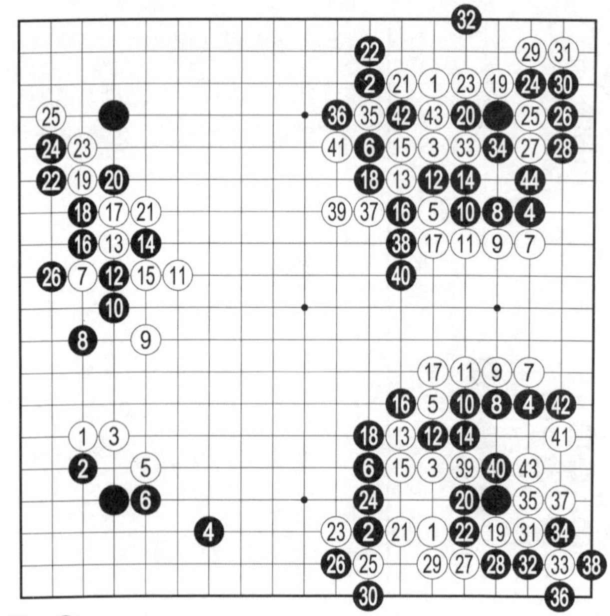

㊺=㉟

两关边　白劫胜

两关边者，两关白子于内。从⑦着在㊳上起变，此式虽曰两分，想系造局也。黑子❷觑，则外走矣。诱人犯法者，亦自不稳。

⑦妙。㉗妙。㉟妙。

二变　白胜

㉓妙。㉗妙。㉛妙。㉝妙。

守城　白取势

守城者，又名双铁网。两边折四，中界一子是也。此局数变，黑皆失势，在投套之故也。

⑨妙。

① 原本卷三目录作“王保”。

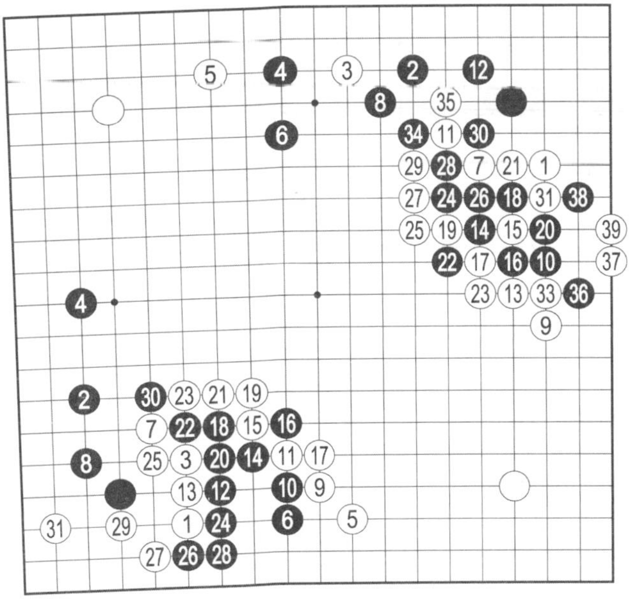

32=15

二变　白胜

⑪妙。⑮妙。

二变　白胜

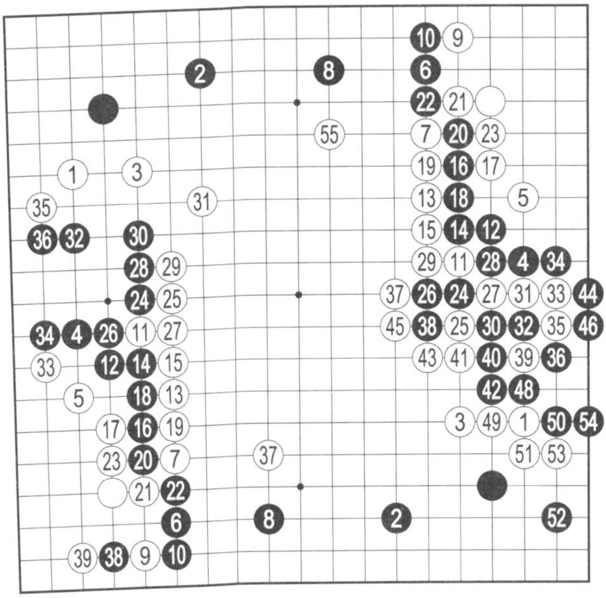

47=24

晋士明图　白取势

此图白取势在⑪着。黑失势在❻着收。势法此式最妙。

二变　白取势

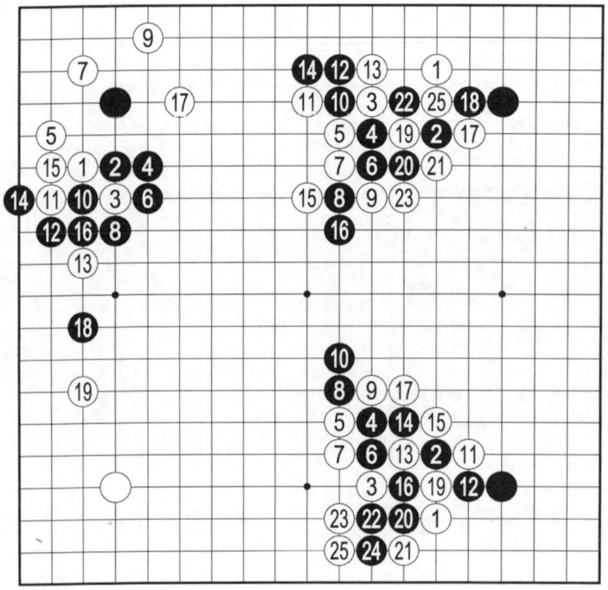

24=⑲；⓲=⑬

贾玄势 白胜

此式亦系套局，❿着在七七路打则无此患也。

⑲妙。㉑妙。

二变 白胜

㉑妙。㉓妙。

定光图 白胜

此式让三子换一大角，亦是一法，此弃小从大，得空便入之义也。

⑦妙。⑨妙。

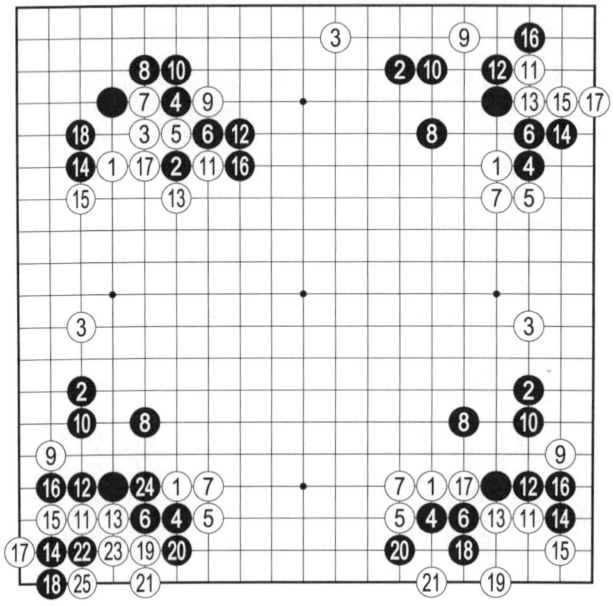

六四起手类

破铁角 白胜

六四平关起手，如铁之坚固，而力能破也。⑨着、⑪着不易之着。⑨着外引之用⑪着活角之体也。

⓬妙。⑮妙。⑰妙。

二变 白胜

⑲妙。㉑妙甚。

三变 两分

❷妙。

四变 劫胜

⓮妙。

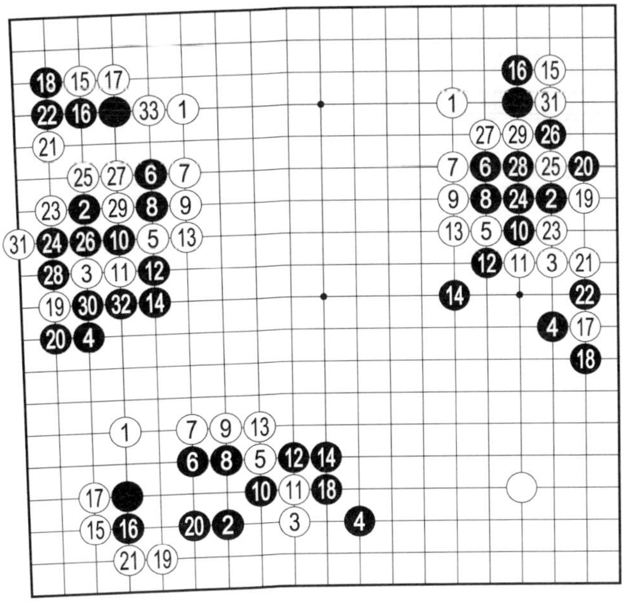

❸⓪=㉕

铁重关

此式亦从破铁角而来，自❹着在三九路上起变，其势数多，其变不一，不可紧而定之，总之一三不易之着也。借此两着为角之乡道，学者宜味之。数变黑皆失，宜慎之。此局乃结非白胜也。

⑮妙。⑲妙。㉑妙。

二变 白胜

㉔贪故败。

三变 白胜

⑮妙。⑲妙。

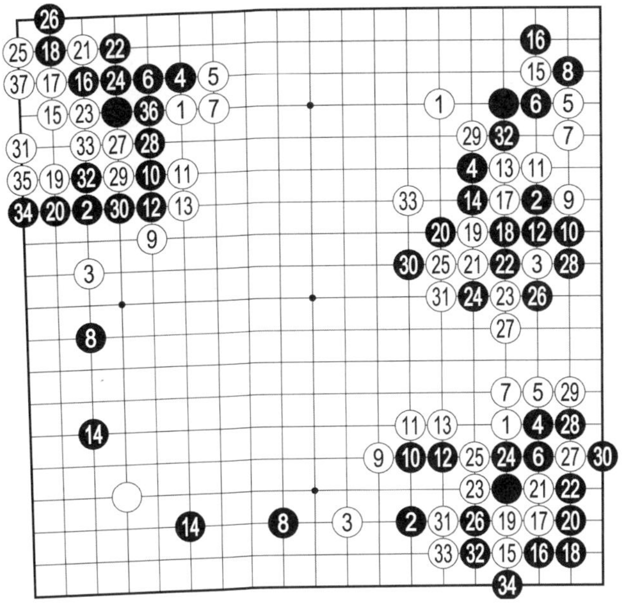

四变 白胜

黑❿着，若应在三五上，纵白引去势，则张矣，此虚杀法也。故《经》云："子无必杀。"

⑮妙。㉝妙。

五变 白胜

白㉕在三六，亦能出。⓰逼关。今弃子得先可法。

六变 两分

古本黑㊱着，一三点眼。白不活矣。今变五四接去，让白做活，㊳着，外断白势两分可法。

⓰妙。㉑妙。㉚妙。

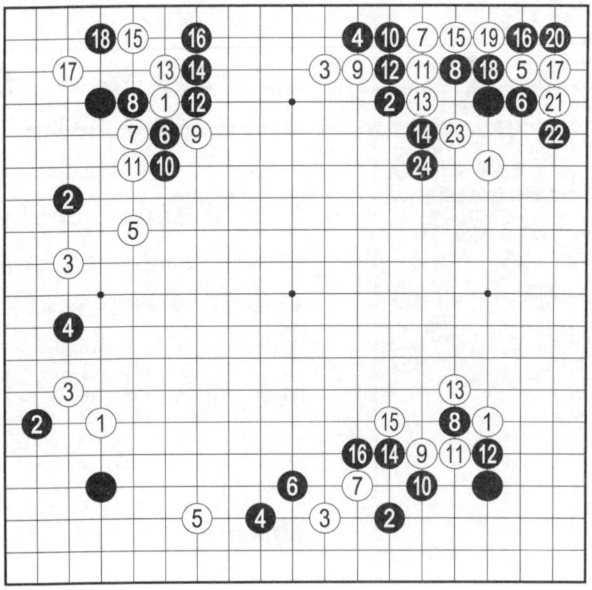

平角图 两分

平角图者，❷着在四七路，谓之平角。❷着在三七路谓之飞角。总之一着在四六起手，其局侵正，则为两分。应邪则黑角受制。白突围出故奇，而所损者多矣。

⓰妙。⑰妙。

二变 黑胜

此变白不侵黑，而反受制于黑。盖谓不能攻其所必应。

三变 两分

白⑮，㉖立败矣。今一五尖，得为两分势不失也。

❻妙。

破象眼

象眼不可先破，破则角实，而堕术矣。不如③着应在三七路安逸。黑❷着设网。八多五三字，即堕术中矣。今变七三尖，则彼角未实，我势未伤，其庶几乎。

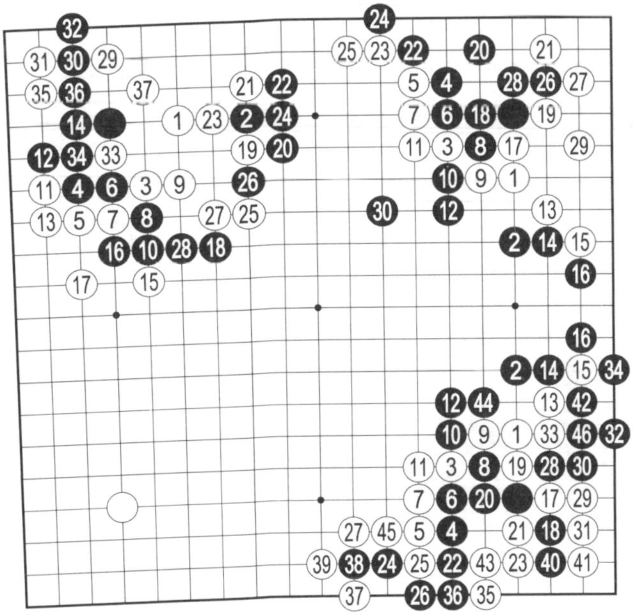

平关斜飞 两分

平关即四六为平关。斜飞③着在五六路为斜飞，从❷着在四八上起变。白斜飞收黑于内，白亦欺敌之着也。受子者，可临局通变耳。

⑰打妙。⓴妙。㉑妙。

二变 黑胜

白㉓若在二三上打。黑成两分矣。增变自㉚着妙起。

㉔妙。㉜妙甚。

三变 白胜

黑㊱应在二五上夹，白胜矣。

⑮妙。

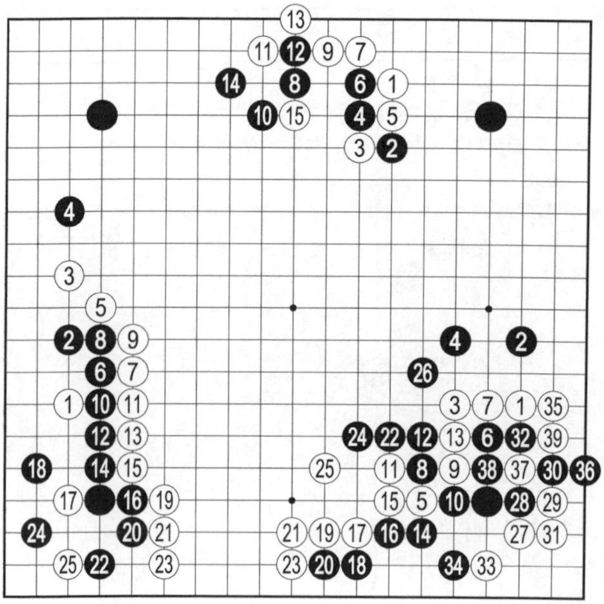

七三起手类

新凑集 白胜

①着在黑七三起手。❷着其应不一，有应在五七路者，有应在三九路者。❷还应三五路为正。

⑪妙。⑬妙。⑮妙甚。

二变 白胜

㉙妙。㉝妙。

飞捺角 白取势

①着从自式七三起手。⑤着、⑦着就封、捺住，谓之飞捺。此局白惟以得势为主。

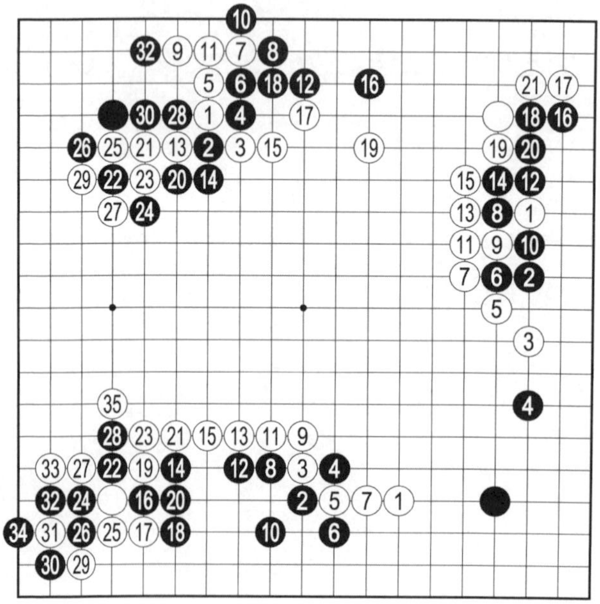

㉛=㉒

二变 白取势

此二变得势为主。

七四起手 黑胜

①着从黑势七四路起手，❷着其应不一。此式不平正，大不可法，但局到其际，用之可也。

㉑妙。㉘妙。㉛同㉒妙。

二变 白胜

黑㉖当虎在二五路妙。

⑰妙。㉑妙。㉙妙。㉛妙。㉝妙。

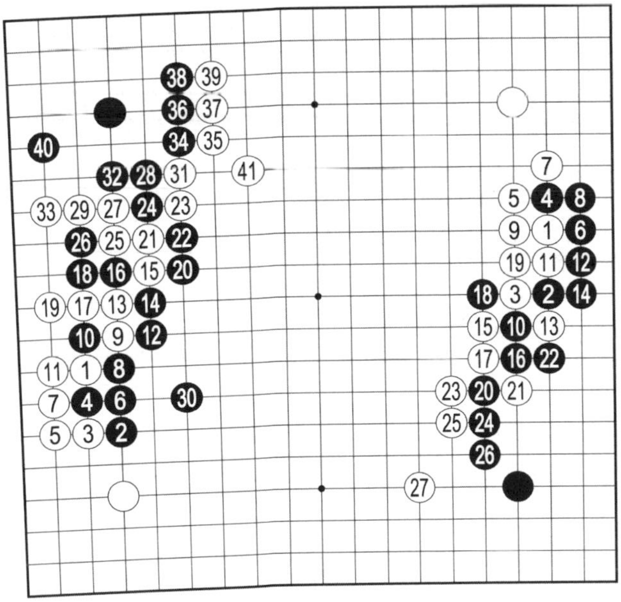

八三起手类

野战 白取势

此八三起手，即小铁网也。此亦取势之局。若三六妄投，则势失尽矣。

二变 白取势

三六扳转，不至失势。

⑨妙。⑮妙。㉓妙。

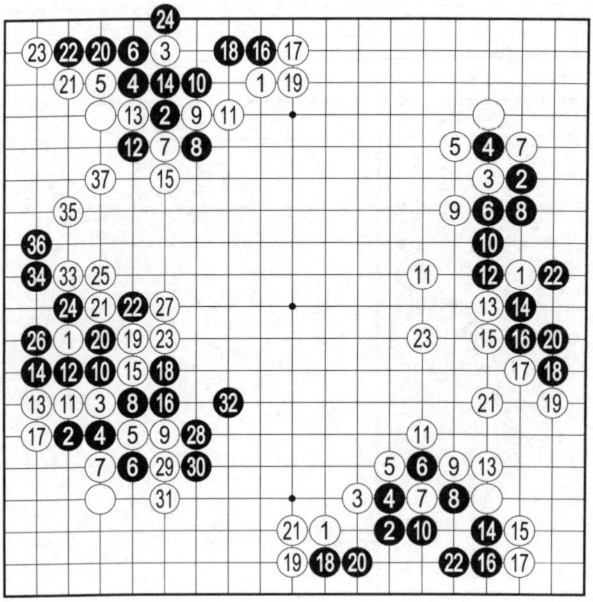

❿=⑦

九三起手类

大铁网 白得势

①着从自势在三九路上，谓之大网。①着在三八路，谓之小网。总不可早投如鱼入网矣。数变皆黑失势。如界宜缓，临局相机可耳。

二变 白得势

⑦妙。⑨妙。

三变 白得势

黑❻着在七三尖，势不为屈妙甚。

③妙。⑦妙。⑬妙。

四变 白得势

⑮妙。㉑妙。

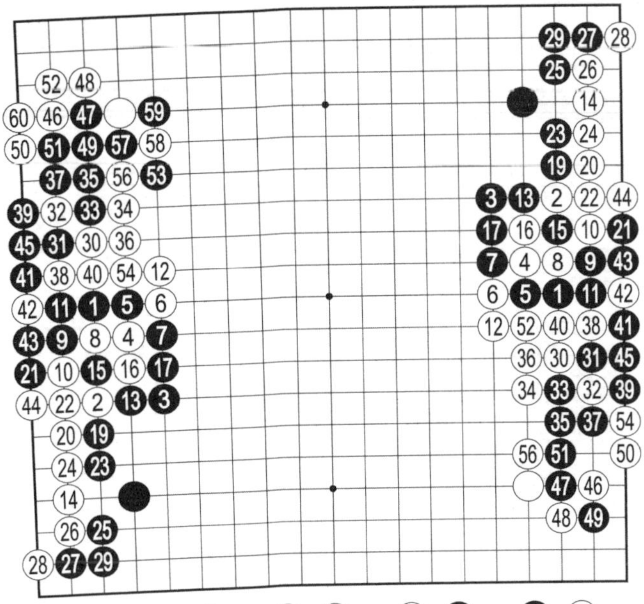

18=15； 53=42； 55=32； 18=15； 55=42

十三起手类

玉屏风 白胜

玉屏风者，一边皆为白胜，而以形势论之也。其局因黑㉕恋杀，故败两家各活为妙。

❹妙。46妙。54妙。㊼妙极。

二变 白胜

34妙极。46妙。56妙。

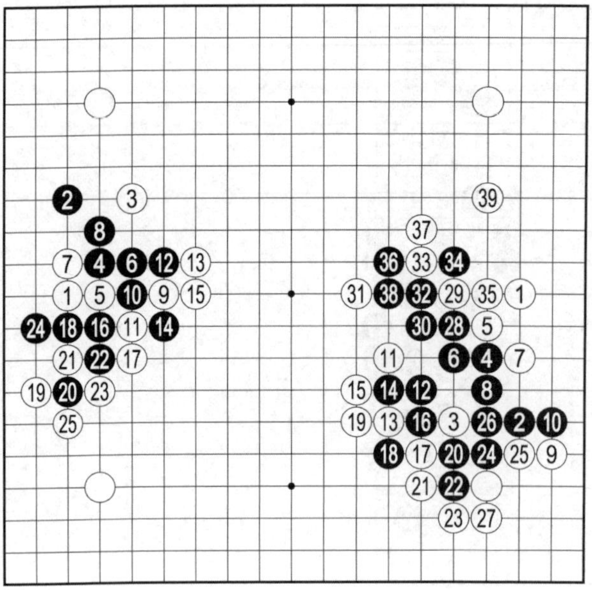

王友谅李棋童对局

此势白子全无小家气象。⑤着、⑪着神化，使黑纵有才能，无地舒展。○白阔大中严谨。黑不先布置而急于破敌，其失宜矣。《诗》曰：“靡不有初，鲜克有终。”

⑤妙。⑪妙甚。

刘得显局 白取势

此局与李棋童局大同小异，白精于取势。❷⓿落套，当先立下，则我先手不至尽失其势。

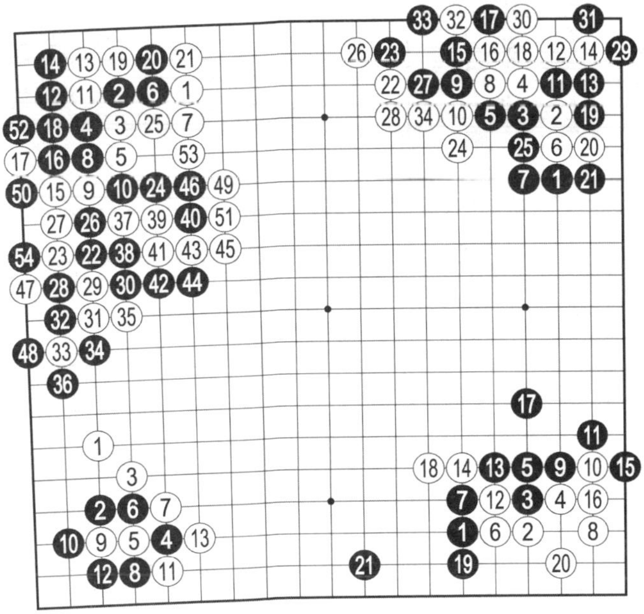

❸❺=⓱

空花角

此变子式，四无势子，从空布置，谓之空花。①多在三六。❷在三四路起变，亦有③在四四者。亦有③在四五者。总黑不可外断，白子宜先稳内，然后侵外为妙。

㉙妙。㉛妙。

二变

⑰妙。

三变

㉝妙。㊼妙。㊾妙。

四变

⑤妙。⑨妙。⑪妙。

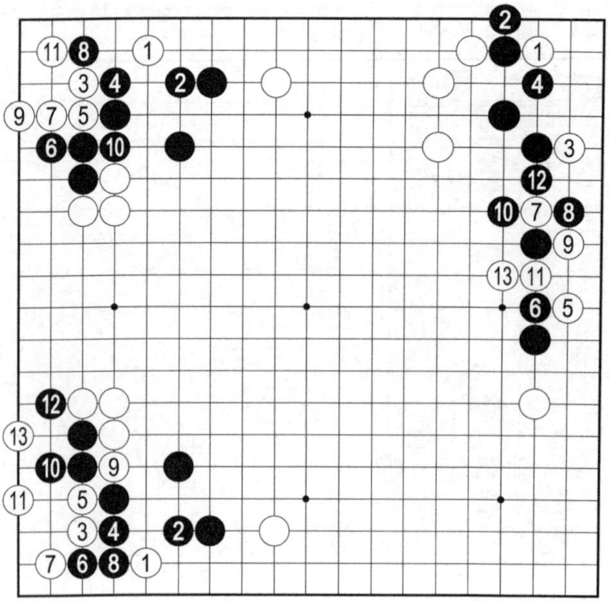

侵分类

凡侵分不可轻动，否则及失势矣。《经》曰：“施行未成，不可先动。”

二变

⑨好。

三变

⑪好。⑬妙。

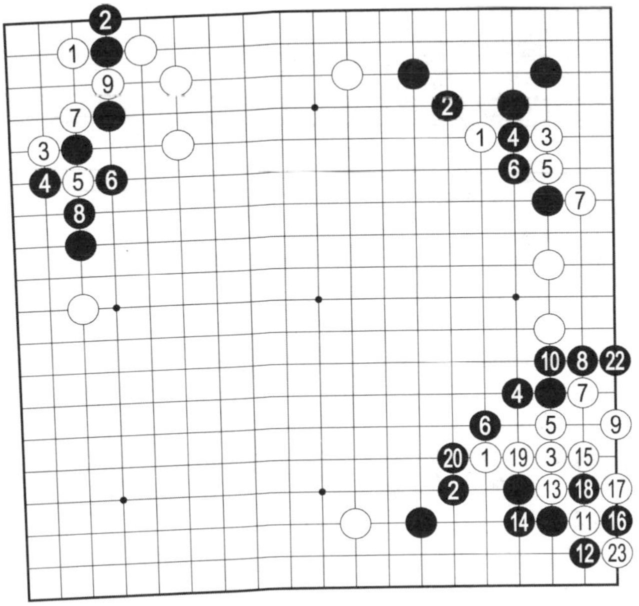

㉑=⑪

四变

①妙。

五变

此式若❿着于五二先点，则杀。当以⑨着置五二，方可劫活。

六变

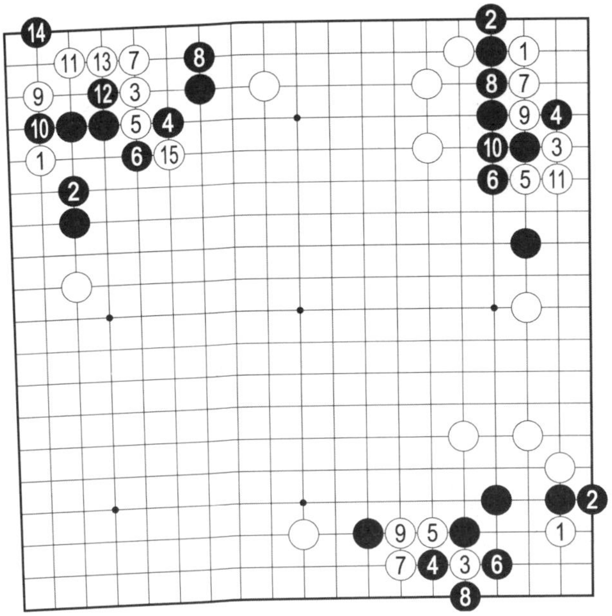

七变

八变

九变

⑦妙。⑨妙。

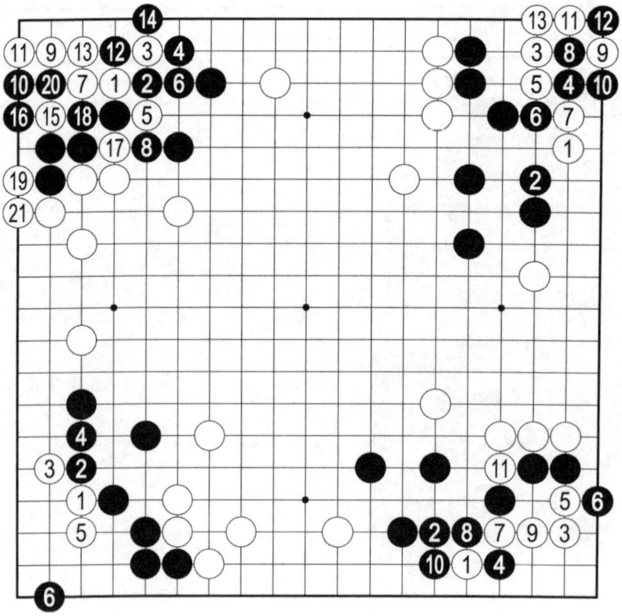

十变

十一变

十二变

十三变

❹妙。❻妙。

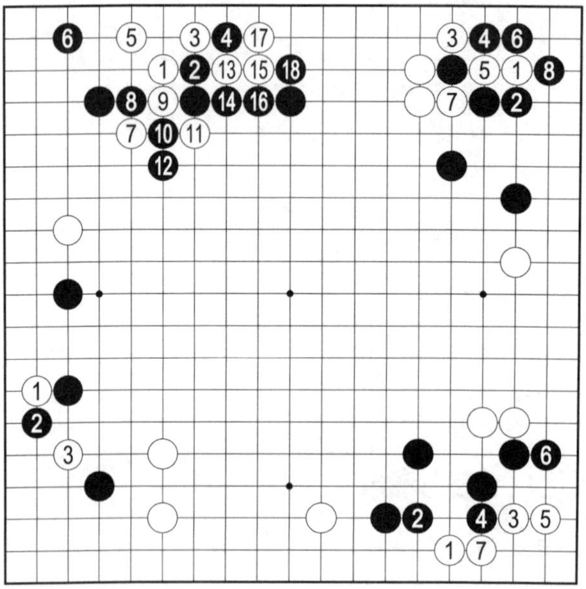

十四变

❻妙。

十五变

⑤妙。

十六变

十七变

③妙。

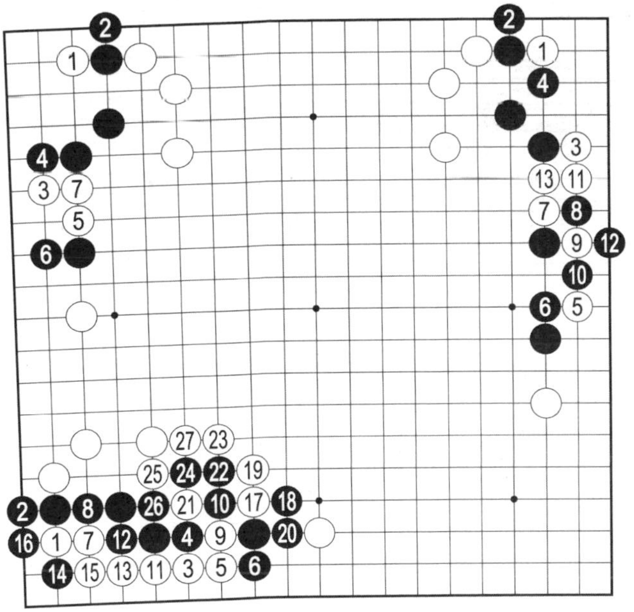

十八变

⑦妙。⑨妙。

十九变

③妙。⑤妙。

二十变

㉑妙。㉕妙。

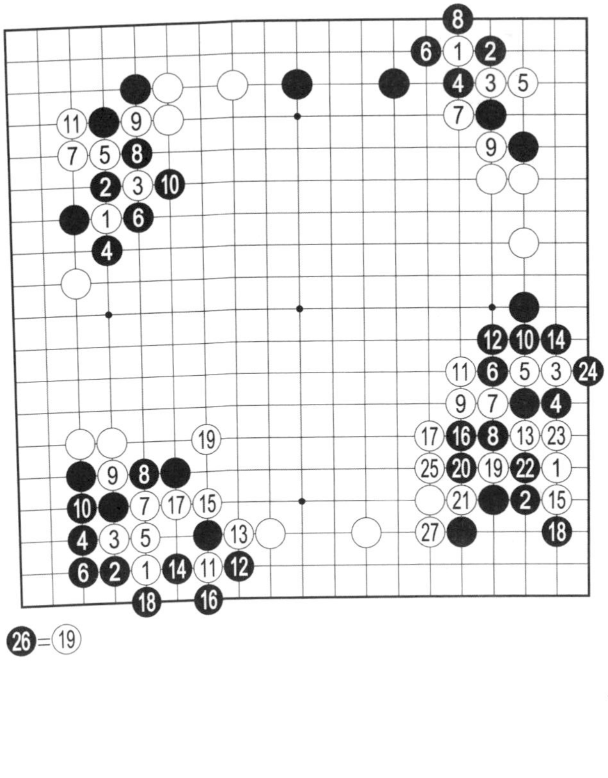

❷❻=⑲

廿一变

③妙。

廿二变

⑦妙。⑬妙。⑲妙。

廿三变

③妙。

廿四变

③妙。⑪妙。

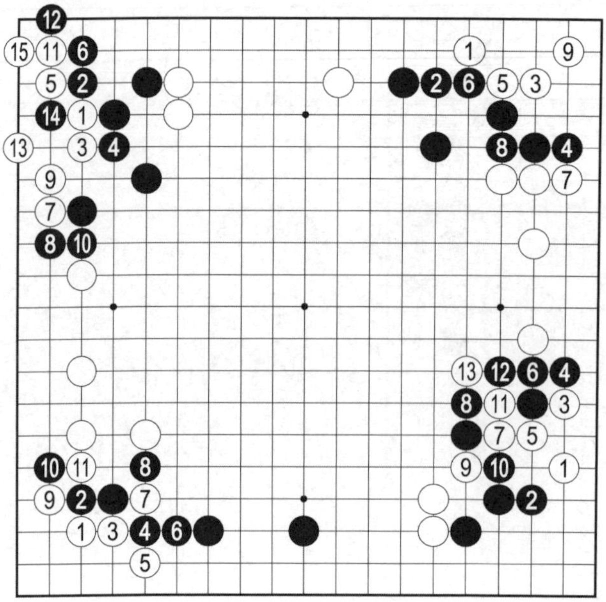

廿五变

⑦妙。⑨妙。

廿六变

③妙。⑬妙。

廿七变

③妙。

廿八变

⑦妙。

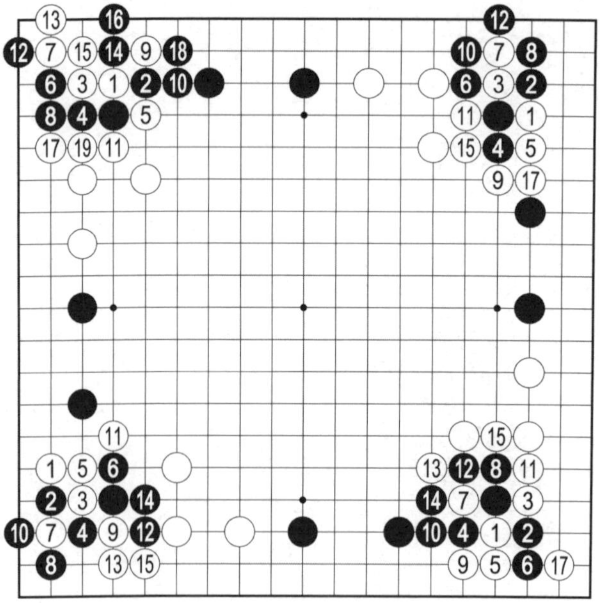

⑬=③； ⓮=⑦； ⓰=③； ⓰=⑦

廿九变

⑨妙。⑪妙。

三十变

⑰妙。

卅一变

③妙。

卅二变

⑨妙。⑪妙。

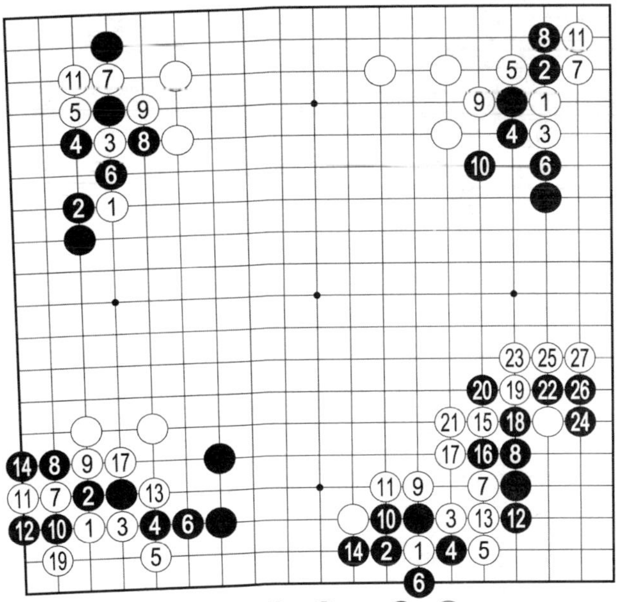

❿=③　⑮=⑦；⓰=⑪；⓲=⑦

卅三变

⑤妙。

卅四变

③妙。⑮妙。

卅五变

③妙。⑤妙。

卅六变

⑨妙。

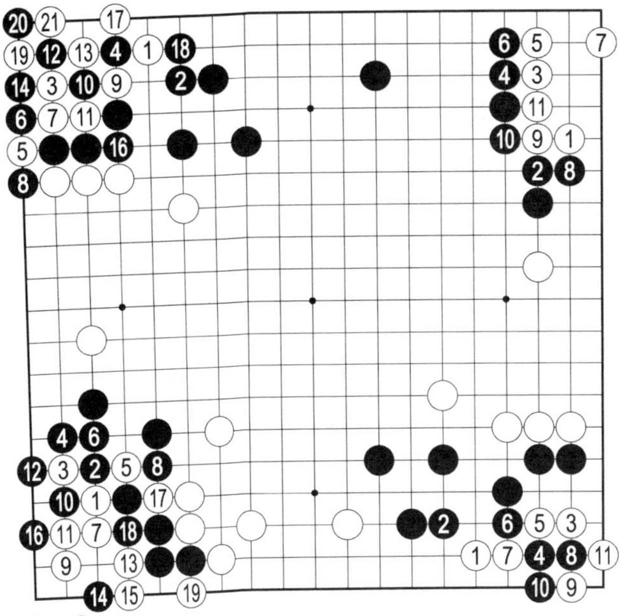

⑮=❿

卅七变

⑦妙。

卅八变

③妙。⑨妙甚。

卅九变

⑤妙。⑨妙。

四十变

⑨妙。

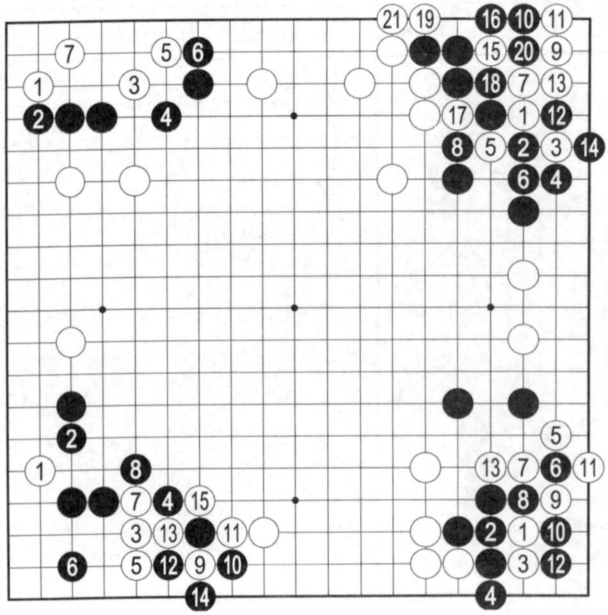

四十一变

⑨妙。⑪妙。

四十二变

⑤妙。⑦妙。

四十三变

⑦妙。

四十四变

⑤妙。⑨妙。

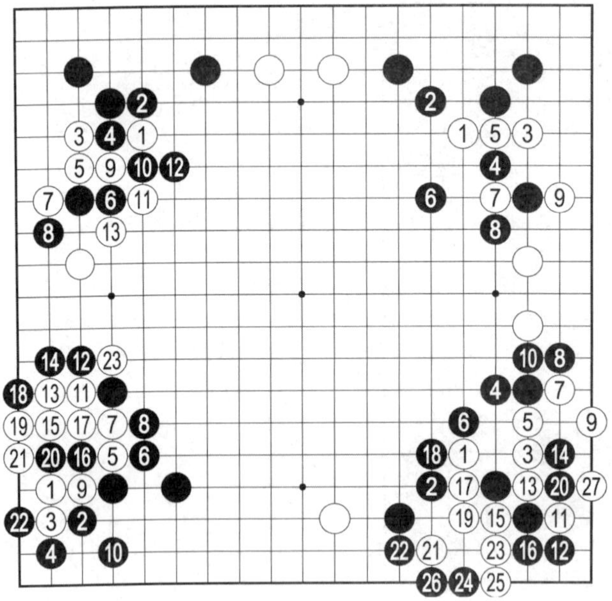

四十五变

⑦妙。

四十六变

⑮妙。⓬妙。㉗妙。

四十七变

⑦妙。⑨妙。

四十八变

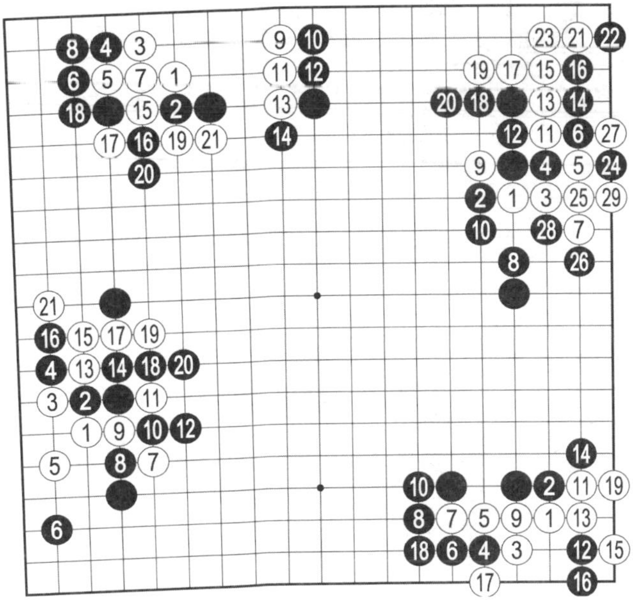

四十九变

⑨妙。

五十变

③妙。⑤妙。

五十一变

⑦妙。

五十二变

③妙。⑤妙。

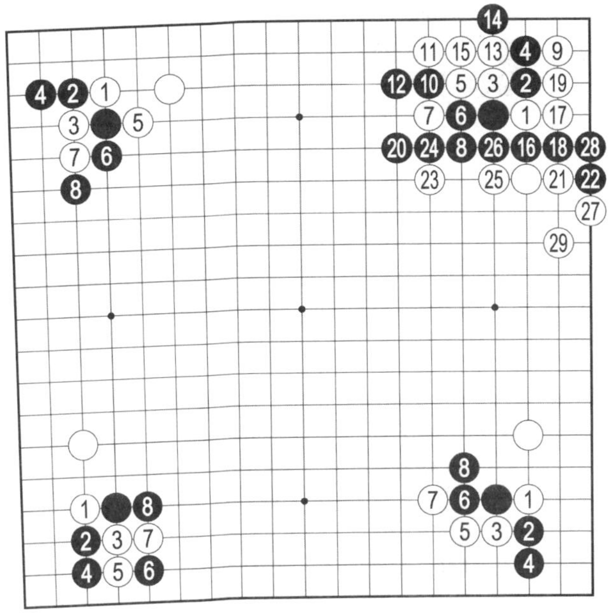

扭十字

以下三变，俱黑胜。出《玉局》汪心斋[①]新变也。予见有人演此变，纵使黑⑯着断去。而白外势亦可两分。录⑨着之妙。故首录之。

二变

三变

四变

① 校者随手录（明）邵栋《玉局藏机》卷下扭十字评语：“《经》曰：‘十字不可先扭。’余遍阅诸谱，悉无此势，顷见友人汪心斋出此三局，因《经》起着，以着显《经》，真发前人所未发者，附录以补缺略。”

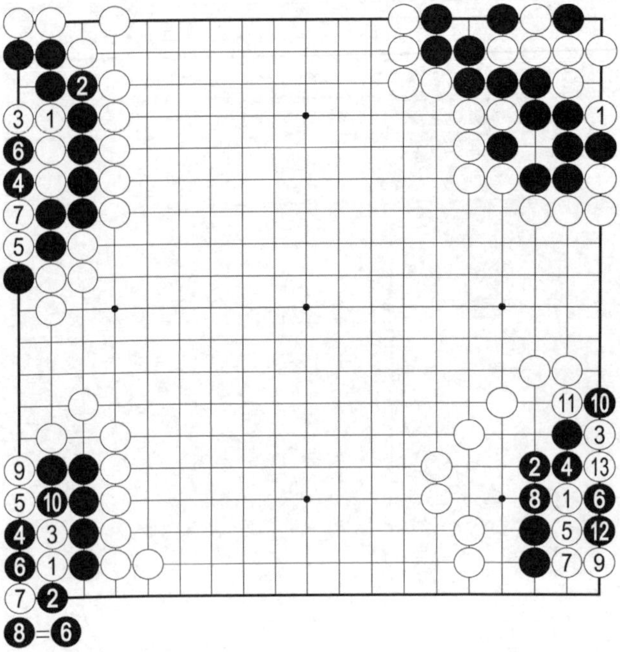

长生类

月生月来

欲罢不能

循环不息

妙算

❹妙。❻妙。

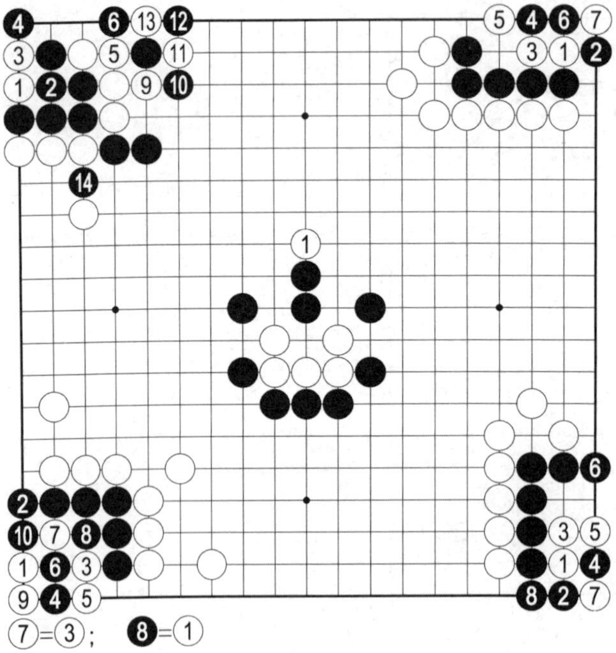

星残诸势

坚壁全军 7 着

❹妙。❻妙。

势不两立 7 着

劫。叙录此以见上变❹、❻之妙。

金龟出动 1 着

①妙甚。

五龙变现 15 着

着着俱妙。

游鱼赴沼 10 着

❻妙。❿妙。

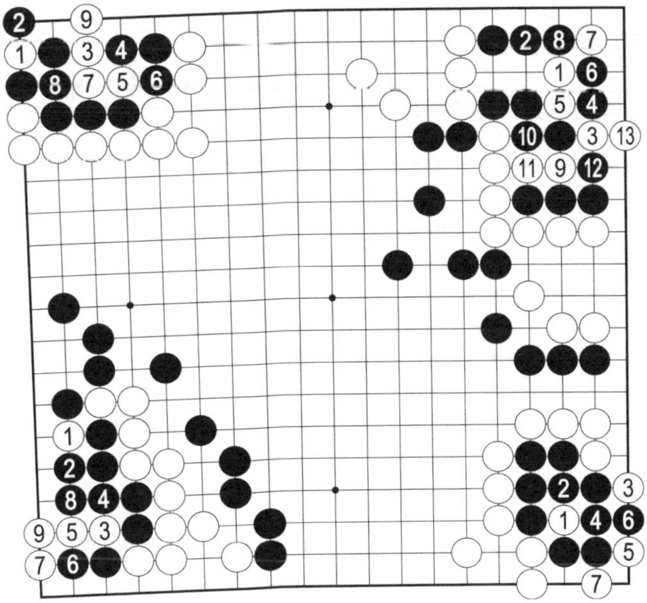

攻其必应 13 着

③妙。⑦妙。⑨妙。

升堂入室 7 着

⑤妙。⑦妙。

一举两得 9 着

①妙。③妙。⑤妙。

奋翼渑池 9 着

□妙。⑦妙。

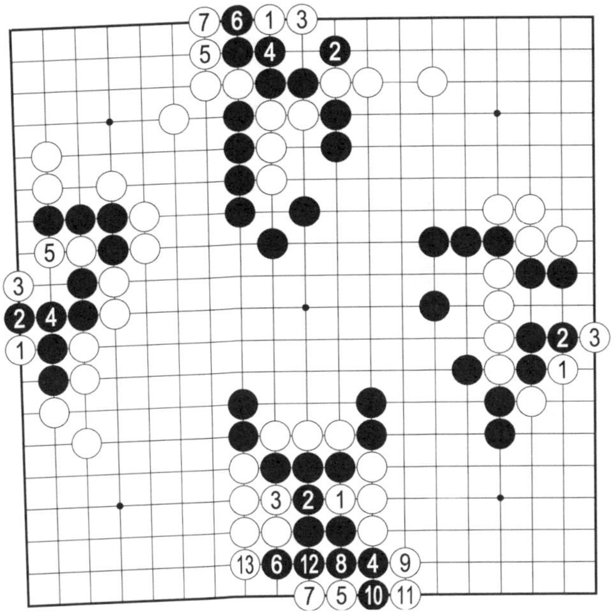

随机陶引 3 着

①妙。③妙。

游戏三昧 7 着

①妙。③妙。

赤水□珠 5 着

①妙甚。③妙。⑤妙。

三子者出 13 着

③妙。⑦妙。

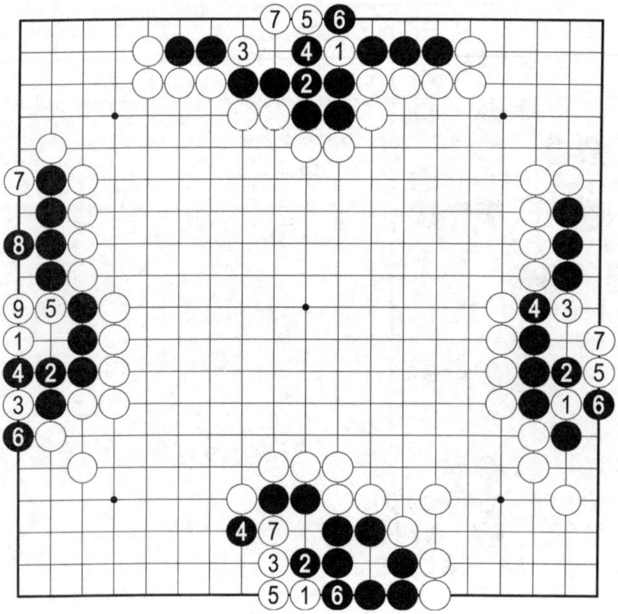

操戈入室 6 着

①妙甚。❷妙。⑤妙甚。

东荡西除 7 着

③妙。

河汉分流 9 着

①妙。③妙。

一乘飞黄 7 着

□妙甚。③妙。

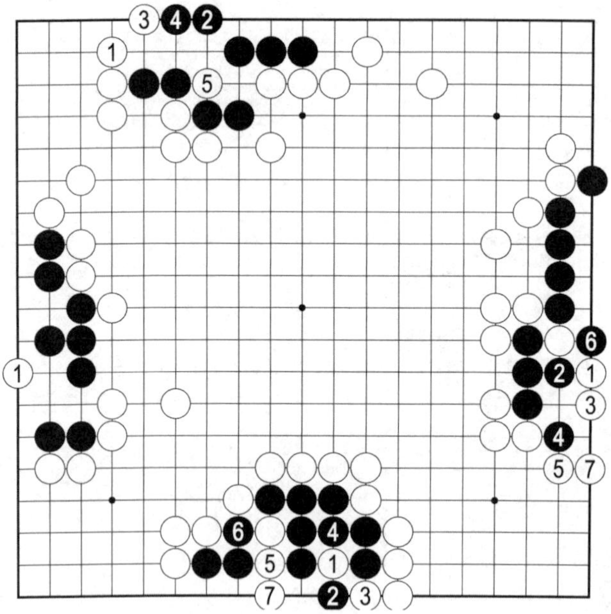

以一服八 7 着

①妙。⑦妙。

吴钩初发 5 着

③妙。⑤妙甚。

一怒成功 1 着

仙机捣穴 7 着

①妙。

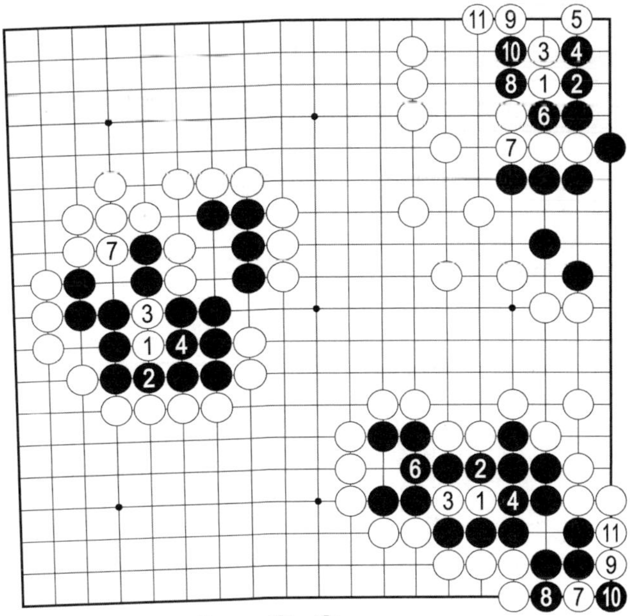

⑤=③；　⑤=③；　❻=①

暗度陈仓 11 着

①妙。③妙。⑨妙甚。

蛛丝绕角 11 着

①妙。③妙。⑤妙。⑦妙。⑨妙。

投其所好 7 着

❷妙。

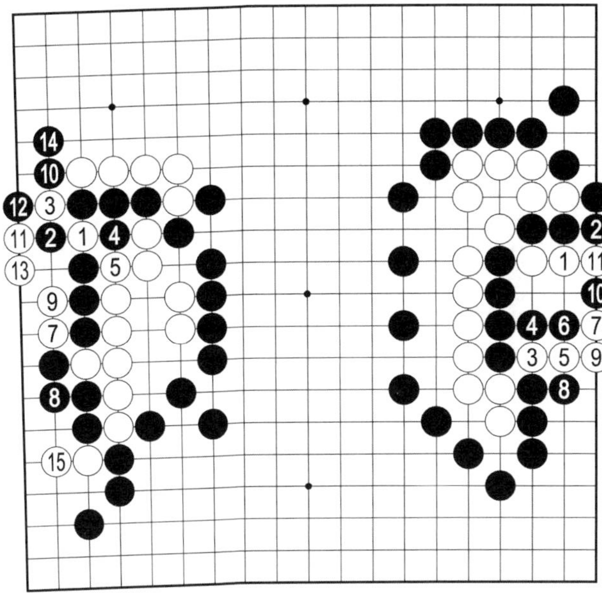

❻=①

龙涧出匣 11 着

⑦妙。

无敌之师 13 着

①妙甚。⑦妙。⑨妙。⑪妙。

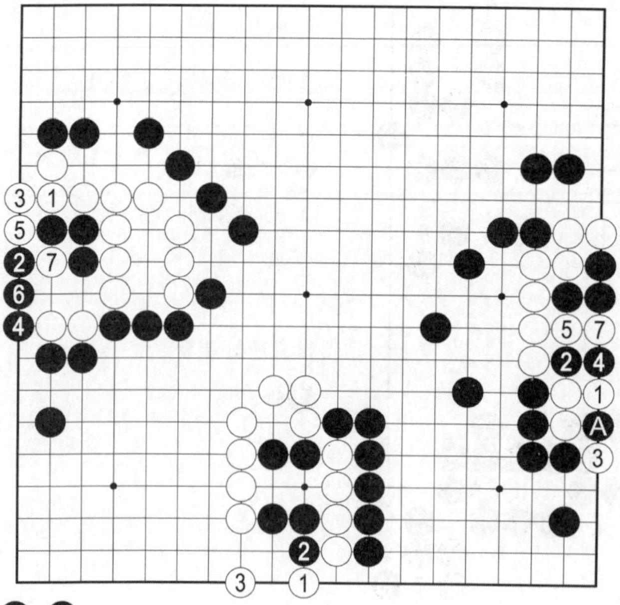

❻=Ⓐ;

存而后亡 7 着

①妙。③妙。❻在一六上。

行行且止 7 着

①妙。③妙甚。⑤妙。

投鞭断流 3 着

①妙。

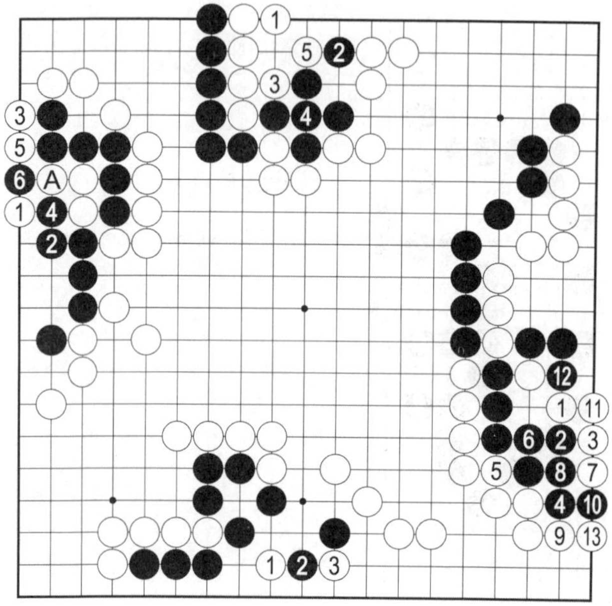

⑦=Ⓐ

云破月来 13 着

③妙。⑦妙。

一苇杭之 5 着

①妙甚。

泸水纵擒 6 着

①妙。③妙。⑦在二六提。

乘槎泛月 3 着

③妙。

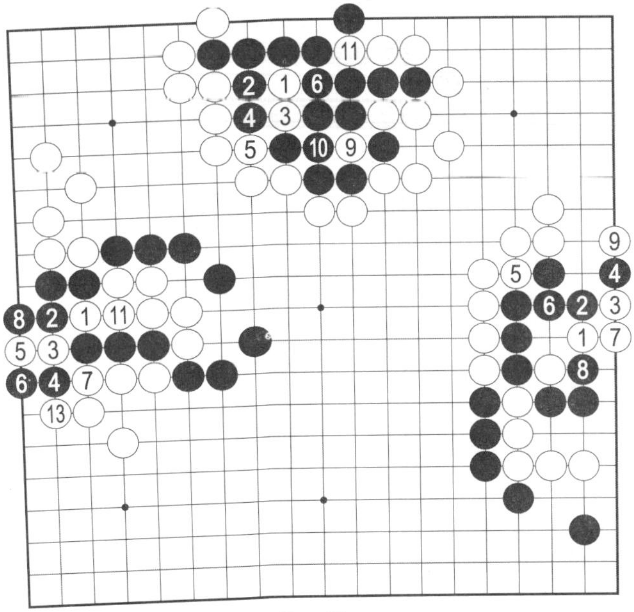

⑦=③；❽=①；⑨=③；
❿=⑤；⓬=③

遗珠复售 9 着

③妙。⑦妙。

神龙点眼 11 着

捷于风雨 13 着

①妙。③妙。⑤妙。

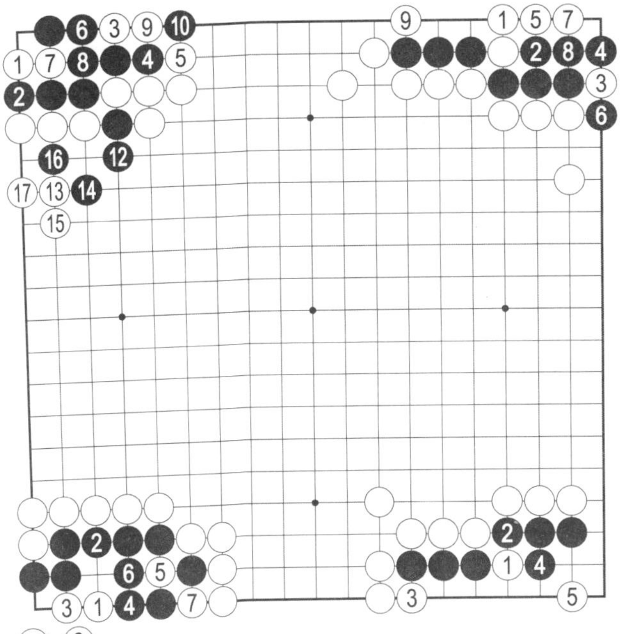

⑪=⑨

雷动六合

①妙。③妙。⑦妙。

一剑横磨 5 着

⑤妙。

四□宾服 15 着

③妙。⑨妙。

水淹七军 7 着

①妙。

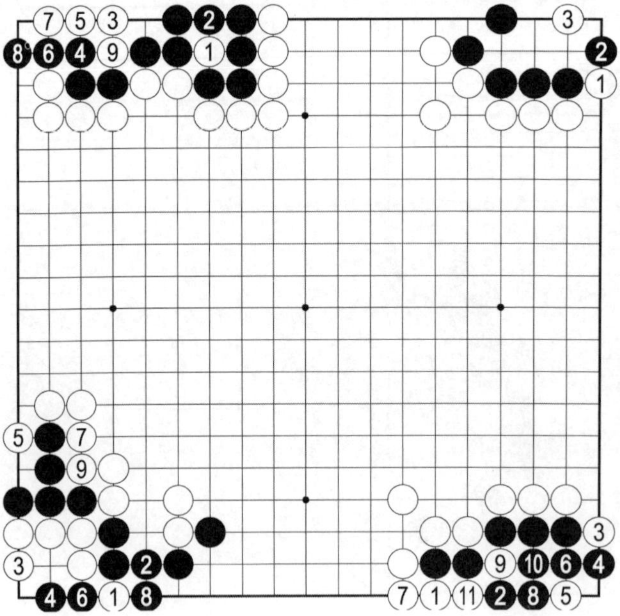

小试割刀 3 着

①妙。③妙。

目眩五云 11 着

③妙。⑤妙。

入穴取虎 8 着

③妙。⑤妙。

中兴名将 9 着

③妙。

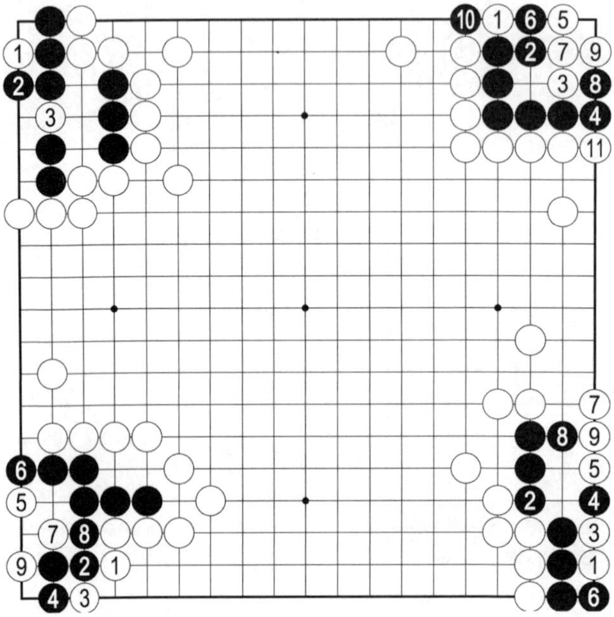

光摇五岳 11 着

①妙甚。

乘虚而入 8 着

①妙。③妙。⑤妙。

探奇禹穴 3 着

①妙甚。③妙。

能忍胜敌 8 着

①妙。③妙。⑤妙。

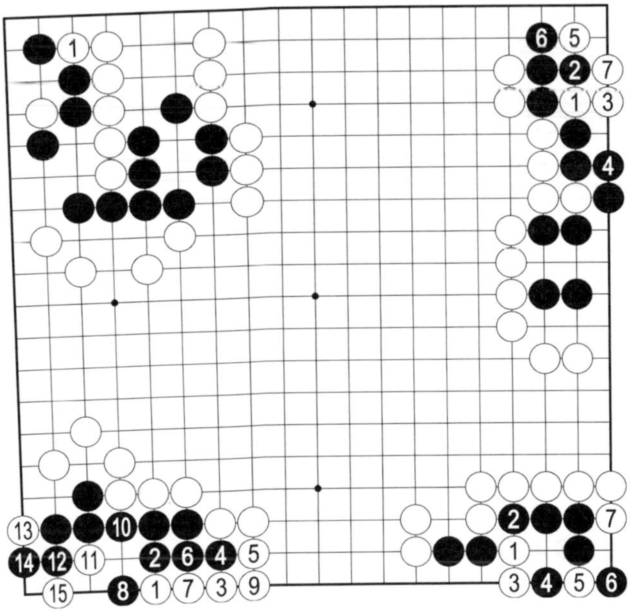

如截贯珠 7 着

①妙。③妙。⑤妙。

队内夺符 6 着

③妙。

单骑降虏 1 着

①妙。

燕巢幕上 15 着

①妙。③妙。

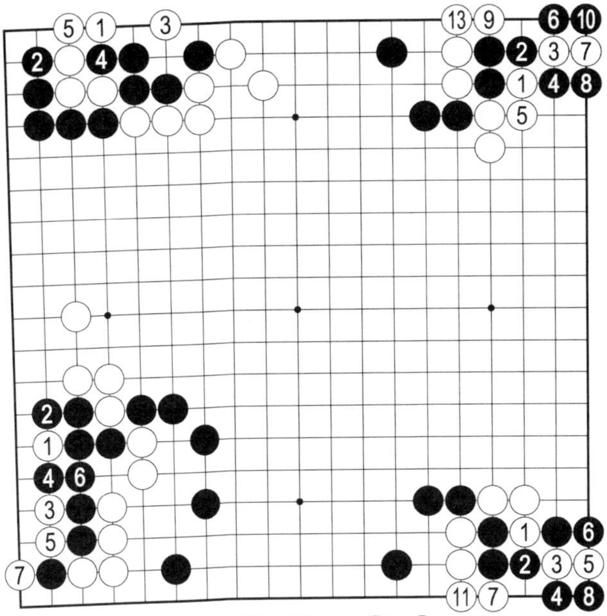

⑪=③； ⓬=⑦； ⑨=③； ❿=⑤

贲育难施 13 着

①妙。③妙。⑦妙。

延平剑合 11 着

③妙。⑤妙。

三里之成 5 着

①妙。③妙。

风清六幕 7 着

①妙。③妙。

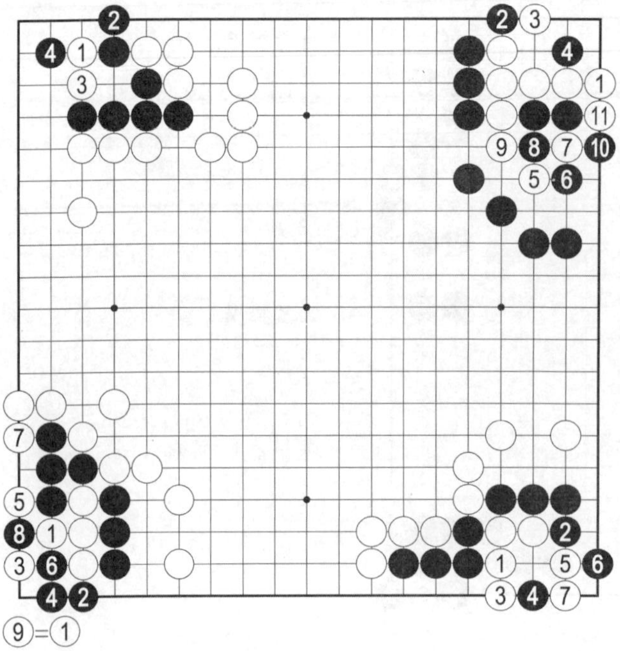

五部雄才 11 着

⑤妙。⑦妙。

双龙牛斗 7 着

①妙。③妙。

势若金汤 4 着

❹妙。

盘根错节 8 着

①妙。③妙。

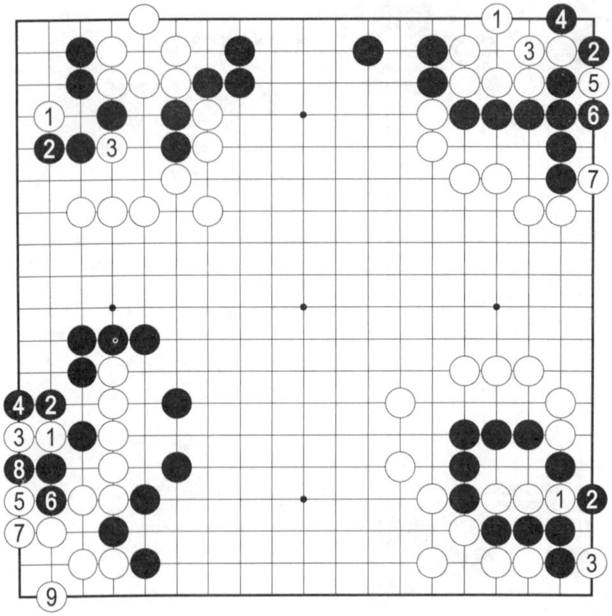

五星聚奎 7 着

①妙甚。③妙。⑤妙。

舟中敌国 9 着

③妙甚。

打破玄关 3 着

③妙甚。

林莺唤友 9 着

①妙甚。③妙。

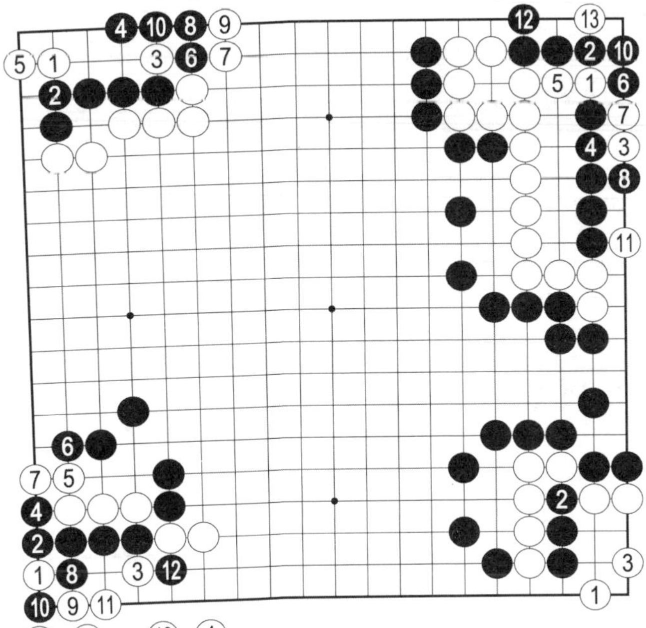

水溢蓝桥 13 着

①妙。③妙甚。

铜雀春深 3 着

①妙甚。③妙。

具在四美 10 着

❹妙。

勇夺三军 12 着

①妙。⑨妙。

图书在版编目（CIP）数据

围棋文献集成. 二十三 / 王国平主编. -- 杭州 : 浙江古籍出版社, 2022.10

（棋文化全书. 围棋全书）

ISBN 978-7-5540-2380-8

Ⅰ. ①围… Ⅱ. ①王… Ⅲ. ①围棋—古谱(棋类运动) Ⅳ. ①G891.3

中国版本图书馆CIP数据核字(2022)第184257号

围棋文献集成（二十三）

王国平　主编

出版发行　浙江古籍出版社

（杭州市体育场路347号　邮编：310006）

网　　址　www.zjguji.com

责任编辑　刘成军

责任校对　吴颖胤

责任印务　楼浩凯

照　　排　浙江时代出版服务有限公司

印　　刷　浙江新华印刷技术有限公司

开　　本　710 mm × 1000 mm　1 /16

印　　张　34

字　　数　520千字

版　　次　2022年10月第1版

印　　次　2022年10月第1次印刷

书　　号　ISBN 978-7-5540-2380-8

定　　价　138.00元